水中解説でよくわかる

海の釣魚・仕掛け大事典

豊田和弘 著

成美堂出版

水中解説でよくわかる 海の釣魚・仕掛け大事典

目次

本書の使い方……8

これだけは押さえておきたい釣り用語……9

●マーク解説

船＝遊漁船　ボート＝ボート

磯＝磯　堤防＝堤防　浜＝砂浜

河川＝河川　イカダ＝筏

魚種別 釣り方解説

アイナメ……16

落とし込み釣り……17

沖釣り……18

船 ボート 磯 堤防 浜

アオリイカ……20

アオリイカの沖釣り……21

堤防・磯のエギング……22

堤防・磯のヤエン釣り……24

船 ボート 磯 堤防 浜

アジ(マアジ)……26

堤防のサビキ釣り……28

沖のサビキ釣り……29

沖のビシ釣り……30

アジング……31

船 ボート 磯 堤防 浜

アナゴ……32

堤防の投げ釣り……33

沖合の小突き釣り……34

船 ボート 磯 堤防 浜

アマダイ……36

アマダイの片テンビン釣り……37

船 ボート 磯 堤防 浜

イイダコ……40

テンヤの小突き釣り……41

船 ボート 磯 堤防 浜

イカ……42

スルメイカ・ブランコ釣り……43

ヤリイカ・ブランコ釣り……46

マルイカ・ブランコ釣り……48

ヒイカ・堤防釣り……50

船 ボート 磯 堤防 浜

イサキ……52

イサキの磯釣り……53

沖のコマセ釣り……54

船 ボート 磯 堤防 浜

イシダイ・イシガキダイ……56

磯の投げ釣り……56

堤防の宙釣り……57

船 ボート 磯 堤防 浜

イシモチ(シログチ・ニベ)……58

堤防・浜の投げ釣り……59

シログチの船釣り……60

船 ボート 磯 堤防 浜

イナダ（ブリ）……62
コマセ釣り……63
ジギング……64

船 ボート 磯 堤防 浜

イワシ……66
堤防のサビキ釣り……66

船 ボート 磯 堤防 浜

ウミタナゴ……68
堤防のウキ釣り……69
ボートの片テンビン釣り……70

船 ボート 磯 堤防 浜

オキメバル……72
胴つき釣り……72

船 ボート 磯 堤防 浜

オニカサゴ……74
吹き流し釣り……74

船 ボート 磯 堤防 浜

カサゴ……78
堤防の落とし込み釣り……78
沖合の胴つき釣り……80

船 ボート 磯 堤防 浜

カツオ……82
カッタクリ……82
一本釣り・フカセ釣り……84

船 ボート 磯 堤防 浜

カマス……86
沖の胴つき釣り……87

船 ボート 磯 堤防 浜

カレイ……88
堤防の投げ釣り……89
沖の掛かり釣り……90

船 ボート 磯 堤防 浜

カワハギ……92
沖の胴つき釣り……93
堤防の投げ釣り……97

船 ボート 磯 堤防 浜

キンメダイ・アコウダイ……100
深海の胴つき釣り……101

船 ボート 磯 堤防 浜

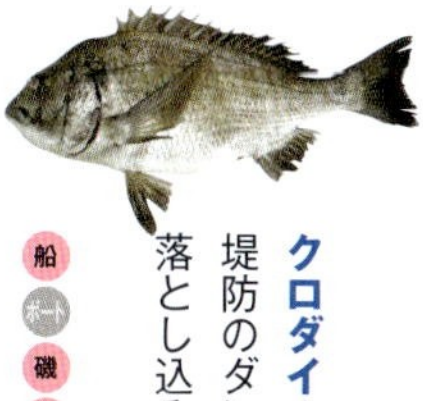

クロダイ……104
堤防のダンゴ釣り……104
落とし込み釣り……106

船 ボート 磯 堤防 浜 イカダ

シイラ……
沖合のルアー釣り……118
119

サヨリ……
飛ばしウキ釣り……116
116

サバ……
サバのビシ釣り……114
115

クロメバル……
堤防のウキ釣り……108
メバリング……109
イワシメバル……110
サビキメバル……111
113

ソイ……
落とし込み釣り……136
137

スミイカ……
テンヤ釣り……132
スッテの胴つき釣り……133
134

スズキ……
堤防の投げ釣り……126
エビエサ釣り……127
ルアーフィッシング……128
ヒラスズキの釣り……129
130

シロギス……
砂浜の投げ釣り……120
沖釣り……121
122

ハゼ……148
ウキ釣り・ミャク釣り……149
投げ釣り……150
沖釣り……151

タチウオ……
堤防のウキ釣り……144
堤防の
ルアーフィッシング……145
沖のテンビン釣り……146
147

タコ（マダコ）……140
沖のテンヤ釣り……141
堤防のエギング……142

タカベ……
コマセ釣り……138
138

4

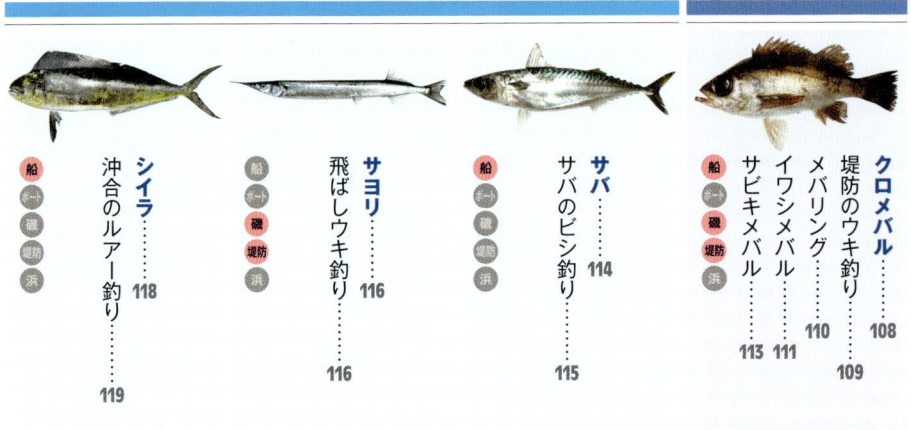

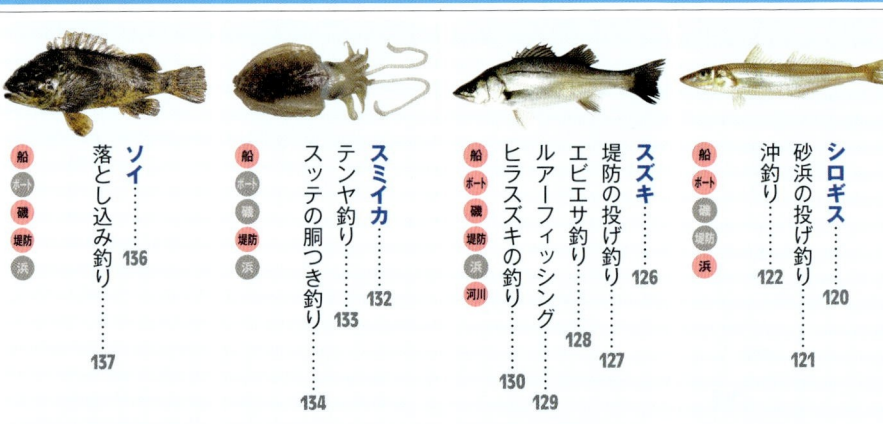

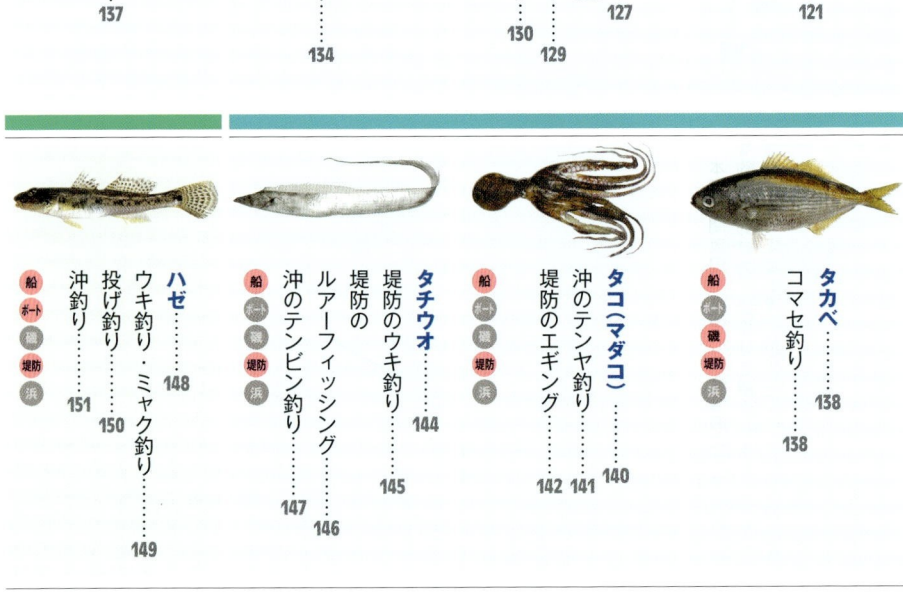

当日の潮の状態などを事前にチェック

●釣行の際の注意

本書は関東周辺を中心に全国的にスタンダードな釣魚、釣り方、仕掛けを紹介しました。ただ、地域によっては本書で紹介していない釣法が主流であったり、釣れる時期が異なっている場合もあります。実際の釣行では釣り情報誌やスポーツ紙、現地の釣具店などで、釣れている魚や仕掛け、釣り方などを確認してください。

海の釣魚図鑑

アイナメのそっくりさん……16
クジメ
アジの仲間図鑑……27
イトヒキアジ・オアカムロ・カイワリ・
シマアジ・マルアジ・メアジ
3種のアマダイ……37
アカアマダイ・シロアマダイ・キアマダイ
アマダイ釣りで釣れる他の魚図鑑……39
イトヨリダイ・オキトラギス・
クラカケトラギス・ソコイトヨリ・トラギス・
ヒメ・ヒメコダイ・ホシヒメコダイ
シログチとニベの違い……58
ブリの仲間図鑑……62
カンパチ・ヒラマサ
イワシ釣りで釣れる他の魚図鑑……67
トウゴロウイワシ
ウミタナゴの仲間図鑑……68
マタナゴ・アカタナゴ・オキタナゴ
ウミタナゴ釣りで釣れる他の魚図鑑……71
アイゴ・アカエソ・カゴカキダイ・
キタマクラ・クロホシイシモチ・
コスジイシモチ・スズメダイ・ネンブツダイ・
ハコフグ・ヒイラギ
オキメバル釣りで釣れる他の魚図鑑……72
アカイサキ

クジメ

ヒメコダイ

ハコフグ

イズカサゴの仲間図鑑……75
アヤメカサゴ・ウッカリカサゴ・オニカサゴ・
フサカサゴ・ユメカサゴ
オニカサゴ釣りで釣れる他の魚図鑑……77
キントキダイ・チカメキントキ・ヨリトフグ
カサゴ釣りで釣れる危険な魚図鑑……81
ウツボ・ハオコゼ・ミノカサゴ
カツオの仲間図鑑……85
ヒラソーダ・マルソーダ・メジマグロ
カレイの仲間図鑑……91
イシガレイ・ババガレイ・マガレイ・
メイタガレイ・ヤナギムシガレイ
カワハギ・オスとメスの違い……92
カワハギの仲間図鑑……99
ウスバハギ・ウマヅラハギ・ギマ・ソウシハギ
キンメダイ・アコウダイの仲間図鑑……101
ナンヨウキンメ・ホウズキ
クロダイ釣りで釣れる他の魚図鑑……107
キチヌ・シマイサキ・ボラ
マサバのそっくりさん……114
ゴマサバ
シロギス釣りで釣れる他の魚図鑑……124
イトベラ・オキゴンベ・オハグロベラ・
カンムリベラ・キュウセン・ホシササノハベラ・
ヤリヌメリ・ヨメゴチ

メジマグロ

ホシササノハベラ

スズキの仲間図鑑1……126
タイリクスズキ
スズキの仲間図鑑2……131
ヒラスズキ
スミイカのそっくりさん……132
カミナリイカ
ムラソイの仲間図鑑……136
クロソイ・ホシナシムラソイ
ハゼ釣りで釣れる他の魚図鑑……151
サビハゼ・サッパ
ヒラメ釣りで釣れる他の魚図鑑……163
マハタ・マトウダイ
ホウボウのそっくりさん……167
カナガシラ
マゴチのそっくりさん……168
イネゴチ
マダイの仲間図鑑……173
チダイ・キダイ・クロダイ・キチヌ・ヘダイ
ムツ釣りで釣れる他の魚図鑑……185
アカムツ・エゾイソアイナメ・オオメハタ
メジナ釣りで釣れる他の魚図鑑……188
イスズミ・イラ・コショウダイ・タカノハダイ・
ニザダイ・ブダイ・ホウライヒメジ
メダイの仲間図鑑……190
イボダイ

カミナリイカ

カナガシラ

ブダイ

海釣りの基本

1 タックルをそろえよう

竿……194
基本的な竿の分け方は／竿選びの基準は
釣魚別の専用竿とは

リール……195
2種類に分けられるリール
リールの命であるドラグ機構
替えスプールも準備

ミチ糸&ハリス……197
ミチ糸／2種類の素材から選ぶミチ糸
細く強靭なPEライン
ハリス／主流はフロロカーボン素材
ハリスよりミチ糸が太いわけ
チカラ糸／チカラ糸の役割／テーパーラインを使う
糸の太さの規格

ハリ……199
ハリを選ぶ基準／同じ号数でも異なる大きさ

オモリ……200
尺貫法の匁(号)が基準／さまざまな形と役割

テンビン……201
投げ釣りの必需品／沖釣り用のテンビン
投げ釣り用固定式テンビン
投げ釣り用遊動式テンビン

サルカン……202
糸のよりを防ぐ働き

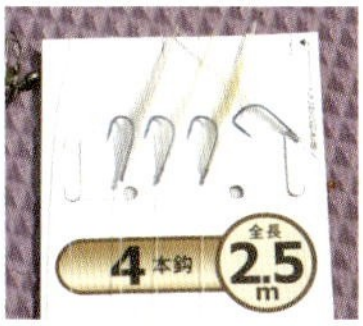

市販の仕掛けセット

大型の胴つきオモリ

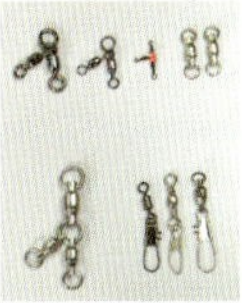
サルカンの数々

ウキ……203
ウキの種類／棒ウキ
丸ウキ／遠投用ウキ／ウキの浮力

ルアー……204
海釣りで使われるルアー／ルアー釣りの魅力とは？

テンヤ・イカヅノ・餌木……205
テンヤ／伝統的なエサ釣り仕掛けの釣り
イカヅノ・餌木／伝統的な疑似餌のイカヅノ
アオリイカ釣りに使う餌木

その他のタックル……206
最低限必要な道具をそろえる

2 覚えたい釣り知識

仕掛けづくり1・糸とハリの結び方……208
外掛け結び／内掛け本結び

仕掛けづくり2・糸と金具の結び方……209
クリンチノット／最強結び

仕掛けづくり3・糸と糸の結び方……210
8の字結び／フィッシャーマンズ・ノット
枝スのつけ方1／枝スのつけ方2

仕掛けづくり4・PEラインとリーダーの結び方……212
シーガーノット／SFノット

仕掛けづくり5・その他の結び方……213
スプールに糸を結ぶ／ウキ止めの結び方
ヘビロにミチ糸を結ぶ

性質の異なるウキ

アオリイカの餌木

釣りエサの種類……214
海釣りで使う主な釣りエサ
エサ別で狙う主な魚／寄せエサのコマセ

3 釣行計画と釣りの実際

釣行計画を立てる……216
まずは情報を得る／釣果に影響する潮の干満
潮の干満をもっと知ろう／安全で楽しい釣行計画を

釣りに適した服装……217
沖釣り
レインウェアは必需品／日焼け対策も念入りに
磯釣り
まずは身を守る服装と装備／防寒対策を重視した冬の服装

船宿を利用しよう……219
敷居が高い沖釣り／自分の釣りたい魚を決める
釣りたい魚が狙える船宿を決定／ささいなことでも要確認
船長の指示に従う／船宿の事前確認10項目

魚の処理法……221
魚をしめる／イカのしめ方

釣りの安全対策とマナー……222
ゴミを持ち込まない／コマセの後片づけ
あいさつと譲り合い／注意事項の厳守／ライフジャケットの着用

注意したい毒をもつ魚……223
ヒレやトゲに毒のある魚／体内に毒をもつ魚
歯が鋭い魚／ヒョウモンダコ

沖釣り用のビシとオキアミ

本書の使い方

本書は初心者にもわかりやすく、人気の釣魚の生態や釣り方を、図解中心にやさしく解説したものです。魚の生態、釣り方については、最も一般的とされる情報を現地取材し、図鑑的要素も充実させました。

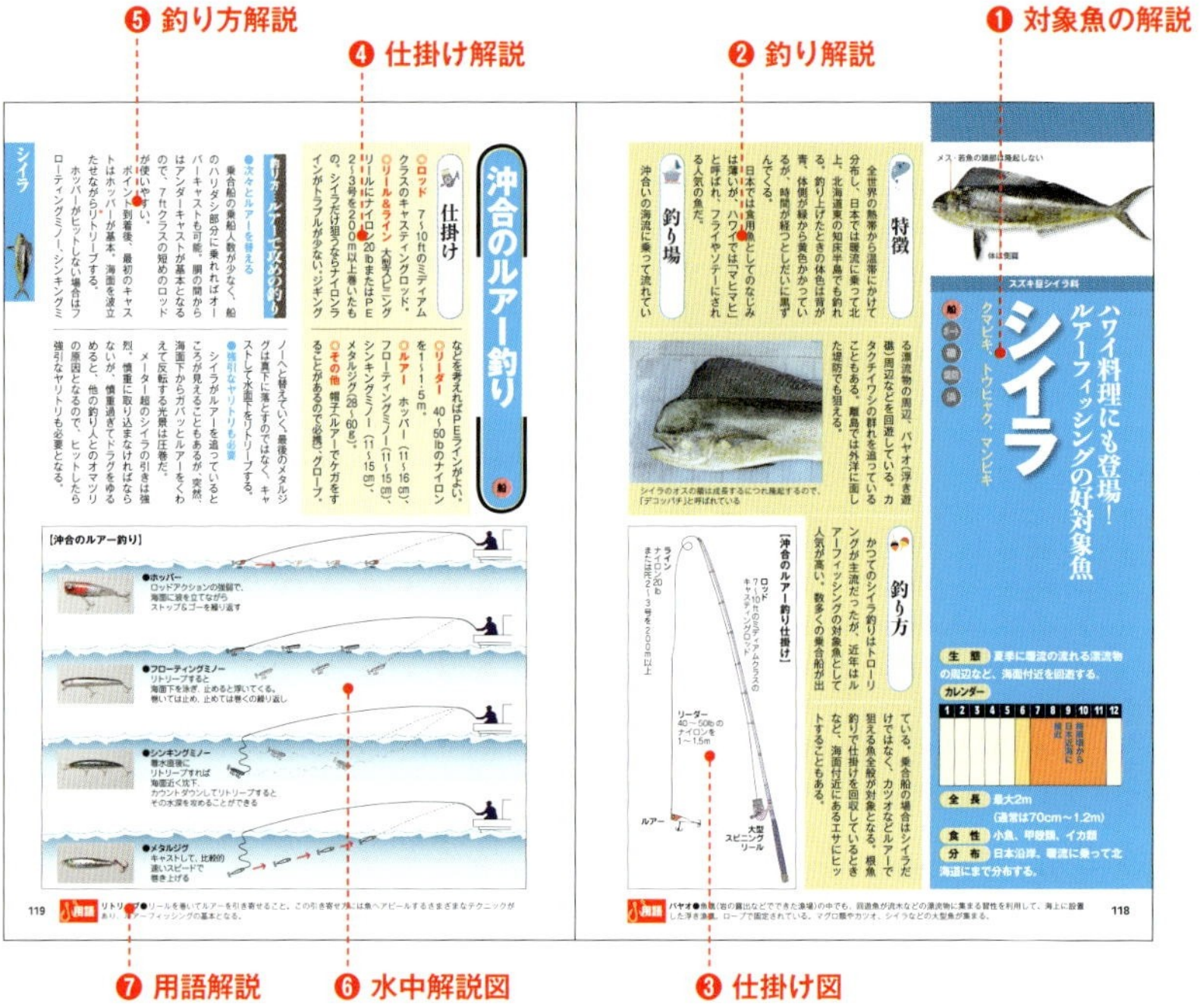

⑧ 釣魚図鑑

❶対象魚の解説 釣魚の標準和名、分類、地方名、釣り場、生態、情報入り釣りカレンダー、最大全長（通常全長）、食性、分布の9項目から、全体像が把握できます。

❷釣り解説 対象魚の釣りをする上で、知っておきたい習性などの特徴、主な釣り場、昔から行われている代表的な釣り方を紹介。

❸仕掛け図 取り上げた釣り方の基本となる仕掛け図を、わかりやすく図解。糸の太さなど仕掛けの基準は一般的なものをベースに、著者の工夫なども紹介。

❹仕掛け解説 おすすめする竿やリール、ミチ糸の太さ、オモリなどの仕掛け、また使いたいエサやルアー、釣行で便利な釣り道具などを網羅。

❺釣り方解説 取り上げた釣り方の全体解説に加え、対象魚を釣果とするためのコツや工夫を解説。釣り方は地方や釣り人によってさまざま。参考意見として、利用いただければと思います。

❻水中解説図 仕掛けの投入から釣果を手にするまでの、一連の釣りの行程を、リアルな水中図で再現。5の釣り方解説とともにイメージフィッシングして、実際の釣り場にのぞんでください。

❼用語解説 仕掛けの名前、潮や海の地形などの自然を表現した釣り用語は、知っていないと釣りにならないことも。ここでは該当ページの釣り用語を中心に、解説を欄外に掲載。P11からの用語解説とともにご利用ください。

❽釣魚図鑑 釣り場で出会うさまざまな魚を解説してあります。その魚の検索の一助となるよう、①対象魚の仲間図鑑に加えて、②よく似たそっくりさん、③対象魚の釣りで釣れる他の魚図鑑…の3つの図鑑を用意。判別メモをつけた写真と、生態解説なども記してあります。

本書の内容がよりわかる！
釣り用語198

伝統的で地方色豊かな表現が多い海釣り用語。釣りばかりでなく、中には海の地形や海流、気候などにも独特の表現が用いられている。ここでは本文解説に出てくる専門用語を中心に、できる限りの用語を収録した。本書（欄外）で解説されている用語は、下に該当ページを記してある。

●ア行

青物　ワラサやヒラマサのような青っぽい魚体の回遊魚。

赤潮（青潮）　海中のプランクトンが異常繁殖し、濁る現象。海水が朱色に濁るのは赤潮、白く濁るのは青潮という。海水中の酸素が欠乏状態となるため、魚介類が死滅することがある。

上潮　干潮から満潮に向かって潮が満ちていく状態。アゲともいう。

アシストフック　魚のバレを防ぐためにつける補助のハリ。（→P146）

アシストフックをつけたメタルジグ

アタリ　魚信。魚がエサを食った瞬間に竿に伝わる感触。

アワセ　アタリがあったとき、針掛かりをさせるため、竿をあおる動作のこと。

イカタン　イソメやゴカイなどつけエサのひとつ。スルメイカやアオリイカなどを小さな短冊型に切ったもの。（→P55）

居喰い　魚が動かずエサを食うこと。転じてアタリがないのに釣れること。

鋳（い）込みテンビン　オモリとテンビンが一体になったもの。スズキ釣りなどに利用される。（→P128）

一荷　いっか。一度に2尾、ハリに掛かること。

入れ食い　投入するたびにアタリがある状態。

印籠継ぎ　いんろうつぎ。太さの異なる竿の継ぎ目の一方に、竿とは異なった素材の軸を組み込み、この軸で継ぐような構造の竿。（→P195）

ウィリー　化学繊維の糸。ハナダイのコマセシャクリ釣りなどで、ハリに巻いて擬餌バリにする。

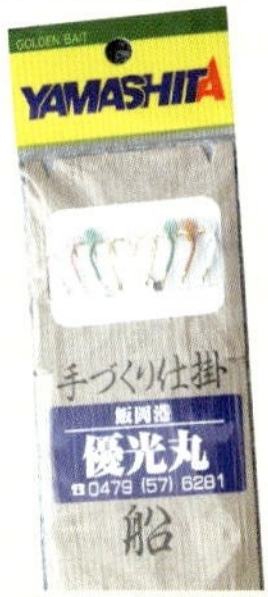

ウィリー（化学繊維）を巻いた疑似バリ

ウェーダー　腰や胸まである長靴。シーバスゲームでの必須アイテム。（→P126）

上物　うわもの。カツオやメジマグロ、シイラなど、海面近くを泳ぐ魚。

遠征　航程が3時間、4時間もかかる外洋や島周りまで行く釣り。

枝ス　幹糸から枝のような状態で出したハリス。（→P43）

エラ洗い　掛かったハリを外そうとして、魚が水面でジャンプすること。

L型テンビン　投げ釣りで使う遠投向きのテンビンで、L字型に曲がっていて、L字の角にオモリをつけるスナップがついている。根掛かりしにくい。（→P89）

大艫　おおとも。船の最後部。

オカッパリ　岸辺や堤防などの陸上から釣ること。（→P108）

沖揚がり　沖釣りを終了して、帰港すること。

落ち　魚が深場へ移動してしまうこと。

落ち込み　仕掛けが落下していくこと、または海底が急に深くなっている場所。

オデコ　釣果がないこと。ボウズ。

オマツリ　海中で仕掛けやミチ糸などがからむこと。自分でからませてしまったときは手前マツリという。（→P155）

オモリ　号数で表示されるが、目安として水深とほぼ同じオモリを使う。例えば60mの水深なら60号を使う。オモリ負荷。(→P175)

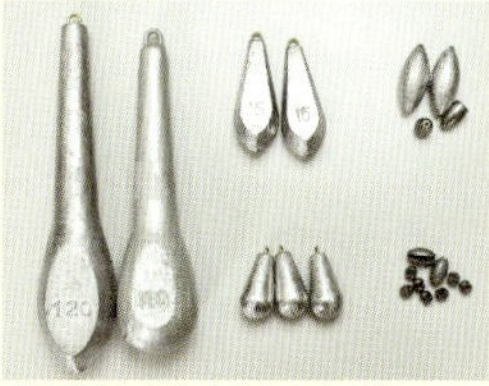
さまざまな形や大きさのオモリ

●カ行

海水ポンプ　釣り座に海水を供給して、魚を活かしたり、手洗いなどができる。最近はほとんどの釣り船についている。

掛かり　岩礁や海草など海底にある障害物のこと。

掛かり釣り　船をアンカーで固定して、一定の場所で釣ること。(→P105)

カケアガリ　海底が傾斜し、浅くなっていくところ。(→P18)

河岸　かし。船着き場のこと。

片テンビン　ハリスや仕掛けがからまないようつくられた海釣り用の金具で、片側に長く伸びたもの。(→P37)

片舷釣り　かたげんつり。船の片側だけで釣ること。ヒラメ釣りなどで船を横流しをするとき、片舷で釣ることがある。通常は両舷釣りだ。(→P159)

活性　魚の活動のこと。魚が盛んに泳ぎ回ったり、移動したり、エサを捕食したりすることを「魚の活性が高い」という。(→P94)

カットウ釣り　対象魚の好むエサをたくさんをつけて目立たせ、寄ってきた魚をスレバリで引っ掛けて釣る釣り方。(→P165)

カブラ　ナマリにハリを合わせた伝統的なマダイ釣りの仕掛け。(→P178)

カメ　船のイケスのこと。イケマと同義語。

空アワセ　アワセと同じ動作をして、魚を掛けるテクニック。

カラバリ　エサや疑似餌などがついていないただのハリ。(→P153)

岩礁　がんしょう。水中や水面に露出した岩場のこと。潮の流れで岩場が削り取られ、魚の絶好の隠れ家となっている。(→P16)

岩場が露出した岩礁。ヒラスズキなどが狙える

きく　聞く。魚が掛かっているかどうか、そっとミチ糸を引いて様子をうかがうこと。キキアワセ。

疑似餌・疑似バリ　ぎじえ・ぎじばり。魚のエサに似せたハリのこと。ルアー。

キャビン　船の客室。

食い　魚がエサを食べること。

食い上げる　釣り上げているときに、魚がエサをくわえて仕掛けよりも速く浮いてくること。(→P147)

スズキ釣りに使うルアーのシンキング・ミノー

食い渋り　魚がなかなかエサを食べてくれない状態。逆の状態は「食いが立つ」(→P123)

クッションゴム　オモリとハリス、ウキなどの間に結ぶゴムで、魚の急な引きや衝撃をやわらげるために使う。(→P63)

蛍光玉　集魚の役目をする蛍光塗料が含まれた小物釣具。夜行玉ともいう。

ケイムラ　紫外線の作用を受けて発光する特殊な蛍光体のこと。(→P49)

ケーソン　防波堤や橋などをつくるとき、海底に沈めてその基礎となる大型のコンクリート製、鋼製の箱。その周囲は魚がつくポイント。(→P17)

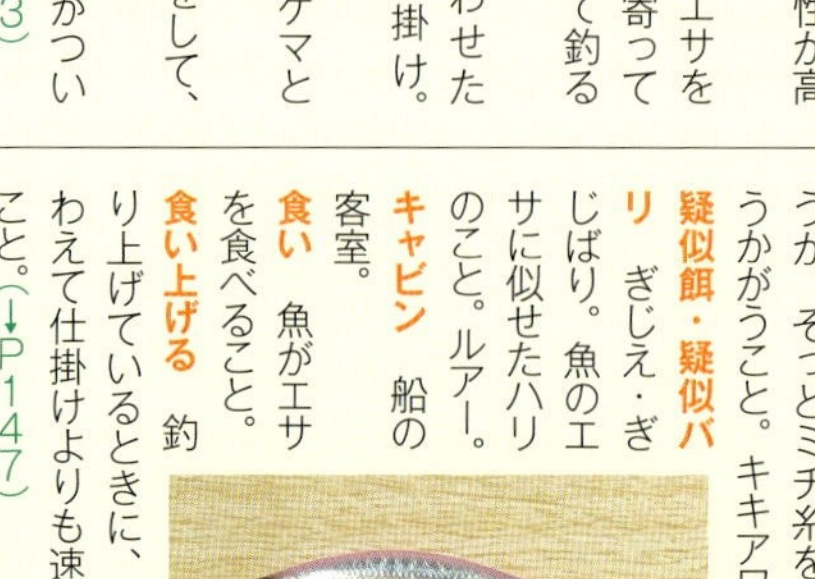
魚がつくポイントとなるケーソンのすき間

ケン　つけたエサが落ちにくいようにチモト近くの軸につけたカエシのこと。(→P199)

外道　げどう。釣りで狙っている魚とは異なって釣れる魚のこと。

東風　こち。東から吹く風のこと。

小突き　こづき。オモリで海底をトントン叩いて、魚を誘うこと。

コマセ　魚を寄せるまきエサ。「コマセる」と使うこともある。

五目釣り　一度に複数の魚を狙う釣り。

ゴロタ場　海岸でゴロゴロした大きな岩が転がっている場所。(→P137)

●サ行

竿頭　乗合船や同じ釣り場で一番の釣果を上げた釣り人のこと。2番目は次頭(じがしら)。

サーフ　波が打ち寄せる波打ち際を指す。(→P160)

シロギスなどのポイントとなるサーフ

先糸　道糸と仕掛けの間につないで、クッション効果やミチ糸切れ防止の役目を果たすナイロンなどの糸。(→P140)

下げ　引き潮のこと。

探る　あちこちのポイントを幅広く攻めること。

誘い　魚にアピールするためつけエサを落とし込んだり、上げたりすること。

サビキ　疑餌バリを何本も結んだ、胴つき仕掛けのこと。(→P29)

さびく　仕掛けをゆっくりと引いて踊らせ、魚を誘うテクニック。(→P33)

サミング　指を使ってリールのミチ糸(ライン)の出方を調整すること。(→P159)

サラシ　磯や堤防に打ち寄せる波が岩や消波ブロックに当たって砕け、白く泡立っている様子。(→P131)

磯にできるサラシはヒラスズキなどの貴重なポイント

サルカン　ヨリモドシと同じように、釣り糸と釣り糸がからまないように結べるようにつくられた小物。(→P77・P135)

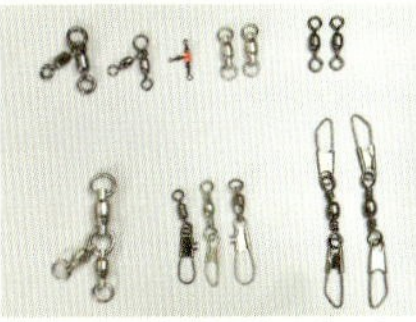
糸のよれを防いでくれるサルカンやスナップ

時合い　じあい。魚がよくエサを食う時間帯のこと。

シーアンカー　漁船用具の一種で水中に張る帆。流し釣りをする場合に使う。

潮　潮流のこと。潮がよい、潮が悪い、潮が速い、潮がきくなどと使われる。

潮変わり　満ち潮から引き潮に、引き潮から満ち潮に変わること。

潮時　潮の流れ具合。潮方ともいう。

潮止まり　潮の動きが止まること。干潮の変わり目に起きやすい。

潮待ち　よい潮時になるのを待つこと。

潮回り　一定のポイントで流し釣りをするときに、船をポイントの終点から再び起点に戻すこと。または大潮、小潮などの潮汐のこと。

潮目　ふたつ以上の潮の流れが接するところ。(→P188)

仕掛け　ハリや糸などでつくる釣り具。

治具　じぐ。多数の枝バリがついた深場釣り仕掛けを巻く道具。(→P101)

時化　しけ。海が荒れた状態。

仕立て　船を一艘貸し切って釣るシステム。人数がそろうと格安になることも。(→P219)

アオリイカをしめる

しめる　魚を一気に殺すこと。またはミチ糸を強く引き、魚の動きを止める動作。

シモリウキ　樹脂や発砲スチロールなどでできた中通しの軽いウキ。1個1個はシモリ玉ともいう。(→P69)

ジャーキング　ロッドを強くあおってルアーに不規則なアクションをつけるテクニック。(→P163)

シャクリ　竿先を跳ね上げて仕掛けを躍らせ、魚を誘う動作。

集魚板　集寄(しゅうき)ともいい、光ったり、ヒラヒラ動くものに反応するカワハギの習性をついた釣り具。(→P93)

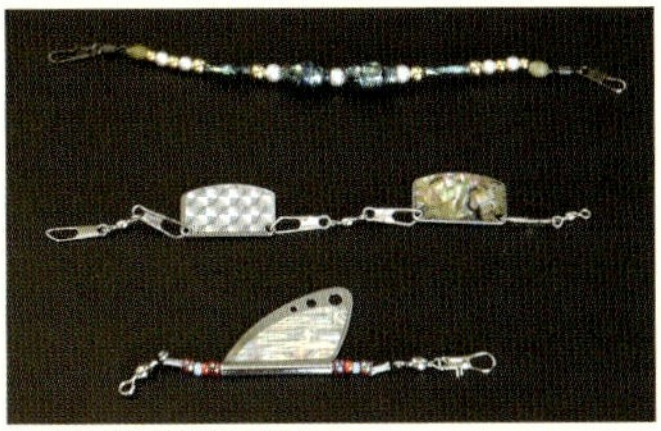
カワハギ釣りに使う集魚板

ジェットテンビン　投げ釣りで使う遠投向きのテンビンで、根掛かりしにくい。(→P89)

小離鰭　しょうりき。マグロなどの回遊魚の尾ビレ手前についている小さなヒレで、ムロアジ類にはついているが、マアジにはついていない。(→P27)

スカリ　釣ったスミイカを入れてお

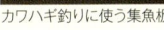

く大きな網製の巾着袋。

スッテ　イカ釣り用につくられた疑似餌で小魚に似せたものが多い。(→P134)

魚を活かしておく網袋のスカリ

ステンカン　寄せエサのコマセを詰めるコマセカゴの一種で、ステンレスでできたものを指す。(→P83)

スナップ　一方がハリスを結ぶリングで、もう一方が自在に開いてルアーや仕掛けを装着できる小型の金具。(→P 21)

スパンカー　船首についている2枚帆のこと。これが風向計の羽の役目をし、風に向かって船首を向けることができる。

風に向かって船首を安定させるスパンカー

スレ　魚の口以外にハリが掛かってしまうこと。

瀬　周囲に比べて海底が浅く、潮の流れが速い場所で、魚が集まる好ポイント。

船上干し　スルメイカなどを釣って、船上で開いて干すこと。

束釣り　1束とは10個を1単位とした表現で、釣りでは釣果100尾を指す。2束釣れば200尾の釣果。

底荒れ　時化などで海底がかき回された状態。

底潮　底周辺の潮の流れ。

底立ち　そこだち。オモリが海底に着いて、ミチ糸がピンと張られた状態のこと。

ソコリ　干潮時のこと。

袖バリ　袖型の釣りバリ。着物の袖と似た型をしていることから名づけられた。口の小さな魚でも吸い込めるよう、ハリ先が細く、小さくなっている。

口の小さな魚に使える袖バリ

ソフトルアー　ジグヘッドにつけて魚にアピールする樹脂製の疑似餌。魚やイソメなどエサに似せたスタイル。(→P79)

●タ行

大陸棚　島棚。岸から水深200mほどの深さに至るゆるやかな海底。(→P173)

高切れ　ミチ糸が切れてしまうこと。

高根　海底に突き出した高い根のこと。

タコベイト　タコやイカ、小魚形に似せた樹脂製またはゴムの疑似餌。(→P 75)

立ち　水深のこと。

タナ　魚が泳いでいる層、または就餌層。

オニカサゴ釣りなどに使うタコベイト

タモ　魚を取り込む際に使用する玉網のこと。

団子釣り　クロダイ釣りなどで行われている釣り。コマセを団子にして、その中にエサを隠して海底に送る。

チカラ糸　キャスティング時、オモリの重さでミチ糸が切れないよう、オモリとミチ糸の間に結ぶ太い糸のこと。(→P59)

チモト　ハリの結び目部分。

釣果　ちょうか。釣りの成績、釣った魚の尾数。

釣行　釣りに行くこと。

つ抜け　数を数えるとき、ひとつ、ふたつと、「つ」が十以上でなくなることから、10尾以上釣ることを指す。

ツノっきり　仕掛けの全部のツノにイカがのったときに使う釣り用語。(→P 45)

テキサスリグ　ソフトルアーを使うためのリグ(仕掛け)の一種。(→P200)

デキ　「できたて」という言葉から、幼魚を指す。

手釣り　竿もリールも使わない釣りのことで、現在も漁船では行われている。

テンヤ　鋳(い)込みのオモリにハリやカエシのついた漁具。タコ釣りやシャクリマダイ釣りに使う。(→P179)

エビエサをつけたマダイ釣りのひとつテンヤ

胴つき釣り　胴つき仕掛けを使った釣り方のひとつで、仕掛けは一番下にオモリを装着。その上に何本もの枝ス(枝ハリス)をつけた幹糸を仕込んだもの。

胴の間　船の真ん中あたりを指す。

艫　とも。船の船尾部分。

ドラグ　ブレーキと同じ構造で、あるテンション以上の負荷がかかるとミチ糸が滑り出る仕組み。大型魚と

のヤリトリにはなくてはならない機構で、ドラグの性能で釣果まで影響する。(→P25)

取り込み　仕掛けを船中に入れること。

トレブルフック　ハリが3本出ている釣りバリ。(→P157)

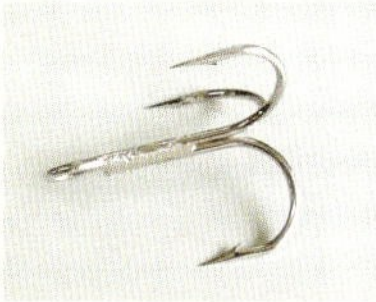
ルアー用のトレブルフック

●ナ行

中オモリ　ミチ糸とハリス(幹糸)を結ぶところに装着するオモリ。(→P97)

凪　なぎ。海上が穏やかなこと。

ナグラ　うねりのこと。

灘　陸に近い海域。

ナブラ　魚の群れ。(→P85)

ナライ　北東の風のこと。

二枚潮　潮流の向きが上層と下層で、互い違いになっている状態。底立ちが取りづらいため、釣りにくい。三枚潮になる場合もある。

根　海底の岩礁帯のこと。

根掛かり　海底の岩礁や障害物に仕掛けが引っ掛かってしまうこと。

年無し　ねんなし。老成魚のこと。

納竿　のうかん。釣りを終えること。

乗っ込み　産卵のため、魚が浅場へ回遊してくること。

乗合　遊漁船の一般的なスタイル。予約がいる船宿と予約がいらない船宿がある。(→P219)

●ハ行

ハエ　南風のこと。

はえ根　海岸の磯場が地続きで海中に張り出している岩礁帯。

パーマ　ハリスやミチ糸が傷んで、ちぢれること。

化け　ばけ。疑似バリのこと。

バッカン　旧海軍の飯入れに使われた「飯缶」が語源の釣り用の容器(バッグ)。(→P53)

ハモノ　本命以外に意図的に狙う魚のこと。

パヤオ　浮き魚礁のこと。(→P118)

コマセ入れに使っている
バッカン

大物がつくポイント
となるパヤオ

早アワセ　完全にハリ掛かりする前にアワセを入れてしまうこと。

バラシ　ハリに掛かった魚を取り逃がしてしまうこと。

ハリス止め　ハリスを幹糸に引っ掛けて、止めておくための小さな金具。(→P95)

張り出し　船首部分のこと。

半日釣り　船宿によっては午前だけ、午後だけの釣りもある。また、午前、午後を通して乗船する通し釣りというシステムもある。

PE　ピーイー。PEラインといい、ポリエチレン樹脂をよってつくったもの。引っ張り強度が強く、伸びが少ない。(→P19)

B　ビー。球形の小さなオモリ、ガン玉の重さを表す単位。(→P203)

ビシ　鉛のオモリの総称。転じて、鉛が鋳込まれたコマセカゴ。(→P30)

ヒネ　老成魚のこと。良型のハゼを指す場合が多い。

ヒロ　大人が両手をいっぱいに広げた長さ。約1.5m。

鉛を鋳込んだコマセカゴのビシ

貧果　ボウズに近い、少ない釣果のこと。

ピンギス　放流サイズのシロギスのこと。(→P121)

フォール　ルアーフィッシングでルアーを投入後、水中に沈んでゆく様子を指す。(→P51)

フカセ釣り　オモリやウキをつけず、エサが自然な状態で魚にアプローチするようにした、向こうアワセの釣り方。(→P57・P187)

吹き流し仕掛け　仕掛けの上にオモリをセットし、そこから下に2~3本のハリを出した仕掛け。オモリ下がフリーなので、自然な状態で底の魚を誘う。(→P74)

フケ　ミチ糸のタルミのこと。

フラッシャー　疑似バリに使う、化学繊維でできた集魚素材の一種。(→P73)

プレッシャー　魚が神経質になっていて、エサやルアーを追わない状態。魚がスレた状態を指す。(→P31)

フロロカーボン　フロロカーボンを素材にしたラインで、ナイロン製に比べて伸縮性がなく、丈夫で硬め。(→P19)

吻　ふん。動物や魚の口先に当たる部分を指す名称。(→P127)

ベイトキャスティングリール　スプール(糸巻き)を両側で支えている両軸受けリールのこと。(→P130)

ヘチ　海釣りでは堤防の際を指す。

ヘチと呼ばれるクロダイなどがつく堤防の際

堤防の岸際にいるクロダイを狙う専用竿をヘチ竿という。(→P107)

ボウズ　1尾も釣れないこと。オデコと同義語。または、船を岸壁に固定するロープのもやい綱を結ぶ柱のこと。

ポンド　lb。ラテン語の重量の単位だったlibraが語源。ラインの強度(引っ張り強度)を表す単位で、1lbは450g。(→P65)

ポンドテスト　日本の釣り糸は号数で表示されるが、欧米の表示はどこまで耐えられる糸なのかを表示する。例えば10ポンドテストは10ポンド以上の力が加わると切れますよという表示。

ポンピング　魚を取り込むときに竿を上げ、魚を浮かし、竿を下げるときにリールを巻く行為のこと。

●マ行

マグネット板　深海釣りやサビキ釣り仕掛けのような、枝スが多い長い仕掛けで、ハリがからまないように固定できるマグネット製の板。(→P103)

マヅメ　朝マヅメは朝日の昇る頃、夕マヅメは夕日が落ちる頃を指す。魚の食いが活発な時間帯だ。(→P28)

マムシ　イワムシ。イソメ科に属する大きな環形動物の仲間。アオイソメよりも身が固く、ちぎれにくいので、投げ釣りの好餌となる。(→P183)

魚が活性する日没寸前のタマヅメ

澪　みお。港内や河口の浅場で、船が航行できるように掘られた水路のこと。澪筋ともいう。

身切れ　スレで掛かった魚の身が切れ、逃げられてしまうこと。

ミチ糸　リールに巻いてある糸のこと。

ミャク釣り　脈釣り。ウキを使わず、糸を張って仕掛けと釣り人の腕が一体となった状態の釣り方。(→P149)

ミヨシ　船首部分を指す。

ムーチング　活きている小魚をハリにかけて泳がせ、獲物を釣る釣り。(→P181)

向こうアワセ　魚の方から勝手にハリ掛かりする状態。

紡う　もやう。船のロープをくくりつけること。

●ヤ行

山立て　山や建物など陸の目印を頼りに、海上の船の位置を知る方法。

ヤリトリ　魚を取り込む際の掛け引きのこと。

有限・無限　ゆうげん・むげん。ヒラメやカレイのような平べったい魚は、海底にいるときの上側を有限、下側を無限といい表す。(→P91)

ユムシ　ユムシ科の無脊椎動物で、海底に穴を掘って生息。釣りエサの他、韓国では煮物などの食用にされる。(→P183)

ヒラメの有限(上)側。海底にいるときの下側は無限だ

ヨタ波　船を左右に揺らす小さな波。

堤防で楽しむマダイの投げ釣りで使うユムシ

ヨブ　砂地の海底に、波紋状に凹凸ができているポイント。

ヨリ　魚が集まること。または糸がよれること。

より糸　2本以上の糸をより合わせて1本の糸にしたもの(→P197)

夜メバル　夜にアオイソメなどのエサでメバルを狙う沖釣り。(→P109)

●ラ行

ライトタックル　やわらかい竿、小型で軽いリールやオモリ、ルアー、細いラインなどを使った仕掛けのこと。(→P139)

リーダー　ルアーフィッシング用語で、エサ釣りのハリスに相当する部分を指す。(→P35)

ロックフィッシュ　ルアーフィッシングでいう根魚のこと。英語のロックフィッシュはフサカサゴ科の総称。メバルはフサカサゴ科なのでロックフィッシュと呼ばれるが、ハタの仲間はロックフィッシュではない。(→P81)

ロックフィッシュのクロメバル

根魚のハタ

魚種別

釣り方解説

海水魚の環境は海浜の浅い水域から、沖合の大陸棚まで変化に富んでいる。釣りをするときは、生息する魚に応じた工夫ある仕掛けとテクニックが要求される。43種の釣魚を対象に、仕掛けと独特の釣り方を水中解説図で詳細に解説！

カサゴ目アイナメ科

アイナメ

北の内湾に生息する美味でどん欲な性格の魚

アブラメ、アブラコ、モロコシ

船　ボート　磯　堤防　浜

生　態 沿岸の岩礁域や砂利底に生息。内湾の堤防からでも狙える。産卵期は10～1月。オスには卵を保護する習性がある。

カレンダー

1	2	3	4	5	6	7	8	9	10	11	12
関東以南は盛期を迎える										関東以南は盛期を迎える	

＊海水温の低い東北・北海道地方は１年中

全　長 最大60cm（通常は20～35cm）

食　性 甲殻類、ゴカイ類、小魚

分　布 日本沿岸各地の浅い海域

特徴

アイナメは日本沿岸の浅い海に生息し、全長20～35cmほどに成長する。東北地方や北海道など北方では、60cmを超える大型に育つものもいる。比較的波の静かな内湾の*岩礁《がんしょう》地帯や砂利底を好み、堤防や消波ブロック内に居つくなどあまり移動しない。

◆黄色く装う産卵期のオス

体色が生息場所、成長段階、雌雄（産卵期）で著しく変化するのも特徴で、特に産卵期を迎えたオスは、黄色味の強い婚姻色を帯びる。メスは産卵を終えると卵から離れるが、オスはふ化するまで卵を守り抜くことが知られている。

どん欲で、イソメから小魚まで何でも食らいつく習性の持ち主。

黄色い婚姻色をまとったアイナメのオス

釣り場

沿岸部の浅い海域に生息するため、釣り場としては岩礁地帯や堤防周りなどが手頃な釣り場。アイナメがついている岩場の割れ目や、砂利底のくぼみなどを狙う。また沖合の浅い岩礁地帯や魚礁周りは、アイナメの沖釣りが楽しめる釣り場となっている。

釣り方

沿岸部の岩礁地帯や堤防からの釣りでは、落とし込み釣り、投げ釣りで狙えるが、数を釣るには船でポイントを狙う沖釣りがいい。

アイナメのそっくりさん

クジメ
カサゴ目アイナメ科

アイナメ釣りで、ときどき混じるアイナメとよく似た魚。アイナメの尾ビレの先が垂直なのに対し、このクジメは扇形。また、側線がアイナメの５本に対し、このクジメには１本しかない。黒潮流域に比較的多く生息する魚だが、アイナメと区別しない地域もある。●全長　30cm。●地域名　アブラコ、ノソ。

用語 **岩礁（がんしょう）**●岩礁とは水中や水面に露出した岩場のこと。潮の流れで岩場が削り取られ、魚の絶好の隠れ場となっていることが多い。

落とし込み釣り

磯　堤防

落とし込み釣りとは

アイナメは上層から沈んでくるエサに反応する習性をもち、この習性を利用した釣り方がアイナメの落とし込み釣り。赤く塗った滴《しずく》形のオモリ、ブラクリ（ブラクリオモリ）の動きでアイナメを誘い、釣り上げる。広い範囲のポイントでは投げ釣り仕掛けを使用。

仕掛け

◎竿　3・6〜5・3mの磯竿が使い勝手がよい。1・8〜2・4mのキス竿、振り出し竿でもOK。

◎リール&ミチ糸　小型スピニングリールにナイロン2〜3号50m。

◎ハリス　赤い麻糸を2〜3㎝。

◎ハリ　セイゴ11号。

◎オモリ　ブラクリ2〜6号。

エサ

アオイソメでも釣れるが、イワイソメによくヒットする。イワイソメは5㎝くらいに切り、ハリのチモトが隠れるように上部にずり上げてつける。たらしは2〜3㎝程度でよい。

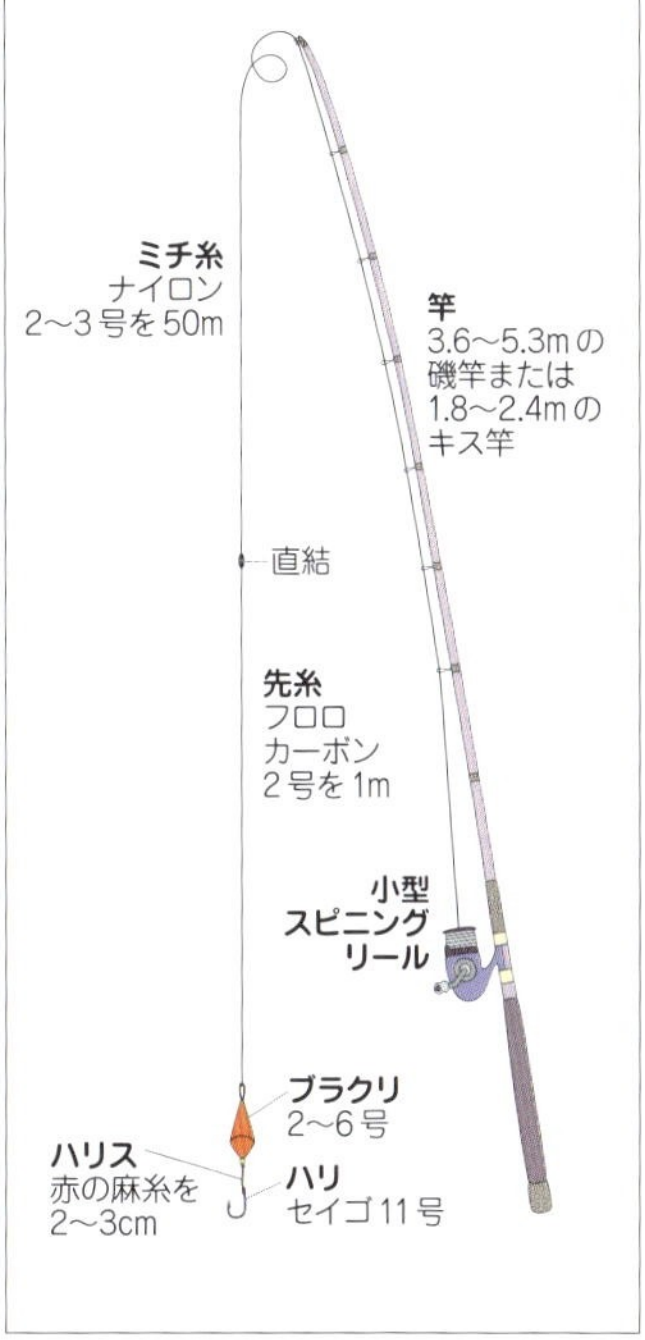
ミチ糸
ナイロン
2〜3号を50m
竿
3.6〜5.3mの
磯竿または
1.8〜2.4mの
キス竿
直結
先糸
フロロ
カーボン
2号を1m
小型
スピニング
リール
ブラクリ
2〜6号
ハリス
赤の麻糸を
2〜3cm
ハリ
セイゴ11号
【落とし込み釣りの仕掛け】

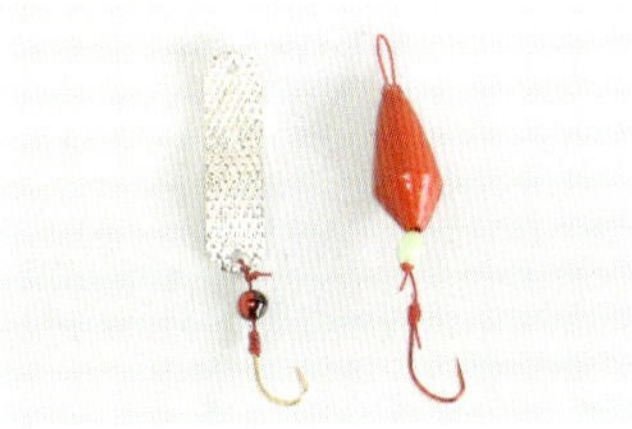
平たい形もあるブラクリオモリ

岩や堤防の
すき間を狙って
ゆっくり落とし込む
ブラクリ
アイナメが反応
【落とし込み釣りのテクニック】

釣り方…アタリ取り

●ブラクリで誘う釣りを

アイナメは消波ブロックの影や岩礁のくぼみに隠れ、落下するエサを待つ習性がある。このことを頭に入れ、岩礁の割れ目などポイント周辺に仕掛けを落とし込み、ブラクリを浮かしては、また落とし込んで、アイナメを誘おう。

同じポイントのアイナメはスレやすいので、2〜3匹釣れたら場所を移動する方が効率がよい。ポイントは根掛かりしやすいので、仕掛けは多目に持参しよう。

●ルアーのスプーンも効果的

仕掛けが沈んでいくとき、ミチ糸に出る微妙な変化がアイナメの前アタリ。これはアイナメが一気にエサを呑み込まないためで、このとき早アワセをしないで、前アタリを感じたら少し送り込もう。次にググッとアタリが出たら、2〜3秒待ってアワセれば確実にハリ掛かりするはずだ。

ブラクリの代わりにルアーのスプーンがいい場合もある。もちろん、スプーンのハリにはアオイソメやイワイソメなどのエサをつける。フワッと沈んでくるエサに反応するアイナメにとって、まさにスプーンはうってつけ。あまり深くないケーソン*際や磯ではブラクリより効果的だ。

用語　ケーソン●防波堤や橋梁（きょうりょう・橋）などをつくるとき、海底に沈めてその基礎とするために使われる大型のコンクリート製、鋼製の箱。海ではその周囲は魚がつくポイントとなる。

アイナメの沖釣り

北方系の魚であるアイナメの沖釣りは、海水温が下がる秋口から翌年の春までが盛期。ただ、東北以北の沿岸部では一年中沖釣りが楽しめる。

沖釣りといっても、沿岸の水深5～20mの岩礁帯や魚礁周り、砂利底のカケアガリ*など、浅いポイント上を狙う釣りで、船で釣り場に到着したら、ポイントの上を流しながら釣るのが一般的。

釣り方としては、胴つき仕掛けで狙う投げ釣りの他、堤防の落とし込み釣り同様のブラクリオモリを使った釣りも行われている。船宿によって仕掛けは異なるので、あらかじめ確認しておこう。

仕掛け

中通し胴つき仕掛け

◎**竿**　1・8～2・4mのキス竿（オモリ負荷15号）。

◎**リール&ミチ糸**　小型同軸リールにPE*2号を100m。

◎**幹糸***　フロロカーボン4号を50cm。

◎**ハリス**　枝ハリスともにフロロカーボン3～4号を15～20cm。

◎**ハリ**　セイゴ12～14号。

◎**オモリ**　10～15号の中通しオモリ。

◎**その他**　三叉サルカン、ヨリモドシ、ゴムパイプ。

ブラクリ釣り仕掛け

◎**竿**　1・8～2・4mのキス竿または振り出し竿でも可。

◎**リール&ミチ糸**　小型スピニングリールにナイロン3～5号を50m。

◎**先糸**　フロロカーボン4号を50cm。

◎**ブラクリ**　ブラクリ3～8号。

◎**ハリ**　セイゴ12～14号。

エサ

堤防の落とし込み釣り同様、イワイソメやエビエサを使用。ともに、エサはハリとまっすぐになるようにつける。

【アイナメの沖釣り仕掛け】

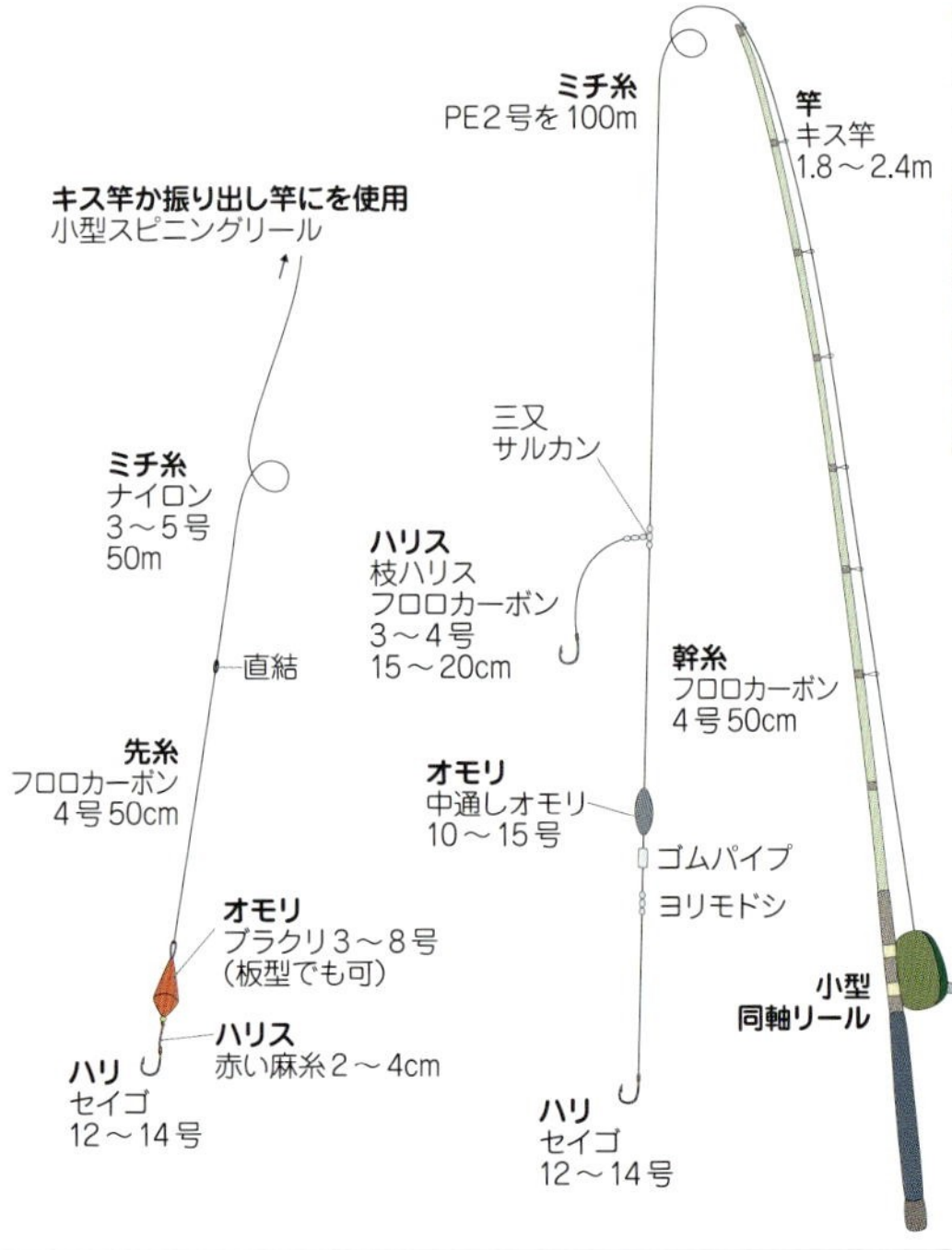

【エサのつけ方】

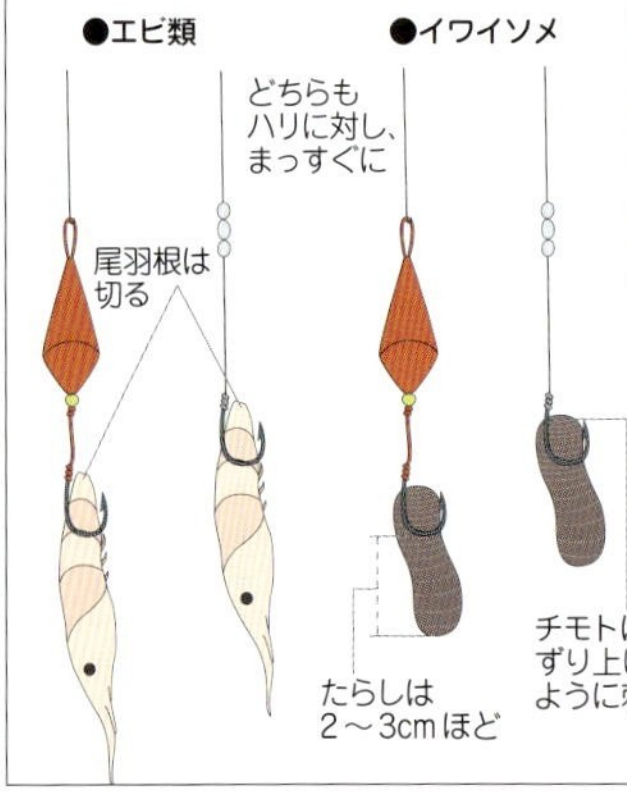

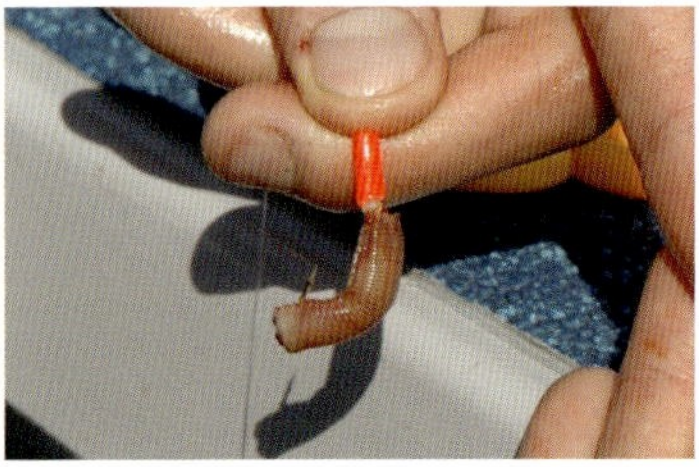
イワイソメのつけ方例。たらしがハリに対してまっすぐになるのがコツ

用語 **カケアガリ**●ポイントのひとつで、深みと深みをつなぐ浅くなった場所のこと。水流でエサとなる小動物が集まるために、魚の就餌（しゅうじ・エサの捕食）活動が盛んだ。

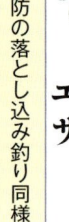

【あおってアイナメを誘う釣り方】

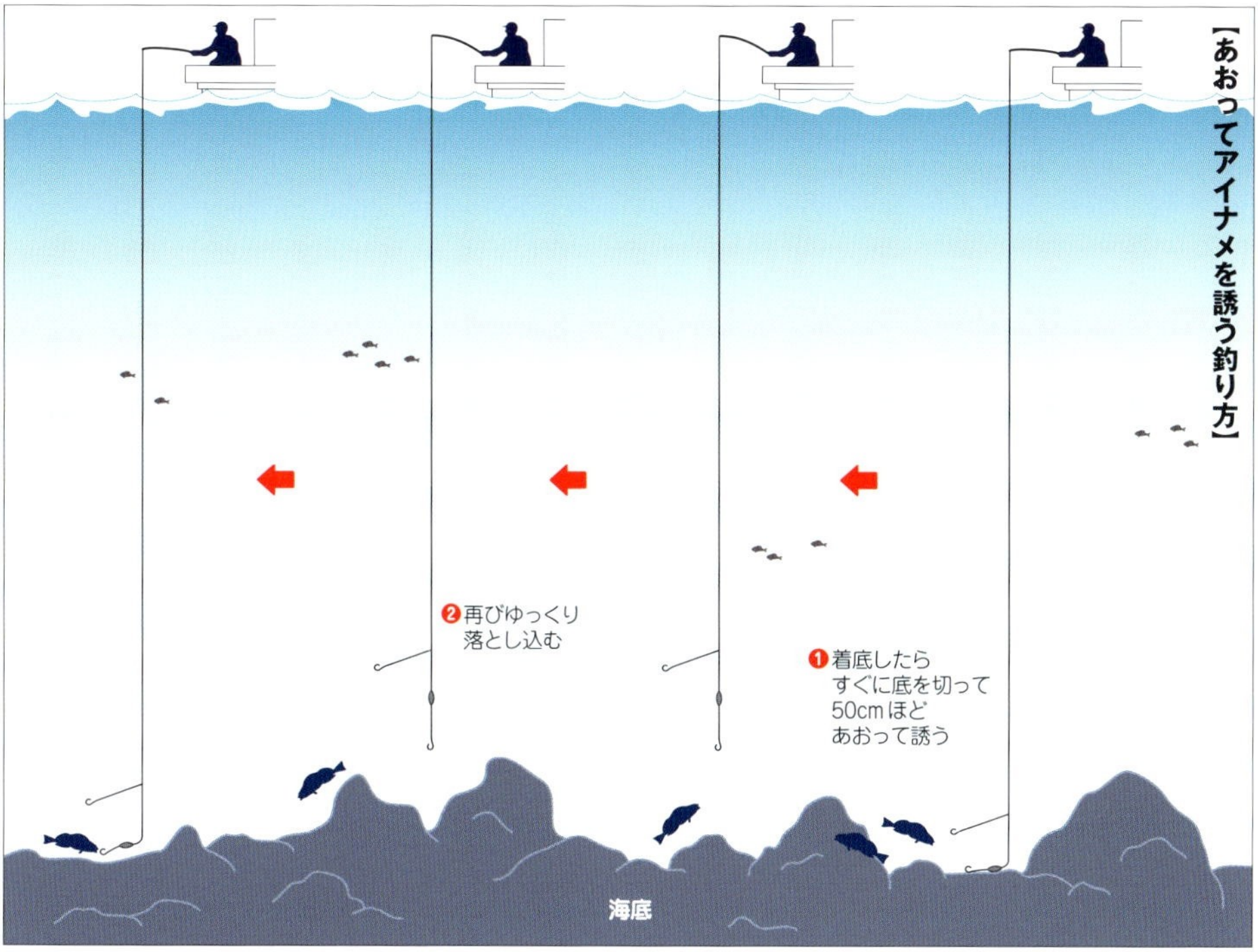
❷再びゆっくり
落とし込む
❶着底したら
すぐに底を切って
50cmほど
あおって誘う
海底

釣り方❶…根を釣る

アイナメ釣りは「根を釣れ」といわれるように、海底の岩陰などに潜んでいるアイナメをいかにエサの動きで誘い出し、ハリ掛かりさせるかにかかっている。

●根掛かりさせない工夫を

しかし、遊漁船で向かう沖合のポイントはゴツゴツした岩がからみ合う岩礁帯。それだけに根掛かりさせないよう、仕掛けや釣り方のちょっとした工夫が功を奏す。

中通し胴つき仕掛けの釣りでは、まず仕掛けを投げ入れたら、一度着底させる。着底する前にアタリがくることもあるが、ほとんどはエサをくわえただけの状態なので、そのまま着底させる。

釣り方❷…シャクる

着底したら、すぐにリールを巻いて糸フケを取り、50cmほどあおってやり、再びゆっくり沈めてやる。この繰り返しでアイナメはエサに注目、再びエサを追ってくるので、アタリがあったら様子をうかがいながらアワセをくれてやればよい。

この誘いの操作はまた、仕掛けを投入後に随時竿をシャクっているので、根掛かりを防ぐことにもなる。理にかなった釣り方といえるだろう。

point

もしも根掛かりしてしまったら！

アイナメは根魚だけに、根掛かりは避けられないトラブル。しかし根掛かりしても、ハリではなく、オモリが引っ掛かっているようならまずは竿を適度に引いてあおってみよう。次に一気にテンションをゆるめて0に。この反動で引っ掛かっていたオモリが外れることがあるので、試す価値は十分だ。ただし、無理に竿を引っ張って、竿の破損など致命的なトラブルも起きかねないので無理は禁物！

食いがよいと一荷で釣れることも

用語 **PE（ピーイー）・フロロカーボン●** PEはポリエチレン樹脂をよってつくった糸。ひっぱり強度が強く、伸びが少ない。フロロカーボンはナイロンと比べ伸縮性がなく、丈夫で硬いため、ハリスに使われる炭素系新素材だ。

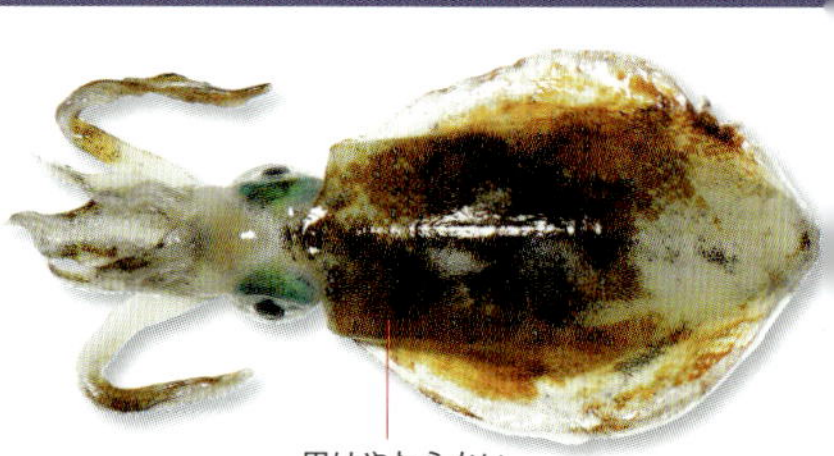

甲はやわらかい

ツツイカ目ヤリイカ科

日本古来のルアーで狙う沿岸にすむ高級イカ

アオリイカ

ゴト、バショウイカ、ミズイカ、モイカ

船　ボート　磯　堤防　浜

生　態 ふだんは沿岸部の深場に生息。春から夏にかけて産卵のために、浅瀬の藻場に寄ってくる。

カレンダー

1	2	3	4	5	6	7	8	9	10	11	12
		大型が多くなる								小型が中心で数が釣れる	

＊釣りは１年中可

全　長 最大60cm
（通常は10～30cm）

食　性 小魚や甲殻類

分　布 北海道以南の水深 5～30mの沿岸に生息。ただ太平洋側は茨城県以南、日本海側は福井県以西に多い。

特徴

イカの仲間は、スルメイカやヤリイカのようにヒレの先端が三角形のエンペラで、体内に軟甲《なんこう》をもつツツイカの仲間と、胴回り全体についている半円のヒレが大きく、体内に硬い甲をもつコウイカの仲間とに大きく分けられる。

アオリイカは寸胴で、胴回りについたヒレも大きく、見た目はコウイカのようだ。しかし、実はツツイカの仲間。

釣り場

産卵期の春から夏にかけ、浅場にやってきたアオリイカは、盛んにエサを追うようになる。この時期から昼は堤防周りや磯の藻場周辺、夜は小魚が集まる堤防の常夜灯付近が釣り場となる。

釣り方

餌木《えぎ》と呼ばれるエビの形を模した、日本古来のルアーを使った釣りが基本的で、最もポピュラーな釣り方だ。遊漁船での沖釣りに加え、磯や堤防から餌木をキャスティングして狙うエギングという釣法がある。

また、活きエサのアジを泳がせて釣るヤエンという釣法もある。

point

ビギナーの餌木《えぎ》の選び方

釣具店に行くと、さまざまな色や大きさのアオリイカ用の餌木が並んでいる。ビギナーならどれを選んでよいのか迷って当然だが、大きさは3.5～4号ほど、色はオレンジ系、ピンク系、ブルー系、グリーン系の４種類を選んでおけば問題ない。その日の潮によってアタリ餌木は違ってくるが､餌木の選択よりいかにシャクって、アオリイカにアピールできるかが重要だ。

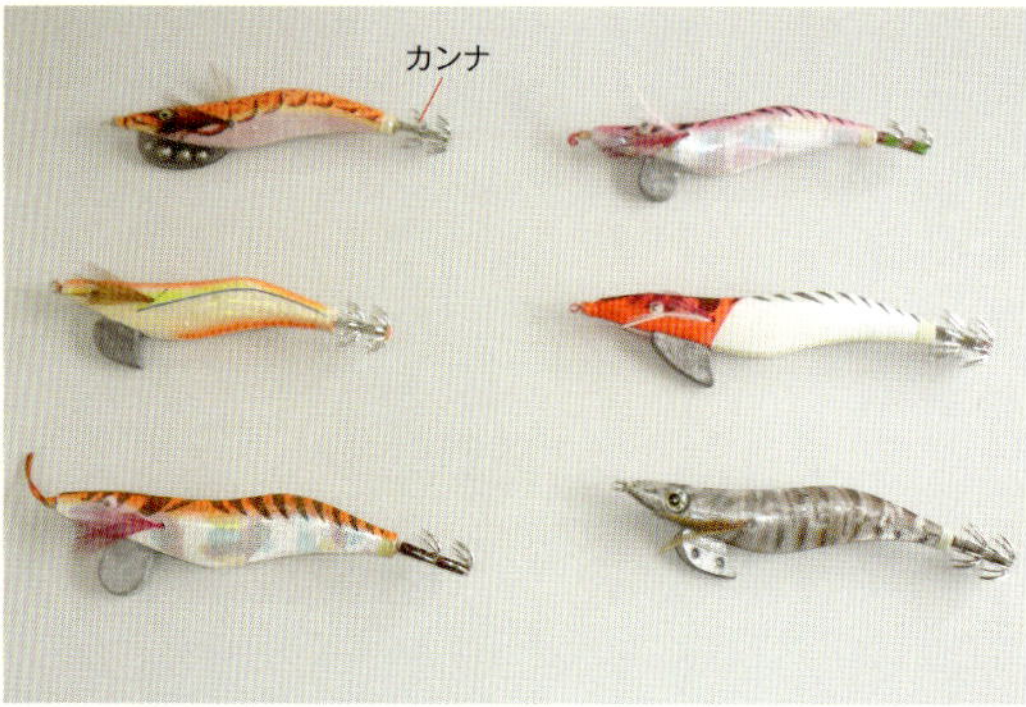

餌木のいろいろ。色、大きさもさまざまだが、釣りバリに相当するカンナもシングルのもの、ダブルのもの、片側だけについているものなどさまざまだ。

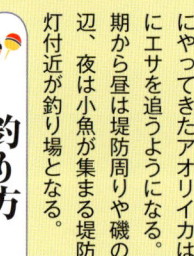

アオリイカの沖釣り

船

基本的な沖釣り釣法

堤防周りにはない沖合の岩礁帯や、藻場周辺のポイントに寄っているアオリイカを、餌木で誘う釣り方のひとつ。ミチ糸に中オモリをつけ、その先のハリスに餌木をつけるもので、最も一般的な沖釣りの釣法だ。

仕掛け

◎**竿**　アオリイカ専用竿またはオモリ15号程度で1・5〜2・1mの先調子の竿。キス竿やカワハギ竿でもよい。

◎**リール&ミチ糸**　小型両軸リールにミチ糸PE2〜3号を100m巻いたもの。

◎**中オモリ**　10号程度。

◎**ハリス**　3〜4号を4〜5m。

◎**餌木**　3・5〜4号。潮によってアタリのカラーが変わってくるので何種類か用意しておく。

◎**その他**　*スナップ。

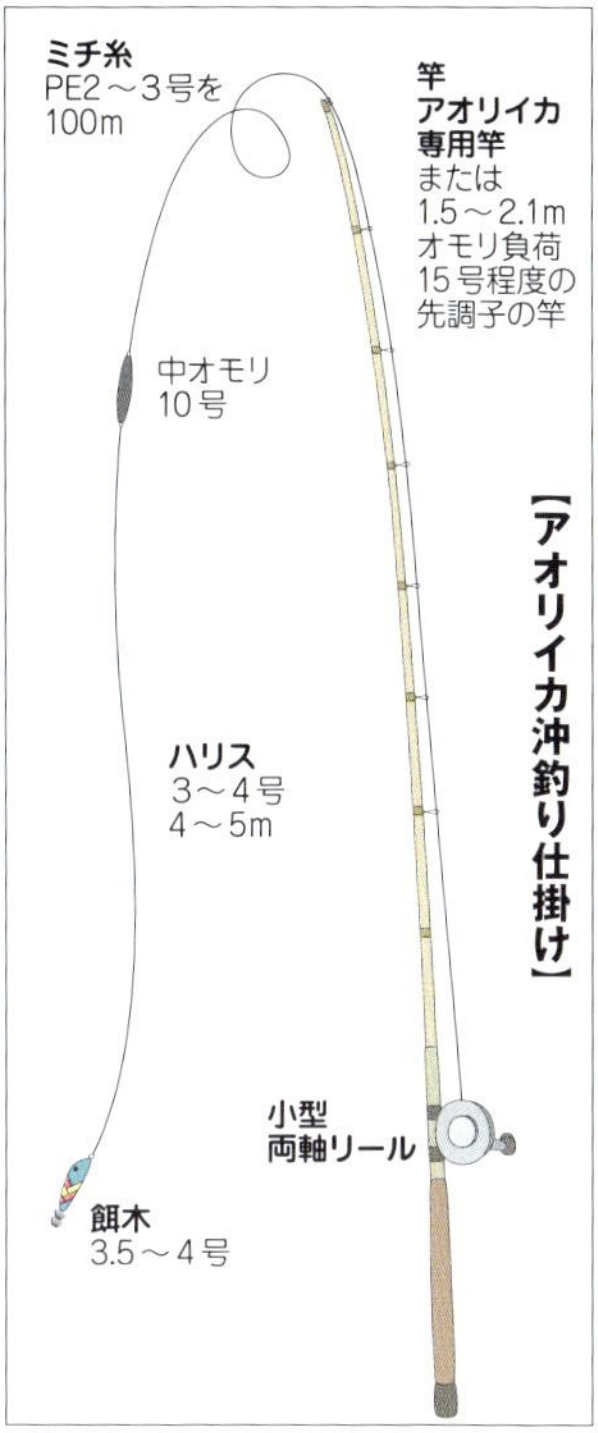

ミチ糸
PE2〜3号を
100m
竿
アオリイカ
専用竿
または
1.5〜2.1m
オモリ負荷
15号程度の
先調子の竿
中オモリ
10号
ハリス
3〜4号
4〜5m
小型
両軸リール
餌木
3.5〜4号

【アオリイカ沖釣り仕掛け】

釣り方❶…餌木をシャクる

仕掛けを準備したら、竿先まで中オモリがくるようにリールを巻いておく。片手に竿を持ち、船長の合図とともに餌木をハリス分投

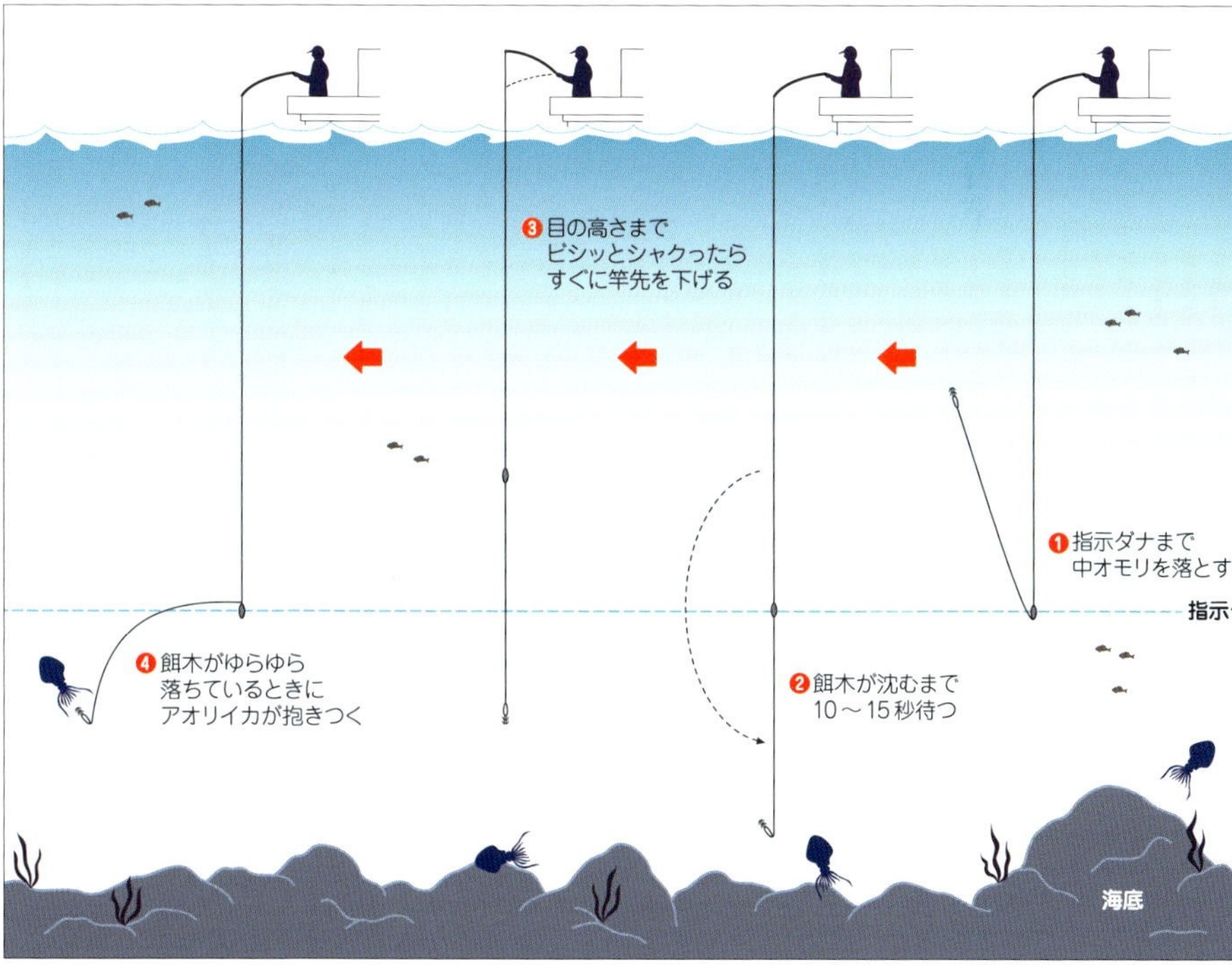

❶指示ダナまで
中オモリを落とす
指示ダナ
❷餌木が沈むまで
10〜15秒待つ
❸目の高さまで
ビシッとシャクったら
すぐに竿先を下げる
❹餌木がゆらゆら
落ちているときに
アオリイカが抱きつく
海底

【アオリイカの沖釣り】

用語　**スナップ**●一方がハリスを結ぶリングで、もう一方は片側が自在に開いてルアーや仕掛けを装着できる小型の金具。ルアーの交換が容易に行えるので便利。この他、ミチ糸に仕掛けが簡単に装着できるようなヨリモドシつきのスナップなど、多数種類がある。

げ、すぐに中オモリを落とす。

海底が複雑な岩礁帯を釣ることが多いので、タナは海面から取ることになる。中オモリがくる位置をタナとしている船宿が多い。またハリスの長さも船宿で決まっていて、おおむね海底から1m付近に餌木がくるように、指示が出されるはずだ。

●シャープなシャクリ

タナを取ったら10〜15秒ほど待って最初のシャクリを入れ、餌木が沈むのを待つ。同じようにシャクリを繰り返すが、シャクリは竿を下げた位置から目の高さまでギュッとシャープに行い、すぐさま竿先を下げる要領。海中でシャクられた餌木が、ゆらゆら落ちていくイメージを頭に描こう。

釣り方②…竿をためる

水深は刻々変化する。水深が変わると船長からアナウンスがあるので、その都度タナを取り直す。

シャクリの間隔は7〜8秒が基本。シャクリを入れたとたんグッという重みを感じたらアオリイカがのった証拠。竿を立てたままひと呼吸置いてゆっくりリールを巻いていく。大型の引きは強烈なので、引いている間はリールを巻かず、竿でためて引きをこらえよう。強引に巻くと身切れしてバレてしまうこともある。

取り込みは中オモリをつかんで竿を置き、ハリスをたぐり寄せる。大物はタモですくってもらおう。


【餌木のパーツ】

ラインアイ
羽根
カンナ
スナップ
オモリ

カンナ／カエシのないハリ。上半分にしかカンナをつけていない餌木もある。**オモリ**／シンカーともいう。**羽根**／イカをカンナの部分に抱きつかせるためもの。イカは羽根を嫌って餌木の頭の部分には抱きつかない。**ラインアイ**／ハリスを結ぶ部分。**スナップ**／ハリスにこれをつけておくと餌木をすぐ交換できる

堤防・磯のエギング

ボート　磯　堤防

エギングとは

アオリイカ釣りでは最もポピュラーな釣り方で、磯や堤防から餌木をキャスティングし、ルアーのジギング*のようにシャクる。餌木が小魚やエビが跳ねているように見せ、イカを誘うことから「エギング」と呼ばれている。

アオリイカは食味もよく、ルアーフィッシングのようなゲーム性も加わることから、人気の釣法となっている。

また、アオリイカは春から夏にかけて、産卵のため浅瀬の藻場に寄ってきているため、比較的大きなイカが釣れる。秋は春に生まれたイカが成長し、小型ながらイカの数釣りも楽しめる。

仕掛け

◎ロッド　8〜9ftのエギング専用ロッド。シーバス用ロッドでもよい。
◎リール&ライン(ミチ糸)　小型スピニングリールにPE0・8〜1・5号を100m巻いたもの。
◎リーダー(ハリス)　フロロカーボン2〜3号を2m。
◎餌木　3・5号。潮によってアタリのカラーが変わってくるので何種類か用意する。
◎その他　スナップ。

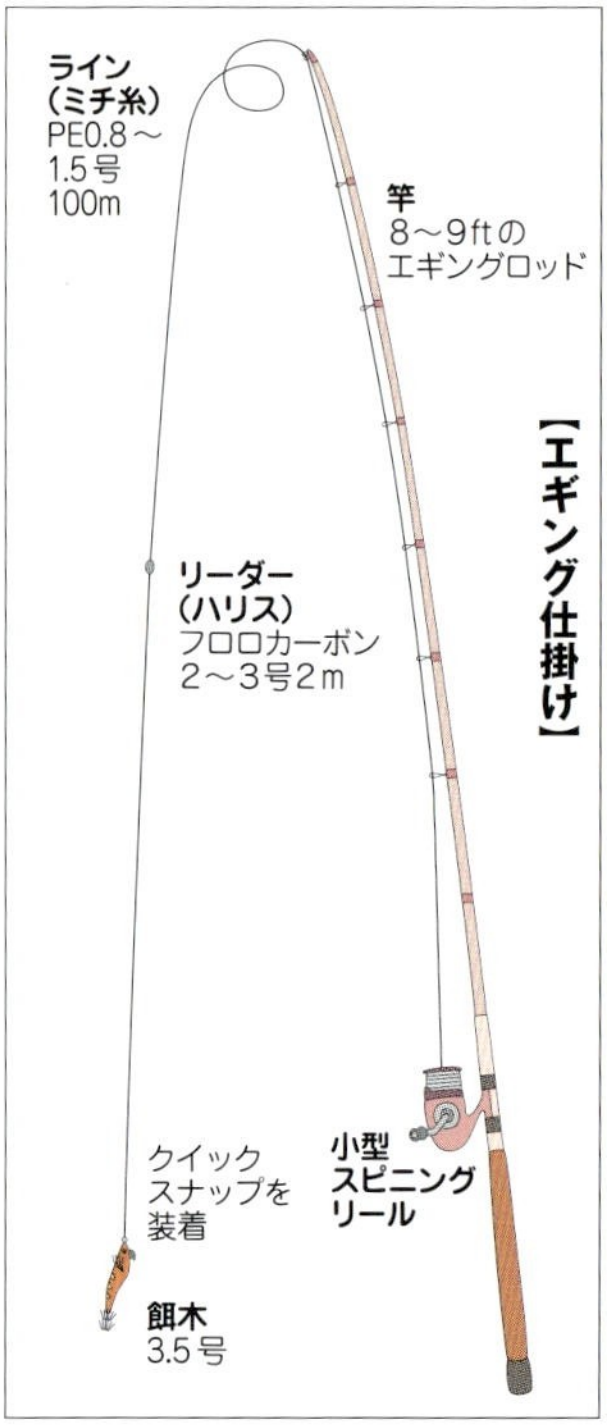
【エギング仕掛け】
ライン(ミチ糸)
PE0.8〜1.5号
100m
竿
8〜9ftのエギングロッド
リーダー(ハリス)
フロロカーボン
2〜3号2m
小型スピニングリール
クイックスナップを装着
餌木
3.5号

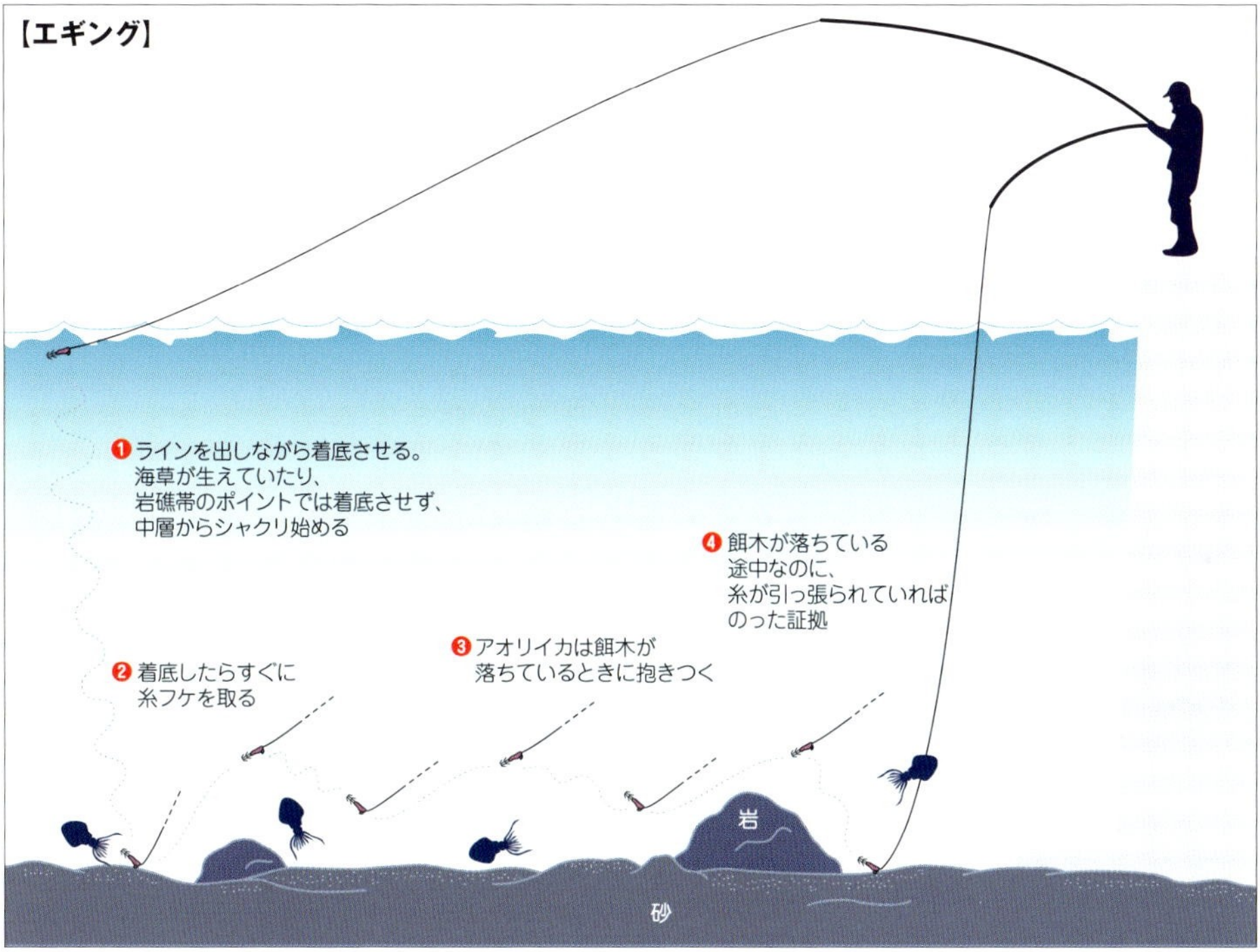
【エギング】
❶ラインを出しながら着底させる。
海草が生えていたり、
岩礁帯のポイントでは着底させず、
中層からシャクリ始める
❷着底したらすぐに
糸フケを取る
❸アオリイカは餌木が
落ちているときに抱きつく
❹餌木が落ちている
途中なのに、
糸が引っ張られていれば
のった証拠
岩
砂

釣り方❶…イカを誘う

キャスティングした餌木が着水したら、ライン(ミチ糸)がまっすぐになるよう糸フケを取ろう。横から風が吹いていると、ミチ糸が風をはらんで大きくカーブしてしまうことも。次に海底が岩礁帯や藻場でなければ、餌木をそのまま海底まで沈める。水深によっては10秒以上かかることもある。

●餌木の動きを演出

餌木が着底したら、張り気味で沈んでいたミチ糸にフワッとゆるみが出る。この糸フケを取って大きくシャクリ、リールを巻いてロッドを降ろそう。餌木は底から跳ね上がって、ゆらゆらと落ちていく。シャクリ方は2段に分けて行うなど、工夫してみること。

釣り方❷…イカのアタリ

アオリイカは餌木が落ちているときや着底しているときにのる。着底したからすぐ次のシャクリを入れるのではなく、着底しても少し時間をおいて次のシャクリを入れることが大切だ。

着底した餌木をシャクったときにズッと重さを感じたら、イカがのった証拠。あわてずにロッドを立て、ゆっくりリールを巻く。

また、餌木が落ちているときにミチ糸に張りが出たら、イカが餌木を抱いて逃げているので、そこで大きく合わせる。アオリイカは水を吐きながらグイグイと引いてくる。取り込みはタモ網で、慎重に取り込もう。

point

ジャーキング

エギングではアオリイカを誘うシャクリは、最も重要なテクニック。このシャクリでも、50cm くらい小さくシャクってすばやくリールを巻き、すぐさまシャクることをジャーキングという。

ジャーキングのコツは、ロッドを持つ手とリールを巻く手を交互に上下させるように回すこと。大きくシャクる合間にジャーキングを入れると、アオリイカに強烈にアピールできる。

用語 **ジギング**●金属製のルアーであるメタルジグを使って、主に海の中層や底にいる魚を狙うルアーフィッシングの釣り方のひとつ。竿をあおってシャクリ、魚にアピールするテクニックを使う。

堤防・磯のヤエン釣り

磯
堤防

ヤエン釣りとは

活きたアジを泳がせてイカに抱きつかせ、イカがアジを食べているときにヤエンという専用の道具をミチ糸につけて投入。

ヤエンがミチ糸に沿って滑り落ち、アジを食べているイカの下に着いたところで大きくシャクってアワセる。このときヤエンがうまくイカに掛かるか…、スリリングな釣り方だ。

仕掛け

◎**竿** 1・5～2号、4・5mの磯竿。8～9ftのシーバスロッドでもよい。

◎**リール&ライン(ミチ糸)** 中型スピニングリールにナイロン3～4号を100m巻いたもの。

◎**ヤエン** 2～3種類用意。

◎**止めバリ** チヌ2～3号。

◎**その他** 小アジを活かしておくためのバケツ、エアポンプ。

エサ

10cm程度の活きている小アジが一般的。釣りエサ店で購入できるが、あればボラなどでもよい。

【ヤエン釣り仕掛け】

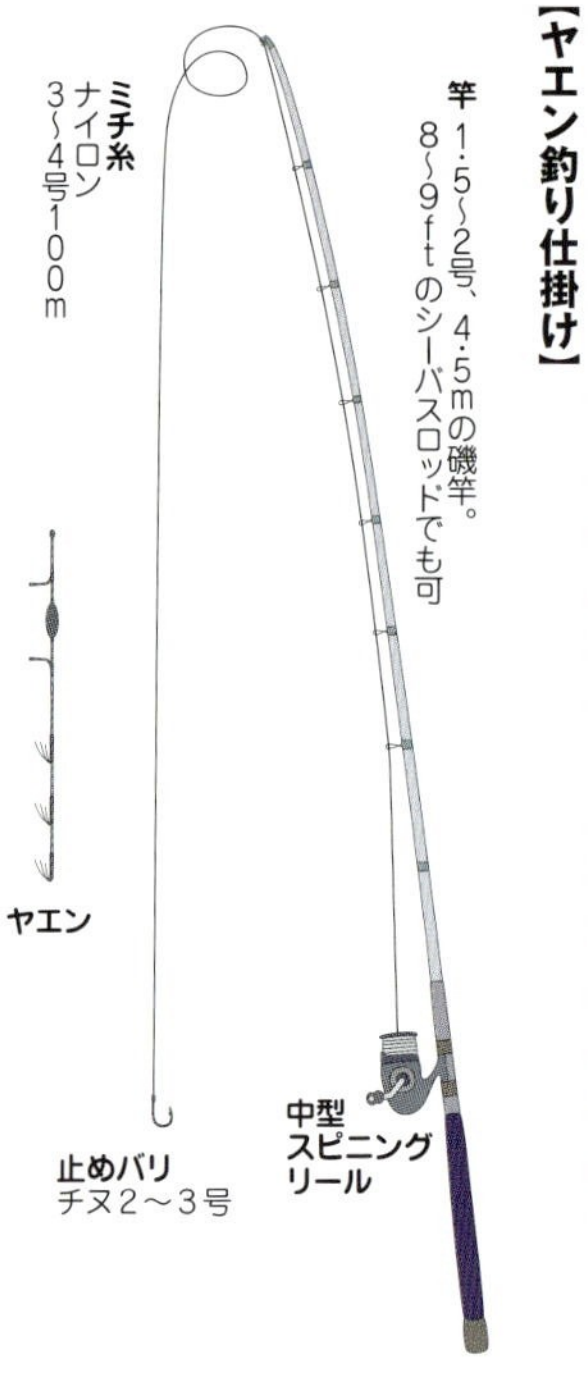

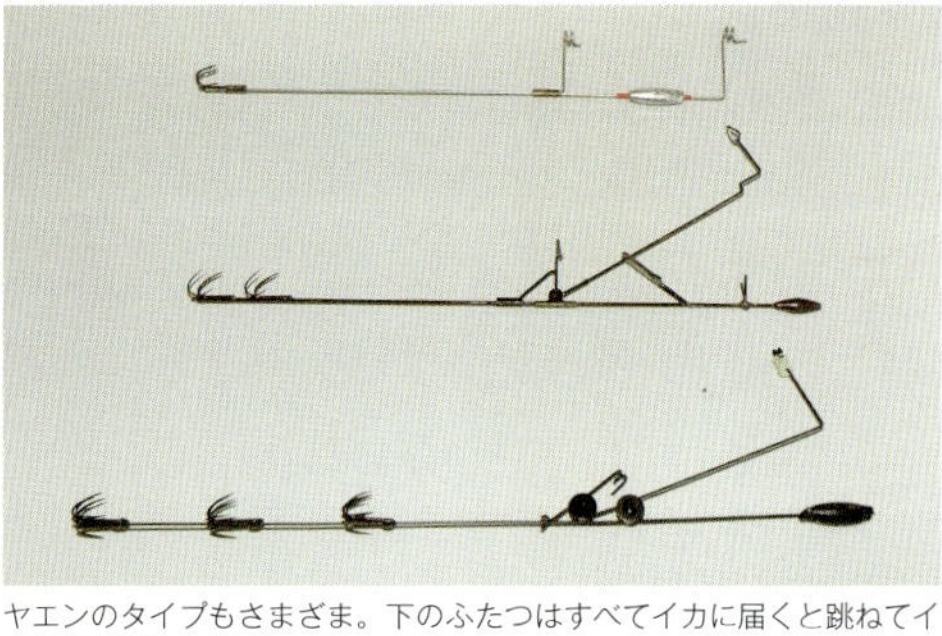
ヤエンのタイプもさまざま。下のふたつはすべてイカに届くと跳ねてイカを挟む跳ね上げ式

釣り方①…アジを抱かせる

仕掛けの準備ができたら、活きたアジの尾ビレのつけ根にミチ糸を巻いて投入。すぐに泳ぎ出すアジもいるが、中にはほとんど動かないアジもいるので、アジが着水したら、糸を張って竿を立てる。

アジは潜ろうとするのでミチ糸を送り出し、イカがアジを抱くのを待つ。時折アジをゆっくり引っ張るなど誘いをかけてみよう。リールのドラグ*は、アジが泳いでも糸が出ない程度にゆるめておく。

●ききアワセる

リールからジリジリと糸が出ていくようならアタリ。アオリイカは群れている場合が多く、アジを抱いたイカは、自分の落ち着く場所まで引っ張っているのだ。

動きが止まれば竿を立て、少しききアワセてみる。このときイカが引いていたら、イカはまだアジに夢中になってはいないので、しばらくそのままにしておく。

【活きアジのつけ方】

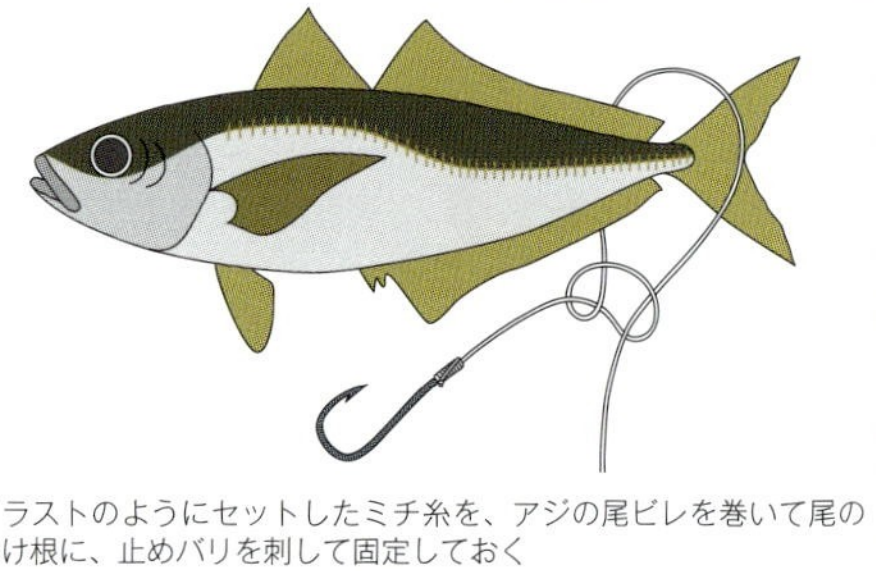
イラストのようにセットしたミチ糸を、アジの尾ビレを巻いて尾のつけ根に、止めバリを刺して固定しておく

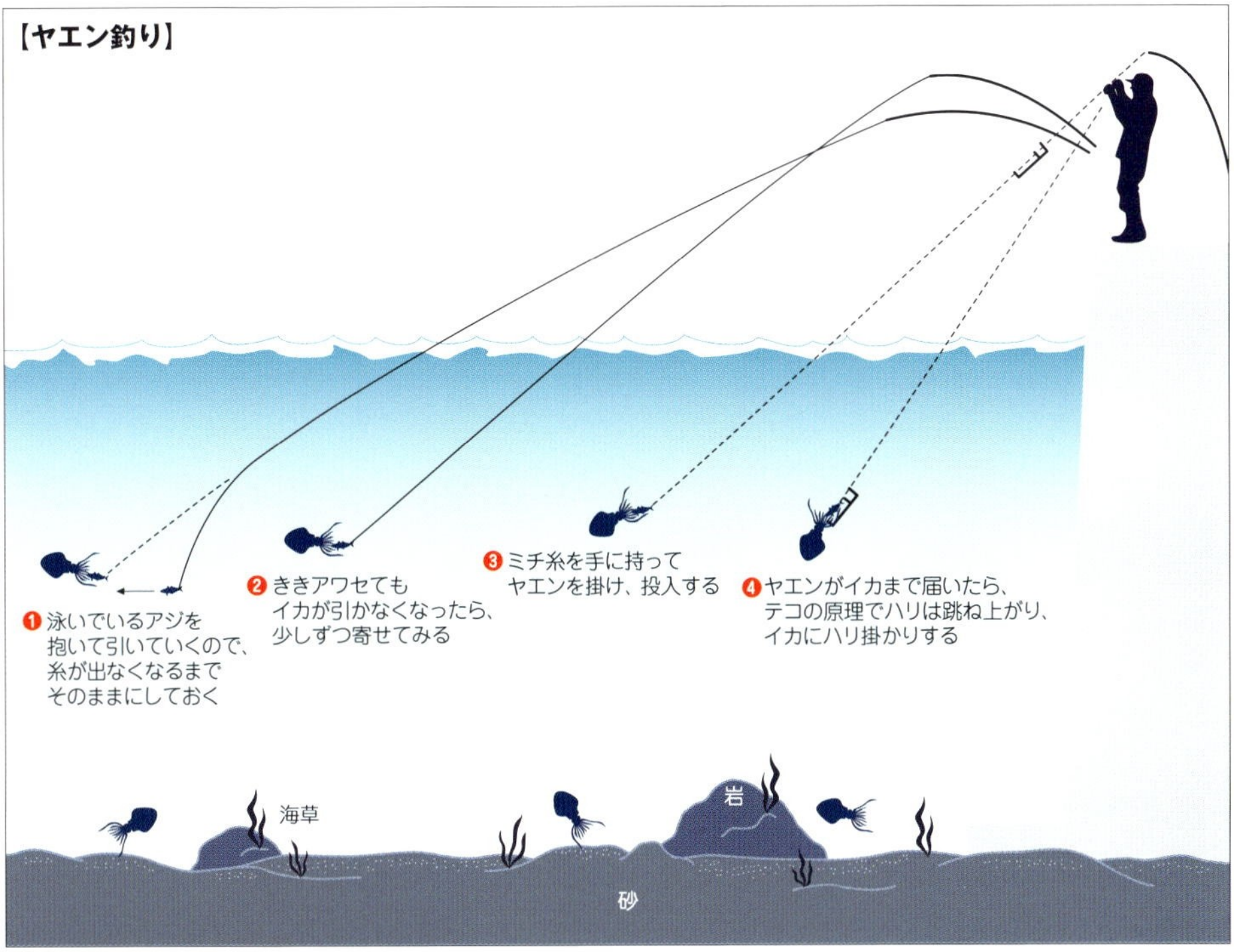
【ヤエン釣り】
❶泳いでいるアジを
抱いて引いていくので、
糸が出なくなるまで
そのままにしておく
❷ききアワセても
イカが引かなくなったら、
少しずつ寄せてみる
❸ミチ糸を手に持って
ヤエンを掛け、投入する
❹ヤエンがイカまで届いたら、
テコの原理でハリは跳ね上がり、
イカにハリ掛かりする
海草
岩
砂

釣り方❷…ヤエンの投入

ききアワセたとき、ゆっくりイカがついてくればしめたもの。ミチ糸の角度が40度くらいになったところで、ヤエンを投入する。

投入のタイミングはイカがなるべく足元に寄ったときで、同行者がいたらヤエンを掛けてもらい、ひとりならミチ糸をつかんで糸を張り、ヤエンを掛けたら滑らせるように投入する。このときヤエンが海中に滑り込むまで、糸をゆるめないことが大切だ。

ヤエンがうまく海中に滑り込んだら竿を立て、少しずつイカを足元に寄せる。ヤエンがアジにぶつかると、ヤエンのハリとオモリのバランスでイカの下にハリが潜り込み、ヤエンのハリがイカに掛かる仕組みになっている。

●重みを感じたら…

しかし、ミチ糸の角度がゆるいと、イカまでヤエンが届かず、イカがヤエンを嫌ってアジを放してしまうことがあるので注意。

届いていない場合は、リールを巻いて竿先を下げ、大きくシャクリ上げる。イカがヤエンに掛かっていたら、ずっしりとした重みを感じるはずだ。イカの引きを楽しみながらあわてずにゆっくりリールを巻いて寄せる。取り込みはタモ網を使うと安心だ。

♀
♂
アオリイカの胴体に白い横筋が入っているのがオス。メスは水玉模様が散らばっているのが特徴だ

イカの仲間ではアオリイカは最も浅い沿岸部に寄るため、手近な堤防での釣りは人気がある

用語 ドラグ●リール竿の釣りで、魚の強い引きのために糸切れしないよう、スプール（リールの糸巻きの部分）に巻いてある糸の出る量を調節する機能。強い引きにはスプールを逆回転させてミチ糸を送り出す。ゆるめたり、しめたりできる。

スズキ目アジ科

釣って楽しくおいしい身近な魚
アジ（マアジ）

ホンアジ、ノドグロ、ジンタ

船　ボート　磯　堤防　浜

生　態 水深数mの浅い海から100m以上の深場、沖合の岩礁から砂泥底の浅瀬など、個体群によって生息域は異なる。群れで回遊する。

カレンダー

1	2	3	4	5	6	7	8	9	10	11	12
					脂がのって美味						

＊釣りは1年中可

全　長 最大45cm（通常は20～35cm、それ以下は小アジ、豆アジなどと呼ぶ）

食　性 動物性プランクトン、小魚

分　布 西太平洋温帯域の固有種で、北海道以南の各地に分布するが、沖縄ではまれ。

特徴

刺身やタタキ、干物など、アジは食卓で最もなじみのある魚だろう。アジの仲間には一般的なマアジの他、ヒラアジの仲間、ムロアジの仲間など多くの種類がいる。

アジ科の魚の多くは、ゼイゴというギザギザのウロコ(盾状鱗)が尾ビレ側の側線についているので、サバやイワシなどの仲間と区別できる。小型から中型は静かな内湾にも入り、堤防などでもよく釣れるが、大きいアジを釣るなら沖釣りだ。

◆絶品の味わいをもつ金アジ

東京湾などで釣れるマアジに、黄色みを帯びた「金アジ」と呼ばれるマアジが混じることがある。回遊しない居つきのマアジだという説もあるが、美味で市場に出回ることはない。金アジを食べられるのは釣り人の特権といえる。

堤防周りは最も手頃なマアジの釣り場

釣り場

堤防周りからボートで狙える浅場、また深場のある沖合いといろいろな場所にポイントが広がっているので、釣り場は広範囲。大きいアジを釣るなら沖釣りがよい。

釣り方

釣り方は大きくサビキ*釣りとビシ釣りに分けられる。サビキ釣りは手軽な堤防釣りの他、ボートや沖釣りでも行われている最も一般的な釣り方だ。

一方、ビシ釣りはコマセカゴにオモリをつけたビシを使う。アジのビシ釣りは仕掛けが短くて扱いやすく、基本的なアイテムをすべて使うので、沖釣りの入門コースでもある。本格的なマダイや青物釣りの前に一度は経験しておくとよいだろう。

サビキ釣りは一番下にオモリをつける「垂直釣り」だが、ビシ釣りはビシから2mほどの仕掛けを流す釣り方だ。

この他「アジング」というジグヘッドにワームをつけたルアー釣りも人気がある。

マアジは口が切れやすいので、慎重に取り込もう。取り込みにはなるべくタモ網を使いたい。

用語　**サビキ釣り●**サビキ釣りとは幹糸に3～12本程度の枝バリをつけた小物釣り用の仕掛け。枝バリは魚皮や化繊などをつけた疑似餌となっていて、そのハリをエサと勘違いした魚が釣れる仕組み。ふつうはコマセカゴと併用して、コマセで魚を集めながら釣る。

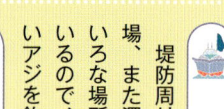

アジ（マアジ）の仲間図鑑

一般にアジといえばマアジを指すが、アジ科の魚はスズキ目に属し、マアジ属、ムロアジ属、ギンガメアジ属、ヨロイアジ属、ブリ属など多くの種類に分けられている。アジの仲間は全世界の熱帯から温帯海域にかけて広く分布しており、日本近海はアジ科魚類の北限に当たっている。

イトヒキアジ
スズキ目アジ科

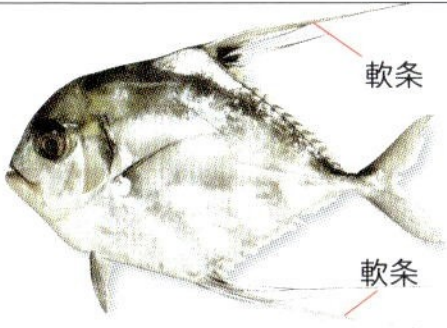

熱帯域の魚で、幼魚は温帯域の内湾から沿岸域にも分布する。1ｍ。
アジとは別種のようだが、れっきとしたアジの仲間。幼魚は表層近くに生息し、長く糸を引いたような背ビレと尻ビレの軟条が特徴。

オアカムロ
スズキ目アジ科

関東地方以南に分布。40cm。
ムロアジの仲間の中でも、ムロアジの体型によく似た魚。尾ビレが赤いので、他のアジとは区別しやすい。味は今ひとつで、煮物や干物にして利用する。

カイワリ
スズキ目アジ科

南日本の沿岸部から沖合いに生息。30cm。
体高が高く銀色で、幼魚には暗色横帯が出ることもある。大きく成長するシマアジとよく似ているが、シマアジより体色の銀色がはっきりしている。鮮魚店にも並ぶ美味。

シマアジ
スズキ目アジ科

中部太平洋～インド洋、大西洋の温帯・亜熱帯域、日本では東北地方以南の沿岸からやや沖合いに生息。1ｍ。
体高が高く、長楕円形。美味で高級魚として知られる。体色は銀色だが、背筋は青緑色。引きが強く、大型はオオカミと呼ばれる。

マルアジ
スズキ目アジ科

南日本の内湾・沿岸域からやや沖合に生息するムロアジの仲間。全長40cm。
マアジによく似ているがマアジより丸く細長い。ムロアジの仲間には尾ビレのつけ根に*小離鰭（しょうりき）があるので区別できる。

メアジ
スズキ目アジ科

全世界の暖海域の沿岸からやや沖合いに生息。30cm。
マアジより体高が高く、体側に黄色の縦帯があるが、不明瞭な場合もある。マアジより目が大きいのが特徴。

point

数を釣るテクニック

サビキ釣りより数が釣れないビシ釣り。しかし、数を稼ぐ方法がある。それはビシを含めた仕掛けをもうひと組つくっておくことだ。釣り上げたアジはビシごと仕掛けを外し、あらかじめコマセを詰めた仕掛けをつける。100ｍ以上仕掛けを落とす海域では、仕掛けが落ちている間にアジを外し、再びコマセを詰めて次の投入に備えておく。食いが立っているときにいちいちアジを外し、コマセを詰めていては時合を逃してしまうからだ。

この方法はサビキ仕掛けには不向き。新しい仕掛けを投入している間に釣り上げたアジが暴れ、仕掛けのオマツリが多いからだ。

用語　**小離鰭（しょうりき）**●尾ビレ手前についている小さなヒレで、高速で回遊するマグロなどについている一種の整流板。ムロアジ類にはついているが、マアジにはついていない。

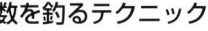

堤防のサビキ釣り

堤防
ボート

アジのサビキ釣り

アジ釣りではサビキ釣りは最もオーソドックスな釣りで、安価なサビキ仕掛けとコマセカゴに詰めたアミコマセを併用して釣る。沖合の船サビキでも使われるが、手頃な堤防の釣りではファンも多く、また数釣りが楽しめるのもこの釣りならではのものだ。

エサ

アジは群れていればサビキ仕掛けだけでも釣れるが、ふつうはアミコマセを寄せエサに、アジを集魚してから釣る。

仕掛け

◎竿　4・5～5・3mの渓流竿か、1号程度の軽い磯竿。堤防付近を回遊するアジは小アジがほとんどで、大きなアジが回遊している場合は渓流竿では竿がたわみすぎて、抜き上げにくい。

◎リール&ミチ糸　小型スピニングリールにナイロン2号を100m。

◎サビキ　幹糸2号に枝ス1号程度の市販のサビキ仕掛け。

◎オモリ　ナス型1～5号。

◎その他　コマセカゴ。

釣り方❶…マヅメを狙う

アジは回遊性の魚なので、狙う堤防付近にアジが群れているか否かが重要。堤防でアジを狙うときは、現地の釣り具店などで情報を仕入れてから釣行しよう。

潮通しのよい堤防の先端付近が好ポイント。アジは暗いときの方が活性が高いので、夜釣りや朝*マヅメ、夕マヅメによく釣れる。

釣り方❷…コマセをさびく

仕掛けはコマセ袋やコマセカゴに、魚皮やスキンつきのサビキ仕掛けが基本で、カラバリのサビキ仕掛けにアミコマセをさびいてエサにするとよく釣れる。

魚皮やスキンつきのサビキ仕掛けも、アミコマセをさびいた方が食いがよい。アミコマセをサビキ専用のコマセケースに入れ、片手でオモリを持ち、糸を張った状態でアミコマセをさびく。

●ウキが使えるサビキ釣り

アミコマセをさびいた仕掛けにはコマセカゴは不要だ。つまり、仕掛けを絶えず上下させてコマセを出す必要がないため、ウキが利用できる。

なお、渓流竿で釣る場合のアタリは、竿先を絞り込むようにググッと出る。

アミコマセをさびく。これでコマセカゴが不要となり、ウキ釣りでアタリを楽しめる

【堤防のサビキ釣り仕掛け】

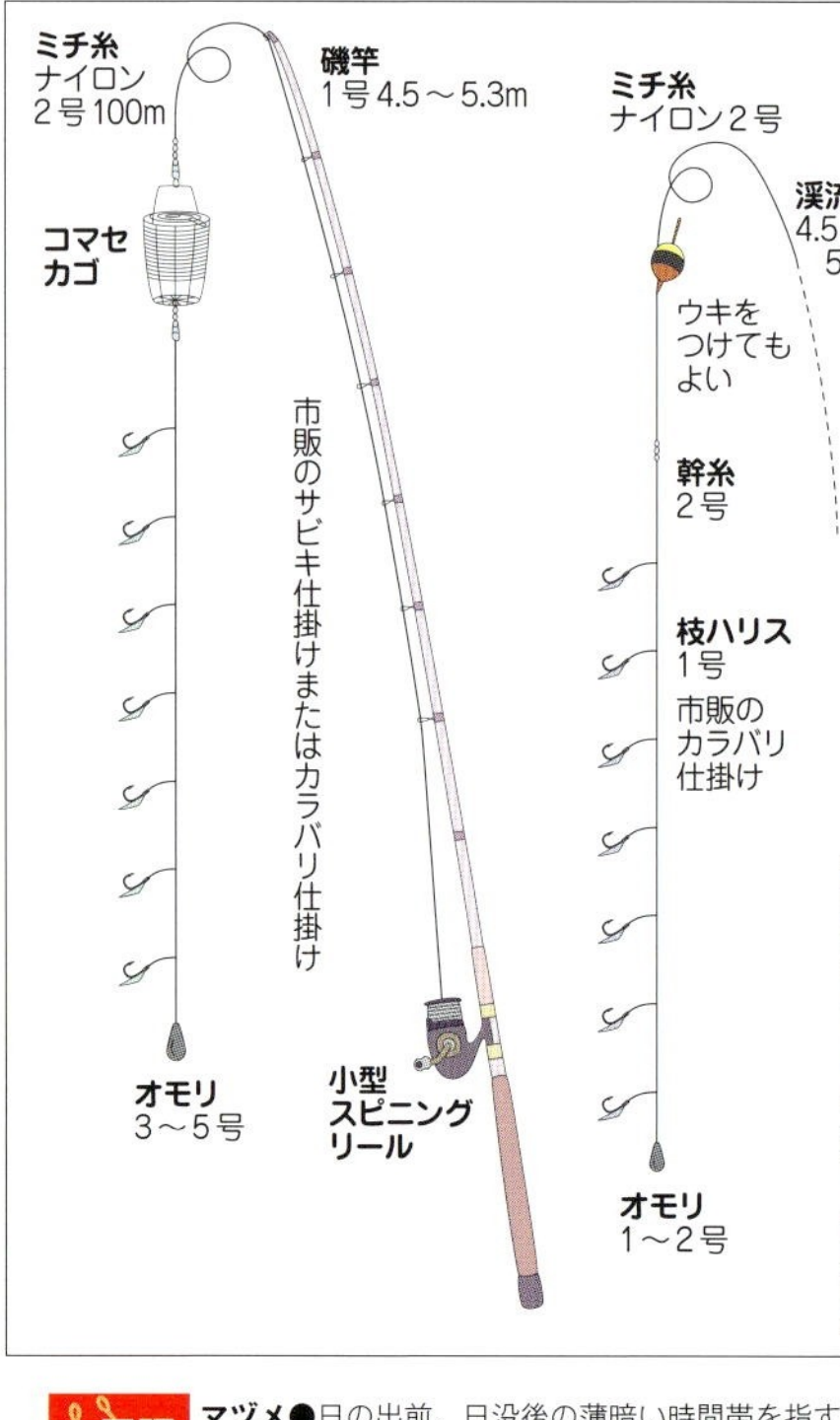
ミチ糸
ナイロン
2号100m
磯竿
1号4.5～5.3m
コマセ
カゴ
市販のサビキ仕掛けまたはカラバリ仕掛け
オモリ
3～5号
小型
スピニング
リール
ミチ糸
ナイロン2号
渓流竿
4.5～
5.3m
ウキを
つけても
よい
幹糸
2号
枝ハリス
1号
市販の
カラバリ
仕掛け
オモリ
1～2号

用語　**マヅメ**●日の出前、日没後の薄暗い時間帯を指す釣り用語。この時間は海でも淡水域でも、魚がエサを盛んに捕食しようとする活性が高まる時間帯だ。朝のマヅメを朝マヅメ、夕方は夕マヅメという。

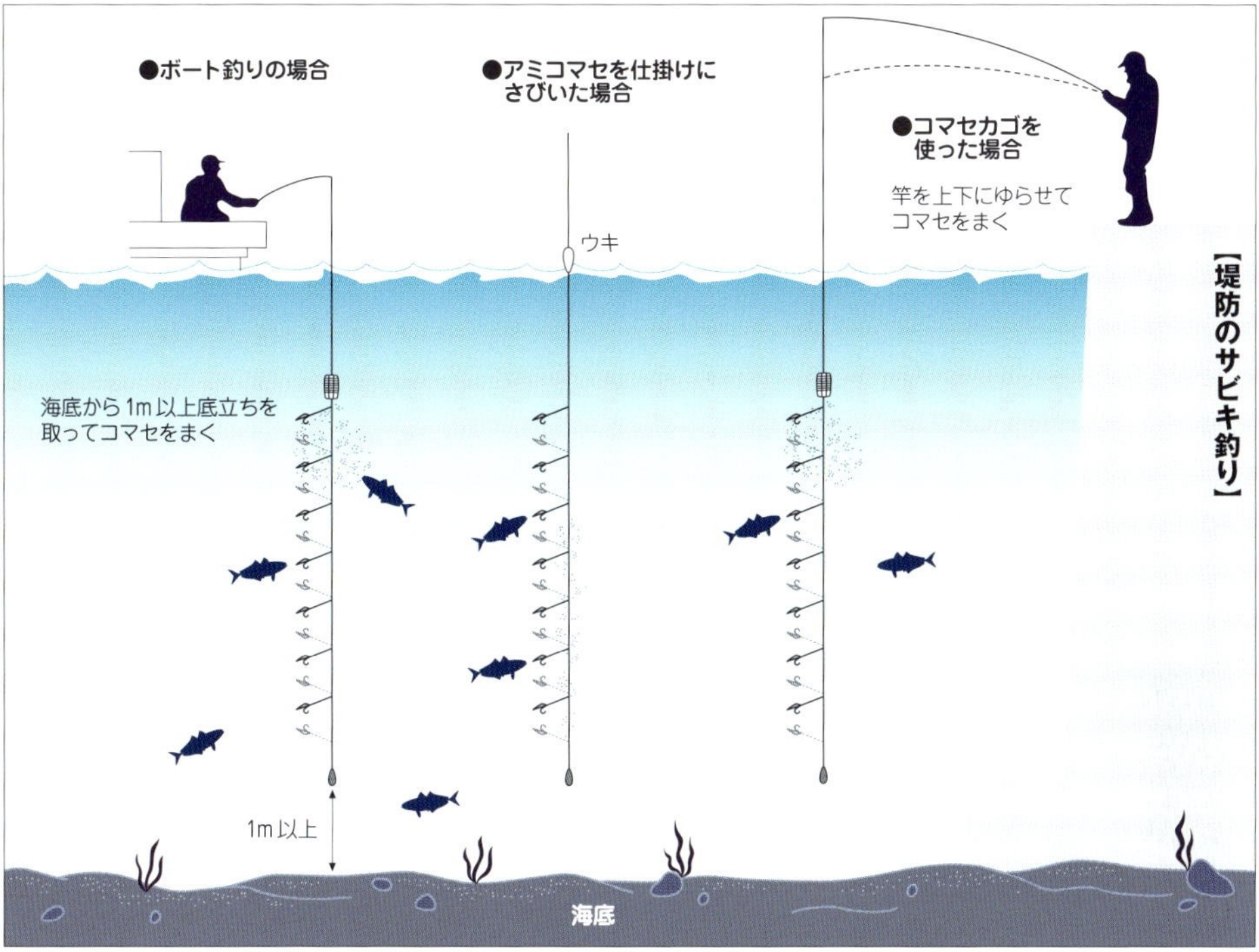
●ボート釣りの場合
海底から1m以上底立ちを取ってコマセをまく
1m以上
●アミコマセを仕掛けにさびいた場合
ウキ
●コマセカゴを使った場合
竿を上下にゆらせてコマセをまく
海底

【堤防のサビキ釣り】

沖のサビキ釣り

船

深場のサビキ釣り

サビキ仕掛けのアジ釣りで、湾内の堤防の先にある生けすや岩礁周りを狙うなら便利なボート釣り（上図参照）もおすすめ。

しかし、このボート釣りと同じ要領で、湾内より型のよいアジの数釣りが楽しめるのが、遊漁船を利用した沖合のサビキ釣り。深場のポイントを狙うだけに竿やリール、仕掛けも変わってくるが、湾内の釣りにはない醍醐味がある。

仕掛け

◎竿　オモリ負荷30～50号の7・3調子の竿で、サビキ仕掛けの長さを考慮すれば、2.4～2.7mと長めの竿が扱いやすい。竿が短いと取り込み途中で、アジをバラしてしまうことも。

◎リール&ミチ糸　中型電動リールにPE3～5号を200m。

◎サビキ　幹糸4～5号、枝ハリス2～3号の市販のサビキ仕掛けを使用。

◎その他　コマセカゴ。

エサ

寄せエサ用としてアミコマセ。地域によってはイカナゴやオキアミを使う所もある。

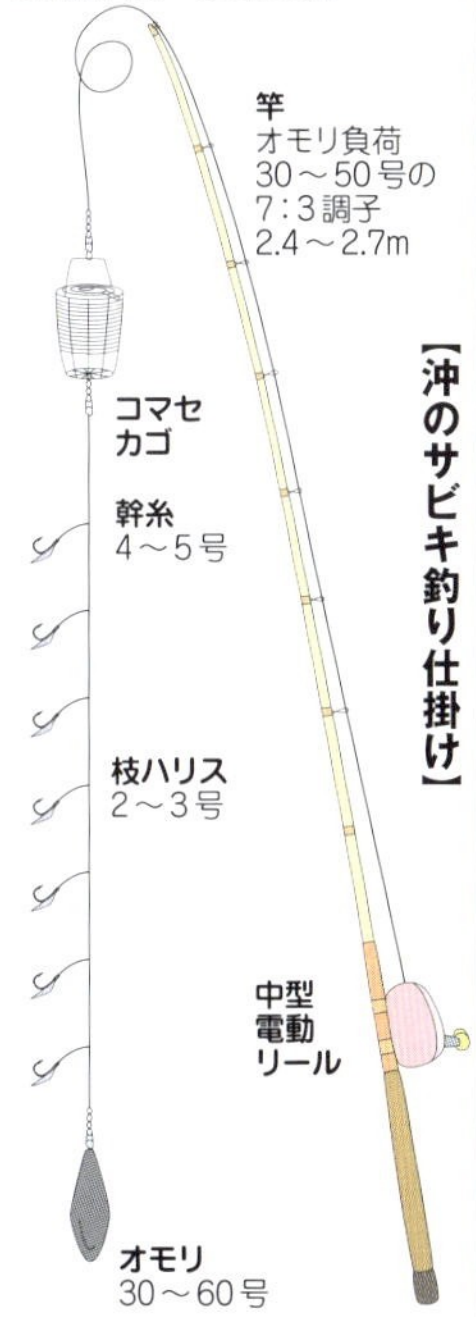
ミチ糸 PE3～5号 200m
竿
オモリ負荷
30～50号の
7：3調子
2.4～2.7m
コマセ
カゴ
幹糸
4～5号
枝ハリス
2～3号
中型
電動
リール
オモリ
30～60号

【沖のサビキ釣り仕掛け】

沖のビシ釣り

船

ビシを使う沖釣り

人気のあるアジの沖釣りでも、オモリ一体型のコマセカゴであるビシを使う釣りがビシ釣り。水深30～100mほどの深場を狙うため、潮流の速度などに合わせた釣り方が要求される。

仕掛け

◎**竿**　オモリ負荷120号の1・5～2・1m、穂先の敏感なビシアジ用の竿。スルメイカ用の竿でも代用できる。

◎**リール&ミチ糸**　中型電動リールにPE4～5号を200m巻いたもの。

◎**テンビン・ビシ**　中型テンビンに130号のビシが一般的。流れの速い海域では150号を使用することもある。

◎**クッションゴム**　径1・5㎜長さ30㎝。

◎**ハリス**　2～3号で2、3本バリの市販のビシアジ仕掛け。

◎**その他**　ロッドキーパー。

釣り方…指示ダナを釣る

基本的にボートを使った釣りと同じで、こちらのタナは船長が指示してくれる。

まず仕掛けを投げ入れ、指示ダナまで仕掛けを落としたらコマセを振り、アタリを待つ。アタリがあってもすぐには上げず、追い食いをさせよう。

ただし、あまり待ちすぎても、アジは口が弱いため、先にハリ掛かりして、暴れている魚はバレてしまうので注意が必要だ。

取り込みは仕掛けを全部船中に取り入れてハリを外す。

船を使った沖合いのサビキ釣りは、堤防やボート釣りよりも大きなアジが狙え、*ビシアジより一度にたくさん釣れるメリットがあるが、大アジを狙うにはビシ釣りの方が適している。

【沖のビシ釣り】

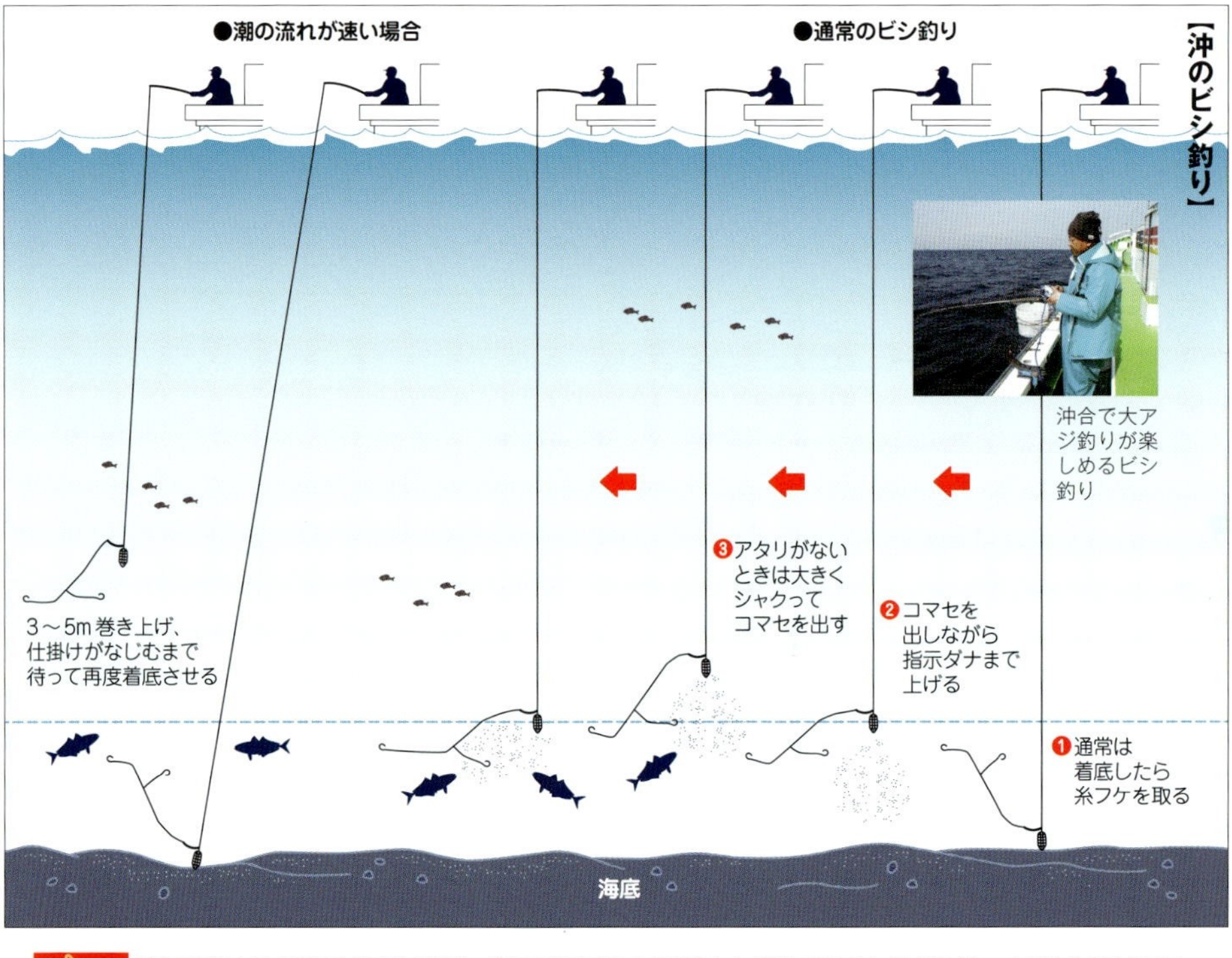

●潮の流れが速い場合
●通常のビシ釣り
3～5m巻き上げ、仕掛けがなじむまで待って再度着底させる
❸アタリがないときは大きくシャクってコマセを出す
❷コマセを出しながら指示ダナまで上げる
❶通常は着底したら糸フケを取る
海底

沖合で大アジ釣りが楽しめるビシ釣り

用語 ビシ●ビシとはオモリを指す釣り用語。糸につけやすいように真ん中が割れているものは割ビシ、オモリをつけたコマセカゴはビシカゴという。アジのビシ釣りのビシは、このビシカゴを指している。

エサ

一般にイカを食紅で赤く染めて角切りにしたアカタンや、イワイソメが使われる。寄せエサはイワシのミンチを使用する。

釣り方…ビシをあおる

船はエンジンを切らずに流すこともあるが、アンカーを降ろして船を固定する掛かり釣りが多い。

アジは海底付近に群れていて、タナはその日によって違うため、「底から○m」と船長から指示が出る。指示通りビシを海底まで落とし、底から指示ダナまで竿をあおってコマセをまく。アタリがない場合は、20～30秒間隔で竿を大きくあおってコマセを出す。この操作がアジを集める決め手。

コマセは5分程度でなくなるので、仕掛けを上げて詰め替えよう。

ビシ釣りで使われるアカタン

アジング

堤防

アジのルアー釣り

アジをルアーで狙うのが、アジング。ジグヘッドにワームをつけた注目のルアーフィッシングだ。

仕掛け

◎竿　2・1m前後のメバルやアジングロッド。トラウト用のロッドでもよい。

◎リール&ミチ糸　小型スピニングリールにナイロン0・8～1号を100mほど巻いたもの。

◎ルアー　ソフトルアーは1・5～2インチで、1～3gのジグヘッドリグが基本。スプーンにカブラフックを装着してみたり、ジグヘッドの上にガン玉を打つなど変化をつけるのも魚にアピールし、おもしろい。

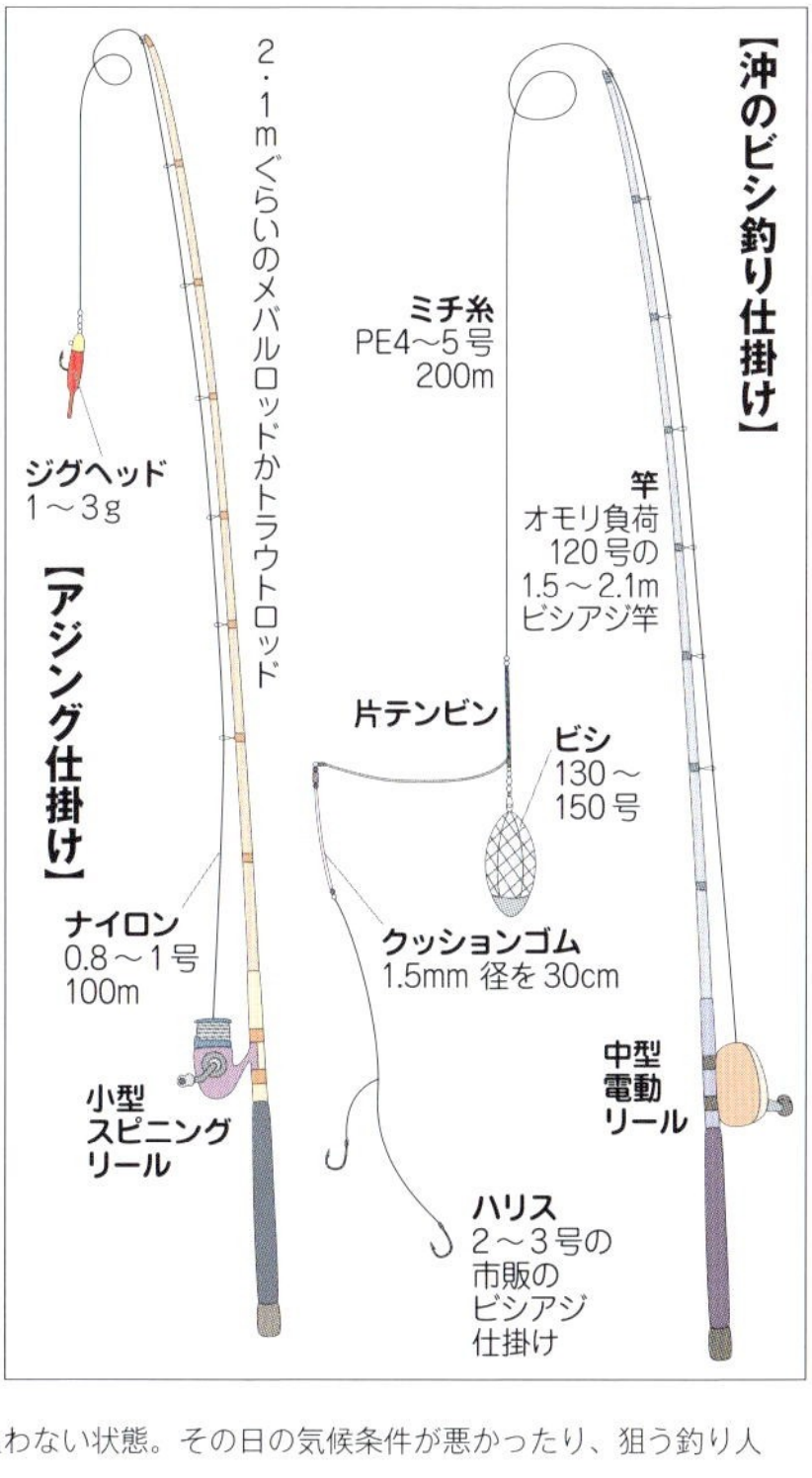
【沖のビシ釣り仕掛け】
ミチ糸
PE4～5号
200m
竿
オモリ負荷
120号の
1.5～2.1m
ビシアジ竿
片テンビン
ビシ
130～
150号
クッションゴム
1.5mm 径を 30cm
中型
電動
リール
ハリス
2～3号の
市販の
ビシアジ
仕掛け
【アジング仕掛け】
2・1mぐらいのメバルロッドかトラウトロッド
ジグヘッド
1～3g
ナイロン
0.8～1号
100m
小型
スピニング
リール

釣り方…アジを誘う

常夜灯周りの明るい場所を、広範囲に探るのがコツ。ルアーを投げて探ってもアタリがないのは、魚のプレッシャー*が高いことも。そんなときは目立つソフトワームに替え、アタリがなければさらに自然なタイプで試してみよう。

また、ルアーを巻くスピードを変化させたり、タナの位置を変えると、ヒットすることがある。

アタリがあったらロッドをスッと立てる感じでアワセよう。口の弱いアジに強いアワセは禁物だ。

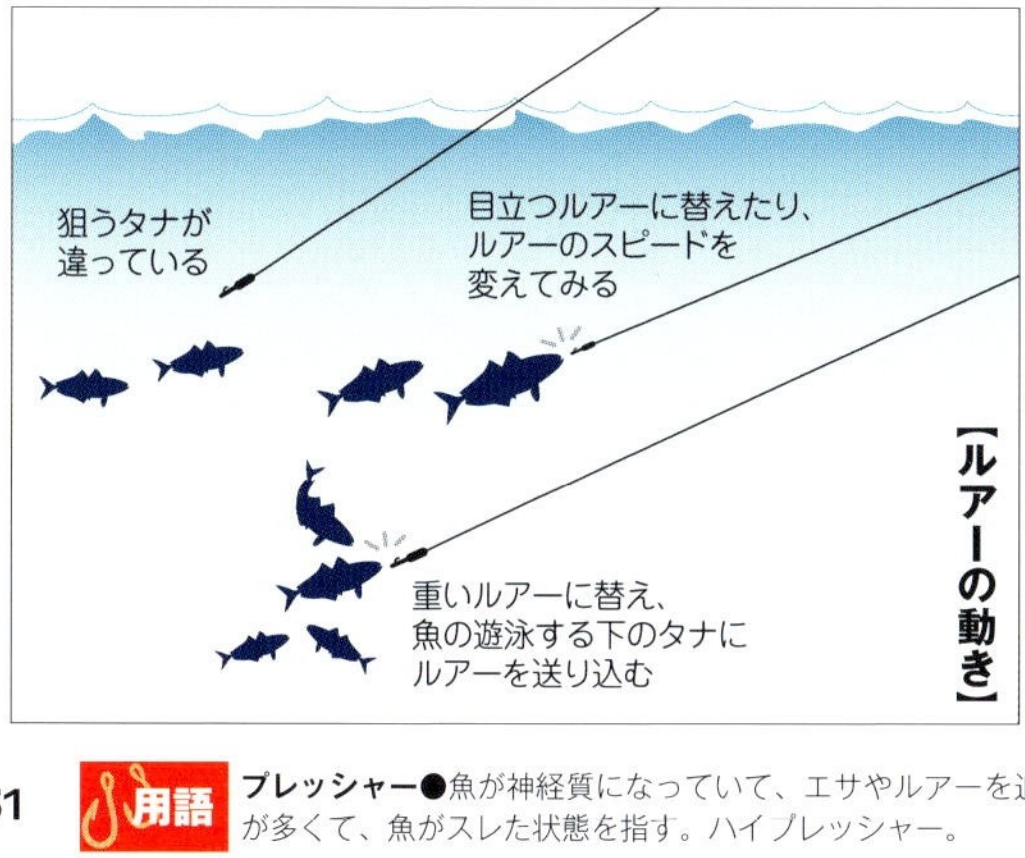
【ルアーの動き】
狙うタナが
違っている
目立つルアーに替えたり、
ルアーのスピードを
変えてみる
重いルアーに替え、
魚の遊泳する下のタナに
ルアーを送り込む

用語　**プレッシャー**●魚が神経質になっていて、エサやルアーを追わない状態。その日の気候条件が悪かったり、狙う釣り人が多くて、魚がスレた状態を指す。ハイプレッシャー。

ウナギ目アナゴ科

江戸前に欠かせない夏が旬の寿司ネタ

アナゴ（マアナゴ）

ホンアナゴ、ハカリメ

船　ボート　磯　堤防　浜

生　態 夜行性の魚だが、潮が濁っていれば日中でもエサを追う。砂泥底に生息。冬は外海へ下る。

カレンダー

1	2	3	4	5	6	7	8	9	10	11	12
				浅場に寄り、釣りやすくなる							

全　長 最大70cm（通常は30～45cm）

食　性 小型甲殻類、イソメ、小魚

分　布 北海道南部以南の日本各地内海。

特徴

沿岸部の砂泥底に生息するアナゴは、ウナギによく似た細長い体型で、いわゆる「長物」と呼ばれる魚だ。潮が濁っていれば日中でもエサを追うことがあるが、夜に活発に行動する夜行性なので、釣りは基本的に夜釣りとなる。

水温が上がる5月中旬頃から活性し、特に梅雨時は船の夜釣りで数釣りが楽しめる他、堤防の夜釣りにも釣り人が集う。場所によっては冬でも釣れることがある。

◆30cm以下のメソッコ

日本でアナゴといえば「マアナゴ」のことを指す。マアナゴは体側に白い斑点が並んでいるのが特徴で、味のよさから天ぷらや寿司ネタとして人気があり、30cm以下のメソッコと呼ばれるサイズのものも、煮物にしておいしい。

一般的によく釣れる大きさは20～30cmだが、60cm以上の大型が釣れることもある。ちなみに、マアナゴはオスよりもメスの方が大きくなる。

釣り場

アナゴの漁場として知られる東の東京湾、西の瀬戸内海を見ればわかるように、アナゴがいる場所は浅い内海の砂泥底の海。

冬は外海にいるアナゴも、5月頃の初夏には、この内海の砂泥地に集まってくる。砂底や泥底に潜る習性があるので、堤防周りでは基礎となる捨て石帯やブロック周りではなく、その沖側に生息する。したがって堤防釣り、沖釣りともに水深5～20mの浅い海域を中心に狙うことになる。

釣り方

沖釣りがポピュラーだが、堤防からの投げ釣りでも釣れる。比較的近いポイントではチョイ投げでも十分楽しめる。

memo

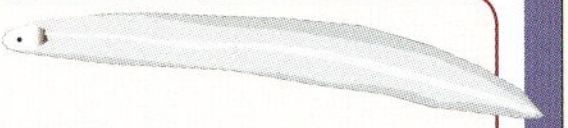

「のれそれ」とは？

土佐に春を告げる魚として知られる「のれそれ」。ウナギの仔といわれるが、正しくはアナゴ類のレプトケファルス（幼生）。難しい名前とは違い、三杯酢でいただくなめらかな食感は珍味だ。といっても、西日本以外で食べるようになったのは、流通事情がよくなった最近のこと。土佐では人気のドロメ（シラス）漁で、すぐに傷む魚なのにドロメの上にのったり、それたりしていたことから「のれそれ」と名づけられたとか。地方名もタチクラゲ（高知県須崎市）、ペラタ（岡山県）、ハナタレ（兵庫県淡路島）などと、こちらもたいそうな扱いだ。

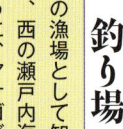

堤防の投げ釣り

堤防

仕掛けの遠投

夜、浅い湾内の砂泥地で、活発に捕食活動に入ったアナゴを、アオイソメなどのエサで狙う釣り。堤防周りの障害となる人工物や捨て石などを避けるために、仕掛けを遠投する。

仕掛け

◎竿　オモリ負荷25~30号の4m前後の投げ竿。

◎リール&ミチ糸　投げ専用スピニングリールにPE1~2号を100m、または中型スピニングリールにナイロン3~5号を100m巻いたもの。

◎力糸　PE5号10m、または5~10号程度のテーパーライン10m。

◎テンビン・オモリ　20~25号のジェットテンビン。

◎ハリス　3~4号を30cm。

◎ハリ　ウナギバリ11号かマルセイゴ12~13号。

◎その他　ヘッドライト、竿掛け、ケミホタル、夜光パイプ、メゴチバサミ、ボロタオル。

ケミホタルは竿先のアタリ取り用と、エサ近くの誘い用に2カ所つける。竿先には鈴をつけてもよい。夜光パイプはアナゴの歯で、ハリスが傷つかないようハリのチモトにつけておく。

エサ

アオイソメやイワイソメなどの虫エサ、サンマやサバなどの切り身、イカの短冊など。

釣り方①…さびいて誘う

周囲の安全を確認し、仕掛けを遠投。オモリが底に着いたら糸フケを取って、糸を張った状態で待つ。

置き竿にするときは、竿先にケミホタルか鈴をつけておくとよい。

5分ほど経ってもアタリがない場合は、1度竿を上げてきアワセをし、数回リールを巻いて再び置き竿にする。

●仕掛けをさびいて誘う

手持ちなら、ミチ糸を巻いて仕掛けを1.5~2mほどさびいてしばらくアタリを待つ。さらにアタリがなければ、同じようにサビいて誘ってみる。この繰り返しだ。

堤防近くに捨て石などがあるポイントでは、近くまで引いている最中に根掛かりする可能性があるので注意。20mほどまで探ったら、仕掛けを上げてエサをチェック、再投入する。

釣り方②…大きなアワセ

アタリは比較的明確にわかる。グッと竿先が落ちる変化を感じたら、あわてずにまず竿を立ててアワセてみる。アタリの割にハリ掛かりしにくい場合もあるので、竿先をわずかに下げ、糸の張りをなくしてから大きくアワセる。

●手際よい取り込みを

ハリ掛かりしたまま泥の中に潜られても、たいてい引きずり出せるので、ゆっくり竿をあおる。

置き竿をしたままアタリがわからずのんびりしていると、アナゴが暴れて仕掛けに巻きつき、使いものにならなくなることも。

釣り上げたアナゴは、タオルやメゴチバサミなどを使ってすばやくつかみ、ハリを外そう。素手ではつかみにくいし、のんびりやっていると仕掛けを巻き込み、ひと苦労するはめに。呑み込まれたときは、ハリスを切った方が速い。

【堤防の投げ釣り仕掛け】

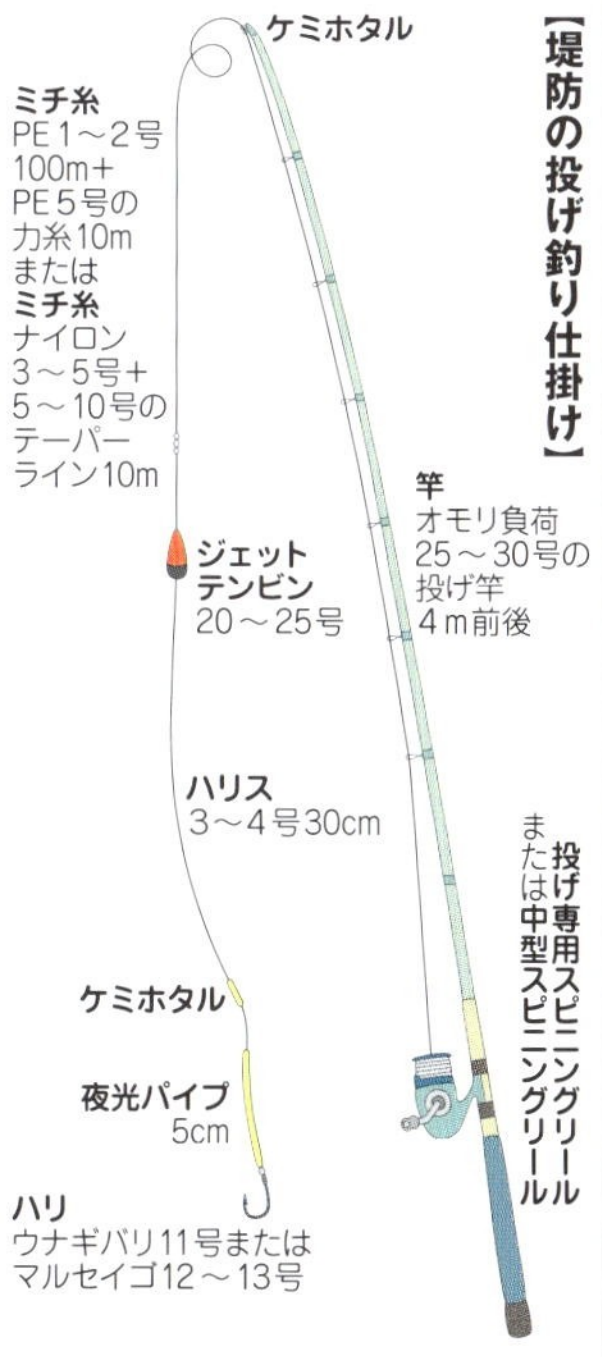
ケミホタル
ミチ糸
PE1~2号
100m+
PE5号の
力糸10m
または
ミチ糸
ナイロン
3~5号+
5~10号の
テーパー
ライン10m
竿
オモリ負荷
25~30号の
投げ竿
4m前後
ジェット
テンビン
20~25号
ハリス
3~4号30cm
投げ専用スピニングリール
または中型スピニングリール
ケミホタル
夜光パイプ
5cm
ハリ
ウナギバリ11号または
マルセイゴ12~13号

用語　**さびく**●仕掛けをゆっくりと手前に引き、魚を誘うこと。この動きで魚がエサを追い食いして、アタリや釣果となる。アジ釣りなどのサビキ釣りの仕掛けも、上下にサビキを動かすことで、アジの追い食いを演出している。

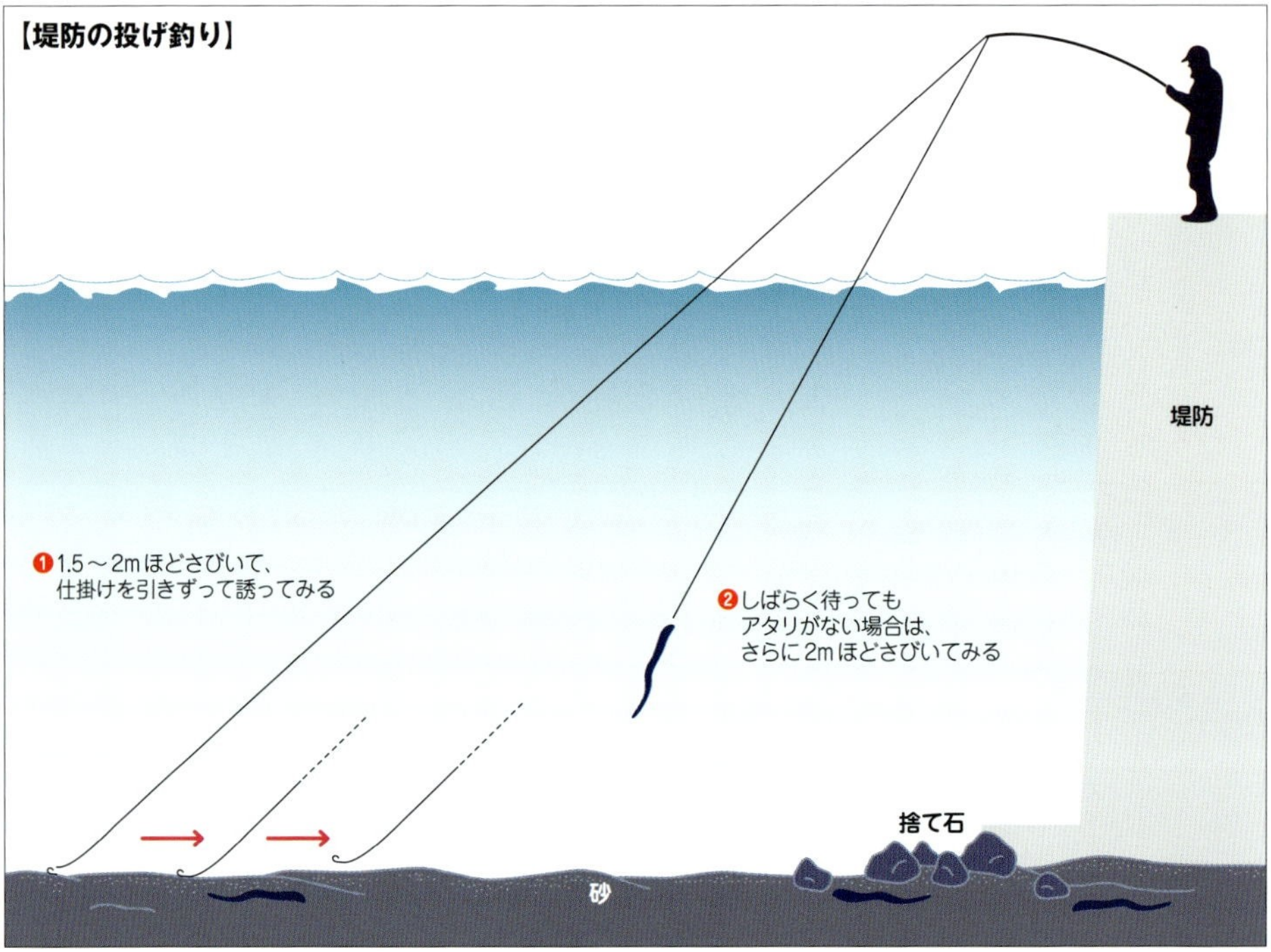

【堤防の投げ釣り】
堤防
❶1.5～2mほどさびいて、
仕掛けを引きずって誘ってみる
❷しばらく待っても
アタリがない場合は、
さらに2mほどさびいてみる
捨て石
砂

沖合の小突き釣り

船

小突き釣りとは

江戸前の魚の漁場だった東京湾では、さまざまな漁法が今にも伝えられている。中でもアナゴの小突き釣りは、江戸前アナゴの釣り方として独特のもので、夜釣り船の光景は初夏の風物詩ともなっている。出船時間は各船宿おおむね午後6時～午後10時前後。

独特の専用オモリを使って、海底を小突くように釣ることから、小突き釣りといわれる。

仕掛け

◎竿　1～1・2mのアナゴ専用竿、またはオモリ負荷15～20号の先調子のショートロッド。短めのシロギス竿でも可。昔ながらの竹を割って、糸巻きをつけた手づくりの短竿を使っている人もいる。

◎リール&ミチ糸　小型両軸、または小型スピニングリールにPE1～2号を100m巻いたもの。

◎リーダー*　フロロカーボン5号1m。

◎オモリ　釣鐘型オモリ10～20号。

◎ハリス・ハリ　フロロカーボン5号7～8㎝にハリはマルセイゴ12～13号、またはウナギバリ11号。市販のアナゴバリセットが便利。

◎その他　ケミホタル、夜光パイプ、ビーズ。アナゴの歯でハリスが傷つかないようにハリのチモトに夜光パイプやビーズをつける。

エサ

アオイソメが基本で、サンマの切り身、イカの短冊などを持参してもよい。アオイソメの場合は大きく見せるため、タラシを短めにして2～3本房掛けするか、団子状の縫い刺しにする。

釣り方❶…小突き法

アナゴの小突き釣りは、イイダコのようにオモリで海底をコンコンと叩くというよりは、エサを引き上げて動かすというイメージで行う。小突きの幅はハリスの長さ分ほどで、間隔は1秒に1回。10～15回小突いたところで、20～30cmほど竿を上げてききアワセてみる。そのまま10秒くらい待ち、落とし直す。

●小突きときどきアワセ

小突きの最中に小さく引くような違和感があれば、迷わずききアワセてみる。アタリがなければ、小突きときどきアワセを繰り返す。

ききアワセで重さを感じたら、竿を大きく立てて、しっかりとハリ掛かりさせる。アナゴは口が意外に硬いので、きちんとハリ掛かりさせていないと海面でバレることがあるので注意。

釣り方❷…2本竿を操る

海面から抜き上げたアナゴは、一気に船内へ引き上げてすばやくハリを外す。アナゴ釣りは短時間が勝負なので、手返しのよさが数を伸ばす。釣りに慣れてきたら、今度は2本竿にも挑戦してみよう。アナゴ釣りを楽しむ常連はたいてい2本竿だ。

２本竿の場合、左右の手でそれぞれの竿を持ち、交互に海底を小突く誘いでアタリを待つので、竿は同じものを使用すること。仕掛けは1本ずつ投入するのではなく、基本的には同時投入だ。

【沖合の小突き釣り仕掛け図】

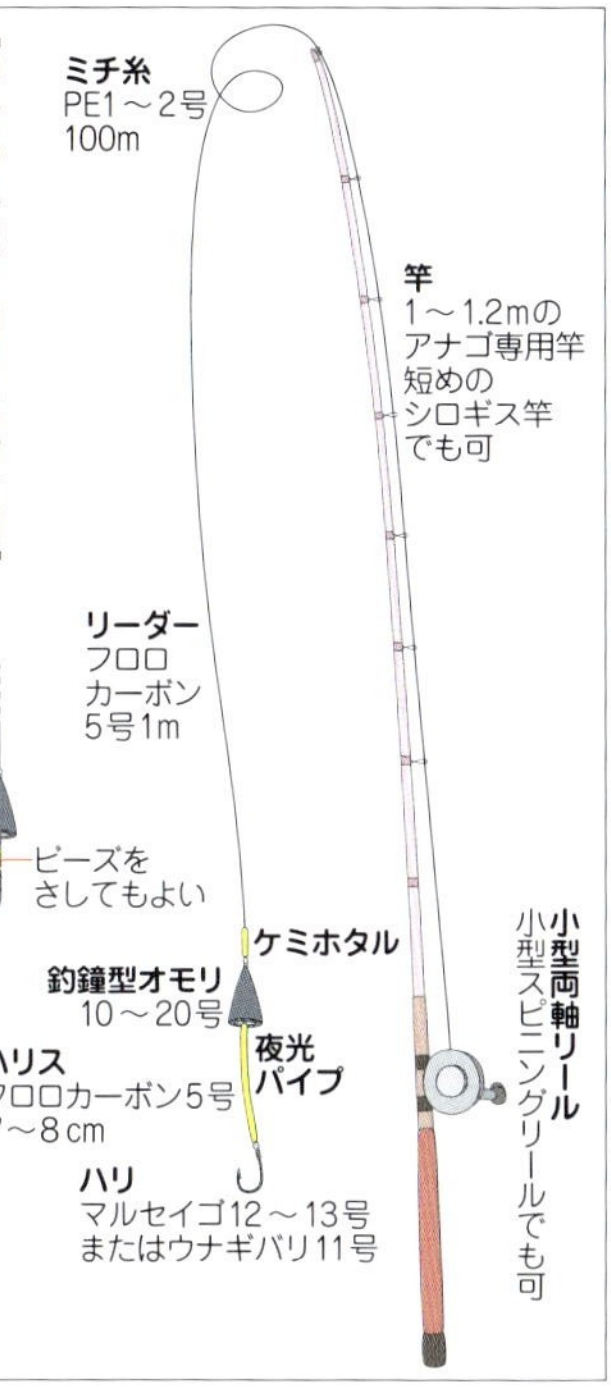
ミチ糸
PE1～2号
100m
竿
1～1.2mの
アナゴ専用竿
短めの
シロギス竿
でも可
リーダー
フロロ
カーボン
5号1m
ビーズを
さしてもよい
ケミホタル
釣鐘型オモリ
10～20号
夜光
パイプ
ハリス
フロロカーボン5号
7～8cm
ハリ
マルセイゴ12～13号
またはウナギバリ11号
小型両軸リール
小型スピニングリールでも可

【沖合の小突き釣り】

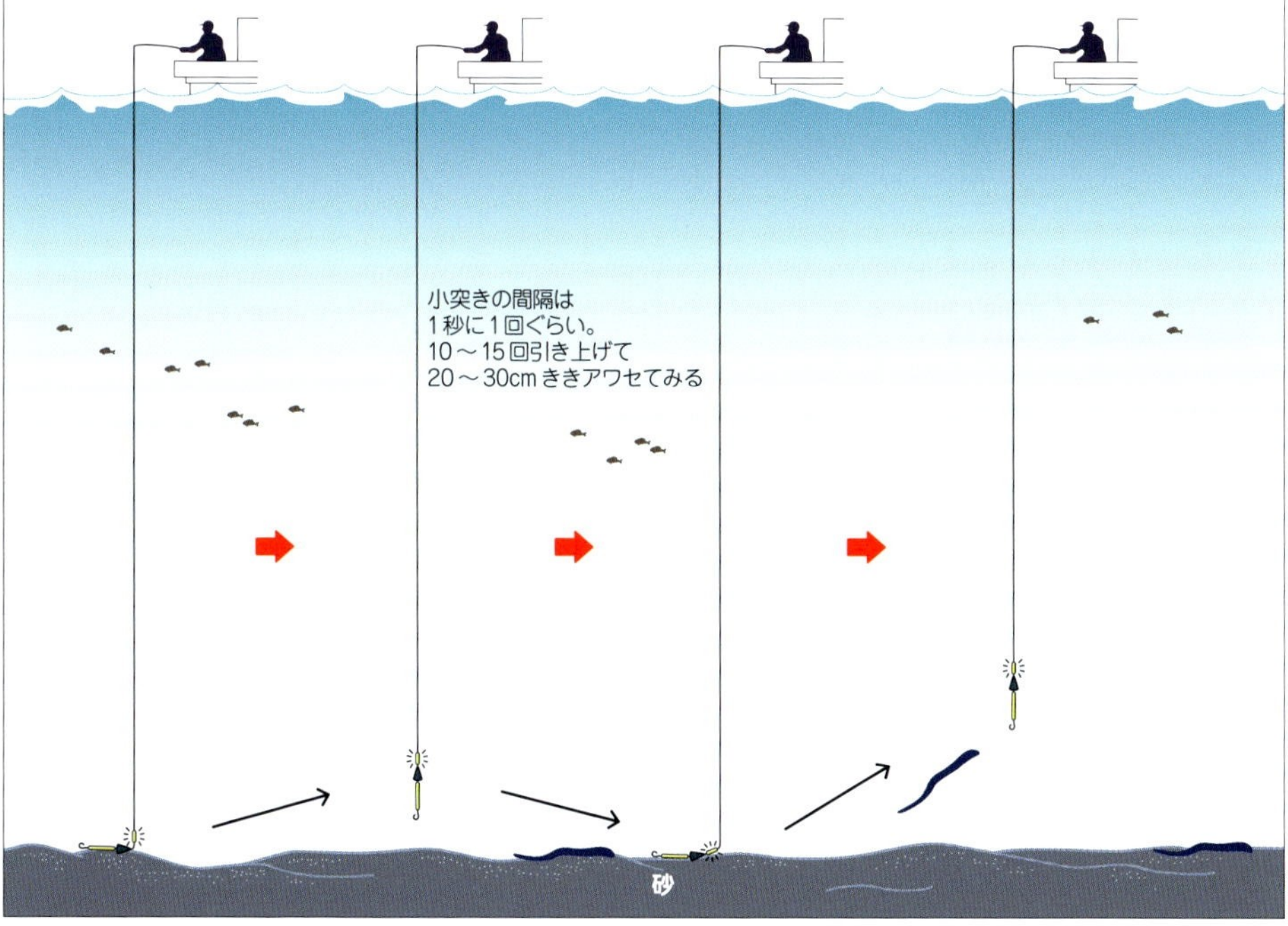
小突きの間隔は
1秒に1回ぐらい。
10～15回引き上げて
20～30cmききアワセてみる
砂

用語 **リーダー●**ルアーやフライフィッシングの用語で、エサ釣りではハリスに相当する部分を指す。魚が掛かったときの衝撃を吸収する、クッションの役割をもっている。

スズキ目アマダイ科

京都ではグジと呼ばれ、懐石料理に使われる高級食材

アマダイ（アカアマダイ）

グジ、オキツダイ、アマデエ

船　ボート　磯　堤防　浜

生　態 水深50～100mの砂泥地に横穴を掘って隠れ、獲物を待ち受ける底生魚。

カレンダー

1	2	3	4	5	6	7	8	9	10	11	12
盛期を迎える											盛期を迎える

全　長 最大60cm（通常は20～40cm）

食　性 甲殻類やゴカイ類

分　布 関東地方から西日本、日本海西部の砂泥地。

特徴

アマダイの仲間にはシロアマダイ、アカアマダイ、キアマダイの3種がいて、この順番で生息する海の深さも深くなる。一般的な釣りで、アマダイと呼ばれているのはアカアマダイのこと。

◆冬が旬のアカアマダイ

アカアマダイは水深50～100mの砂泥地に横穴を掘り、頭だけ出して獲物を待ち受けている。食味もよく、釣りものの少ない冬が旬。ポイントは比較的平坦な砂泥地で、同時に釣れる魚種も多彩なため、人気がある。

釣り場

水深50～100mほどの、海底が砂泥となっている比較的平坦な場所。アマダイはその間のくぼみや穴に隠れたり、砂に潜って上方のエサを待ち構えている。この上方をタナとして、エサを使ってアマダイを誘う釣りになる。

釣り方

沖合の船から、片*テンビン仕掛けで釣るのが最も一般的な釣り方だ。オモリは潮流や水深によって使い分け、基本的にコマセは使わず、オキアミやイワイソメなどの

沖合の50～100mほどの深場がアマダイのポイント

memo

高級食材のアマダイ

若狭湾で捕れるアマダイは、「若狭のグジ」として美食家をうならせ、京料理には欠かせない食材だ。また、オキツダイという地方名は徳川家康に由来するといわれている。奥女中の興津の局（おきつのつぼね）が献上したアマダイを家康がいたく気に入り、以後、アマダイのことを「興津鯛＝オキツダイ」と呼ぶようになったというのだ。

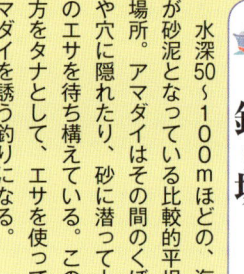

つけエサを、海底をはわすよう漂わせて釣る。このときの釣り方のコツは、エサに対してアマダイをいかに振り向かせるか。その誘い技が釣果の決め手となる。

3種のアマダイ

眼の下に白い紋がある

アカアマダイ

関東地方以南、日本海西部に分布。60cm。目の下には白色の斑紋があり、尾ビレには4～5本の黄色の縦縞が入っていて、他の2種と区別することができる。

全体的に白っぽい

シロアマダイ

関東地方以南、日本海西部に分布。50cm。シラカワとも呼ばれ、他の種と比較して全体的に白っぽいのが特徴。食味がよいことからアマダイの中では最も珍重されている魚だ。

全体的に黄色みを帯びる

キアマダイ

関東地方以南、日本海西部に分布。30cm。名前の通り、最も黄色みが強く、深い海底に生息する仲間で、他と比べて味が落ちることから、あまり珍重はされていない。

アマダイの片テンビン釣り

船

誘う釣り

エサ掛けした仕掛けで砂泥底にいるアマダイを誘うのが、アマダイのテンビン釣り。オモリを上下させる技術がものをいう。

仕掛け

◎竿 オモリ負荷50～100号程度の7:3調子、1.8～2.1mの竿。80号のオモリを背負って竿先が少し曲がる程度であればよい。少しやわらかめのヤリイカ竿も可。

◎リール&ミチ糸 小型電動リールにPE3～4号を200m巻いたもの。

◎テンビン・オモリ オモリ80号の片テンビン。

◎ハリス フロロカーボン3号2mに、枝スを1本つけたものが基本。アマダイ専用仕掛けが市販されている。ふつうクッションゴムは使わずに、テンビンに直接仕掛けを結ぶ。

◎その他 ロッドキーパー。

【アマダイの片テンビン仕掛け】

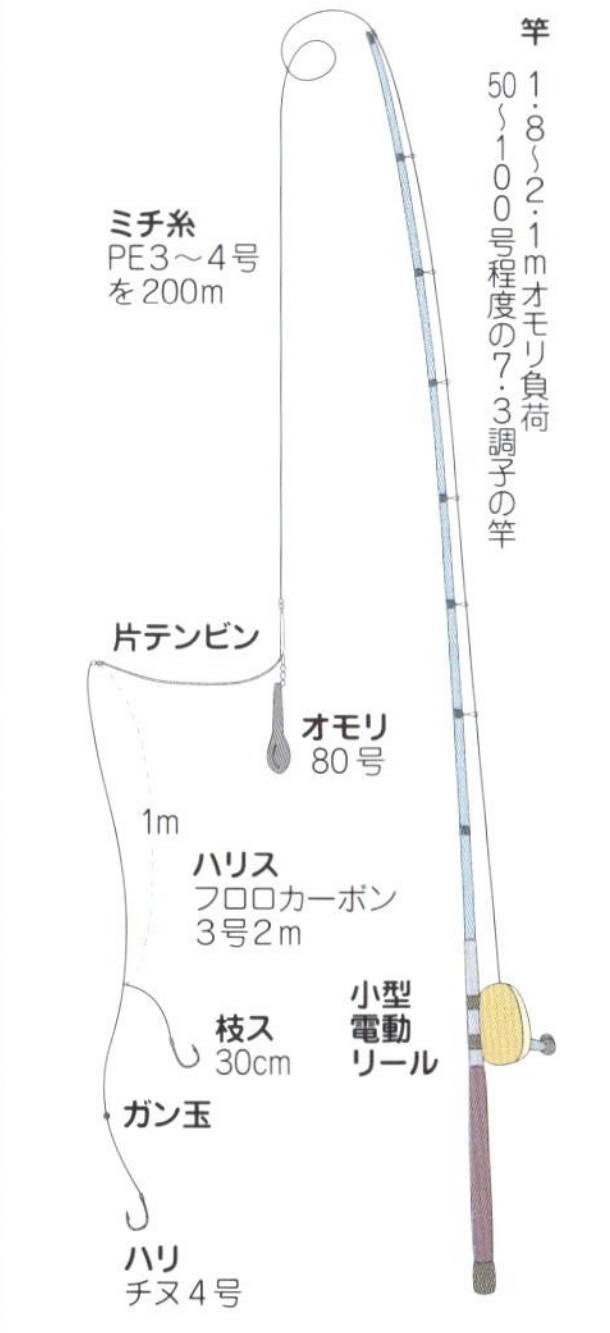
竿
1.8～2.1mオモリ負荷50～100号程度の7:3調子の竿
ミチ糸
PE3～4号を200m
片テンビン
オモリ
80号
1m
ハリス
フロロカーボン
3号2m
小型
電動
リール
枝ス
30cm
ガン玉
ハリ
チヌ4号

用語 片テンビン●ハリスや仕掛けがからまないようにつくられた海釣り用の金具で、片側に長く伸びたもの。

エサ

オキアミが一般的で、アオイソメやイワイソメ、イカの短冊などでも釣れる。オキアミは尻尾を切って、まっすぐになるようにハリに刺す。丸くなるように刺すと、エサが海中でくるくる回ってしまうので注意。

釣り方❶…オモリの上下

●頭上に落ちてくるエサに反応

アマダイは海底の砂泥地のへこみや穴、砂底に隠れ、頭だけ出して獲物を待ち受けている。したがってこのアマダイを狙うには、仕掛けも海底をはうように流す。

船から仕掛けを投げ入れ、着底したら50cm～1mほどオモリを浮かせ、まずはタナをキープしよう。船が揺れているため、ロッドキーパーに竿をかけたままでも、それが誘いとなってアマダイが釣れることもあるが、絶えずオモリを上下させて誘った方が食いがよい。アマダイは上から落ちてくるエサに反応するためだ。

釣り方❷…アタリをきく

アマダイのアタリは竿先にコツコツとくるので、竿を立ててアタリをきいてみよう。そのとき、グッと重みを感じたらアタリ。

最初のアタリだけではアマダイなのか、外道のクラカケトラギスなのか区別がつかないことも多い。しかし、アマダイの引きは強いため、獲物は小さな外道ではないことだけはわかる。

アマダイは水圧に弱いので、海面近くに来ると引かなくなるが、同じような大きさのホウボウやイトヨリダイは海面まで引いてくるので判別できるはずだ。

●大物はタモ網で取り込む

取り込みは、ロッドキーパーに竿を置き、そのまま抜き上げる。

ロッドキーパーにかけたままでも、船の揺れが誘いにつながることも

海面ではアマダイは浮いているので、特にタモ網入れの必要はないが、50cm近い大物はタモ網を使って取り込もう。

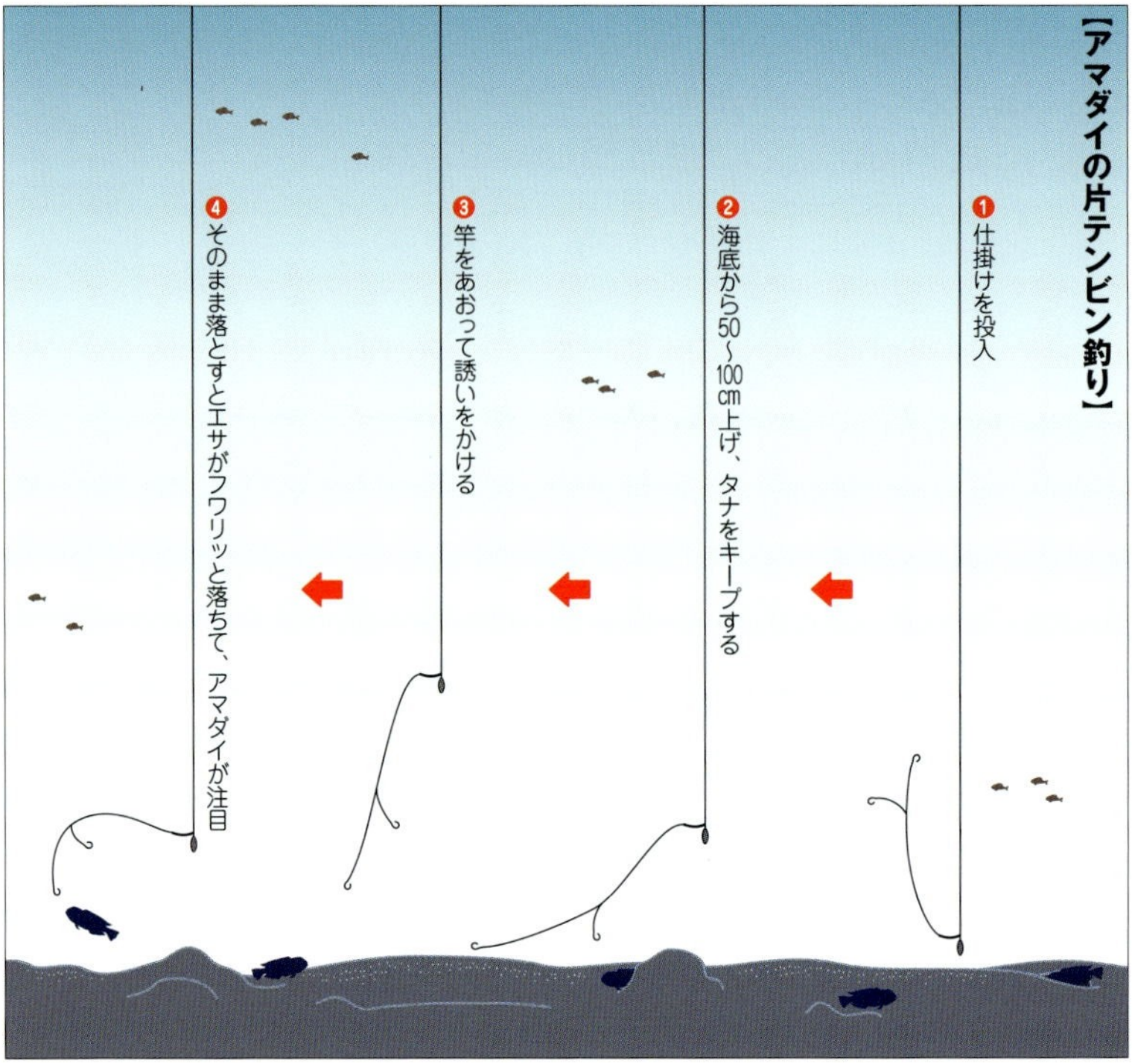
【アマダイの片テンビン釣り】
❶仕掛けを投入
❷海底から50～100cm上げ、タナをキープする
❸竿をあおって誘いをかける
❹そのまま落とすとエサがフワリッと落ちて、アマダイが注目

アマダイ釣りで釣れる他の魚図鑑

アマダイは数釣れる魚ではないが、アマダイ釣りでは食味のよい「うれしい外道魚」が多く釣れる。中にはイトヨリダイ、オニカサゴといった高級魚も多く、主役と並ぶ釣果となる。取り上げた魚の他にカイワリ(→P27)やホウボウ(→P166)、ミノカサゴ(→P81)も混じる。

イトヨリダイ スズキ目 イトヨリダイ科	 赤い斑点 黄色い縦帯が6本	関東南岸から西日本の沿岸部、アマダイとほぼ同じような水深に生息。50cm。頭部に赤い斑点があり、体側に黄色い縦帯が6本ある。美味で高級料理の食材となる。
オキトラギス スズキ目 トラギス科	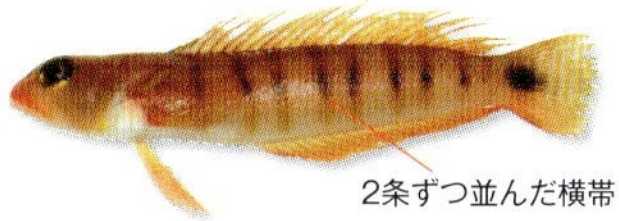 2条ずつ並んだ横帯	関東南部、新潟県以南に分布。17cm。沿岸の砂泥底の沖合に生息し、体側に横帯が2条ずつ並んでいるのが特徴。底引きアミで漁獲され、天プラなどにするとおいしい。
クラカケトラギス スズキ目 トラギス科	 V字状の斑紋	関東、新潟県以南の浅い海底に生息する、トラギス類では最もふつうに見られる魚。20cm。 キス釣りでも釣れ、カマボコの材料となり、天プラにして美味。
ソコイトヨリ スズキ目 イトヨリダイ科	 腹部に太い黄色の帯	関東以南に分布するが、西日本に多い。イトヨリダイよりも深い海底に生息。40cm。 イトヨリダイよりやや体高があり、腹部の黄色い線が太いのが特徴。
トラギス スズキ目 トラギス科	 6本の褐色の横帯	関東、新潟県以南の西日本からインド洋にまで生息。20cm。 クラカケトラギス同様に浅い海に生息し、よく見られる。天プラ、塩焼きで美味。
ヒメ ヒメ目ヒメ科		日本各地の砂泥底の海に分布。20cm。小型甲殻類やアミ類を食べる底生魚。底引き網漁で捕獲され、安価なのでカマボコなどの材料となる。開いて干すと美味。
ヒメコダイ スズキ目ハタ科	 上側が長い	関東南岸から西日本に分布。アマダイよりやや深い80～200mほどの深海に生息。25cm。 冬の底引き網漁で捕獲され、カマボコなどの練り物の材料となる。
ホシヒメコダイ スズキ目ハタ科	 黒い紋が走っている	ヒメコダイと同じ海域の生息。数は少ない。25cm。 体側に黒い紋が走っているので、近い仲間のヒメコダイと判別できる。

タコ（八腕）目マダコ科

ラッキョウをエサに使う小突き釣り イイダコ

コモチダコ、カイダコ

船　ボート　磯　堤防　浜

生　態 内湾の砂床の海に生息し、昼間は石の影や貝殻の中に隠れ、夜になると活発に動き、甲殻類などのエサを追う。春に産卵する。

カレンダー

1	2	3	4	5	6	7	8	9	10	11	12
									抱卵して美味		

全　長 最大30cm
（通常は10～20cm）

食　性 小型甲殻類、貝類

分　布 北海道南部以南の水深10mまでの浅い砂地に生息する。

特徴

メスが米粒くらいの大きさの卵をもつことから、「飯蛸」の名がついたというタコの仲間。マダコとよく似ているが、マダコと違って穏やかな内湾に生息、昼間は隠れて夜エサを追って活動する。

◆二枚貝が大好物

二枚貝が好物で、二枚貝を見つけると抱きついて貝を窒息させてから食べるほど。また、二枚貝をすみかとしても利用している。こうした独特の生態を利用し、イイダコ漁は二枚貝のようなプラスチックの蛸壺を使っている。

釣り場

水深10mまでの浅場で、岩礁が点在する砂泥地。東京湾ではアオヤギ漁の貝殻が散らばっている東京湾アクアライン周辺の木更津沖や、富津沖などがポイントとして有名だ。堤防やボートでも狙うことができる。

釣り方

イイダコの釣りといえば、ラッキョウを巻きつけたテンヤ仕掛けの釣りが定番だ。といっても、ラッキョウがイイダコの好物というわけではなく、白くて小さなものをエサだと勘違いするイイダコの習性を利用した釣法だ。

最近ではラッキョウに似せた疑似餌つきのイイダコテンヤがポピュラーになっている。また、ウキスッテ*や餌木なども使われている。

イイダコテンヤ（上）と、ウキスッテを使ったイイダコスッテ仕掛け

point

イイダコエギング

2～2.5号クラスの小さな餌木に、タコエギシンカーをつけて堤防などからキャスティングする。

着底したらズルズルと海底を引きずってくる。餌木は海底から5cmほど浮いているので、イイダコが乗るとはっきりわかる。ウキスッテにタコエギシンカーを装着してもよい。

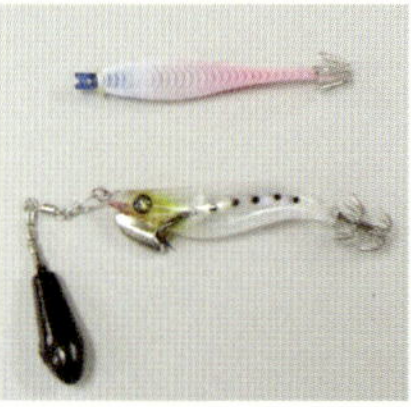

イイダコエギングに使う餌木

テンヤの小突き釣り

船

タコの小突き釣り

小突き釣りでは、海底に落としたテンヤを上下させ、オモリでトントンと海底を叩くように釣る。この動作を「小突く」という。

仕掛け

◎竿　オモリ負荷10号程度で、1・6～2・1mの竿先が硬くない小物用万能竿やキス竿。

◎リール&ミチ糸　小型両軸リールか小型スピニングリールに、PE1号前後のミチ糸を100m巻いたもの。

◎テンヤなどの仕掛け　船宿指定のテンヤ、または市販のイイダコスッテ仕掛け。いずれも6～8号サイズを用意。

◎その他　網の袋。

釣り方…誘う小突きを

テンヤが着底したら糸フケを取り、竿先を軽く上下させてトントンと海底を小突く。小突きはオモリだけが上下し、テンヤ全体が浮かないようにするのがコツ。間隔は1～2秒に1回が基本だが、ペースを変えて試してみよう。

イイダコののりは微妙。小突いていて何か違和感を感じたら、大きく竿を上げてみよう。のっていれば、ズシッと重みを感じるはずだ。初めは10回ほど小突き、空アワセしてみる。アンダースローで数mほど前に投げ、小突きながらリールを巻いてテンヤを引きずるのもよい。

釣れたイイダコはそのままバケツに入れると脱走するので、マダコと同じように網に入れてからバケツに入れておく。

スッテ仕掛けの釣り方も、基本的にはテンヤと同じだが、スッテ仕掛けが禁止されているエリアもあるので、釣行前に確認しよう。

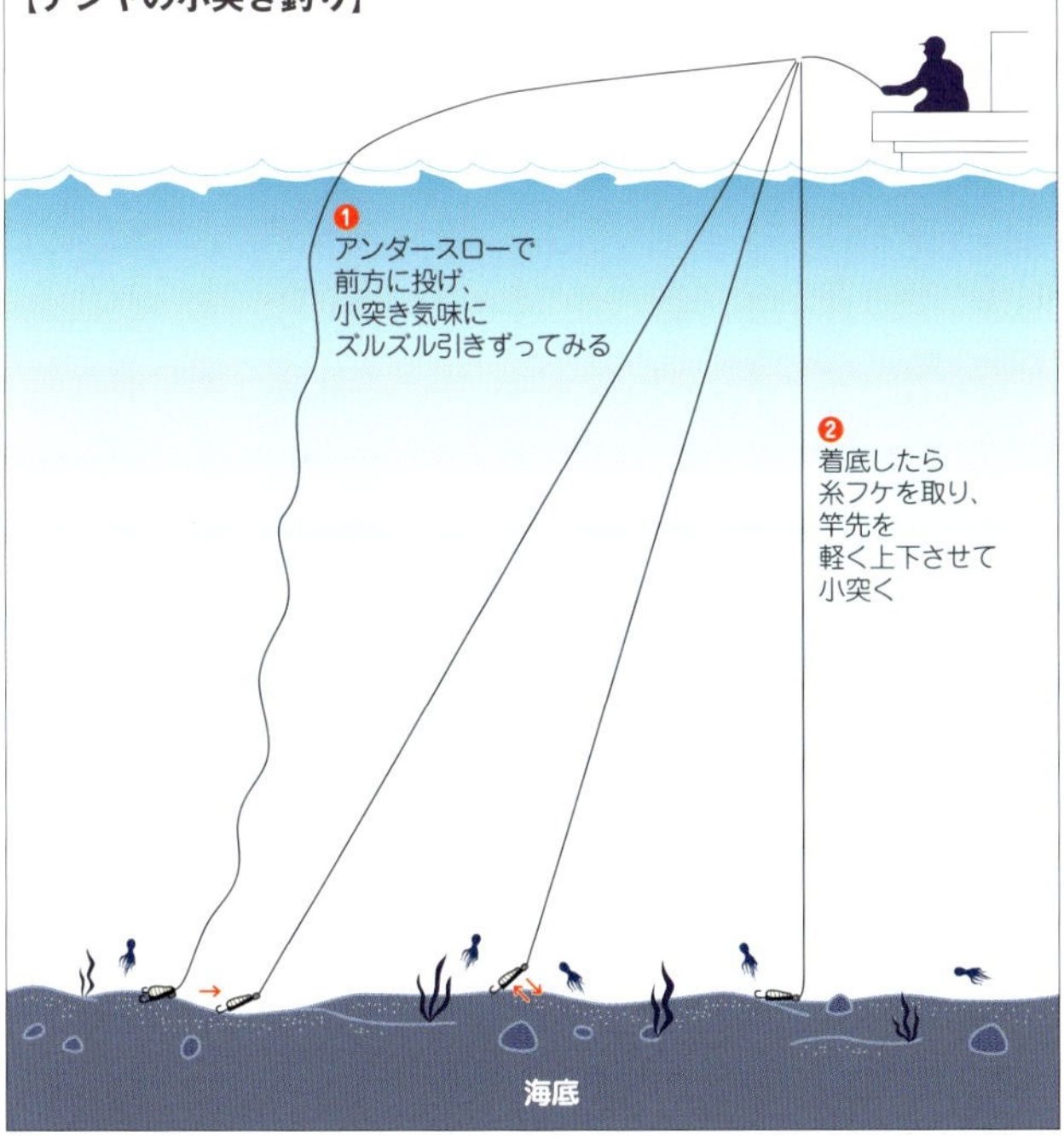

❶ アンダースローで前方に投げ、小突き気味にズルズル引きずってみる
❷ 着底したら糸フケを取り、竿先を軽く上下させて小突く
海底

【テンヤの小突き釣り】

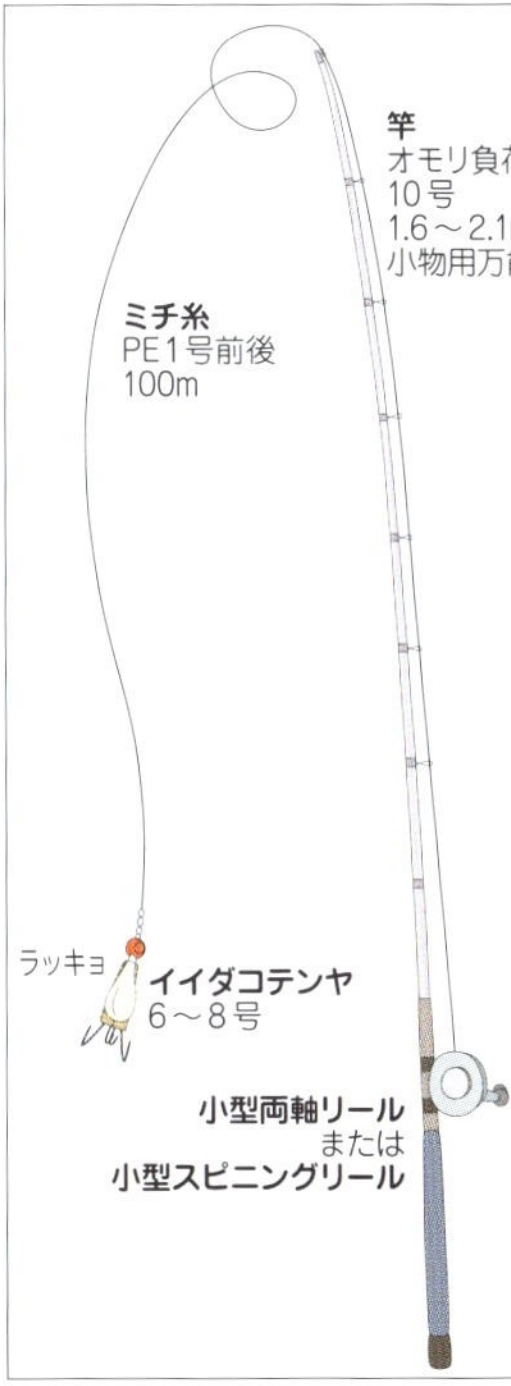

竿
オモリ負荷10号
1.6～2.1mの小物用万能竿
ミチ糸
PE1号前後
100m
ラッキョ
イイダコテンヤ
6～8号
小型両軸リール
または
小型スピニングリール

【テンヤの小突き釣り仕掛け】

用語　**スッテ●**イカ釣り用に作られた疑似餌（ルアー）。小魚に似せたものが多く、ウキスッテ、沈下型のスッテ、小魚などを演出する鮮やかな色の布が巻かれている布スッテなどがある。

釣りの楽しみに加え、抜群の食味に満悦！

イカ

スルメイカ・ヤリイカ・マルイカ・ヒイカ

特徴

◎2種類いるイカの仲間

　イカの仲間は大きく2種類に分けられる。ひとつはスルメイカのように、胴の中に透明で樹脂のような細長いペラペラの軟甲があるツツイカの仲間。もうひとつは胴の中に、サーフボードのような石灰質の板のような甲が入っているコウイカの仲間だ。

　ツツイカの仲間で釣りの対象になっているのはスルメイカ、ヤリイカ、ケンサキイカ(アカイカ、マルイカ)、ジンドウイカ(ヒイカ)、アオリイカ(→P20)。また、イカの仲間はほとんどが寿命約1年とされている。

　スルメイカはイカ類の中で最も多く捕られている仲間。春に回遊している胴長10㎝程度のスルメイカを、麦秋の時期に釣れることから「ムギイカ」と呼んでいる。

　さらに初夏になり、ムギイカよりもひと回り大きくなった胴長15㎝クラスのスルメイカを「ニセイカ」と呼ぶ。ニセのイカという意味ではなく、「二世烏賊」と漢字ではあてている。相模湾などはニセイカの回遊する時期が最もイカが多く釣れ、遊漁船では束釣りが続出する。

　イカ釣りというと、北国の「漁り火」のように照明を照らして夜釣るというイメージだが、関東周辺のほとんどの釣り場では、昼間釣りが行われている。

◎種類によって異なる釣期

　ヤリイカ釣りは秋から春まで。秋口はヤリイカも小さいものの、寒くなるにつれて次第に大きくなり、春には産卵期を迎える。

　ケンサキイカは、伊豆半島などでは赤味を帯びることから「アカイカ」、相模湾、東京湾などでは小さいうちに丸みを帯びているから「マルイカ」と呼んでいる。釣期は早春から初夏あたりまでで、ツツイカの仲間の釣りではライトなタックルで狙える上に、身がやわらかく、甘味があるので人気の高いイカとなっている。

　ジンドウイカは、一般に「ヒイカ」と呼ばれる小さなイカの仲間で、スーパーでもヒイカとして売られている。湾奥にまで入り込むので、ヒイカ釣りは冬の東京湾の風物詩に。駿河湾周辺では、小さなマルイカを同じジンドウイカと呼び、まぎらわしい。

釣り場

　ツツイカの仲間は外洋に生息する仲間が多いものの、産卵に浅場に寄るヤリイカやマルイカ、内湾に入り込むヒイカのように、季節によって釣り場は異なる。

釣り方

　イカ釣りはイカヅノという疑似餌による、シャクリ釣りが基本。シャクリ方の違いで、同じ船に乗っていても、1ケタの人もいれば100杯を超える釣果の人もいて、腕の差が出る釣りといえる。

濃い色の筋が入る

ツツイカ目アカイカ科

スルメイカ

マイカ
シマメイカ

船　ボート　磯　堤防　浜

生態　日本海沿岸の水深30～200mの大陸棚域に幅広く出現。

カレンダー

1	2	3	4	5	6	7	8	9	10	11	12
						大型化する					

全長　最大30cm
（通常は10～20cm）

食性　小魚

分布　北海道以南の日本各地沿岸

ブランコ釣り

船

ブランコ仕掛けとは

ブランコ仕掛けとは、１本の幹糸に数本のイカヅノをつけた枝ス*を結んだ仕掛け。胴つき仕掛けの釣りバリ部分がイカヅノになったものだ。仕掛けを上下させると、イカヅノがブラブラ揺れることからこう呼ばれるようになった。対して直結仕掛けはイカヅノとイカヅノを直接ハリスで結んだもの。ブランコ仕掛けと直結仕掛け

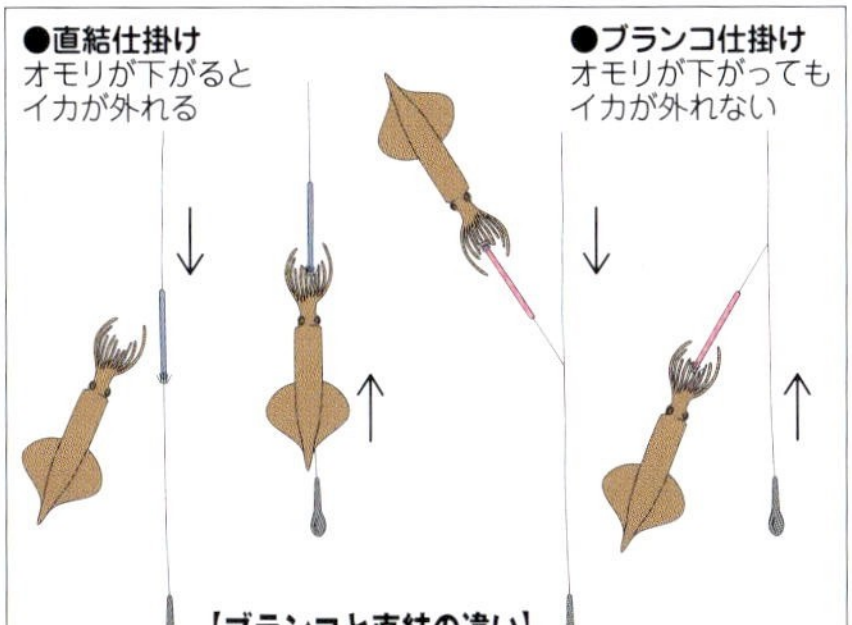

【ブランコと直結の違い】

釣り場

日中のスルメイカは、水深30～２００ｍくらいの中層を回遊している。それに比べて麦秋期に釣れる若イカのムギイカの回遊は、水深30～50ｍと浅い。またニセイカは50～１００ｍといわれ、これがタナの目安となる。

ヤリイカが出始める秋期になると、スルメイカはあまり釣れなくなるが、秋から冬、春先にかけては水深１５０～２００ｍくらいの海底付近を回遊している。

ただ、海面を照明で照らして釣る夜釣りの時間帯は、回遊する水深もグンと浅くなる。

釣り方

スルメイカの釣り方には、一般的な竿釣りと竿を使わない手釣りがあり、さらに竿釣りはブランコ仕掛けと直結仕掛けに分けることができる。

手釣りは直結仕掛けだが、ビギナーには難しい上級者の釣り方。プロの漁師も直結だ。

point

イカヅノの種類

イカ釣りの多くは、イカヅノというプラスチックの棒に、カンナと呼ばれるハリをつけたプラヅノをシャクって釣る。

イカヅノにはいろいろ種類があり、プラスチック棒にカンナをつけたプラヅノ、ラッキョウのような形をしたプラスチックのウキに布を巻いたウキスッテ、棒状の鉛に糸を巻いた鉛ヅノの他、エビに似せた餌木も使われる。用途はイカの種類や釣り方によって変わってくる。

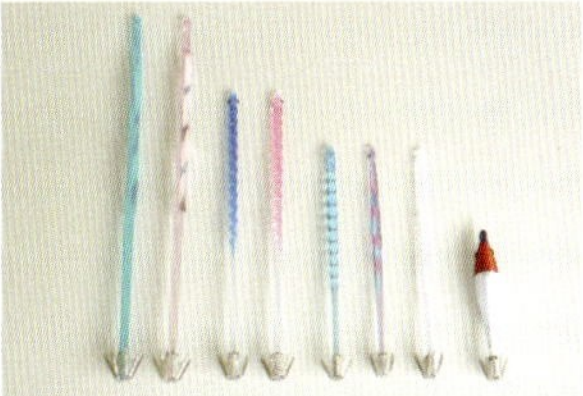

プラヅノ。11、14、18cmの長さがあり、ブルーやピンクなど色もさまざま。
右端／ナマリヅノ

用語　枝ス（えだす）●ハリが１本の通常の仕掛けでは、ミチ糸の先にハリスを結ぶのがふつうだが、ミチ糸の先に幹糸(幹となるハリス)を結び、さらにその幹糸から枝状に何本ものハリスを結んだものを枝スという。

では、直結仕掛けの方が圧倒的にイカののりがよいが、ビギナーはブランコ仕掛けから始めよう。イカヅノのカンナ（ハリ）にはカエシがついていないため、初心者が直結仕掛けを使っても、取り込みでバラしてしまうからだ。

仕掛け

◎竿　オモリ負荷120号で1・5～2・1ｍのスルメイカ専用竿。直結仕掛けは電動リールを使ったシャクリだが、ブランコ仕掛けは手でシャクるので、1・8～2・1ｍの竿が効果的。イカがのればのるほど胴に入っていくタイプの竿が理想だ。

◎リール＆ミチ糸　中型電動リールにPE4号を300ｍ巻いておく。イカ釣りのミチ糸はPE4号が標準だ。PE6号以上のミチ糸を使うと、潮が速いときなどにオマツリの原因となる。

◎イカヅノ　ムギイカには11～14㎝、ニセイカには14㎝のプラヅノを使う。スルメイカは胴長が20㎝近くまで成長すると、18㎝のプラヅノにも乗るようになる。

◎ハリス　ブランコ仕掛けは幹糸5～8号に枝ス3～5号。直結仕掛けは8～12号を使用。

◎オモリ　120号が標準。

◎中オモリ　直結仕掛けには10～20号の中オモリを使用する。ブランコ仕掛けも、取り込み時には中オモリを船中に入れて、ミチ糸を張った状態でイカが取り込めるので、10号程度の中オモリはあった方が便利。

◎その他　ロッドキーパー、指サック、投入器。

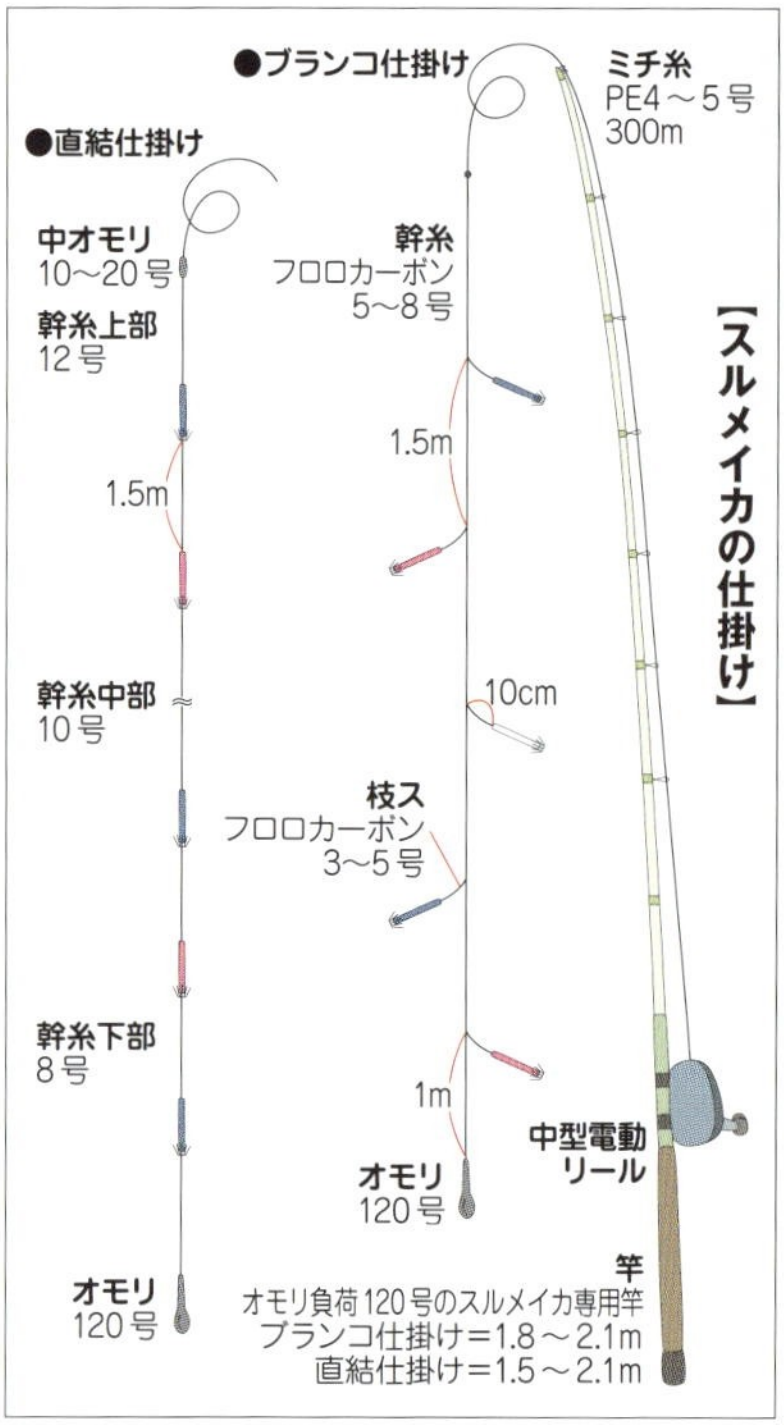
【スルメイカの仕掛け】
●ブランコ仕掛け
ミチ糸
PE4～5号
300m
幹糸
フロロカーボン
5～8号
1.5m
10cm
枝ス
フロロカーボン
3～5号
1m
オモリ
120号
中型電動
リール
竿
オモリ負荷120号のスルメイカ専用竿
ブランコ仕掛け＝1.8～2.1m
直結仕掛け＝1.5～2.1m
●直結仕掛け
中オモリ
10～20号
幹糸上部
12号
1.5m
幹糸中部
10号
幹糸下部
8号
オモリ
120号

釣り方❶…イカヅノの投入

イカ釣りは他の釣りと違って、塩化ビニールパイプなどのパイプで作った投入器を使う。投入器はイカ釣り専門の船には常備されていて、カンナを下にして順に投入器にセット。慣れないうちは、イカヅノの数は5本が扱いやすい。出船までにセットしよう。

スルメイカの船上干し。「沖干し」ともいわれ、死んだイカを干したものとは味がまったく違う。釣り人の特権だ

●タナは仕掛けの長さも考慮

イカ釣り船は魚探で群れを探しながら移動する。船がポイントに到着したら船長の合図でオモリを投入。投入器からイカヅノが次々に出ていく。目の前にポトンと落とすのではなく、まっすぐ前にアンダースローで放り込む要領だ。タナは船長がアナウンスする。

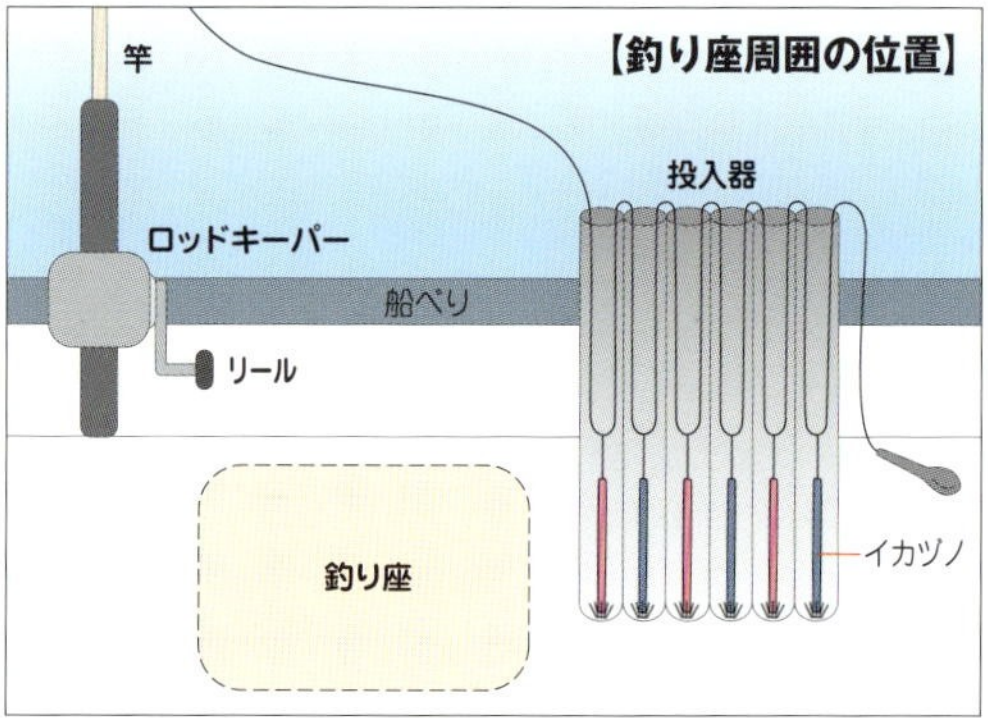
【釣り座周囲の位置】
竿
投入器
ロッドキーパー
船べり
リール
釣り座
イカヅノ

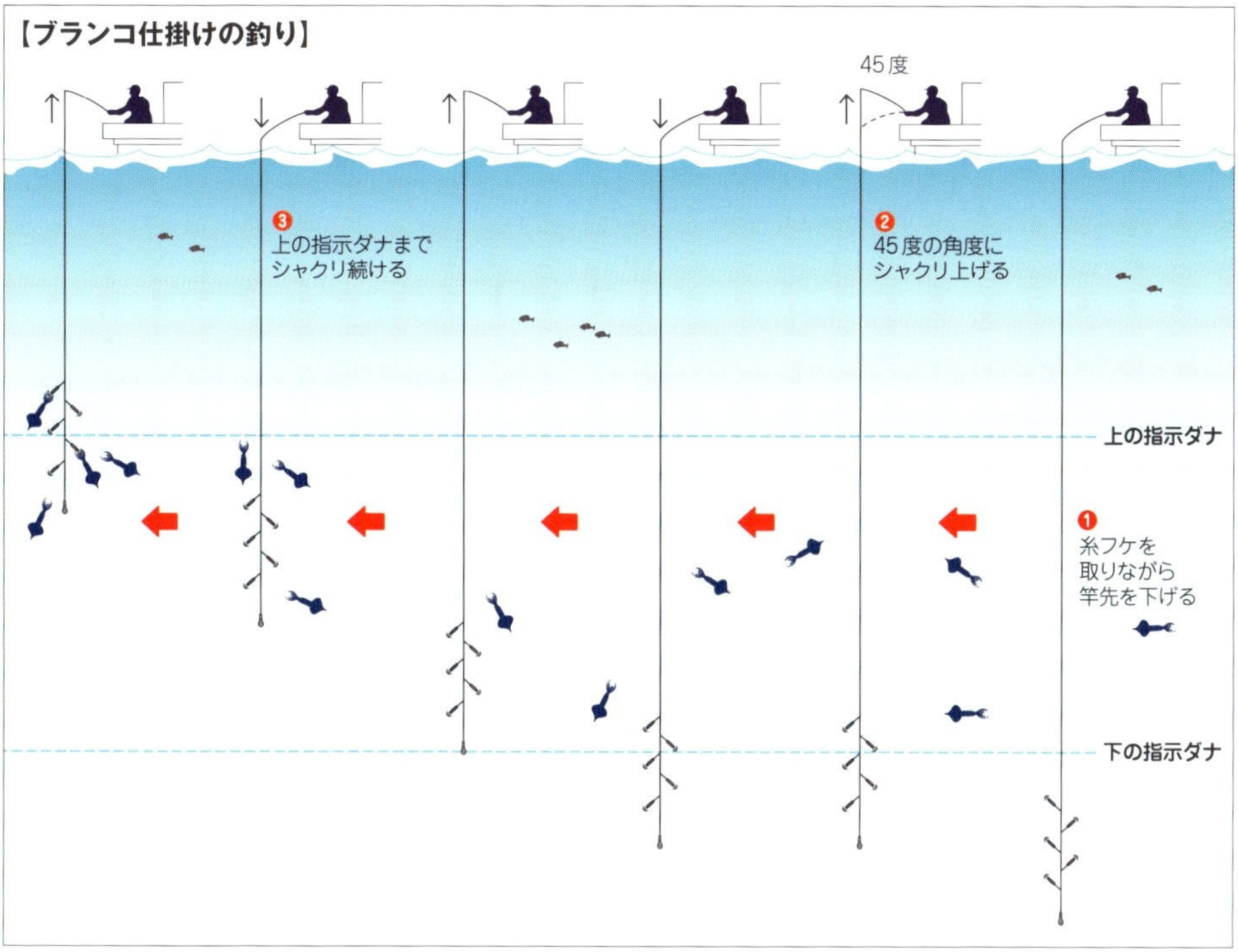
【ブランコ仕掛けの釣り】
45度
❶ 糸フケを取りながら竿先を下げる
❷ 45度の角度にシャクリ上げる
❸ 上の指示ダナまでシャクリ続ける
上の指示ダナ
下の指示ダナ

「50ｍから80ｍ」という指示なら、80ｍ＋仕掛けの長さ分オモリを落とし、そこからオモリの位置が50ｍになるまでシャクる。

釣り方❷…シャクリが命

イカ釣りはシャクリが命。シャクリの差が腕の差で、それが釣果の差になって現れる。シャクリは海面近くまで竿先を下げ、45度の高さまで一気に強くシャクリ上げて、リールを巻きながら竿先を下げる。何段階かに分けてシャクっていたのではイカはのらない。

●イカが追いのりすることも

アタリはシャクったときにドスンと出る。すぐさま電動リールのスイッチを入れ、中速で巻き上げる。活性が高いと途中でイカが追いのりする。ツノっきり*など多点掛けしたときは、イカがグイグイ引くので、小型の電動リールでは対応できないこともある。

釣り方❸…取り込み法

取り込みは、まずロッドキーパーに竿を置いて立て、中オモリをつかんで船中に入れる。上半身を船べりから出して、ハリスをたぐって仕掛けを投入器についているマットなどに掛けながら、イカを船中に入れる。

仕掛けを全部船中に入れたら、投入器に入れ直して再投入する。一番上のツノにだけイカが掛かっている場合は、イカを外してそのまま仕掛けを落としてもよい。

ブランコに慣れたら直結仕掛けにもチャレンジしてみよう。オモリが下がるとイカが外れてしまうので、ベタ凪の日にチャレンジ。最初は上3本を直結、下3本をブランコにし、少しずつ慣れよう。

投入器にイカヅノを入れる。スムーズにできるようになると釣果も高まる

用語　**ツノっきり**●仕掛けの全部のツノにイカが乗ったときに使う釣り用語。「何杯乗った？」と聞かれ「10杯、ツノっきり」などと答えるときに使用。11本のツノに10杯ではない。釣り人同士で腕のよさを自慢する言葉だ。

ヤリイカのブランコ釣り

船

先が細い

釣り場

ヤリイカのポイントは、スルメイカと同じ海底が砂泥地のカケアガリ。めったに中層には浮くことはなく、水深100～200mの海底付近に群れていることがほとんどだ。夜、エサを求めて浅場に寄ってくるので、外洋に面した堤防付近で狙うこともできる。

釣り方

スルメイカ同様に疑似餌を使った釣り。疑似餌は11cmの長さのプラヅノを用い、ブランコ仕掛けが一般的だ。

仕掛け

◎竿　オモリ負荷120号で、1・8～2・1mのスルメイカ専用竿よりややややわらかい竿。

◎リール&ミチ糸　中型電動リールにPE4号を300m巻いたもの。できればヤリイカ専用のリールが望ましい。

ヤリイカは最初の1投が、釣果を大きく左右する釣り。専用リールを使えば、仕掛けの落下速度が速いため、第1投でイカの乗る確率がグッと上がるのだ。

◎プラヅノ　11cmのプラヅノ。色はブルー系、ピンク系、ケイムラを取り混ぜ、これに7cmの赤白糸を巻いたウキスッテが1本ほしい。のりの悪いときに赤白スッテは威力を発揮する。

◎ハリス　幹糸はフロロカーボン5～6号、枝ス3号。

◎オモリ　120号。

◎中オモリ　10号程度の中オモリがあると便利。

◎その他　ロッドキーパー、指サック、投入器。

【ヤリイカのブランコ仕掛け】

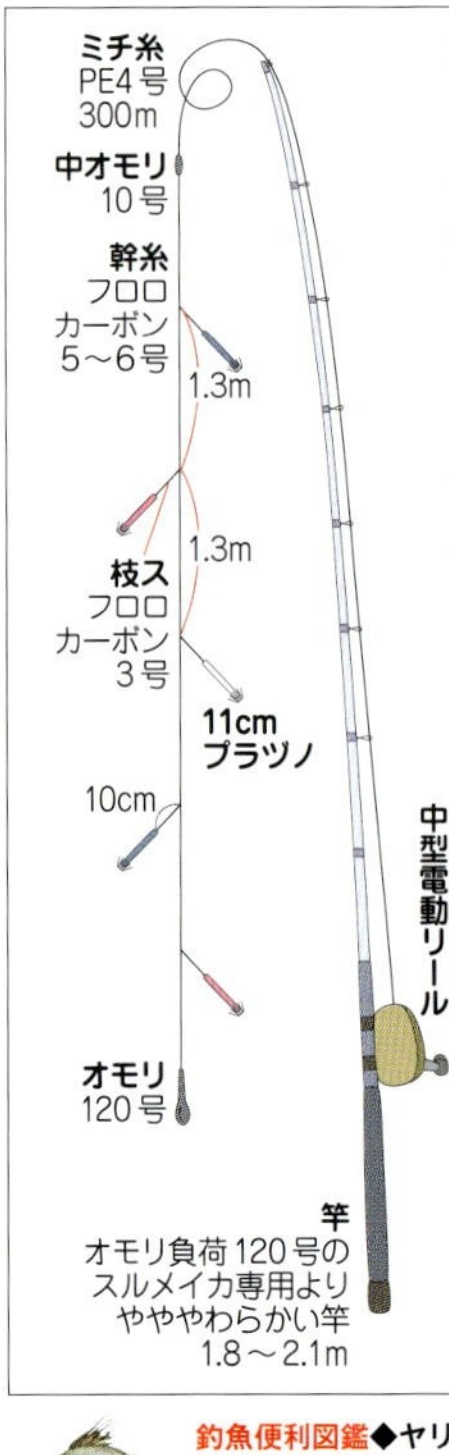
ミチ糸
PE4号
300m
中オモリ
10号
幹糸
フロロ
カーボン
5～6号
1.3m
1.3m
枝ス
フロロ
カーボン
3号
11cm
プラヅノ
10cm
オモリ
120号
ヤリイカ専用
中型電動リール
竿
オモリ負荷120号の
スルメイカ専用より
ややややわらかい竿
1.8～2.1m

船上では釣果は活かして鮮度を保とう

釣魚便利図鑑◆ヤリイカの変わった外道・カガミダイ●マトウダイ目マトウダイ科。福島県以南の水深150～300mに生息。ヤリイカ釣りで、11cmのプラヅノに食ってくる。マトウダイに似ているが、銀白色で大きな黒斑がない。50cmくらいになるが、ふつう釣れるのは20～30cmクラス。初心者はイカののりと区別がつかない。ムニエルにすると美味。

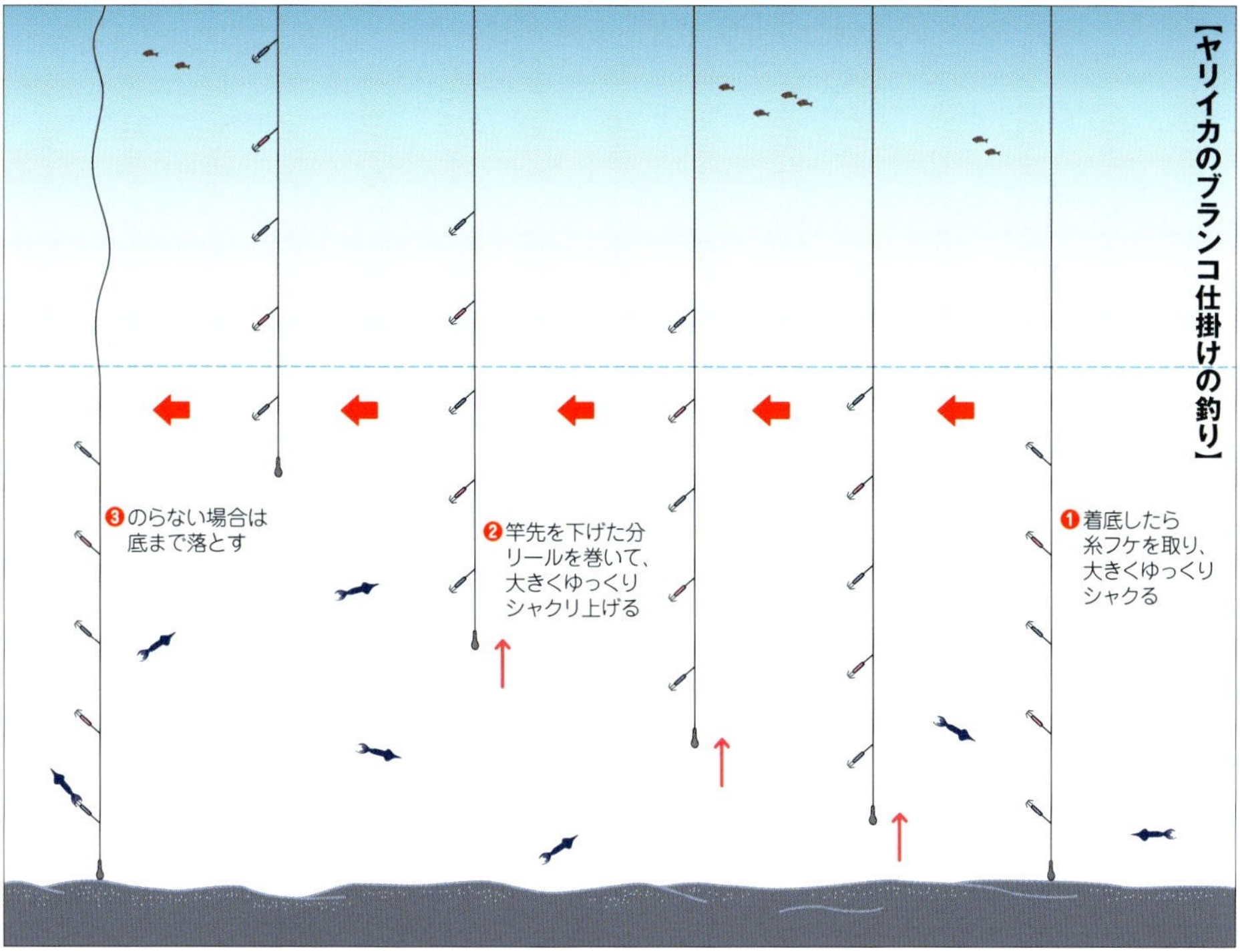
【ヤリイカのブランコ仕掛けの釣り】
❶着底したら糸フケを取り、大きくゆっくりシャクる
❷竿先を下げた分リールを巻いて、大きくゆっくりシャクリ上げる
❸のらない場合は底まで落とす

釣り方❶…海底に近いタナ

投入方法はスルメイカと同じ。ヤリイカのタナは、海底から10mまでのことが多い。船長の「底から○m」と指示があったら同時にオモリを投入。速さを競うようなヤリイカ釣りでは、船が減速、ポイントを探り始めたら、オモリを持って投入に備えよう。

●着底後一気にシャクる

オモリが着底したらすぐに糸フケを取って、一気にシャクリ上げる。このときにヤリイカがのっていることが多く、のっていればすぐに電動リールのスイッチをオンにする。巻き上げ速度は中速よりややゆっくり気味に。ヤリイカはスルメイカよりやわらかいので、速く巻くとバレてしまうのだ。

釣り方❷…シャクリのコツ

最初のシャクリでのらないときは、リールを巻いて竿先を下げ、さらにシャクる。スルメイカと違って、ヤリイカのシャクリは1m＋1mと段をつけてシャクってもよいが、水深が200m近い深場だと仕掛けが敏感に動いていないことも考えられる。深場では一気にシャクってみよう。3、4回シャクってものらなければ、再び底に落としてシャクリ直す。

ヤリイカの引きはスルメイカほど強くないが、50cm近いイカはずっしりとした手応えがある。ちなみに、50cmクラスのヤリイカをパラソルという。

memo

ダブルとシングルのカンナ

イカヅノには二重にカンナがついているダブルカンナと、シングルカンナがある。カンナが二重になっているということは、それだけバレが少なくなるが、オマツリするとダブルカンナはほどけにくい上、仕掛け自体にダメージを与える。相模湾や東京湾ではシングルカンナを使うが、駿河湾などではダブルカンナを使っている地域もある。

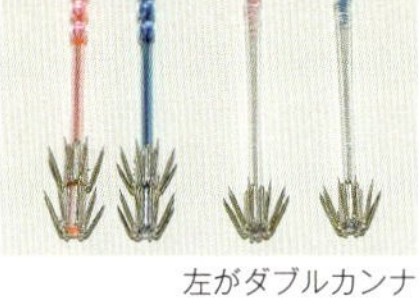
左がダブルカンナ

マルイカのブランコ釣り

船

胴が丸みを帯びる

釣り場

マルイカはケンサキイカが標準和名。関東地方の釣り人の間ではマルイカの名で親しまれているので、ここではマルイカの名で取り上げた。

マルイカのポイントは、ヤリイカよりも沿岸の水深の浅い場所となる。シーズン初期の生息場所は水深70~80mの深場だが、徐々に浅くなり、終盤は10数mと浅くなる。タナは海底から必ず1~1・5m位は浮いていて、縦に3~10mの幅があるのが特徴。

釣り方

マルイカ釣りはスルメイカやヤリイカと違って、スッテというプラヅノを使う。スッテを使った仕掛けには、ブランコ仕掛けと直結仕掛けに加えて、両方を装着した直ブラ仕掛けの3通りがある。

マルイカはその日の潮の状態によって、当たりヅノが必ず出る釣りなので、スッテの知識を深め、使い慣れておくことが大切だ。

仕掛け

◎竿　オモリ負荷30号程度で1・8~2・1mの7・3調子。マルイカはヤリイカよりもっとやわらかく、身切れしやすいので、ヤリイカ竿より軟調子の竿がよい。マルイカ専用竿がおすすめ。

◎リール&ミチ糸　小型両軸リールにPE3~4号を200m巻いたもの。

◎プラヅノ　スッテの5本が標準だ。スッテには浮力型のウキスッテと、沈下型のスッテの2種類がある。ブランコ仕掛けでは5~7cmのウキスッテを使用。

ウキスッテは竿を静止した状態でも浮いて、揺れているイカにアピールできる。沈下型のスッテは直ブラ仕掛けに適している。

◎ハリス　ブランコの場合、幹糸4~5号、枝ス2~3号。幹糸に回転ビーズをつけて枝スを出すとスッテの交換が楽にできるが、オマツリしたときにほどきにくいという欠点がある。

◎オモリ　30~80号。

◎その他　ロッドキーパー、指サック　投入器。

memo

スッテのサイズと当たりヅノ

スッテのサイズはイカの大きさと相関関係にあるようだ。イカのサイズが小さいときは5cm以下の小さなスッテののりがよいし、胴長40cmクラスの「ベンケイ」と呼ばれるサイズのイカは7cmのウキスッテにのる。

マルイカは潮によって当たりヅノがはっきりするので、ツノ選びは重要だ。プラヅノ11cmの*ケイムラを入れたり、1.5号の餌木を組み合わせてもよい。周りで釣れたウキスッテをチェックすることも重要だ。

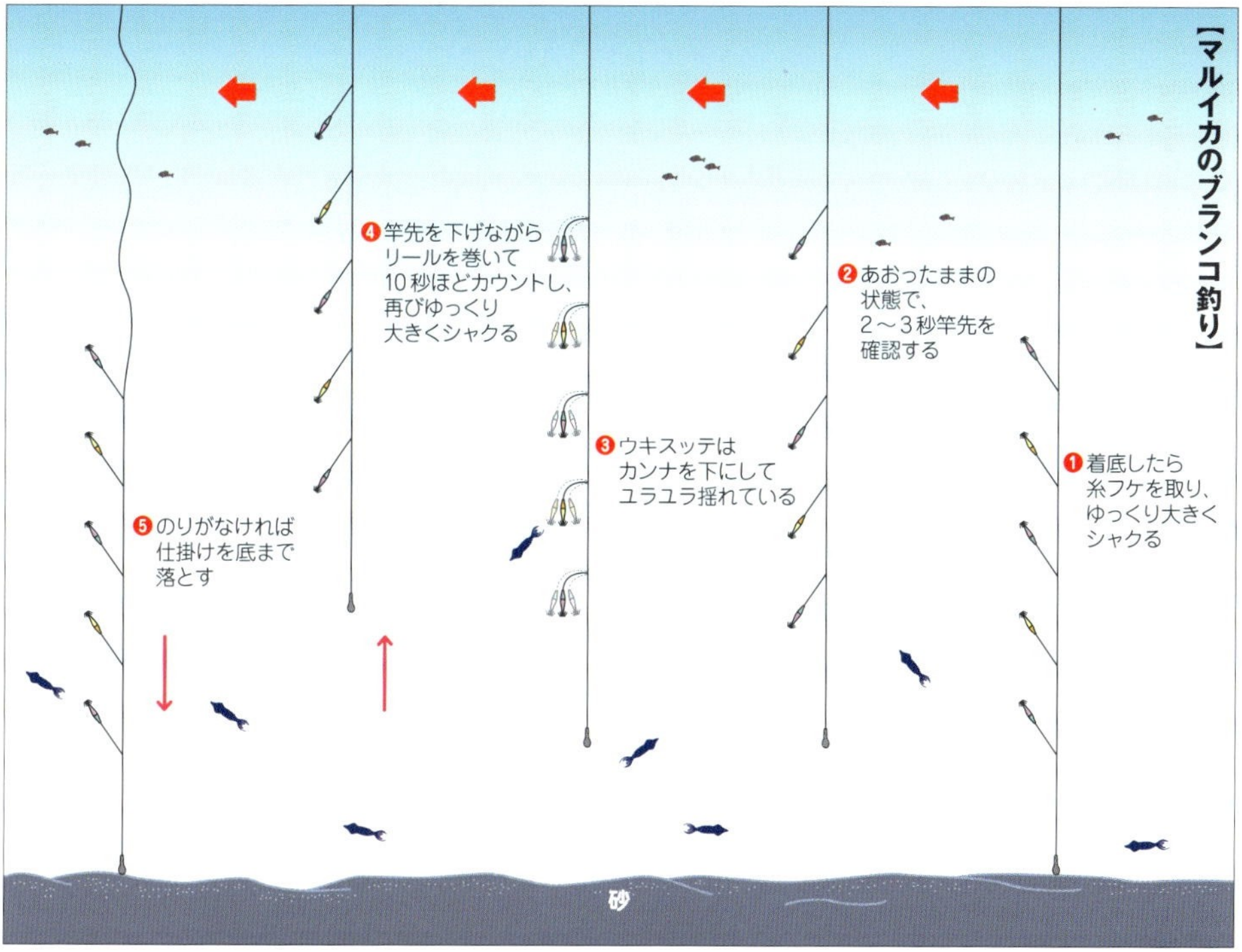
【マルイカのブランコ釣り】
❶着底したら糸フケを取り、ゆっくり大きくシャクる
❷あおったままの状態で、2～3秒竿先を確認する
❸ウキスッテはカンナを下にしてユラユラ揺れている
❹竿先を下げながらリールを巻いて10秒ほどカウントし、再びゆっくり大きくシャクる
❺のりがなければ仕掛けを底まで落とす
砂

釣り方…微妙なアタリ取り

マルイカ釣りで一番重要なのは、「急」のつくことはしないこと。急な巻きや急なシャクリは、身切れしやすいマルイカではバラシの原因となる。

投入方法はスルメイカと同じ。マルイカのタナは、海底付近。着底して糸フケを取ったら、竿先に少しテンションがかかるくらいの速さで頭上までゆっくりあおる。

●竿先のアタリに注意

あおったままの状態で竿先を確認。シャクリ上げているときにズンと重みを感じることもあるが、マルイカは長い触腕でスッテをつかんでいるため、アタリは重さではなく、竿先に出ることも。

アタリがない場合は、その位置で10秒ほど数え、ゆっくり大きくあおってみる。3回ほどあおってもアタリがない場合は、底まで落としてやり直そう。

取り込みも「急」は厳禁。ガツンとスッテを抱いていればさほど問題はないが、マルイカは触腕1本だけでウキスッテに掛かって上がってくることもある。タモ網でていねいに取り込もう。

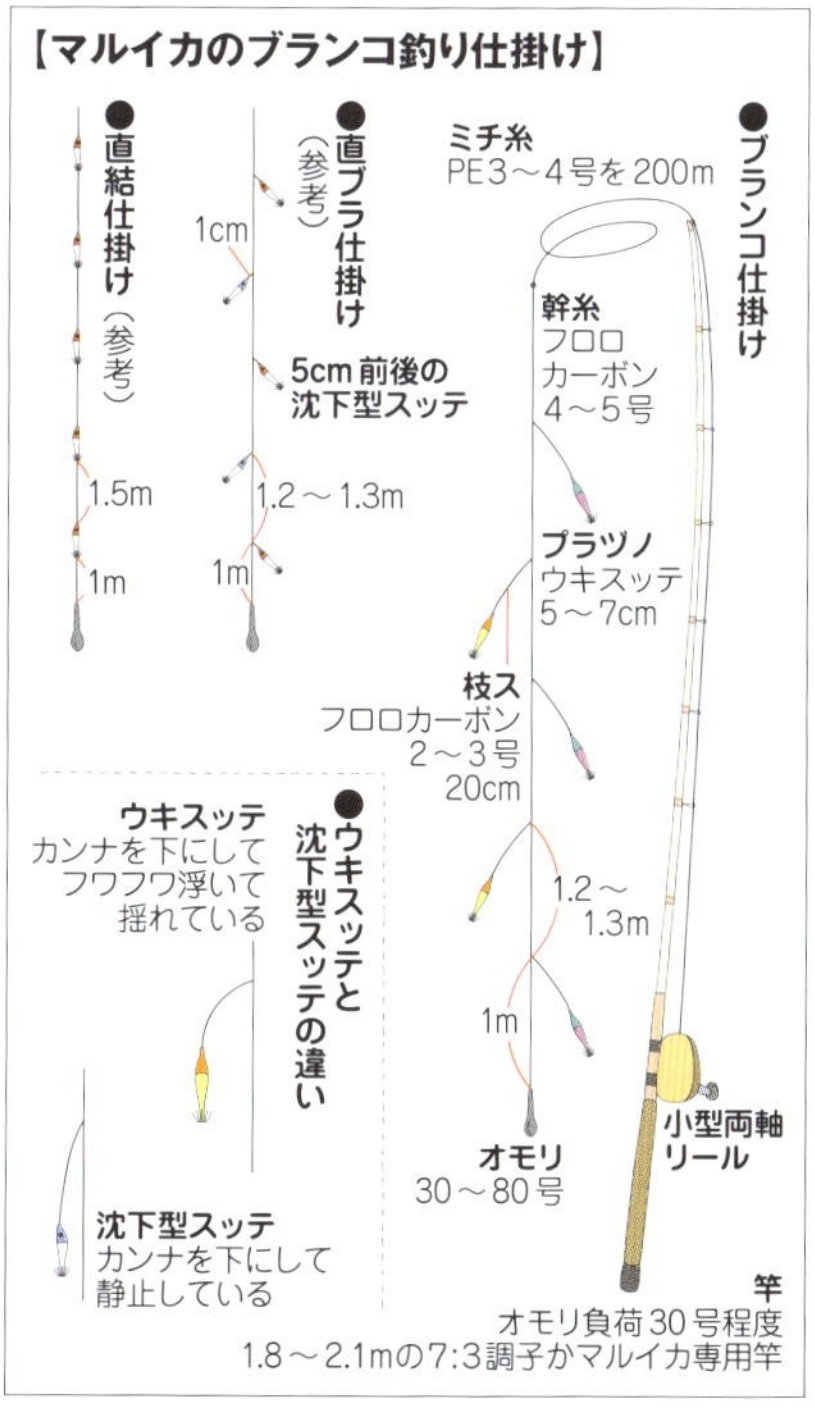
【マルイカのブランコ釣り仕掛け】
●ブランコ仕掛け
ミチ糸
PE3～4号を200m
幹糸
フロロカーボン
4～5号
ブラヅノ
ウキスッテ
5～7cm
枝ス
フロロカーボン
2～3号
20cm
1.2～1.3m
1m
オモリ
30～80号
小型両軸リール
竿
オモリ負荷30号程度
1.8～2.1mの7:3調子かマルイカ専用竿
●直ブラ仕掛け（参考）
1cm
5cm前後の沈下型スッテ
1.2～1.3m
1m
●直結仕掛け（参考）
1.5m
1m
●ウキスッテと沈下型スッテの違い
ウキスッテ
カンナを下にしてフワフワ浮いて揺れている
沈下型スッテ
カンナを下にして静止している

用語 **ケイムラ**●発光体の一種で、紫外線の作用を受けて発光する特殊な蛍光体のこと。イカヅノなどに塗装することで、より明確なアピールが得られる。

ヒイカの堤防釣り

堤防

釣り場

ヒイカのポイントは水深1～10mの浅い沿岸部。12～1月は最も湾の奥まで入り込み、東京湾では最奥のお台場付近でも、釣りの対象となる。

釣り方

釣りは夜釣りが基本。堤防からエギングで狙ったり、軽い磯竿に3本程度のスッテをつけた釣り方がある。

夜釣りなのでヒイカを集める投光器があると、より効果的な釣りが期待できる。

仕掛け

◎竿　餌木で狙うエギングの場合は1・8～2・1mのやわらかいルアーロッド。スッテで釣る場合は5・3m、1号の磯竿。

◎リール&ミチ糸　餌木で釣る場合は、小型スピニングリールにフロロカーボン1・5号のラインを50m巻いたもの。スッテの場合は、小型スピニングリールにナイロン3号のミチ糸を50mを巻いたものを準備する。

◎餌木　2号以下の小さな餌木。

◎スッテ　5cmのスッテを3～5本仕掛けにするが、ウキスッテ、沈下型スッテを併用した釣り方も可能だ。

◎ハリス　幹糸2号に枝ス1号を結び、枝スの間隔は60～80cm程度とする。枝スはウキスッテで10cm程度、沈下型で5cm程度。

◎オモリ　ルアーロッドで餌木の代わりにスッテを使う場合はガン玉使用。また、スッテの3～5本仕掛けの場合はナス型オモリの1～2号をつける。

◎その他　投光器。

釣り方①…餌木で誘う

2号以下の小さな餌木をキャスト。ヒイカは中層にいるので着底を待たずにゆっくり大きくシャクって、落とす。餌木が手前まできたら巻き戻して再びキャスティング、この繰り返し。

餌木が*フォールしているときにヒイカが抱きつくことが多い。アタリは明確で、餌木を大きくシャクったとき、ズンと手応えがある。ゆっくりリールを巻いて取り込もう。

イカ釣りに使用する餌木。右がヒイカ用の小型の餌木

【ヒイカの堤防釣り】

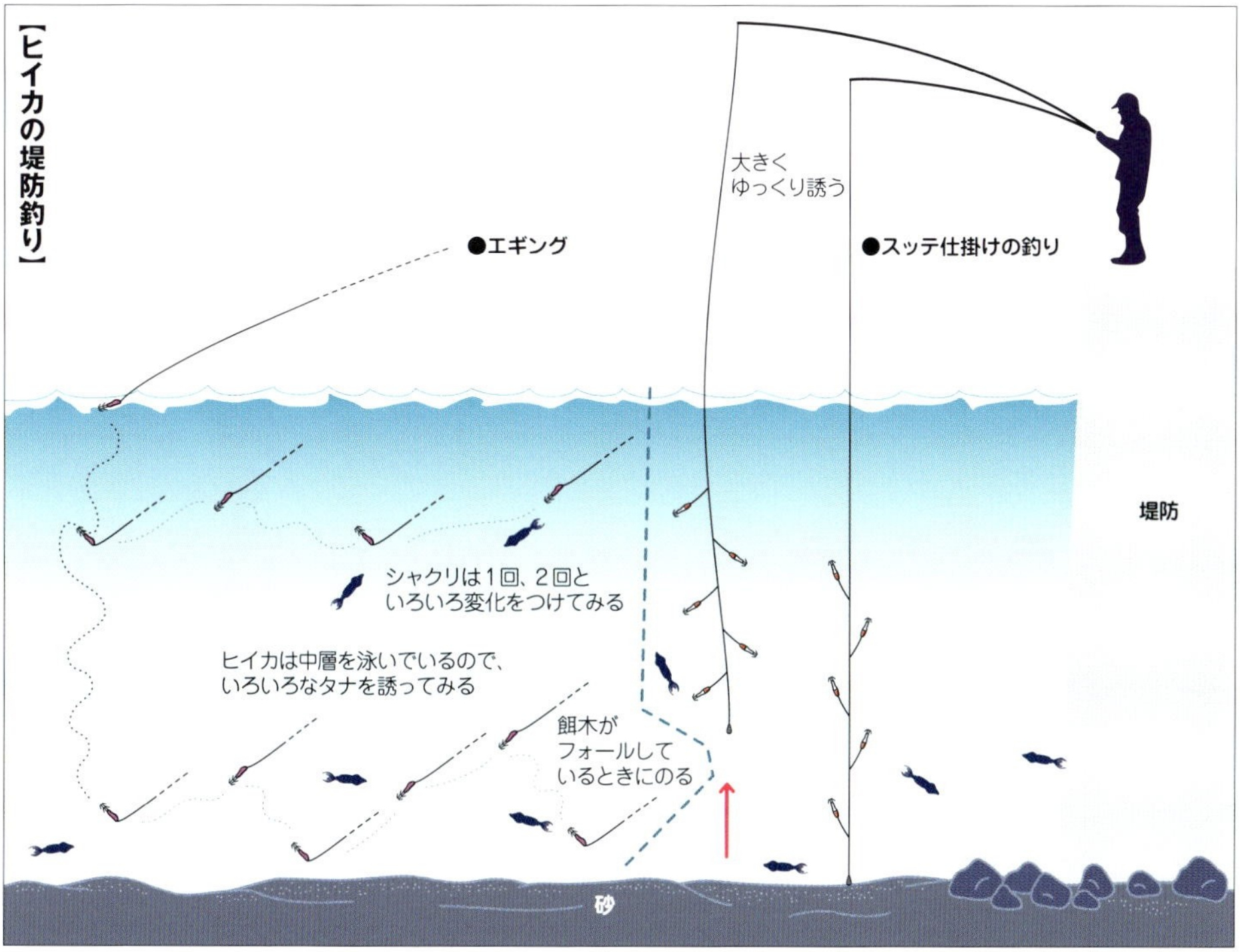
●エギング
大きく
ゆっくり誘う
●スッテ仕掛けの釣り
堤防
シャクリは1回、2回と
いろいろ変化をつけてみる
ヒイカは中層を泳いでいるので、
いろいろなタナを誘ってみる
餌木が
フォールして
いるときにのる
砂

【ヒイカの堤防釣り仕掛け】

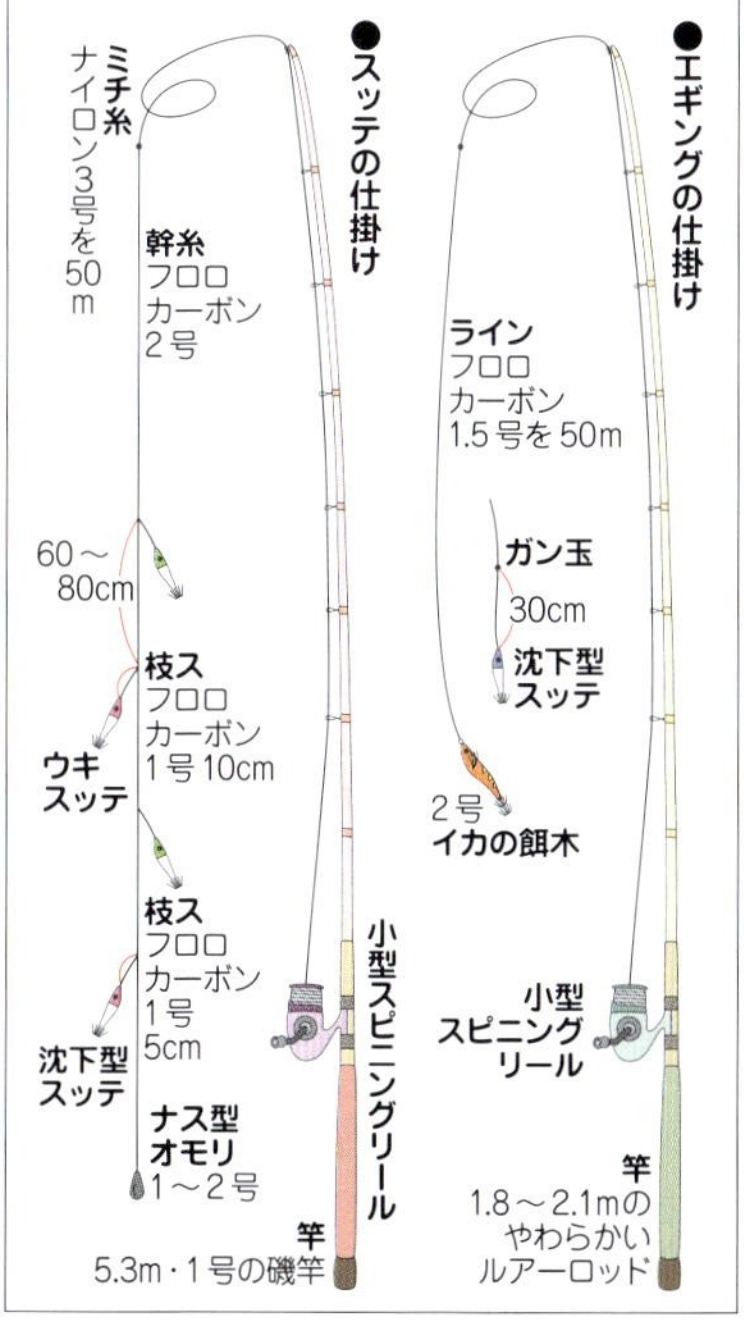
●スッテの仕掛け
ミチ糸
ナイロン3号を50ｍ
幹糸
フロロ
カーボン
2号
60～
80cm
枝ス
フロロ
カーボン
1号 10cm
ウキ
スッテ
枝ス
フロロ
カーボン
1号
5cm
沈下型
スッテ
ナス型
オモリ
1～2号
小型スピニングリール
竿
5.3m・1号の磯竿
●エギングの仕掛け
ライン
フロロ
カーボン
1.5号を50m
ガン玉
30cm
沈下型
スッテ
2号
イカの餌木
小型
スピニング
リール
竿
1.8～2.1mの
やわらかい
ルアーロッド

●フォールに変化をつける

餌木の代わりに沈下型スッテをつけてもよい。30㎝ほど上にガン玉をかませると遠くにキャストでき、フォールに変化を出せる。

釣り方❷…スッテで誘う

広く探れるエギングと違い、のりが悪いときは投光器があると効率よくイカを集められる。本格的な発電器を使う人もいるが、大型の懐中電灯でもよい。

仕掛けを投入・着底したら、竿先をゆっくり立てて仕掛けを上げる。仕掛けの長さが3～5ｍくらいなので、水深が10ｍほどなら底からゆっくり海面近くまで誘い上げる。イカがのらないときは、斜めに誘ってみたり、段階的に誘ってみるなど工夫しよう。大きくあおっているときにズンとアタリが出たらそのまま巻き上げる。

シーズンになると岸壁は多くのイカ釣り師でにぎわうが、冬の日没後の釣りなので、防寒対策はしっかりと。

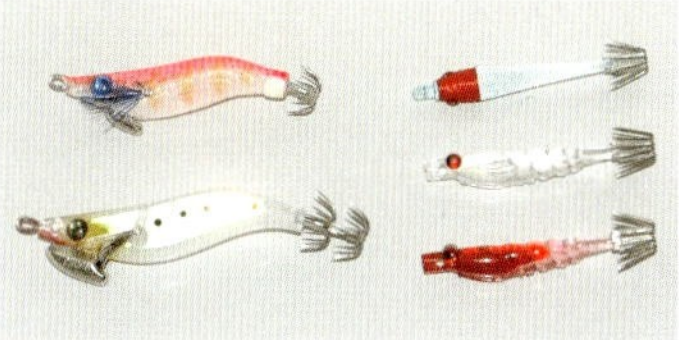

ヒイカの堤防釣りに使う餌木（左）とスッテ

用語 **フォール●**ルアーフィッシングでルアーを投入後、水中に沈んでゆくことを指した言葉。イカ釣りでは餌木が沈んでゆく様子を指す。

スズキ目イサキ科

刺身、焼き魚でもいける夏が旬の暖流の魚
イサキ

イサキ、イッサキ、オクセイゴ

船　ボート　磯　堤防　浜

生　態　藻場のある岩礁帯周りに生息し、主に夜に活動する。初夏の産卵期には浅瀬に集まり、幼魚には縦ジマ模様がある。

カレンダー

1	2	3	4	5	6	7	8	9	10	11	12
					浅場に寄り、脂がのる						

＊釣りは１年中可

全　長　最大40cm（通常は20～30cm）

食　性　甲殻類や小魚

分　布　関東地方南岸から南日本、新潟県以西の沿岸。

特徴

夏が旬の暖流に生息する魚で、藻場となる磯や沿岸近くに群れで暮らしている。産卵期は6月から9月。親魚は群れをなして浅い場所に集まり、産卵。ふ化した稚魚は大群をなして、プランクトンを捕食しながら成長、次第に浅場から深みへと生息域を移動する。

幼魚にはイノシシの子に似た黄色いシマ模様が縦に3本あり、このためイノシシの子同様に「ウリボウ」と呼ばれている。

◆確実な釣果は夜釣り

成魚は昼間、沿岸のやや深い海藻の多い海底に潜んでいるので、1尾、2尾は釣れても大釣りとはいかない。しかし、エサを追って海面近くに浮かんでくる夜間は活動が活発になるため、夜釣りの方が釣果は確実で、人気がある。

一般的に初夏の産卵期のものが脂がのって旬とされているが、冬季のものもおいしく、釣りだけでなく食通にも人気が高い高級魚となってきている。

釣り場

イサキは主に沖合いで釣られているが、水温が上がる初夏になると、磯際にも集まってくるため、磯釣りの対象になる。また、潮の流れが直接ぶつかるような離島では、堤防周りの深場がポイントとなり、釣れることがある。

また、夜行性の魚なので、磯ではまだ暗いマヅメ時や夜釣りが中心となるが、曇りの日は日中でも釣れる。

ウリボウと呼ばれるイサキの幼魚。体側に黄色い縦ジマが３本あり、これが目印となる。成長するとシマ模様はなくなる

釣り方

磯釣りではイサキが海面に上がってくる夜の、ウキを使ったフカセ釣りやカゴ釣りが主流。

一方、沖合いの船釣りでは、岩礁帯の根についているイサキを狙うことになる。コマセカゴで魚を寄せながら釣るビシ釣りなどの他、サビキ釣りも行われている。

イサキの磯釣り

磯

タナが勝負の釣り

磯の根周りについているイサキは、エサを捕食するために、エサの浮遊するタナまで移動する。特に夜間は磯周りの浅いタナまで上がってくることもあり、この習性を利用してコマセで寄せるなどのタナに応じた釣りが、イサキとの勝負の決め手となる。

ここではウキを使ったフカセ釣りに加え、コマセカゴ仕掛けの例も取り上げた。

仕掛け

◎竿　1・5～2号の磯竿。

◎リール&ミチ糸　中型スピニングリールにナイロン2～3号を50m巻いたもの。

◎ウキ　日中は棒ウキを使用。夜釣りでは棒ウキにケミホタルをつけるか中型の電気ウキを使用。

◎ハリス　フロロカーボン2～3号を2m程度。

◎ハリ　チヌ2～3号かグレ6～7号。

◎オモリ　ガン玉B。コマセカゴ仕掛けの場合は中通しオモリ6号を使用。

◎その他　コマセカゴ、バッカン*、柄杓。

エサ

エサはオキアミを準備し、寄せエサとしてアミコマセを使う。なお、コマセカゴ仕掛けを使うときのコマセは、カゴの編み目の大きさでオキアミかアミコマセのどちらかを選択する。

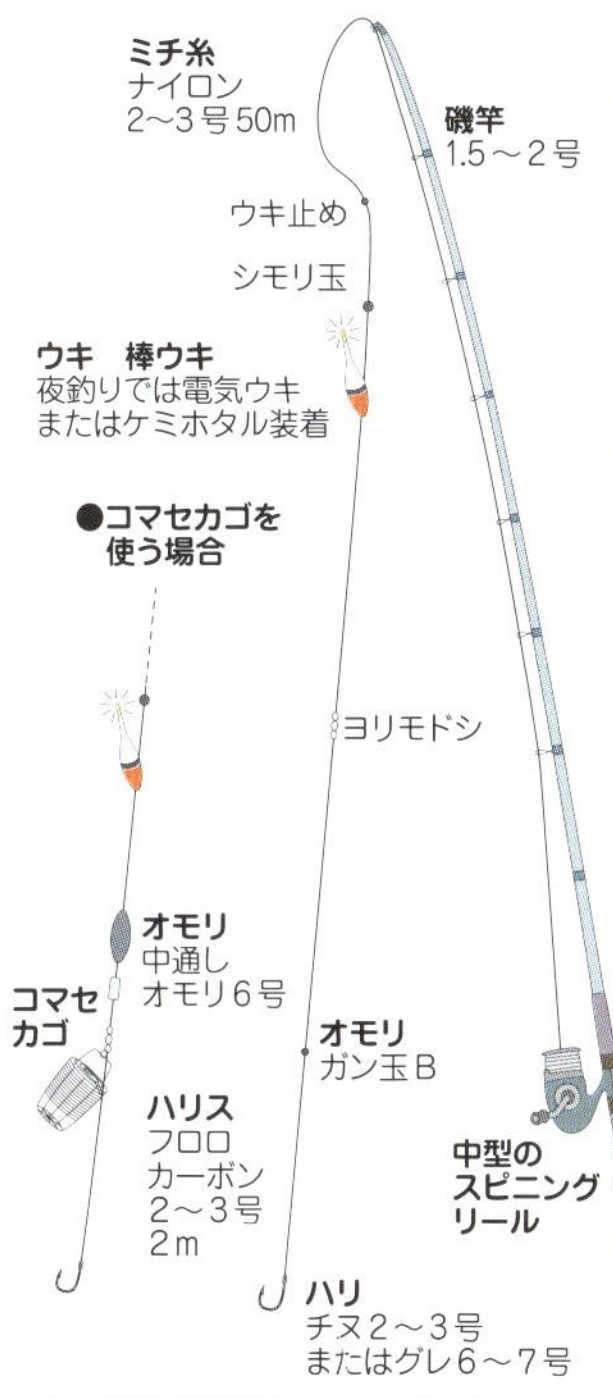

ミチ糸
ナイロン
2～3号50m
磯竿
1.5～2号
ウキ止め
シモリ玉
ウキ　棒ウキ
夜釣りでは電気ウキ
またはケミホタル装着
●コマセカゴを
使う場合
ヨリモドシ
オモリ
中通し
オモリ6号
コマセ
カゴ
オモリ
ガン玉B
ハリス
フロロ
カーボン
2～3号
2m
中型の
スピニング
リール
ハリ
チヌ2～3号
またはグレ6～7号

【磯釣りのフカセ釣り仕掛け】

釣り方❶…日中は深場

前述したようにイサキ釣りで最も注意したいのがタナだ。日中の磯で深い根回りにいるイサキも、夜は浅いタナまで移動してくる。そのタナを狙う。

●細い仕掛けを使う

したがって日中の釣りではタナを深く取り、夜釣りでは浅く取るのが原則。また、青物が回遊する海域の磯では、つい太い仕掛けを使いがちだが、目がいいイサキにはあまり太い仕掛けは向いていない。あえていうなら、夜釣りの仕掛けは日中よりは少し太目に、といったところだ。

浅いタナにイサキが移動してくる(特に夜)のは、浅場のエサに反応しているからで、この動きに合わせるように寄せエサを欠かさず、アタリを取ることが大切だ。ただ、コマセをまきすぎると、イサキの食い気は極端に落ちることもあるので注意しよう。

釣り方❷…活性が高いとき

コマセカゴを使わないフカセ釣りは、夜、浅いタナに群れで寄ってきた活性の高いイサキに効果のある釣りだ。要領は、準備したコマセをあまり散らないよう磯脇の浅場から静かに投入、イサキの群れを引き寄せながら釣ること。

アタリはウキの動きで明確にわかるが、強いアワセは禁物。イサキは吻(口)が弱い。仕掛けと竿の柔軟性で獲物の強い引きを吸収し、ヤリトリを楽しもう。魚が海面を割ったら、あわてずにタモ網で寄せればよい。

用語　**バッカン**●旧海軍の飯入れに使われた「飯缶」が語源の釣り用の容器（バッグ）。樹脂製で釣り場へもってゆくときはたたんで持ち運べ、釣り場では組み立ててコマセ入れにしたり、水を張って魚を活かしておく活かし缶にできる。磯釣りに便利なバッグだ。

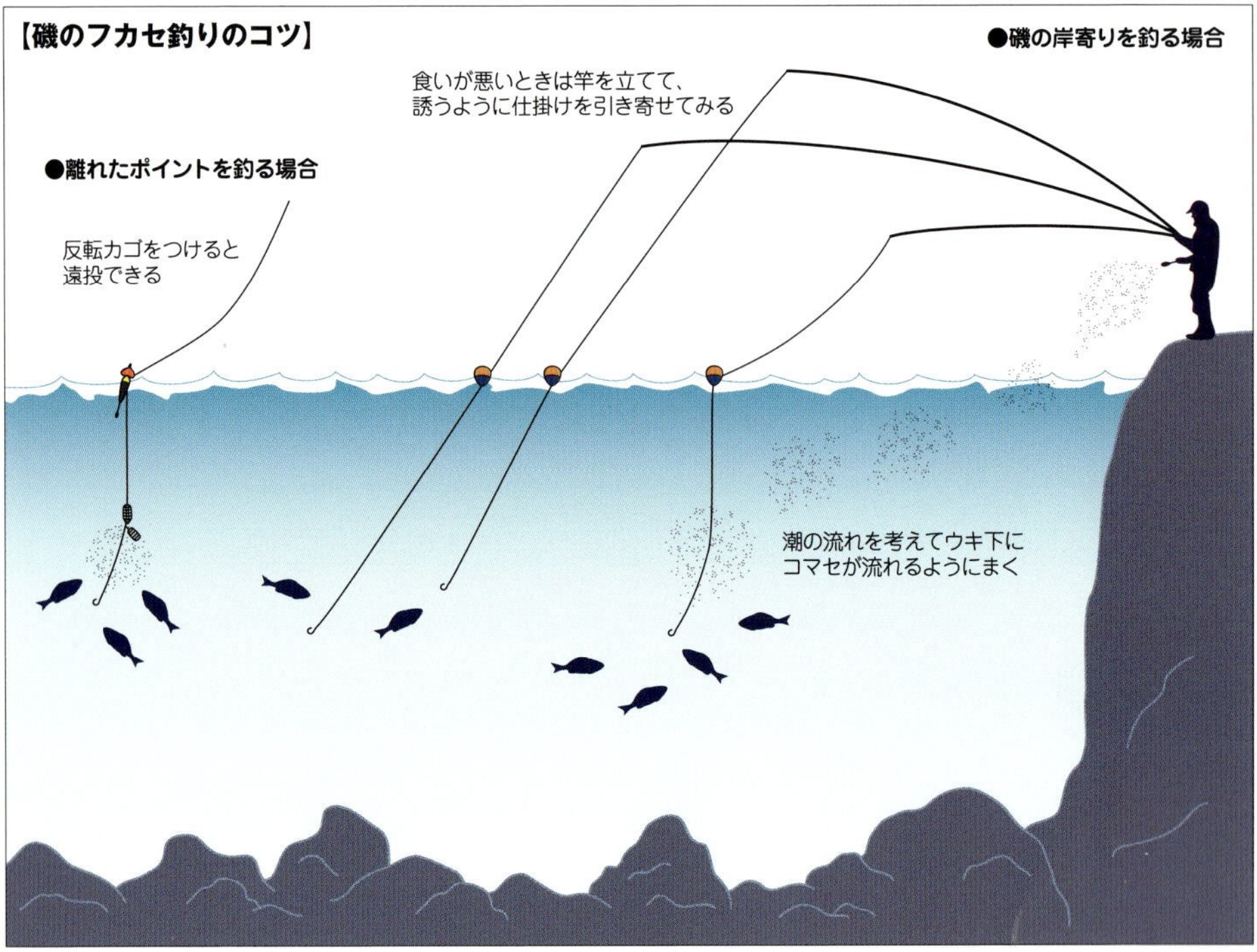
【磯のフカセ釣りのコツ】
●磯の岸寄りを釣る場合
食いが悪いときは竿を立てて、
誘うように仕掛けを引き寄せてみる
●離れたポイントを釣る場合
反転カゴをつけると
遠投できる
潮の流れを考えてウキ下に
コマセが流れるようにまく

沖のコマセ釣り

船

ビシを使う沖釣り

イサキ釣りで最もポピュラーな釣りは、沖合の船上からコマセで寄せて釣るコマセ釣り。片テンビンのビシ釣りと、サビキ釣りのふたつの釣り方がある。

仕掛け

◎竿　1.8〜2.1m、オモリ30号負荷の7・3調子。

◎リール&ミチ糸　中型両軸リールにPE3〜5号を200m巻いたもの。

◎テンビン・コマセカゴ（ビシ）　中型の片テンビンに60号のサニーカゴかアンドンビシ。船宿によっては35号クラスのライトタックルで狙うこともある。

◎クッションゴム　径1.5㎜で長さ50㎝。

◎ハリス・ハリ　3号で3〜4本バリの市販のイサキ仕掛けかウィリー仕掛け。

◎その他　ロッドキーパー。

エサ

*イカタンやオキアミなどが一般的で、その日によってアタリエサがある。寄せエサのコマセにはアミコマセを使う。イサキ釣りではエサを使わないウィリー仕掛けや、ハリ全体を着色したカラーバリの仕掛けも使われている。

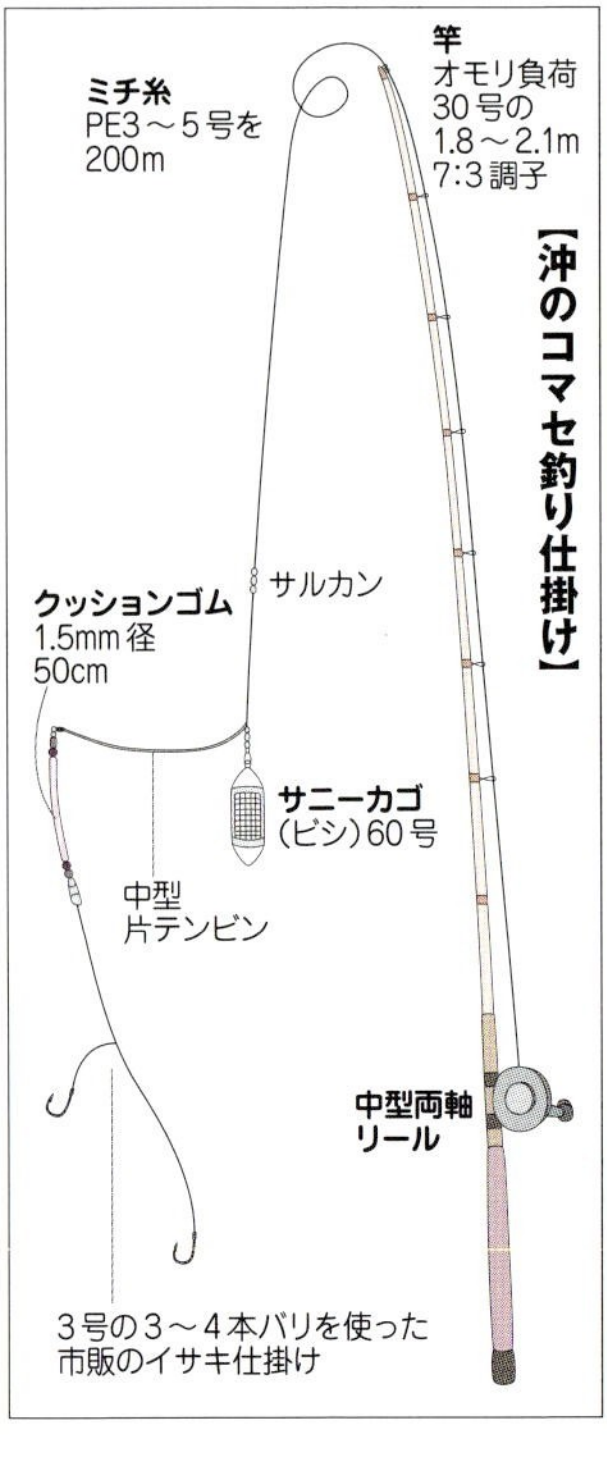
【沖のコマセ釣り仕掛け】
竿
オモリ負荷
30号の
1.8〜2.1m
7:3調子
ミチ糸
PE3〜5号を
200m
サルカン
クッションゴム
1.5mm径
50cm
サニーカゴ
（ビシ）60号
中型
片テンビン
中型両軸
リール
3号の3〜4本バリを使った
市販のイサキ仕掛け

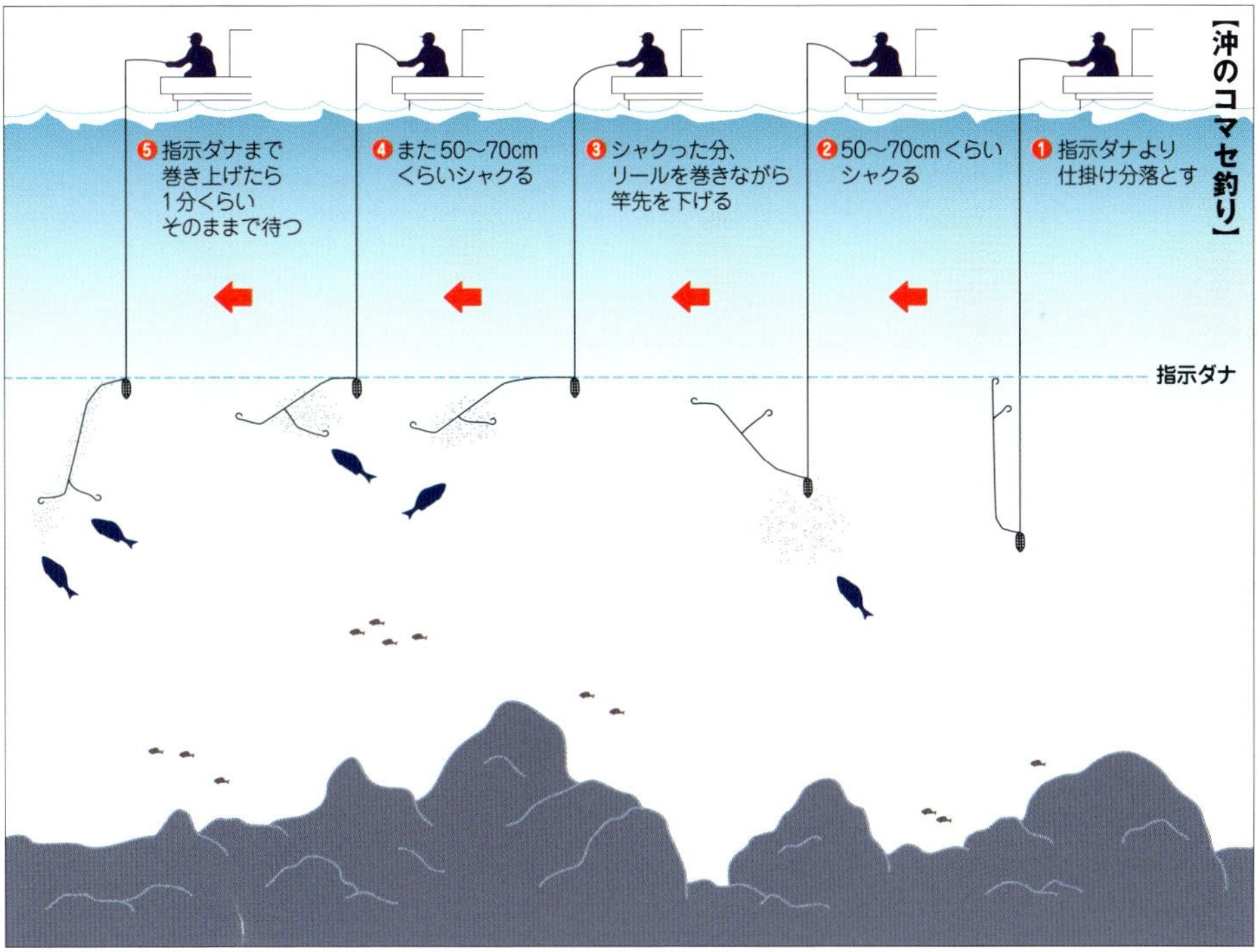
【沖のコマセ釣り】
❶指示ダナより仕掛け分落とす
❷50〜70cmくらいシャクる
❸シャクった分、リールを巻きながら竿先を下げる
❹また50〜70cmくらいシャクる
❺指示ダナまで巻き上げたら1分くらいそのままで待つ
指示ダナ

釣り方❶…シャクリ

「タナを釣れ」といわれるほどイサキはタナ取りが決め手といわれている。船長がタナを「海面から何m」と指示が出たら、そのタナ＋仕掛け分、ビシを沈める。

例えば「タナは30m」という指示があり、自分の仕掛けが3・5mでクッションゴムの長さが50cmあったら、34mまでビシを降ろすことになる。水深はリールのカウンターではなく、PEラインの色を見てカウントする。

●変わるイサキのタナ

数秒おいて仕掛けがなじんだら50〜70cmシャクってコマセを出す。次にシャクった分の糸を巻きながら竿先を下げる。そしてまた、50〜70cmシャクってコマセを出し、指示ダナまで上げよう。

指示ダナで1分ほど待ってアタリがないときは、また仕掛け分落とし、誘い上げるようにシャクってみる。3回落として誘い上げてもアタリがない場合は、巻き上げてコマセを詰め替えよう。

イサキのタナはめまぐるしく変わる。すぐに新しい指示が出るが、必ずそれに従おう。タナに幅があるときは、下のタナ＋仕掛け分落とし、上のタナまで細かくシャクり上げる。

釣り方❷…慎重な取り込み

アンドンビシの場合、出るコマセの量は一定で、量の調節はできないが、サニーカゴは底を閉め、上部の穴を2分の1程度開けておくのがコツ。

アタリはグッグッとはっきりとした感覚で伝えてくる。アタリがあったら、ゆっくり竿を立てて電動リールのスイッチを入れよう。

巻き上がったら竿をロッドキーパーにかけ、ビシをコマセバケツに入れて仕掛けを手繰り寄せる。魚に近いハリスをつかみ、ゆっくりと船中に入れよう。

ついあわててハリスをシャクり上げると、イサキは口回りが弱いので切れてしまう。特に大物イサキが相手のときは、タモを使って慎重に取り込むことだ。

用語 **イカタン●**イソメやゴカイなどつけエサのひとつ。スルメイカやアオリイカなどを小さな短冊型に切ったもので、ふつう食紅などで赤く染めてある。イサキのビシ釣りでは染めていない。最近は樹脂製の人工イカタンもある。

磯の投げ釣り

特徴

イシダイの幼魚は横ジマがはっきりしている

磯の大物として人気の高いイシダイとイシガキダイ。ともに強じんな歯で、カニやウニなどの固い殻をものともせず、かみ砕いて捕食。イシダイの幼魚はシマダイ、サンバソウなどと呼ばれ、また老成したオスは口の回りが黒くなることからクチグロと呼ばれる。クチグロは味が落ちる上に、シガテラという毒による中毒の危険性もあるので、食用には不向きだ。

◆クチジロと呼ばれる老成魚

一方、老成したイシガキダイは口の回りが白くなることから、クチジロと呼ばれている。近年ともにその数がめっきり減っている。

頑丈な歯の持ち主たちだけに、ハリスはワイヤーを使い、強いアワセでハリ掛かりさせたら、竿を一体にして一気に引き抜くように、魚を取り込む釣りとなる。

釣り場

暖流の潮の通りがよい岩礁帯を生息場所とし、荒磯の根や岩礁帯にある洞穴や岩陰などをすみかとして生活している。

幼魚は水深のある堤防周りやテトラポット、隠れ根周りなどにつくため、そこがポイント。幼魚はまた、マダイの沖釣りやウィリーでのハナダイ(チダイ)釣りの外道としても知られる。

釣り方

貝や甲殻類、ウニの仲間をエサに使った磯の投げ釣りに加え、比較的小型の釣果となる堤防の宙釣りがある。どちらにしても相手が強力なパワーの持ち主だけに、力強い釣り方が要求される。

仕掛け

◎竿　大物に対応できて狙える4・5～5・4mのイシダイ専用竿。

◎リール&ミチ糸　大型両軸リールにナイロン16号を100m巻いたもの。

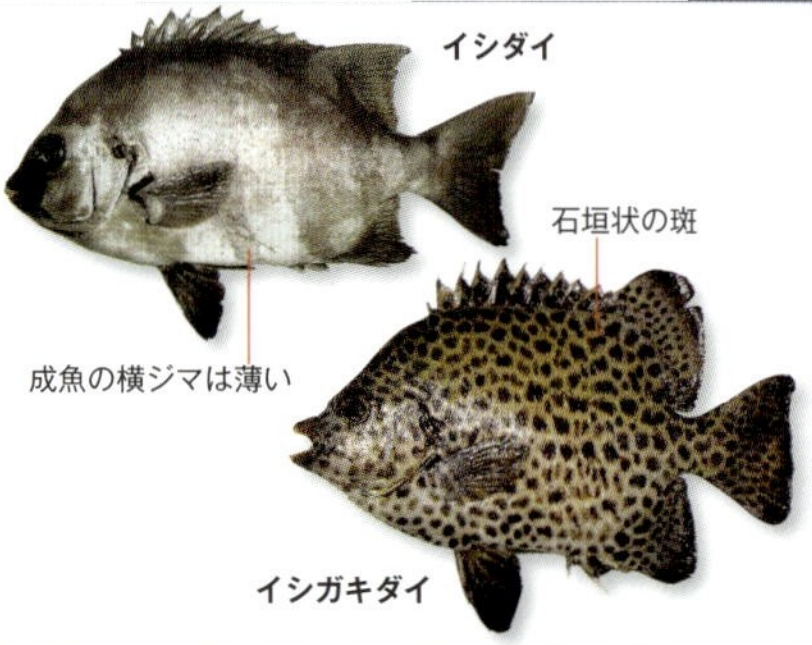

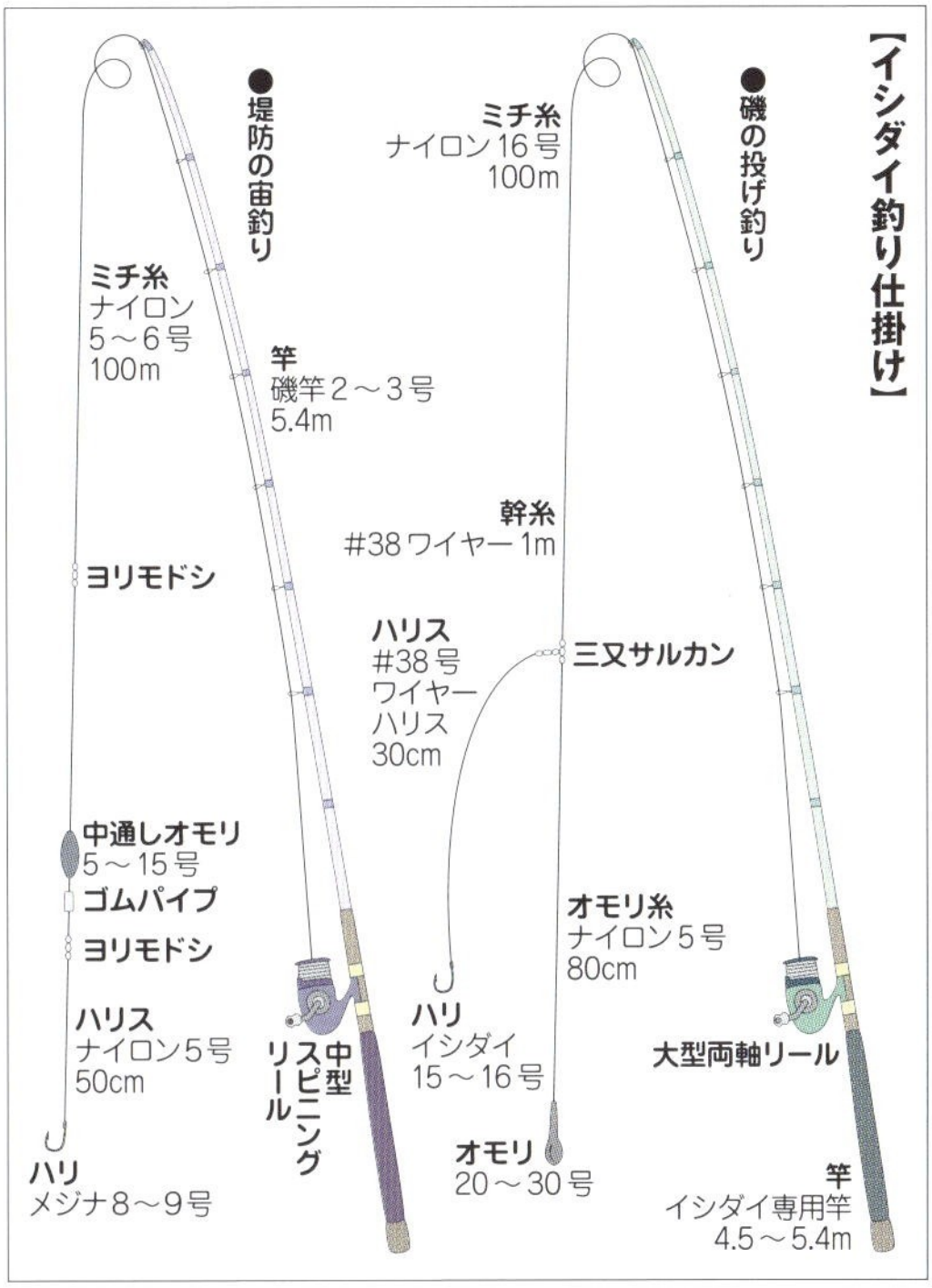
【イシダイ釣り仕掛け】
●磯の投げ釣り
ミチ糸
ナイロン16号
100m
幹糸
#38 ワイヤー1m
ハリス
#38号
ワイヤー
ハリス
30cm
三又サルカン
オモリ糸
ナイロン5号
80cm
ハリ
イシダイ
15～16号
オモリ
20～30号
大型両軸リール
竿
イシダイ専用竿
4.5～5.4m
●堤防の宙釣り
ミチ糸
ナイロン
5～6号
100m
竿
磯竿2～3号
5.4m
ヨリモドシ
中通しオモリ
5～15号
ゴムパイプ
ヨリモドシ
ハリス
ナイロン5号
50cm
ハリ
メジナ8～9号
中型
スピニング
リール

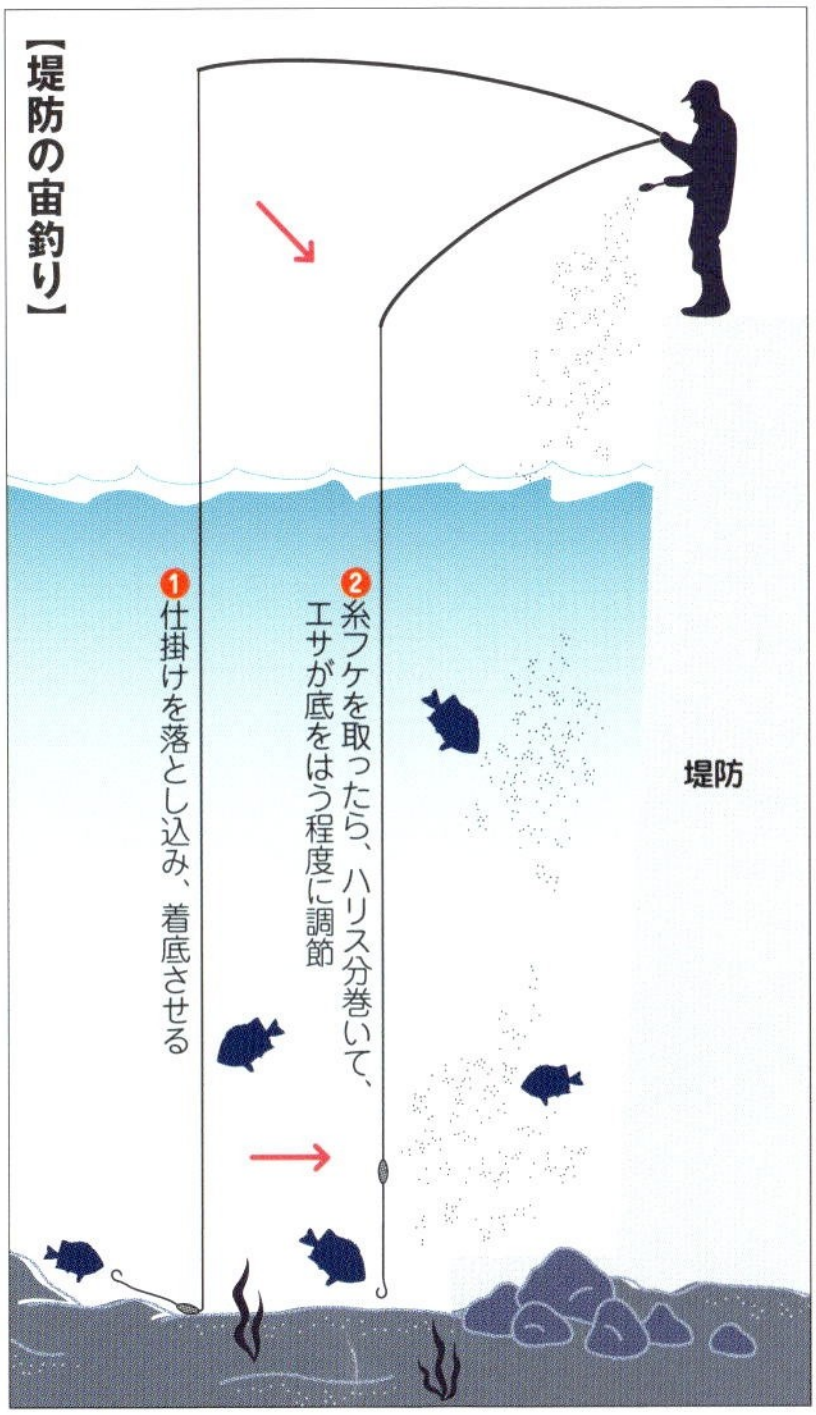
【堤防の宙釣り】
❷糸フケを取ったら、ハリス分巻いて、エサが底をはう程度に調節
❶仕掛けを落とし込み、着底させる
堤防

◎**ハリス** 幹糸#38のワイヤー1mに、同じくワイヤーハリス30cmを結ぶ。
◎**ハリ** イシダイ15～16号。
◎**オモリ** 20～30号。

エサ

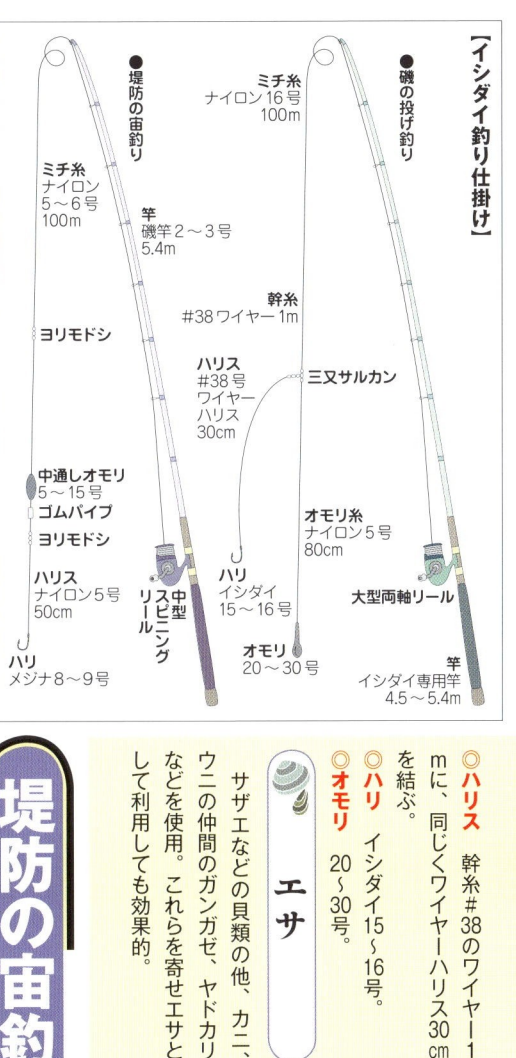

サザエなどの貝類の他、カニ、ウニの仲間のガンガゼ、ヤドカリなどを使用。これらを寄せエサとして利用しても効果的。

釣り方…一気にアワセる

仕掛けを投入後、着底したら糸フケを取ってアタリを待つ。アタリはエサによって異なるが、竿先が戻らないようなアタリなら、ミチ糸を少し送り込み、すぐに竿を立てて一気にアワセる。ともかく根から相手を離すことが最優先。強烈な引きを竿のしなりでかわし、相手を根から離したら一気に取り込む。

堤防の宙釣り

堤防

仕掛け&エサ

◎**竿** 5.4mの磯竿2～3号。
◎**リール&ミチ糸** 中型スピニングリールにナイロン5～6号を100m巻いたもの。
◎**ハリス** ナイロン5号を50cm。
◎**ハリ** メジナ8～9号。
◎**オモリ** 中通し5～15号。
◎**エサ** 磯の投げ釣りと同じ甲殻類やウニの仲間などを使用する。

釣り方…大きなアワセ

水深のある堤防直下にコマセをまいて魚を寄せ、中通しオモリで宙釣り状態にしたエサでイシダイを釣るフカセ釣り*。仕掛けを投入後、着底したらハリス分上げ、底すれすれを漂うように調節するのがコツ。小さなカニだとアタリは明確で、一気に竿先を絞り込む。小型でも引きのパワーは抜群だ。

用語 **フカセ釣り**●元来はオモリやウキをつけず、エサが自然な状態で魚にアプローチするようにした、向こうアワセの釣り方。メジナ釣りなどが代表的だが、現在は小さなオモリやウキを使うウキフカセ釣りが主流だ。

シログチ
ニベ

特徴

標準和名がイシモチという魚はいない。堤防釣りの外道として知られるネンブツダイなどもイシモチという地方名をもつ。シログチとよく似たニベも同様で、頭骨内に大きな耳石《じせき》をもっているため、イシモチと総称しているだけだ。

◆ニベより沖合にいるシログチ

ともに浅い砂泥地に生息し、ニベは浅い海域に群れ、シログチはやや沖合いにいる。釣り上げたとき、浮き袋を共鳴させてグウグウと愚痴のような音を出すから、グチという地方名もある。

釣り場

シログチはニベより水深のある砂泥地にいる。深場での投げ釣りでも釣れるが、船釣りで狙うのが一般的。水深30～40mでは、浅場を好むニベは混じる程度だ。

一方、ニベは砂浜のかなり岸近くに群れていることもあり、波打ち際から10mほどの場所で釣れることもしばしばだ。

釣り方

ニベは砂浜からの投げ釣り、シログチは胴つき仕掛けで、船やボートから狙うのが一般的だ。

シログチとニベの違い

エラの上部の黒斑の有無

分類で紹介したようにシログチとニベは、同じスズキ目ニベ科の魚。ふつう釣りでイシモチと呼ばれるのはシログチのことで、シログチは全体的に銀白色に輝き、エラの上部に黒斑があるのが特徴。

シログチ
黒斑がある
銀白色に輝く
ニベ
黒斑がない
小斑点は斜走する

このシログチに対し、ニベはウロコの上を暗色の小斑点が斜めに走るようについていて、どちらかといえば黒めの銀白色をしている。加えてシログチにあったエラ上部の黒斑はないことで、シログチと判別できる。

また、シログチは深場に、ニベは浅場に生息し、ニベの方が大型になる。

堤防・浜の投げ釣り

堤防 浜

夜釣りで狙うイシモチ

夜になって浅場に寄ってくるイシモチ(ニベ)を釣るもので、浜辺や堤防からの投げ釣りで狙う。エサはイシモチの好むアオイソメを使用。

仕掛け

◎竿 オモリ負荷25号で、4mの投げ竿。

◎リール 投げ専用スピニングリールにPE1~2号を150m巻いたもの。

◎チカラ糸* PE5号を10m。

◎テンビン・オモリ 20~25号のテンビン。

◎ハリス・ハリ 幹糸5号に枝ス3号、ハリは流線10号程度を仕込んだキス投げ仕掛け。または幹糸8~10号に枝ス3~4号、ハリ流線10号にオモリ20号の、胴つき仕掛けを使用する。

◎その他 ケミホタル 竿掛け。

エサ

アオイソメを4~6㎝くらいに切って、必ず頭をチョン掛けにする。1匹掛けでもよいが、長過ぎると投げるときに切れやすいので注意。また、切られた胴体をチョン掛けしても、すぐ身切れしてしまう。イワイソメやサンマ、サバの切り身でもよい。

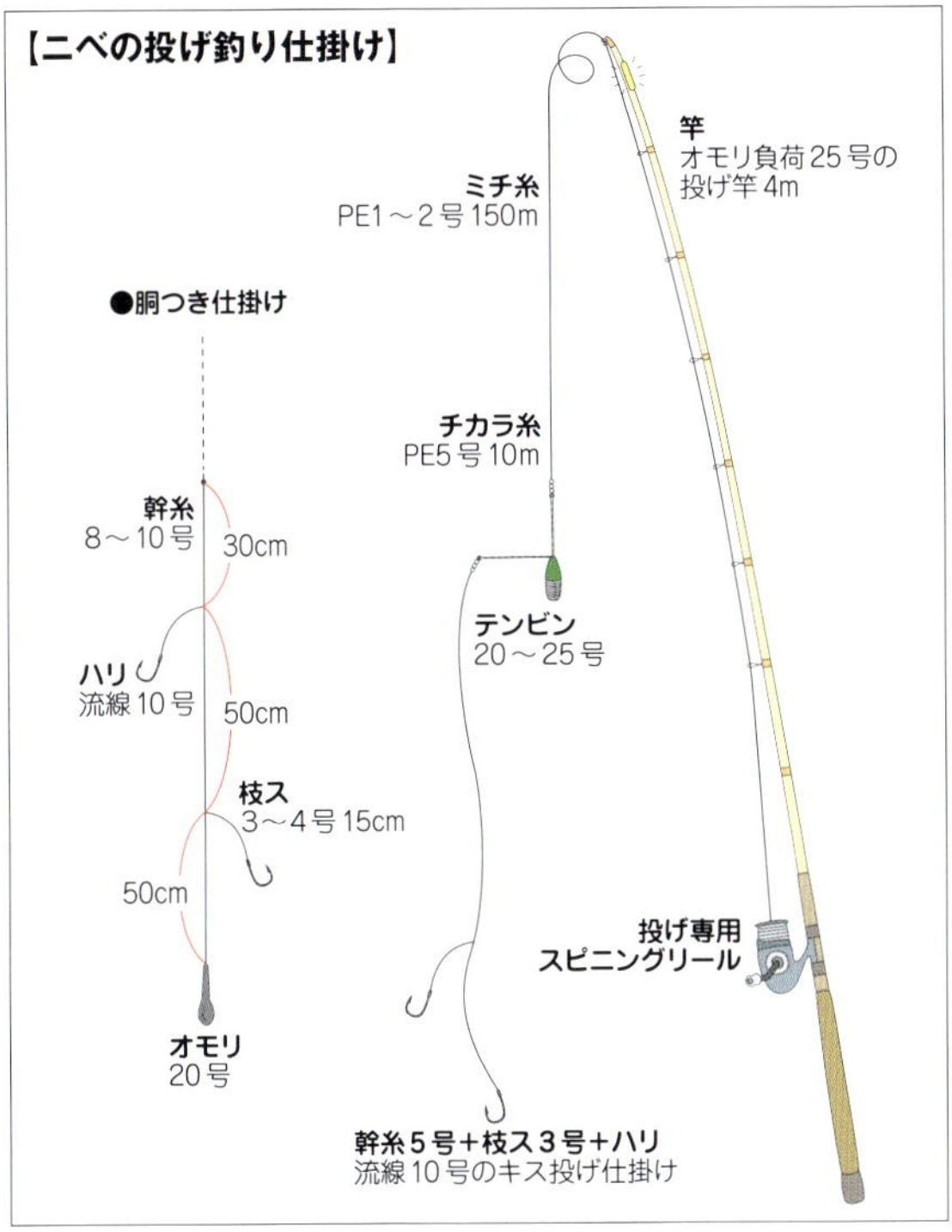
【ニベの投げ釣り仕掛け】
竿
オモリ負荷25号の投げ竿4m
ミチ糸
PE1~2号150m
●胴つき仕掛け
チカラ糸
PE5号10m
幹糸
8~10号
30cm
テンビン
20~25号
ハリ
流線10号
50cm
枝ス
3~4号15cm
50cm
投げ専用
スピニングリール
オモリ
20号
幹糸5号+枝ス3号+ハリ
流線10号のキス投げ仕掛け

釣り方❶…サビく

ニベを狙うなら、夕方からの潮が満ちてくる時間帯がよい。夜釣りとなるが、日没後1~2時間が勝負。夜中になるとほどんどアタリはなくなる。

遠投したオモリが着水したら、糸フケを取り、ミチ糸を張って少しずつリールを巻いたり、竿先を引くようにさびく。少し誘ったらしばらくそのまま待ち、またさびくようにする。

このとき、グッと重みがかかるポイントがあり、これがカケアガリ。ニベはカケアガリに居ついているので、竿掛けに置いてアタリを待つ。しばらくしてアタリがなければ、さらにさびく。

釣り方❷…軽いアワセ

ググッとアタリがきたら、ひと呼吸おいて竿を立ててアワセ。注意したいのは、大きなアワセは避けること。また群れでいるため、追い食いすることもあるのでゆっくり巻き上げるのがコツ。アタリのあったポイントを集中して狙うと、数を稼ぐことができる。

取り込みは寄せ波を利用するとよいだろう。またエサのチェックも重要だ。新鮮なアオイソメほど食いがいい。かじられて少し傷んでいるエサは取り替えよう。

用語 チカラ糸●キャステイング時、オモリの重さのためにミチ糸には大きなテンションがかかる。このテンションのために糸切れしないよう、オモリとミチ糸の間に結ぶ太い糸のこと。

memo

夜釣りの注意

ニベ釣りは夜釣りなのでまだ日のあるうちに釣り場に入ろう。浜辺で狙う場合は、徐々に潮が満ちてくることを考えて、荷物などを波打ち際に置かないこと。竿先にはケミホタルをつけて、置き竿でもアタリがわかるようにする。

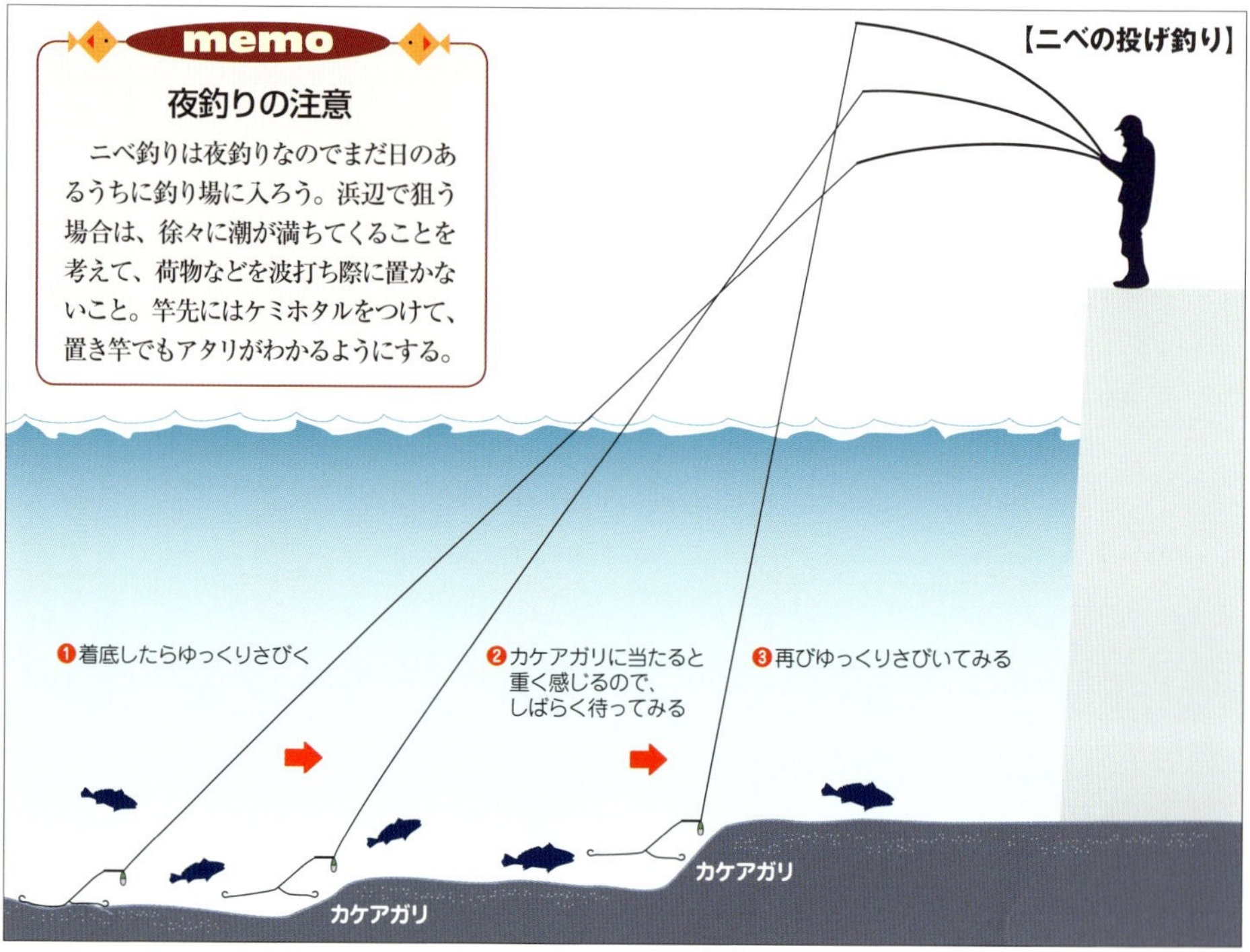
【ニベの投げ釣り】
❶着底したらゆっくりさびく
❷カケアガリに当たると
重く感じるので、
しばらく待ってみる
❸再びゆっくりさびいてみる
カケアガリ
カケアガリ

シログチの船釣り

船

船釣りならではの釣果

東京湾の横須賀沖などでは、春先から専門の遊漁船が出ており、ファンの人気を集めている釣り。イシモチは水深10～50ｍほどの砂泥底の海に生息しているため、このポイントを魚探で探りながら狙う釣りとなる。沖釣りは数を釣ることができ、中には束釣りする釣り人も出ている。

釣りは胴つき仕掛けを使った船釣りとなる。

仕掛け

◎**竿**　2・1～2・4ｍのやや硬めのシロギス竿。またはオモリ負荷15号程度の先調子の竿。

◎**リール&ミチ糸**　小型両軸リールにPE2号を100ｍ巻いたもの。

◎**ハリス**　幹糸3号、枝ス2号の胴つき仕掛け。仕掛けは船宿で購入できる。

◎**ハリ**　丸セイゴ11～12号。

◎**オモリ**　20～30号。

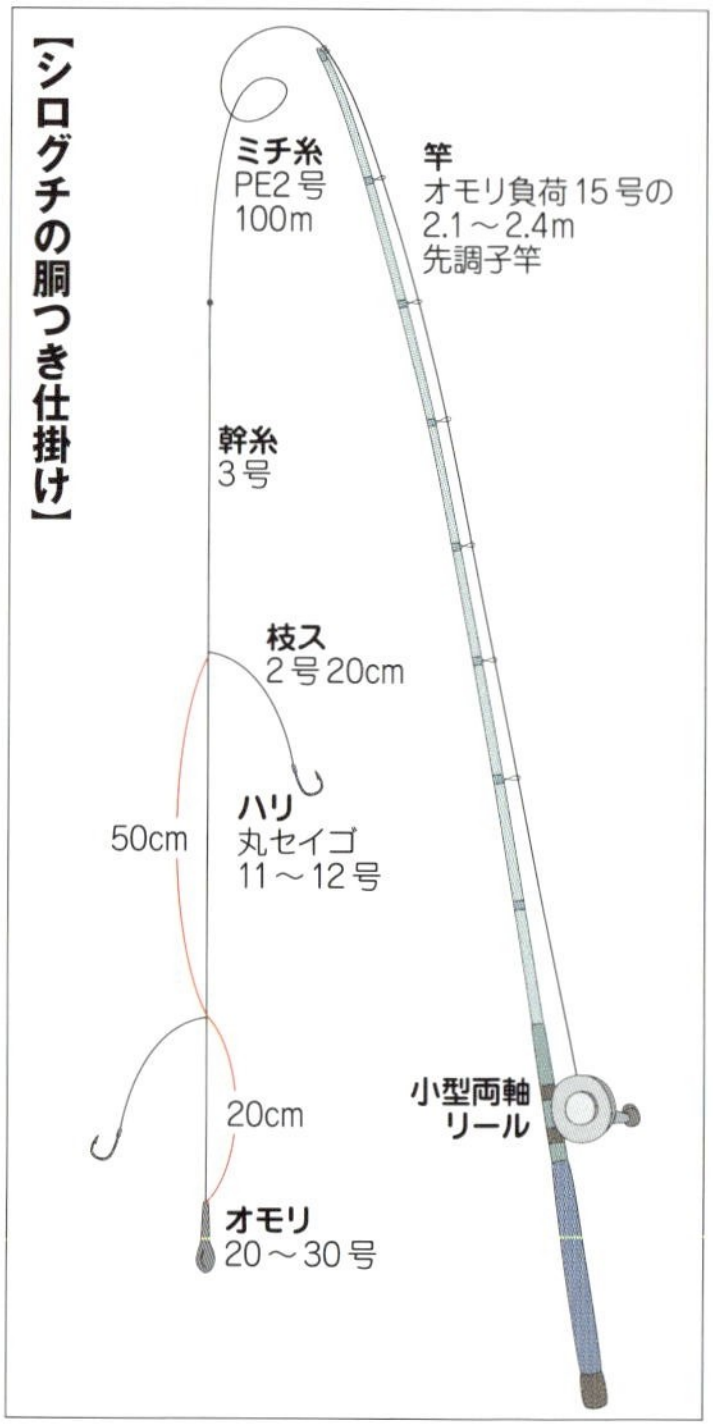
【シログチの胴つき仕掛け】
ミチ糸
PE2号
100m
竿
オモリ負荷15号の
2.1～2.4m
先調子竿
幹糸
3号
枝ス
2号20cm
ハリ
丸セイゴ
11～12号
50cm
20cm
小型両軸
リール
オモリ
20～30号

memo

落としてダメなら投げてみろ

船のシログチ釣りでは、オモリはまっすぐ下に落とす。しかしアタリがない場合は、アンダースローで5〜8mほど前に投げてみよう。オモリが着底したら真下にくるまでズルズル引っ張ったり、浮かしたりして誘ってみよう。広い範囲が探れるので、アタリが出ることが多い。

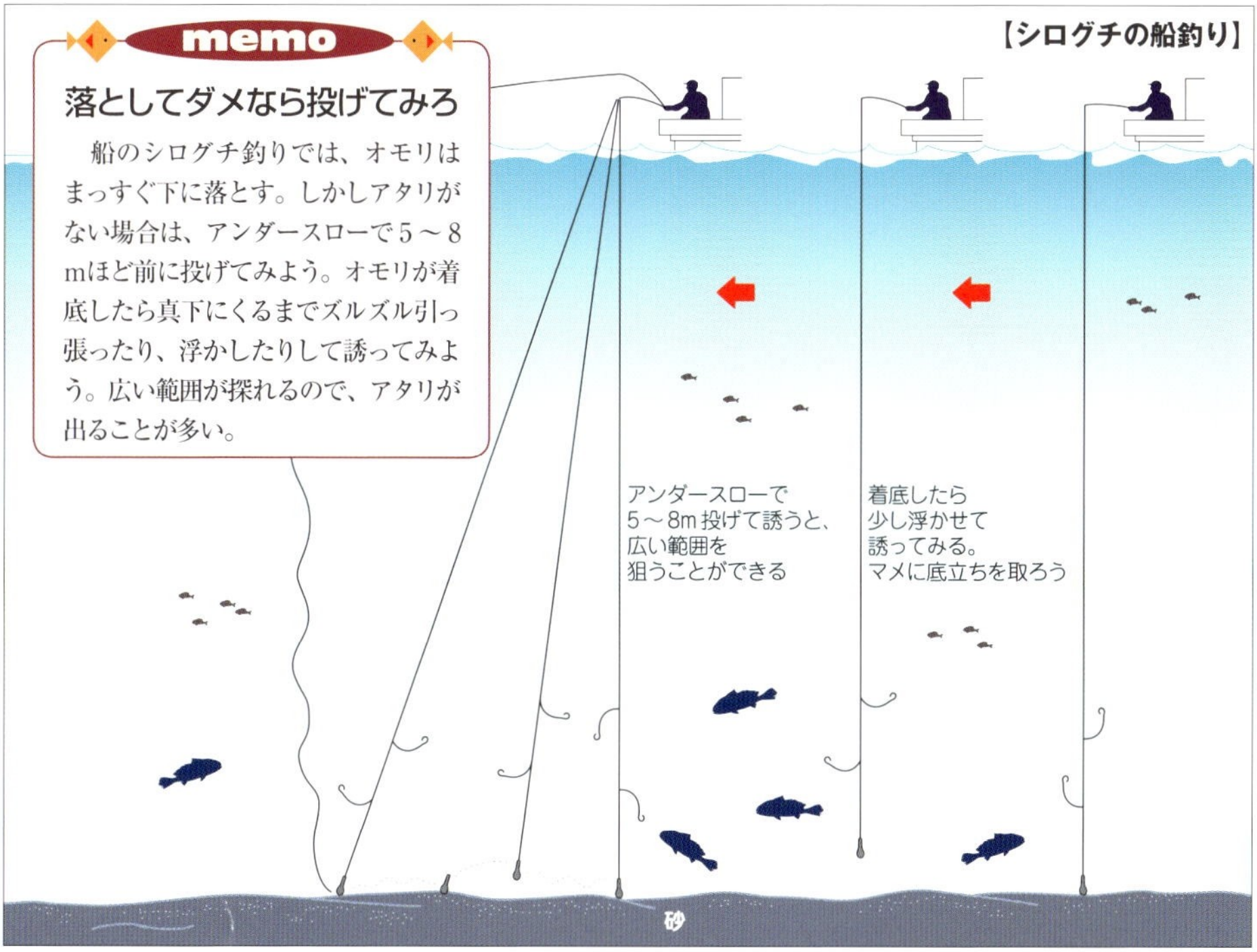
【シログチの船釣り】
アンダースローで
5〜8m投げて誘うと、
広い範囲を
狙うことができる
着底したら
少し浮かせて
誘ってみる。
マメに底立ちを取ろう
砂

エサ

アオイソメを4〜6㎝に切り、頭をハリにチョン掛けする。アオイソメが細い場合は2、3匹、房掛けにする。大型を狙うならサンマなどの切り身もよい。

釣り方❶…誘いを入れる

シログチは主に砂底をはうように泳いでいる。着底したらオモリを30〜50㎝程度上下させながら誘ってみる。海底は砂地なので、オモリをベタ底にはわしたまま引きずってもよいようだが、場所によっては根もあるので根掛かりしてしまうことも。

●群れの動きを察知する

底立ちを取りながら、オモリを底より少し上にキープしてアタリを待とう。10秒に1回ほど誘いを入れてみるとよい。

2本ついている枝スの上バリに掛かっていたら、次の投入では着底後1m以上、ゆっくり誘い上げてみよう。少し群れが浮いているようなこともあるからだ。

釣り方❷…向こうアワセ

アタリは向こうアワセ。ブルブルッとした明確なアタリがあるので、ひと呼吸おいて少し送り込むようにしてゆっくりと、ききアワすように竿を上げる。

早アワセは禁物だ。シログチは大きな口をしているが、エサを一気に呑み込むのではなく、途中までくわえてモゾモゾと食べているようなイメージだ。

アタリがあったのにハリ掛かりしていないことも多いが、すぐに次のアタリがあるはずだ。

胴つき仕掛けでイシモチを狙う船釣り（神奈川県横須賀沖）

スズキ目アジ科

魚の大きさで呼び名が変わる出世魚
イナダ（ブリ）

標準和名

ツバス、フクラギ

船 ボート 磯 堤防 浜

生態 群れをつくり、水深200m近くまで生息。季節によって生息海域が違ってくる。

カレンダー

1	2	3	4	5	6	7	8	9	10	11	12
							脂がのって美味 沿岸に回遊してくる				

全長 最大1m（通常は40～60cm、大型はブリと呼ばれる）

食性 小魚、イカ類

分布 日本沿岸の大陸棚。

特徴

標準和名はブリ。関東ではワカシ、イナダ、ワラサ、ブリ。関西ではツバス、ハマチ、メジロ、ブリと呼び名が変わる出世魚だ。関東ではおおむね35㎝以下がワカシ、35～60㎝がイナダ、60～80㎝がワラサ、80㎝以上がブリと呼ばれている。

◆釣りは脂がのるイナダから

相模湾などでは例年、まず8月にワカシが解禁となり、ワカシはひと潮ごとに成長し、9月頃からイナダと呼ばれるようになると、釣りシーズンに突入する。このワカシ・イナダの群れとは別に、8～9月にかけてはさらに成長したワラサの群れが仲間入りする。

釣りの対象魚としてはイナダクラスから脂がのり始め、グッとおいしくなる。

釣り場

ワカシは水深10～20mの上層部が中心。イナダは大きくなるに従って、30～50mと遊泳する層も深くなる傾向にある。しかし、8～9月に回遊してくるワラサは、30～40mと比較的浅い層を泳ぎ、シーズン中は岸から近い場所にも姿を見せる。

◆ブリの仲間図鑑

カンパチ スズキ目アジ科

目元から背にかけて走る、黒っぽいシマ模様が「八」の字に見えることから名づけられた。全長最大1m～。30～40cmまでの幼魚は、関東ではショゴと呼ばれる。

ヒラマサ スズキ目アジ科

青物の中でも、とりわけビッグファイターとして知られている魚。全長最大1m。ブリによく似ているが、上アゴの後端上部が丸く（ブリは角張る）、また胸ビレは腹ビレより短い（ブリはほぼ同じ長さ）ことで区別できる。

釣り方

人気の青物だけに、釣り方もさまざま。遊漁船でのコマセ釣り、小型のアジやサバなどを使った活きエサの泳がせ釣り、メタルジグを使ったジギングが一般的。

イナダが岸近くに寄っているときは、弓ヅノという日本古来のルアーを使った投げ釣り（サーフトローリング）も行われ、人気を集めている。

コマセ釣り

船

イナダのコマセ釣り

群れで泳ぐイナダの習性を利用して、船上からまき餌としてアミコマセをまいてイナダの群れを寄せ、1本掛けしたオキアミで釣り上げるもの。

仕掛け

◎竿　小型のワカシが対象となる場合は2・1～2・4m、オモリ負荷30号のシャクリ竿。イナダ以上のときはオモリ負荷30～50号程度で、2・4～3・6mの胴調子の竿。マダイ竿やワラサ竿がおすすめ。

◎リール＆ミチ糸　中型電動リールにPE4～6号を200m以上巻いたもの。

◎テンビン・オモリ　片テンビンに60～80号のコマセカゴ。

◎クッションゴム[*]　ワカシ＝1・5㎜径を50㎝、イナダ＝2㎜径を1m、ワラサ＝3㎜径を1～1・5m。

◎ハリス　フロロカーボンラインを標準装備。ワカシ＝4号を4・5m、イナダ＝3～5号を4・5～6m、ワラサ＝6～12号を6m結ぶ。

◎ハリ　ワカシ＝グレバリ6～7号、イナダ＝グレバリ8～10号、ワラサ＝グレバリ12～14号。ワカシや初期のイナダは2本バリで狙うことが多い。

◎その他　ロッドキーパー。

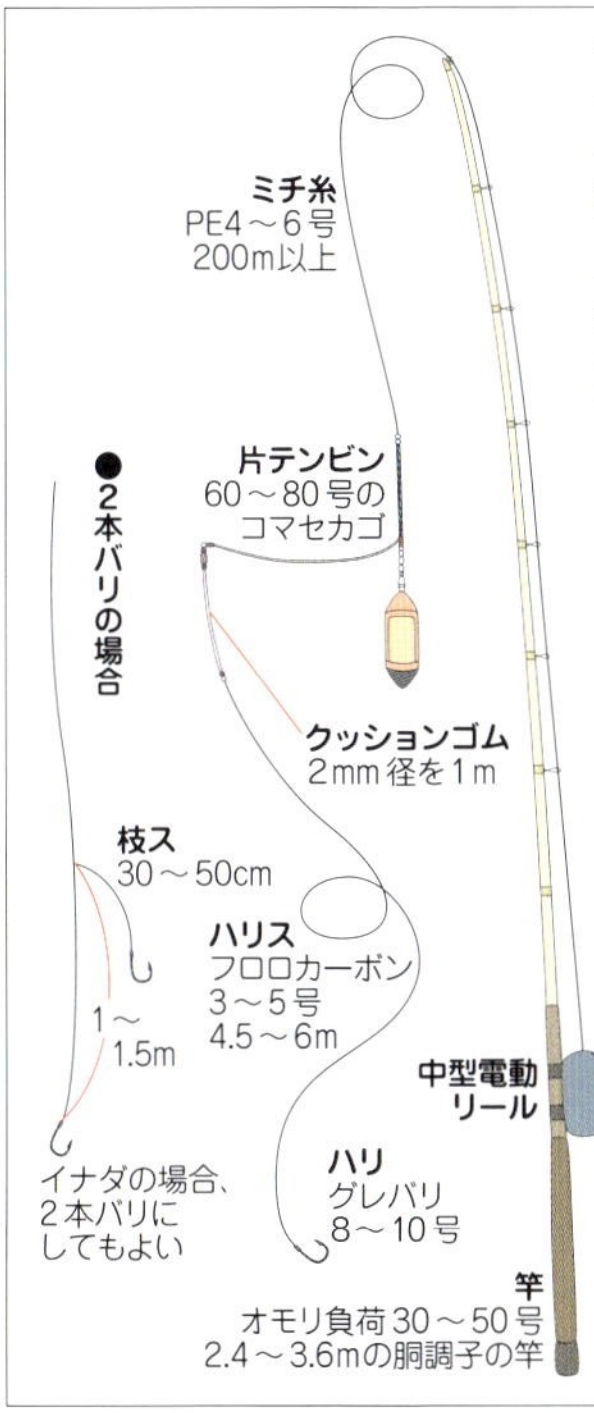

ミチ糸
PE4～6号
200m以上
片テンビン
60～80号の
コマセカゴ
クッションゴム
2mm径を1m
●2本バリの場合
枝ス
30～50cm
1～
1.5m
イナダの場合、
2本バリに
してもよい
ハリス
フロロカーボン
3～5号
4.5～6m
中型電動
リール
ハリ
グレバリ
8～10号
竿
オモリ負荷30～50号
2.4～3.6mの胴調子の竿

【コマセ釣り仕掛け】

エサ

オキアミを使用。オキアミの1匹掛けか、または抱き合わせにする。潮によってはイカの短冊（幅1㎝長さ3～5㎝）がよい場合もある。イナダの群れを寄せるコマセには、アミコマセが一般的。

釣り方❶…海面からタナを取る

シーズン初期のイナダや初秋に回遊してくるワラサは、海面からタナを取る場合が多い。船長の指示ダナよりハリス分深く沈め、数秒待って仕掛けをなじませたら、コマセをまきながら指示ダナまで巻き上げる。タナは刻々と変化するため、その都度、船長よりタナの指示があるはずだ。

●竿をあおってアピール

釣り方としては、竿をロッドキーパーに置いたままにしないで、一定の間隔で竿をあおり、コマセをまくとよい。イナダやワラサはこのコマセの膜に突っ込んでくるのだ。

普通に誘っていてもアタリがない場合は、2～3m落としてエサが落ちきった頃合いを見はからって、誘うように竿をあおる。その瞬間にヒットすることもある。イナダからすれば、落ちたエサが急に逃げるように見えるので、瞬間的に食いついてしまうのだ。アタリは竿先にコツンとあって、瞬間、竿先を大きくしならせる。ワラサの引きは強烈なので、取り込みにはタモ網を使おう。

用語　**クッションゴム**●オモリとハリス、ウキなどの間に結ぶゴムで、魚の急な引きや衝撃をやわらげるために使う。魚種によって長さ、太さなど、さまざまなタイプが用意されている。

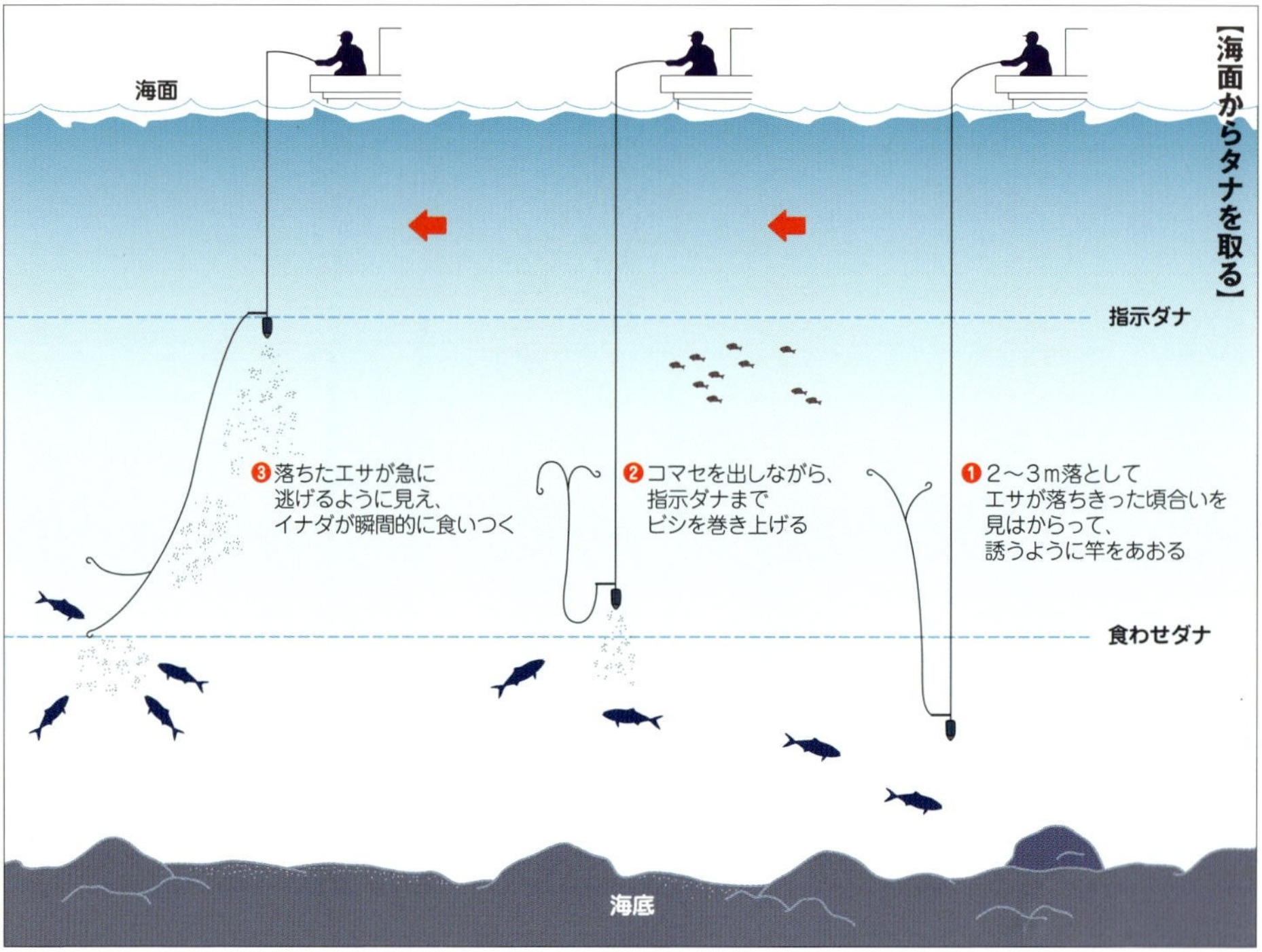
【海面からタナを取る】
海面
指示ダナ
食わせダナ
海底
❶2～3m落として
エサが落ちきった頃合いを
見はからって、
誘うように竿をあおる
❷コマセを出しながら、
指示ダナまで
ビシを巻き上げる
❸落ちたエサが急に
逃げるように見え、
イナダが瞬間的に食いつく

釣り方②…海底からタナ取り

海底からタナを取る釣り方は、シーズン後半に行われる。海底からタナを取るマダイ釣りと同じ要領（→P175）だ。

オモリが着底したら、底立ちを切って数秒仕掛けをなじませる。次に2～3mほど巻き上げ、竿を大きくあおってコマセをまきながら指示ダナまで巻く。

基本はロッドキーパーに竿を置いたままでのアタリ待ち。ときどき竿を大きくあおってコマセをまいて誘いをかける。5分ほどアタリがなければ、巻き上げてコマセを詰め直そう。

海底からタナを取る場合、イナダに混じってワラサやカンパチなどの大物がヒットすることも。リールのドラグは、ややゆるめにセットしておこう。

ジギング

船

イナダの疑似餌釣り

イナダのジギングとは、メタルジグを使ったルアーフィッシングだ。専用船が出ているが、コマセ船でも先端のハリダシ部分をジギング用にしている船宿もある。

仕掛け

◎**ロッド**　5～7ft前後のジギングロッド。

◎**リール&ライン**　大型スピニングリールに、PE2～4号を200m以上巻いたもの。

◎**リーダー**　30～50lb*（ポンド）前後を5m。

◎**ルアー**　60～100gのメタルジグ。海域や深さ、対象魚で違ってくる。トレブル（トリプル）フックを外して、アシストフックをつける。

釣り方…2本竿を操る

メタルジグをキャストし、着底したら、ロッドを上下に揺らしな

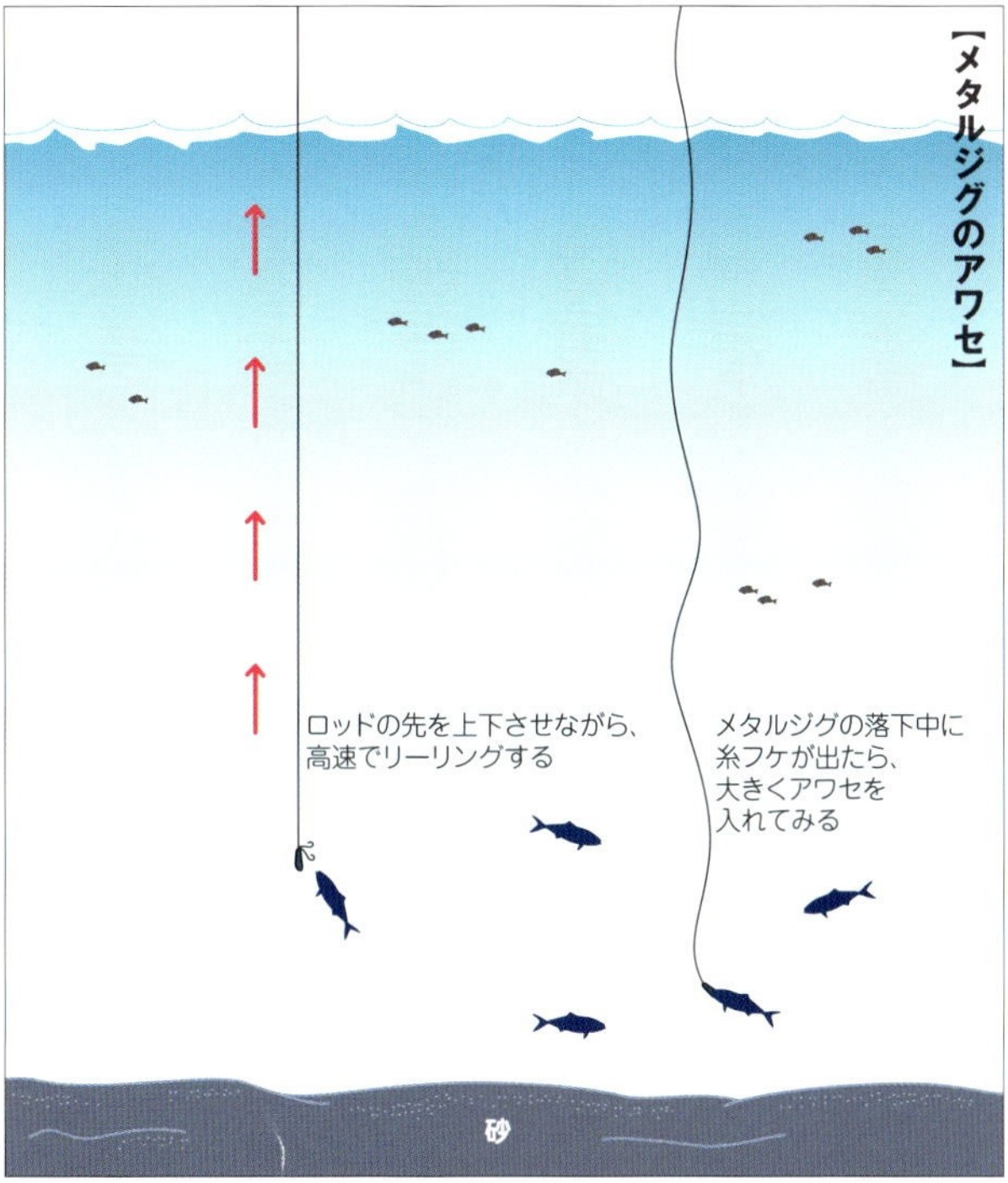
【メタルジグのアワセ】
ロッドの先を上下させながら、
高速でリーリングする
メタルジグの落下中に
糸フケが出たら、
大きくアワセを
入れてみる
砂

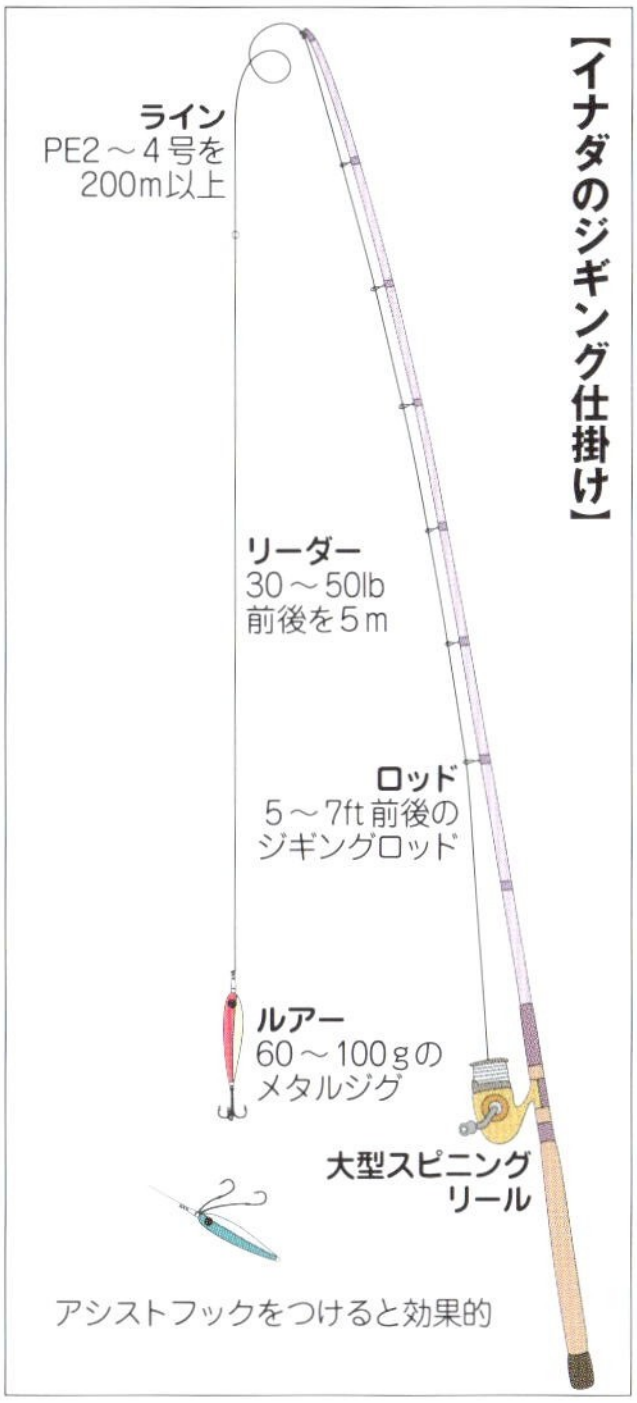
【イナダのジギング仕掛け】
ライン
PE2～4号を
200m以上
リーダー
30～50lb
前後を5m
ロッド
5～7ft前後の
ジギングロッド
ルアー
60～100gの
メタルジグ
大型スピニング
リール
アシストフックをつけると効果的

がらリールを巻いて、アクションをつける。

巻く速度やアクションに変化をつけ、指示ダナの上まで巻く。メタルジグを追ってかなり上まで魚が上がってくることもあるので、ある程度の幅をもってシャクっていこう。

指示ダナが中層の場合も、ラインの色で水深を把握し、指示ダナの下からシャクる。

アタリはメタルジグが落ちているときに出ることもある。糸フケが出たら、すかさずリールのベールを戻して大きくアワセる。

シャクっているときにヒットすると強い力がかかり、リールのドラグが出ることがある。あわてずゆっくりリールを巻こう。

アシストフック

青物は小魚の頭から呑み込もうとする習性があるので、メタルジグにアシストフックをつけると、ヒットする確率がグンと高くなる。アシストフックを２本つけると、ひとつのルアーに２匹の青物が掛かることさえある。

アシストフックはメタルジグのアイに直接つけても、リングにつけてセットしてもOK。２本つける場合は、少し長さを変えてつけると効果的だ。

memo

用意したいメタルジグ

メタルジクにはさまざまな色があって、ビギナーにはどれを選んでいいかわからないことも。カラーの基本はシルバー。それに加え、背の部分がピンクのアピール系、背がブルーやブラックのイワシに似せたナチュラル系カラーのメタルジグは、ぜひそろえておきたい。

さまざまな色があるメタルジグ

用語　lb（ポンド）●ラテン語の重量の単位だったlibraが語源で、ラインの強度（引っ張り強度）を表す単位。1lbは450g。

堤防

堤防のサビキ釣り

一年中釣りが楽しめる
一年中おいしい

特徴

日本近海で釣れるイワシはマイワシ、ウルメイワシ、カタクチイワシの3種類。幼魚は総じてシラスと呼ばれ、目刺しなどに加工される食卓でもなじみのある魚だ。

マイワシが大量に捕れていた時代は二束三文の魚で、畑の肥料にも使われていたが、近年は漁獲量が激減し、高級魚とも呼ばれるようになってきた。

◆自作もできるアンチョビ

イタリア料理の食材で知られるアンチョビは、塩漬けしたカタクチイワシをオリーブオイルに漬けたもので、簡単につくれる。

釣り場

ウルメイワシやカタクチイワシは、湾内の岸近くに群れているので、堤防や海釣り公園などの桟橋周りがポイントとなる。マイワシは主に沖合を回遊しているが、ときどき湾内の堤防周りにも回遊してくるので、そのときが狙うチャンスだ。

釣り方

堤防やボートから寄せエサのコマセをまいてイワシを集め、サビキ仕掛けで釣るのが一般的だ。

仕掛け&エサ

◎竿　4.5〜5.3mの渓流竿か、1号程度の軽い磯竿。堤防付近を回遊するイワシは、カタクチイワシや小さいウルメイワシ、マイワシが主。大きなマイワシが回遊してる場合は、磯竿がよい。

◎リール&ミチ糸　小型スピニングリールに2号程度のナイロンを50m巻いたもの。

◎サビキ　幹糸2号に枝ス1号程度を仕込んだ市販サビキ仕掛け。

◎オモリ　ナス型1〜5号

◎その他　コマセカゴ、柄杓、バケツ、パッカン、サビキ専用コマセケース。

◎エサ　寄せエサのアミコマセ。

釣り方❶…コマセをさびく

イワシの群れはいつも湾内にいるとは限らない。まず現地の釣具店などで情報を仕入れてから釣行しよう。朝・夕のマヅメに回遊してくることが多いが、一日中堤防付近に群れていることもある。

堤防釣りでは、潮通しのよい堤防の先端付近が好ポイント。仕掛けはコマセカゴに、魚皮やスキンつきのサビキ仕掛けをセットしたものが基本だが、カラバリのサビキ仕掛けで、アミコマセをさびいてエサにするとよく釣れる。

釣り方❷…トリック仕掛け

大小のカラバリを組み合わせ、コマセがきちんとハリに刺さるようにつくられているためトリック仕掛けが便利。

魚皮やスキンつきのサビキ仕掛けでも、コマセをさびいた方が食いがいい。コマセをサビキ専用コマセケースに入れ、片手でオモリを持ち、糸を張った状態でコマセをさびく。

●置き竿で釣れる釣り

イワシはコマセをまいて寄せて釣るのが一般的だが、アミコマセをさびいた仕掛けにコマセカゴは不要。つまり仕掛けを絶えず上下させてコマセを出す必要がなく、ウキをつけて置き竿で釣れる。

なお、カタクチイワシやトウゴロウイワシは、アミコマセをつけなくても、カラバリを上下させるだけで釣れる。

【堤防のサビキ仕掛け】

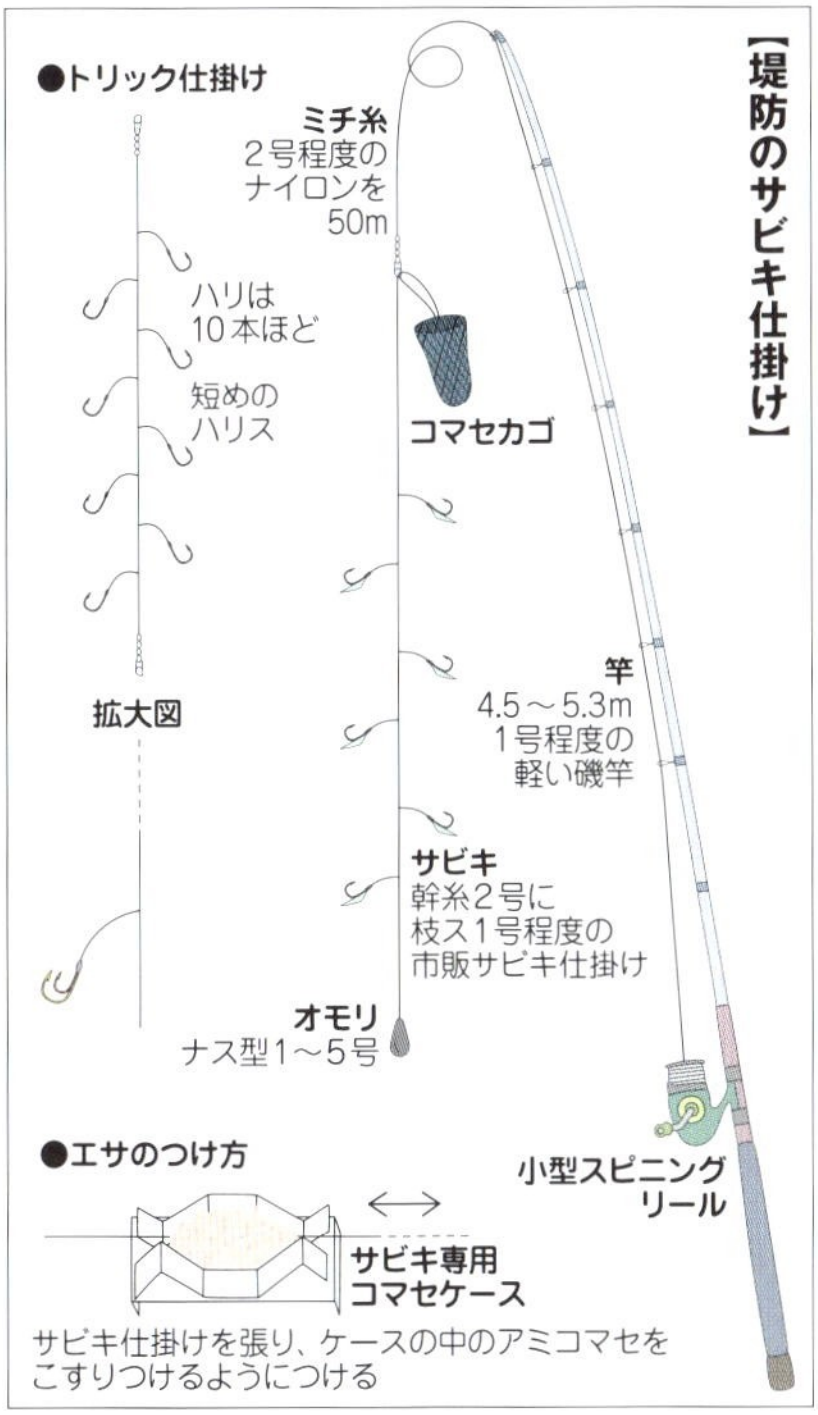

●トリック仕掛け
ミチ糸
2号程度のナイロンを50m
ハリは10本ほど
短めのハリス
コマセカゴ
拡大図
竿
4.5～5.3m
1号程度の軽い磯竿
サビキ
幹糸2号に枝ス1号程度の市販サビキ仕掛け
オモリ
ナス型1～5号
●エサのつけ方
小型スピニングリール
サビキ専用コマセケース

サビキ仕掛けを張り、ケースの中のアミコマセをこすりつけるようにつける

【堤防のサビキ釣り】

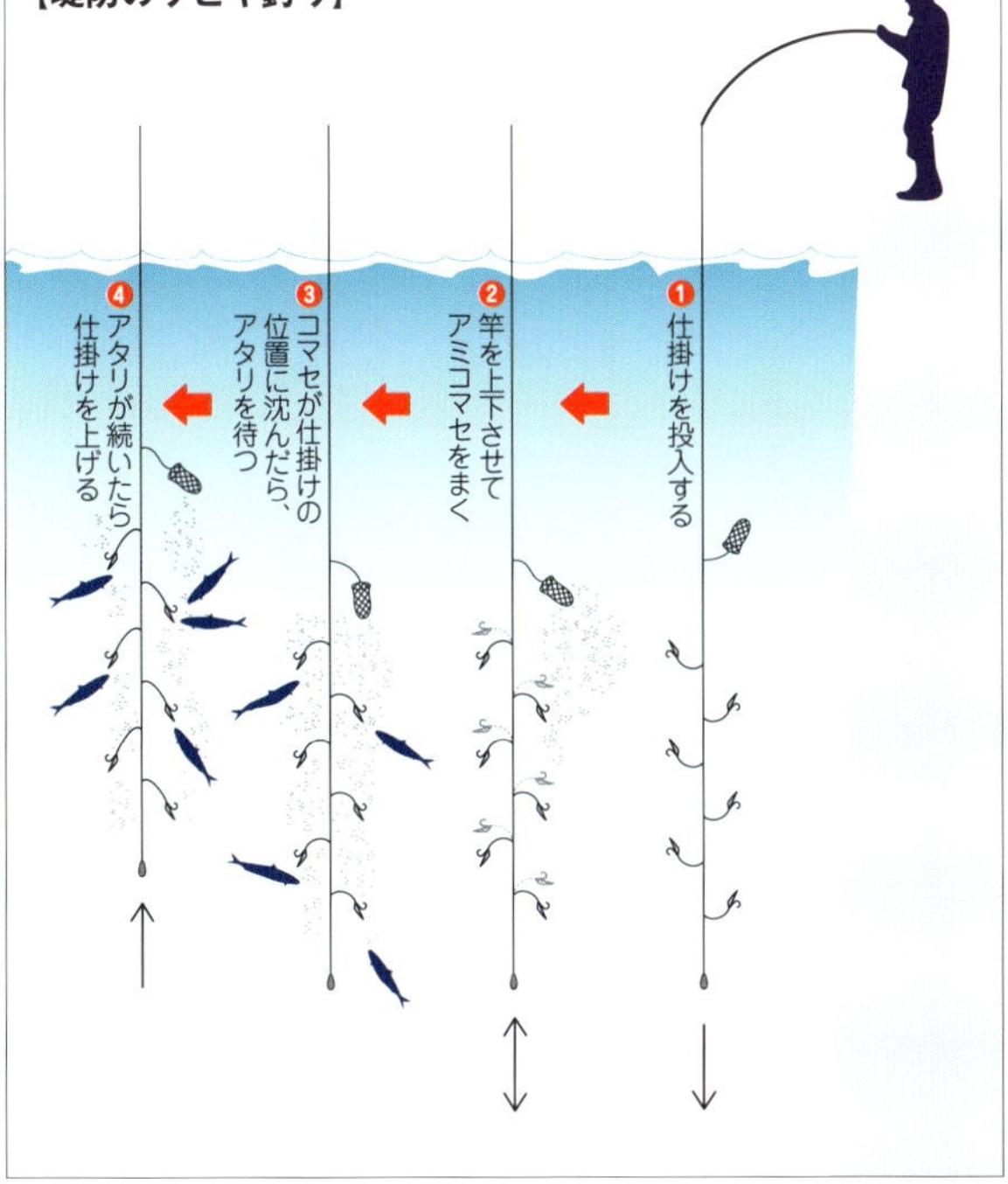

❶仕掛けを投入する
❷竿を上下させてアミコマセをまく
❸コマセが仕掛けの位置に沈んだら、アタリを待つ
❹アタリが続いたら仕掛けを上げる

イワシ釣りで釣れる他の魚図鑑

トウゴロウイワシ

ボラ目トウゴロウイワシ科

関東以南に生息。カタクチイワシに混じって湾内で群れる。ウロコが硬く、骨も太いので、あまり食用にされていない。泳がせ釣りのエサに使っても食いは格段に落ちる。

point

ボート釣り

ボート釣りでは2.1～2.4 mのやや硬めの竿を使うとよい。仕掛けは堤防釣りと同じ。イワシは中層～上層を回遊しているので、コマセで寄せながら、効率的に釣ろう。

スズキ目ウミタナゴ科

ウミタナゴ（アカタナゴ）

タナゴ、コモチダイ

ビギナーでも楽しめる堤防釣りの人気者

船　ボート　磯　堤防　浜

体色が赤っぽく、淡水魚のタナゴと似ている

生　態　主に浅い海の岩礁帯に生息。初夏にかけて繁殖するが、仔魚を生む卵胎生魚として知られる。

カレンダー

1	2	3	4	5	6	7	8	9	10	11	12
良型が釣れる											良型が釣れる

＊釣りは１年中可

全　長　最大25cm（通常は10～20cm）

食　性　甲殻類やゴカイ類

分　布　北海道南部以南の各地。沿岸の浅い海域。

特徴

磯や堤防周りなどで、ホンダワラなど海藻の生えているところにすみ、同じ藻場をすみかとする甲殻類などを捕食する比較的小型の海水魚。淡水に生息するコイ科のタナゴと姿形が似ていることから、この名がつけられた。

玉ウキ仕掛けの簡単な道具で釣れる上に、サイズのわりに引きが強く、竿を大きくしならせることで知られる。また、肉質はやわらかく、淡泊。手軽な堤防でのファミリーフィッシングには最適の魚で、子供たちにも人気がある。

かつてウミタナゴの仲間は、ウミタナゴとオキタナゴの2種に分かれ、同じウミタナゴでも体色の赤っぽい魚をアカタナゴ、銀色系のものをアオタナゴと呼んでいた。しかし、近年は分類上、ウミタナゴ、マタナゴ、アカタナゴに細分化している。

本書ではこのウミタナゴ、マタナゴ、アカタナゴの3種の総称として、ウミタナゴという釣魚名で取り上げた。

釣り場

ウミタナゴが集まる場所は、磯では、隠れ場となる海藻が生えて

ウミタナゴの仲間図鑑

ウミタナゴは１種とされてきたが、背が黒く、体側が銀白色をしたものをウミタナゴと分けてマタナゴとし、体色が赤褐色のものをアカタナゴと３種類に細分化した。これにオキタナゴを加えて、ウミタナゴの仲間は４種いる。

マタナゴ
スズキ目ウミタナゴ科

ウミタナゴとは亜種関係にあり、関東以南の太平洋岸に生息。

アカタナゴ
スズキ目ウミタナゴ科

全体的に赤褐色がかった体色で、ウミタナゴとは亜種関係にある。

オキタナゴ
スズキ目ウミタナゴ科

ウミタナゴよりも沖合の岩礁に生息し、千葉県以南、島根県隠岐島以西に分布。

いるエリア。堤防なら消波ブロック、根や海藻の茂みがあるところがポイントだ。たいていの堤防や岩礁の周辺では、ウミタナゴはよく釣れている。

磯やボート釣りでは、堤防釣りよりも比較的大きなウミタナゴが釣れる。

釣り方

堤防では軽い磯竿を使った、コマセで寄せるウキ釣りが主流。ボート釣りではエサにイソメ類を使った片テンビン仕掛けの釣りや、アジ釣りと同様にサビキ仕掛けで狙うこともある。

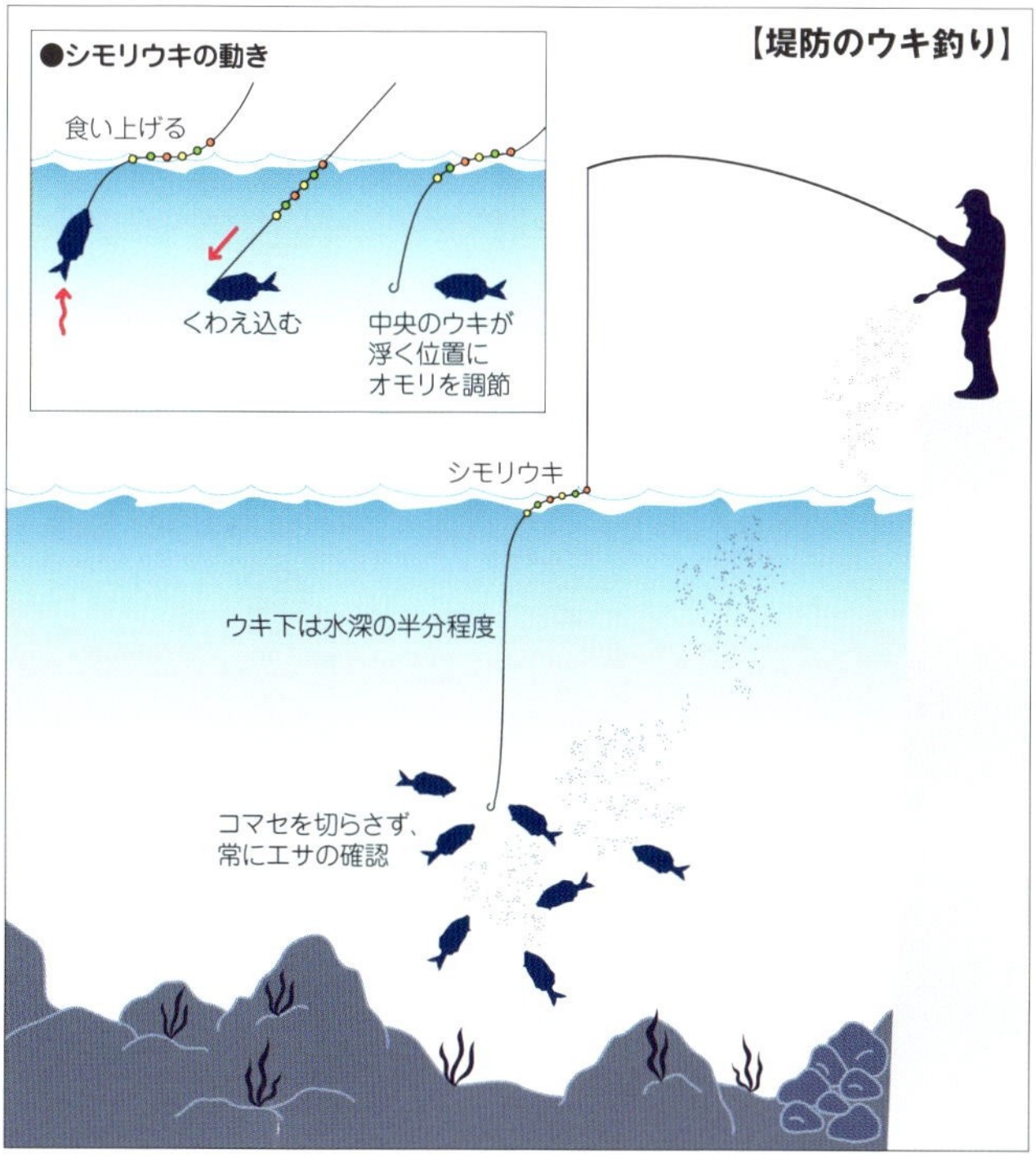
【堤防のウキ釣り】
●シモリウキの動き
食い上げる
くわえ込む
中央のウキが
浮く位置に
オモリを調節
シモリウキ
ウキ下は水深の半分程度
コマセを切らさず、
常にエサの確認

堤防のウキ釣り

堤防

仕掛け＆エサ

◎**竿** 1号程度の磯竿か硬調子の渓流竿4・5～5・3m。

◎**リール＆ミチ糸** 小型スピニングリールに、ナイロン1・5号のミチ糸を100m巻いたもの。渓流竿にリールは不要。

◎**ウキ** 玉ウキかシモリウキ*。

◎**オモリ** ガン玉2号。

◎**ハリス** ナイロン0・8号1m。

◎**ハリ** 袖バリ4号。

◎**その他** バッカン、柄杓。

◎**エサ** イソメ類やオキアミをつけエサに使用し、魚の寄せエサとしてアミコマセを使用する。

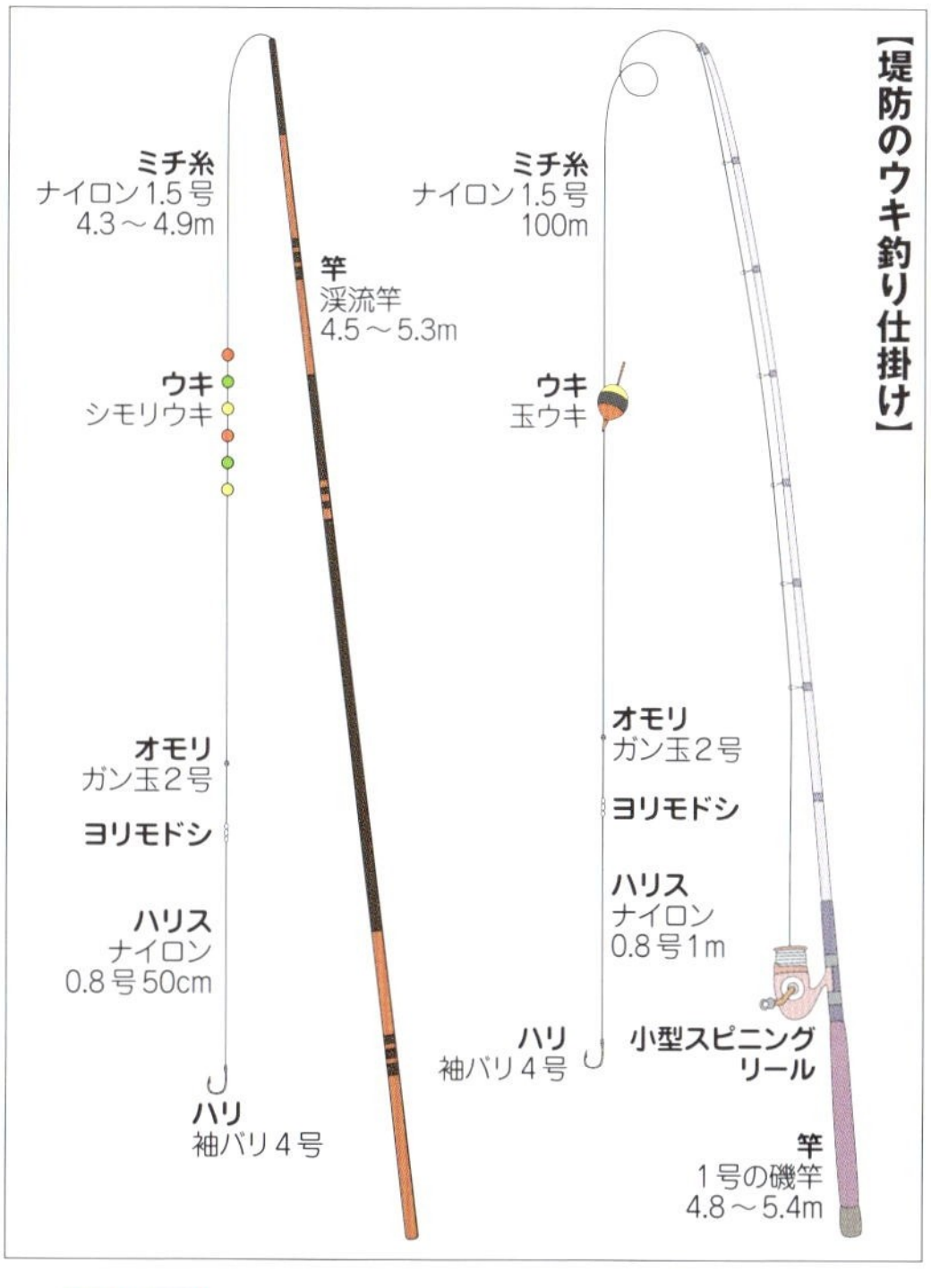
【堤防のウキ釣り仕掛け】
ミチ糸
ナイロン1.5号
4.3～4.9m
竿
渓流竿
4.5～5.3m
ウキ
シモリウキ
オモリ
ガン玉2号
ヨリモドシ
ハリス
ナイロン
0.8号50cm
ハリ
袖バリ4号
ミチ糸
ナイロン1.5号
100m
ウキ
玉ウキ
オモリ
ガン玉2号
ヨリモドシ
ハリス
ナイロン
0.8号1m
ハリ
袖バリ4号
小型スピニング
リール
竿
1号の磯竿
4.8～5.4m

用語 **シモリウキ**●樹脂や発砲スチロールなどでできた中通しの軽いウキ。1個1個はシモリ玉ともいい、ウキ止めに使われるが、5個つなげて3個が水面下、2個が浮くようにすると、魚の消し込みや食い込みのアタリがわかる。楊枝の先端をさして固定。

ボートの片テンビン釣り

ボート

釣り方…ウキの変化に注意

ウミタナゴは口が小さいので、エサは切って小さ目につける。ウキ下は水深の半分程度で十分で、アミコマセをまいてウミタナゴを寄せる。

アタリは明確でないことも多いが、ウキに少しでも変化が出たら軽く竿を立ててアワセてみよう。

コツはコマセを切らさずにまくこと。またウミタナゴ釣りでは、外道魚のベラ類やネンブツダイのエサ取りが多く、すぐにつけエサがなくなる。このため、つけエサの確認を怠らないことだ。

仕掛け＆エサ

◎竿　1・8～2・1mのシロギス竿かルアーロッド。

◎リール＆ミチ糸　小型スピニングリールに、PE1・5号のミチ糸を100m巻いたもの。

◎テンビン・オモリ　シロギス用片テンビンにオモリ10～20号。

◎ハリス　フロロカーボン1号60cmに枝ス10cmを出す。

◎ハリ　袖バリ4～7号。

◎その他　コマセカゴ。

◎エサ　堤防のウキ釣りと同様。

【ボートの片テンビン仕掛け】

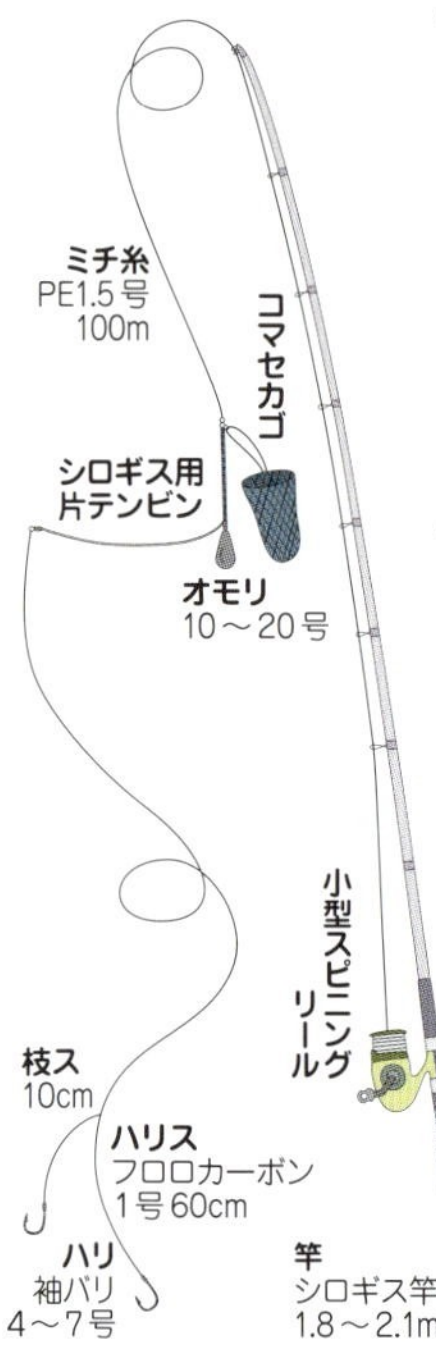
ミチ糸
PE1.5号
100m
コマセカゴ
シロギス用
片テンビン
オモリ
10～20号
小型スピニング
リール
枝ス
10cm
ハリス
フロロカーボン
1号60cm
ハリ
袖バリ
4～7号
竿
シロギス竿
1.8～2.1m

【ボートの片テンビン釣り】

❷アタリがあったら竿先を軽くあおり、アワセる
❶ハリス＋α分仕掛けを巻き、
コマセカゴを上下させて
コマセをまき、アタリを待つ
岩礁
藻場

釣り方…コマセで誘う

浅い湾内の岩礁など、ホンダワラやヒジキなどの海藻の生えている場所近くにボートを寄せる。

まず、テンビンにコマセカゴを装着し、アミコマセを詰めたら仕掛けを投入する。

ウミタナゴのポイントは藻場が中心となるだけに、根掛かりしやすい。オモリが着底したら根掛かりを防ぐため、ハリス＋α分底から巻き上げ、次にコマセを巻きながら誘ってみよう。

アタリがあったら、竿先を軽くあおってアワセる。ウミタナゴは小型ながらもアタリはシャープで、結構な引きを見せる。

ウミタナゴ釣りで釣れる他の魚（堤防釣り）図鑑

堤防ではウミタナゴばかりでなく、フグやベラ、カワハギ、スズメダイ、ネンブツダイの仲間などバラエティに富んだ魚が釣れる。いらない魚として扱うのではなく、じっくり観察するのもまた楽しい。ただ、ゴンズイなど有毒のトゲをもつ魚もいるので十分注意しよう。

アイゴ
スズキ目アイゴ科

小斑点がある

浅い岩礁帯に生息。40cm。
成魚の引きが強いので磯釣りでは人気がある。
ヒレのトゲに毒腺があるので注意。

アカエソ
ハダカイワシ目エソ科

脂ビレ

南日本から熱帯にかけた浅い海に生息。30cm。
頭が小さく、体側に赤黒いまだら模様が並ぶ。
脂ビレがある。カマボコの材料となる。

カゴカキダイ
スズキ目カゴカキダイ科

縦ジマ模様

本州中部以南の沿岸部に分布。20cm。
浅い岩礁域に多く生息。きれいなシマ模様が好まれて、観賞用にされる。堤防のウキ釣りによくかかる。

キタマクラ
フグ目フグ科

本州中部以南の沿岸部に分布。20cm。
浅い岩礁域に多く、皮膚などに有毒。食べると死に、北枕で寝かされることからついた名前。

クロホシイシモチ
スズキ目テンジクダイ科

黒い斑
黒い斑

本州中部以南の沿岸部に分布。10cm。
岩礁帯に生息し、小魚は何万尾の大群をつくるという。骨が硬くて食用には不向き。

コスジイシモチ
スズキ目テンジクダイ科

7 本の濃い横帯
黒い斑

本州中部以南の浅い岩礁帯に生息。
他のテンジクダイ科の魚のように、稚魚を口の中で守り育てる。

スズメダイ
スズキ目スズメダイ科

黒い斑

千葉県、秋田県以南の沿岸部に分布。15cm。
温帯域に生息し、ときには数千尾の群れになる。
ウミタナゴの外道魚としてよく釣れる。

ネンブツダイ
スズキ目テンジクダイ科

目の横に走る帯
黒い斑

本州中部以南に分布。10~12cm。
よく似たクロホシイシモチよりは、内湾に生息。
エサ取りとして有名な小魚だ。

ハコフグ
フグ目ハコフグ科

岩手県から四国の沿岸部に分布。20cm。
浅い岩礁域や内湾に生息し、硬い甲で覆われている。
無毒で美味とされる。

ヒイラギ
スズキ目ヒイラギ科

黒い斑

本州中部以南に分布。15cm。
内湾の砂泥底に生息し、口を突き出してエサを捕食する。粘液で体はヌルヌルしている。

黒斑が角ばる
ウスメバル
黒斑が丸みを帯びる
トゴットメバル

カサゴ目フサカサゴ科

海釣りに春を告げる小物釣りの主役たち

オキメバル

アカメバル、オキメバル

船　ボート　磯　堤防　浜

生　態　ウスメバル◆トゴットメバルより沖の岩礁帯の深場に生息。
トゴットメバル◆クロメバルより沖の岩礁帯に生息。

カレンダー

	1	2	3	4	5	6	7	8	9	10	11	12
ウスメバル		おいしくなる										
トゴットメバル		おいしくなる										

全　長
ウスメバル◆最大40cm（通常は20～30cm）
トゴットメバル◆最大40cm（通常は15～25cm）

食　性　甲殻類や小魚

分　布　北海道南部以南、水深30～150mの岩礁帯。

特徴

メバルの分類はややこしいが、ふつう釣り人は、メバルを「クロメバル」と「オキメバル」の2つに分けて呼んでいる。体色が全体的に黒っぽいものがクロメバル、赤っぽいメバルが通称オキメバルだ。しかし、これらはすべて釣り人のいう俗称であって、分類上の標準和名ではない。

◆2種類いるオキメバル

主にオキメバルと呼ばれているのは、ウスメバルとトゴットメバル。このうち多くのスーパーで「メバル」として売られているのは、ウスメバルを指す。ともに、クロメバルの仲間より深場に生息している。

釣り場

オキメバルはクロメバルより沖合いの岩礁帯がポイントで、ポイントの水深は地域によってさまざまだ。30mくらいの深さで釣れる場所もあるが、中には水深100m以上落とすポイントもある。

釣り方

オキメバル釣りは、胴つきのエサ釣りやサビキ釣りが一般的。コマセ釣りを行う地域もある。

胴つき釣り

船

オキメバルの胴つき釣り

船上からイカタンやエビなどのエサをつけた胴つき仕掛け、またはサビキ仕掛けを投入して釣る。メバルの活性が高まると、次々にヒットする楽しい釣りだ。

仕掛け

◎竿　150号のオモリを使う深場釣りでは、オモリ負荷120号、2・1m前後のビシアジ竿やスルメイカ竿。60号程度の浅場釣りではオモリ負荷が30～50号、2・7m前後の先調子がよい。地域によって使うオモリの号数が違うので、船宿で確認しよう。

◎リール&ミチ糸　小・中型電動リールにPE4号を300m巻く。

◎胴つき仕掛け　釣り宿で購入するのがベスト。自作の場合は幹糸にフロロカーボン5～6号、枝ス3～4号程度で5～6本。サバ皮などのサビキや、*フラッシャーサビキを使うところもある。ビギナーはハリ数が少ない方が扱いや

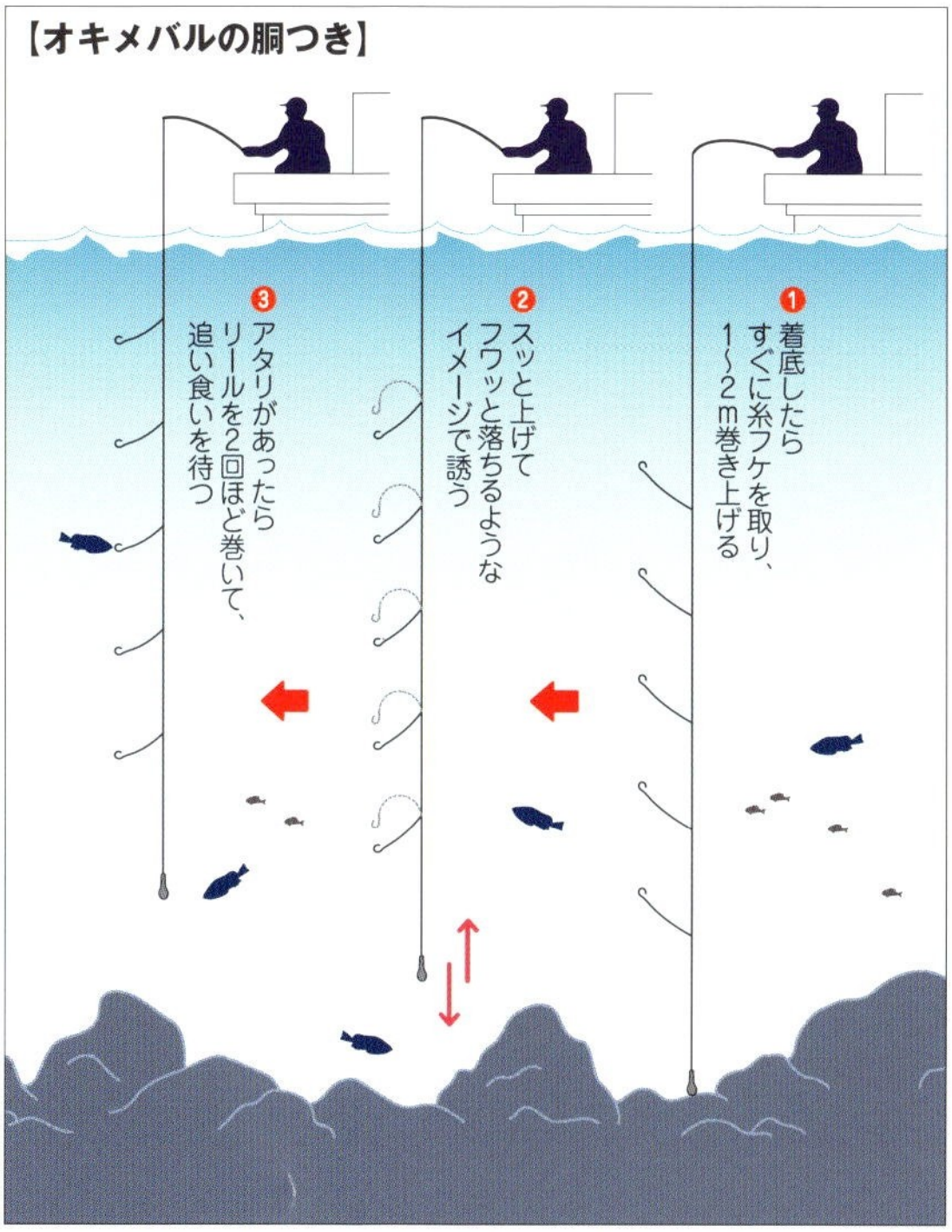
【オキメバルの胴つき】
❶ 着底したら すぐに糸フケを取り、 1～2m巻き上げる
❷ スッと上げて フワッと落ちるような イメージで誘う
❸ アタリがあったら リールを2回ほど巻いて、 追い食いを待つ

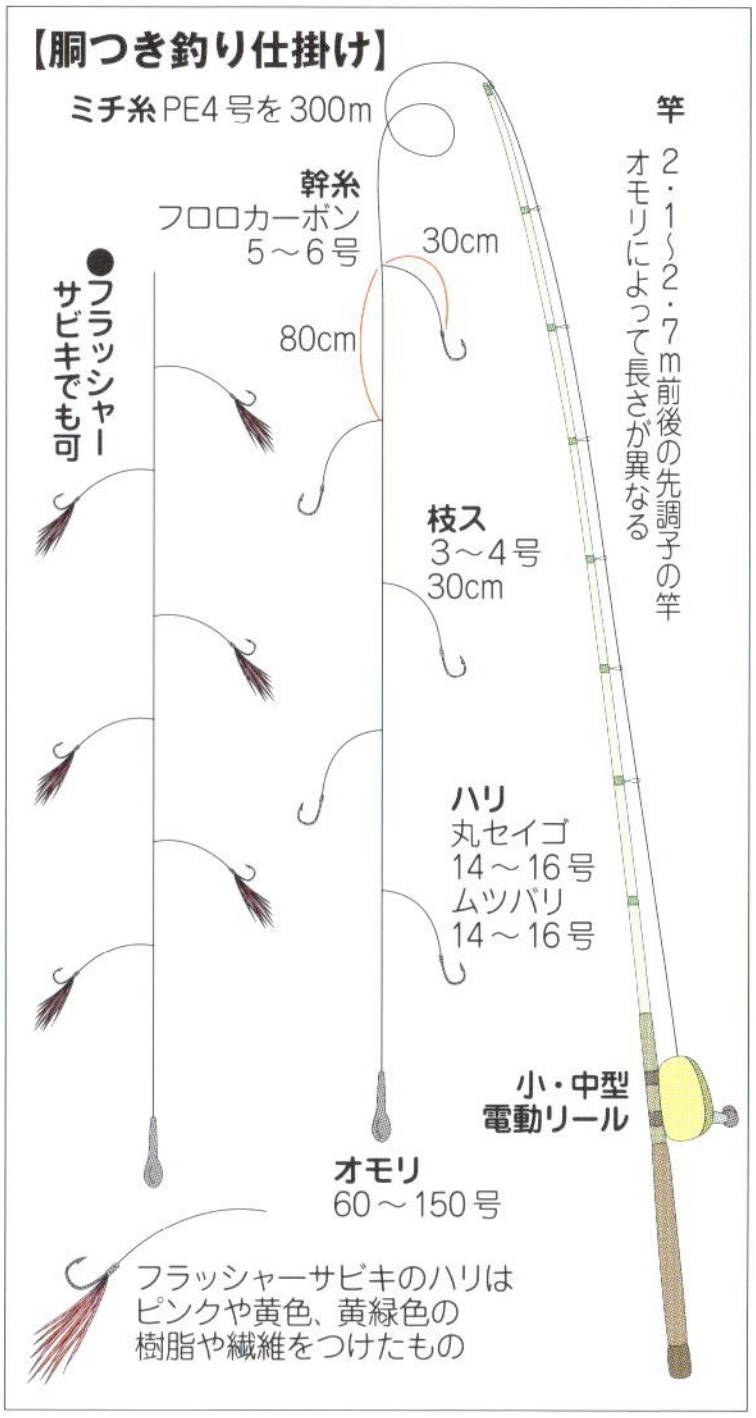
【胴つき釣り仕掛け】
ミチ糸 PE4号を300m
幹糸
フロロカーボン
5～6号
30cm
80cm
●フラッシャーサビキでも可
竿
2・1～2・7m前後の先調子の竿
オモリによって長さが異なる
枝ス
3～4号
30cm
ハリ
丸セイゴ
14～16号
ムツバリ
14～16号
小・中型
電動リール
オモリ
60～150号
フラッシャーサビキのハリは
ピンクや黄色、黄緑色の
樹脂や繊維をつけたもの

すい。

◎**ハリ** 丸セイゴ14～16号、ムツバリ14～16号。

◎**その他** ロッドキーパー、マグネット板。

釣り方…追い食いを待つ

ロッドキーパーにマグネット板を挟んで船べりにセットし、仕掛けを並べる。船長の投入の合図とともに、オモリを前方に軽く投げ入れ、仕掛けを投入。からみがないことを確認したら竿先を下げ、リールをフリーにして送り込む。

着底したらすぐに1～2mほど巻き上げる。底は岩礁帯なのでマメに底立ちを取る。仕掛けがすっと上がり、ふわっと落ちるようなイメージでゆっくり誘おう。

アタリはサオ先を上下に揺するように、向こうアワセでゴンゴンと出る。アタリがあったら、リールを2回ほど巻いて追い食いを待つ。活性が高いと、次々にハリ掛かりし、大物ほど上のハリに食ってくる確率が高い。

エサ

イカタンやサバの切り身、エビなど。フラッシャーサビキにエサをつけてもよい。

メバルは浮き袋をふくらませ、ぽっかりと海面に浮く。このとき口のハリ穴が広がって、海面でハリが外れてしまうことがあるので、一気に船内に取り込もう。

オキメバル釣りで釣れる他の魚図鑑

アカイサキ
スズキ目ハタ科

南日本に分布。40cm。
イサキではなくハタの仲間で、水深50～200mの岩礁帯に生息している。

用語 **フラッシャーサビキ**●疑似餌バリにつける素材のひとつ。通常のサビキでは魚皮などを装着するが、光沢のある樹脂や繊維をつけたもの。釣魚へのアピール度が高く、集魚効果がある。

カサゴ目フサカサゴ科

美味だが毒をもつカサゴ
オニカサゴ（イズカサゴ）

アカオコゼ、オニカサゴ

船　ボート　磯　堤防　浜

イズカサゴ

生　態 深い岩礁帯の根周りや砂礫底、砂泥底に生息。成長するのにかなりの年数を要する。

カレンダー

1	2	3	4	5	6	7	8	9	10	11	12
盛期を迎える											

*釣りは1年中可

全　長 最大40cm
（通常は20～30cm）

食　性 甲殻類、小魚

分　布 関東地方以南で南日本を中心に分布。沿岸部のやや深い水深80～200 mの海底にすむ。

吹き流し釣り

船

特徴

カサゴの仲間は数多く、取り上げたオニカサゴは釣魚名で、正式な標準和名ではない。標準和名でイズカサゴとフサカサゴ、コクチフサカサゴの3種が、釣り人に「オニカサゴ」と呼ばれている魚。いずれもフサカサゴ科フサカサゴ属に属している。

一方、標準和名がオニカサゴの方は、オニカサゴ属の魚で別種だ。

◆ヒレの毒バリに注意

オニカサゴは鍋、唐揚げ、刺身と、どんな料理でも美味。中深場の根物釣りでは人気が高いが、顔のトゲや各ヒレに毒バリを隠しているので注意。

成長は遅く、40㎝程度に成長するまでに何十年もかかるともいわれている。

釣り場

水深80～200mほどの中深場の岩礁帯で、砂礫底がカケアガリやカケサガリになっているなど、変化に富んだ地形の海域。

釣り方

中・大型の片テンビンに2、3本バリ吹き流し仕掛けで、底立ちを取りながら海底を探る底物釣り。

吹き流し釣りとは

片テンビンに結んだハリスから2、3本の枝スでハリを出し、底を仕掛けがはうように操作できる吹き流し仕掛け*を使った釣り。明るいカラーフックのついた、オニカサゴ専用の仕掛けも多数市販されている。

仕掛け

◎竿 オモリ負荷80～120号、1.8～2.4mで、7・3調子のものがアタリが取りやすい。

◎リール&ミチ糸 中型電動リールにPE4～5号を300m巻いたもの。

◎テンビン・オモリ 片テンビンに120号のオモリ。150号を使う地域もある。

◎ハリス フロロカーボン5～8号で、三又サルカンを使って枝スを出す。

◎ハリ ムツ18～20号。

◎その他 ロッドキーパー、タコベイト。

用語 **吹き流し仕掛け**●サビキ仕掛けなどは枝スが結ばれた仕掛けの下にオモリを装着するが、これとは逆に仕掛けの上にオモリをセットし、そこから下に2～3本のハリを出した仕掛けを指す。オモリ下がフリーなので、自然な状態で底にいる魚を誘うことできる。

イズカサゴの仲間図鑑

標準和名のオニカサゴ以外は、中深場に生息しているが、すんでいる場所の環境によって赤くなったり、黒っぽくなったりと体色の変異がある。いずれも食味は大変美味で、刺身はもちろん鍋、シャブシャブ、唐揚げ、煮つけと人気が高く、オニカサゴ目当ての遊漁船も出ている。

アヤメカサゴ カサゴ目 フサカサゴ科		房総半島以南の太平洋、佐渡以南の日本海に分布。25cm。 水深30～100mの岩礁に生息。黄赤色の体色に黄桃色と桃色のまだら模様があり、目の下に後ろ向きの強いトゲが1本あるのが著しい特徴。地方名はアカゲ、アカガシラ、オキアラカブなど。
ウッカリカサゴ カサゴ目 フサカサゴ科		東北地方以南。45cm。 カサゴより深いところに生息。カサゴと間違えられやすいが、ウッカリカサゴの場合は、体側上部に褐色で縁取られた円形の白い斑紋がある。千葉県ではカンコと呼ぶ。
オニカサゴ カサゴ目 フサカサゴ科		琉球列島を除く南日本に分布。25cm。 浅海の岩礁域、サンゴ礁域に生息する。体色は赤色で、黒褐色の斑点があり、腹ビレの前方はウロコにおおわれている。ヒレのトゲに毒をもち、小型魚類や甲殻類を捕食する。
フサカサゴ カサゴ目 フサカサゴ科		房総半島以南のやや深い岩礁域の砂底に生息。20cm。 オスの背ビレには黒い斑紋がある。コクチフサカサゴとよく似ているが、フサカサゴの方が口がやや大きく、側線が胸ビレ上方で大きく湾曲していている。ヒレのトゲには毒があるので注意。
ユメカサゴ カサゴ目 フサカサゴ科		青森県以南から南日本、東シナ海に分布。30cm。 水深100～500mのやや深い砂泥底に生息し、成長とともに深い場所へ移動。楕円形で赤橙色の体側に不規則な横ジマが数本あり、胸ビレの上液部に1枚の皮弁がある。関東ではノドクロと呼ぶ。

タコベイトをエサと一緒につけると効果的だ

エサ

エサには幅1㎝、長さ10㎝程度の薄くそいだサバの切り身、イカ短冊などが用いられる。日によっては、イイダコやアナゴなどの切り身にアタリが集中することもあるので、釣行前にいろいろ用意しておくのもよい。

また、アナゴはエサもちが抜群によく、同じエサで何尾も釣り上げることができる。

疑似餌で使うタコベイト*を半分に切り、エサと一緒にハリにつけても効果的だが、サメが多いときは逆効果。

用語 **タコベイト**●タコやイカに似せた樹脂製またはゴムの疑似餌。底にいる根魚などの釣りに効果がある和製のルアーで、インチクのパーツともなり、青物やマダイ釣りなどに使われる。

釣り方❶…まずタナのキープ

仕掛けの準備が整ったらエサをつけ、仕掛けがからまないように投入する。リールの動きが止まればオモリが着底した証拠。すぐに糸フケを取る。次に竿を上下させ、下げたときにオモリが海底に当たる程度から、1mほど底を切ってタナをキープする。

この状態ではアタリがないときは、竿をゆっくり立てて、少し竿を上げたままにしてみる。このとき海底では漂うエサが誘いとなって、オニカサゴがいれば思わずエサに飛びつくはずだ。

逆に今度は上げた竿をゆっくり下ろす。オニカサゴはフワッと落ちてくるようなエサを好んで捕食するためか、このエサの動きが誘いとなり、落ちてきたエサに飛びつくことも多い。

釣り方❷…何度も誘いを

こうした誘いをかけてもアタリがない場合は、いったん底にオモリを着底させ、再びタナを取り直す。潮の流れが変わるところではタナを何度も取り、ていねいに釣ることだ。また、竿をロッドキーパーにかけていても、タナ取りは忘れずに行おう。

【吹き流し釣り仕掛け】

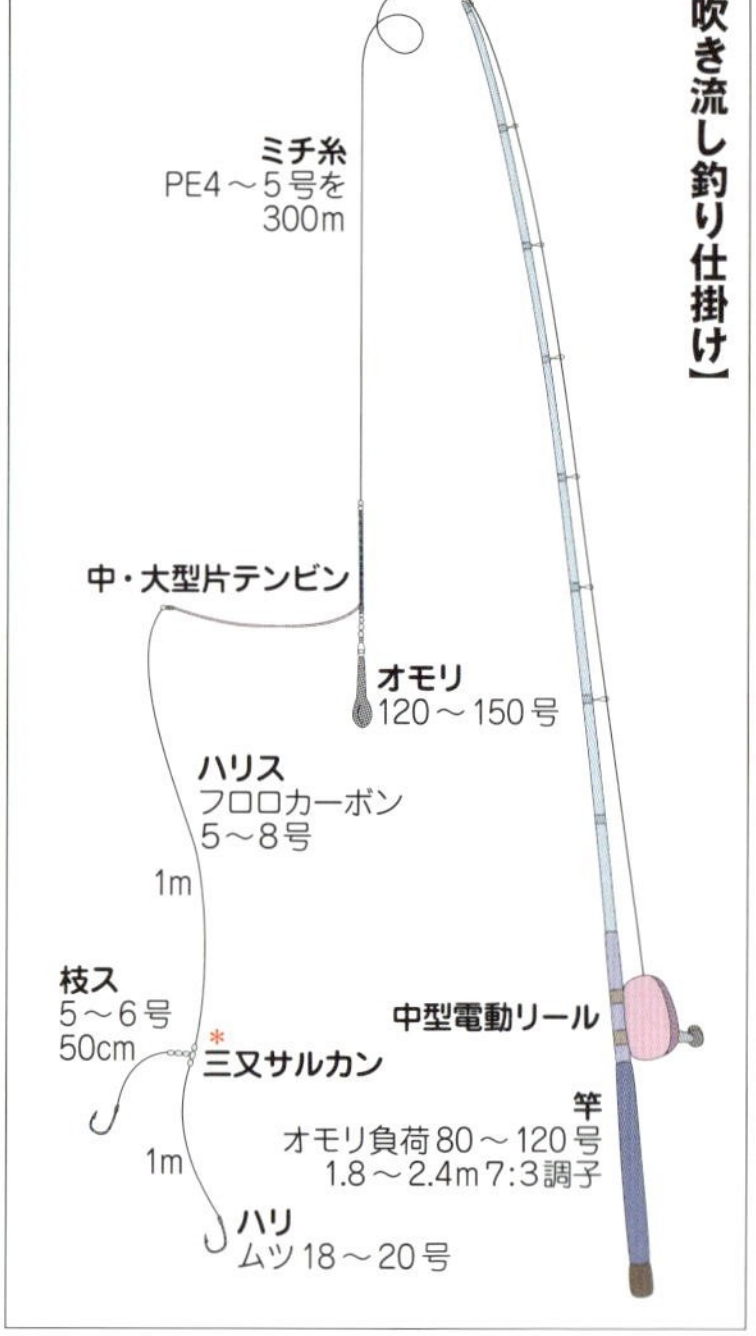
ミチ糸
PE4～5号を
300m
中・大型片テンビン
オモリ
120～150号
ハリス
フロロカーボン
5～8号
1m
枝ス
5～6号
50cm
＊三叉サルカン
1m
ハリ
ムツ18～20号
中型電動リール
竿
オモリ負荷80～120号
1.8～2.4m 7:3調子

【オニカサゴの吹き流し釣り】

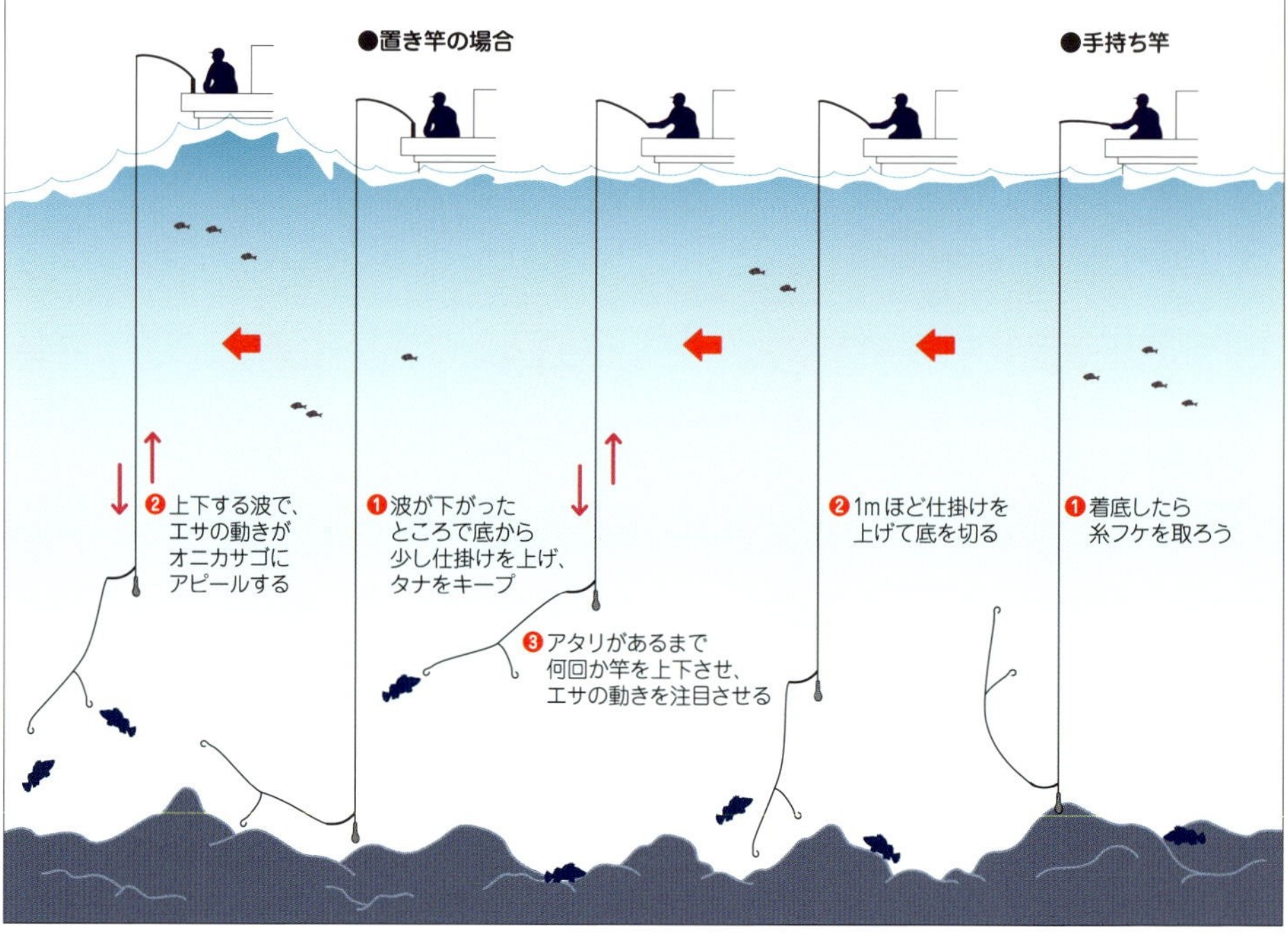
●置き竿の場合
●手持ち竿
❷上下する波で、
エサの動きが
オニカサゴに
アピールする
❶波が下がった
ところで底から
少し仕掛けを上げ、
タナをキープ
❸アタリがあるまで
何回か竿を上下させ、
エサの動きを注目させる
❷1mほど仕掛けを
上げて底を切る
❶着底したら
糸フケを取ろう

●アタリはゴツゴツと明確

アタリがきたら、竿先を下げていったん送り込み、次に竿を立ててしっかりハリ掛かりさせる。ハリ掛かりを確認したら、すぐに電動リールのスイッチを入れよう。

無事海面までオニカサゴを引き上げたら、必ずタモで取り込む。深場の魚は海面まで上がれば、浮き袋がふくらんで浮くのがふつうだが、オニカサゴは海面でバレてもスッと潜っていってしまう。

注意!

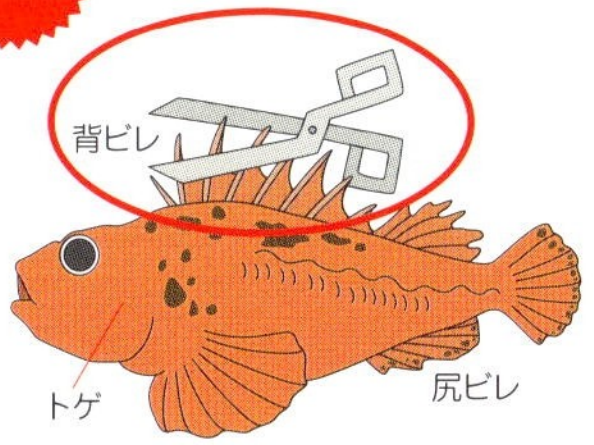
背ビレ
トゲ
尻ビレ

オニカサゴの毒バリを取る

オニカサゴは、ヒレのトゲに毒バリをもっている。うっかり魚を手にして刺してしまうこともあるので十分注意しよう。毒は魚が死んでも消えず、刺されるとひどい痛みに加え、はれて発熱することも。

魚が釣れたら、親指と人差し指で口をつかみ、船の外に出して毒のあるトゲなどをハサミで切り取る。切り取ったトゲも他の釣り客が触れることもあるので、船外に処分しよう。

point

前アタリがあったら送り込め

オニカサゴの釣りでは、本アタリの前にかすかな前アタリがくることがある。この前アタリを感じたら、オモリが着底してもかまわないから、0.5～1m程度仕掛けを送り込んでみよう。

送り込んで数秒たったら竿を立てる。明確なアタリがなかったにもかかわらず、かなりの確率でハリ掛かりしているものだ。

この釣法は一般には普及していないが、千葉県のある遊漁船ですすめている釣法。明確ではないが、警戒心の強い大物は、エサの端をわずかにくわえ、じっとして動かないようなのだ。そこに仕掛けを送り込むことによって、食わすわけである。

潮通しのあまりよくない場合でも、前アタリを取って仕掛けを送り込んでみよう。もちろん、前アタリがわかる感度のよい竿が必要となる。

オニカサゴ釣りで釣れる他の魚図鑑

キントキダイ
スズキ目
キントキダイ科

ウロコが小さく硬い

南日本に分布。30cm。
光沢のある赤い体色で、ウロコはサンドペーパーのように小さくて硬い。小魚や甲殻類を捕食。夜行性で昼間は深場にいるが、夜はエサを求めて浅場にも寄ってくる。

チカメキントキ
スズキ目
キントキダイ科

ヒレ膜が黒い

南日本に分布。60cm。
水深90～330mの範囲に群れを成し、大型ほど生息する水深が深い。背ビレのトゲは後方へ行くほど長く、キントキダイより腹ビレが大きくてヒレ膜が黒いのが特徴。甲殻類、軟体類を捕食する。

ヨリトフグ
フグ目
フグ科

暗緑灰色
白色

千葉県以南に生息。40cm。
フグ科の中では深い所に生息する種類で、体色は背面が暗緑灰色で腹部は白色。体の表面はなめらかでトゲがまったくない。釣り上げると水を飲んで極端にふくらむことから、釣り人はミズフグと呼んでいる。無毒とされているが、毒性が検出されたこともある。

用語 **サルカン**●ヨリモドシなどと同じように、釣り糸と釣り糸が絡まないように結べるように作られた小物。三又サルカンは3本の釣り糸がからまずに結べるようになっている。

カサゴ目フサカサゴ科

カサゴ

堤防釣りでも楽しめるおいしい根魚の代表格

アラカブ、ガシラ、ホゴ

船　ボート　磯　堤防　浜

生　態 岩礁帯に生息し、昼は岩陰に潜んで、夜、活発にエサを捕る。卵胎生。

カレンダー

1	2	3	4	5	6	7	8	9	10	11	12

四季に関係なく釣れる

1年を通して美味

*釣りは1年中可

全　長 最大30cm（通常は15～25cm）

食　性 甲殻類、ゴカイ類、小魚

分　布 北海道南部以南の各地沿岸の岩礁帯。

特徴

根魚といって、真っ先に連想されるのはカサゴだろう。カサゴは夜行性で昼間は岩陰などに隠れ、ほとんど動き回ることがない。しかし、目の前の小さな魚や甲殻類の動きには敏感で、どん欲に襲いかかって捕食する。

たいへんおいしい魚で、新鮮な魚の刺身ばかりでなく、鍋やみそ汁、煮つけ、また唐揚げなど揚げ物も人気がある。

釣り場

堤防や磯釣りでも船釣りでも楽しめるのが、カサゴ釣りの魅力。手頃な堤防釣りでは、堤防周りに設置されている消波ブロックのすき間。磯だと黒く見える磯の穴場や岩陰などのポイント。また、大きな岩がゴロゴロしている海岸も狙い目だ。

沖釣りも同じで、海底が岩礁帯のポイントを狙って船で流し釣りをする。

釣り方

堤防の消波ブロックや岩礁帯を落とし込み釣りで狙う。数釣りを楽しみたいなら沖釣りがおすすめ。沖釣りなら、運がよければ30cm近い大物カサゴと出会えるチャンスもある。

堤防の落とし込み釣り

磯　堤防

カサゴの落とし込み釣り

堤防に設けられた消波ブロックのすき間や、磯場の大きな岩と岩のすき間などに、仕掛けを落とし込む釣り方。アイナメの落とし込み釣りで使う、ブラクリ仕掛けでもよい。

仕掛け

◎竿　堤防と消波ブロックのすき間を狙うなら1・8～2・1mのルアーロッドが使いやすいが、堤防から離れている消波ブロックのすき間狙いなら、4・5～5・3mの2号磯竿が使いやすい。

◎リール&ミチ糸　小型スピニングリールにナイロン3～5号を巻いたもの。

◎ハリス　フロロカーボン1・5～2号を10～20cm。

◎オモリ　2～3号の中通しオモリまたはガン玉。

◎ハリ　マルセイゴ10～12号。

エサ

サバやサンマの切り身の他、イ

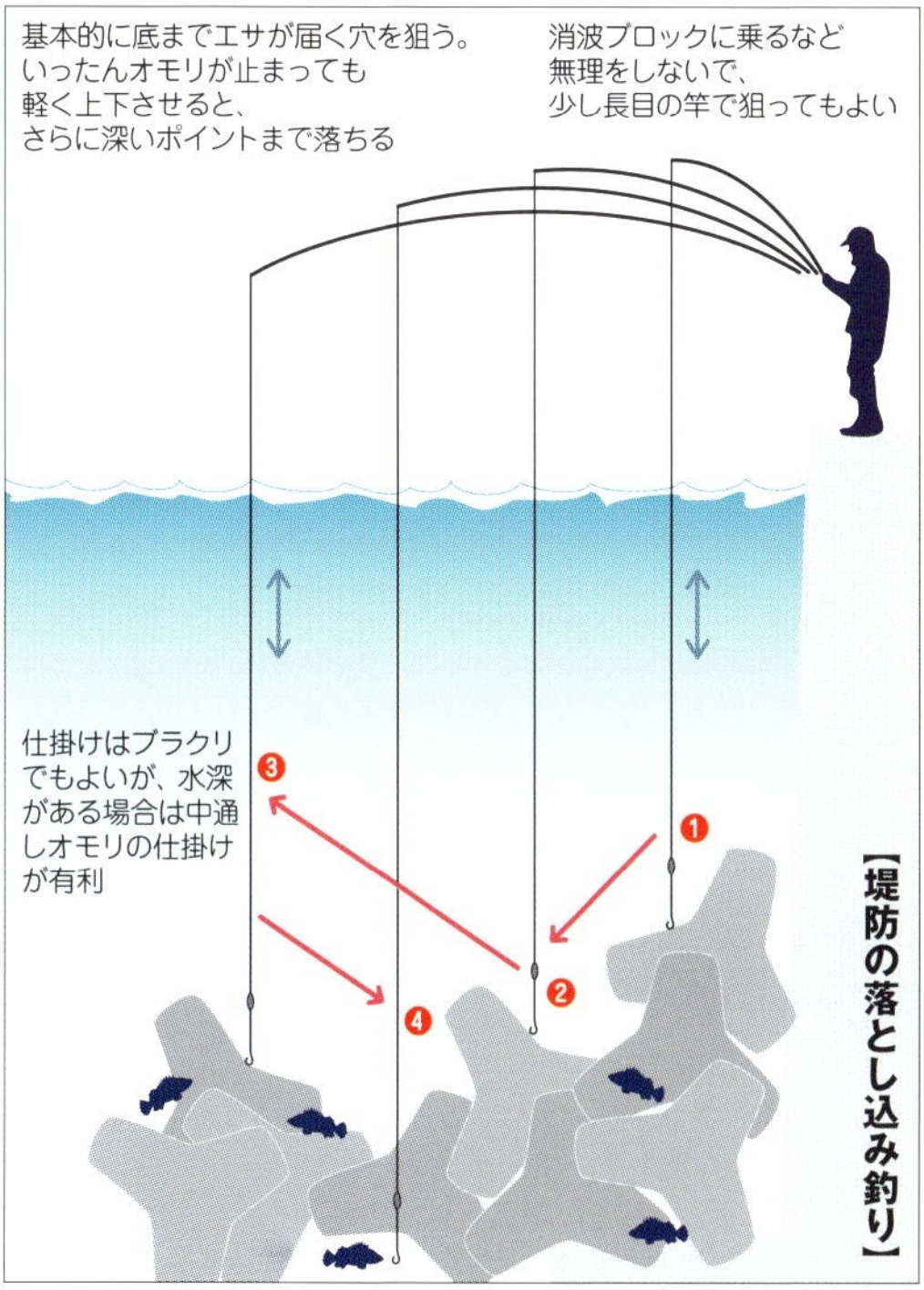
【堤防の落とし込み釣り】
基本的に底までエサが届く穴を狙う。いったんオモリが止まっても軽く上下させると、さらに深いポイントまで落ちる
消波ブロックに乗るなど無理をしないで、少し長目の竿で狙ってもよい
仕掛けはブラクリでもよいが、水深がある場合は中通しオモリの仕掛けが有利
1
2
3
4

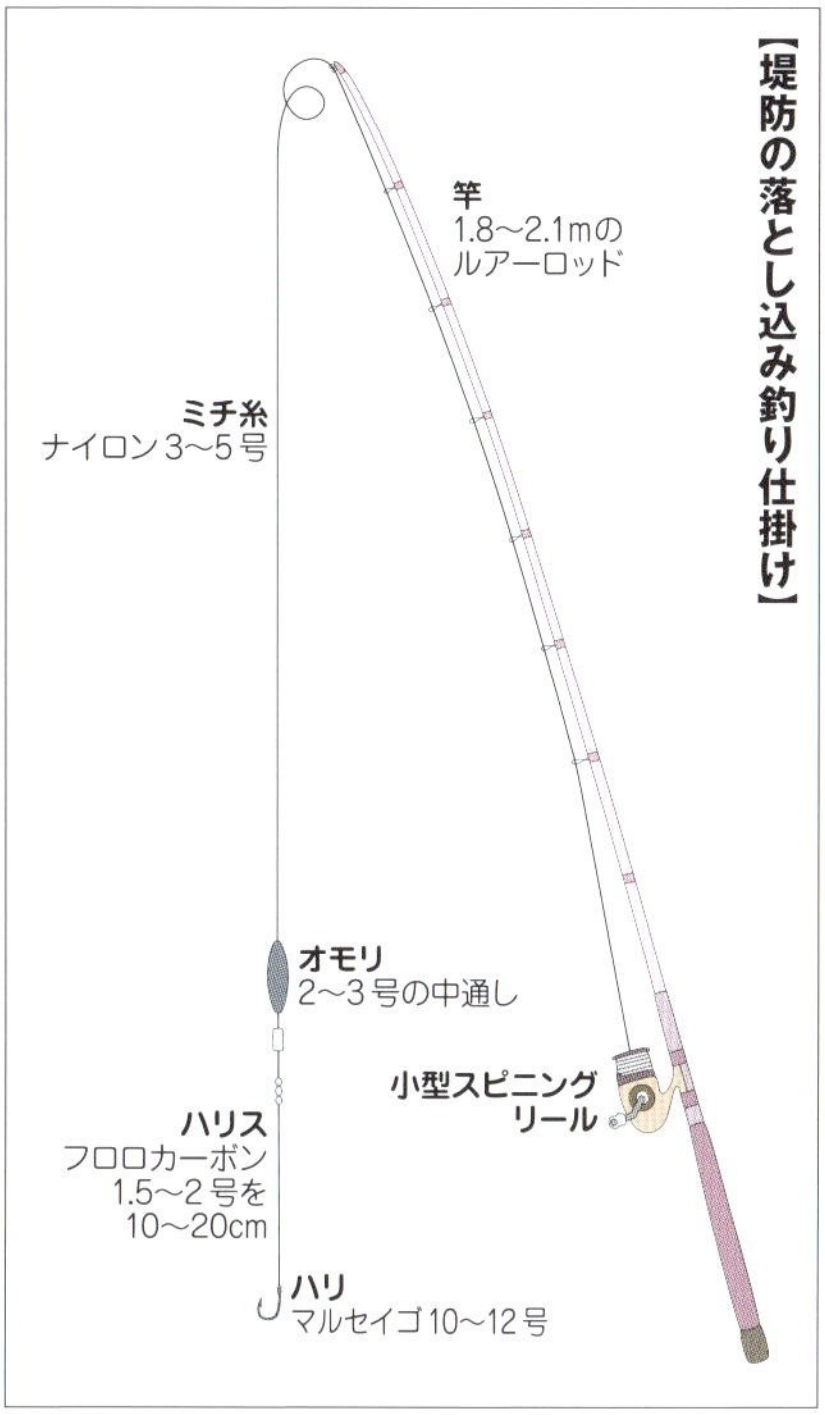
【堤防の落とし込み釣り仕掛け】
竿
1.8〜2.1mのルアーロッド
ミチ糸
ナイロン3〜5号
オモリ
2〜3号の中通し
小型スピニングリール
ハリス
フロロカーボン1.5〜2号を10〜20cm
ハリ
マルセイゴ10〜12号

カ短、オキアミ、アオイソメなどふつうの海釣りエサに使われるものはだいたい使用可能。
魚の切り身は幅1cm、長さ3〜4cmに切ってチョン掛けにするとよい。*ソフトルアーでも釣れるし、カマボコの切ったものでも十分使える。

釣り方❶……根掛かりに注意

消波ブロックのすき間、岩礁の岩と岩の間に活きエサを落とし込むのが、この落とし込み釣りだ。堤防周りでは底近くを釣ったり、海底にある石回り、岩と岩のすき間などの細かな探りが必要。

仕掛けをポイントに落とし込んでオモリが着底したら、根掛かりしないよう少しオモリを上げ、アタリを待つ。根掛かりしやすいポイントだけに、十分注意しよう。

●場所によって短い竿も有利

目前の小さなスポットともなる消波ブロックのすき間や、大きな岩がゴロゴロしているポイントの穴釣りは、仕掛けを目の前に落として釣る場合が多い。この場合は2m前後の短い竿が手頃で、ポイントへのエサの投入・操作が楽。置き竿で狙う場合は、竿先に鈴をつけておこう。

釣り方❷……ポイント移動

昼間は竿の操作でエサを絶えず動かし、エサがカサゴの目にとまるような誘い方が重要だ。クッと引くようなアタリがあったらすぐにアワセをくれ、相手に根に入られないよう竿の操作は機敏に。

カサゴのポイントといっても、同じ場所に何匹もいることはないので、同じポイントで1尾釣ったら新しいポイントを探ってみよう。こまめなポイント移動の探り釣りが功を奏す釣りだ。

●根掛かりさせないコツ

夜にエサを求めて泳ぎ回るとはいえ、生息域は岩礁帯。投げ釣りで狙うと根掛かりばかりして、とても釣りどころではなくなる。ポイントを見極めることも大切だ。

カサゴは決して成長の早い魚ではない。10cmにも満たないカサゴが釣れたら、資源を守るためにもリリースを徹底しよう。

用語 **ソフトルアー**●ジグヘッドにつけて魚にアピールする樹脂製の疑似餌。魚やイソメなどエサに似せたスタイルをしていて、ワームともいう。

沖合の胴つき釣り

船

沿岸の岩礁帯がポイント

カサゴ釣りには堤防周りの釣りの他、大物や数釣りができる沿岸沖合の釣りがある。遊漁船やボートを使った船釣りとなるが、水深が20～40ｍほどの岩礁帯やその周辺が釣り場。

仕掛けは船宿によって異なるものの、2本バリを使った胴つき釣りとなる。

仕掛け

◎**竿**　オモリ負荷20号程度で1・8～2・4ｍのやや先調子の竿。シロギス竿がよい。

◎**リール**　小型両軸リールにPE1～2号を100m巻いたもの。

◎**ハリス**　幹糸フロロカーボン3号に枝ス2号を結ぶ。沿岸の浅場でのカサゴ釣りは、船宿で違ってくるが、胴つき2本バリの仕掛けが一般的だ。

◎**ハリ**　マルセイゴ11～12号。

◎**オモリ**　20～30号。

エサ

エサは船宿で用意したものを使うが、サバの切り身が一般的なエサだ。この他アオイソメ、イカナゴなどを使うこともある。

釣り方…カサゴを誘う

カサゴのポイントは、水深20～40ｍ、少し沖合に出た岩礁帯や砂地に点在する根周り周辺を流すことが多い。

沖釣りも堤防の落とし込み釣り同様に、根掛かりを防ぐためにオモリの着底後すぐに糸フケを取って1ｍほど上げたら、ゆっくり仕掛けを沈める。これがカサゴへの誘いとなり、アタリへとつながるのだ。しかし、根掛かりを防ぐため、底立ちに注意しながら竿を操作しよう。

アタリは向こうアワセ。仕掛けを降ろした瞬間や誘い上げたとき

【沖合の胴つき釣り仕掛け】

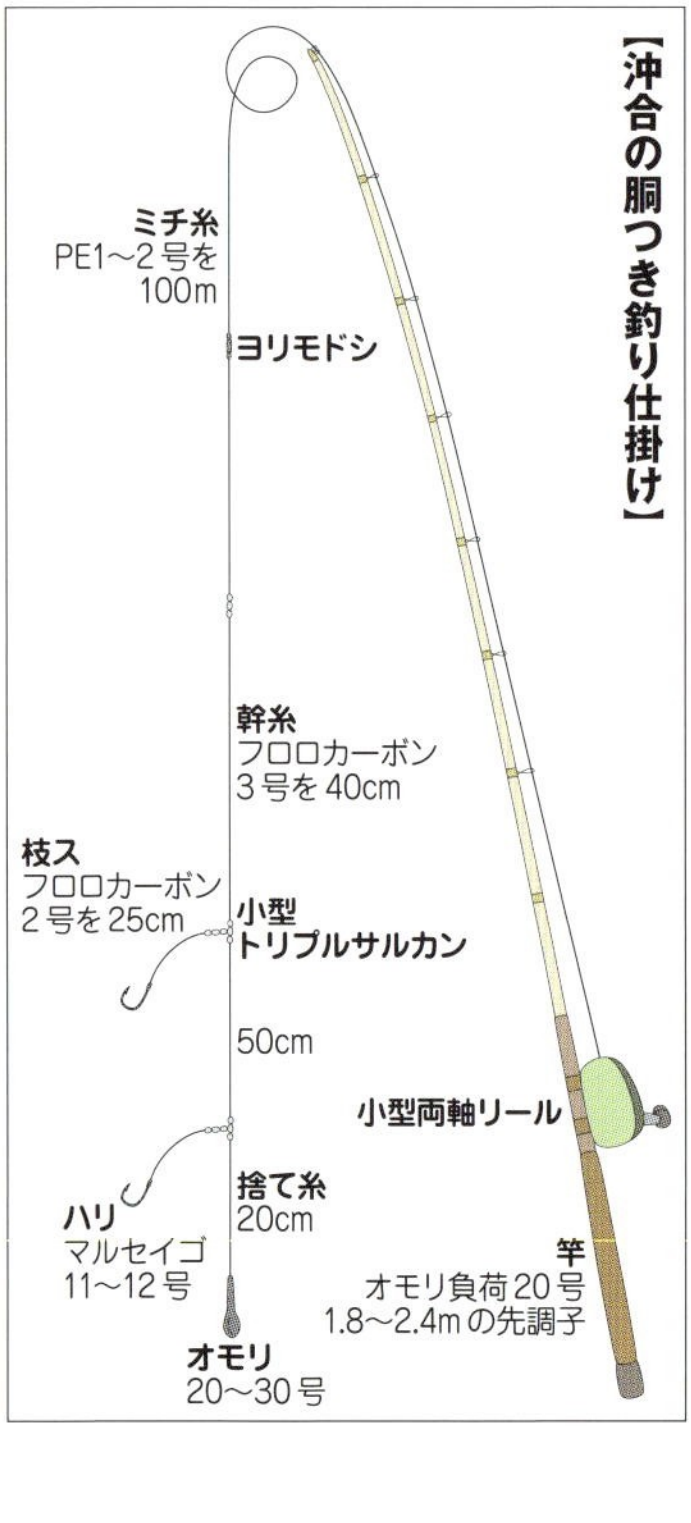

ミチ糸
PE1～2号を
100m
ヨリモドシ
幹糸
フロロカーボン
3号を40cm
枝ス
フロロカーボン
2号を25cm
小型
トリプルサルカン
50cm
小型両軸リール
捨て糸
20cm
ハリ
マルセイゴ
11～12号
竿
オモリ負荷20号
1.8～2.4mの先調子
オモリ
20～30号

point

棒釣り

カサゴ釣りに根掛かりはつきものだ。消波ブロックでの落とし込みでは、ミチ糸が波にもまれて仕掛けが思わぬ方向に流され、根掛かりしてしまうことも多い。

そこで注目したいのが棒釣り。竿先が折れて使えなくなった磯竿の先に、7、8cm程度の仕掛けをつけて、消波ブロックのすき間に突っ込むのである。

そっと入れて動かさずにしばらく待ってみる。7cm程度のハリスでもユラユラ動いて、これが誘いになる。魚が掛かったら竿を上げるのではなく、竿をしまうように引き抜くのだ。

カサゴの泳がせ釣り

カサゴは水深5～20mの岩礁帯であればどこでも釣れる可能性がある。岩礁帯でなくても砂地に根が点在していればよい。ボート釣りでカタクチイワシや小アジなどの小魚が釣れたら、少し深くなっているポイントに移動して、泳がせ釣りをやってみよう。泳がせ釣りだと、エサ釣りではめったに釣れない30cmクラスの大型が食ってくることもある。

アタリは最初、竿先に出る。アタリがあったからといって早アワセは禁物。ググッと竿先を絞り込んだときに竿を立てる。ヒラメやハタなどが釣れることもある。

に、ググッと強いアタリがくる。小型の魚ならよいが、大型のカサゴは強い力で根に戻ろうとするので、すばやくアワセてリールを巻くとよい。

ポイントが深いと、中層以上まで巻き上げればカサゴの浮き袋がふくらみ、引きが弱まる。

カサゴ釣りで釣れる危険な魚図鑑

カサゴはエラやヒレの先が鋭いので、無防備に素手でつかむと刺してしまうトラブルも。毒はないもののとても痛く、ズキズキすることもある。

ハリを外すときはタオルで包むか、下アゴを親指と人差し指でつまむように持って外そう。

堤防釣りでは、カサゴによく似たハオコゼや、まれにミノカサゴが釣れることがある。ともに背ビレや胸ビレに強い毒をもっているので注意しよう。また、岩礁帯では外道にウツボが釣れることも。毒はないが歯が鋭く、手を近づけるとかまれることもある。

ウツボ
ウナギ目ウツボ科
鋭い歯に要注意

ハオコゼ
カサゴ目ハオコゼ科
ヒレのトゲが有毒

ミノカサゴ
カサゴ目フサカサゴ科
ヒレのトゲが有毒

【沖合の胴つき釣り】

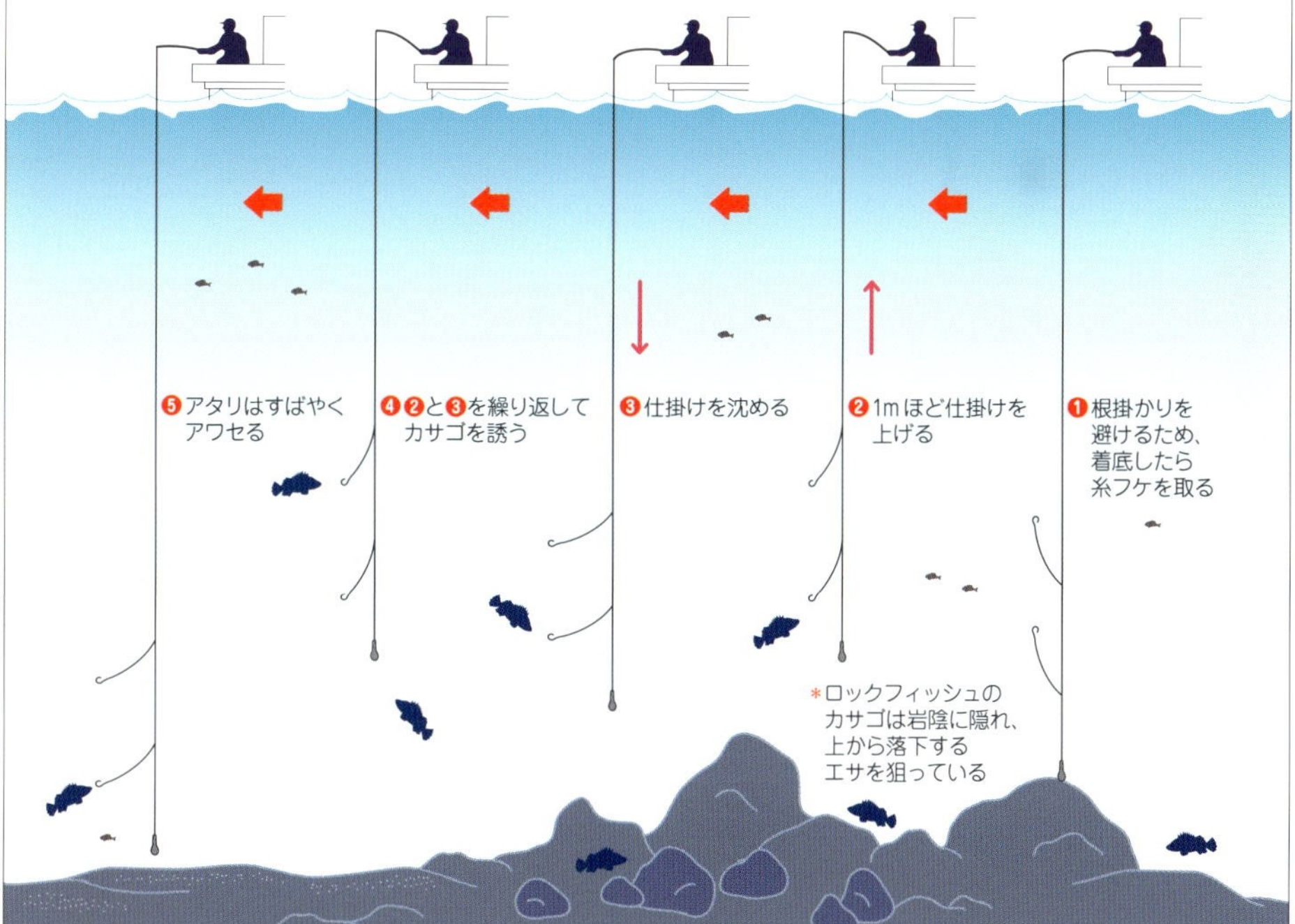
❺アタリはすばやくアワセる
❹❷と❸を繰り返してカサゴを誘う
❸仕掛けを沈める
❷1mほど仕掛けを上げる
❶根掛かりを避けるため、着底したら糸フケを取る
*ロックフィッシュのカサゴは岩陰に隠れ、上から落下するエサを狙っている

用語 **ロックフィッシュ**●ルアーフィッシングなどでは根魚全般のことをロックフィッシュと呼ぶが、英語のロックフィッシュはカサゴなどフサカサゴ科の総称。メバルはフサカサゴ科なのでロックフィッシュと呼ばれるが、ハタの仲間は英語でいうロックフィッシュではない。

スズキ目サバ科

カツオ

食材から調味料まで日本料理に欠かせない魚

スジガツオ、マガツオ、ホンガツオ

船　ボート　磯　堤防　浜

黒い縦ジマが数本入る

生態 春、黒潮に乗って北上し、秋に南下する。

カレンダー

全長 (通常は30～45cm)

食性 甲殻類、小魚、オキアミ類、イカ類

分布 対馬海流は五島列島、黒潮は東北地方が北限。

特徴

古くから日本人の食生活に欠かせない魚で、江戸の昔には「目に青葉　山ほととぎす　初鰹」と句にも詠まれるくらいなじみのある魚で人々に親しまれてきた。春、黒潮に乗って日本近海を北上し、秋に産卵のために南の海に戻る。

◆遊漁では戻り鰹を釣る

釣りの対象となるカツオは初鰹ではなく、秋に南下する、いわゆる戻り鰹。産卵前の脂ののったカツオのおいしさは、釣り人ならずともよく知られた味だ。

釣り場

カツオはイワシなどの群れを追って、沖を回遊している。鳥山などを頼りに船を走らせ、群れを追いながら釣る。

釣り方

コマセカゴをつけ、手たぐりでバケと呼ばれる疑似餌をシャクって釣るカッタクリがよく知られる釣り方。この他エサにオキアミを使った竿釣り、カツオ船の漁師のような一本釣り、フカセ釣りが一般的。なお、トローリングは普通の船宿では行っていない。

カッタクリ

船

カッタクリとは

竿を使わず、ステンカン*にアミコマセを詰めて、糸巻きに巻いたミチ糸をシャクって(かったくる)疑似餌を水中で動かし、カツオを釣る手釣りの釣法。

仕掛け＆エサ

◎ミチ糸　ナイロン40号を100m。滑るのでサンドペーパーでこすって、10mごとに目印をつけておく。

◎テンビン・コマセカゴ　中型片テンビンに50号のステンカン。

◎ハリス　フロロカーボン10～20号を2～3m。

◎ハリ　魚皮を巻いたバケと呼ばれる疑似餌バリで、カブラ12～16号程度。バケはバラフグ、ハモ、ナマズの3種類は用意しておこう。

◎その他　指サック、ミチ糸を巻いておく糸巻。

◎エサ　カツオを集めるコマセエサとして、アミコマセをステンカンに詰めて使用する。

【カッタクリ仕掛け】

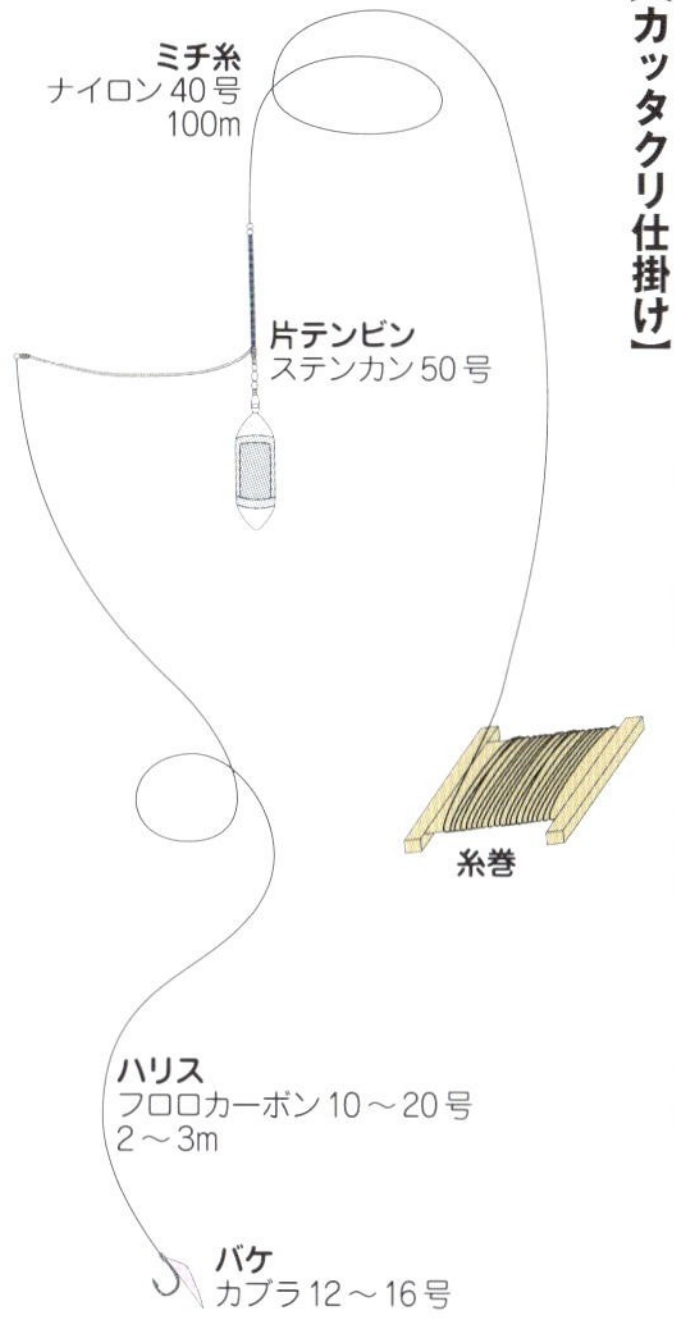
ミチ糸
ナイロン40号
100m
片テンビン
ステンカン50号
糸巻
ハリス
フロロカーボン10～20号
2～3m
バケ
カブラ12～16号

釣り方…バケの動きを演出

バケは新品のままでは食わないので、乗船したら海水をバケツに汲んで水に浸しておく。

カツオ釣りは海鳥が群れて集まる鳥山探しから始まる

ポイントに着くと船長からタナの指示がある。そのタナ＋仕掛け分までアミコマセを詰めたステンカンを落とす。ミチ糸に目印をつけおくのはこのためだ。

シャクリはビシッ、ビシッと鋭くシャクリ上げるのがコツ。海中で小魚が泳いでいるイメージを頭に描こう。海面までシャクリ上げると、コマセがなくなっているので、ステンカンを回収してコマセを詰め替える。

アタリはいきなり糸が張るような力強いもの。中には海面すれすれでヒットすることもあるため、バケを回収するまで気を抜かないことだ。

【カツオのカッタクリ】

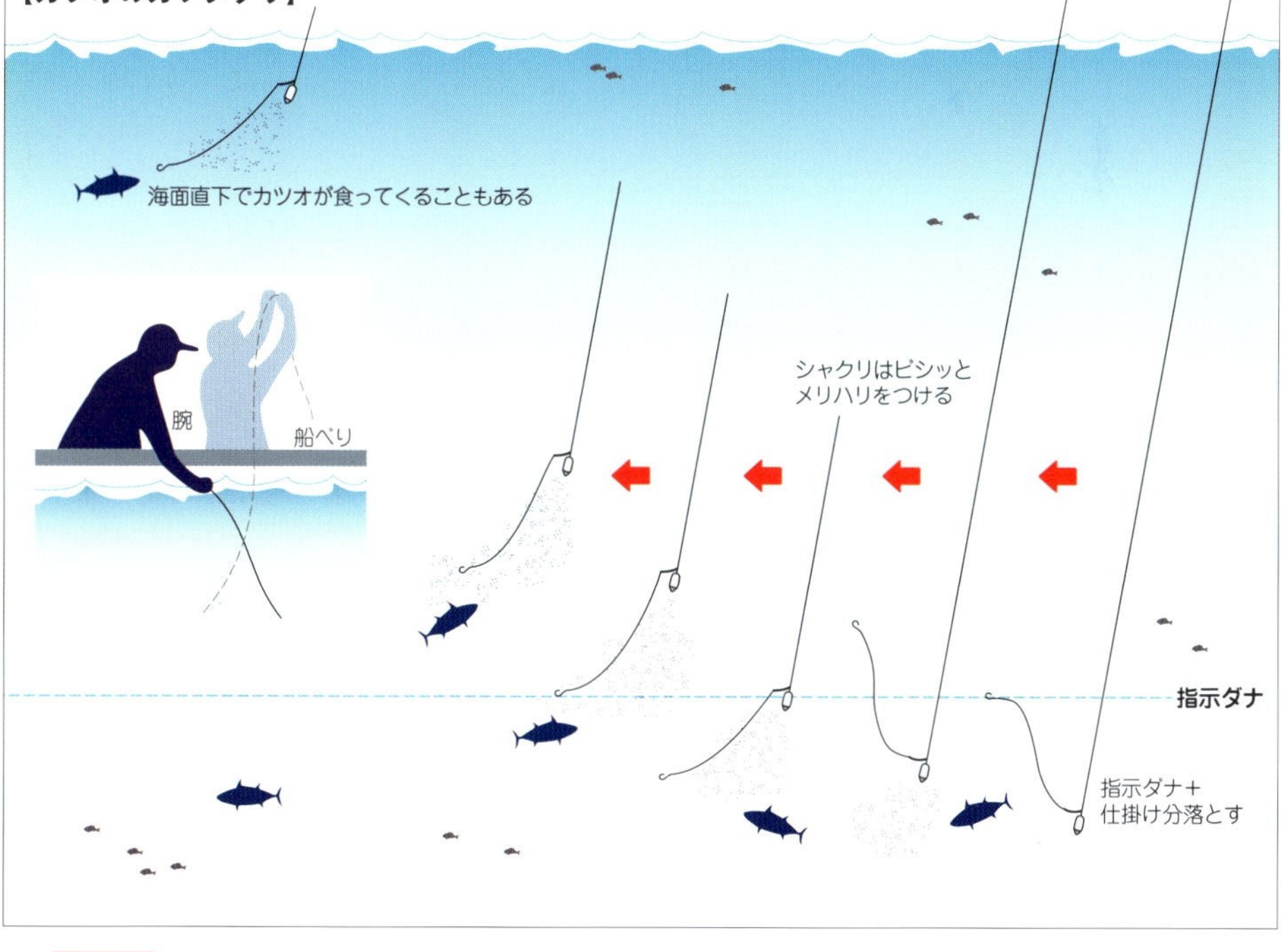
海面直下でカツオが食ってくることもある
腕
船べり
シャクリはビシッと
メリハリをつける
指示ダナ
指示ダナ＋
仕掛け分落とす

用語 ステンカン●寄せエサのコマセを詰めるコマセカゴの一種で、ステンレスでできたものを指す。鉄仮面ともいわれる。

一本釣り・フカセ釣り

船

活きエサを使う釣法

一本釣りは漁船のように散水しながら、活きたイワシのエサで釣る。フカセ釣りはオモリなどを使わず、活きたイワシを泳がせながら釣る釣法だ。

相模湾のカツオ一本釣り乗合船は、どの船も漁師との便乗乗合の形式だ。散水装置が左舷についているので、船首部分は漁師、一般の釣り客は左舷では一本釣り、右舷ではフカセ釣りをする。

フカセ釣りは手釣りでもよいが、スピニングリールを使う竿釣りが主流になっている。

【一本釣り・フカセ釣り仕掛け】

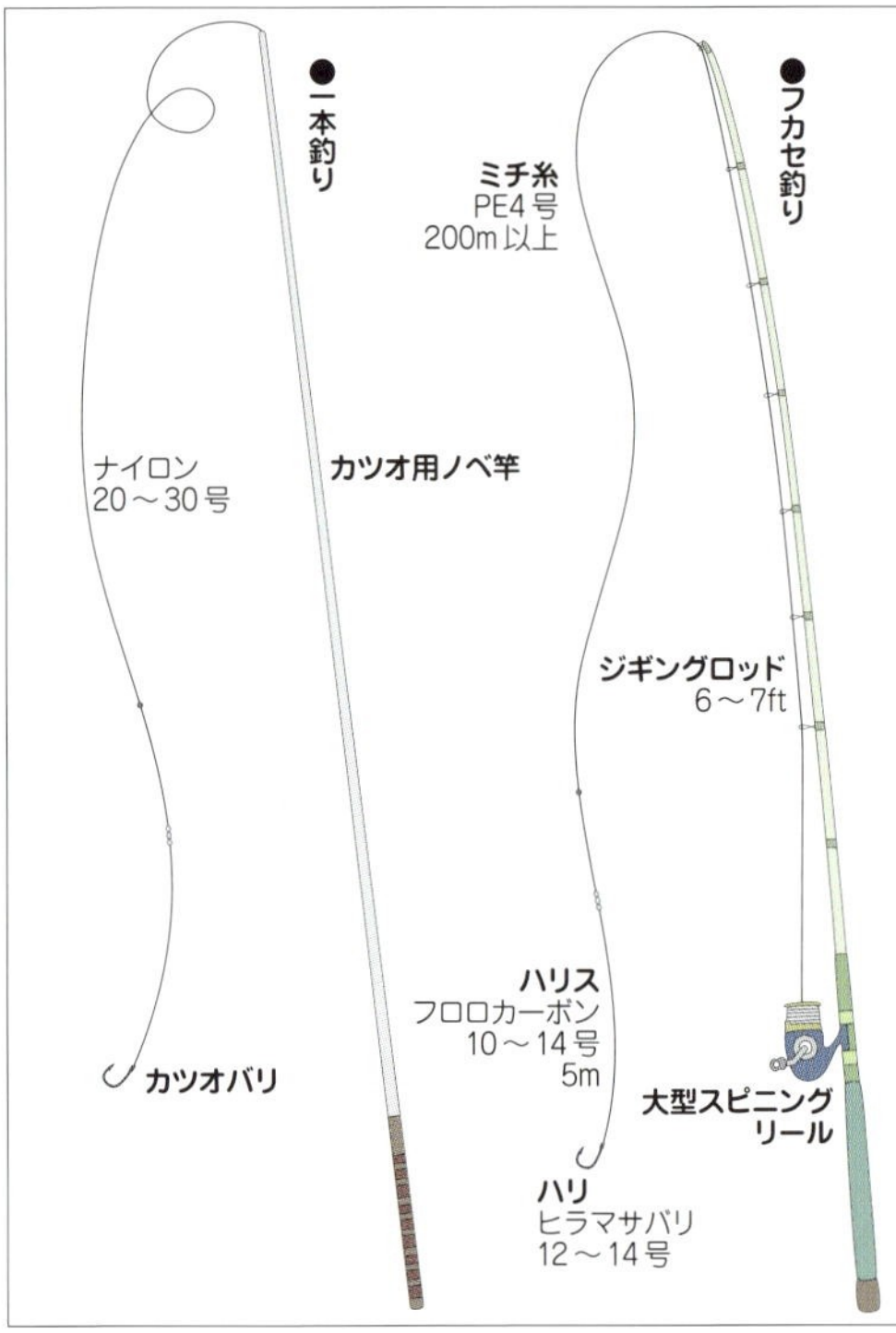
●一本釣り
カツオ用ノベ竿
ナイロン
20～30号
カツオバリ
●フカセ釣り
ミチ糸
PE4号
200m以上
ジギングロッド
6～7ft
ハリス
フロロカーボン
10～14号
5m
大型スピニング
リール
ハリ
ヒラマサバリ
12～14号

一本釣りの仕掛け&エサ

◎仕掛け　一本釣りの竿や仕掛けは、船宿が用意している専用竿、仕掛けを使用する。

◎エサ　活きたカタクチイワシ。エラの硬いところに、薄くハリを刺す。

釣り方①…一本釣り

船がナブラ*を見つけると、カツオの足を止めるために、まずイワシをまく。まいたイワシをカツオが捕ったら散水が始まり、それが釣り開始の合図だ。

イワシを散水の外側に振り込み、アタリを待つ。船は右舷側が風上になるよう流すので、投入したイワシが船下まできたら、振り込み直す。イワシは潜らせず、海面直下を泳がせるようにしよう。

カツオがヒットすると、大きく竿を絞り込む。カツオが走っているときは竿を立てて耐え、カツオがこちらを向いたときに一気に抜き上げる。専門の漁師になったような気分だ。

フカセ釣りの仕掛け&エサ

◎竿　6～7ftのジギングロッド。

◎リール　大型スピニングリールにPE4号を200m以上巻いたもの。

◎ハリス　フロロカーボン10～14号を5m。

◎ハリ　ヒラマサバリ12～14号。

◎その他　指サック。

◎エサ　一本釣りと同じ。

釣り方②…フカセ釣り

活きたカタクチイワシをエラ掛けにして、アンダースローで投げる。

point

イワシの取り扱いに注意

活きているカタクチイワシを使うのが、一本釣りやフカセ釣りなどのカツオ釣り。ただ、注意したいのはエサのイワシの扱い方。

イワシをバケツに入れるときは数匹程度にし、弱らせないようその都度入れるのがコツ。イワシが弱るとカツオの食いが悪くなるので、エサにつけるイワシはマメに交換しよう。

【相模湾のカツオの一本釣り・フカセ釣り】

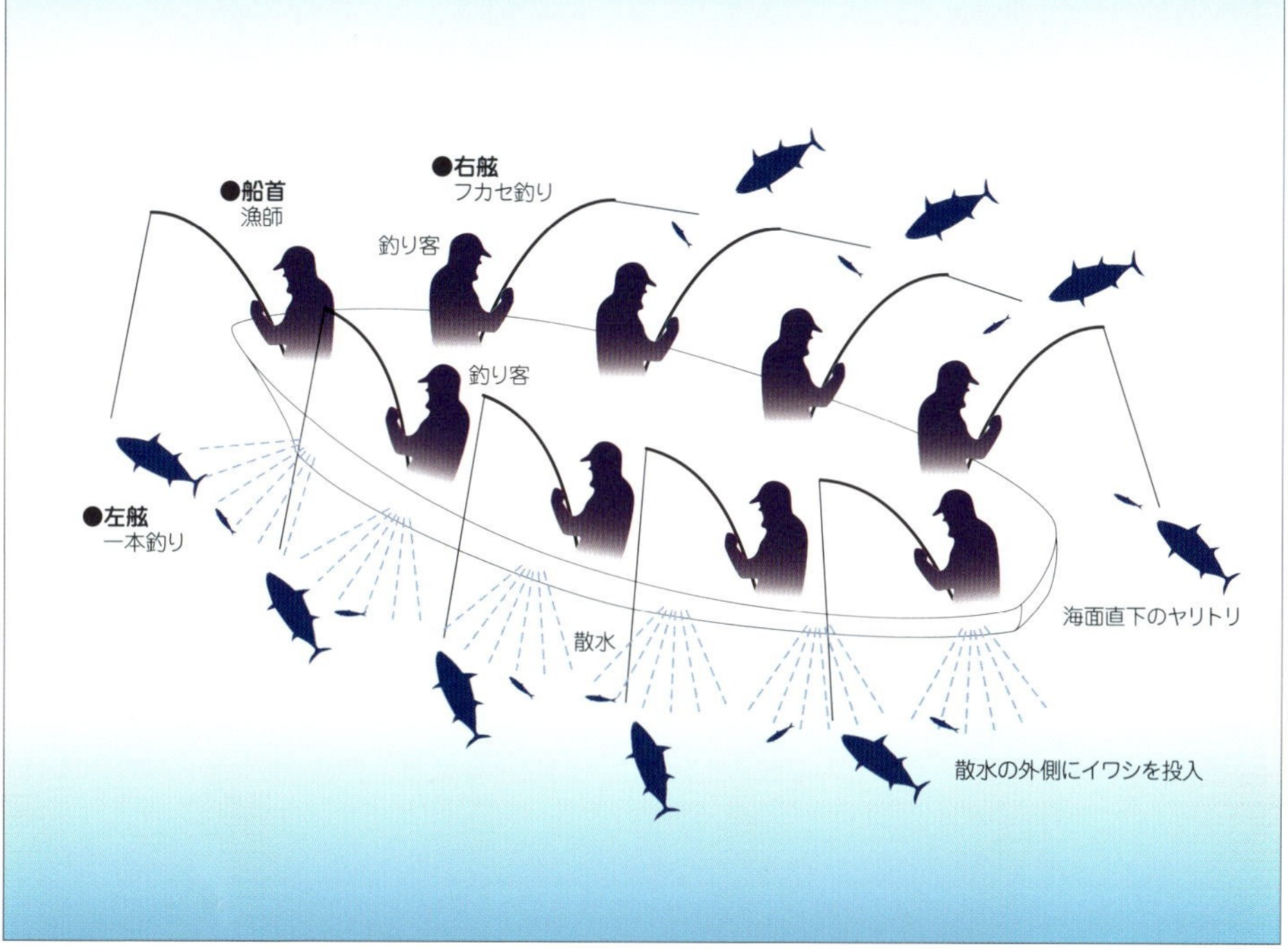
●船首
漁師
●右舷
フカセ釣り
釣り客
釣り客
●左舷
一本釣り
散水
海面直下のヤリトリ
散水の外側にイワシを投入

イワシは潜ろうとするので、ミチ糸を送りながらイワシを泳がせる。弱って泳がなくなったら交換しよう。

ドラグはゆるめに設定。ラインがシュルシュル出たらヒットの合図。最初は走らせ、止まったら、ドラグ調整をしてヤリトリする。

イワシエサの代わりに、同じ仕掛けで60gのメタルジグを使ってもよい。

カツオの仲間図鑑

ヒラソーダ スズキ目サバ科		全世界の温帯から温帯地域に生息。60cm。 マルソーダより体高があり、生食でもおいしいが、鮮度が落ちるとヒスタミン中毒のおそれがある。
マルソーダ スズキ目サバ科	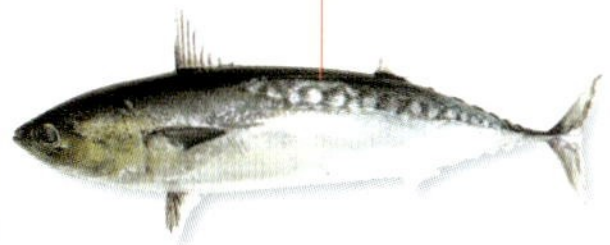ヒラソーダより胴が丸い	全世界の温帯から温帯地域に生息。55cm。 体高が低く、丸い。血合いが多く、ヒスタミン中毒を起こすこともあるので生食には適していない。ソーダ節の原料となる。
メジマグロ スズキ目サバ科	丸い斑点と横ジマが交互	クロマグロの幼魚で、10kg程度までをメジマグロと呼んでいる。全世界の熱帯・温帯域に分布。 メジマグロの身の色は成魚のように赤くはなく、カツオに似ている。

用語　**ナブラ**●イワシなどの小魚が、カツオやイナダなどの大型魚に追われて１カ所に密集し、海面がふくらんだようになった様子。

他のカマスより体高が高い

特徴

一般にカマスと呼ばれている魚は、日本近海で9種確認されている。中でもアカカマス*とヤマトカマスが代表的な2種。両種ともに区別されずに「カマス」と呼ばれることが多いが、釣りの対象として人気があるのはアカカマスだ。

◆釣り立ては刺身でもいける

一方のヤマトカマスはミズカマスとも呼ばれ、アカカマスに比べて水っぽいため、生食用として出回ることは少なく、多くは干物に加工される。また、アカカマスに比べて小型だ。

相模湾では晩秋から初冬にかけて、このカマスを狙った乗合船が出ている。カマスは傷みやすい魚でふつう刺身では食べないが、カマス釣りの魅力は釣り立てを刺身にできることだ。

釣り場

水深100～150m付近のカケアガリ。ヤリイカのポイントと同じことが多いので、ヤリイカ釣りの合間にこのカマスを狙う釣り人もいる。

また、夜には外洋に面した堤防周りの浅瀬にも寄ってくるので、堤防での釣りも可能となる。

釣り方

胴つき仕掛けを使った沖釣りが一般的。また、堤防の夜釣りで、小さいメタルジグを使ったルアー釣りも楽しめる。

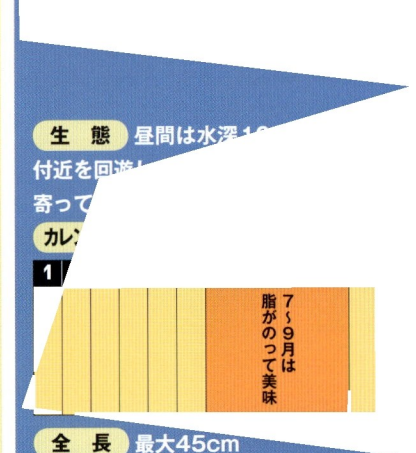

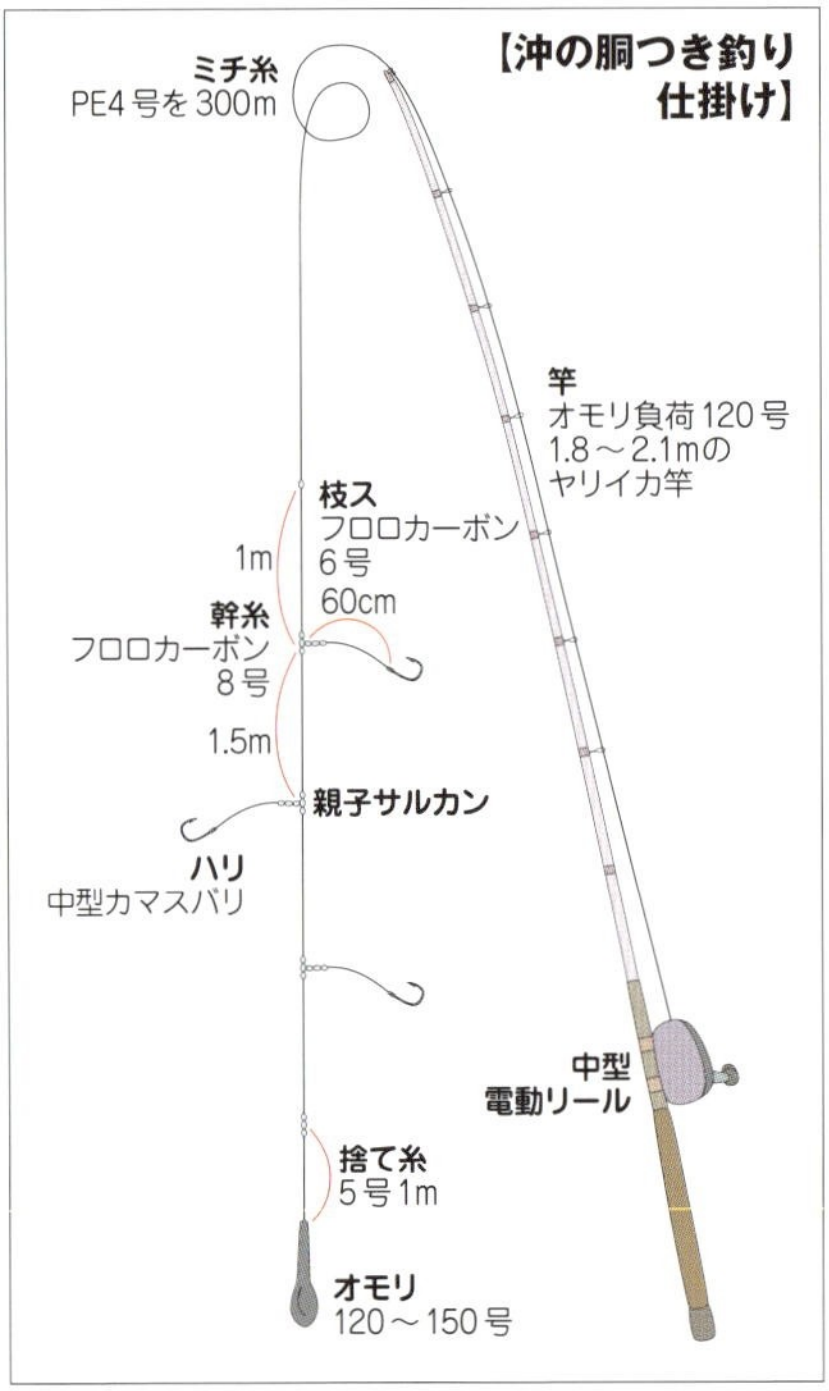

生　態　昼間は水深10…
付近を回遊し…
寄って…

カレン…

1 …

7～9月は脂がのって美味

全　長　最大45cm
（通常は30cm前後）

食　性　小魚、イカ類

分　布　南日本の沿岸部。

沖の胴つき釣り

船

カマスの胴つき釣り

胴つき仕掛けを使って、海底付近にいるカマスを狙った釣り方。ヤリイカ竿の場合は、ゆっくり竿をあおってカマスを誘うのがコツだ。胴調子の竿は置き竿で釣る。

仕掛け&エサ

◎竿 オモリ負荷120号、1・8～2・1mのヤリイカ竿、またはオモリ負荷80号程度の、2・4m前後の胴調子のグラスロッドでもよい。

◎リール 中型電動リールにPE4号を300m巻いたもの。

◎ハリス 幹糸フロロカーボン8号、枝スはフロロカーボン6号の3本枝スとする。

◎捨て糸 5号を1m。

◎オモリ 120～150号。

◎ハリ 中型カマスバリかムツ15～16号。

◎その他 ロッドキーパー、マグネット板。

◎エサ 幅1cm、長さ5～7cm程度のサバの切り身。端をチョン掛けにする。

釣り方❶…沈むエサで誘う

マグネット板にエサをつけたハリを並べ、オモリを持って少し前に投げる。仕掛けが着底したら糸フケを取り、0・5～1m程度、底立ちを切る。

ひと呼吸置いて、竿を目の高さまでゆっくりあおって、続いて竿先をゆっくり下げる。海中のエサがスーッと上がって、フワッと落ちているようなイメージだ。

カマスのタナは底べったりのことが多いが、カマスが浮いているときは、船長から「○m」と指示が出る。そこで船長の指示ダナ付近を中心に誘う。何度か誘ってもアタリがない場合は、底立ちを取り直してみよう。

釣り方❷…効率のよい置き竿

置き竿の場合は、船長の指示ダナまでリールを巻いてロッドキーパーに竿をかけ、アタリを待つ。船の揺れが適度の誘いになり、効率がよいともいえる。

●アワセはしっかりと

アタリは、コツッという小さなものから、ガツガツ出るものまでさまざま。口が硬いのでしっかりアワセ、ハリ掛かりさせよう。

【カマスの沖の胴つき釣り】

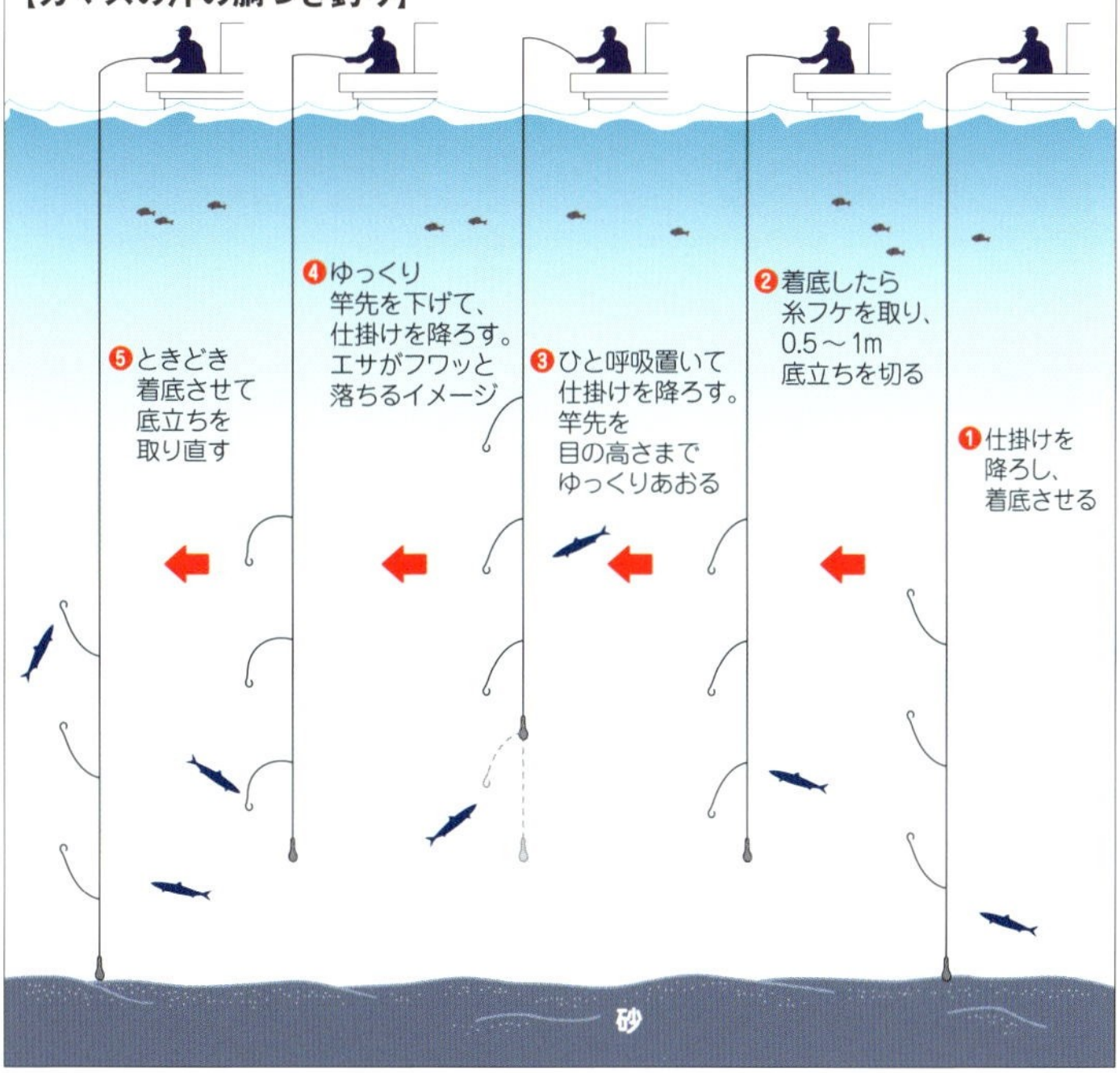

❶仕掛けを降ろし、着底させる
❷着底したら糸フケを取り、0.5～1m底立ちを切る
❸ひと呼吸置いて仕掛けを降ろす。竿先を目の高さまでゆっくりあおる
❹ゆっくり竿先を下げて、仕掛けを降ろす。エサがフワッと落ちるイメージ
❺ときどき着底させて底立ちを取り直す
砂

用語 **ヤマトカマス●**スズキ目カマス科。アカカマスに比べ青がかった体色をしている。25cm。アカカマスは腹ビレが背ビレの前にあるが、ヤマトカマスは背ビレの中心と腹ビレのつけ根がほぼ同じ位置。ミズカマスともいう。

堤防でも釣れる人気の冬の高級魚
カレイ（マコガレイ）

マコ、クチボソ、アマガレイ、城下カレイ

船　ボート　磯　堤防　浜

尾ビレの縁は丸い

生態 砂泥底に身を隠して生息する。北方へ行くほど大型が多い。

カレンダー

1	2	3	4	5	6	7	8	9	10	11	12
乗っ込み期				産卵後の荒食い							

全長 最大55cm（通常は15～40cm）

食性 小型甲殻類、貝類、ゴカイ、イソメ

分布 北海道南部以南の日本各地。

特徴

カレイは時期や地域によっていろいろな種類が釣れる。特に淡泊で、食味のよいマコガレイが高級魚として知られ、関東地方では人気が高い。大分県大分市で「城下カレイ」と呼ばれるカレイも、マコガレイだ。

◆50㎝超の大物も

カレイ釣りはじっくりとアタリを待つ粘りの釣り。釣れる大きさは20㎝程度の手のひらサイズから、40㎝程度が一般的だ。しかし、50㎝を超える大型が混じることもある。

1～2月の乗っ込み期はチョイ投げでも釣れるが、いったん産卵が始まると食いが悪くなる。ところが、産卵が終われば再び釣れ始めるので、乗っ込み期前後が狙い目となる。

釣り場

マコガレイは泥混じりの海底に身を隠し、目玉だけ出してエサを探している。砂煙に反応して寄ってくるほど、好奇心旺盛な魚で、きれいな砂底よりも、岩礁がある場所やカケアガリ、隠れ根周りなどを中心とした変化の多い場所に生息する。港では係留船周りや航路筋も狙い目となる。

釣り方

堤防や岸壁からの投げ釣りが一般的。東京湾や茨城県の鹿島灘などでは、沖合のマコガレイを狙う専門の乗合船が出ている。

【堤防の投げ釣り仕掛け】

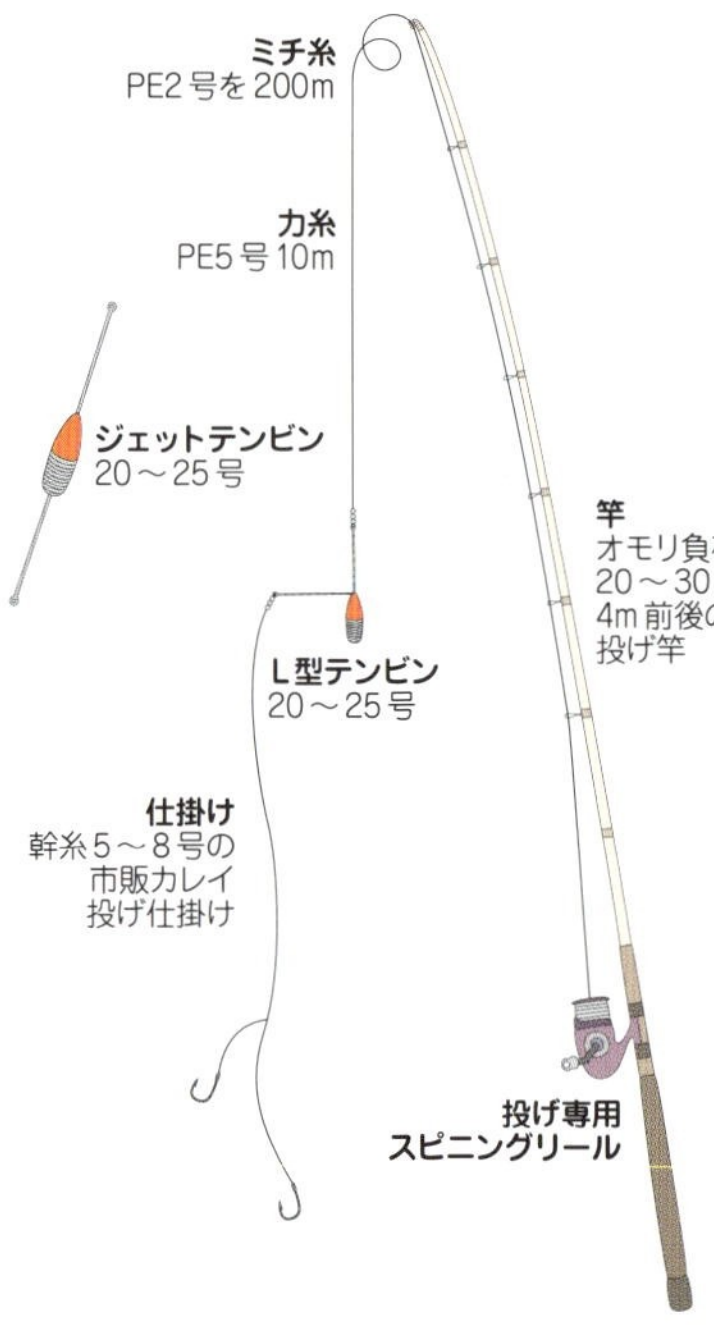
ミチ糸
PE2号を200m
力糸
PE5号 10m
ジェットテンビン
20～25号
竿
オモリ負荷
20～30号の
4m前後の
投げ竿
L型テンビン
20～25号
仕掛け
幹糸5～8号の
市販カレイ
投げ仕掛け
投げ専用
スピニングリール

堤防の投げ釣り

堤防

粘りの釣り

堤防などから数10m投げて狙う投げ釣りが基本。冬場にじっくりとアタリを待つ粘りの釣りだ。

仕掛け&エサ

◎竿　オモリ負荷20～30号で4m前後の投げ竿。

◎リール&ミチ糸　投げ専用スピニングリールにPE2号を200m巻いたもの。

◎テンビン・オモリ　20～25号の*ジェットテンビン、または*L型テンビン。

◎チカラ糸　PE5号を10m。

◎仕掛け　幹糸5～8号の市販のカレイ投げ仕掛け。

◎その他　竿置き、夜釣りならケミホタル、ヘッドランプ。エサをアピールするために夜光パイプや夜光玉などを装着するのも効果的だ。

◎エサ　大き目のアオイソメの房掛けが基本。イワイソメを併用してもよい。

釣り方❶…置き竿の待ち方

カレイの堤防釣りは、一般的に竿を3本用意して遠・中・近のポイントに投げ分け、置き竿で待つというもの。

大型でもアタリは小さいので、ときどき竿をそっと立てて仕掛けを少しだけ手前に寄せ、再び待つ。カレイはエサを見つけてもすぐには食わない。じっくり待つことが肝心だ。

釣り方❷…大きくアワセる

アタリは竿先にトントンと小さく出るので、アタリがきたら竿を持ち、ゆっくり大きくアワセる。重みを感じたら一定のスピードを保って巻き上げる。カレイを巻き上げていると、10m以上離れていても海面に魚体の影が見えてくる。大物はタモ網で頭側から慎重にすくい取る。

カレイは群れでいる場合が多いので、アタリの出るポイントを見つけたらそこを重点的に攻めよう。また、なかなか釣れない日でも潮変わりの前後に釣れ出すことがあるので、干潮時間を確認しておきたい。

【カレイの堤防の投げ釣り】

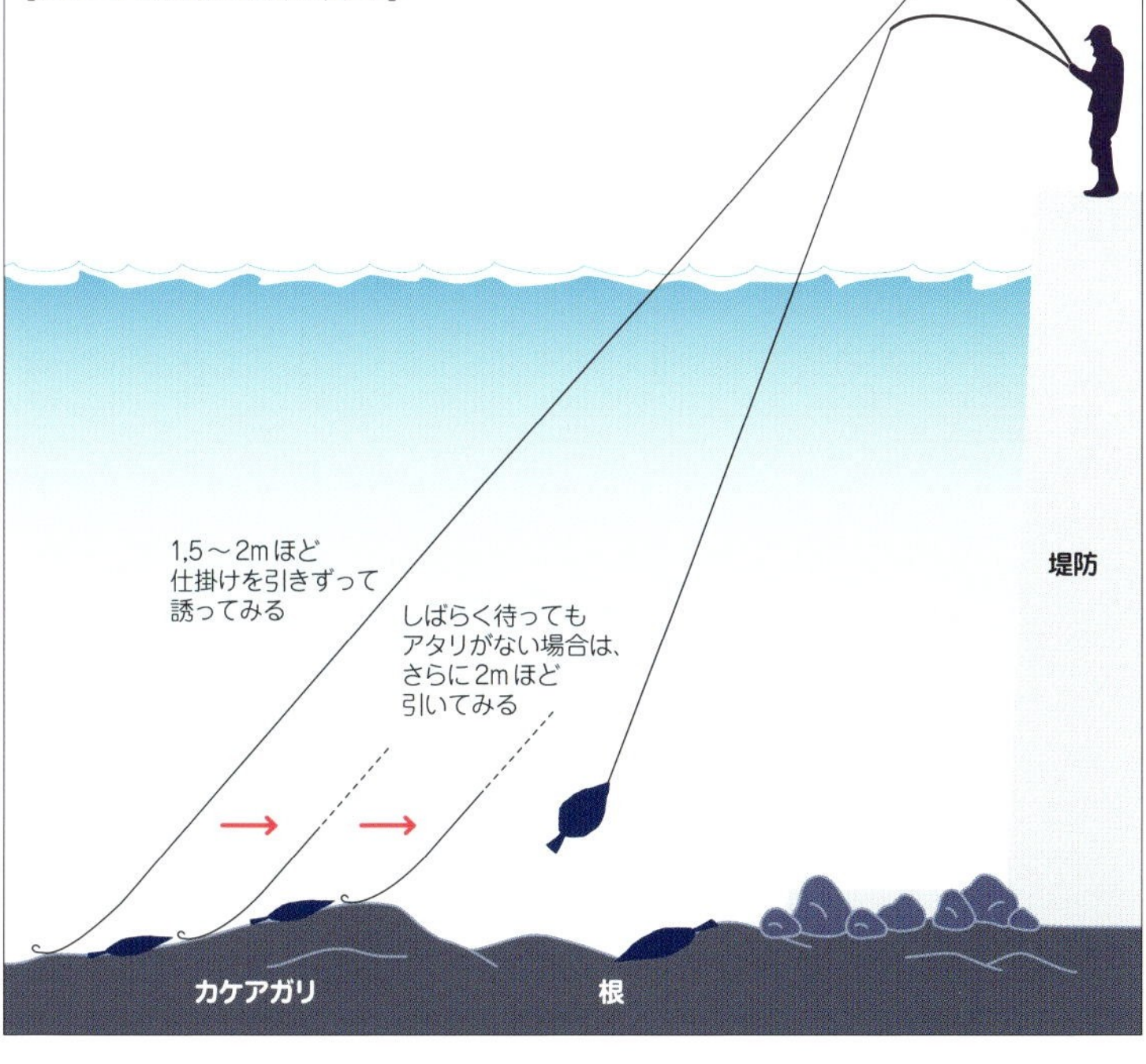
1,5～2mほど
仕掛けを引きずって
誘ってみる
しばらく待っても
アタリがない場合は、
さらに2mほど
引いてみる
堤防
カケアガリ
根

用語　**ジェットテンビン・L型テンビン**●ジェットテンビンは投げ釣りで使う遠投向きのテンビンで、根掛かりしにくい。L型テンビンはL字型に曲がっていて、L字の角にオモリをつけるスナップがついている片テンビンスタイル。

沖の掛かり釣り

船

東京湾の掛かり釣り

東京湾では船をアンカーで固定した掛かり釣りで、カレイを狙う。

仕掛け&エサ

◎竿　オモリ負荷20号程度で1・6～2・1mの竿。胴のしっかりしたシロギス竿やバスロッドでもよい。

◎リール&ミチ糸　小型スピニングリールにPE1・5～2号を100m巻いたもの。

◎リーダー　フロロカーボン3～4号2m。

◎テンビン・オモリ　シロギス用片テンビンにオモリ25号。

◎ハリス　幹糸2～4号の市販のカレイ仕掛け。

◎その他　竿置き、尻手ベルト。竿は置き竿にするため、釣りの最中に竿が海中に落ちないよう尻手ベルトをつける。

◎エサ　アオイソメの房掛けが一般的。イワイソメを持参してもよい。

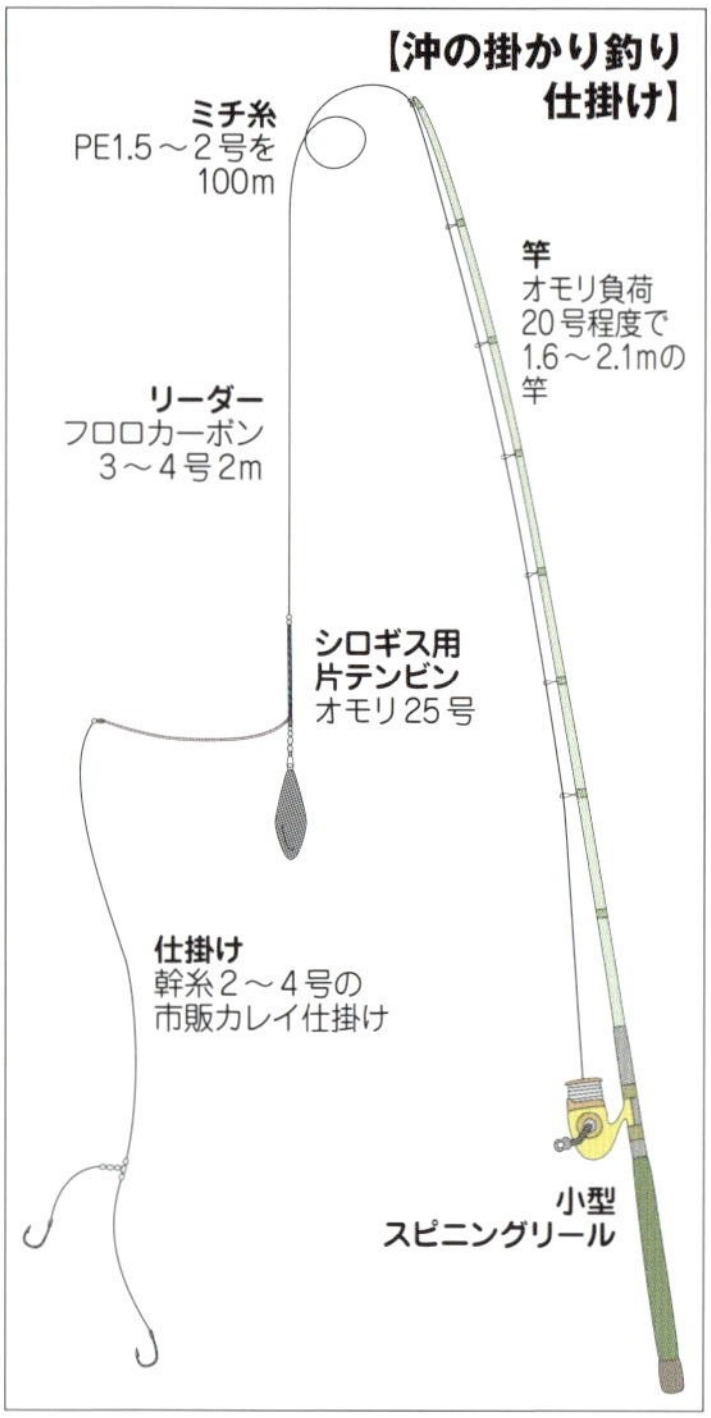

【沖の掛かり釣り
仕掛け】
ミチ糸
PE1.5～2号を
100m
竿
オモリ負荷
20号程度で
1.6～2.1mの
竿
リーダー
フロロカーボン
3～4号2m
シロギス用
片テンビン
オモリ25号
仕掛け
幹糸2～4号の
市販カレイ仕掛け
小型
スピニングリール

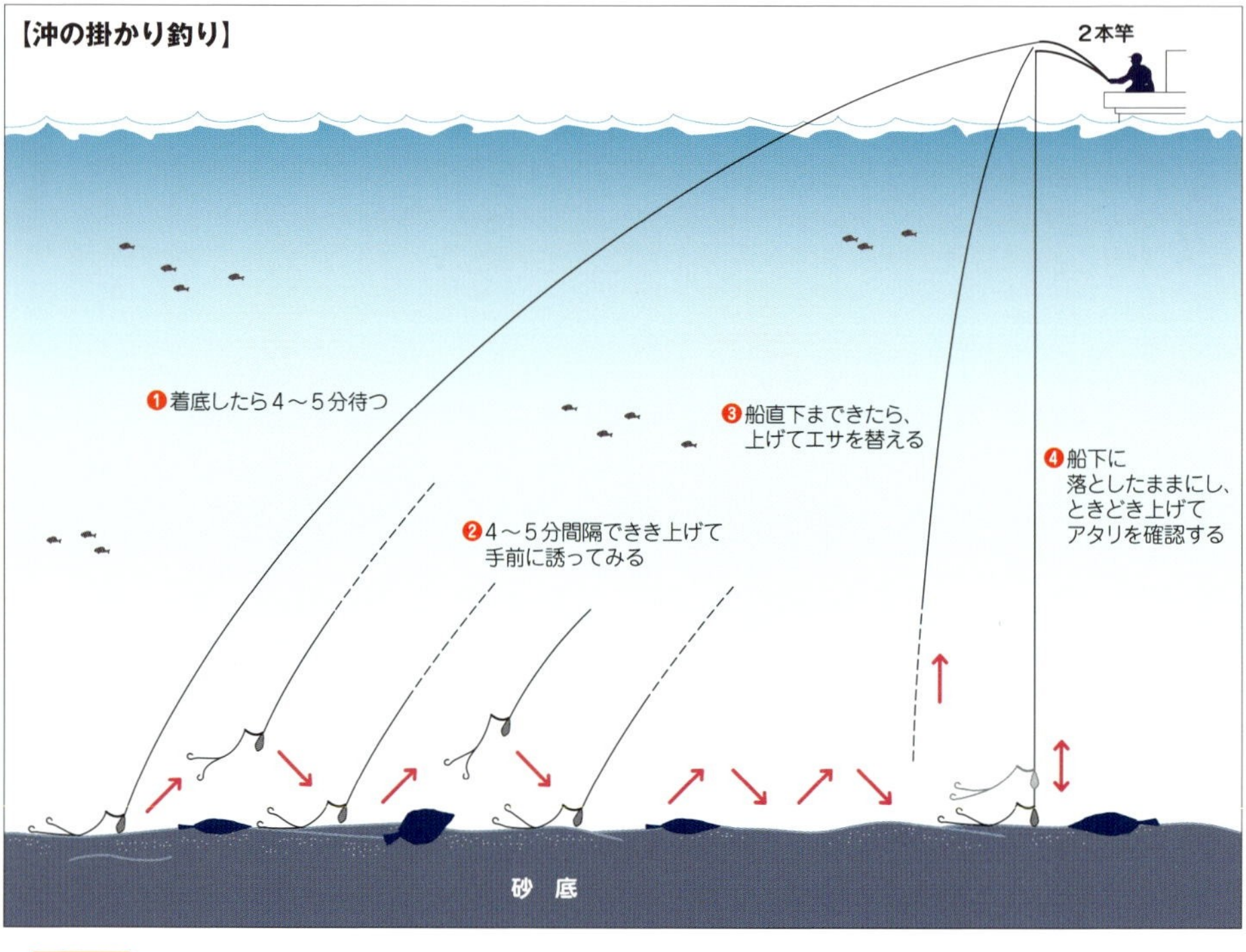

【沖の掛かり釣り】
2本竿
❶着底したら4～5分待つ
❷4～5分間隔できき上げて
手前に誘ってみる
❸船直下まできたら、
上げてエサを替える
❹船下に
落としたままにし、
ときどき上げて
アタリを確認する
砂　底

用語　**きき アワセ**●アタリがはっきりとわからないときに、ミチ糸を張って魚がエサを食っているかどうか調べるテクニック。アワセのために糸を通してアタリをきく（聞く）ことだ。

釣り方❶…2本の竿を駆使

カレイの沖釣りのポイントは、水深10～20ｍの砂泥底が中心。東京湾では湾奥部から、中央部に集中している。竿は2～3本出してもよい。できれば初心者でも探る範囲を広くするため、1本は遠投して探り、もう1本は船の直下に落としてみる2本竿にチャレンジしてみよう。

直下に落とした竿は竿掛けか、船べりに濡れたタオルを置いて竿受けにして置いておく。もう1本はアンダースローで10～15ｍ投げ、着底したら底立ちを切る。このとき置き竿にする釣法と、間隔を置いて誘う2つの釣法がある。

置き竿釣法ではミチ糸が張っていると、船の動きとともにオモリが浮いてしまうので少しタルませる。誘う釣法は4～5分待ち、き*きアワセてアタリを確認。変化がなければ仕掛けを少し上げて手前に落とし、再び置き竿で待つ。

釣り方❷…ききアワセる

置く・待つ・誘うのサイクルを数回繰り返して、仕掛けを回収。エサをつけ替えて再投入する。船下を狙っている竿も、ときどき、ききアワセてみよう。

●取り込みは慎重に

カレイはエサに一気に食いつかず、少しずつ吸い込むようにモゾモゾと食べる。このため竿を置いたままの状態で、明確なアタリはめったにこない。ききアワセてアタリを感じたら、やや力を入れてしっかりハリ掛かりさせ、竿を立てながらゆっくりと巻く。

水面近くまで上がってきたマコガレイは、急に暴れ出すこともあるので、急激な引きは竿の弾力を利用してかわす。取り込みの際はタモ網ですくい上げてもらおう。

カレイの仲間図鑑

マコガレイ以外でも釣りの対象となっているカレイの仲間は多い。外房より北の地域ではイシガレイ、ババガレイ、マガレイなども人気がある。

イシガレイ カレイ目カレイ科 	日本各地沿岸部の水深100mまでの砂泥底に生息。50cm。*有、無眼側ともにウロコがなく、なめらかだが、成魚になると有眼側の背側部、側線付近、腹側部に硬い骨板ができる。
ババガレイ カレイ目カレイ科 	駿河湾以北の各地、千島列島南部に分布。60cm。水深50～450mの砂泥底に生息。体が長く、体表が粘液で覆われている。東北ではナメタガレイと呼ばれ、正月料理に欠かせない。
マガレイ カレイ目カレイ科 	日本海沿岸、四国以北の太平洋岸、オホーツク海沿岸、千島列島南部に分布。50cm。水深150mまでの大陸棚に生息。マコガレイと似るが、マガレイの吻（口）はやや突出、両眼間にウロコがない。
メイタガレイ カレイ目カレイ科 	北海道南部以南に分布。30cm。水深100mまでの砂泥底に生息。体高のある丸みを帯びた菱形。眼が突き出し、口は小さい。
ヤナギムシガレイ カレイ目カレイ科 	北海道南部以南に分布。30cm。水深400mまでの砂泥底に生息。体は細長く、眼上にウロコがある。無眼側の頭部に粘液腔のくぼみがあるのはヒレグロで、ヤナギムシガレイにはくぼみがない。

用語　**有限・無限**●ヒラメやカレイのように平べったい魚は、体側を表すときに「有限」「無限」という言葉を使う。海底にいるときの上側を有限、下側を無限といい表している。

斑点がつながったシマ

フグ目カワハギ科

釣趣にあふれ、食味も抜群！ カワハギ

ギハギ、ハゲ、マルハゲ

船　ボート　磯　堤防　浜

生態 春から夏にかけて産卵し、稚魚は流藻などについて浮遊。成魚になると浅場の岩礁帯などに群れる。

カレンダー

1	2	3	4	5	6	7	8	9	10	11	12
沖釣りの旬			浅場狙い 沖釣りの旬				浅場狙い 投げ釣りの旬		深場狙い 肝が大きくなる		

＊釣りは１年中可

全長 最大30cm（通常は15～25cm）

食性 藻類、ゴカイ類、貝類、フジツボ

分布 北海道以南。特に関東以南の沿岸部に多い。

特徴

カワハギはエサ取り名人と呼ばれている。アタリもなく、エサだけをきれいに取っていく手練手管のカワハギを、あの手この手とさまざまな工夫を凝らして釣り上げるのが、この釣りの醍醐味といえ、釣り人を熱中させる代表的な魚でもある。

◆アタリを取ってアワセ

カワハギは皮膚がなめし皮のように硬く、このために各地での呼び名もさまざまで、文字通り「皮をはぐ」という意味からきていると思われる名前が多い。「毒のないフグ」ともいわれるほど、食味と釣趣の両方からファンが多い。

カワハギは通年釣りの対象となるが、盛期は深場に集まる冬場。体は菱形で縦の方に平たく、愛らしいおちょぼ口だが、30cmを超えると強烈な引きを見せる。

高度な釣りテクニックも必要とされるが、「アタリを取ってアワセ」の基本を忠実に守れば、初心者でも十分楽しめるはずだ。

釣り場

沿岸近くの水深10～50mほどの岩礁帯や、その周辺の根の点在する砂泥地が釣り場。

船ではこのような岩礁付近を流しながら釣り、夏になるとカワハギが浅い砂泥地にも回遊するために、堤防からでも釣りが楽しめるようになる。

釣り方

カワハギは秋～冬に深場に落ちて群れるので、沖釣りで狙う。4～6月、8～9月は浅場に寄るので、堤防からのチョイ投げも可。

オスとメスの違い

ヒレの形状で判断

カワハギの背ビレの軟条が１本、糸状にヒラヒラと伸びているのがオスで、ないのがメスだ。

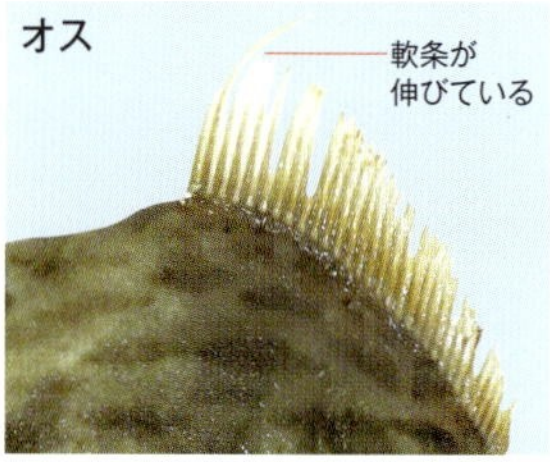
オス
軟条が伸びている

メス

沖の胴つき釣り

船

アサリエサの胴つき釣り

1年中カワハギを専門に狙っている釣り船もあるが、多くの船宿は秋から冬にかけてカワハギ専門の乗合船を出す。釣り方はアサリのむき身エサを使った胴つき仕掛けで狙う。

仕掛け

◎竿　1.6～2.1mのカワハギ専用竿。

◎リール&ミチ糸　小型同軸リールにPE1～2号を100m巻いたもの。

◎仕掛け　幹糸にフロロカーボン3号、枝スにフロロカーボン2.5～3号を使った、2～4本バリの胴つき仕掛け。

◎ハリ　ハゲバリ5～6号。

◎オモリ　25号が標準だが、30号が使われることもある。

◎その他　集魚板*、2～3号程度の中オモリ、竿置き。

【沖の胴つき釣り仕掛け】

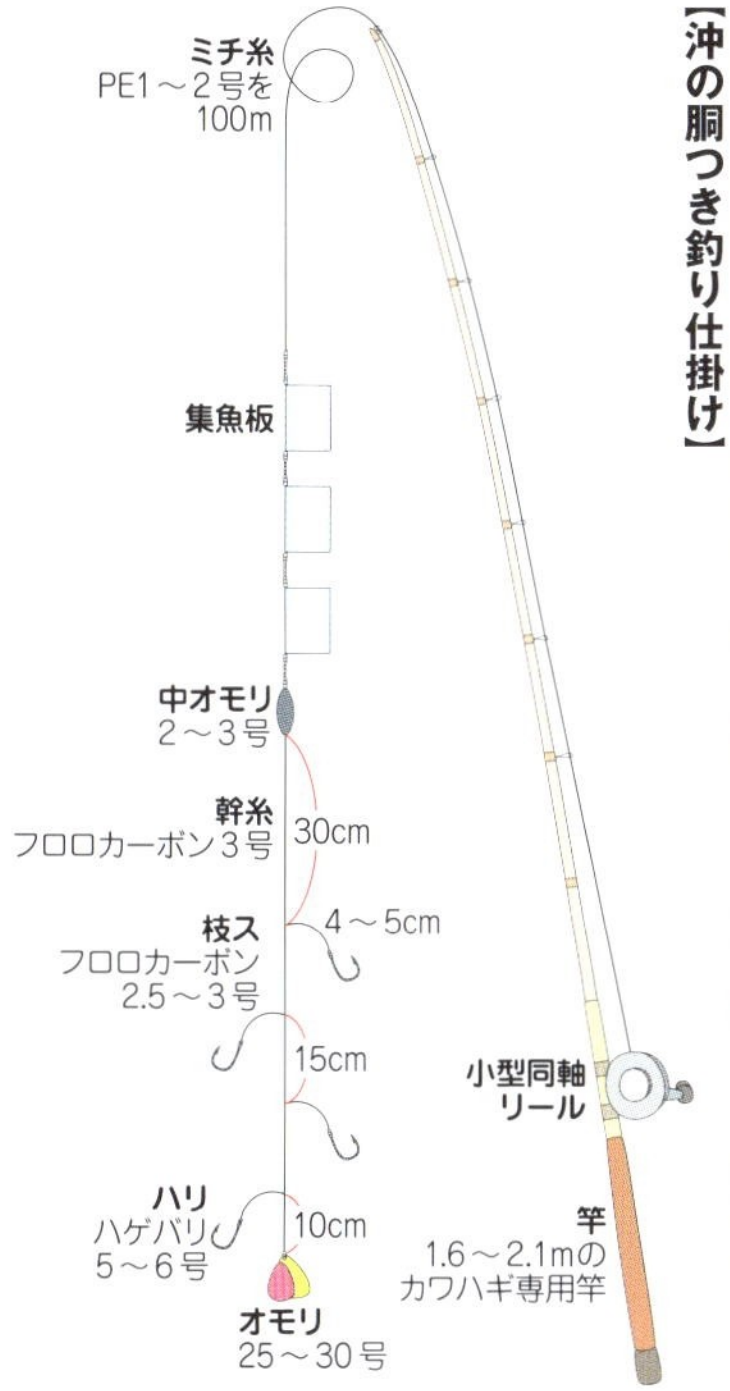
ミチ糸
PE1～2号を
100m
集魚板
中オモリ
2～3号
幹糸
フロロカーボン3号
30cm
枝ス
フロロカーボン
2.5～3号
4～5cm
15cm
ハリ
ハゲバリ
5～6号
10cm
オモリ
25～30号
小型同軸
リール
竿
1.6～2.1mの
カワハギ専用竿

エサ

アサリのむき身が一般的。かつては釣りの前にアサリの殻をむく時間も考慮しなければいけなかったが、最近は冷凍のむき身エサを船宿などで用意したり、釣具店などでも販売している。ただ、アサリは鮮度が一番。むき立てのアサリは食いもよい。

アサリエサのつけ方

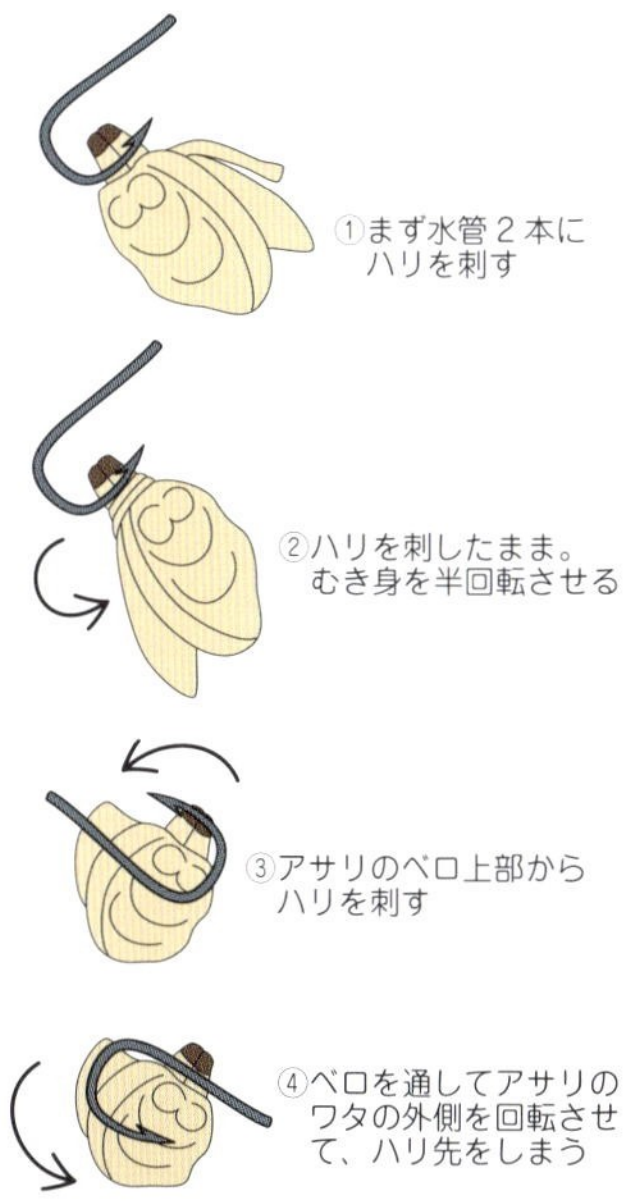
①まず水管2本にハリを刺す
②ハリを刺したまま。むき身を半回転させる
③アサリのベロ上部からハリを刺す
④ベロを通してアサリのワタの外側を回転させて、ハリ先をしまう

アサリのむき方

◆用意するもの＝軍手とナイフ

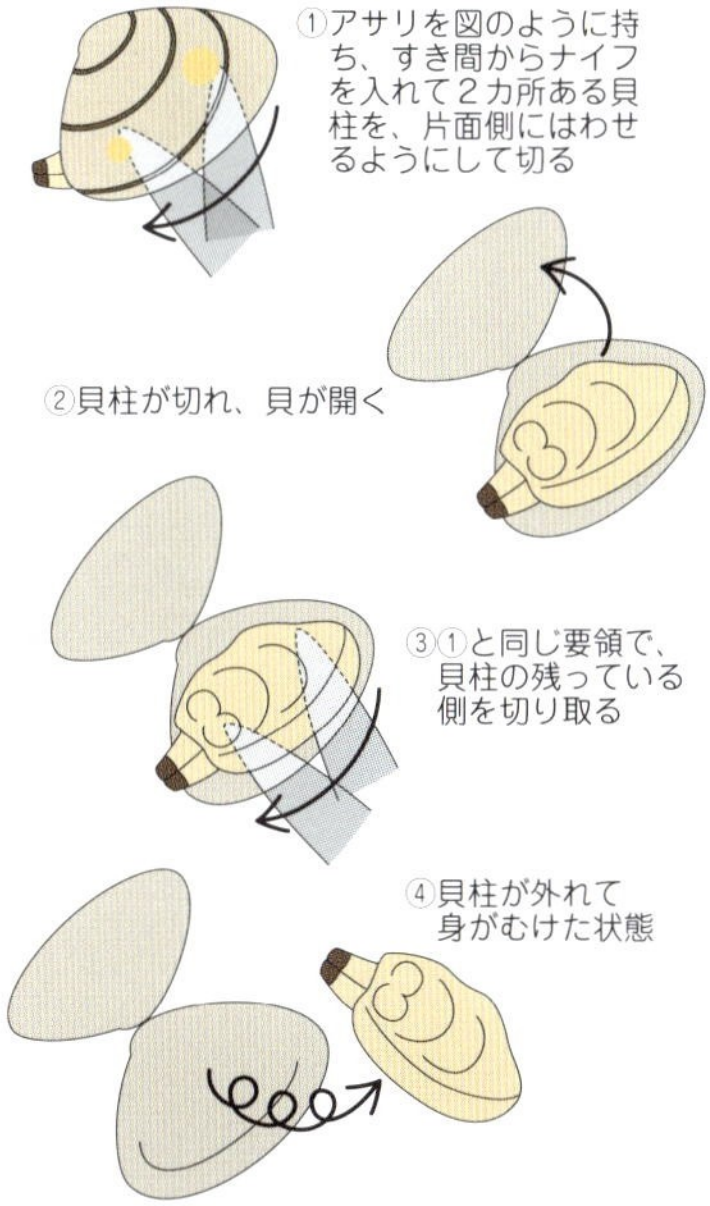
①アサリを図のように持ち、すき間からナイフを入れて2カ所ある貝柱を、片面側にはわせるようにして切る
②貝柱が切れ、貝が開く
③①と同じ要領で、貝柱の残っている側を切り取る
④貝柱が外れて身がむけた状態

用語　**集魚板**●集寄（しゅうき）ともいい、光ったりヒラヒラ動くものに反応するカワハギの習性をついた釣り具。ルアーなど疑似餌と同じような働きをし、光る金属板や最近はビーズ玉をつないだものも市販されている。

釣り方…4つの釣法

●エサ取り名人への対策

カワハギはエサ取り名人の別名の通り、仕掛けを投入したまま何もしないでいると、アタリもなくエサを取られてしまう。

アタリが出るのは、ふつう魚がエサを食って引っ張るからだが、カワハギは水中でヘリコプターがとどまっているように、ホバリングしながら泳ぐ。つまり、エサの動きに合わせて上下し、鋭い歯でついばむので、アタリが竿先まで伝わらないのだ。

このカワハギ相手にアタリを取るには、仕掛けを動かしてカワハギにフェイントをかける必要がある。オモリを海底にたたきつけるように竿先を上下させるタタキ、仕掛けをたるませたりした後、一瞬止め、誘うようにきき上げるききアワセなどで、アタリを感知することができる。

カワハギの沖釣り

●さまざまな工夫が功を奏す

釣り方には大きく分けてタタキ釣り、ききアワセ釣り、タルマセ釣り、ハワセ釣りの4つがある。

タタキ釣りとききアワセ釣り、タルマセ釣りとハワセ釣りはそれぞれ似た釣法だが、この4つは独立した釣法ではない。それぞれを積極的に組み合わせたり、ポイントごとに変えるなどいろいろ工夫してみることが大切だ。

カワハギは日によって、時間によっても、食いが変わってくる。このために誘いやアワセのタイミングも、変化させなければならないのだ。ひと筋縄では釣れないカワハギを釣るというのが、カワハギ釣りの魅力でもある。

どの釣法にも共通した基本動作がある。仕掛けが着底したら、糸フケを取ると同時に一度大きく空アワセを入れる…ということだ。

釣り方❶…タタキ釣り

タタキ釣りは文字通り、竿先で水面をたたくように上下に激しく揺らす釣り方だ。仕掛けが上下に激しく動くことで、好奇心旺盛なカワハギの関心を引くと同時に、外道魚が掛かりづらくなる。

竿先を激しく上下運動をさせても、オモリは着底させたままにすることがポイント。仕掛け部分だけが動くようにする。また、動きでカワハギの注意を引くには、集魚板も多目につけると効果的とされている。

●カワハギをじらす

激しい上下の動きを演出しながら、頃合いをみて竿の動きを一瞬止め、ききアワセる。エサが動き回って食べられずにじらされていたカワハギは、待ってましたとばかりにエサを口にするという算段だ。この竿の激しい上下運動と一瞬止め、ききアワセを数回繰り返したら、リールを巻き上げて仕掛けを点検しよう。

ただしタタキ釣りは、カワハギの*活性が高いときにはあまり向いていない。カワハギがエサを食いたがっているときには、上下にた

---

point

ハリの交換とハリス止め

カワハギ釣りで最も釣果を左右するのがハリ。カワハギの歯は鋭いだけに劣化しやすいのだ。

何尾か釣り上げたらハリ先があまくなっていないかチェック。ハリの袖を持ち、ツメにハリを当ててみて、引っ掛からないようなら交換の目安だ。

また、枝スを直接幹糸に結んでいる仕掛けは、ハリの交換時に全部を交換する必要がある。しかし、*ハリス止めのついている仕掛けなら、1本分のハリスだけ交換すればよいので便利だ。

使ったハリをツメに当ててみて、引っ掛かるかどうかで交換の目安とする

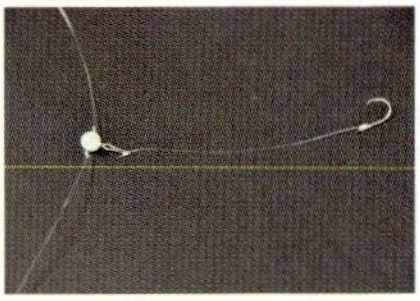

ハリス止めがあると便利。幹糸との結び目にビーズをつけたハリス止め

用語 活性●魚の活動のこと。魚が盛んに泳ぎ回ったり、移動したり、エサを捕食したりすることを「魚の活性が高い」という。

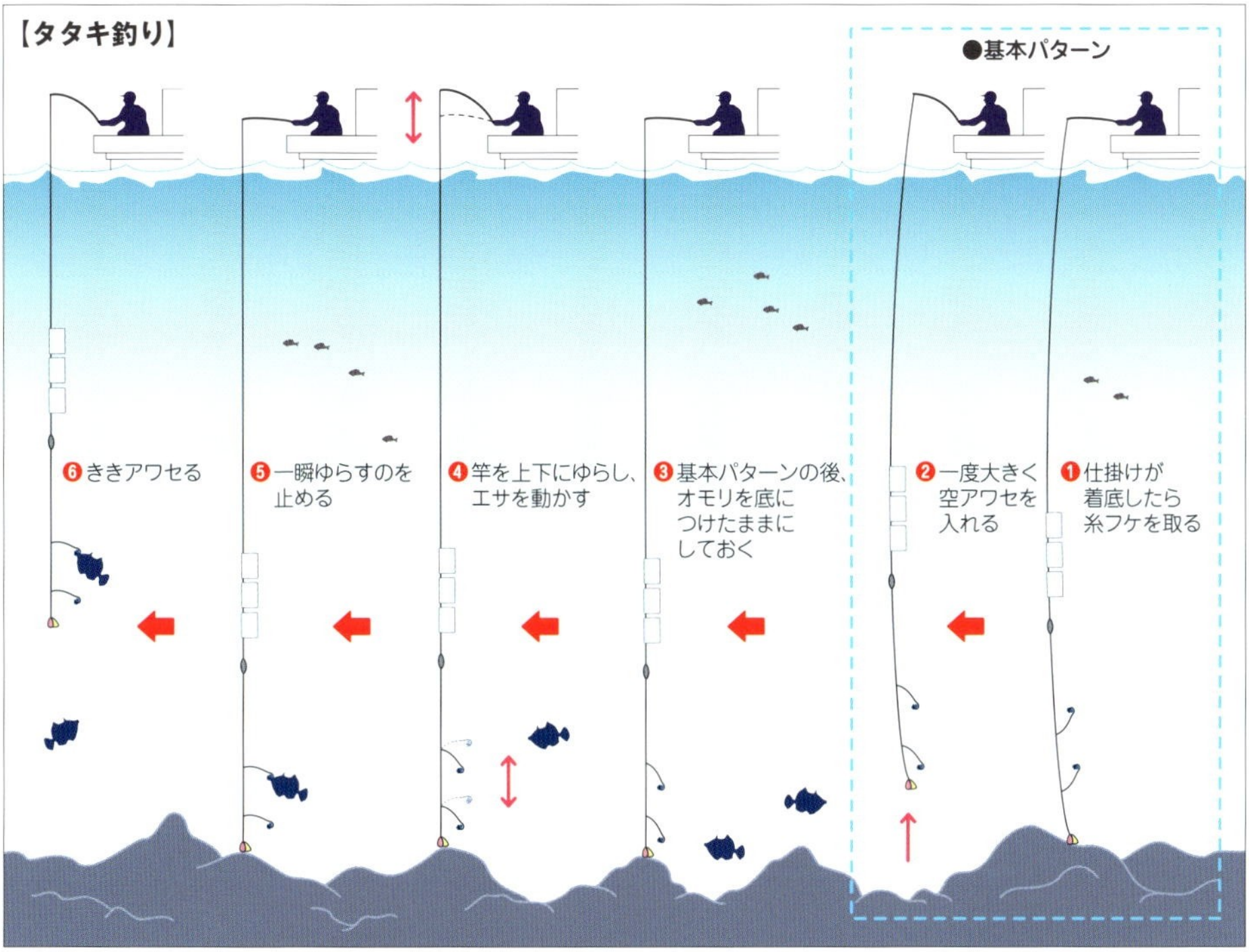
【タタキ釣り】
●基本パターン
❶仕掛けが着底したら糸フケを取る
❷一度大きく空アワセを入れる
❸基本パターンの後、オモリを底につけたままにしておく
❹竿を上下にゆらし、エサを動かす
❺一瞬ゆらすのを止める
❻ききアワセる

たいている時間がムダになり、たたいている最中にカワハギがエサを口に含んでも、タタキが続いていてバレることもあるためだ。

釣り方②…ききアワセ釣り

ききアワセというのは、カワハギ釣りの基本の動作で、誘い釣りともいわれる。

空アワセした仕掛けが着底したら、オモリが5㎝くらい、海底から離れるような間隔で海底を小突き、底から50～80㎝程度ゆっくり竿を上げてきいてみる。アタリがなければ再び落とす。

●微妙なアタリはまず竿を上げる

誘ってききアワセを繰り返す中で、途中何度か竿を止めたり、ス

point

カワハギの釣れる時期

カワハギは1年を通して楽しめる釣りだが、季節によって水深が違ってくる。

カワハギは1月から3月頃にかけてが一番釣れにくいといわれる。これは冬場の食い渋りもあるが、ポイントが深過ぎて、アタリを取りにくいのも要因のひとつ。

4～5月はだんだんと浅場に移動を始めるので、釣果も上がってくるが、まだポイントが定めにくく、カワハギを求めて船は移動を繰り返す。

6月に入ると浅場への移動が終わり、7月頃までにそこで産卵。体力を回復するためかエサをよく食うようになり、岩礁周りの貝類や藻があるような10mくらいの浅場まで上がってくるので、投げ釣りでも釣果が期待できるようになる。

7月は雨の影響で潮が濁るなど釣果が上がらないこともあるが、梅雨を乗り越えた8月は活性が高くなる。

9～10月になると、少し深場の方へ移動をし始める。より深場へ下がる前に体力をつけるためか、活性も高くなり肝も大きくなる。

11月から12月は本当の深場に移動する手前で、体全体も大きくなり、手応えも十分。沖釣りでカワハギ釣りが楽しめる時期だ。

用語 **ハリス止め**●ハリスを幹糸に引っ掛けて、止めておくための小さな金具。ふつうは糸がからんだり、ヨレたりするのを防ぐためのサルカンを応用した、ワンタッチでハリスが止められる自動ハリス止めが使われる。

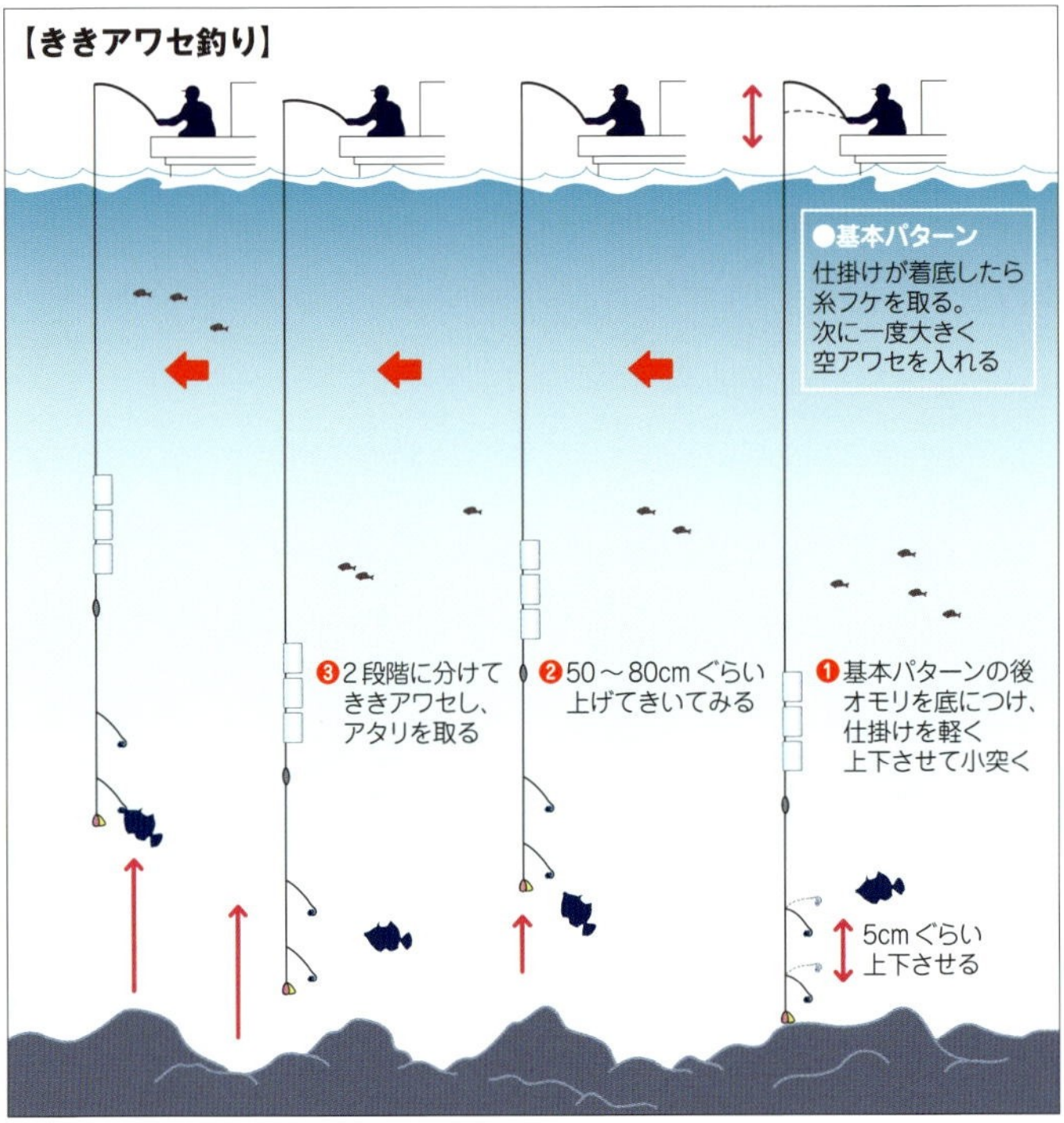
【ききアワセ釣り】
●基本パターン
仕掛けが着底したら
糸フケを取る。
次に一度大きく
空アワセを入れる
❶基本パターンの後
オモリを底につけ、
仕掛けを軽く
上下させて小突く
❷50～80cmぐらい
上げてきいてみる
❸2段階に分けて
ききアワセし、
アタリを取る
5cmぐらい
上下させる

ピードに変化をつけたり、オモリを上げる高さを変えたりすることで、ホバリングしながらエサを食うカワハギをハリ掛かりさせる。

仕掛けを上げているときのアタリは明確だが、仕掛けを下ろしているときのアタリは初心者にはわかりづらい。少し変だなと思ったら、下ろしている途中でも竿を上げてみよう。

これを数回繰り返し、アタリがなければ巻き上げてエサのアサリの有無を確認する。エサを取られていることがほとんどのはずだ。

釣り方③…タルマセ釣り

ミチ糸から仕掛けまでをタルマセては糸フケを取り、再度タルマセるという釣り方。ふつうは自然にタルムだけタルマセてから、誘うように竿を持ち上げて糸フケを取る。

リールの巻き上げはしないで、あくまでも竿の上下だけで仕掛けをタルマセ、持ち上げる。その際オモリは着底させたまま、あまり動かさないようにするのがコツ。

早くタルマセるには集魚板に中オモリをつけるとよい。カワハギが掛かるときは、タルマセていく間よりも、糸フケを取ってきたアワセているときだ。

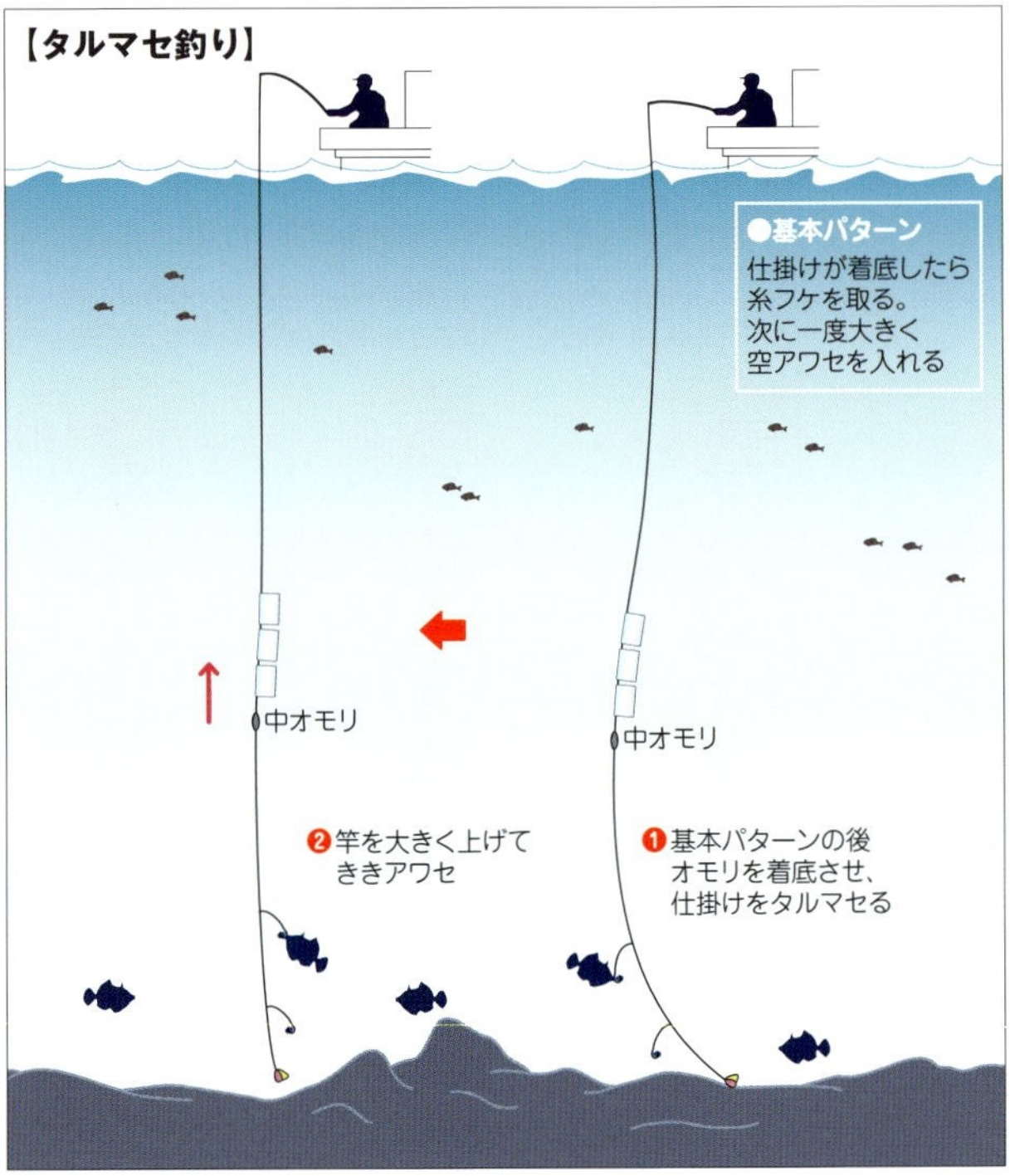
【タルマセ釣り】
●基本パターン
仕掛けが着底したら
糸フケを取る。
次に一度大きく
空アワセを入れる
中オモリ
中オモリ
❶基本パターンの後
オモリを着底させ、
仕掛けをタルマセる
❷竿を大きく上げて
ききアワセ

釣り方④…ハワセ釣り

仕掛けをはわせるので、ハワセ釣りという。③のタルマセ釣りをもっとタルマセて、中オモリまで着底させ、仕掛けを完全に底にはわせて釣る要領。はわせたら、誘うように竿を上げてきアワセ、獲物をかける。この繰り返しだ。

ポイントは、オモリが底についたらなるべく仕掛けが底をはうように調節しながら、中オモリを着底させること。オモリと中オモリが同じ場所に落ちると、仕掛けがオモリの回りでだぶつき、からんでしまうこともある。

●海底をはうエサを演出

ハワセ釣りはエサが底にあるので、カワハギが口を下に向けて食べなければならない。この姿勢でエサをついばんでいるときに、仕掛けを上げるとヒットする確率が高くなる。ただ、藻場や岩礁帯のポイント、また潮の流れが速いときは根掛かりに注意しよう。

仕掛けをはわせたら、頃合いを見て大きく引き、アワす。カワハギがハリ掛かりしたら、竿をさらに持ち上げながらリールを巻き上げよう。

カワハギは強い引きをみせるものの、途中で食い上げて重さを感じなくなったり、また海面近くで一気に潜ろうとするので、あわてず竿を立て気味に巻き上げる。

カワハギが海面まで上がってきたら、一気に船内に取り込む。1尾釣ったら、ハリ先のチェックは欠かさずに。

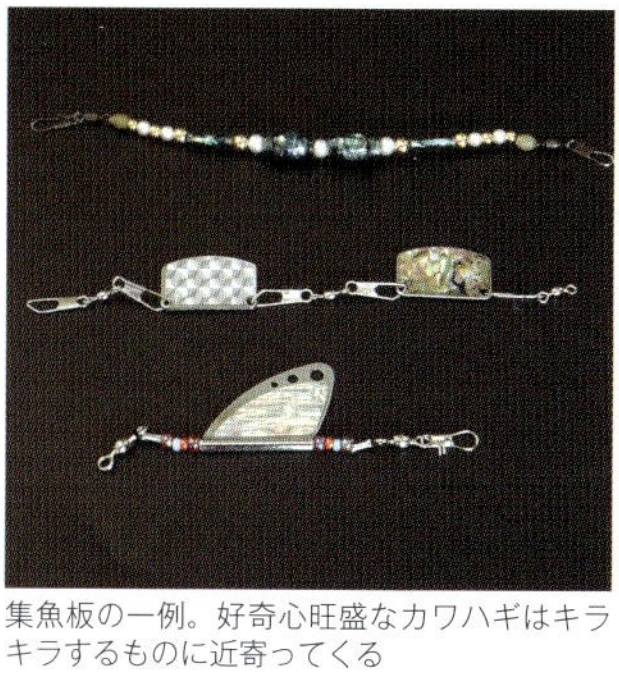
集魚板の一例。好奇心旺盛なカワハギはキラキラするものに近寄ってくる

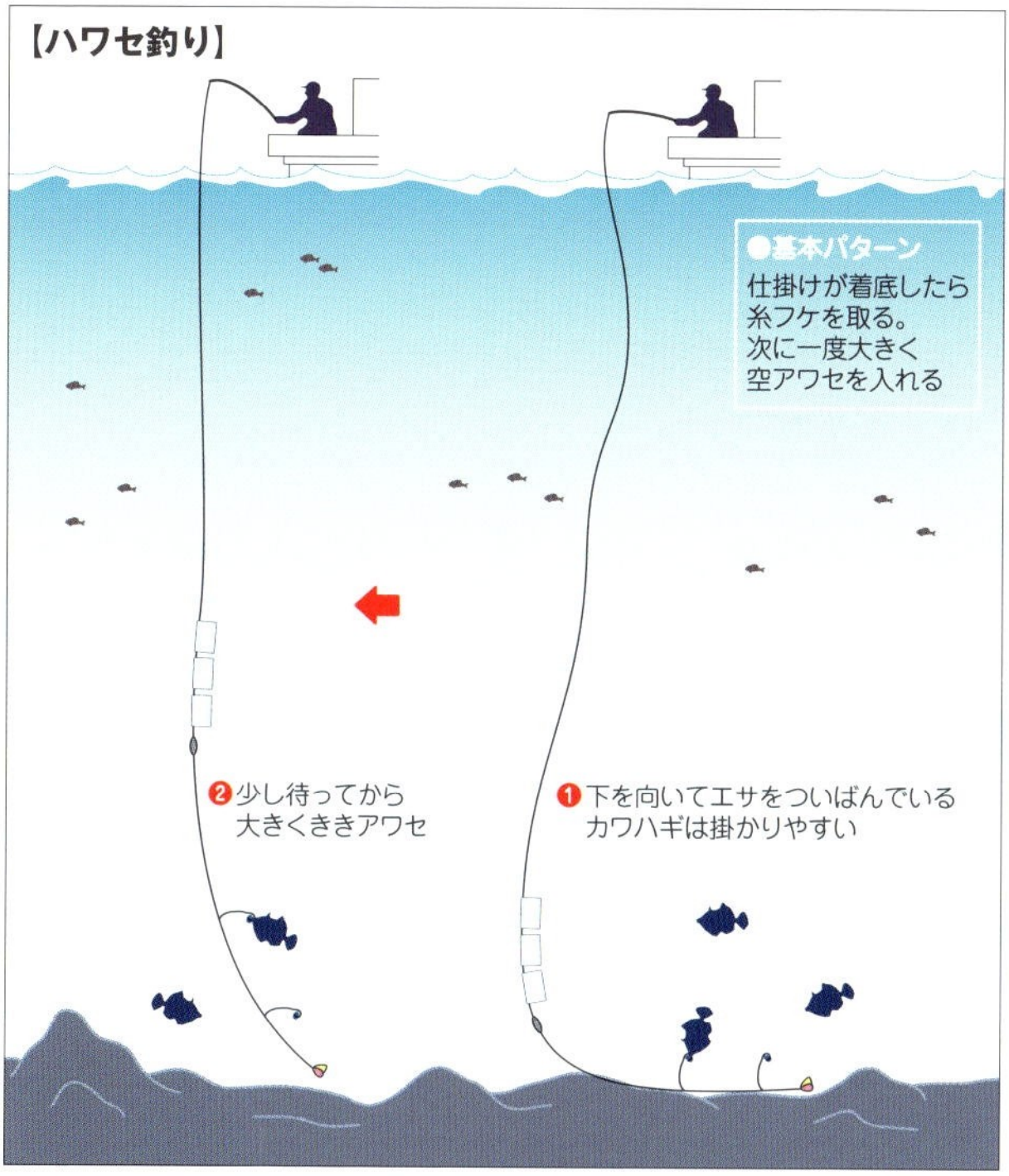
【ハワセ釣り】
●基本パターン
仕掛けが着底したら
糸フケを取る。
次に一度大きく
空アワセを入れる
❶下を向いてエサをついばんでいる
カワハギは掛かりやすい
❷少し待ってから
大きくききアワセ

堤防の投げ釣り

堤防

胴つき仕掛けの投げ釣り

カワハギが浅場に寄ってくる時期には、堤防などからのチョイ投げでも釣れる。潮通しのよい堤防の先端から、外洋に向かって投げるのがポイント。藻場の近くの、根が点在する砂地がよい。

仕掛け

◎**竿**　オモリ負荷25号、4m前後の投げ竿。

◎**リール&ミチ糸**　中型スピニングリールか投げ専用リールにPE2号を200m巻いたもの。

◎**チカラ糸**　PE5号を10m。

◎テンビン　20号前後の遊動L型テンビン。

◎ハリス　幹糸フロロカーボン3号60㎝に、フロロカーボン3号の枝スを10㎝結んだもの。

◎ハリ　カワハギバリ5号、マルセイゴ10号前後。

エサ

遠投しても外れにくいアオイソメが一般的。頭から刺し、ハリ先まで通して、ハリ先が見えないように刺すのがコツ。タラシは出さない。アサリの場合は、沖釣りと同じようにハリにつける。

釣り方…仕掛けは常に動かす

仕掛けが着底したら糸フケを取り、まず軽く空アワセをする。再び糸フケを取ったら、竿を横にしてゆっくりとさびいてくる。さびいた分リールを巻いて、竿先を海に向け、またゆっくりさびく。この繰り返しが基本。

途中で大きくあおり、仕掛けをジャンプさせるなどして誘ってみ

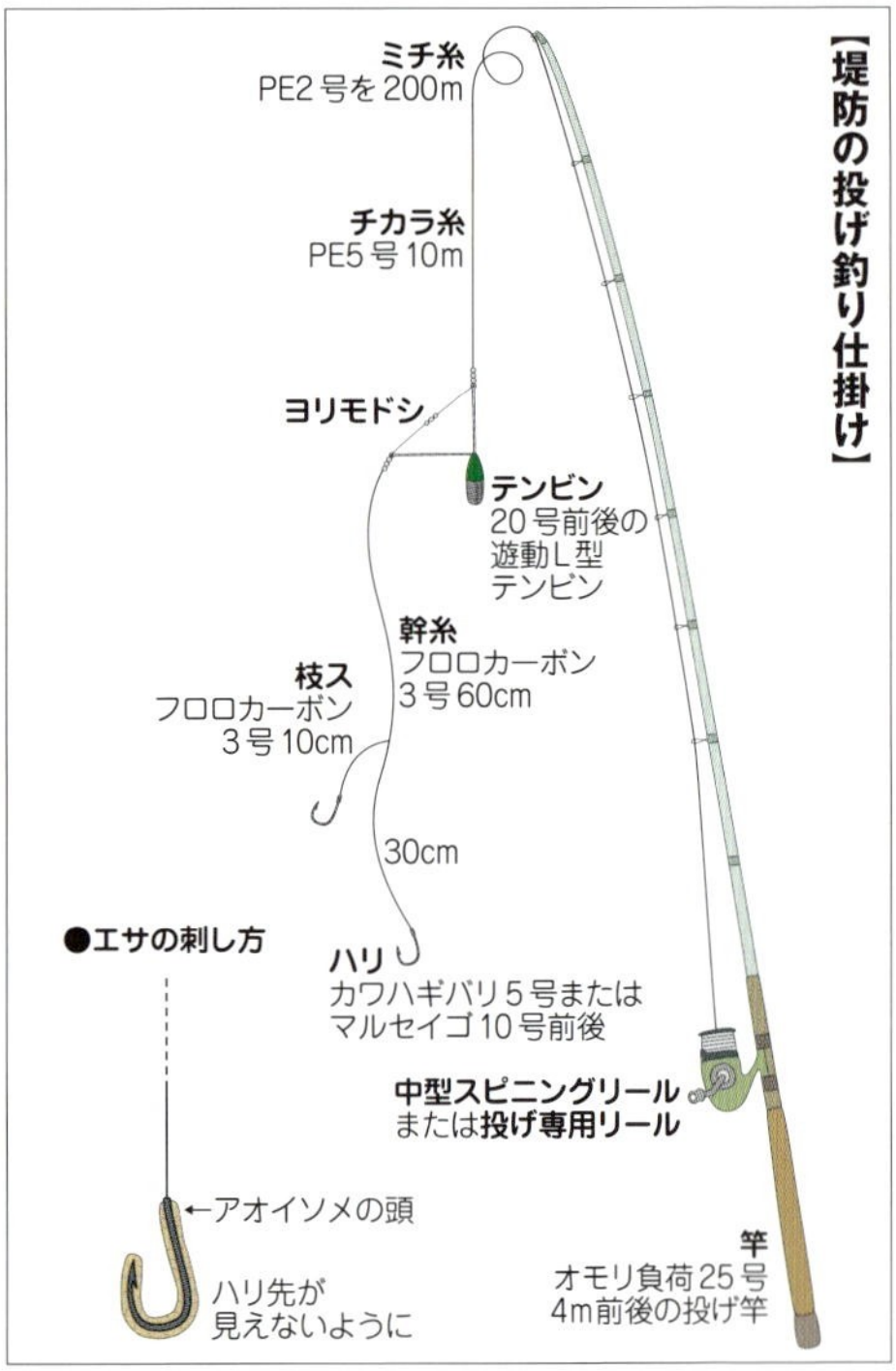

【堤防の投げ釣り仕掛け】
ミチ糸
PE2号を200m
チカラ糸
PE5号10m
ヨリモドシ
テンビン
20号前後の
遊動L型
テンビン
幹糸
フロロカーボン
3号60cm
枝ス
フロロカーボン
3号10cm
30cm
ハリ
カワハギバリ5号または
マルセイゴ10号前後
中型スピニングリール
または投げ専用リール
竿
オモリ負荷25号
4m前後の投げ竿
●エサの刺し方
←アオイソメの頭
ハリ先が
見えないように

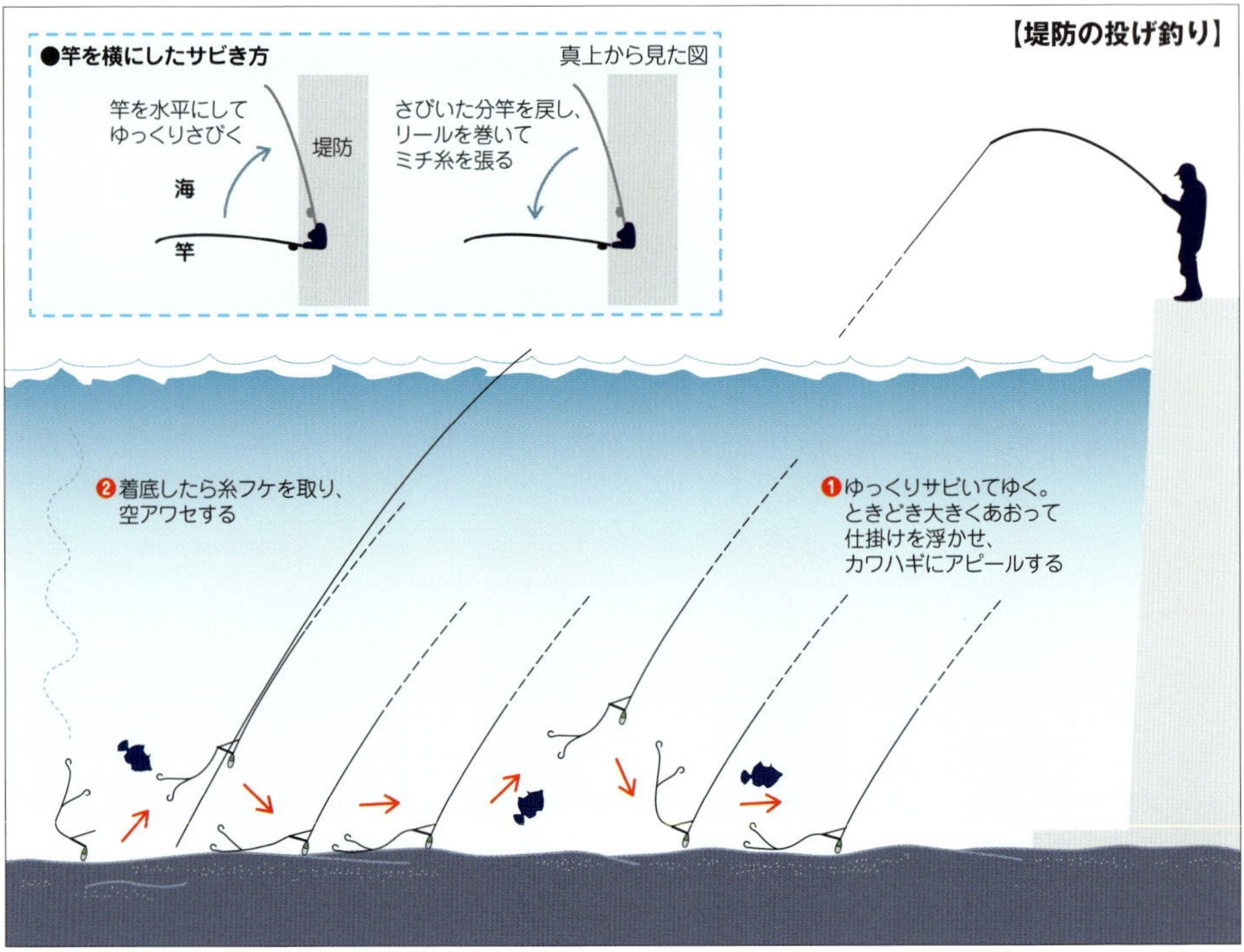

【堤防の投げ釣り】
●竿を横にしたサビき方
真上から見た図
竿を水平にして
ゆっくりさびく
海
竿
堤防
さびいた分竿を戻し、
リールを巻いて
ミチ糸を張る
❷着底したら糸フケを取り、
空アワセする
❶ゆっくりサビいてゆく。
ときどき大きくあおって
仕掛けを浮かせ、
カワハギにアピールする

るのもよい。カワハギは、落ちてくるエサに反応しやすいためだ。常にミチ糸は張り気味にして、仕掛けは常に動かしておくことが重要となる。

アタリはふつうコツコツと竿先に伝わってくる。すぐにアワセを入れるのではなく、ひと呼吸置いてゆっくり竿を立てよう。食っていれば、そのままゆっくりリールを巻けばよい。乗らなかった場合は仕掛けを回収し、エサをチェックしよう。

沖釣り同様に、1尾釣れたら、ハリ先のチェックは忘れずに行うこと。

point

アサリの保存方法

カワハギ釣りで余ったアサリは、冷凍保存しないこと。冷凍すると、戻したときにべとべとになって、使いものにならないからだ。もしも余ったら、持ち帰って塩漬けにしてから、冷蔵するとよい。ただ、カワハギ用のエサは新鮮なものがいいので、できれば余らないように釣り場でうまく使い切ろう。

カワハギの食い渋り対策

いつもは釣り人にはわからないよう、エサを捕食しているカワハギだが、仕掛けを上げてみてもエサがそのまま残っていることがたまにある。

こうした食い渋りには、集魚板を多めにつけて、ハデにタタキ釣りをするのも有効な手だ。また、各釣り方のバリエーションを変えてみるなど、ききアワすスピードに変化をつけたりと、いろいろ工夫してみよう。

潮によって変わる釣法

潮が濁っているときは、カワハギにとってもエサが見えにくい状態。こんなときはアンダースローで仕掛けを遠くに投げるなど、できるだけ広く探るのがコツ。目立つ集魚板も有効といえる。

潮が速い場合は、ミチ糸をPE1号以下にして潮の抵抗をできるだけ減らすこと。釣り方はハワセ釣りをしながら、ききアワセる。早潮だと仕掛けがタナより流され、低くなる傾向があるため、船長からオモリを30号にするように指示が出されることもある。

潮が速いと、たたいてもエサがゆれにくいので、タタキ釣りはあまり意味がない。

カワハギの仲間図鑑

カワハギの仲間は身が淡泊で、どれもたいへん美味。カワハギの仲間は多く、カワハギとウマヅラハギ、ウスバハギを区別せずに「ハゲ」と総称している地方もある。

ウスバハギ フグ目カワハギ科	体は長くて薄い	北海道以南、水深200m以浅の沿岸に生息。75cm。 カワハギよりも沖合の浅海で群れをつくり、小型甲殻類を捕食。カワハギ科の中では大きくなる種で、味は美味。体長に比べて厚みはない。釣り人は一般にハゴイタと呼んでいる。
ウマヅラハギ フグ目カワハギ科	体は長くて薄い	北海道積丹半島、千葉県以南に分布。30cm。 水深200mまでの沿岸に生息し、小型甲殻類を好む。体はカワハギに比べやや細長く、強く側扁している。*エチゼンクラゲを食べることがわかり、その対策に期待されている。
ギマ フグ目ギマ科	腹ビレはトゲ	房総半島以南の浅瀬に生息。20cm。 体色は銀色で、腹ビレは1対のトゲになっていて、ヌルヌルした粘液を出す。塩焼き、干物などにして美味。
ソウシハギ フグ目カワハギ科	突き出た吻	相模湾以南に分布。75cm。 水深30mまでのサンゴ礁に生息。群れはつくらず、単独で行動。海藻やイソギンチャクなどを好む。不規則な青色線模様をもち、尾ビレが長いのが特徴。内臓に毒をもつこともある。

用語 **エチゼンクラゲ**●傘の直径が1m、重さが100kgを超えるような大型になるクラゲの1種。中国の黄海などで繁殖しているが、その一部が日本海に流入して異常繁殖。現在では太平洋側にまで到達し、沿岸漁業に大きな被害を与えて、対策が待たれている。

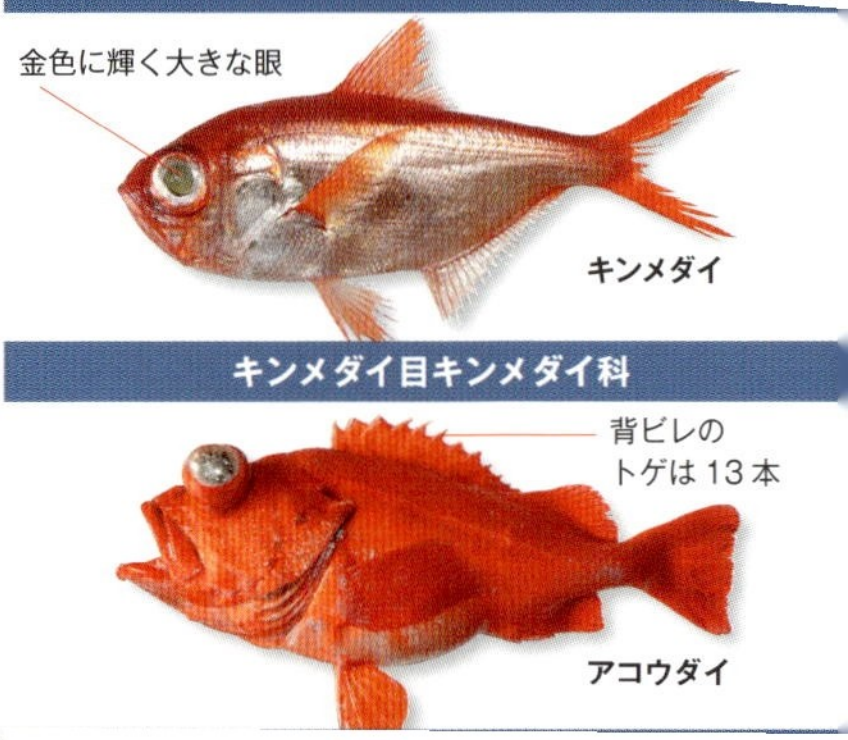

特徴

◆なじみのあるキンメダイ

キンメダイ、アコウダイは、釣りで狙う一般的な魚では最も深い海域に生息し、両魚種とも小魚やイカを好んで捕食する。

一般にはキンメダイの方が手に入りやすく、なじみ深いため、ここではキンメダイを中心に取り上げた。ただ、釣りとなると両魚種ともに経験者でもなかなか手を出しにくい魚だ。タナが300mと深い上に、300～500号のオモリをつけるため、リールなど深場専用の釣具が必要となる。

◆ともに仕掛けは同じ

しかし、一度道具をそろえると、やみつきになってしまうのもこの釣りの魅力といえるだろう。

「キンメ・アコウ釣り」として両方を狙う釣り船と、それぞれを専門に狙う釣り船が出ているが、キンメダイもアコウダイも仕掛けは同じものを使う。

深海釣りなので、1日の投入回数が少ないため、胴つき仕掛けでハリの数を多くして多点掛けを狙う。特にアコウダイ釣りはキンメダイ釣りに比べると、仕掛けを深く落とすために着底や巻き上げに時間がかかり、1日5～6回投入しかできない。

深海にいるアコウダイは海面近くまで上がってくると、水圧の関係で腹がふくらみ、次々にぽかりと浮いてくるが、キンメダイは水圧に強く、海面でバレると逃げてしまう。

釣り場

キンメダイ、アコウダイともに岩礁帯のカケアガリがポイント。1回の流しで両方を狙う場合は、まず600m付近に仕掛けを落とし、徐々に浅場に流し、300m付近で仕掛けを回収する。

アコウダイのタナが600m近くから400m付近まで。キンメダイのタナが400m付近から300m付近まで。

アコウダイはキンメダイほど群れをつくらないうえ、キンメダイより深い場所にいるため、魚群探知機での魚影は確認できない。魚探で地形を見て、カケアガリを探すのだ。

釣り方

深場釣りの投入はジグ*(治具)という道具に仕掛けを巻きつけ、船長の指示で順番に投入する。勝手に投入してしまうとオマツリして収拾がつかなくなる上、1回分の投入のチャンスを逃してしまうのでロスが大きい。

500mの深い岩礁域に

アコウダイ◆水深4

い岩礁域に生息

カレンダー

1 2

全長　キンメダイ◆最大60cm
(通常は20～40cm)
アコウダイ◆最大8
(通常は　～60

食性　小魚、イカ

分布　キンメダイ◆
から中部地方の太平洋側
原諸島の深場。
アコウダイ◆本州
るが、特に相模湾、駿

キンメダイ・アコウダイの仲間図鑑

ナンヨウキンメ キンメダイ目 キンメダイ科	体高はキンメダイより高い	南日本以南の暖海に分布。45cm。 キンメダイと似ているが、体高があり、平べったい魚体をしている。目の前にある大きなトゲがついている。ウロコは荒い。食味はキンメダイよりは劣るといわれる。
ホウズキ カサゴ目 フサカサゴ科	背ビレの トゲは 12 本	岩手県以南の太平洋沿岸の深海に生息。45cm。 アコウダイとよく似ているが、アコウダイがフサカサゴ科メバル属なのに対し、ホウズキはフサカサゴ科ホウズキ属に分類されている。背ビレのトゲは12本ある（アコウダイは13本。まれに13本のものもいる）。

●着底の判断が決め手

まず、ジグを片手に持ち、ミチ糸を張ってオモリを落とす。仕掛けがジグから全部出たら、リールをフリーにする。

5～10分でオモリが着底。潮流が速いとき、オモリが着底したかどうかわかりづらいこともあるが、糸のタルミなどで判断する。

着底したらすぐに糸フケを取って、ミチ糸のタワミを取るためそのまま20mほど巻き上げてから再び底まで落とす。そしてオモリを底から1～2mほど巻き上げてアタリを待つ。

カケサガリのポイントなら、頻繁に底立ちを取りながら仕掛けを一定に保つ。途中で仕掛けを巻き上げても、次の投入は船長の指示に従おう。

深海の胴つき釣り

船

深海ならではの釣り

キンメダイやアコウダイを狙うタナは、水深300mを超える深海のため、それに応じた仕掛けと釣り方が必要になる。仕掛けは何度も投入できないため、1回の投入で効率よく釣れるよう、枝スを8～15本も出した胴つき仕掛けを使う。

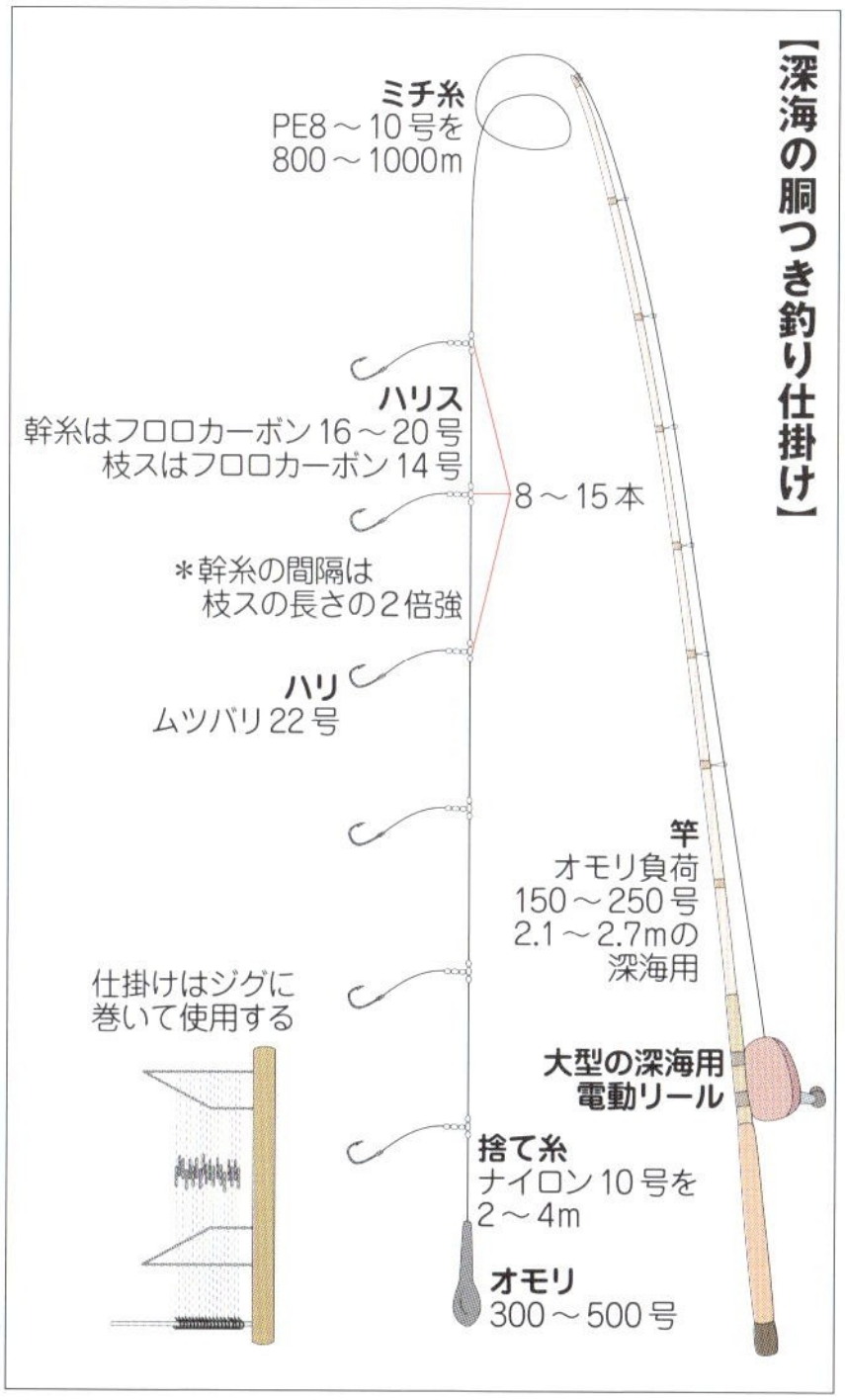
ミチ糸
PE8～10号を
800～1000m
ハリス
幹糸はフロロカーボン16～20号
枝スはフロロカーボン14号
8～15本
＊幹糸の間隔は
枝スの長さの2倍強
ハリ
ムツバリ22号
竿
オモリ負荷
150～250号
2.1～2.7mの
深海用
仕掛けはジグに
巻いて使用する
大型の深海用
電動リール
捨て糸
ナイロン10号を
2～4m
オモリ
300～500号

【深海の胴つき釣り仕掛け】

用語 **ジグ（治具）**●投入回数が少ない深海の釣りでは、何本もの枝スを結んだ仕掛けを使う。この仕掛けの投入時に仕掛けがからまないよう、巻いておくための釣り具。カタカナのジグで表記される。ルアーのジグと異なる。

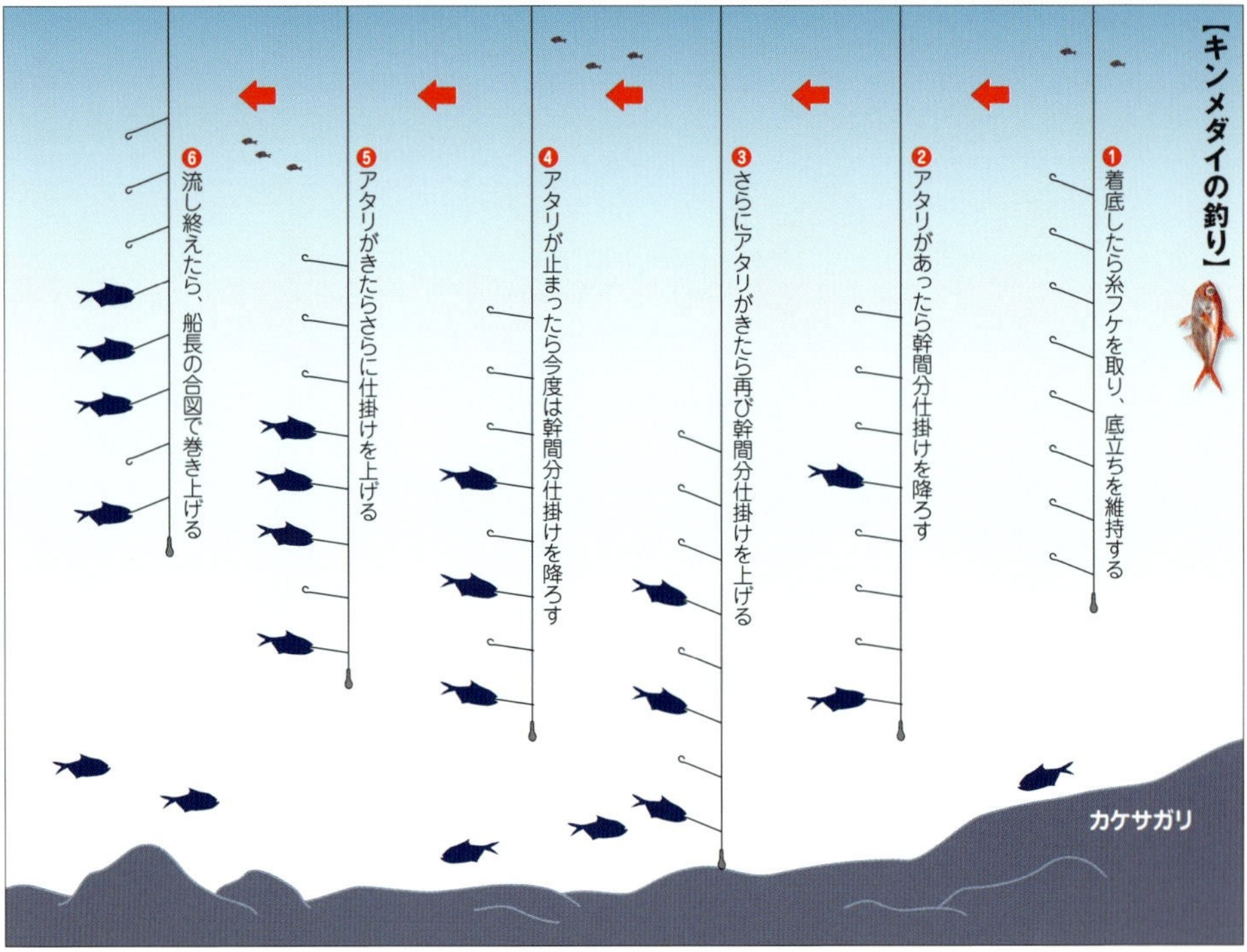
【キンメダイの釣り】
❶着底したら糸フケを取り、底立ちを維持する
❷アタリがあったら幹間分仕掛けを降ろす
❸さらにアタリがきたら再び幹間分仕掛けを上げる
❹アタリが止まったら今度は幹間分仕掛けを降ろす
❺アタリがきたらさらに仕掛けを上げる
❻流し終えたら、船長の合図で巻き上げる
カケサガリ

また、キンメダイとアコウダイではアタリも微妙に異なるため、それぞれに適した釣りのテクニックが要求される。

仕掛け

◎竿　2・1～2・7m、オモリ負荷150～250号の深海用。

◎リール&ミチ糸　大型の深海用の電動リールにPE8～10号を800～1000m巻いたもの。

◎ハリス　幹糸はフロロカーボンの16～20号、枝スはフロロカーボンの14号を使用。ハリ数は技量に応じて8～15本と使い分ける。20本以上ハリをつける場合は、幹糸の太さを上から30号、22号、18号などと下に行くにしたがって細くする人もいる。

幹糸の間隔は枝スの長さの2倍強。つまり、枝スが70㎝であれば幹糸の間隔は1・5mとなる。捨て糸はナイロン10号を2～4mつける。

◎ハリ　ムツバリ22号。

◎オモリ　300号～500号で船宿によって指定されている。鉛の代わりに鉄筋を使う船宿もある。

◎その他　ロッドキーパー、ヨリトリリング、*マグネット板。

エサ

幅2㎝、長さ10～15㎝程度のイカ短、サバ、サンマ、サケのハラスなどのエサをチョン掛けにする。

釣り方❶…キンメダイ

アコウダイも同じ要領だが、船長の指示で仕掛けを投入し、着底したらまず糸フケを取る。着底まではその日の潮流にもよるが、最低5分は見ておこう。

糸フケを取ったら3mほど底立ちを取って、アタリを待つ。アタリがない場合は、再び底立ちを取ってアタリを待つ。キンメダイのアタリは、さらに深場にいるアコウダイよりはっきり竿先に出るのでわかりやすい。

◆アタリの感覚で仕掛けを操作

アタリがあったら、まずは幹間（幹糸の間隔）分仕掛けを降ろしてみよう。さらにアタリが続いたら、

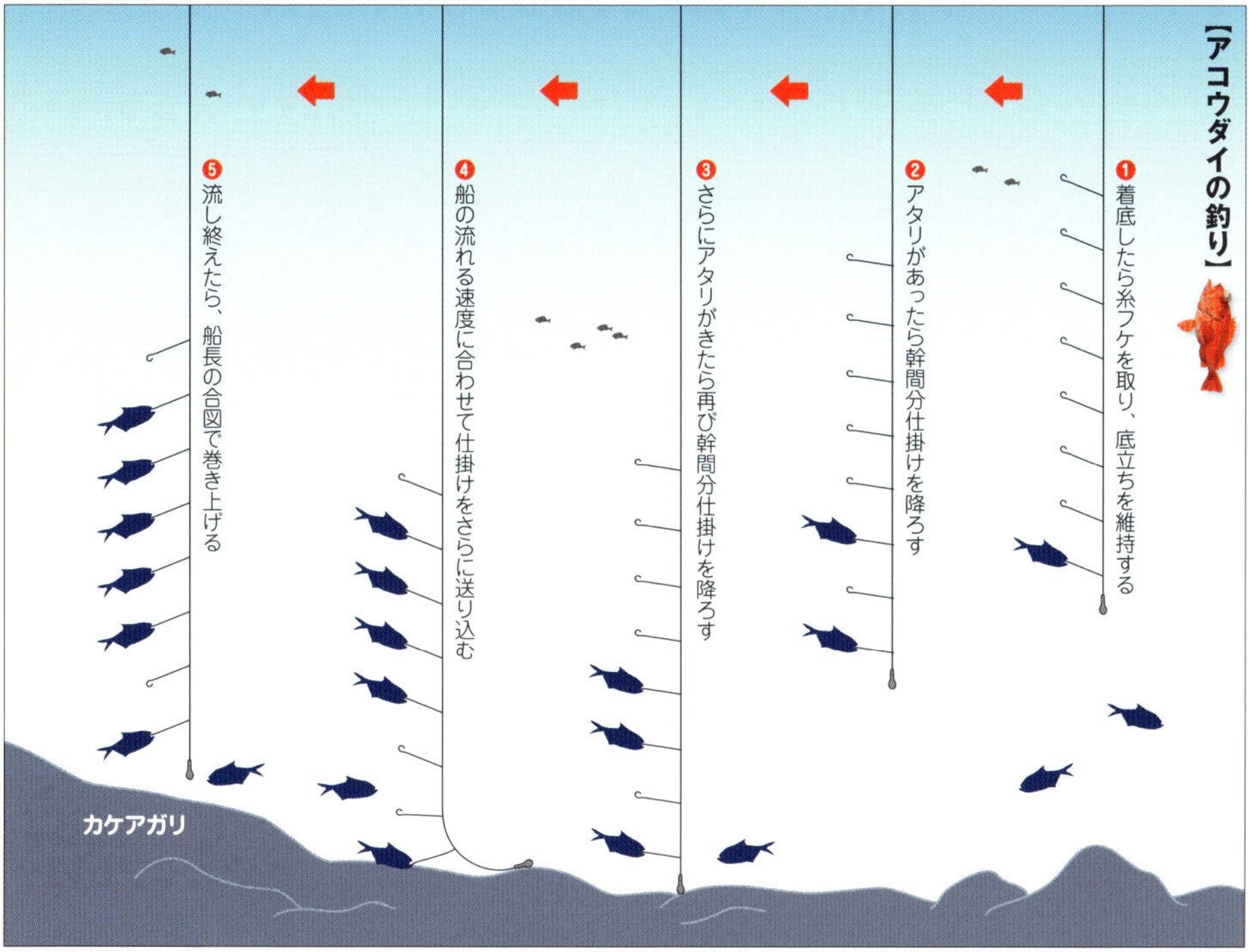
【アコウダイの釣り】
❶着底したら糸フケを取り、底立ちを維持する
❷アタリがあったら幹間分仕掛けを降ろす
❸さらにアタリがきたら再び幹間分仕掛けを降ろす
❹船の流れる速度に合わせて仕掛けをさらに送り込む
❺流し終えたら、船長の合図で巻き上げる
カケアガリ

再び幹間分送り込む。最初のアタリで送り込んでもアタリが続かない場合は、今度は幹間分仕掛けを上げる。ここでアタリがあれば、さらにまた上げてみよう。

最初のアタリが小さいときは下バリに掛かった可能性が高く、反対にアタリが大きいときは上のハリに掛かった可能性が高い。こうした判断で糸を送り込む、上げるの判断をする。

ある程度流したら仕掛けを回収する。キンメダイは海面まで引くので、バレないよう注意して取り込もう。

釣り方❷…アコウダイ

キンメダイと違って、アコウダイのアタリは小さく、1、2回コンコンとくることがほとんどだ。したがって常に竿先に集中する必要があり、アコウダイの最初のアタリを見つけられるか否かで、釣果に大きく差が出る。

アコウダイは下バリからエサを食うことが多く、アタリがあったら仕掛けを幹間分降ろす。2回目のアタリがきたら、また幹間分の糸を送る。船の流速に合わせて糸を送り、ある程度流したらリールのスイッチを入れよう。

もし根掛かりしていても、リールの巻き上げ力でオモリが切れるので心配ない。ただし、あまり欲張って流し過ぎていると、枝スが根掛かってしまうことがあるので、流し過ぎには注意しよう。

◆取り込みはあわてずに

最初のアタリを見逃すと、糸を送ることができずに1匹しか釣れないこともままある。

取り込みは、ロッドキーパーのゴムにミチ糸を止め、ロッドキーパーに近い方からハリをマグネット板に置いてゆく。枝スが幹糸にからんでいても、枝スを引っ張るとすぐほどける。魚が掛かっているときは、あわてずにハリがついたまま船内に魚を取り込もう。

釣れた魚が少なければジグに巻き直すこともできるが、たくさん釣れると仕掛けがからみ合ってしまうので、ほどかずに新しい仕掛けを使うようにしたい。

用語　**マグネット板**●深海釣りやサビキ釣り仕掛けのような、枝スが多い長い仕掛けで、ハリがからまないように固定できるマグネット製の板。ポイント移動時など仕掛けを巻かなくても、ワンタッチで仕掛けを保持できる便利さ。乗合船の中には標準装備している船もある。

銀色がかった黒色の体色

スズキ目タイ科

クロダイ

さまざまな釣り方で楽しまれる堤防、磯の人気者

クロ、ケイズ、チヌ、チン

船　ボート　磯　堤防　浜　イカダ

生　態　雌雄同体の両性魚で、成長するとオスがメスに性転換する。

カレンダー

1	2	3	4	5	6	7	8	9	10	11	12
			乗っ込み期								

全　長　最大60cm（通常は20～40cm）

食　性　小魚、甲殻類、貝類

分　布　北海道以南の河口、沿岸域。

特徴

クロダイの体色は全体に銀色がかった黒で、関東ではクロダイ、関西ではチヌと呼ばれ、関東地方ではチンチン、カイズ、クロダイと、成長とともに名前を変える出世魚として知られる。主に河口や湾内に多く生息している。

◆何でもエサになる釣魚

警戒心が強い反面、食性はどん欲で、小魚や甲殻類、貝類、イソメ類の他、スイカの砂糖まぶしやスイートコーン(缶詰)、サナギなどが釣りエサとして知られている。

釣り場

河口の汽水域から、堤防周りや湾内の砂泥地、藻場などが、主な釣り場。釣り方によって違ってくるが、落とし込み釣りは堤防、特に離れた沖堤防がよい。ダンゴ釣りやフカセ釣りは、一般の堤防や湾内のイカダに渡してもらってそこで狙うこともある。

釣り方

配合エサでダンゴを作り、その中にオキアミなどのエサを入れ、オモリとコマセの役目をさせるダンゴ釣り、堤防の際を歩き、エサを際すれすれに落とす落とし込み釣り、イカダ釣り、ブッコミ釣り、磯でのウキフカセ釣りなどさまざまな釣り方がある。

堤防のダンゴ釣り

堤防

地方で異なる釣法

ダンゴ釣りには堤防など陸上からダンゴを投げて釣る釣り方と、イカダからダンゴを落とし込む2つの方法がある。

後者は*クロダイの掛かり釣りといわれるもので、三重県など真珠などの養殖が盛んなリアス式海岸地域を中心に行われている。一方関東周辺では堤防からのダンゴ釣りが主流だ。

ダンゴ釣りにはエサを海底すれすれに浮かせる浮かせ釣りと、海底にエサをはわすハワセ釣りの2タイプの釣法がある。

仕掛け

◎竿　磯竿1号5・3mがベスト。0号や1・5号はやや使い勝手が落ちる。

◎**リール&ミチ糸**　小型スピニングリールにナイロン3号を100m巻いたもの。

養殖真珠のイカダが並ぶ三重県志摩市の英虞湾。クロダイ釣りのメッカだ

◎**ウキ**　棒形の自立ウキ。

◎**オモリ**　浮かせ釣りは、浮力調節のオモリをつける。オモリの上にはゴム管を通しておく。

◎**ハリス**　フロロカーボン1・5〜2号を2〜3m。

◎**ハリ**　チヌ2〜4号。

◎**その他**　竿掛け、バッカン、柄杓、バケツ、タモ網。

エサ

基本はオキアミながら、雑食性のクロダイに使えないエサはないというくらい何でも使える。

その日の潮具合によって違ってくるので、オキアミの他にイソメ類などの虫エサ、スイートコーン、サナギなどをいくつか持参したい。

ダンゴは配合エサと、アミコマセを混ぜてつくる。

釣り方❶…ポイント選び

ダンゴ釣りはまず、ダンゴを投入するポイントを決めなければならない。海底が岩礁やゴロタ石だとすぐ根掛かりしてしまうので、海底は平らな砂地であることが必

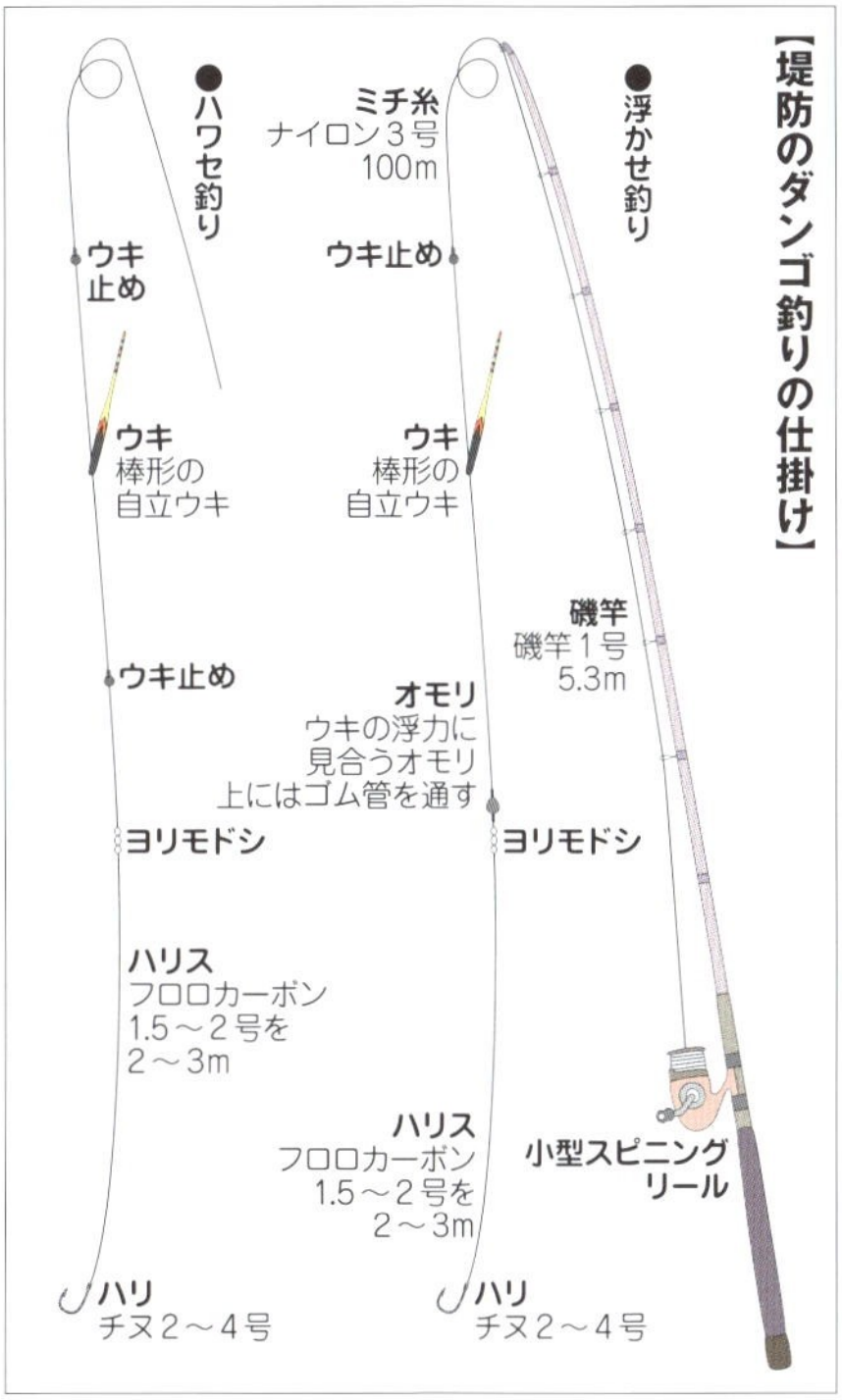
【堤防のダンゴ釣りの仕掛け】
●浮かせ釣り
ミチ糸
ナイロン3号
100m
ウキ止め
ウキ
棒形の
自立ウキ
磯竿
磯竿1号
5.3m
オモリ
ウキの浮力に
見合うオモリ
上にはゴム管を通す
ヨリモドシ
ハリス
フロロカーボン
1.5〜2号を
2〜3m
小型スピニング
リール
ハリ
チヌ2〜4号
●ハワセ釣り
ウキ
止め
ウキ
棒形の
自立ウキ
ウキ止め
ヨリモドシ
ハリス
フロロカーボン
1.5〜2号を
2〜3m
ハリ
チヌ2〜4号

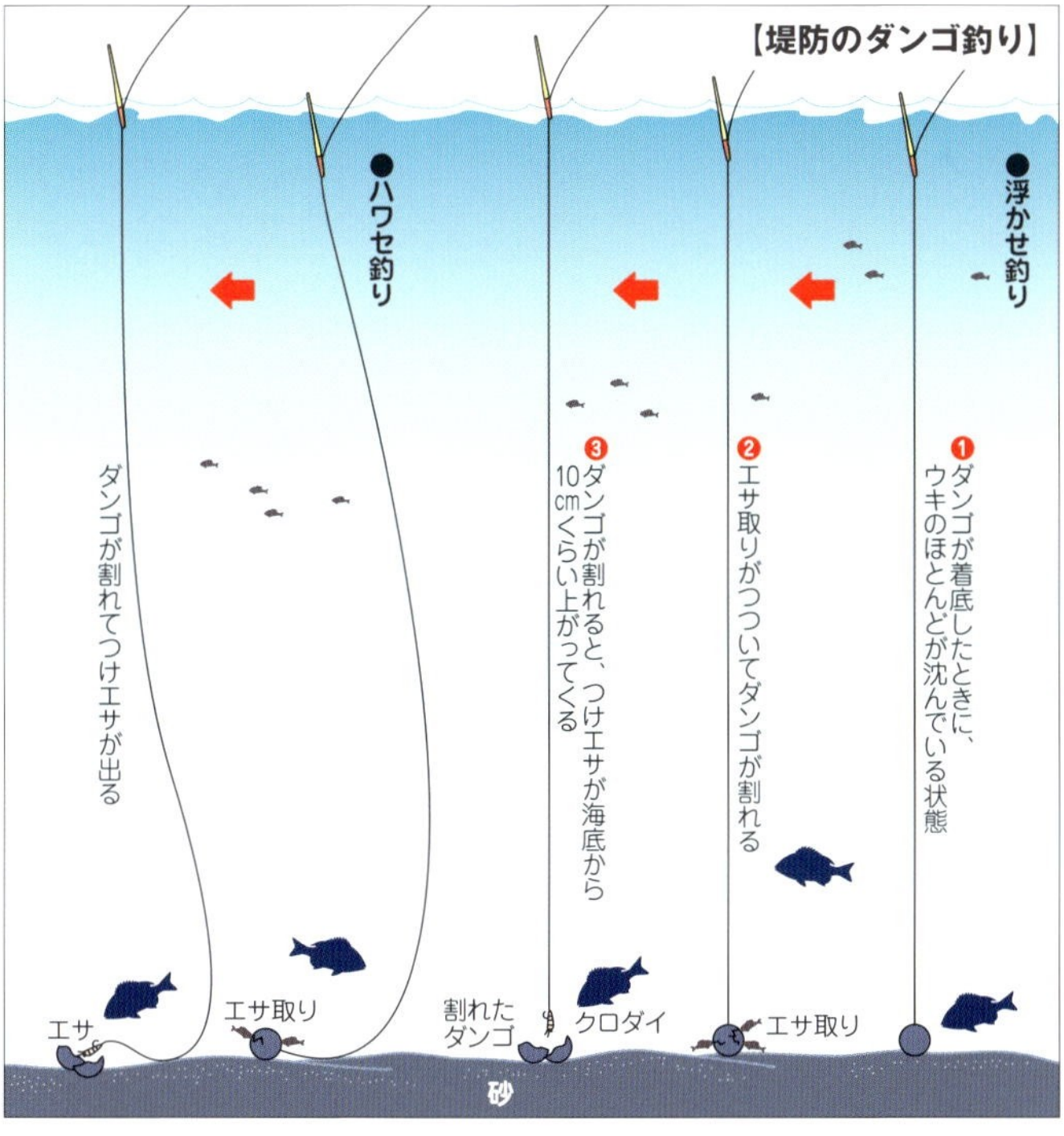
【堤防のダンゴ釣り】
●浮かせ釣り
❶ダンゴが着底したときに、ウキのほとんどが沈んでいる状態
❷エサ取りがつついてダンゴが割れる
❸ダンゴが割れると、つけエサが海底から10cmくらい上がってくる
●ハワセ釣り
ダンゴが割れてつけエサが出る
エサ取り
クロダイ
割れた
ダンゴ
エサ取り
エサ
砂

用語　**クロダイの掛かり釣り**●一般的に掛かり釣りとは船をアンカーで固定して狙う釣りのこと。クロダイの掛かり釣りは、前もって固定された小船やイカダに乗って、専用竿と仕掛けでクロダイを狙うマニアックな釣りだ。

須条件だ。

また、ダンゴのコマセでポイントをつくる釣りなので、潮の流れが速すぎる場所も避け、一方にゆっくり流れている場所を選ぼう。

次にダンゴを投げる距離。ふつう堤防の真下から10m程度までは捨て石が入れられていて、この先がクロダイのポイント。何度か根掛かりするようなら、場所を移動しよう。

釣り方②…水深を測る

ポイントが決まれば、ダンゴを投げ入れるために水深を測る。浮かせ釣りなら、エサがちょうど海底すれすれにくるようウキの位置を調節しなければならないし、ハワセ釣りならウキ下を水深より長く取らなければならない。

ナス型オモリをハリにつけ、ゴム管で止めたらポイントに投入、ウキの沈み具合を見て調節する。根気よくウキ止めをずらして調整する必要がある。

浮かせ釣りのタナは、海底から10㎝程度で、ハワセ釣りは1mくらいはわせる。潮の干満を考慮し、ときどきウキ下を調節しなければならない。

釣り方③…ダンゴを作る

ダンゴ釣りの重要な仕事はダンゴづくり。ダンゴ次第で釣果が左右されるといって過言ではない。

まず配合エサをバッカンに入れ、アミコマセを入れたら全体が均一になるように混ぜ、海水を加える。海水は少しずつ加えて硬さを調節する。ダンゴは握る回数でも硬さが違ってくる。つけエサを中に入れ、数回握っては投入してみよう。

釣り方④…実際の釣技

投入は柄杓にダンゴを入れ、水深を測ったポイントに投入する。最初はコマセとして、ハリをつけずに数個投入。ポイントが近ければアンダースローで投入する。

ダンゴが空中で崩れたり、着水した時点で割れてしまうようでは硬さが足りない証拠。水を少し加えたり、握る回数を多くしたり、強く握るなどして調節しよう。

浮かせ釣りはツンと前アタリがあった後、スーッとウキが垂直に沈むのでそこでアワセを入れる。

ハワセ釣りはウキが斜めに沈むことが多い。アワセの基本はソフトに。シャクリ上げるようにアワセるとアワセ切れの原因となる。

クロダイは引きの強い魚だが、竿の弾力を活用して慎重にヤリトリすれば取り込むことができる。取り込みはクロダイが完全に弱ってから。相手に元気が残っているうちにタモを出すと、急に反転されてバラシとなる。

堤防

落とし込み釣り

堤防から落とし込む

ダンゴ釣りは一ケ所に陣取って釣る釣りだが、落とし込み釣りは堤防を歩きながらエサを落とし込んでいく移動型の釣りだ。ヘチ釣りともいう。

仕掛け＆エサ

◎竿 関東と関西では竿の長さが違うが、2～3mの落とし込み専用竿（ヘチ竿）が使い勝手がよい。

◎リール＆ミチ糸 専用タイコ

【落とし込み釣り仕掛け】

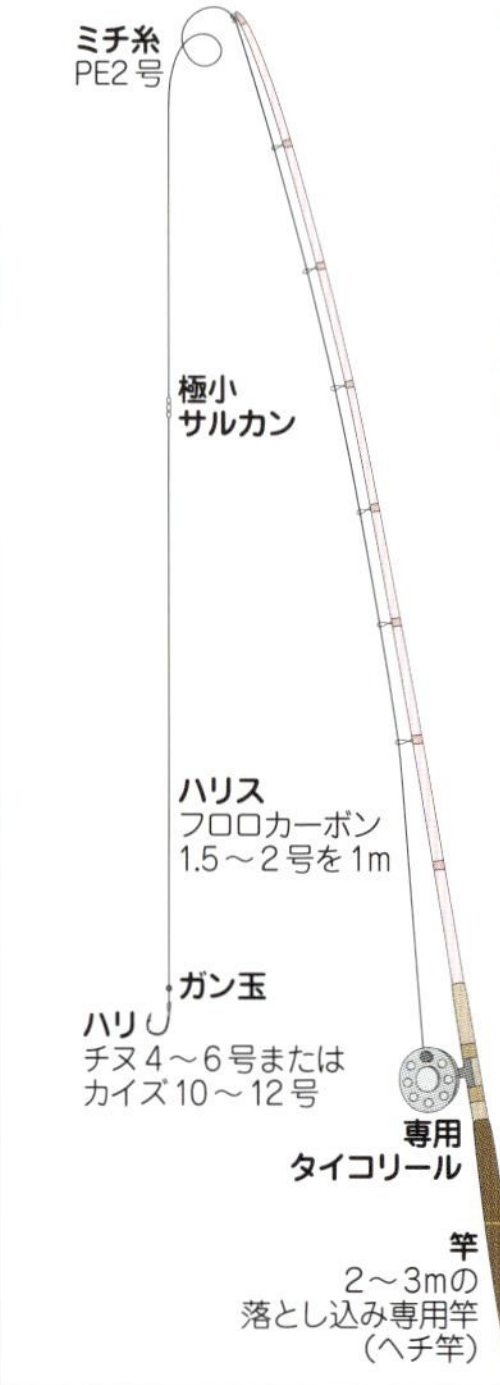
ミチ糸
PE2号
極小
サルカン
ハリス
フロロカーボン
1.5～2号を1m
ガン玉
ハリ
チヌ4～6号または
カイズ10～12号
専用
タイコリール
竿
2～3mの
落とし込み専用竿
（ヘチ竿）

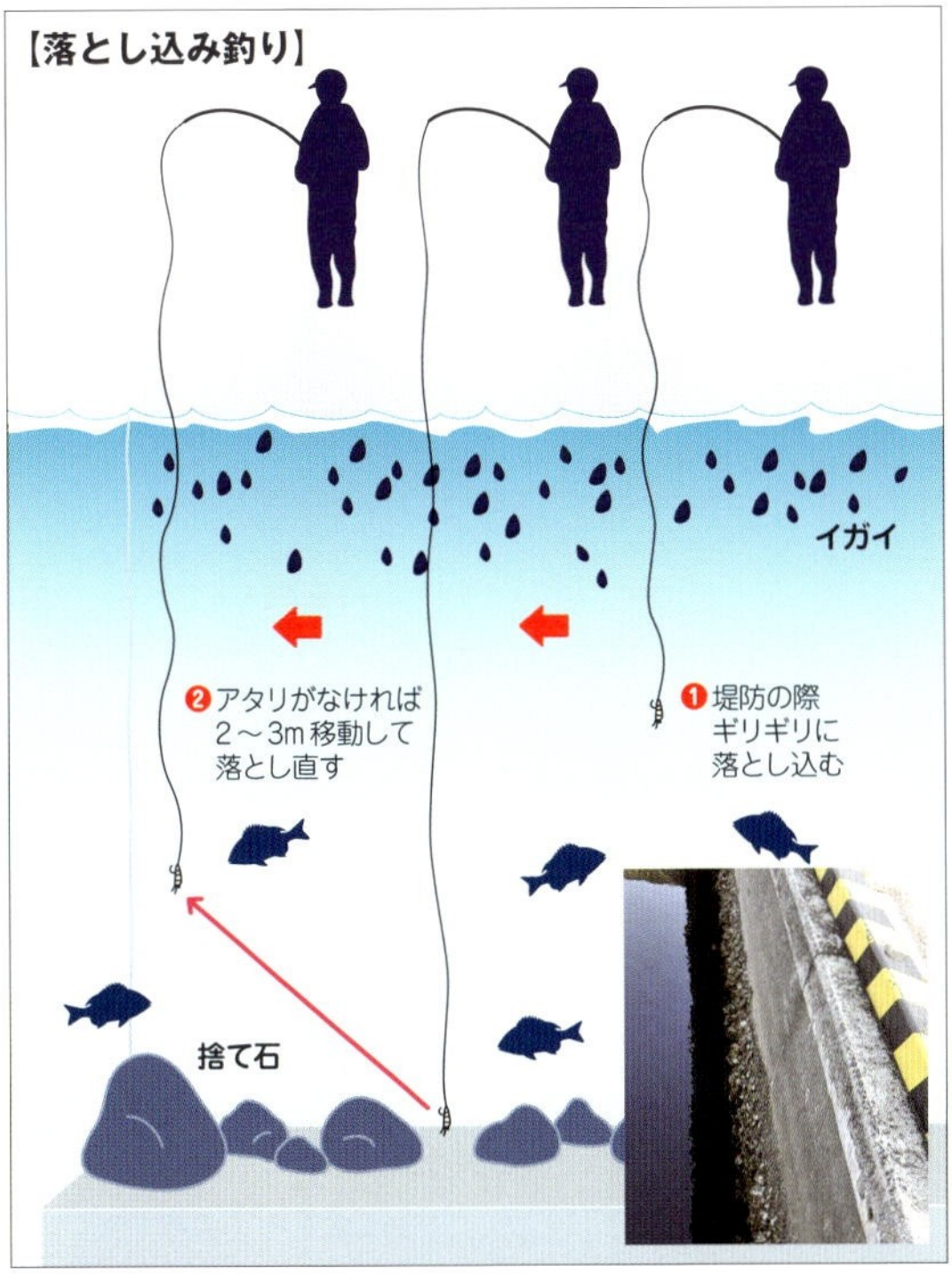
【落とし込み釣り】
イガイ
❷アタリがなければ
2～3m移動して
落とし直す
❶堤防の際
ギリギリに
落とし込む
捨て石

リールにPE2号を巻いたもの。

◎**オモリ**　ハリのチモトにガン玉をつける。

◎**ハリス**　フロロカーボン1.5～2号を1m。

◎**ハリ**　チヌ4～6号またはカイズ10～12号。

◎**その他**　タモ網。

◎**エサ**　堤防に付着したカニやイガイなど。イワイソメ、オキアミなどもよい。

釣り方…2本の竿を駆使

仕掛けなどを入れたベストにタモを背負って、堤防のヘチ*を歩きながら、エサを落とし込んでいく。堤防は沖堤防がよい。潮通しのよい先端部や、イガイなどの貝類がついている場所だ。

クロダイは警戒心が強いので、足音をさせず、あまり身を乗り出さずにエサを堤防の際ギリギリに落とし込む。

竿先を下げて、エサの貝やカニがユラユラと水中を落ちてゆくスピードに合わせ、少しずつ糸を送り込んでゆく。低層まで落とし込んでアタリがないときは、仕掛けを回収し、また2～3m歩いては落とし込む。

アタリは明確には出ない。仕掛けを落としているときは集中し、沈んでいくミチ糸に何か変化があったらききアワセてみる。

クロダイ釣りで釣れる他の魚図鑑

クロダイの生息する河口部や沿岸の汽水域には、同じような場所を生息域とする、キチヌやボラなどが釣れることがある。

キチヌ(キビレ) スズキ目タイ科 ヘダイ亜科	 尾ビレ、尻ビレが黄色い	沖縄を除く主に南日本に分布。55cm。 ヒレが黄色く、クロダイと区別できる。キビレとも呼ばれている。関東では数は少ないが、駿河湾や遠州灘以西では釣れる確率がグッと増す。
シマイサキ スズキ目シマイサキ	 まっすぐな縦帯	沿岸浅瀬や汽水域に生息。25cm。 イサキと名がついているがイサキ科の魚ではない。釣り上げるとグゥグゥと鳴く。美味だが、寄生虫の危険性があるので生食は不可。
ボラ ボラ目ボラ科	 頭部は縦に扁平	クロダイ釣りで釣れる魚といえば、まっ先に名前があがるのがボラ。北海道以南の沿岸域の浅場や河口付近にも生息する。80cm。 泥臭いイメージだが、外洋に面した水域のボラは美味。

用語　ヘチ●辺地とも書き、渓流釣りでは流れの岸際、海釣りでは堤防の際を指す釣り用語。海釣りでは特にクロダイのポイントに相当し、堤防の岸際にいるクロダイを狙う専用竿をヘチ竿という。

カサゴ目フサカサゴ科

堤防で楽しい春の小物釣り クロメバル

グチ

船　ボート　磯　堤防　浜

生態　沿岸の岩礁帯に生息。底から２mほどに浮いていることが多い。

カレンダー

1	2	3	4	5	6	7	8	9	10	11	12
	浅場に寄り、釣りやすい										

＊釣りは１年中可

全長　最大30cm（通常は15～20cm）

食性　甲殻類、ゴカイ類、小魚

分布　日本全国の沿岸部。

特徴

メバルは「春告魚」とも呼ばれ、春を代表する小物釣りの対象魚。

目がいい魚なので、潮が澄んでいる浅場では、日中はなかなか釣れない。堤防からのメバル釣りに適した時間は、活性の高まる夕マヅメ～深夜または朝マヅメだが、深場を釣る沖釣りでは主に日中の釣りとなる。

通称クロメバルは比較的沿岸の浅い海域に生息し、釣るエサや釣法によって「イワシメバル」「エビメバル」「サビキメバル」などと呼ばれている。

◆3種類いるクロメバル

このクロメバル、地域によって体色が黒かったり、やや白かったり、茶色系だったりと異なっていたため、別種か同種かの議論が続けられていた。

しかし、２００８年に、「クロメバル」「シロメバル」「アカメバル」の3種に分類されて決着をみた。ただし、アカメバルといっても、オキメバルの通称ではない。

見分け方は胸ビレの軟条数だ。軟条数が16本の通称クロメバルを「クロメバル」、同じく17本を「シロメバル」、15本を「アカメバル」とした。しかし、本書ではこの3種を釣り人の呼称であるクロメバルとして取り上げた。

一方、クロメバルより深場に生息するトゴットメバルやウスメバルなどは、「オキメバル」（→P72）と総称。多くのスーパーで「メバル」として売られているのは、このウスメバルだ。

釣り場

数を釣るなら沖釣りがよい。日中の乗合船の他、半夜釣りの乗合船も出ている。

オカッパリの釣りの基本は夜釣り。潮通しのよい堤防先端部がよいが、海底に岩礁帯があったり、藻場などがあると、先端部でなくてもポイントとなる。また、エサとなる小魚が集まる常夜灯付近が特に狙い目。小さな浜でも、少し遠投すれば釣れる場所もある。

軟条数16本のクロメバル（クロ系）の尾ビレ

釣り方

オカッパリでは堤防のウキ釣り

用語　**オカッパリ**●陸（おか）っぱり。船などで沿岸や湖に出て魚を釣るのとは違い、岸辺や堤防などの陸上から釣ることをいう。

やルアーフィッシングが主流。沖釣りでは活きたカタクチイワシをエサに使うイワシメバル、活きモエビをエサに使うエビメバル、サビキで釣るサビキメバルの他、アオイソメなどで狙う夜釣りの夜メバル*などがある。

ルアーで狙うメバル釣りは「メバリング」とも呼ばれ、早春の風物詩となっている。

堤防のウキ釣り

堤防

夜釣りで堤防からメバルを狙う最もシンプルな釣り方だ。

仕掛け

◎竿　4・5～5・3m前後の1号磯竿。渓流竿でもよい。

◎リール&ミチ糸　小型スピニングリールにナイロン1・5～2号を100m巻いたもの。渓流竿の場合は、ナイロン1号を竿の長さより1mほど短くして使用。

◎ウキ　電気ウキかケミホタルウキを使う。

◎オモリ　ガン玉。

◎ハリス　フロロカーボン1・8号を50㎝。

◎ハリ　ヤマメバリ8～9号。

◎その他　ヘッドランプ。

エサ

イソメ類やモエビなど。コマセにアミコマセを使ってもよい。

釣り方…コマセを有効に利用

ポイントは堤防の先端部など、潮通しのよいところや常夜灯の周りだ。まずは、ウキ下を2mくらいにして釣ってみる。アタリがなければ、タナを変えてみて、広く探ってみるのがコツ。ゆっくり竿をあおって、メバルを誘ってみるのも効果的だ。

アミコマセのコマセをまくのも釣果を伸ばすコツ。ハリ掛かりしたら、群れを散らさないよう一気に引き抜く。

【堤防のウキ釣り】
常夜灯
ウキ
堤防
❶最初はウキ下を2mにして釣ってみる
エサはまっすぐにチョン掛け
❷アタリがないときはタナを変え、ゆっくりあおって、メバルを誘ってみる

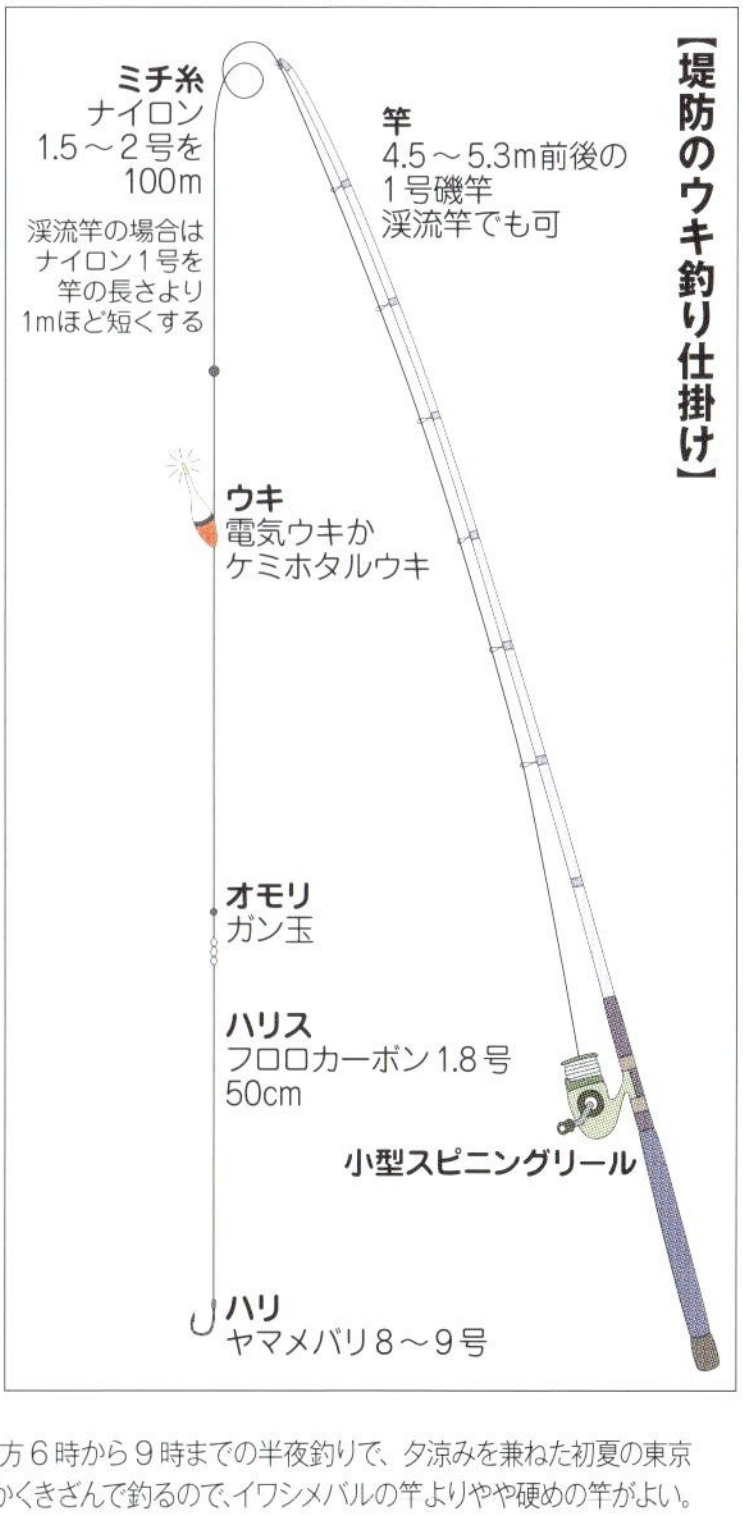
【堤防のウキ釣り仕掛け】
ミチ糸
ナイロン1.5～2号を100m
渓流竿の場合はナイロン1号を竿の長さより1mほど短くする
竿
4.5～5.3m前後の1号磯竿
渓流竿でも可
ウキ
電気ウキかケミホタルウキ
オモリ
ガン玉
ハリス
フロロカーボン1.8号
50cm
小型スピニングリール
ハリ
ヤマメバリ8～9号

用語　**夜メバル●**アオイソメなどのエサで、メバルを狙う夜の沖釣り。夜といっても夕方6時から9時までの半夜釣りで、夕涼みを兼ねた初夏の東京湾の風物詩ともなっている。夜メバルではオモリが海底にトントン当たるように細かくきざんで釣るので、イワシメバルの竿よりやや硬めの竿がよい。

メバリング

堤防

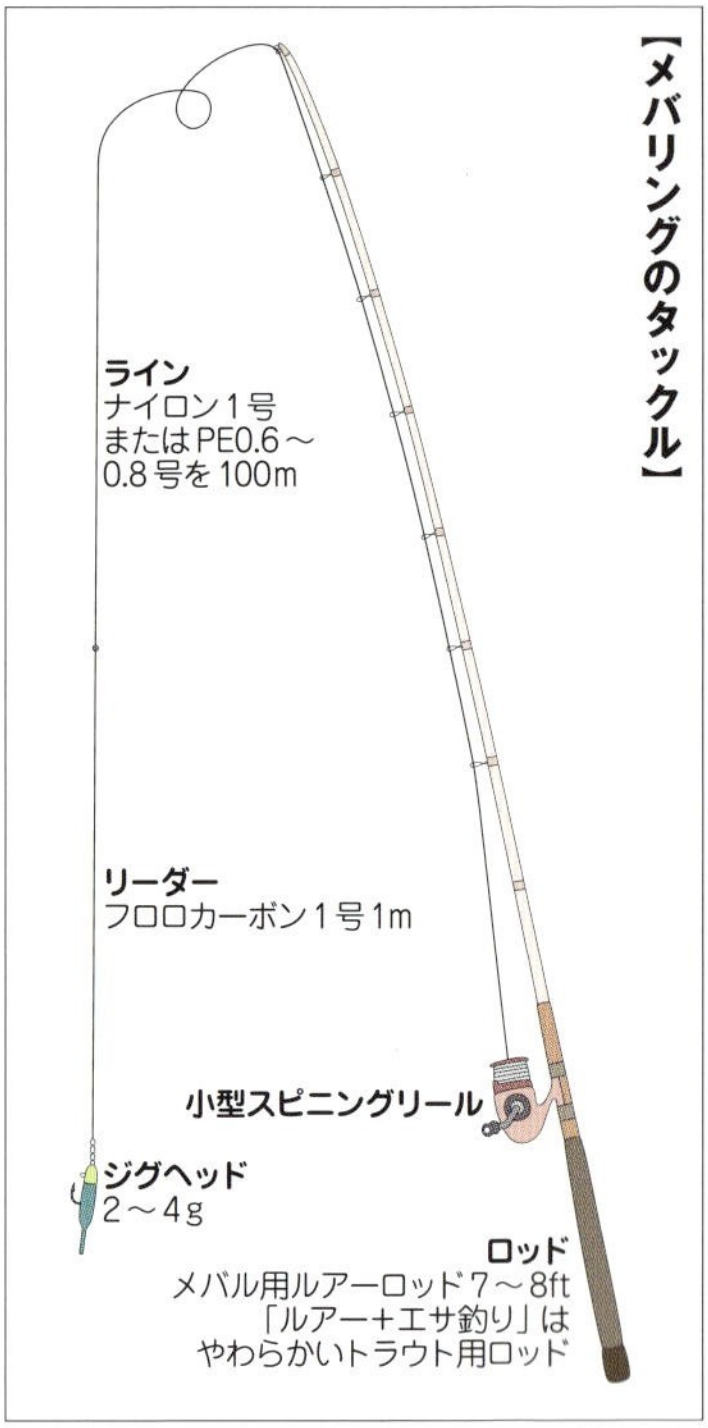
【メバリングのタックル】
ライン
ナイロン1号
またはPE0.6～
0.8号を100m
リーダー
フロロカーボン1号1m
小型スピニングリール
ジグヘッド
2～4g
ロッド
メバル用ルアーロッド7～8ft
「ルアー＋エサ釣り」は
やわらかいトラウト用ロッド

メバリングとは

ルアーフィッシングで狙うメバル釣りを「メバリング」といい、すっかり早春の風物詩として定着している。

特にジグヘッドにソフトワームをつけた仕掛けに、イワイソメのエサを孫バリにつけた「ルアー＋エサ釣り」仕掛けもよい。これは正当派ルアーマンに怒られそうなタックルだが、メバルのヒット率はかなり高い。

タックル

◎ロッド　メバル用ルアーロッド7～8ftが標準で、「ルアー＋エサ釣り」の場合はやわらかいトラウト用のロッドの方が食い込みがよい。

◎リール&ライン　小型スピニングリールにナイロン1号かPE0・6～0・8号を100m巻いたもの。

◎リーダー　フロロカーボン1号を1m。

◎その他　ヘッドランプ。

point

いろいろなルアー

メバルのルアーフィッシング、メバリングには、いろいろなタイプのルアーが使われている。その日の潮で当たりルアーも違ってくるので、何種類か持参してメバリングを楽しもう。

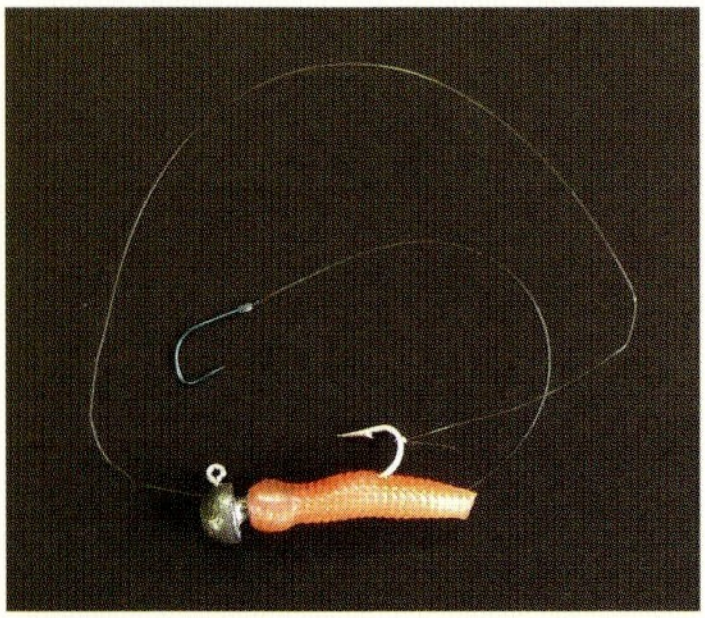

●ルアー＋エサ釣り
ルアーにハリスつきのヤマメバリをつけた仕掛け。ボディのソフトルアーに集魚効果を持たせ、メバルにアピールできる。エサはイワイソメ類でタラシは3cmくらい。またワームを使わず、オキアミをジグヘッドにつけてもよい。大きなオキアミをジグヘッドに、小さいものを孫バリにつけるなど、いろいろ組み合わせも可能だ。

①
②
③
④

①バイブレーション　②ミノー
③④メタルジグ

ソフトルアーをつけたジグヘッドと、スプーンに毛バリをつけたルアー

シャクると上下左右に激しくイレギュラーな動きをする。メバル釣りでは欠かせないルアー

ルアー

2～3㎝前後のミノー、メタルジグなど。ジグヘッドは2～4g。「ルアー＋エサ釣り」仕掛けの場合は、ハリはヤマメバリの7・5～9号（ハリス0・8号）を準備。

釣り方…ルアーで探る

昼間でも係留船の影になっているところや、藻場の周りではメバルはルアーを追ってくるが、基本的には夜釣りの方がよい。

クロメバルの活性が高いと、夜間は水面近くまで浮いていることが多い。したがって、キャストしたらまずは2m前後をリーリングしてみよう。何回か試してみてアタリがなければ、もっと沈めて探ってみよう。

メバル用飛ばしウキ（ルアー用フロート）をつけると、遠投ができ、タックルが沈み過ぎないため藻場の上を探るときに有効だ。

イレギュラーな動きのジグは、最初は足元周辺を狙ってみよう。2mほど沈め、50㎝ほどシャクって止め、フォール*させる。止めているとき、フォールしているときにヒットする。

イワシメバル

船

イワシメバルとは

活きたカタクチイワシをエサにしてメバルを狙う釣りを、イワシメバルと呼んでいる。

仕掛け＆エサ

◎竿　2・7～3mの胴調子タイプの中でも、クッション性の高いやわらか目のイワシメバル専用竿がベスト。硬い竿ではメバルが食い込む前に警戒して、エサを離してしまう。

◎リール＆ミチ糸　小型スピニングリールにPE1号～1・5号を100m巻いたもの。

【メバリングのルアーと魚の動き】

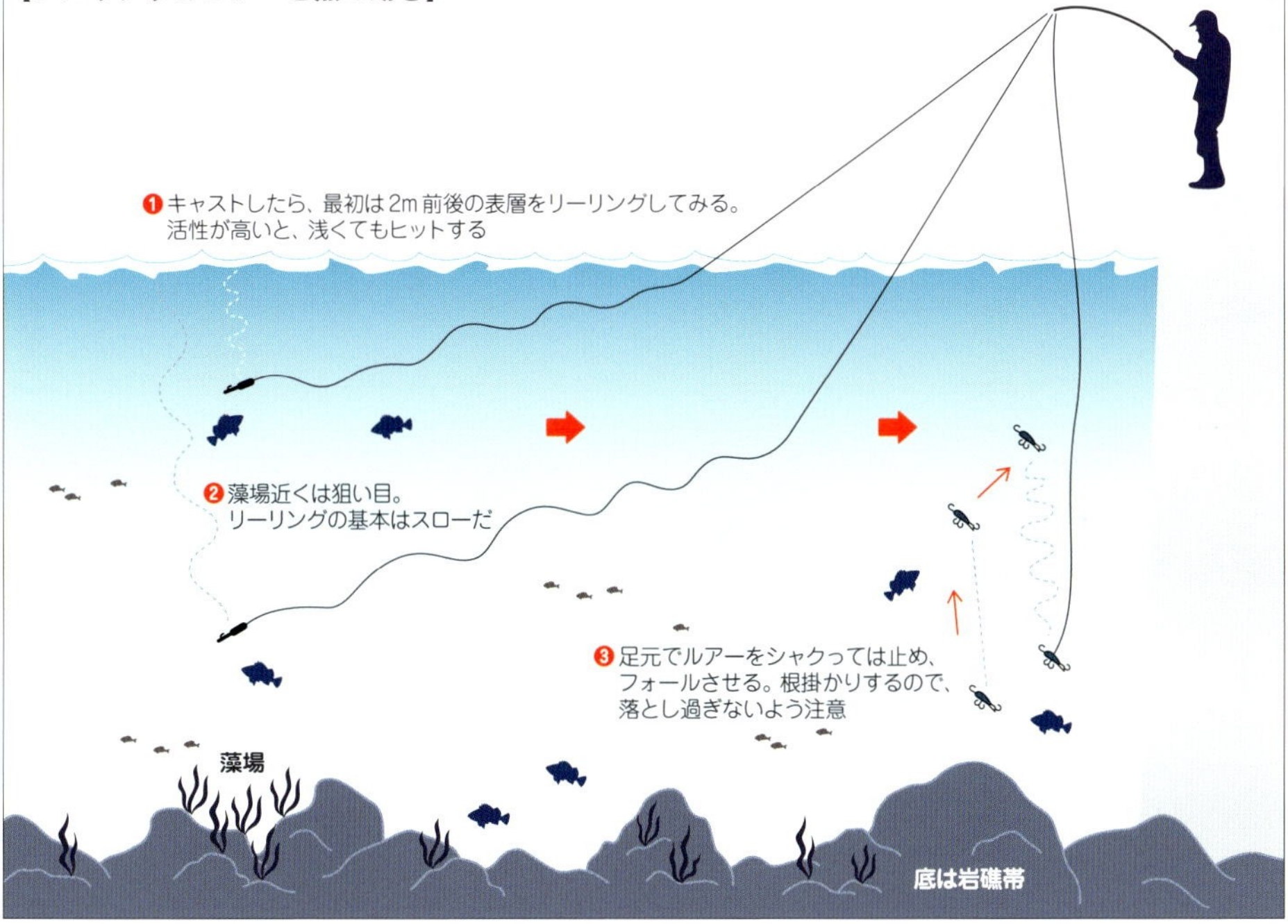

❶キャストしたら、最初は2m前後の表層をリーリングしてみる。
活性が高いと、浅くてもヒットする
❷藻場近くは狙い目。
リーリングの基本はスローだ
❸足元でルアーをシャクっては止め、
フォールさせる。根掛かりするので、
落とし過ぎないよう注意
藻場
底は岩礁帯

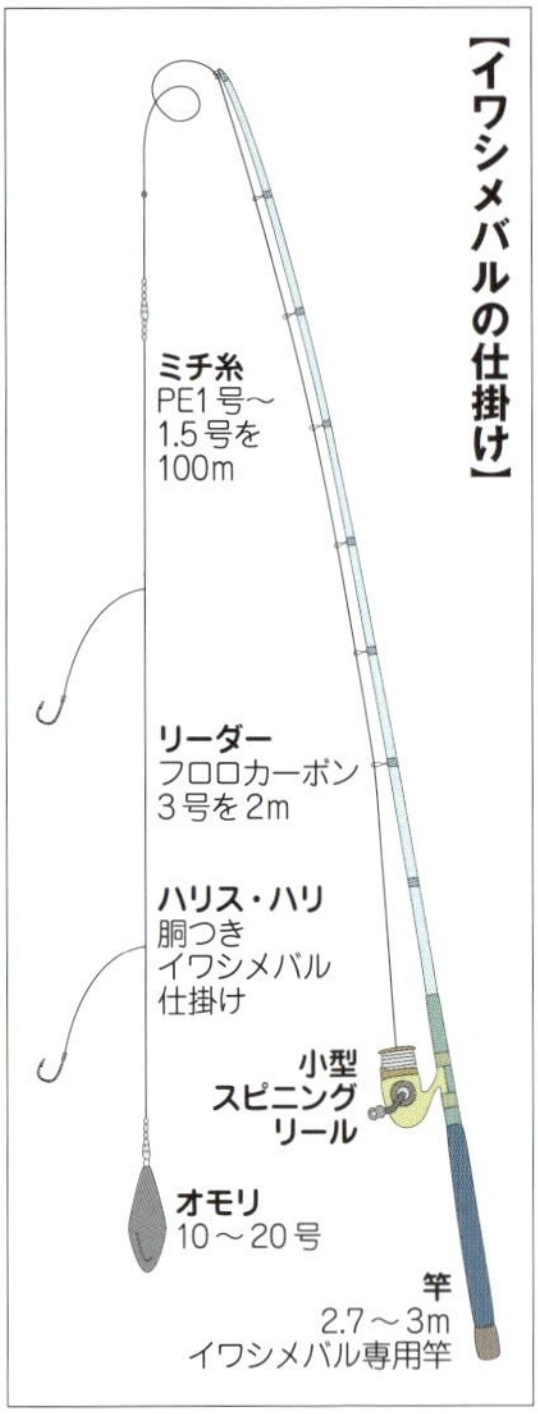
【イワシメバルの仕掛け】
ミチ糸
PE1号～
1.5号を
100m
リーダー
フロロカーボン
3号を2m
ハリス・ハリ
胴つき
イワシメバル
仕掛け
小型
スピニング
リール
オモリ
10～20号
竿
2.7～3m
イワシメバル専用竿

◎**リーダー**　フロロカーボン3号を2m程度。

◎**ハリス・ハリ**　市販の胴つきイワシメバル仕掛け。フロロカーボン1号に2本の枝スが標準装備されている。

◎**オモリ**　10～20号。

◎**エサ**　船宿で用意してくれる活*きカタクチイワシを使用。

釣り方❶…絶えず底立ちを

イワシを弱らせないため、先に下バリにイワシをつけ、オモリと一緒にイワシを海に入れてから上バリに次のイワシをつけて投入。

イワシメバルのポイントは岩礁帯や藻場。釣り方のポイントはタナ取りとアワセのタイミングである。オモリが着底したらすぐに1mほど底立ちを切る。海底は起伏に富んだ岩礁帯のため、たえず底立ちを取り直さなければならないが、同時にこれが誘いにもなる。

ポイントの水深は浅いところでは5mほど。海底がうっすら見えることもある。

海底が藻場の場合は、オモリは藻の頂上でとどめておくとよい。クロメバルはこの藻場の中にいることが多いからだ。食い渋るときは、根掛かり覚悟で藻の中に仕掛けを沈めてみよう。

釣り方❷…アワセはゆっくり

アタリは最初に竿先にコツコツと、次にガツガツとしたアタリが出るがまだまだ待とう。イワシメバルには早アワセは厳禁。やわらかい竿が大きくしなって、穂先が海面に突き刺さるように曲がったら、アワセのタイミング。静かに竿を立てて巻き上げよう。

最初のアタリで穂先を絞り込むこともあるが、メバルがイワシの胴体だけをくわえて、ハリをくわえていないこともあるので注意。取り込みは仕掛けごと船に入れて魚を外す。

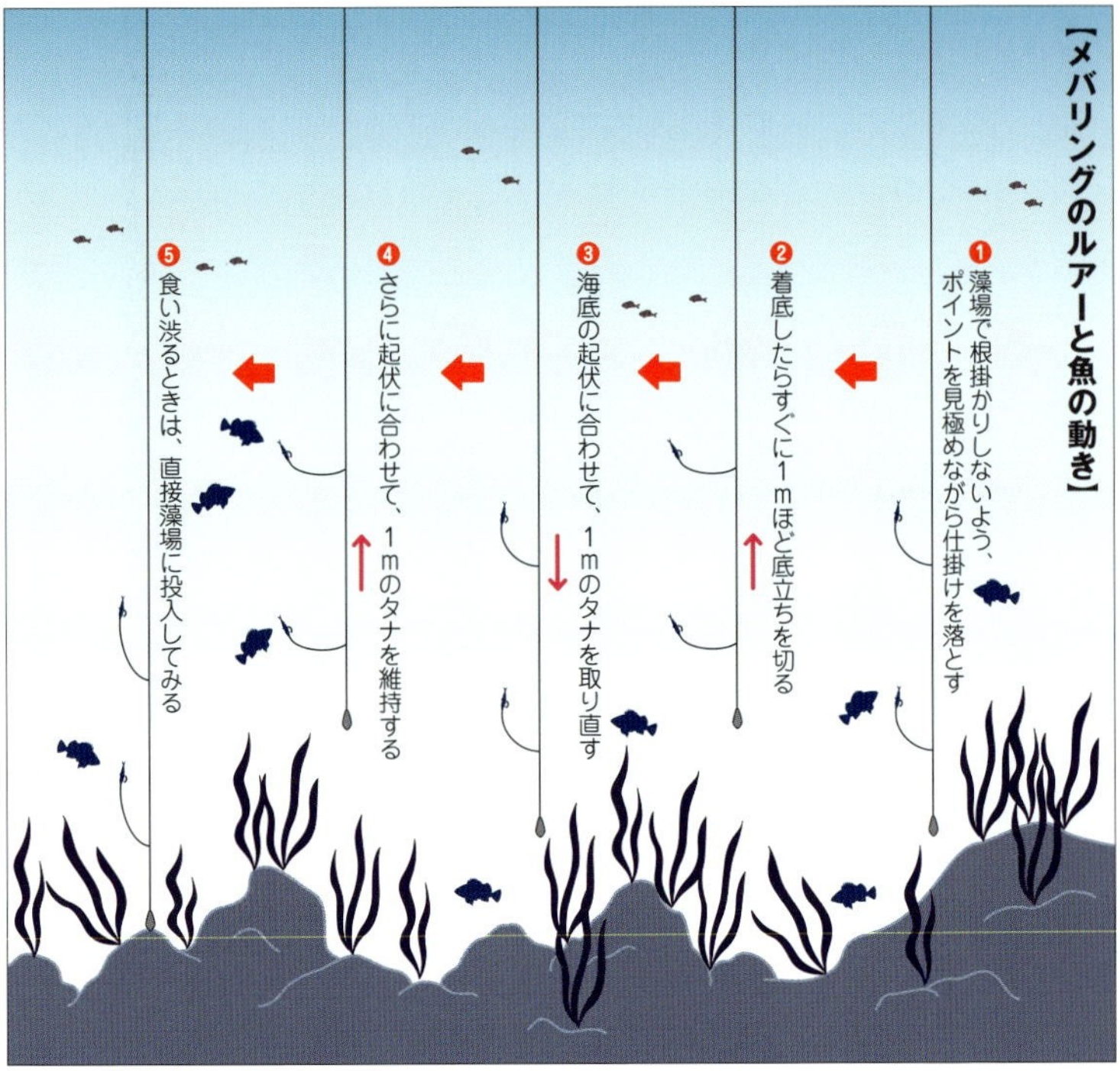
【メバリングのルアーと魚の動き】
❶藻場で根掛かりしないよう、ポイントを見極めながら仕掛けを落とす
❷着底したらすぐに1mほど底立ちを切る
❸海底の起伏に合わせて、1mのタナを取り直す
❹さらに起伏に合わせて、1mのタナを維持する
❺食い渋るときは、直接藻場に投入してみる

サビキメバル

船

エサを使わないサビキ仕掛けで釣るメバルで、東京湾の横須賀沖や東北地方で行われている。

仕掛け

◎竿　2・7～3mの胴調子のメバル竿。向こうアワセで食い込むイワシメバル専用竿がよい。

◎リール&ミチ糸　小型同軸リールにPE2号を100m巻いたもの。

◎サビキ　市販のサビキメバル仕掛けを船宿で購入。一般の釣り道具屋にはあまり出回っていない。

◎オモリ　東京湾の場合は25～30号、東北地方では60～80号を使うことも。

◎その他　竿置き。

釣り方…追い食いを待つ

投入してオモリが着底したらすばやく底立ちを切り、ゆっくりフワッと竿先を上げ、次に竿先を下げてゆっくり落とし込む。こうした動きが誘いになる。

アタリはゴツゴツと大きく竿先から伝わってくる。アタリがあれば、たいていハリ掛かりしているのがサビキメバルの特徴だ。ただ、すぐ上げるのではなく追い食いを狙う。リールを2回ほど巻いて待つ。最初に食ったメバルが暴れることで、サビキが揺れて誘いになる。ゆっくりしていると掛かったメバルがバレてしまうこともあるので、数秒待って、追い食いがなければ仕掛けを上げよう。取り込みは、仕掛け全部を船の中に入れて魚を外す。

【サビキメバルの仕掛け】

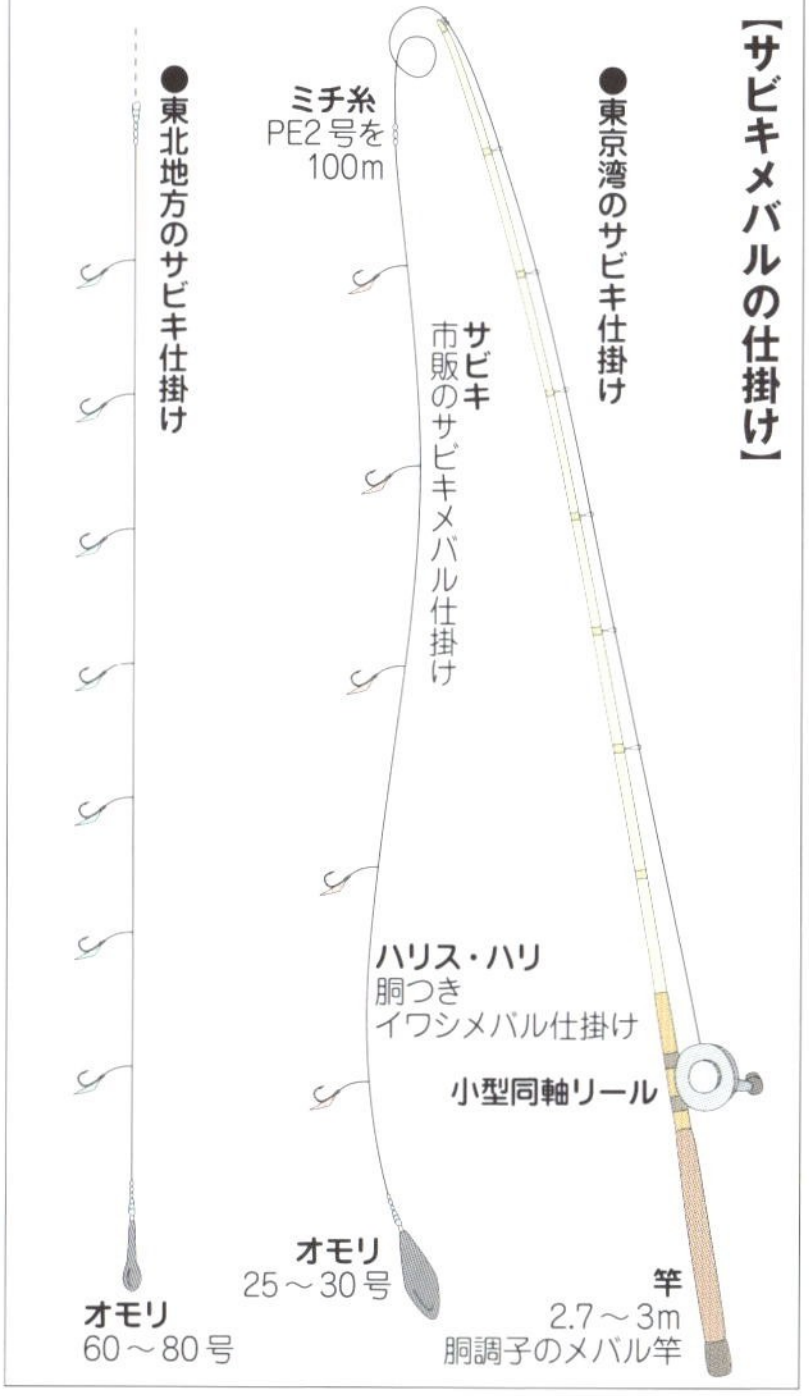
●東京湾のサビキ仕掛け
ミチ糸
PE2号を100m
サビキ
市販のサビキメバル仕掛け
ハリス・ハリ
胴つき
イワシメバル仕掛け
小型同軸リール
オモリ
25～30号
竿
2.7～3m
胴調子のメバル竿
●東北地方のサビキ仕掛け
オモリ
60～80号

【サビキメバルの釣り方】

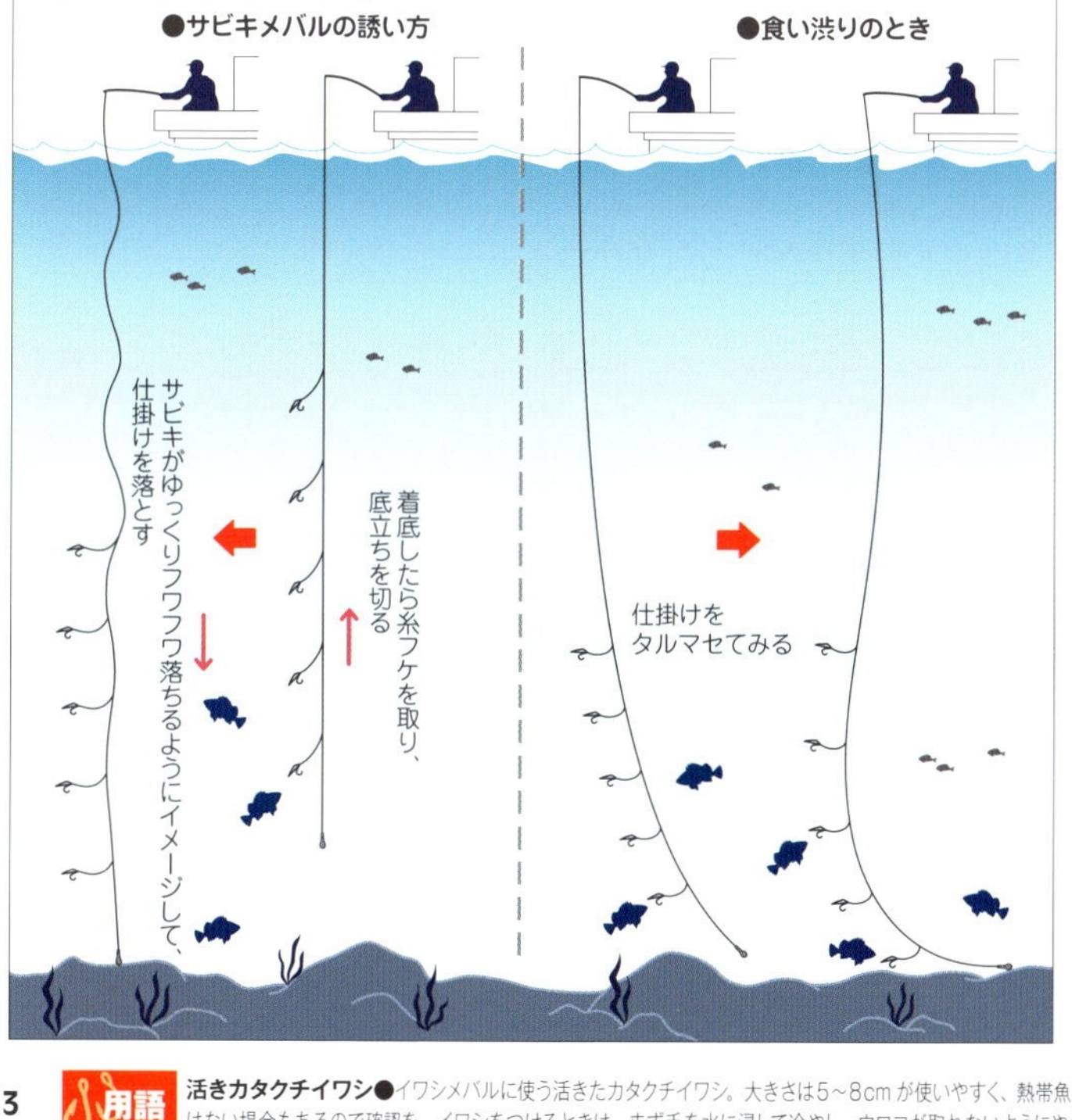
●サビキメバルの誘い方
●食い渋りのとき
サビキがゆっくりフワフワ落ちるようにイメージして、仕掛けを落とす
着底したら糸フケを取り、底立ちを切る
仕掛けをタルマセてみる

用語　**活きカタクチイワシ**●イワシメバルに使う活きたカタクチイワシ。大きさは5～8cmが使いやすく、熱帯魚用の網ですくってつける。網は船宿によってはない場合もあるので確認を。イワシをつけるときは、まず手を水に浸して冷やし、ウロコが取れないようにやさしくつかんで、ハリを下顎から上顎に通す。

スズキ目サバ科

秋から冬に脂がのり、お茶の間でもおなじみ

サバ（マサバ）

ホンサバ、ヒラサバ、ヒラス

船　ボート　磯　堤防　浜

腹部は白く、斑点はない

生　態　大群で沖合を回遊し、春に北上、秋には南下する。産卵期は2～8月。

カレンダー

1	2	3	4	5	6	7	8	9	10	11	12
脂がのって美味										脂がのって美味	

＊釣りは１年中可

全　長　最大50cm（通常は30～40cm）

食　性　小魚、動物性プランクトン

分　布　暖流に面した全世界の亜熱帯・温帯海域に広く分布する。

特徴

釣りの対象となるサバの仲間はマサバとゴマサバで、ともにあまり区別されることなくサバとして扱われることが多い。

マサバは腹部がまっ白で、ゴマサバは腹部にゴマのような斑点があることで区別されている。ただ釣り上げたときは、腹がまっ白でマサバかと思っていたサバが、時間が経つと腹に斑点ができているということもある。

サバはそれを目的としない釣り人に、嫌われがちな魚だ。釣り上げているときに大きく横走りするため、隣の人とオマツリしたり、仕掛けにからみついてしまうなどのトラブルの原因ともなる。

◆高級ブランドサバも登場

一方で、九州の豊後水道を挟んだ大分県側の関サバや、愛媛県側の岬(はな)サバ、三浦半島の松輪サバなど、高級ブランド化しているマサバもある。高知県土佐清水市のブランドサバ・清水サバは、ゴマサバだ。

ただし、ブランドサバでなくても、釣ったその日の捕れ立てのサバは身がプリプリッとしまっていて、たいへん美味。しめサバにしても、焼いても煮てもうまい。

サバの旬は、一般に秋から冬にかけての秋サバ、寒サバがうまいといわれる。しかし、ゴマサバの方は夏でも味の変化がないといわれ、ゴマサバが盛んに食卓を飾る地方もある。

釣り場

湾内に回遊しているときは、堤防やボートからのサビキ釣りで狙えるが、陸の近くを回遊しているサバは小さく、味もあまりよいとはいえない。

沖合いの30～200ｍを超える深場を広く回遊している、大きく脂ののったサバを狙おう。

釣り方

サバ釣りだけを目的としている乗合船は少ないため、アジ・サバの乗合船に乗り、ビシアジ仕掛けで釣ることが多い。タナはアジよりもやや高く設定。

マサバのそっくりさん

ゴマサバ　スズキ目サバ科

マサバの近縁種。腹にゴマのような小さな斑点があることで見分ける。マサバより脂は少ないが、夏でも味は落ちないといわれている。また、*寄生虫の関係でマサバは刺身では食べないが、ゴマサバは刺身で食べる地域もある。全長40cm。

腹部に斑点が散在

サバのビシ釣り

船

サバの釣りはイワシミンチをコマセにした、ビシ釣りが一般的。

仕掛け&エサ

◎**竿**　オモリ負荷120号で、1.5〜2.1mの穂先の敏感なビシアジ用の竿、またはスルメイカ用の竿。

◎**リール&ミチ糸**　中型電動リールにPE4〜5号のミチ糸を200m巻いたもの。

◎**テンビン・ビシ**　片テンビンに130号のビシが一般的。流れの速い海域では150号を使用することもある。

◎**クッションゴム**　径が1.5mmで、長さ30〜50cm。

◎**ハリス**　幹糸3号で2本バリの市販のビシアジ仕掛け。

◎**その他**　ロッドキーパー。

◎**エサ**　一般にイカを食紅で赤く染めて角切りにしたアカタンや、イワイソメが使われる。コマセにはイワシのミンチを使用。

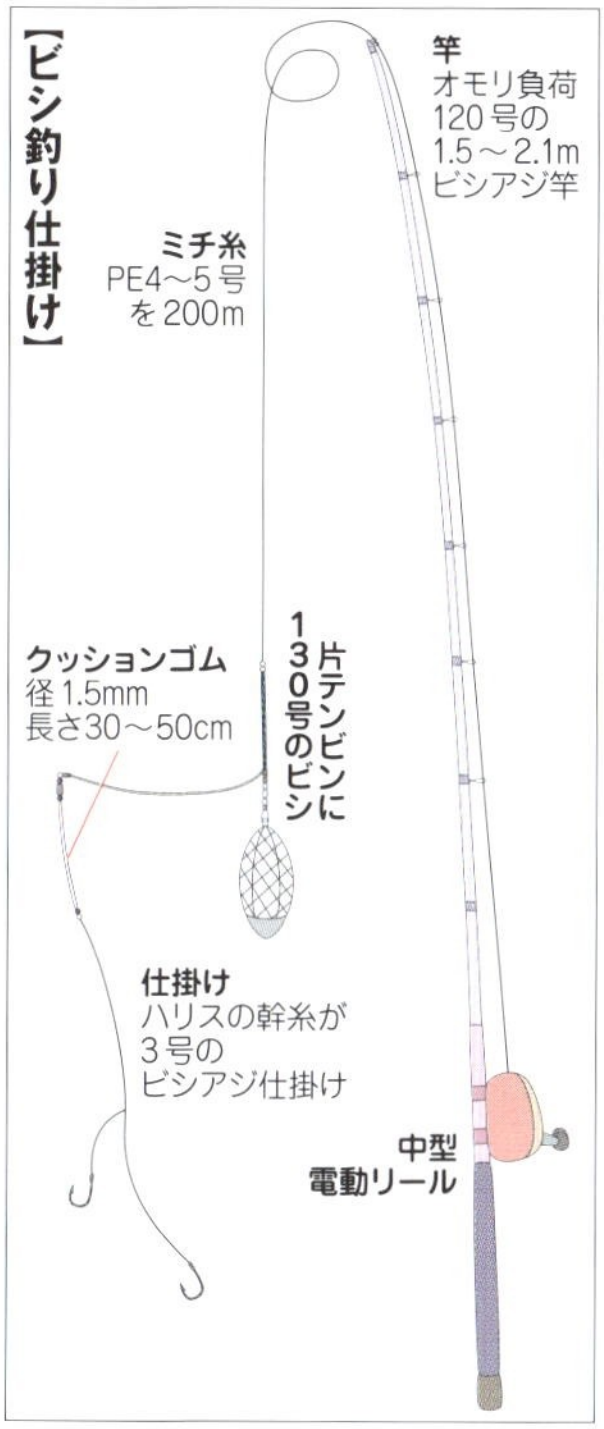

釣り方…タナの調節

釣り方はビシアジ(→P30)と同じだが、タナをやや浅めに設定する。水深は30〜100mほど。エンジンを切らずに流すこともあるが、アンカーを降ろして船を固定する掛かり釣りが多い。

サバ、アジは海底付近に群れているため、まず着底させ、底立ちを切る。次にコマセをまきながらアジのタナより1〜2m程度高くタナを設定する。

●横走りのオマツリを防ぐ

アタリがない場合は、20〜30秒間隔で竿を大きくあおってコマセを出す。何度か竿をあおるとコマセがなくなるので、仕掛けを上げて詰め替える。

サバはハリ掛かりすると横に大きく走る習性がある。特に水面近くにきてもたもたしていると、大きく横に走られてオマツリの原因となる。水面近くに寄せたら、太いハリスを使っているので強引にたぐり寄せ、船中に入れよう。

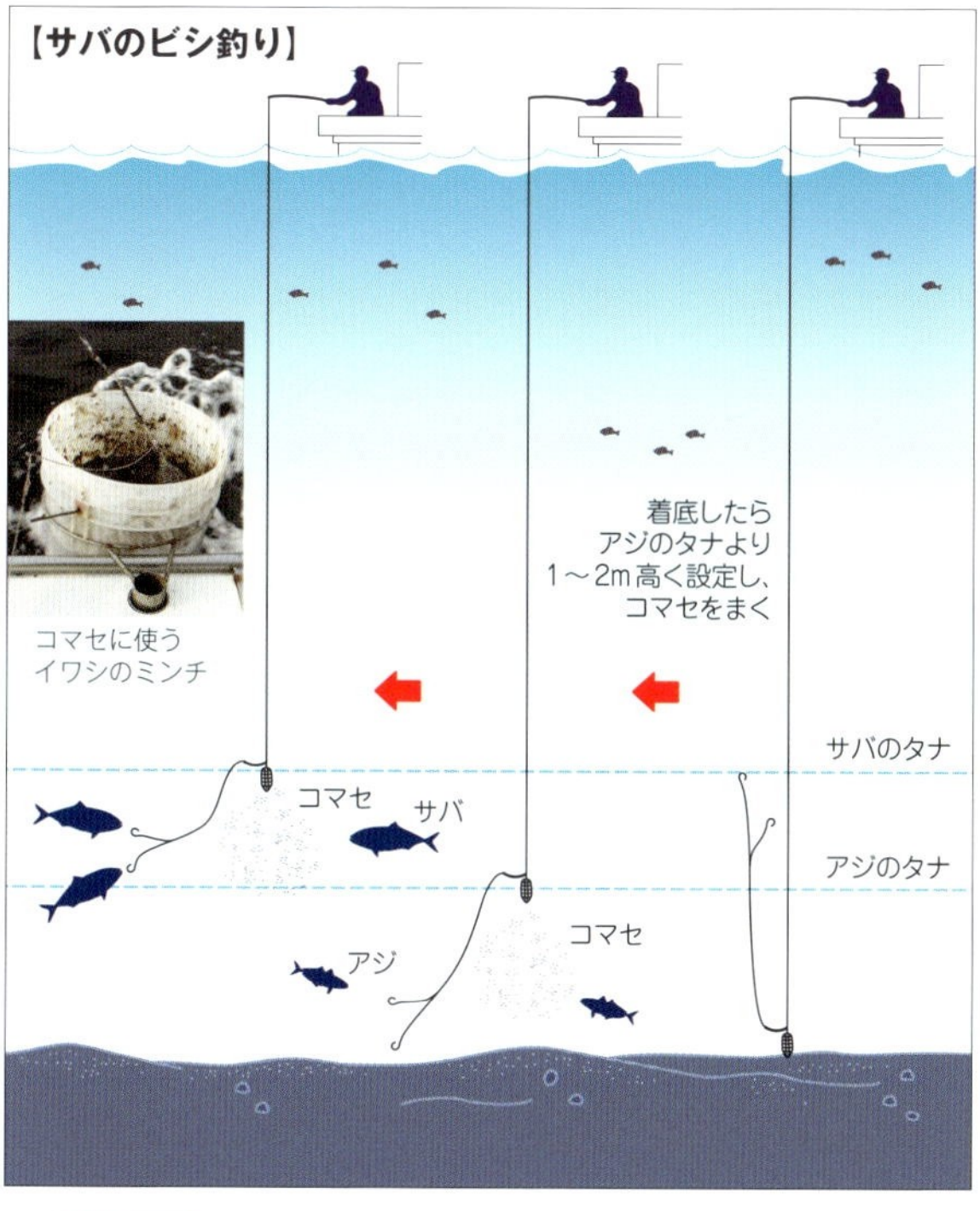

コマセに使うイワシのミンチ

ミニ知識 **サバの寄生虫**●サバの寄生虫として知られるのがアニサキスで、あたると激しい腹痛と嘔吐に襲われる。アニサキスは熱や冷凍に弱いので、加熱すると安心だ。しかし酢では死なないため、シメサバが安心だとはいえない。

ダツ目サヨリ科

エンピツからサンマサイズまでサイズ釣りが楽しめる釣魚

サヨリ

ナガイワシ、カンヌキ

船　ボート　磯　堤防　浜

生　態　警戒心が強く、臆病な性格。長い下アゴと細長い体型の回遊魚だ。

カレンダー

1	2	3	4	5	6	7	8	9	10	11	12
関東では大型が対象									関東では小型が対象		大型が対象

全　長　最大40cm（通常は10～30cm）

食　性　プランクトン、甲殻類、海藻

分　布　北海道から九州にかけての沿岸部。

特徴

サヨリは海面付近のエサを食べながら、沿岸を群れで回遊する。目がよく、神経質なため、釣りは細心の注意が必要だ。特に大型ほど警戒心が強い。

◆40㎝の大物も

当歳魚は10㎝ぐらいから釣ることができ、11月には25㎝までに成長する。また冬から春にかけては、30～40㎝ほどの親魚を多く見ることができる。

食味は淡泊だが、甘みのある白身で、歯応えがあり美味。刺身はもちろんのこと、天プラ、一夜干し、コブじめなど季節の和食の料理には欠かせない。

釣り場

サヨリは海面付近に群れをつくり、主に潮通しのよい堤防や磯周りを回遊する。

秋は堤防の岸壁近くで10～15㎝のエンピツサイズと呼ばれる小型の数釣りが楽しめる。30㎝以上の大型はサンマサイズとも呼ばれ、主に冬に釣れるが、東京湾は9～11月のシーズンが大型の釣り場となる。

堤防のポイントは潮通しのよい先端部や、外海側のブロック周りなど。産卵場となる藻場周辺にも集まる。同じ港でも年によってポイントが変わるので、地元の情報を事前に集めておこう。

釣り方

小型、大型ともに本書では堤防のサヨリ釣りを取り上げた。小型は岸壁近くまで回遊するので、渓流竿などのノベ竿の釣り。

警戒心の強い大型のサヨリは沖を回遊しているため、遠投しなければならないが、コマセを潮に流し、堤防にサヨリを寄せて釣る飛ばしウキ釣りがある。いずれも釣りの時間帯は、サヨリの警戒心が薄らぐ、朝夕のマヅメ時がよい。

飛ばしウキ釣り

堤防

飛ばしウキというウキを使って遠投する釣り方。アタリを取るためのウキと、遠くに仕掛けを飛ばすためのウキを使う。

仕掛け

◎竿　磯竿1～1・5号5・3ｍ。サヨリが小型の場合は5・3ｍ前

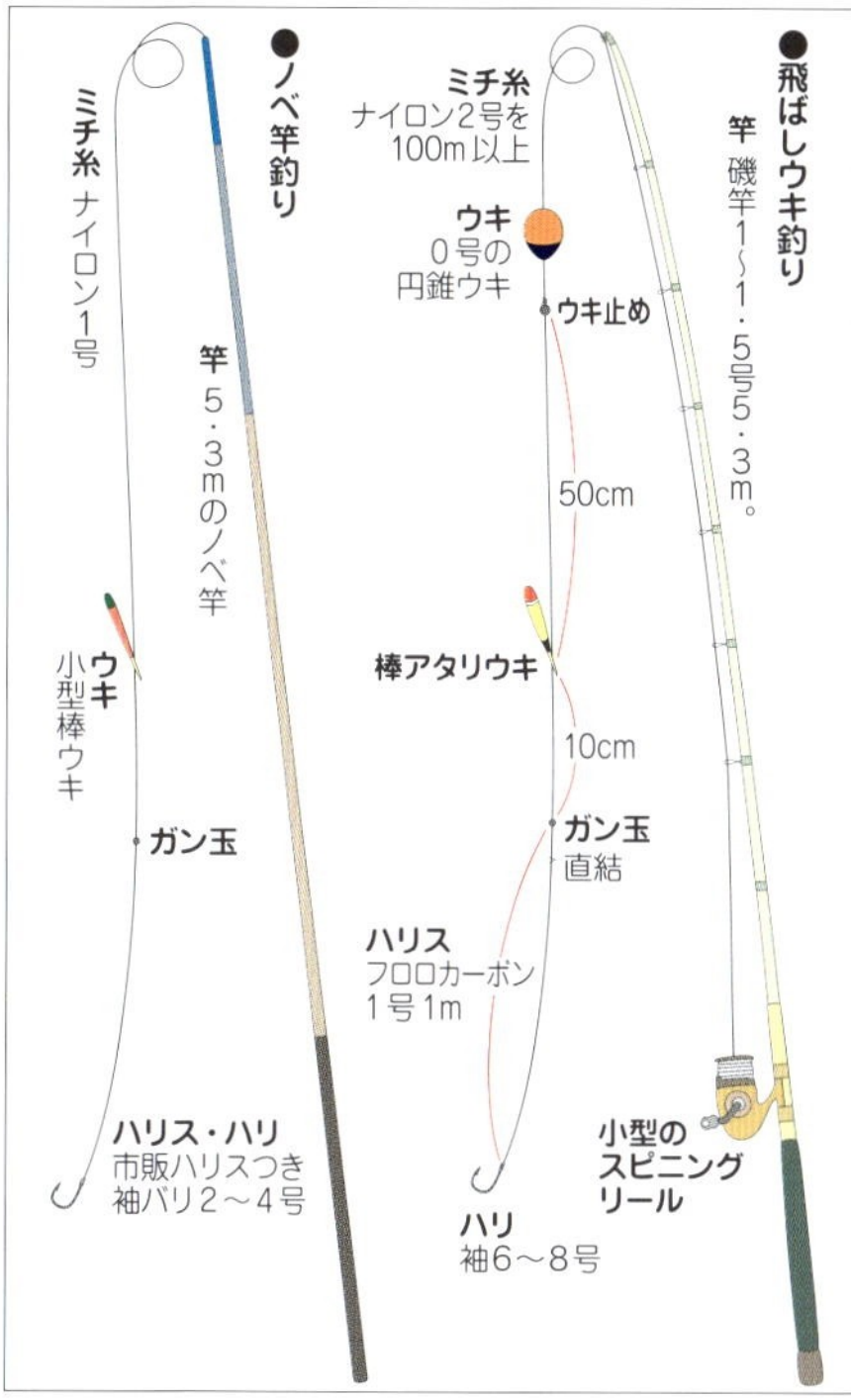
●ノベ竿釣り
ミチ糸 ナイロン1号
竿 5・3mのノベ竿
ウキ 小型棒ウキ
ガン玉
ハリス・ハリ 市販ハリスつき 袖バリ2～4号
●飛ばしウキ釣り
竿 磯竿1～1・5号5・3m。
ミチ糸 ナイロン2号を 100m以上
ウキ 0号の 円錐ウキ
ウキ止め
50cm
棒アタリウキ
10cm
ガン玉 直結
ハリス フロロカーボン 1号1m
小型の スピニング リール
ハリ 袖6～8号

【飛ばしウキ釣りとノベ竿釣りの仕掛け】

後のノベ竿を使う。

◎**リール&ミチ糸**　小型スピニングリールにナイロン2号を100m以上巻いたもの。ノベ竿のミチ糸はナイロン1号を使用。

◎**ウキ**　飛ばしウキとして0号の円錐ウキを、アタリウキとして小型棒ウキを使う。ノベ竿は小型棒ウキを使用。

◎**オモリ**　ガン玉。

◎**ハリス**　フロロカーボン1号1m。ノベ竿は市販のハリスつき袖バリ2～4号を使用。

◎**ハリ**　袖6～8号。

◎**その他**　バッカン、柄杓、バケツ。

エサ

アオイソメや大粒のアミエビ、小さめのオキアミ、ハンペンがよい。ハンペンはストローを突き刺して、それを吹き出し、1㎝弱に切る。どのエサもハリの軸にまっすぐになるように刺す。コマセはアミコマセに、メジナ用配合エサを混ぜて使う。

釣り方…サヨリの警戒心対策

サヨリは警戒心が強いため、コマセを遠投するだけで散ってしまう。潮流が沖へ向かっている場所を見つけ、足下にコマセをまこう。コマセは沖へと流れて行き、サヨリがいれば引き寄せてくれる。

　コマセに誘われてサヨリの群れが近寄ってきても、仕掛けを直接群れに投げ込むとサヨリはすぐに逃げてしまう。先に沖へ遠投し、コマセの流れているポイントまで仕掛けを引き寄せて釣ろう。

●マメな仕掛けのチェック

サヨリは海面近くを回遊しているので、アタリでアタリウキが引き込まれることは少ない。多くは横走りやパタリと倒れたりする。何か変化があったらききアワセてみる。ハリ掛かりした後、暴れさせると群れが散ってしまうのでリールは少し速めに巻く。

　また、仕掛けを引き寄せているときにもアタリが出る。アタリが出たら少し引き寄せ、止めてエサを沈ませ、また引き寄せる。

　サヨリは口が硬く、何匹か釣るとハリ先が鈍くなる。またハリのチモトがこすれてハリスが白くなり、食わなくなる。数尾ほど釣ったらハリのチモトを確認し、傷があればすぐに交換しよう。

【サヨリの飛ばしウキ釣り】

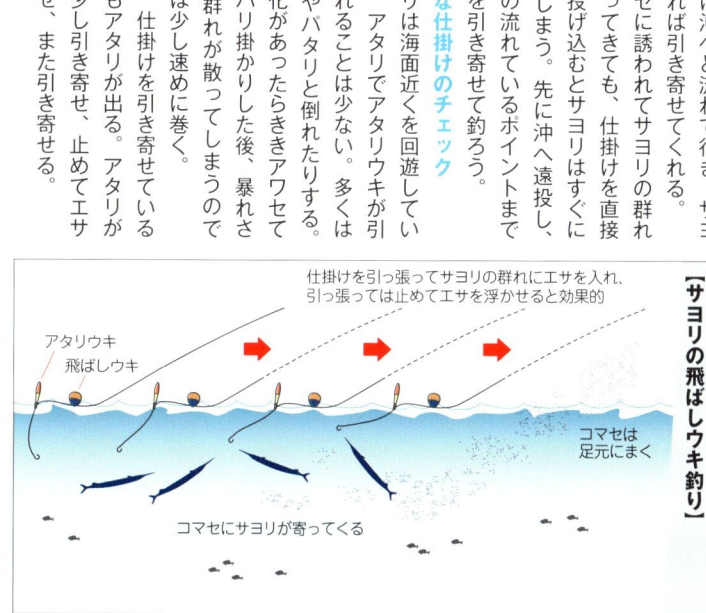

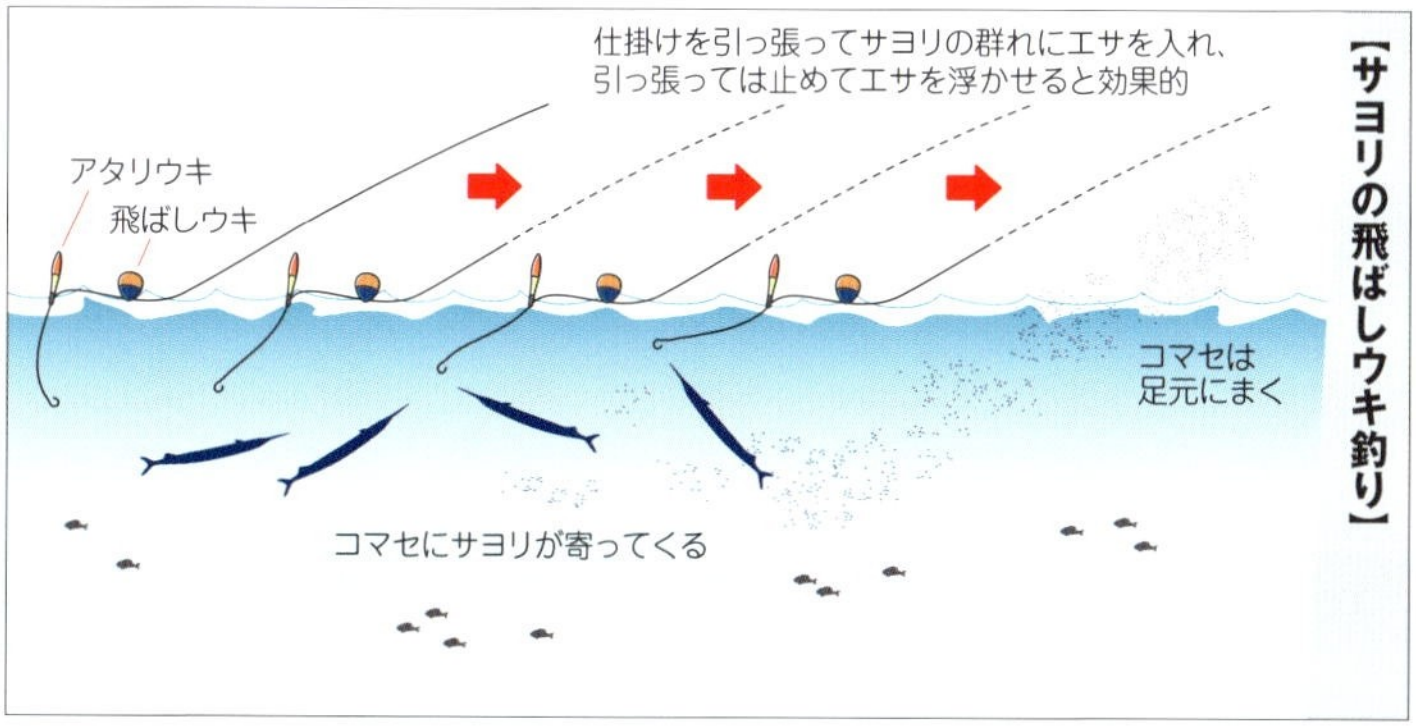
仕掛けを引っ張ってサヨリの群れにエサを入れ、
引っ張っては止めてエサを浮かせると効果的
アタリウキ
飛ばしウキ
コマセは
足元にまく
コマセにサヨリが寄ってくる

ミニ知識　**サヨリの寄生虫**●サヨリにはかなりの確率で、白いダンゴムシのような虫が寄生している。サヨリヤドムシという虫で、エラに寄生し、釣った後すぐにポロッと落ちることもある。取り除けば問題はない。

メス・若魚の頭部は隆起しない
体は側扁

スズキ目シイラ科

ハワイ料理にも登場！ルアーフィッシングの好対象魚

シイラ

クマビキ、トウヒャク、マンビキ

船　ボート　磯　堤防　浜

生態　夏季に暖流の流れる漂流物の周辺など、海面付近を回遊する。

カレンダー

1	2	3	4	5	6	7	8	9	10	11	12
								梅雨頃から日本近海に接近			

全長　最大2m（通常は70cm～1.2m）

食性　小魚、甲殻類、イカ類

分布　日本沿岸。暖流に乗って北海道にまで分布する。

特徴

全世界の熱帯から温帯にかけて分布し、日本では暖流に乗って北上、北海道東の知床半島でも釣れる。釣り上げたときの体色は背が青、体側が緑から黄色がかっているが、時間が経つとしだいに黒ずんでくる。

日本では食用魚としてのなじみは薄いが、ハワイでは「マヒマヒ」と呼ばれ、フライやソテーにされる人気の魚だ。

釣り場

沖合いの海流に乗って流れている漂流物の周辺、パヤオ（浮き遊礁）周辺などを回遊している。カタクチイワシの群れを追っていることもある。離島では外洋に面した堤防でも狙える。

シイラのオスの額は成長するにつれ隆起するので、「デコッパチ」と呼ばれている

釣り方

かつてのシイラ釣りはトローリングが主流だったが、近年はルアーフィッシングの対象魚として人気が高い。数多くの乗合船が出ている。乗合船の場合はシイラだけではなく、カツオなどルアーで狙える魚全般が対象となる。根魚釣りで仕掛けを回収しているときなど、海面付近にあるエサにヒットすることもある。

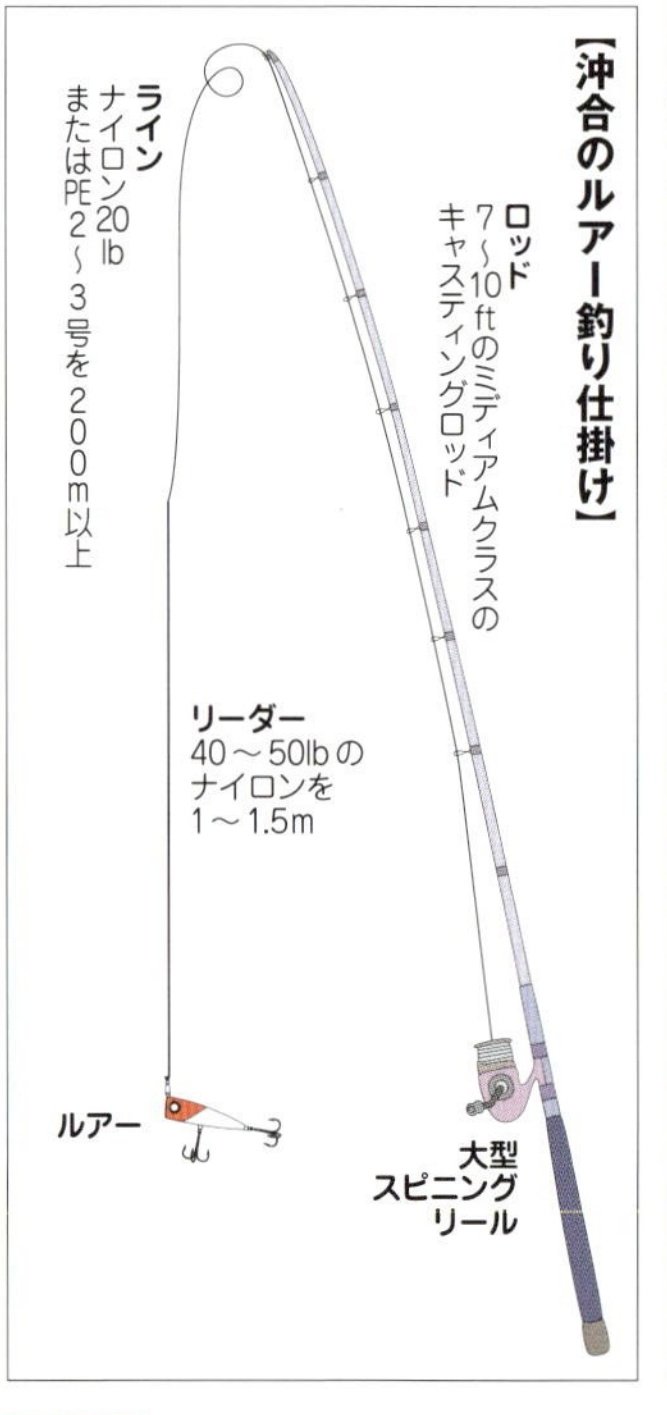

【沖合のルアー釣り仕掛け】
ロッド
7～10ftのミディアムクラスのキャスティングロッド
ライン
ナイロン20lb
またはPE2～3号を200m以上
リーダー
40～50lbのナイロンを
1～1.5m
ルアー
大型
スピニング
リール

用語　**パヤオ**●魚礁（岩の露出などでできた漁場）の中でも、回遊魚が流木などの漂流物に集まる習性を利用して、海上に設置した浮き漁礁。ロープで固定されている。マグロ類やカツオ、シイラなどの大型魚が集まる。

沖合のルアー釣り

船

仕掛け

◎ロッド　7～10ftのミディアムクラスのキャスティングロッド。

◎リール＆ライン　大型スピニングリールにナイロン20lbまたはPE2～3号を200m以上巻いたもの。シイラだけ狙うならナイロンラインがトラブルが少ない。ジギングなどを考えればPEラインがよい。

◎リーダー　40～50lbのナイロンを1～1.5m。

◎ルアー　ポッパー（11～16cm）、フローティングミノー（11～15cm）、シンキングミノー（11～15cm）、メタルジグ（28～60g）。

◎その他　帽子（ルアーでケガをすることがあるので必携）、グローブ。

釣り方…ルアーで攻めの釣り

●次々とルアーを替える

乗合船の乗船人数が少なく、船のハリダシ部分に乗れればオーバーキャストも可能。胴の間からはアンダーキャストが基本となるので、7ftクラスの短めのロッドが使いやすい。

ポイント到着後、最初のキャストはポッパーが基本。海面を波立たせながらリトリーブ*する。

ポッパーがヒットしない場合はフローティングミノー、シンキングミノーへと替えていく。最後のメタルジグは真下に落とすのではなく、キャストして水面下をリトリーブする。

●強引なヤリトリも必要

シイラがルアーを追っているところが見えることもあるが、突然、海面下からガバッとルアーをくわえて反転する光景は圧巻だ。

メーター超のシイラの引きは強烈。慎重に取り込まなければならないが、慎重過ぎてドラグをゆるめると、他の釣り人とのオマツリの原因となるので、ヒットしたら強引なヤリトリも必要となる。

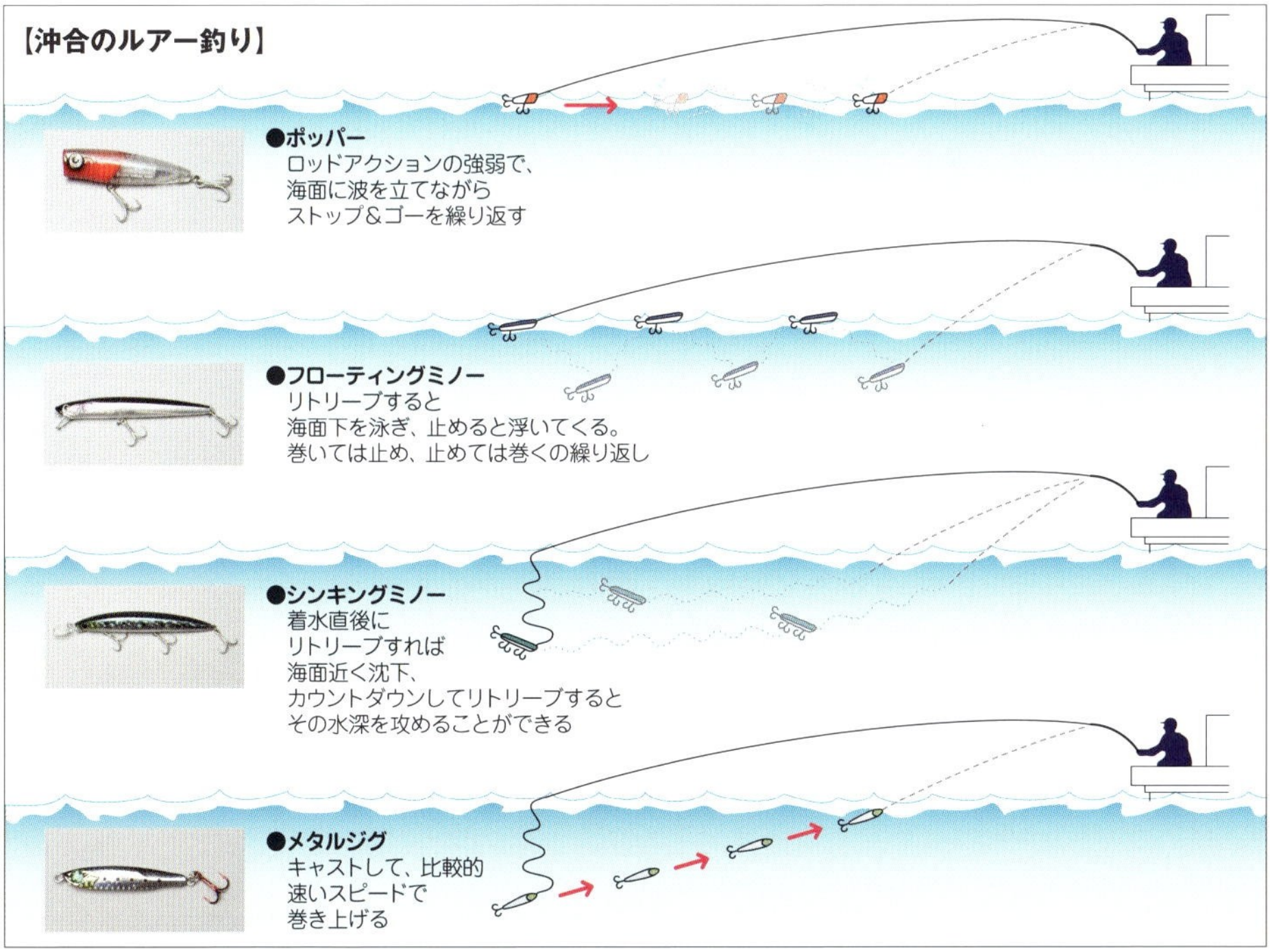
【沖合のルアー釣り】
●ポッパー
ロッドアクションの強弱で、海面に波を立てながらストップ＆ゴーを繰り返す
●フローティングミノー
リトリーブすると海面下を泳ぎ、止めると浮いてくる。巻いては止め、止めては巻くの繰り返し
●シンキングミノー
着水直後にリトリーブすれば海面近く沈下、カウントダウンしてリトリーブするとその水深を攻めることができる
●メタルジグ
キャストして、比較的速いスピードで巻き上げる

用語　**リトリーブ**●リールを巻いてルアーを引き寄せること。この引き寄せ方には魚へアピールするさまざまなテクニックがあり、ルアーフィッシングの基本となる。

スズキ目キス科

シロギス

美しい魚体と引き味も魅力 砂浜の投げ釣り人気魚

キスゴ、キス

船 ボート 磯 堤防 浜

生 態 地形が変化している砂泥底を好み、梅雨から夏にかけて産卵のため浅場に乗っ込む。

カレンダー

1	2	3	4	5	6	7	8	9	10	11	12
12～2月は大型が狙える					乗っ込み期						

＊釣りは1年中可

全 長 最大35cm
（通常は15～25cm）

食 性 甲殻類、ゴカイ類

分 布 北海道以南の日本各地の沿岸。

特徴

投げ釣りの代表的な対象魚であるシロギス。小型の魚にもかかわらず、強い引き味が魅力だ。食味もよく、天プラなどの食材として広く利用されている。砂浜（サーフ）の投げ釣りの他、船釣りの人気も高い。

◆冬は深場の大型狙い

初夏、産卵のため浅場に寄る。この時期から砂浜での投げ釣りが始まり、越冬のために食いだめする秋頃までがシーズン。水温の低くなる晩秋から深場に移動し、深場のシロギスは大型になる。

釣り場

波の穏やかな砂浜や内湾の砂泥底に生息する。ポイントはカケアガリや、沈み岩周りの砂地など。

また、堤防の周辺は海底が岩礁だったりと、必ずしも砂泥地とはなっていない。このような場所では、岩礁に仕掛けを投げるとたちまち根掛かりしてしまう。あらかじめどこがポイントかを、地元の釣具店などで聞き、情報を仕入れておきたい。

ボートや船からの釣りは、砂浜から届かないポイントを狙えるメリットがある。

釣り方

砂浜や内湾の砂泥底がポイントとなるため、釣り方としては砂浜や堤防の釣り、沖合いのポイントを狙った船釣りなどがある。いずれも片テンビンを使った投げ釣りで、砂浜の投げ釣りは竿を振りかぶって仕掛けを投げる、オーバーヘッドスローが基本。

【砂浜の投げ釣り仕掛け】

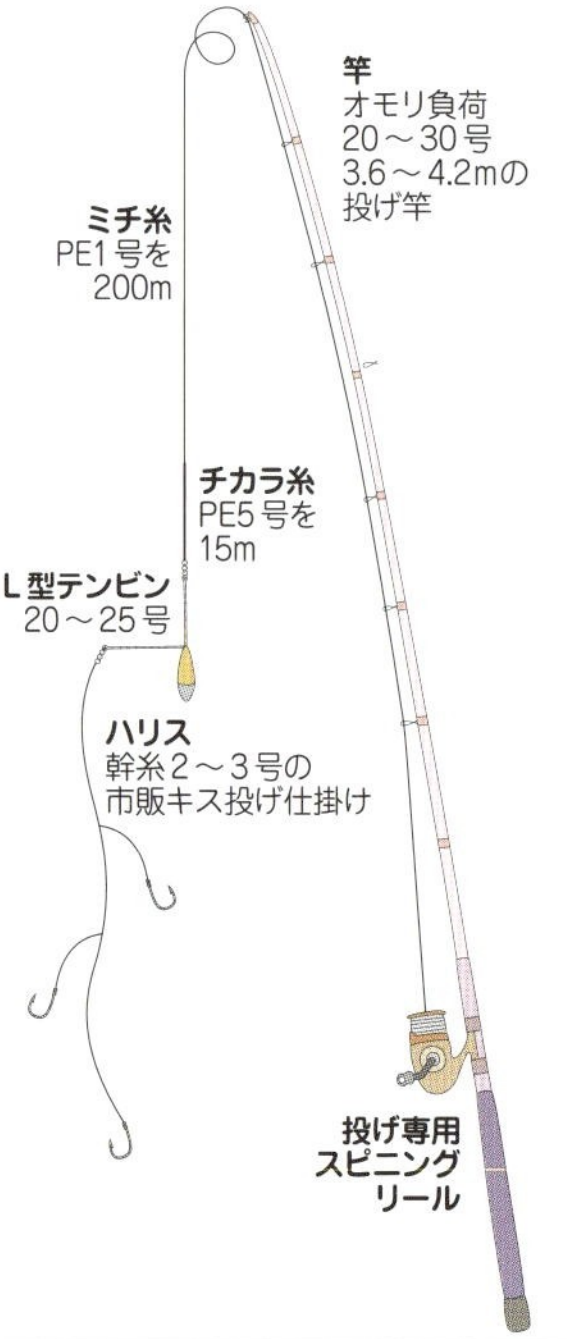

砂浜の投げ釣り

浜

醍醐味あふれる釣り

シロギス釣りでは人気がある釣りで、砂浜から仕掛けを100mも飛ばすこともあり、醍醐味にあふれている。投げ釣り専用の竿や片テンビンを使って、イソメ類などをポイントのカケアガリに投入してシロギスを誘う。

仕掛け

◎**竿**　オモリ負荷20~30号、3.6~4.2mの投げ竿。
◎**リール&ミチ糸**　投げ専用スピニングリールにPE1号を200m巻いたもの。
◎**チカラ糸**　PE5号を15m。
◎**テンビン・オモリ**　20~25号のL型テンビン。
◎**ハリス**　幹糸2~3号の市販キス投げ仕掛け。
◎**その他**　メゴチバサミ。

エサ

アオイソメ、イワイソメが定番エサ。ハリからのたらしは3cmほどとし、食い渋りのときは、たらしを少し長くする。ただ、投げ釣りでは、長過ぎるとキャスティング時に切れてしまうので注意。

シロギスの砂浜での投げ釣り。キャスティングはオーバーヘッドスローが基本だ

釣り方❶…投げ方をマスター

シロギス釣りでは、仕掛けを遠くに投げればそれだけ釣果もアップする。そこで仕掛けをまっすぐに飛ばせて、飛距離も出せるオーバーヘッドスローをマスターすることが重要だ。

その他に、スリークォータースローや回転投法、振子投法などがあるが、慣れないと飛ぶ方向が定まらず、思いがけない方向に飛んでいってしまう危険がある。

投げの構えに入ったら、近くに

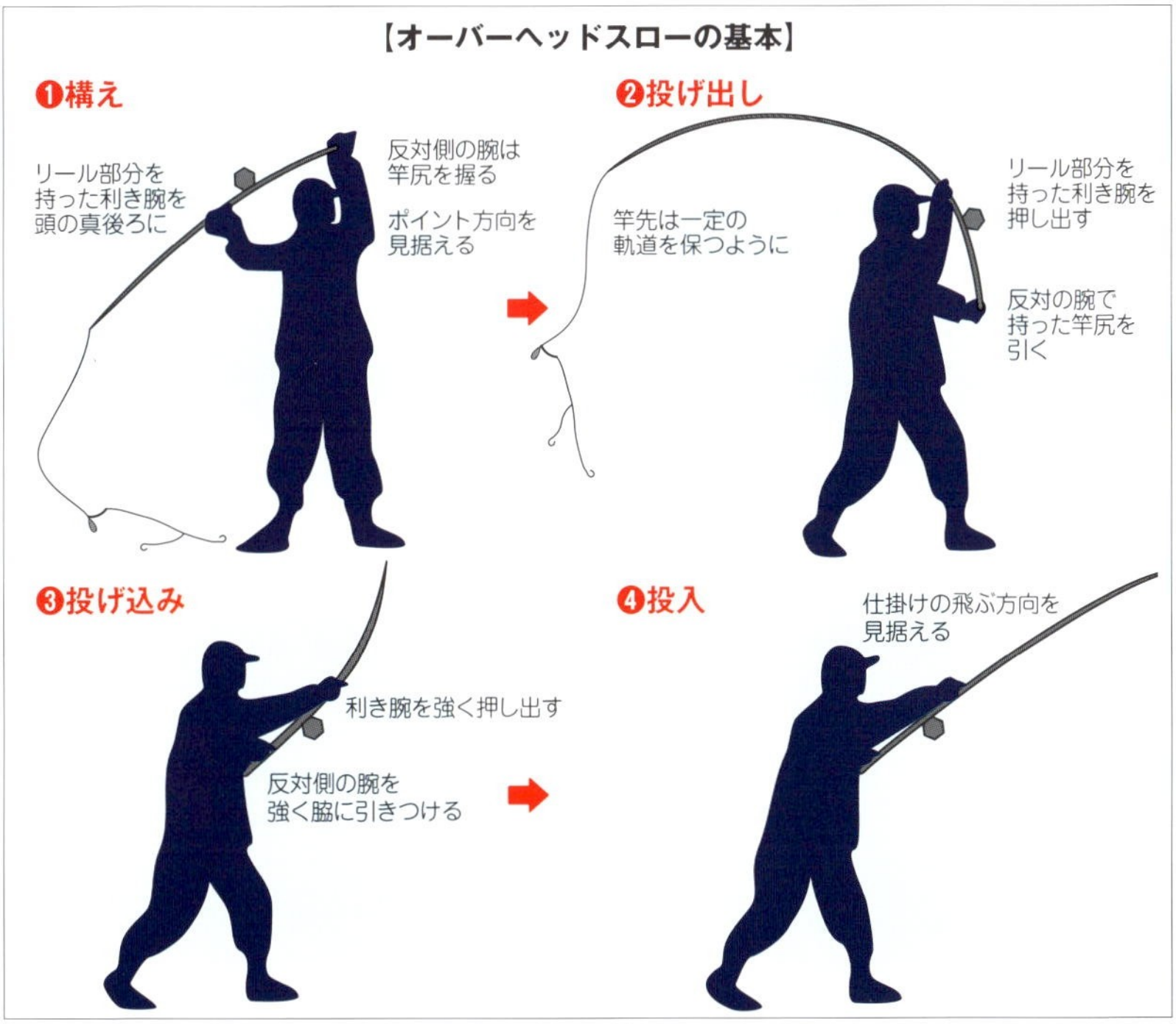
【オーバーヘッドスローの基本】
❶構え
リール部分を持った利き腕を頭の真後ろに
反対側の腕は竿尻を握る
ポイント方向を見据える
❷投げ出し
竿先は一定の軌道を保つように
リール部分を持った利き腕を押し出す
反対の腕で持った竿尻を引く
❸投げ込み
利き腕を強く押し出す
反対側の腕を強く脇に引きつける
❹投入
仕掛けの飛ぶ方向を見据える

ミニ知識 **ピンギスとは**●条件次第では束釣りもできるキス釣りでは、釣果としない放流サイズのシロギスのことをピンギスと呼ぶ。資源保護のためにもピンギスは海に戻そう。

釣り人や通行人がいないか周囲の安全を確認する。また、竿先に糸がからんでいないかどうかもチェックしよう。ハリスが竿先にからんでいると、オモリだけが思わぬ方向へ飛んでいくこともあるので注意が必要だ。

釣り方❷…誘いのテクニック

遠投したオモリが着水したら、ひと息おいて糸フケを取り、ミチ糸を張る。ミチ糸をたるませないように、少しずつリールを巻いたり、竿先を引くようにシロギスを誘ってみよう。少し誘ったらしばらくそのままで待ち、また誘うようなテクニックだ。

●ポイントはカケアガリ

誘っているときに少し重たく感じる場所がある。そこがシロギスが集まるカケアガリ。このポイントにさしかかったら、しばらく動きを止めるとアタリが出る。シロギスは仕掛けの通過で一瞬散ってしまうが、再びポイントに戻ったところ、そこにエサがあるのでつい食べてしまうからだ。

アタリは竿先にブルブルッとくる。軽く竿を立て、ハリ掛かりさせたらリールを巻こう。追い食いすることもあるので早巻きをしてはならない。

沖釣り

船

遊漁船のシロギス釣り

沖合いのシロギス釣りは、沿岸の浅場を狙う5～10月がビギナーには向いている。これは春先から水温が上昇し、船釣りでも沿岸に近い水深10～20ｍ前後がシロギスのポイントとなるからで、大釣りできるのもこの季節。

晩秋から春にかけた水温の低い時期はシロギスも深場に移動し、水深40ｍ前後の深場を攻めることも。深場のシロギスは数は釣れないが良型がそろうのが魅力だ。

【砂浜の投げ釣り】

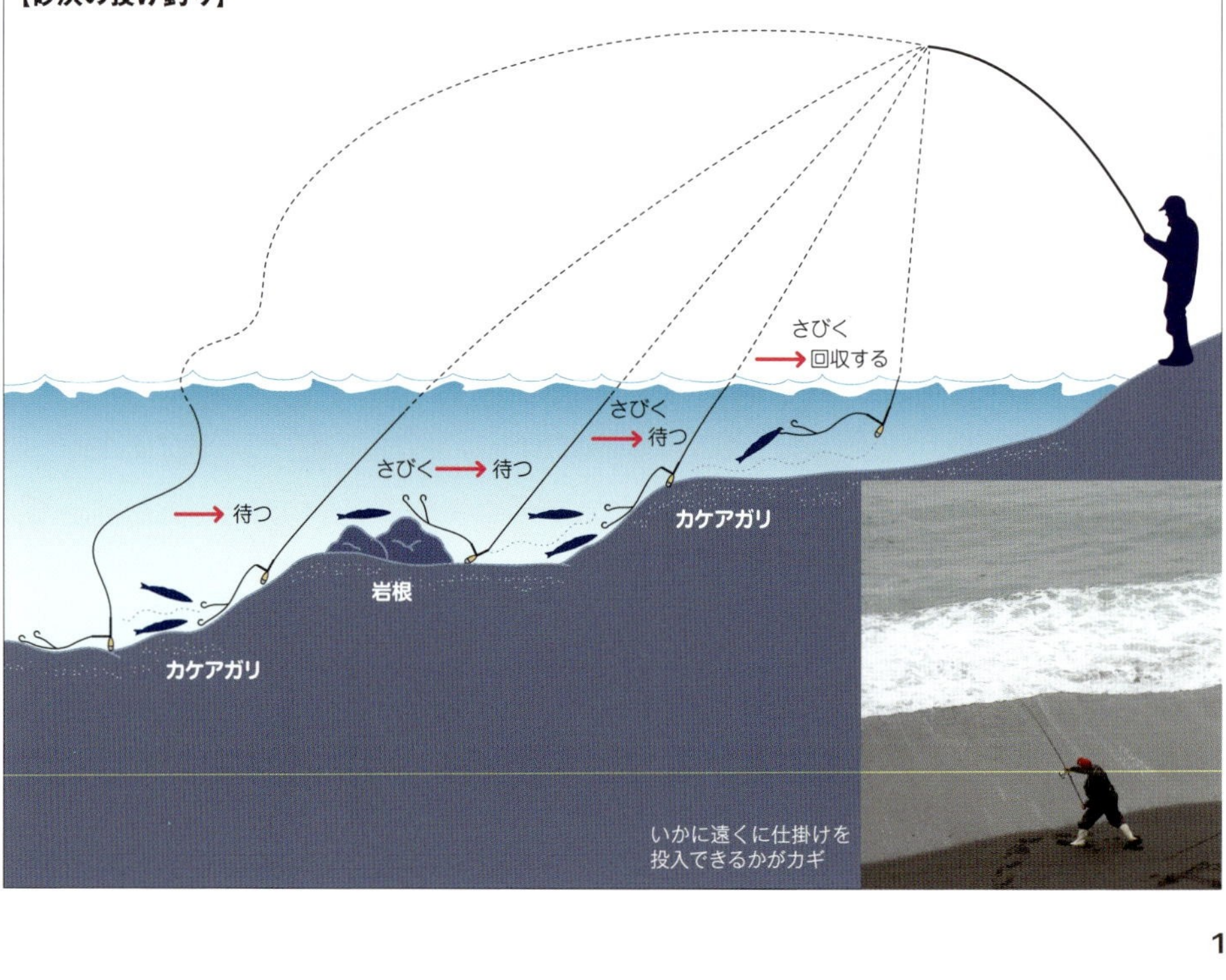

さびく
回収する
さびく
待つ
さびく
待つ
待つ
カケアガリ
岩根
カケアガリ

いかに遠くに仕掛けを投入できるかがカギ

【沖の投げ釣り仕掛け】

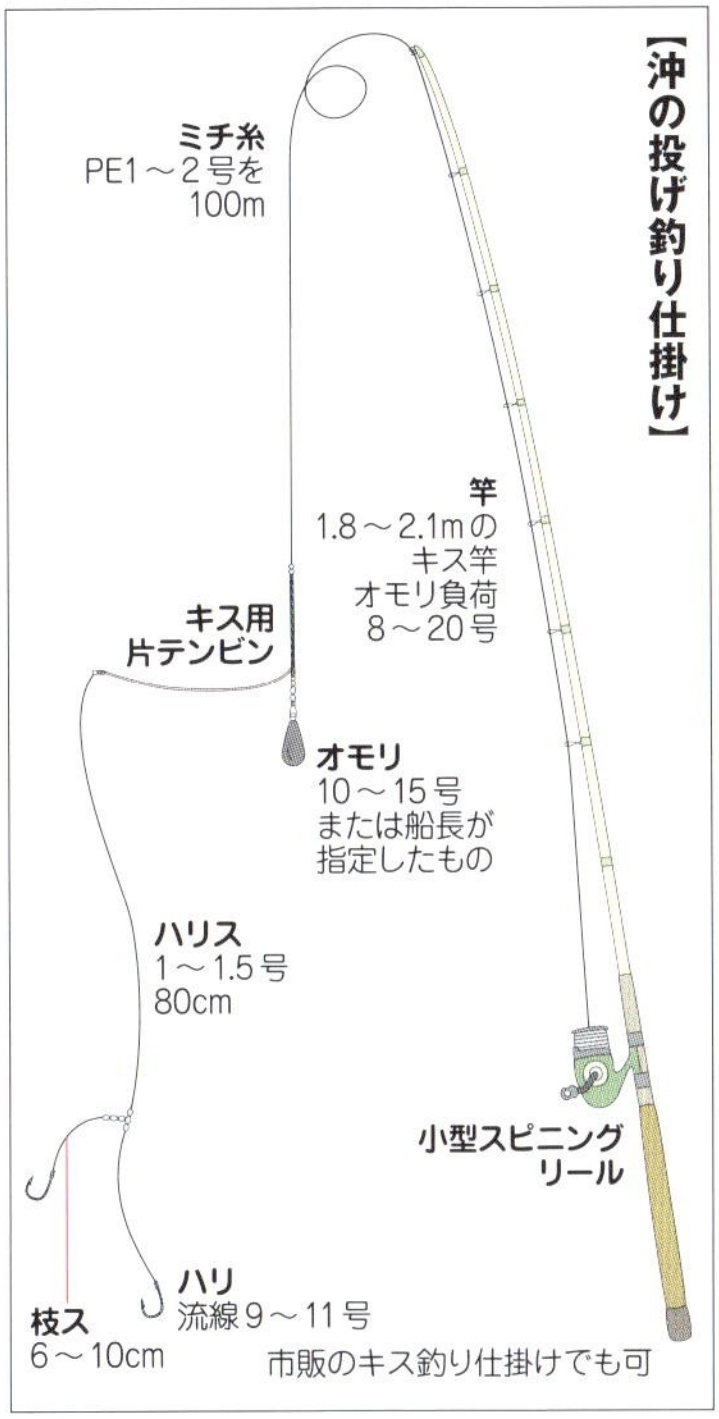
ミチ糸
PE1～2号を
100m
竿
1.8～2.1mの
キス竿
オモリ負荷
8～20号
キス用
片テンビン
オモリ
10～15号
または船長が
指定したもの
ハリス
1～1.5号
80cm
小型スピニング
リール
ハリ
流線9～11号
枝ス
6～10cm
市販のキス釣り仕掛けでも可

同時に釣れるメゴチはトゲが多い。
メゴチバサミは必携のタックル

仕掛け

◎**竿**　オモリ負荷8～20号のキス竿1・8～2・1m。

◎**リール&ミチ糸**　小型スピニングリールにPE1～2号を100m巻いたもの。

◎**テンビン・オモリ**　キス用片テンビンにオモリ10～15号。水深によってオモリは船長が指定したものを使用。

◎**ハリス**　1～1・5号全長80㎝に枝ス6～10㎝。市販のキス釣り仕掛けでもよい。

◎**ハリ**　流線9～11号。

◎**その他**　メゴチバサミ。

エサ

アオイソメ、イワイソメを使用。たらしはふつう3～4㎝、食いがよいときは1～2㎝でもよい。逆に食い渋る*ときは、たらしを長目にする。冬はアオイソメを1匹掛けしてもよい。

【沖の投げ釣り】

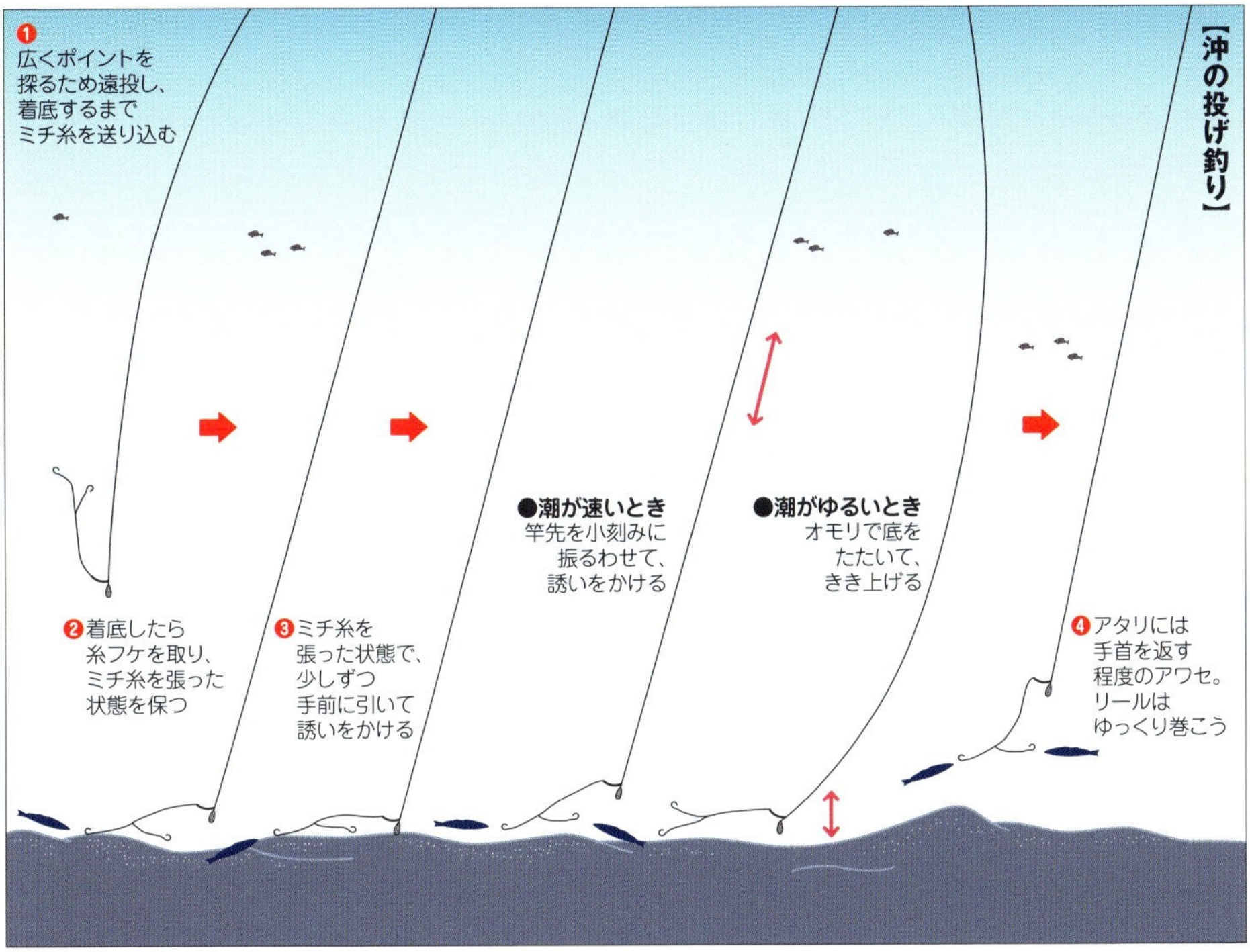
❶広くポイントを探るため遠投し、着底するまでミチ糸を送り込む
❷着底したら糸フケを取り、ミチ糸を張った状態を保つ
❸ミチ糸を張った状態で、少しずつ手前に引いて誘いをかける
●潮が速いとき
竿先を小刻みに振るわせて、誘いをかける
●潮がゆるいとき
オモリで底をたたいて、きき上げる
❹アタリには手首を返す程度のアワセ。リールはゆっくり巻こう

用語　**食い渋る**●魚の捕食活動が鈍り、アタリが極端に落ちている状態。水温が低かったり、高過ぎたり、また潮が停滞していたり、速過ぎたりするなどの環境的要因で、魚の活性が低くなっていることが多い。逆の状態は「食いが立つ」。

釣り方…広くポイントを探る

船釣りでの仕掛けの投入は、アンダースローで軽く投げる。船直下は釣れないことはないが、ポイントは広く探りたい。慣れればアンダースローでも、20m以上仕掛けを投げられるようになる。

オモリが着底するまでミチ糸を送り続け、着底したらすぐに糸フケを取る。後はミチ糸を張った状態で、少しずつ手前へ引いてくる。

●アタリとアワセ

潮が速いときはハリスが張っているので、竿先を小刻みに振るわせるだけでも誘いになる。反対に潮がゆるいときはハリスがたるんでくるので、小刻みにたたいたあと、ゆっくりきき上げてみる。

ククッとアタリを感じたら、手首を返す程度のアワセ。ハリ掛かりしなかったとしても、近くに他のシロギスがいることも多いのですぐに巻き上げず、2度目のアタリを待ってみよう。エサが残っていれば、10秒くらいで次のアタリが出ることが多い。

シロギス釣りで釣れる他の魚図鑑

シロギス釣りでシロギス以外に最も多く釣れる魚は、シロギスとすみかを同じくするメゴチ。しかし、標準和名でいうメゴチはコチ科のマゴチの仲間で、シロギス釣りで釣れる魚ではない。このメゴチはヨメゴチやヤリヌメリなどの総称。この仲間は天プラにするとシロギスよりおいしいという人もいる。

また、砂地に潜る習性をもつベラの仲間も多く釣れる。ベラの仲間は同じ種でも個体差がある上、雌雄で体色が異なる場合が多い。また成長すると、性転換する魚としても知られている。

イトベラ

スズキ目ベラ科
カンムリベラ亜科

本州中部～九州、小笠原に分布。
20cm。
岩礁や転石の周囲に生息。体型はキュウセンに似ているが、体高が低く、キュウセンより細長い。体色は白地で背ビレ側が褐色、体側にある褐色の縦帯と尾ビレの斜めに走る帯が特徴。

オキゴンベ

スズキ目ゴンベ科

相模湾以南の南日本に分布。
15cm。
他のゴンベ科の魚よりやや深い、水深40mまでのサンゴ礁や岩礁の崖や岩の割れ目に生息。雌雄両方向への性転換ができる。繁殖期は夏。食用にはされない。

オハグロベラ

スズキ目ベラ科
カンムリベラ亜科

千葉県、島根県以南の南日本に分布。
20cm。
海藻の茂った岩礁域に生息。雌雄で体色がかなり異なり、オスは黒地に金色の色合い、メスは赤色。オスは背ビレの前にあるトゲが糸状に長く、メスは短い。

カンムリベラ

スズキ目ベラ科
カンムリベラ亜科

神奈川県以南の南日本に分布。1m。
水深20mまでの岩礁やサンゴ礁に生息。体色の違いが幼老・雌雄でかなり異なる。幼魚は背部の白地に赤と黒の斑点という派手な色彩が特徴的。成長すると暗緑色となり、オスは老成すると額がコブ状に突き出してくる。

キュウセン（♂）

キュウセン（♀）

スズキ目ベラ科
カンムリベラ亜科

沖縄を除いた北海道南部以南に分布。30cm。
岩礁周辺や岩の混じった砂底に生息。夜は砂に潜って眠り、低温の冬には同じように砂に潜って冬眠する。体側に暗色の縦帯が走り、オスは胸ビレの後ろに暗い斑がある。ベラ類では最も味がよく、アオベラと呼ばれるオスは関西では珍重される。メスはアカベラとも呼ばれる。

ホシササノハベラ（♂）

スズキ目ベラ科
カンムリベラ亜科

ホシササノハベラ（♀）

青森、千葉県以南の琉球列島を除く日本各地に分布。20cm。
幼魚の頃はすべてメスだが、一部は産卵後にオスへ性転換する。黄土色または緑色がかった色合いで、赤みのあるものはよく似たアカササノハベラと混同されやすい。ホシササノハベラの場合は、目の下にある褐色の筋が胸ビレまで届かないことで区別できる。

ヤリヌメリ（♂）

スズキ目
ネズッポ科

北海道南部以南の沿岸部に分布。25cm。
水深 50m 前後までの底層に生息。ネズミゴチに似ているが、ヤリヌメリの場合は、側頭部にあるトゲが長いヤリ状で曲がらないことが大きな特徴。釣り上げると悪臭を放ち、食べると腹痛を起こすことがある。産卵は 10 ～ 12 月。

ヨメゴチ

スズキ目
ネズッポ科

本州中部以南に分布。
オス 30cm、メス 20cm。
沿岸部の砂泥底や粗砂底に生息し、深い底層に生息するタイプは大型のものが多い。後頭部に 1 対の骨質突起があり、淡色流状紋の第 1 背ビレが背ビレ後方の黒色斑を 2 分する。尾ビレが長いことから、オナガとも呼ばれる。

用語　**ベラの性転換**●ベラ科の仲間は性転換することで知られる。メスのグループ（雌相）には生まれたときからのオス（一次オス）とメスが混じっており、体内を見ないとオスかメスか判別できない。これに対し二次オスとは、生まれたときはメスだったものが性転換してオスになったものだ。

スズキ目スズキ科

シーバス釣りの名で親しまれる大物釣りのポピュラーなターゲット
スズキ

フッコ、マダカ、セイ、セイゴ、ハネ、ハクラ、シーバス

船　ボート　磯　堤防　浜　河川

特徴

スズキは水温の変化に強く、また海水魚ながら淡水にも強い。磯や港湾の海水域から河口部の汽水域、ときには河川の中流域まで、エサとなる小魚の行動によって広いエリアを移動できるタフさだ。基本的には夜行性だが、昼夜を問わずスズキ釣りが楽しめる。

◆60cm超がスズキとなる出世魚

出世魚の一種で、関東地方では30cm以下の小さな魚をセイゴ、30～60cmをフッコ、60cmもしくは、70cm以上をスズキと呼ぶのが一般的。フィッシュイーターとして知られ、ルアーフィッシングではシーバスと呼ばれ、各地でトーナメントも開催されている。

釣り場

小魚を求めて回遊するスズキの釣り場は、河川から湾内までと広範囲にわたる。港では特に沖堤防が好ポイントで、河口付近では消波ブロックや橋ゲタ、常夜灯周りなどが代表的ポイントとなる。

70cmクラスのスズキ。大物狙いは沖釣りがよい

釣り方

イソメエサで河口の岸や堤防で楽しむチョイ投げやウキ釣り、エビエサを使った沖釣り、カタクチイワシを活きエサにした泳がせ釣りなどがある。ルアーフィッシングでは堤防から狙ったり、ウェー*ダーをはいて河口や海岸に入って釣る「立ち込み釣り」、ボート釣りなどが行われている。

生　態　エサを求めて外海に面した岩礁帯から内湾、汽水域、さらには河川下流域まで移動する。

カレンダー

1	2	3	4	5	6	7	8	9	10	11	12
			4～6月はエビエサの釣期					9～11月は産卵期を迎えて脂がのる			

全　長　最大1m（通常は30～60cm）

食　性　甲殻類、イソメ類、小魚

分　布　東北から九州にかけての内湾、沿岸部。

スズキの仲間図鑑1

タイリクスズキ
スズキ目スズキ科

中国や朝鮮半島沿岸に生息。養殖用に輸入されたものが逃げ出したと見られている。*吻（ふん）が短いこと、黒斑の位置、尾ビレの切れ込みが深いことなどで、スズキと判別が可能。この個体はスズキとの雑種の可能性も否定できない。

用語　ウェーダー●バカ長、胴長などと呼ばれる腰や胸まである長靴。渓流釣りなどでよく使われるが、最近は遠浅な水域に立ち込むシーバスゲームでの必須アイテムとなっている。

堤防の投げ釣り

堤防

【堤防の投げ釣り（チョイ投げ）仕掛け図】

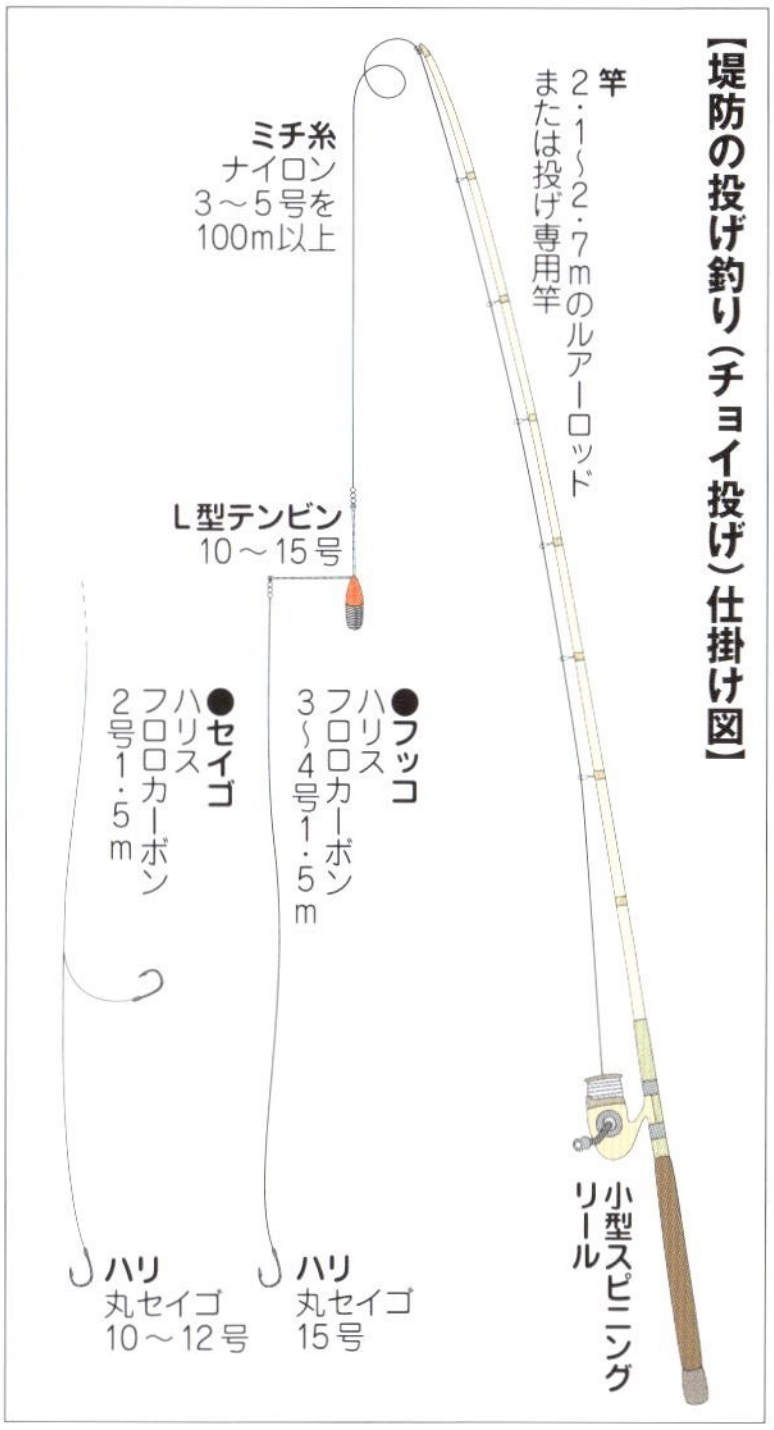
竿
2・1～2・7mのルアーロッド
または投げ専用竿
ミチ糸
ナイロン
3～5号を
100m以上
L型テンビン
10～15号
●フッコ
ハリス
フロロカーボン
3～4号1・5m
●セイゴ
ハリス
フロロカーボン
2号1・5m
ハリ
丸セイゴ
15号
ハリ
丸セイゴ
10～12号
小型スピニングリール

気軽なチョイ投げ

本格的な投げ釣りではなく、10mほど先のポイントを狙った投げ釣りがチョイ投げ。セイゴクラスのスズキなら、堤防や岸壁からのチョイ投げで十分楽しむことができる。

仕掛け

◎竿　2・1～2・7mのルアーロッド、または投げ専用竿。

◎リール&ミチ糸　小型スピニングリールにナイロン3～5号を100m以上巻いたもの。

◎テンビン・オモリ　10～15号のL型テンビンまたはジェットテンビン。

◎ハリス・ハリ　ハリスはフロロカーボンで、ハリスとハリは狙うサイズによって替える。

セイゴ級が中心となるポイントでは、2号のハリスにハリは丸セイゴの10～12号、フッコが期待で

【セイゴ・フッコのポイント図】

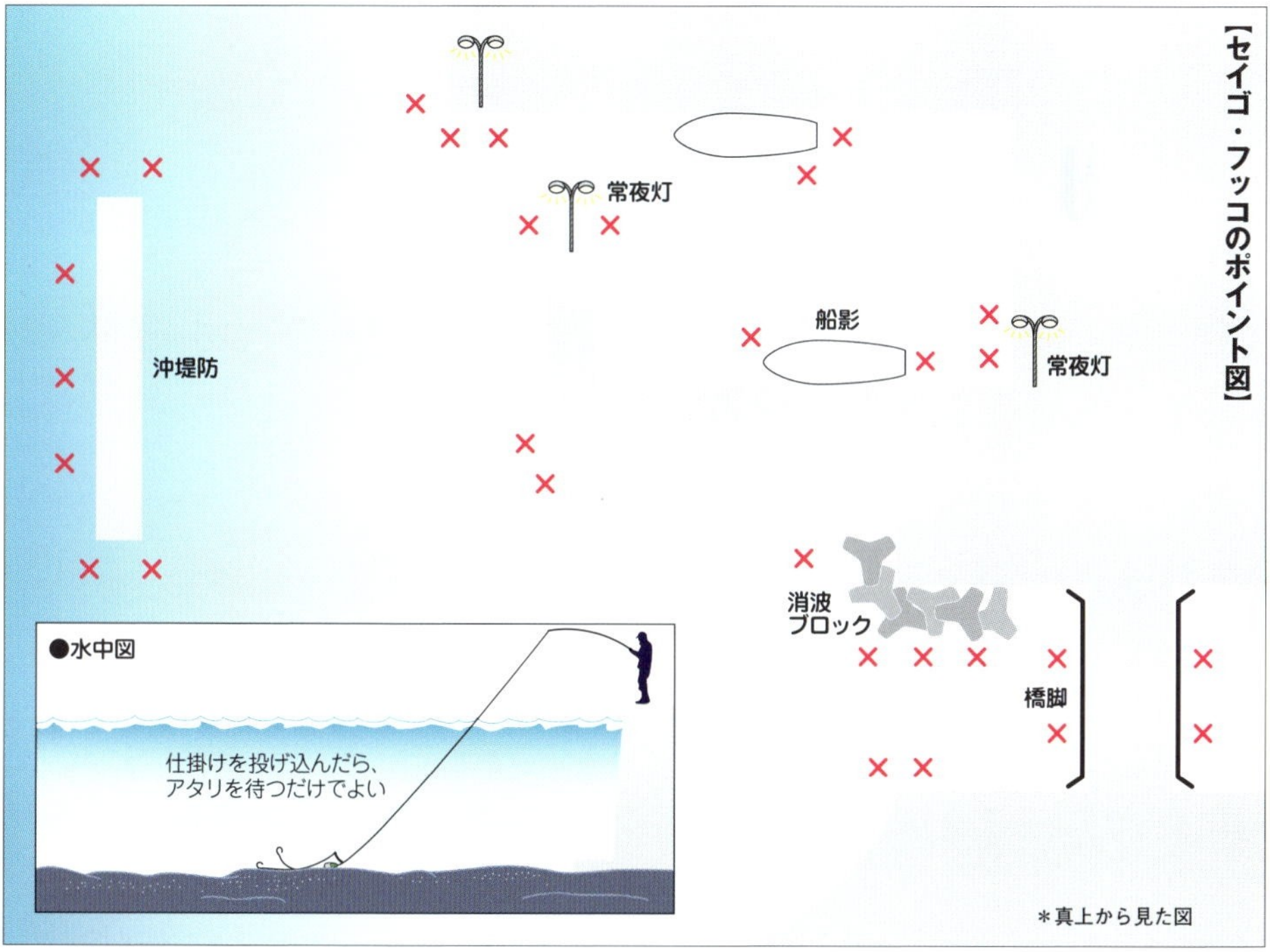
常夜灯
船影
常夜灯
沖堤防
消波
ブロック
橋脚
●水中図
仕掛けを投げ込んだら、
アタリを待つだけでよい
＊真上から見た図

用語　吻（ふん）●動物の口先に当たる部分を指す名称。目より前に位置し、口から突き出した管状の構造となっているものが多い。明瞭な例としてはノコギリザメの頭部の先端などがある。

きる場所では丸セイゴの15号にハリスは3～4号を使う。

スズキの口は大きいため、小さいハリだとスッポ抜けがあるので注意が必要。セイゴ狙いなら幹糸3号の市販のカレイ投げ仕掛けが便利だが、フッコ狙いは1本バリがよい。

◎その他　竿掛け、夜釣りの場合は懐中電灯、ケミホタル、鈴。

エサ

アオイソメなどのイソメ類を1匹または房掛けにする。フッコ級以上のサイズが狙える場所では、イワイソメも効果的だ。

釣り方…明確なアタリ

釣り方は単純。ポイントに仕掛けを投げ込み、アタリを待つだけだ。アタリは明確で、セイゴ級でも竿先が大きく動くのですぐわかる。アタリがあったら竿を大きくシャクリ、アワセを入れる。

●エラ洗いに注意

ハリ掛かりしたスズキは、水面で飛び跳ねることがよくある。これは「エラ洗い」と呼ばれる行為で、エラ洗いでミチ糸がゆるむと、ハリが外れてしまうこともある。ヒットしたら竿先を下にして、リールを速めに巻こう。

【エビエサ釣り仕掛け】

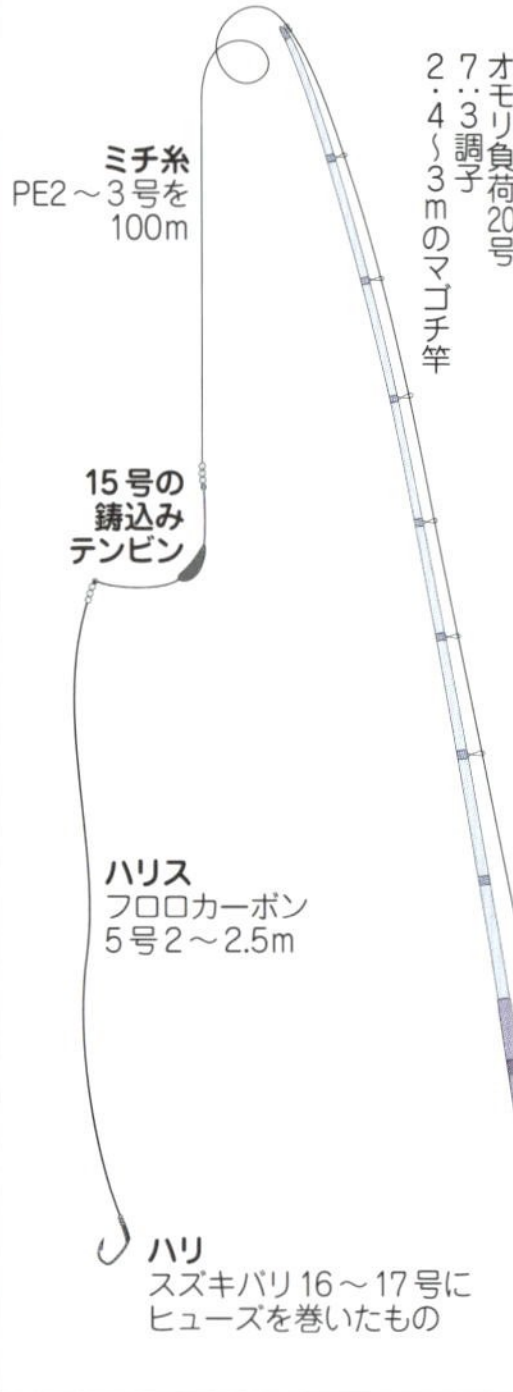

船

エビエサ釣り

気軽なチョイ投げ

活きたエビをエサに使うのが、「エビスズキ」とも呼ばれるこの釣り方。ルアーがメインとなったスズキ釣りの中で、東京湾でのエビエサ釣りは今でも人気があり、初夏の風物詩ともなっている。

仕掛け＆エサ

◎竿　オモリ負荷20号程度、7・3調子で2.4～3mのマゴチ竿、キス竿、カレイ竿など。70～80cm級の大型も交じるので全体的にパワーがあった方がよい。

◎リール＆ミチ糸　ドラグ調節ができる小型両軸リールにPE2～3号を100m巻いたもの。

◎テンビン・オモリ　15号の鋳込*みテンビン。

◎ハリス　フロロカーボン5号2～2.5m。船宿で長さが異なる。

◎ハリ　スズキバリ16～17号に*ヒューズを巻いたもの。

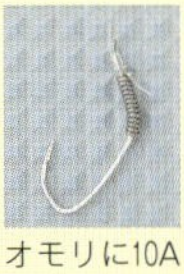

オモリに10A程度のヒューズを巻いたスズキバリ

◎その他　竿置き。

◎エサ　活きたエビ。小型のアカエビ、シバエビ、クルマエビ(サイマキ)を使うことが多い。

釣り方…指示ダナを守る

●エビエサの形に注意

10Aほどのヒューズを巻いたスズキバリをエビの口から入れ、頭部のケンの後方からわずかに出す。ハリ先は上ではなく、エビの前方に抜けるような形に。ちょっとした違いでエビの姿勢が変わるため、ここは細心の注意を払おう。

船長のアナウンスを聞いたら、指示ダナまで正確に仕掛けを落とす。水深はPEラインの1mごとにつけられたマーカーでカウント。船長はその船宿指定のハリスの長さを考え、水深をアナウンスしている。わずかなタナの狂いが食いに影響し、またタナが刻々と変わるため、その

用語　**鋳込みテンビン**●片テンビンなど船釣りで使うテンビンのひとつ。オモリとテンビンが一体になっていて、スズキ釣りなどアタリの感度を重視する釣りに利用される。ただし、オモリとテンビンが固定されているため、オモリの交換はできない。

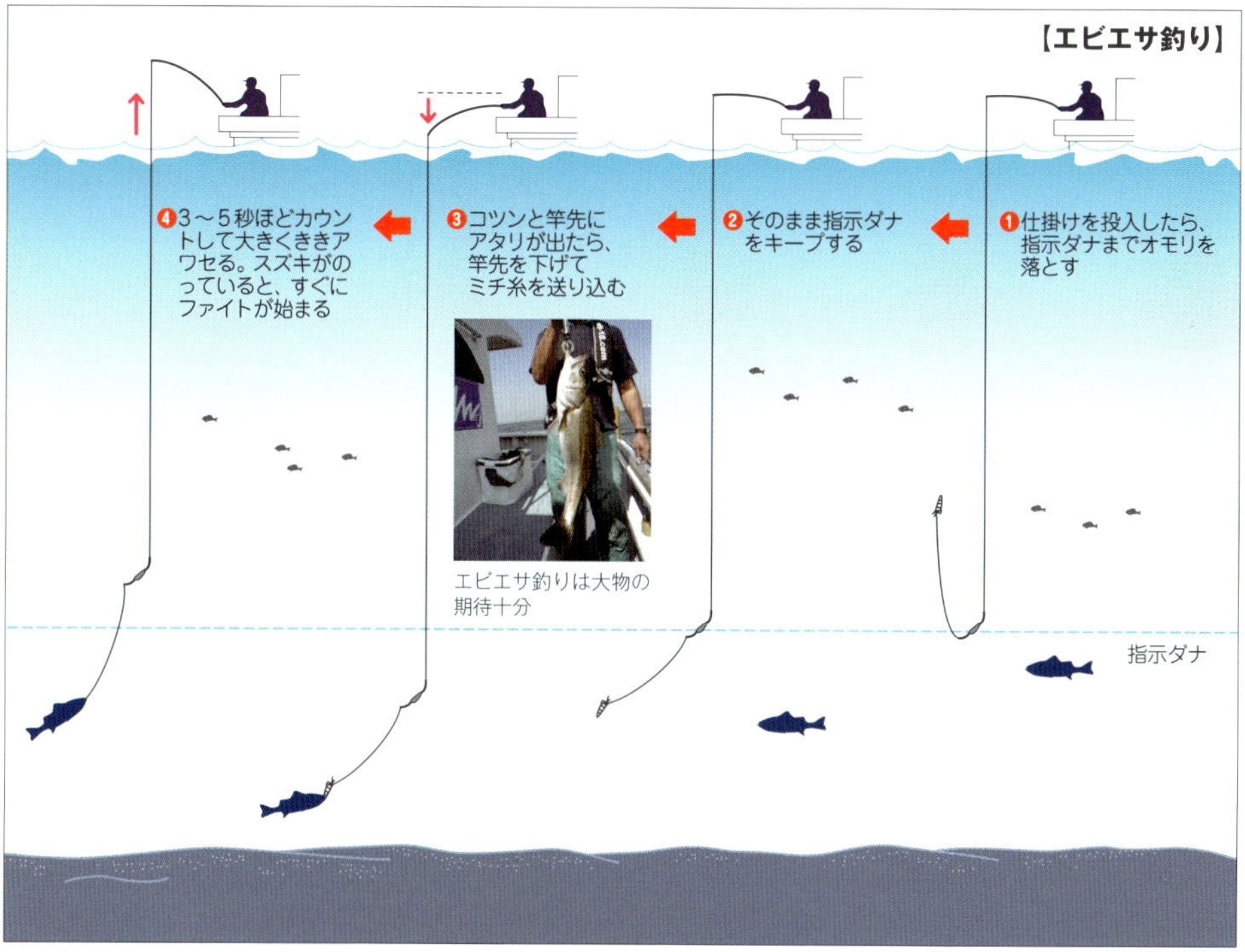
【エビエサ釣り】
❶仕掛けを投入したら、指示ダナまでオモリを落とす
❷そのまま指示ダナをキープする
❸コツンと竿先にアタリが出たら、竿先を下げてミチ糸を送り込む
❹3～5秒ほどカウントして大きくききアワセる。スズキがのっていると、すぐにファイトが始まる
指示ダナ

エビエサ釣りは大物の期待十分

つどタナを取り直すことが大切だ。

●強い引きはドラグで調整

竿は手持ちが基本。船の揺れは身体で交わし、指示ダナを維持しよう。アタリは最初コツンと出るので、竿先を下げてミチ糸を少し送り込み、3～5秒ほどカウントしたら、竿をゆっくり立ててきアワセる。このとき大きくシャクらないこと。スズキがのると、グッグッと急に引いてくるはずだ。

スズキは最初に水面で暴れることが多い。大物の最初の引きは強いので、リールのドラグで調整。取り込みは竿を立て、テンビンを竿先ギリギリまで巻き上げたところで、タモですくってもらおう。

ルアーフィッシング

船　ボート　河川

陸上からの疑似餌釣り

ルアー（疑似餌）フィッシングの中でも、根強い人気を誇っているのが河口岸や堤防などの身近な場所で楽しめるシーバスフィッシング。身近な陸上やボートから狙うスタイルとはいえ、夢の大物を手中にできる釣りは、現在ではスポーツフィッシングの1ジャンルを築いている。

仕掛け

◎ロッド　7～9ftのシーバス専用ロッド。堤防など陸上から狙う

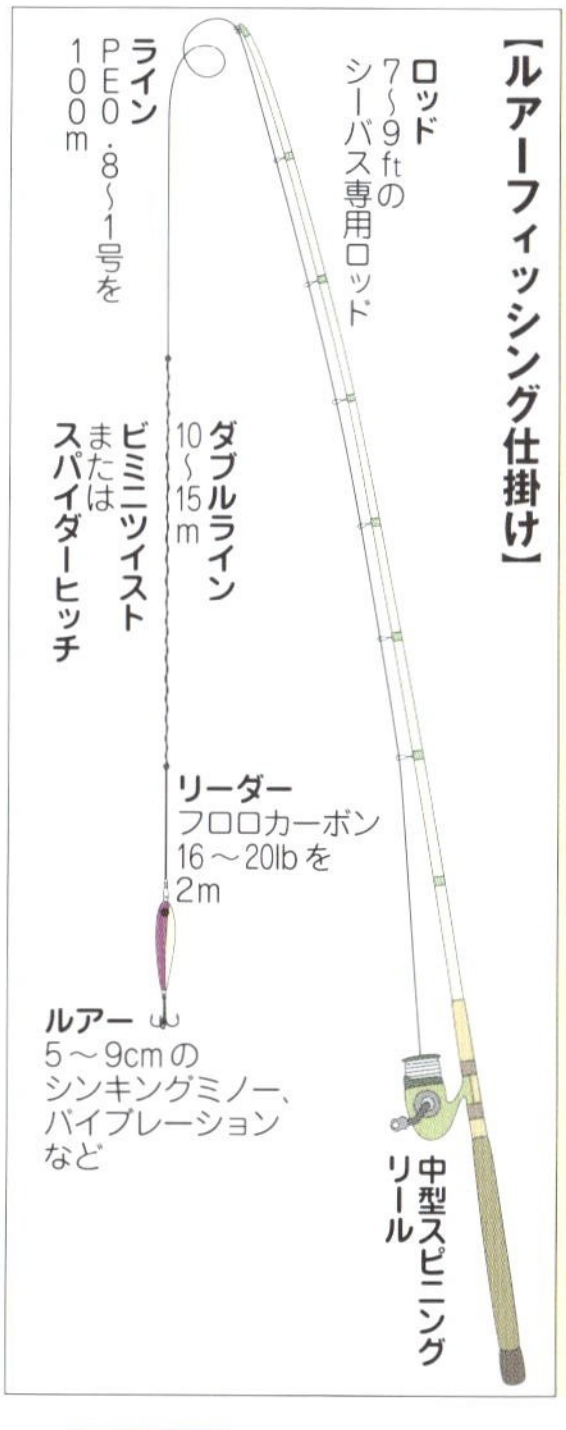
ロッド
7～9ftのシーバス専用ロッド
ライン
PE0.8～1号を100m
ダブルライン
10～15m
ビミニツイスト
または
スパイダーヒッチ
リーダー
フロロカーボン
16～20lbを
2m
ルアー
5～9cmのシンキングミノー、バイブレーションなど
中型スピニングリール

【ルアーフィッシング仕掛け】

用語 **ヒューズ**●過大電流が流れるのを防ぐための安全装置に使う電線。鉛と錫（すず）の合金でやわらかく、スズキのエビエサ釣りでは10A（アンペア）の太さのものをハリに巻いてオモリとしている。

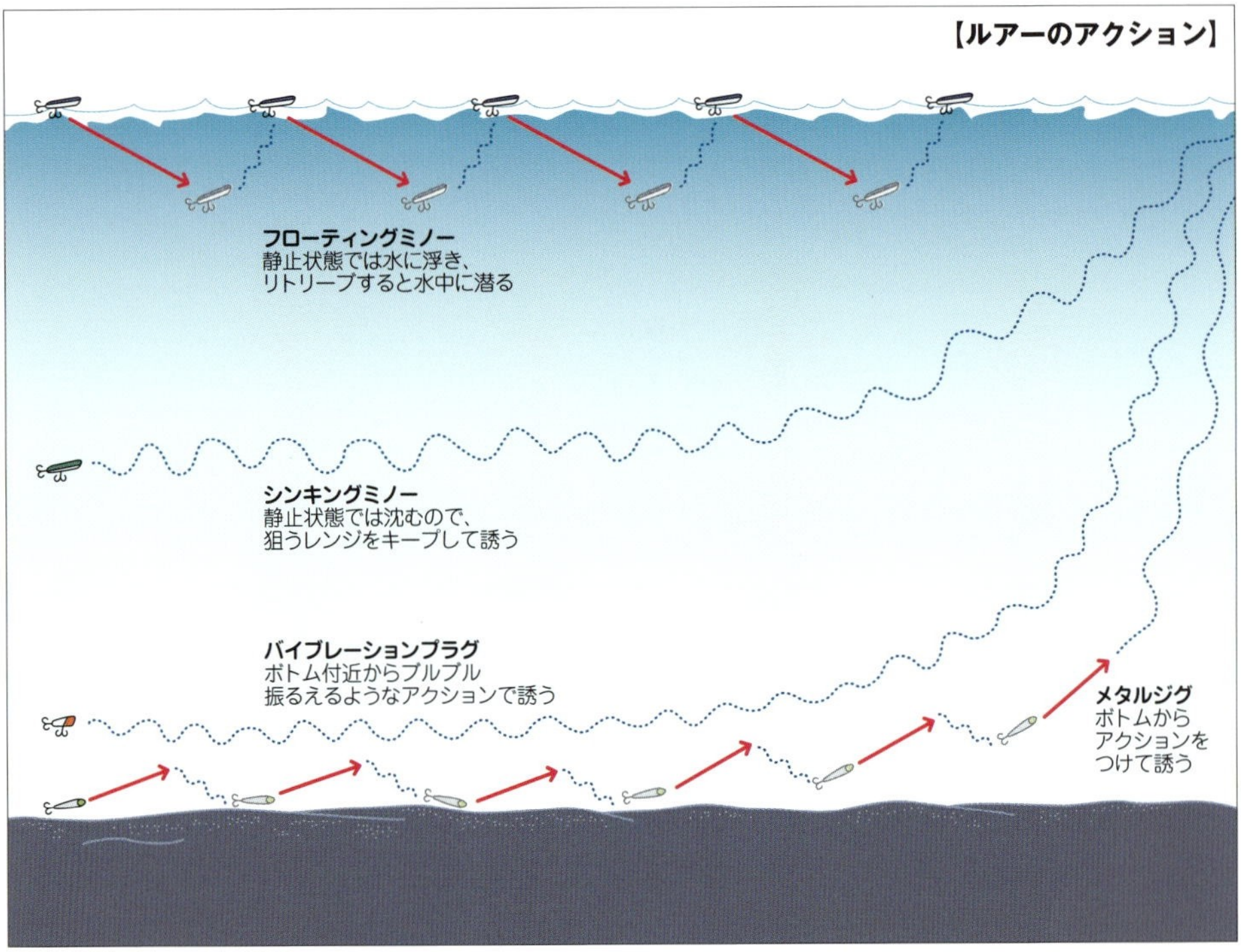

釣りでは長めのロッドが有利だ。

◎リール&ライン 中型スピニングリールにPE0.8~1号を100m巻いたもの。ボートから狙う場合はブラックバス用のベイトキャスティングリール*でもよい。

◎リーダー フロロカーボン16~20lb(4~5号程度)を2m。

◎ルアー 堤防でのシーバス釣りでは5~9㎝のルアーを使う。ルアーは上層から中層を狙うシンキング・ミノーと、やや深めを探るバイブレーション・プラグの最低2種類はそろえておこう。

ボート釣りではフローティングミノーやメタルジグも有効。色は濁り潮ではピンク、レッド、オレンジ系、澄み潮ならブルー、グリーン系と、状況によって使い分ける。

◎その他 夜釣り用ヘッドランプ。

釣り方…夜釣りが基本

陸からの釣りは夜釣りが基本。夜間は表層近くをゆっくりと攻めよう。シーバスが隠れていそうな橋脚や消波ブロックの周辺など、ストラクチャー周りが狙い目だ。エサとなる小魚が集まっている常夜灯のある堤防付近もよい。

沖堤防など水深があるところでは、昼間も狙うことができる。日中は深場を速いアクションで誘うバイブレーション・プラグやメタルジグがよい。

ヒラスズキの釣り

磯

ルアーマン憧れの魚

比較的穏やかな内湾を好むスズキに対し、外洋に面した荒々しい磯をすみかとするのが、同じスズキ科のヒラスズキ。波が崩れたサラシ*の下をエサ場として回遊するので、サラシの出るところをルアーフィッシングで攻める。スズキよりも格段に強い力をもつファイターで、ヒラスズキ専門に狙うルアーマンも多い。食味はスズキより美味。

用語 **ベイトキャスティングリール**●スプール(糸巻き)を両側で支えている両軸受けリールのこと。スピニングリールは、ラインが巻き取り面から垂直に出て行くのに対し、ベイトキャスティングリールは、巻き取り面と糸の出る方向が平行。ブラックバス釣りなどに使われる。

スズキの仲間図鑑2

ヒラスズキ

スズキ目スズキ科

目が大きい
体高が高い
つけ根が太い

房総半島以南の外洋に面した磯、幼魚は河口周辺にも分布。地方名はモス、ヒラセイゴ、ヒラフッコ他。90cm（通常は 40 ～ 60cm）。
元来日本に生息する２種のスズキのうちの１種。警戒心が強く、荒磯のサラシ付近に生息しているが、生態は不明点が多い。スズキと比べて体高が高い上、尾ビレのつけ根が太いのが特徴。主にイソメ類、甲殻類、小魚を捕食、冬から春 (10 ～５月) にかけて脂がのって旬。

【ルアーフィッシング仕掛け】

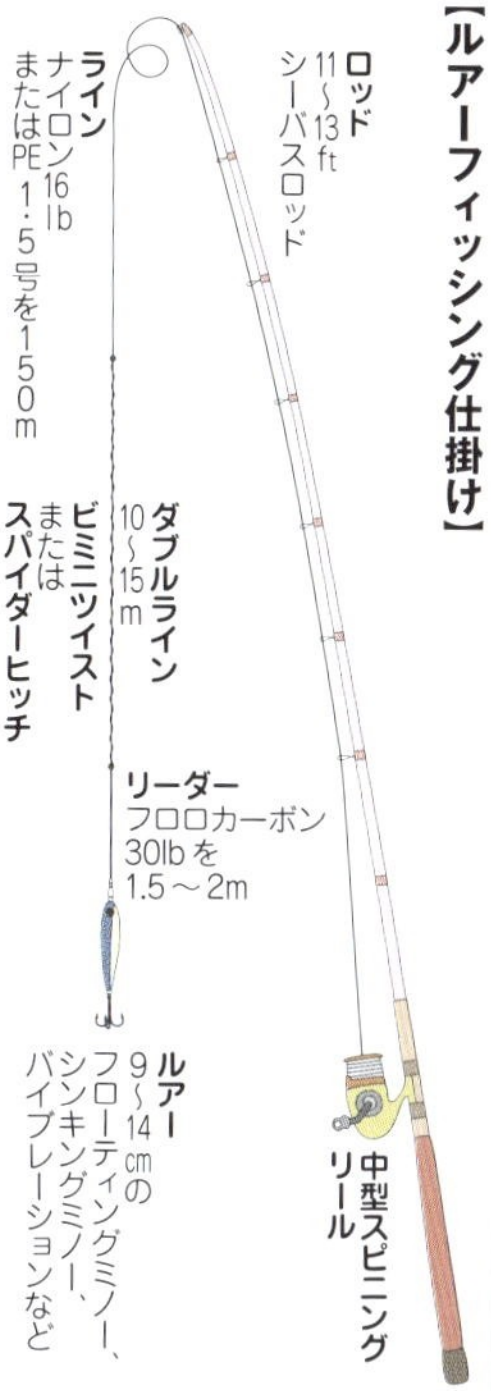
ロッド
11～13ft
シーバスロッド
ライン
ナイロン16lb
またはPE1.5号を150m
ダブルライン
10～15m
ビミニツイスト
または
スパイダーヒッチ
リーダー
フロロカーボン
30lbを
1.5～2m
中型スピニング
リール
ルアー
9～14cmの
フローティングミノー、
シンキングミノー、
バイブレーションなど

point 専用フックを使う

ヒラスズキのファイトは激しく、おまけに荒れた磯で波のパワーも加わり、ルアーについているフックではファイト中に伸びてしまうこともある。千載一遇のチャンスを逃さないためにも、フックは別売の専用フックを使おう。フッキング率も向上する。

ルアーはシンキング・ミノー（左）とバイブレーションプラグは基本。その日の状況により色をチェンジ

ヒラスズキは磯のサラシを狙う

仕掛け

◎ロッド　11～13ftのシーバス用ロングロッド。

◎リール&ライン　中型スピニングリールにナイロン16lbかPE1.5号を150m巻いたもの。

◎リーダー　フロロカーボンの30lbを1.5～2m。浅くて根が多いようなポイントは長目、足下から深いポイントは短か目に設定。

◎ルアー　9～14cmのフローティングミノー、シンキングミノー、バイブレーションなど。ハードな使用に耐えられるしっかりしたルアーを選ぶ。色は特にこれといったものはないが、ヒットしないときはこまめに替えよう。

◎その他　スパイクブーツ、ライフジャケット。軽装は厳禁。

釣り方…サラシが基本

●サラシの中を引く

サラシが広がるタイミングを見はからって、サラシの向こう側にルアーを落とし、その中を引いてくる。ヒラスズキは海底の根などに寄り添うようにしてベイトを待ちかまえているので、キャストはピンポイントキャスティングで狙う。

●大きいサラシでヒット！

白いサラシの中からルアー目がけて巨体が躍り出る瞬間は何ともいえない。岩でラインをこすらないよう慎重に取り込もう。大物は寄せる波に合わせて、陸側に持ってくるようにして取り込む。

ヒラスズキの釣りは波が砕ける磯のサラシで、サラシが大きいほどヒットする確率が高いといわれている。荒波が砕ける場所での釣りなので、くれぐれも安全対策を怠らないようにしたい。また、複数での釣行を心がけよう。

用語　サラシ●磯や堤防に打ち寄せる波が岩や消波ブロックに当たって砕け、白く泡立っている様子。酸素含有量が多く、小魚も集まる。特に磯を好むヒラスズキやメジナの好ポイントとなっている。払い出しともいう。

コウイカ目コウイカ科

おいしい食材ともなるイカスミを吐くのが特徴
スミイカ（コウイカ）

スミイカ、ハリイカ、マイカ

船　ボート　磯　堤防　浜

生　態　水深10～100mの深場に生息。春から初夏にかけて産卵のために浅場に寄ってくる。寿命は１年。

カレンダー

1	2	3	4	5	6	7	8	9	10	11	12
■	■							沿岸に寄って釣りやすくなる			

全　長　最大胴長25cm（通常は15～20cm）

食　性　甲殻類、小魚

分　布　茨城県以南、山形県以南の沿岸部や湾内。

特徴

イカの仲間はスルメイカのようなツツイカの仲間と、コウイカの仲間に分けられる(→P42)。胴の中にサーフボードのような石灰質の板(甲)が入っているのがコウイカで、関東近辺の釣りではスミイカと呼んでいる。これはコウイカが大量のスミを吐くためだ。

◆新イカは高級寿司ネタ

春から初夏に掛けて産卵し、初秋に5㎝くらいに成長したものは、寿司の高級ネタで「新イカ」と呼ばれ、非常に高価で取り引きされる。また、イカスミスパゲティのイカスミは、コウイカのスミを食材としたものだ。

本書ではこのコウイカをスミイカとして取り上げた。

釣り場

波の穏やかで、海底が砂地となっている場所。春に生まれたスミイカは沿岸の砂泥地で成長し、秋が深まって水温が下がると、しだいに深い海域に移動する。

釣り方

活きたシャコを使うテンヤ(オモリとハリを一体化させた釣り道具)釣りの他、中オモリをつけた餌木釣り、餌木をテンヤ風にアレンジした餌木テンヤ、トトスッテ(魚の形をした疑似餌)を使った投げ釣りなどの釣り方がある。

餌木にのったスミイカ

スミイカのそっくりさん

カミナリイカ

コウイカ目コウイカ科

市場でモンゴウイカの名で取引される。
背の部分に埴輪（はにわ）の目のような模様があることでスミイカ（コウイカ）と区別できる。春に産卵のため浅場に寄る。
千葉県以南に分布。●全長 30cm。●ギッチョイカ、コブイカ。

テンヤ釣り

船

活きシャコをエサに

スミイカの釣りとしては伝統的な釣法で、活きているシャコをテンヤに刺して釣るもの。

仕掛け

◎竿　1日シャクリ続けられる軽量で、かつ竿先に柔軟さを備えた先調子のスミイカ専用竿がよい。オモリ負荷25号程度、2・1～2・7mの先調子の竿でもよい。

◎リール　小型両軸リールまたは小型スピニングリールに、PE2～3号を100m巻いたもの。遠投するには小型スピニングリールが向いている。

◎ハリス　幹糸フロロカーボン4号を2m、枝スをフロロカーボン3号を10cm前後結ぶ。

◎テンヤ　スミイカテンヤ20～25号。

◎スッテ　テンヤから40cmほど上に枝スを出して、トトスッテをつける。

エサ

シャコ(冷凍ものでも可)は、テンヤの竹製の串を尾から刺し目のところで止めて、テンヤにくくりつける。シャコの尾は硬いのでV字にカットする(下図参照)。

【テンヤ釣り仕掛け】

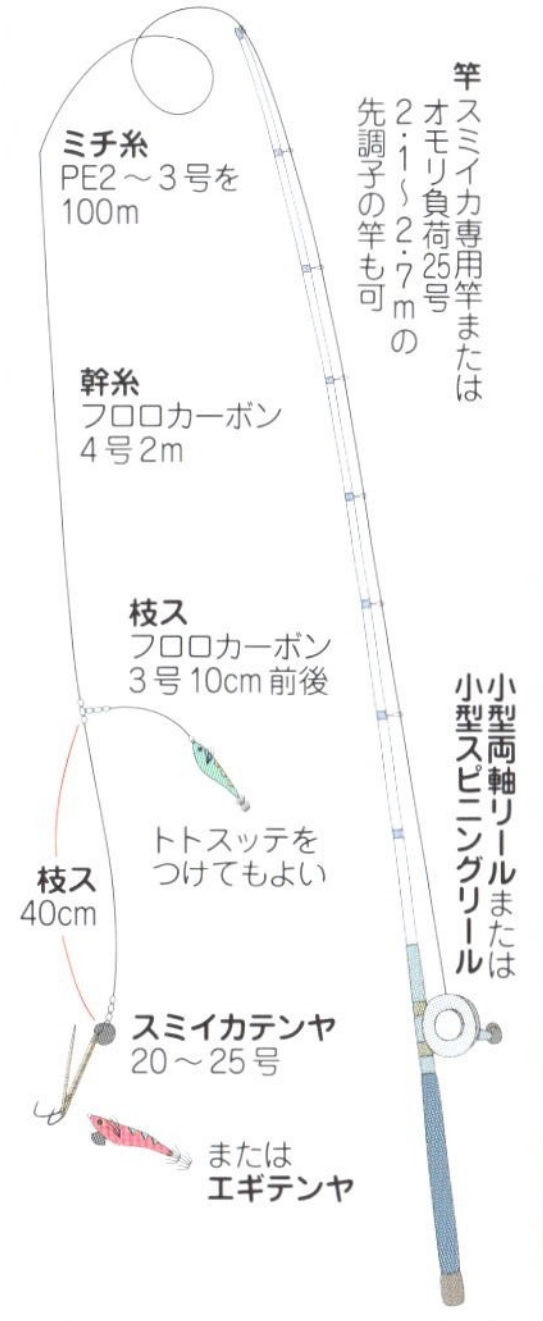
竿
スミイカ専用竿または
オモリ負荷25号
2・1～2・7mの
先調子の竿も可
ミチ糸
PE2～3号を
100m
幹糸
フロロカーボン
4号2m
枝ス
フロロカーボン
3号10cm前後
小型両軸リールまたは
小型スピニングリール
トトスッテを
つけてもよい
枝ス
40cm
スミイカテンヤ
20～25号
または
エギテンヤ

釣り方…重要な落とし込み

●探りとシャクリでイカを誘う

スミイカのテンヤ釣りは、ひたすらシャクリ続け、スミイカののりを待つ。初めに放り投げる要領で仕掛けを前方に投入。ミチ糸がタルんでフケが出たら、テンヤが着底したサイン。

すぐに糸フケを取り、10秒ほど間をおいたらテンヤを1mくらいピョンと跳ね上げるような動きをイメージして、竿を鋭く振り上げてシャクリを入れる。

続いてゆっくりテンヤを落とし込み、再びミチ糸と竿先を調整するような形で、探りとシャクリを繰り返そう。コツはこの落とし込みで、テンヤに少しテンションを掛けながらフワッと落ちていくようなイメージで落とすとよい。

このシャクリ&落とし込みで釣果に差が出るため、何度も釣り場で練習して慣れ、テクニックを身につけよう。

●取り込みはスミ吐きに注意

スミイカがのったときは、シャクった瞬間、グッとくるような重

【活きたシャコのつけ方】

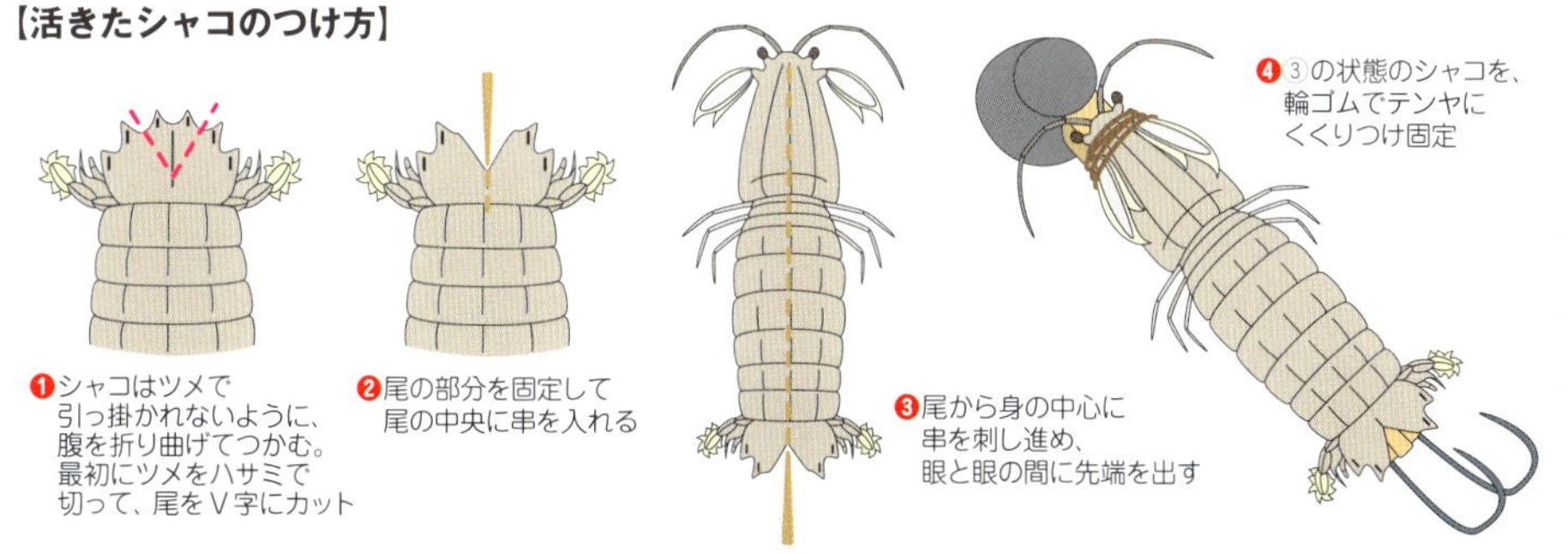
❶シャコはツメで引っ掛かれないように、腹を折り曲げてつかむ。最初にツメをハサミで切って、尾をV字にカット
❷尾の部分を固定して尾の中央に串を入れる
❸尾から身の中心に串を刺し進め、眼と眼の間に先端を出す
❹③の状態のシャコを、輪ゴムでテンヤにくくりつけ固定

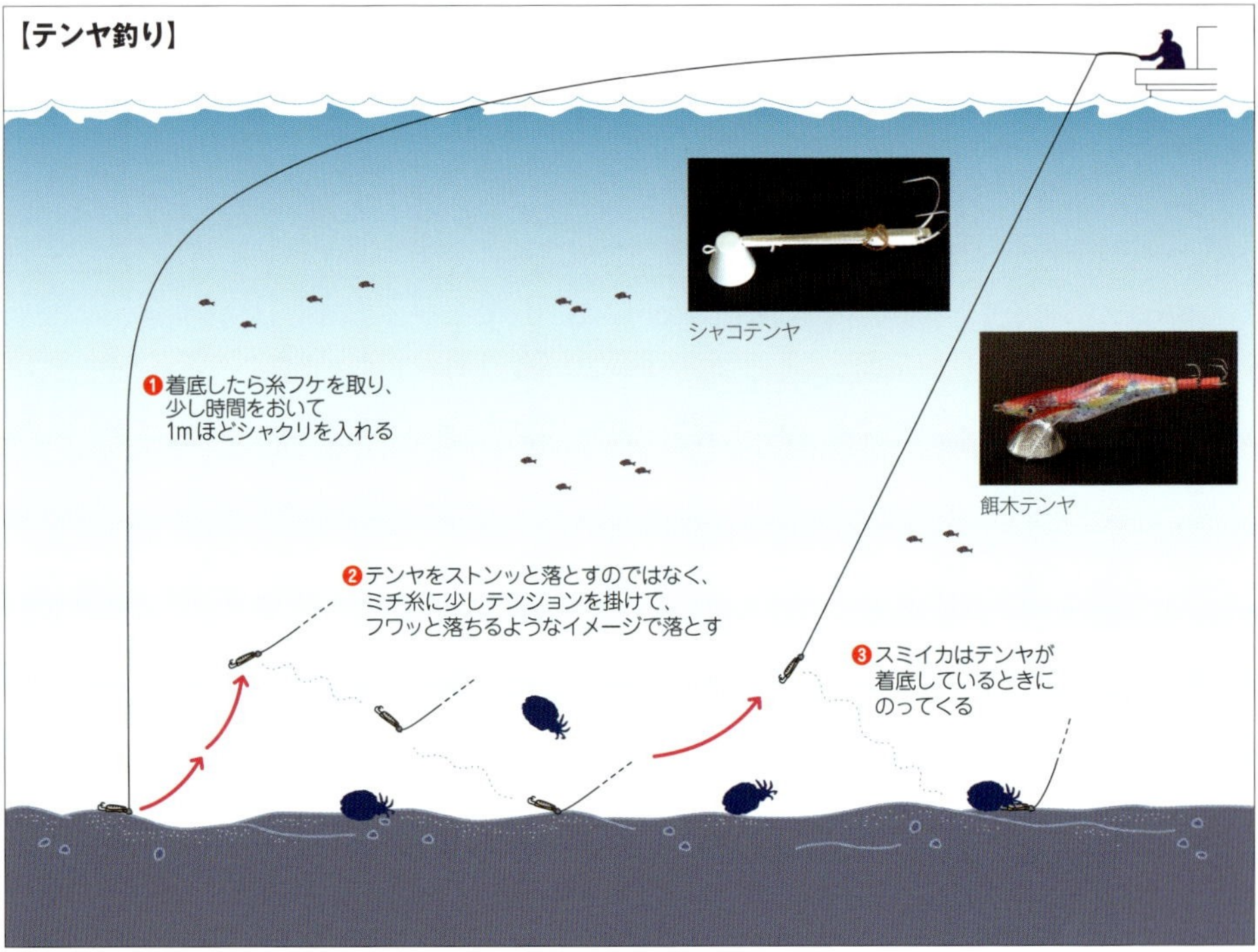
【テンヤ釣り】
シャコテンヤ
餌木テンヤ
❶着底したら糸フケを取り、
少し時間をおいて
1mほどシャクリを入れる
❷テンヤをストンッと落とすのではなく、
ミチ糸に少しテンションを掛けて、
フワッと落ちるようなイメージで落とす
❸スミイカはテンヤが
着底しているときに
のってくる

さを感じる。そのままミチ糸をタルマせないよう、リールを一定のスピードで巻き上げるのがコツだ。

海面にスミイカが姿を見せたら静かに竿を持ち上げ、手元に引き寄せる。次にスミイカの腹を海の方に向け、テンヤを持って取り込もう。ただし、腹を船側に向けているときにスミを吐かれると、釣りどころではなくなってしまうので注意。うまく取り込めたら、胴と足の間をつかんでテンヤを外す。

慣れないうちは、海面でタモを使ってすくい、タモの中でスミを一度吐かせてから船内に取り込んでもよい。釣ったスミイカは*スカリを張ったバケツに、白い方を下にして入れておく。

もしスミを吐かれて船内が汚れたら、すぐに洗い流そう。乾燥するとなかなか落ちない上、衣服についたらまず落ちないので、取り込みには細心の注意が必要だ。

スッテの胴つき釣り

堤防

エギング感覚の釣り

スミイカ釣りは活きたシャコをエサにするテンヤ釣りが主流。しかし、ルアー感覚で楽しめるトトスッテの胴つき釣りも人気だ。

仕掛け

◎ロッド　8～9ftのエギング専用ロッド。シーバス用ロッドでもよい。

◎リール&ライン　小型スピニングリールにPE0・8～1・5号を100m巻いたもの。

◎ハリス　幹糸にフロロカーボン3号1m。枝スはフロロカーボン3号10～15㎝。捨て糸は2号10～20㎝結ぶ。*三叉サルカンを使用して接続。

◎オモリ　5～10号。

トトスッテ

トトスッテは魚の形をしたイカ釣り用の疑似餌（ルアー）。潮によってアタリのカラーが違ってくるので、何種類か用意しよう。

用語 **スカリ**●釣ったスミイカを入れておく大きな網製の巾着袋。スミイカはそのままバケツの中に放り込まれるとスミを吐くので、スカリに入れてからバケツに入れてやるとよい。また納竿後は海中に入れて洗ってやれば、きれいにしてクーラーにしまえる。

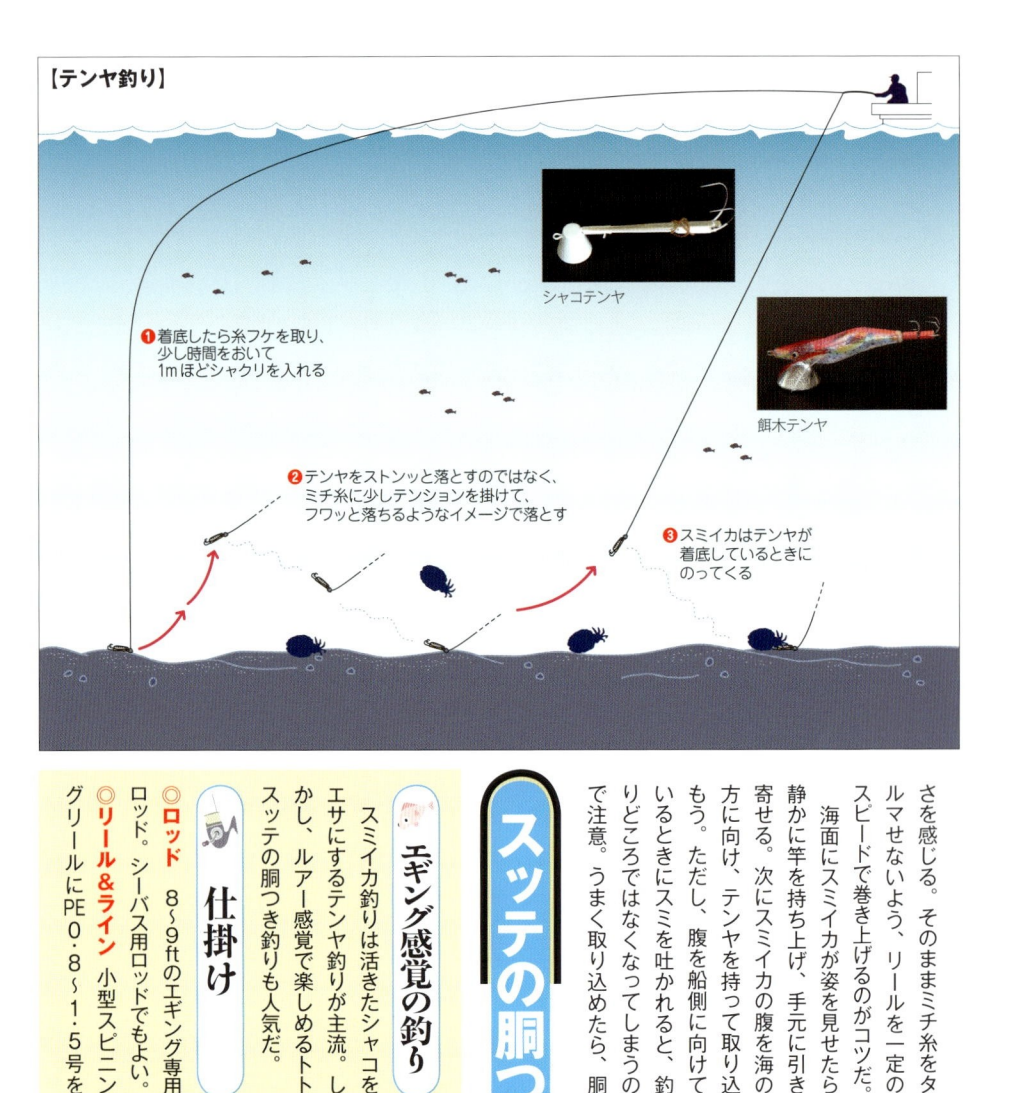

釣り方…ずるずるさびく

海底が砂地になっている湾内がポイント。キャスティングした餌木が着水したら、そのままゆっくりズルズルとさびいてみる。さびくスピードは超スロー。少しさびいたらラインを張ったまま、10秒ほど待ってみよう。ときどきスミイカにアピールするため、大きくシャクって浮かせてもよい。

さびいているときにズッシリ重みを感じたら、スミイカがのったか根掛かりかどちらか。大きくシャクってみよう。スミイカがのっていれば、重みとともに、ゆっくり上がってくる。ゴミでも引っ掛けたような感じだ。

餌木でもスミイカは釣れる。アオリイカのように大きくシャクらず、底を餌木がはうようにズルズルとさびく。ときどきシャクってスミイカにアピールする。

スミイカの外し方。腹を海側に向けるようにテンヤや餌木、スッテをつかみ、腹を海に向けたまま胴と足の間をギュッとつかんで外す

【スッテの胴つき釣り仕掛け】

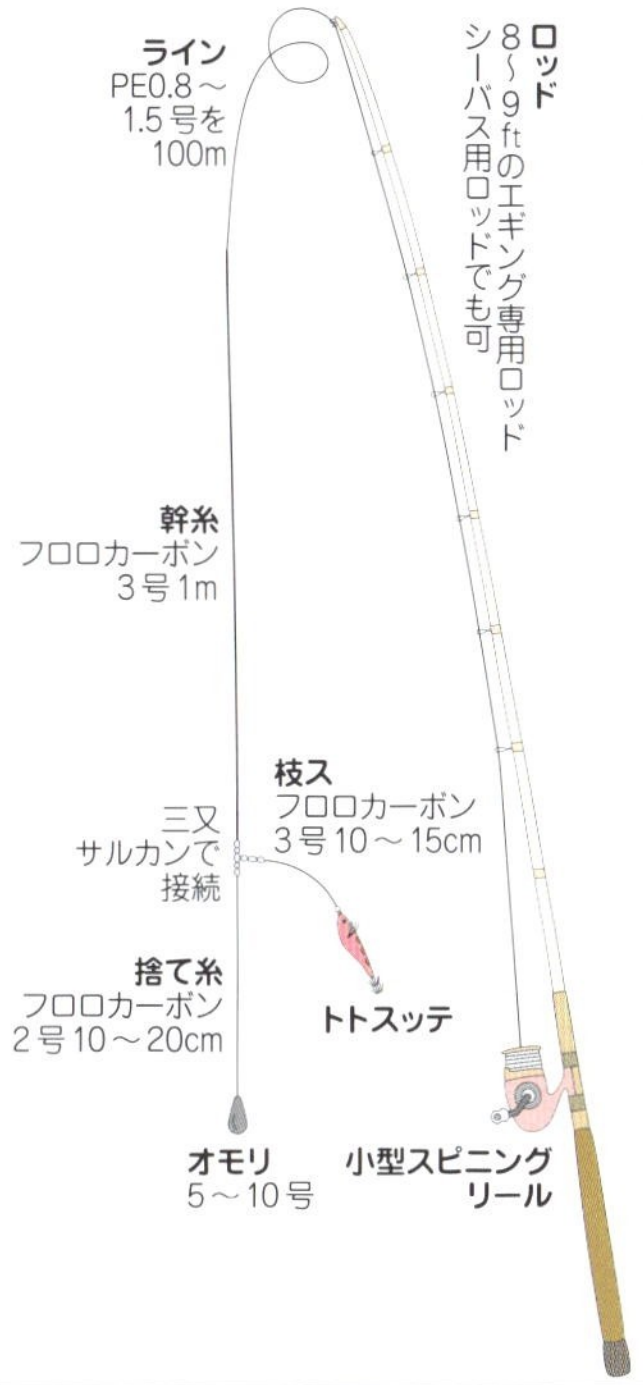
ロッド
8～9ftのエギング専用ロッド
シーバス用ロッドでも可
ライン
PE0.8～1.5号を100m
幹糸
フロロカーボン
3号1m
枝ス
フロロカーボン
3号10～15cm
三又
サルカンで
接続
捨て糸
フロロカーボン
2号10～20cm
トトスッテ
オモリ
5～10号
小型スピニング
リール

【スッテの胴つき釣り】

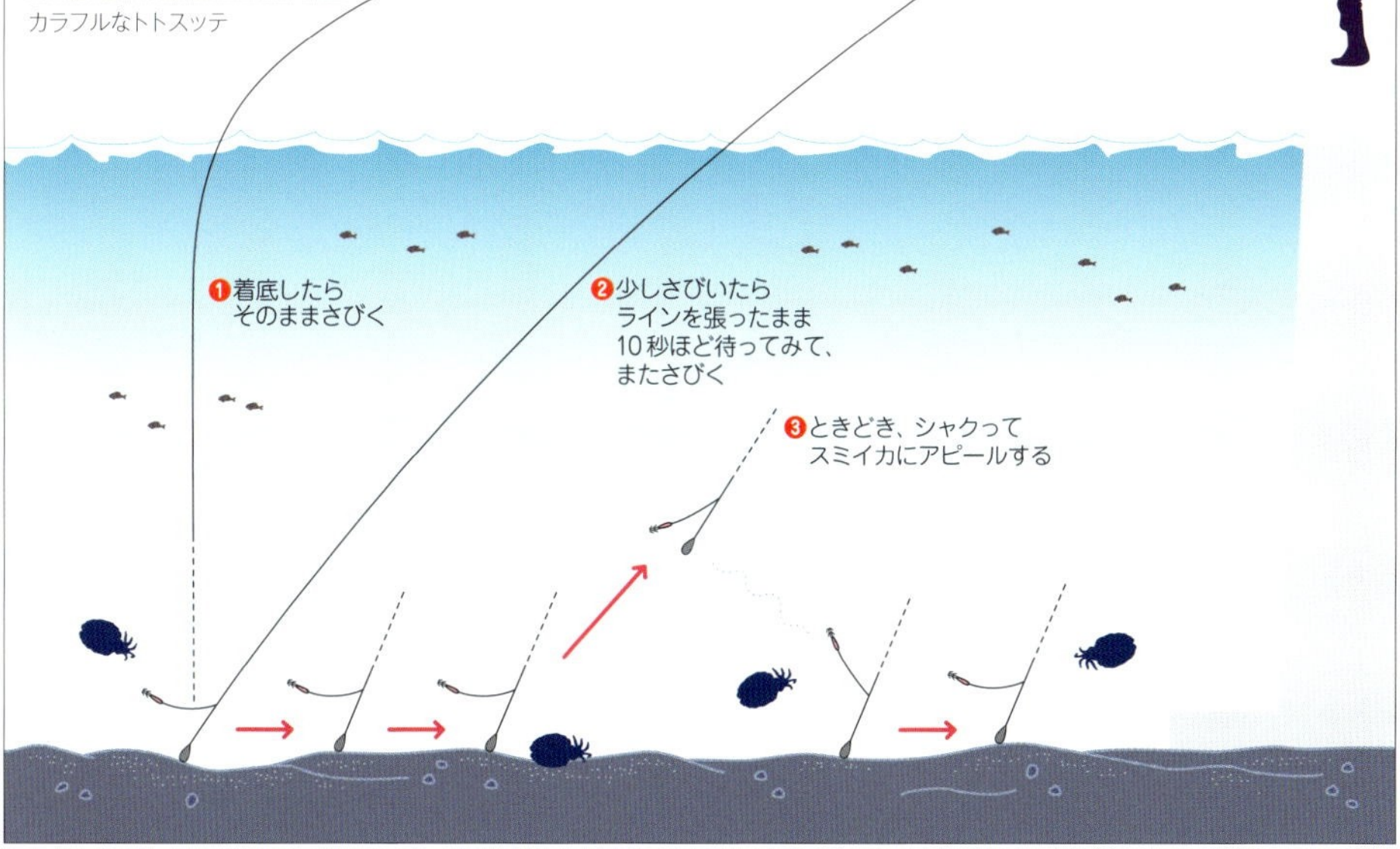
❶着底したら
そのままさびく
❷少しさびいたら
ラインを張ったまま
10秒ほど待ってみて、
またさびく
❸ときどき、シャクって
スミイカにアピールする

カラフルなトトスッテ

用語 **三又サルカン**●糸の結び目がよれたり、からまったりするのを防ぐ小型結束具のうち、幹糸、枝ス、捨て糸など３本の糸を結ぶために３方に環があるもの。

不規則なまだらの斑紋

カサゴ目フサカサゴ科

大岩間のすき間を狙う落とし込み釣りが人気

ソイ（ムラソイ）

ゴマカシ、スイ、ハチガラ

船 ボート 磯 堤防 浜

生　態　浅い海域の岩陰に生息し、卵胎生で春から初夏かけて仔魚を産む。

カレンダー

1	2	3	4	5	6	7	8	9	10	11	12
				釣りの盛期を迎える							

全　長　最大40cm（通常は20～30cm）

食　性　甲殻類、小魚

分　布　北海道南部以南の沿岸部に分布。

特徴

ソイの仲間はクロソイ、ムラソイ、キツネメバル、コウライヨロイメバル、ゴマソイなど実に多くの種類がいる。

◆4亜種がいるムラソイの仲間

関東でソイといえばたいていムラソイを指すが、ムラソイはさらにムラソイ、ホシナシムラソイ、アカブチムラソイ、オウゴンムラソイの4亜種に細分化され、外見だけで区別するのは難しい。

一方、東北地方や北海道でソイといえば、高級魚のクロソイを指す場合がほとんどだ。

釣り場

水深の浅い岩礁地帯、大きな岩がゴロゴロしている*ゴロタ場、消波ブロックのすき間など。

釣り方

消波ブロックやケーソン、岩のすき間などを、落とし込み釣りで狙うのが一般的。堤防からのチョイ投げでも釣れ、ソフトルアーで海底を探る釣りファンも多い。

茨城県沖などでは、ムラソイを専門に狙う乗合船も出ている地域があり、沖釣りでは40㎝近い大物も狙うことができる。

ムラソイの仲間図鑑

クロソイ　カサゴ目フサカサゴ科

暗灰色に斑点が散在
眼の下に３本のトゲ

日本各地の沿岸の浅い岩礁帯に生息するが、北日本に多く生息。60cm。
春から夏にかけて浅瀬に寄り、秋にはやや深場に移動する。

ホシナシムラソイ　カサゴ目フサカサゴ科

腹部を中心に黒斑点がない

ムラソイと同じ海域に生息する。30cm。ムラソイと比べ腹部を中心に黒斑点がないことで判別できるが、実際にはムラソイと並べてみないと判別は難しい。

落とし込み釣り

磯　堤防　船

岩のすき間に落とし込む

大きな岩がゴロゴロしているゴロタ場*のすき間に、アイナメ釣り（→P16）のように仕掛けを落とし込んでアタリを得る釣り。

仕掛け

◎竿　オモリ負荷10号程度で1.8～2.1mのルアー竿、または4m前後の万能竿。

◎リール&ミチ糸　小型スピニングリールにナイロン3～4号を100m巻いたもの。

◎オモリ　3~5号の中通しオモリ。

◎ハリス　フロロカーボン3号15cm。ブラクリ仕掛けでもよい。

◎ハリ　丸セイゴ10～12号。

◎その他　スパイクつき磯靴。

◎エサ　サバやサンマの切り身、イソメ類、オキアミなど。

堤防ではケーソンのすき間がポイント

【落とし込み釣り仕掛け】

竿
オモリ負荷10号1.8～2.1mのルアー竿
または4m前後の万能竿
ミチ糸
ナイロン
3～4号を
100m
ブラクリ仕掛けでもよい
オモリ
中通しオモリ
3～5号
ハリス
フロロカーボン
3号15cm
小型スピニング
リール
ハリ
丸セイゴ
10～12号

釣り方…明確なアタリを待つ

ゴロタ石のすき間に仕掛けを落とす。オモリが着底したらハリス分、オモリを上げて、ミチ糸を張った状態でアタリを待つ。

岩と岩のすき間なので、むやみに動かすと根掛かりするため、あえて誘う必要はない。アタリがなければ次のポイントへ移動。ググッと明確なアタリが出たら、竿先を軽く持ち上げ、リールを巻こう。

【ムラソイの落とし込み釣り】

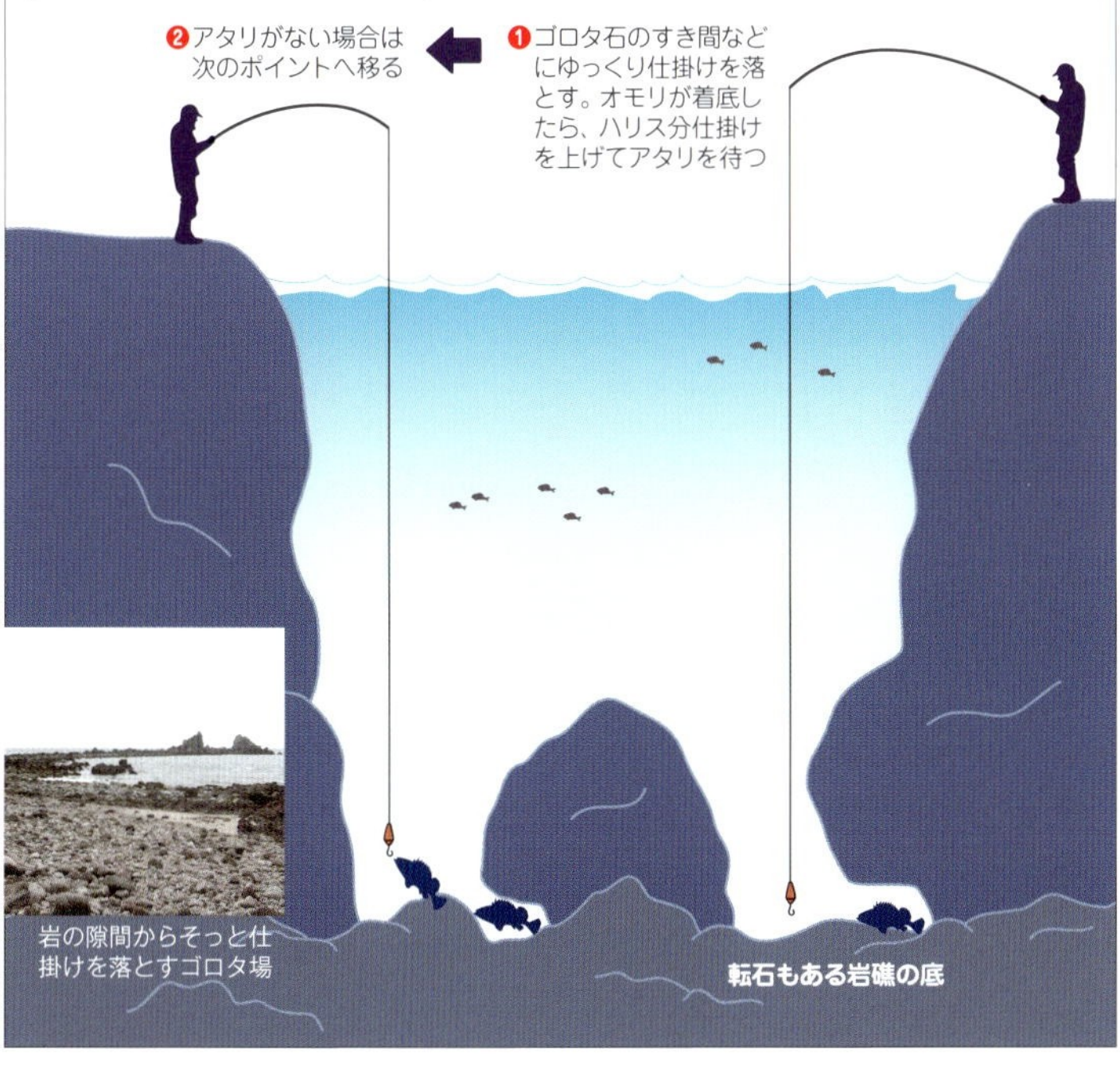
❶ゴロタ石のすき間などにゆっくり仕掛けを落とす。オモリが着底したら、ハリス分仕掛けを上げてアタリを待つ
❷アタリがない場合は次のポイントへ移る
転石もある岩礁の底

岩の隙間からそっと仕掛けを落とすゴロタ場

用語　**ゴロタ場**●海岸でゴロゴロした大きな岩が転がっている場所。大きな岩をゴロタ石ともいう。磯や浜の外れに多く見られる。

スズキ目タカベ科

タカベ

沖釣りで楽しむ深場のファイターとのヤリトリ

アジロ、イボチ、ホタ

船　ボート　磯　堤防　浜

生　態　春から秋にかけて沿岸の岩礁地帯に寄ってくる。産卵期は8～10月。

カレンダー

1	2	3	4	5	6	7	8	9	10	11	12
				栄養価が高く脂がのる							

全　長　最大25cm（通常は10～20cm）

食　性　動物性プランクトン

分　布　千葉県以南の浅い沿岸域。伊豆近海ではふつうに見られる。

特徴

英語でイエローストライプと呼ぶように、体側に走る黄色い線が特徴の魚。日本では伊豆半島や伊豆諸島周辺が主要な産地として知られている。初夏から夏が旬とされ、塩焼きが特に美味。店頭のタカベは高価な魚だ。

釣り場

潮通しのよい堤防や磯、海底が岩礁帯になっている沖合いに群れで生息。堤防についているタカベは小型が多いが、沖釣りでは20cmクラスがターゲットとなる。

釣り方

堤防や磯ではウキ釣りの他、サビキ仕掛けで狙うことが多い。沖釣りでは、イサキ（→P52）と同じようにコマセをまきながら魚を集めて釣る。

釣り立てのタカベは青地に黄色いストライプが鮮明だ

コマセ釣り

船

ライトタックルの仕掛け

ふつう沖釣りのタカベ釣りは60号程度のオモリで釣るが、最近では仕掛けを30～40号と軽くして、魚の引きをダイレクトに楽しむラ*イトタックルの仕掛けの釣りが人気だ。なお、タカベ専用の乗合船はなく、イサキ五目やライトタックル五目などの船で釣れる。

仕掛け&エサ

◎竿　オモリ負荷20～30号1・8～2・1m、7・3調子の竿。

◎リール&ミチ糸　小型両軸リールにPE2～3号を200m巻いたもの。

◎テンビン・コマセカゴ　片テンビンに30～40号のコマセカゴ。

◎クッションゴム　1・5㎜径50cmのクッションゴム。

◎ハリス・ハリ　幹糸1・5～2号の市販のイサキ仕掛け。

◎その他　ロッドキーパー。

◎エサ　コマセにはオキアミを使うのが一般的。

釣り方…広いタナ幅への対応

●上下の指示ダナ間をシャクる

コマセカゴは下段を全閉し、上段を半分ほど開けておく。タナは船長から「何mから何m」と指示が出るが、この指示ダナはコマセカゴの位置。指示が出たらコマセカゴを「下のタナ＋仕掛け」分、沈めよう。水深はリールのカウンターではなく、PEラインの色でカウント。

下の指示ダナから仕掛け分深く落としたら、指示ダナまでリールを巻き、続いて1回に50〜70㎝シャクってコマセを出しながら上の指示ダナまで誘い上げる。

アタリがなければまた「下の指示ダナ＋仕掛け分」落として、50〜70㎝間隔で上の指示ダナまでシャクリながら誘い上げる。

●ていねいなコマセのチェック

2往復すればコマセガコが空になっているので、回収してコマセを詰め直そう。ライトタックルは重さも軽くなっているが、コマセカゴに入るコマセの量も少ない。このため、上のタナと下のタナに開きがあるときは、1回誘い上げたらコマセを詰め替えること。タカベはタナの幅が20m以上あることも多い。

アタリはググッと明確に出る。アタリがあったらゆっくり竿を立ててリールを巻こう。コマセカゴをコマセバケツに入れ、仕掛けをゆっくりと船中に取り込む。タモは使わなくてもよい。

【ライトタックルのコマセ釣り仕掛け】

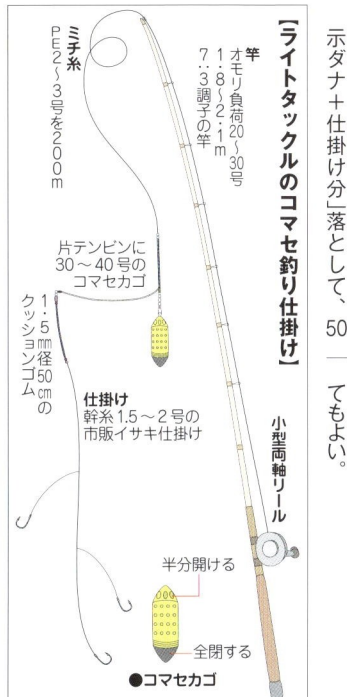

竿
オモリ負荷20〜30号
1.8〜2.1m
7：3調子の竿
ミチ糸
PE2〜3号を200m
小型両軸リール
片テンビンに
30〜40号の
コマセカゴ
1.5㎜径50㎝の
クッションゴム
仕掛け
幹糸1.5〜2号の
市販イサキ仕掛け
半分開ける
全閉する
●コマセカゴ

【ライトタックルのコマセ釣り】

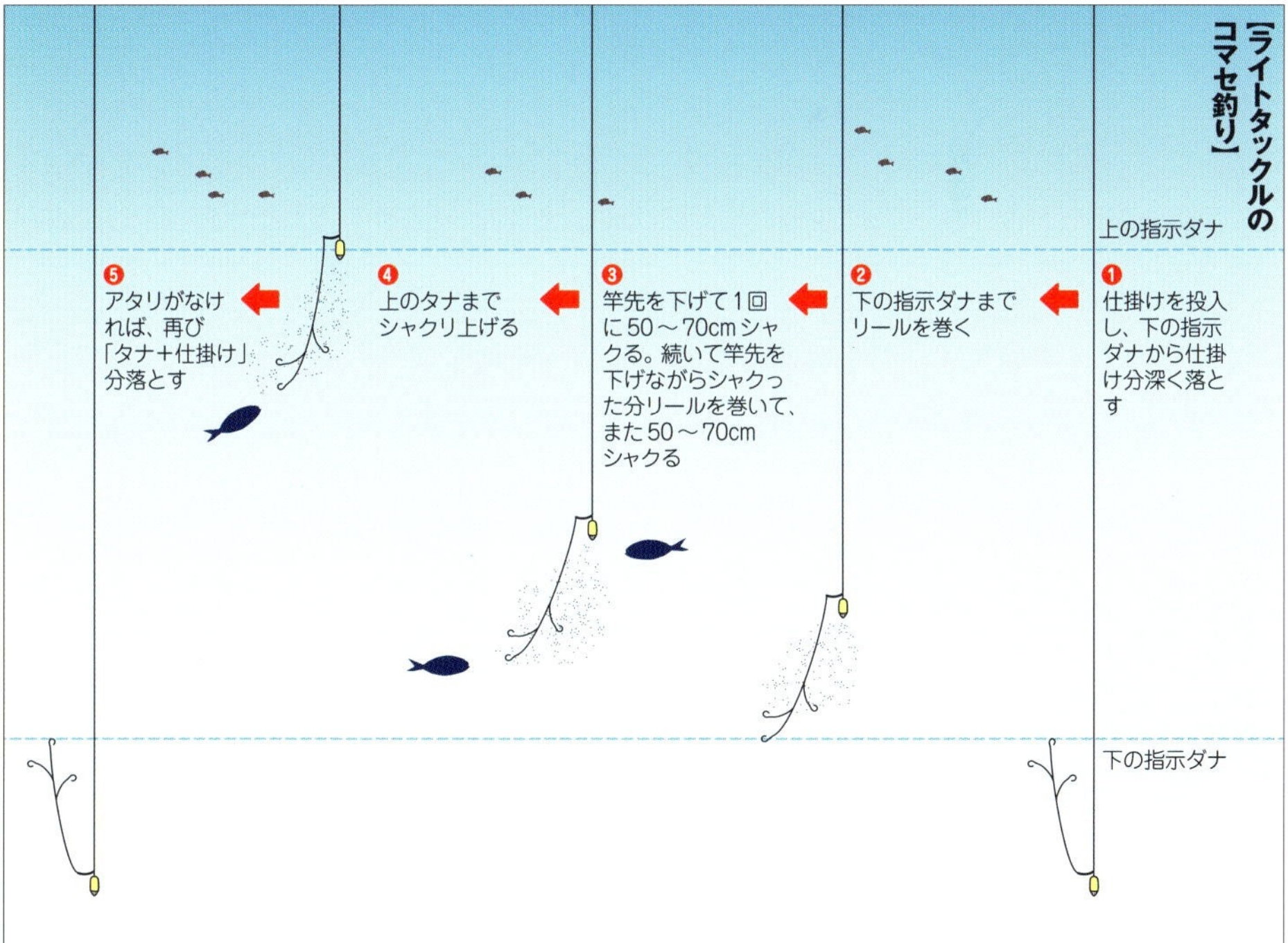
上の指示ダナ
下の指示ダナ
❶ 仕掛けを投入し、下の指示ダナから仕掛け分深く落とす
❷ 下の指示ダナまでリールを巻く
❸ 竿先を下げて1回に50〜70㎝シャクる。続いて竿先を下げながらシャクった分リールを巻いて、また50〜70㎝シャクる
❹ 上のタナまでシャクリ上げる
❺ アタリがなければ、再び「タナ＋仕掛け」分落とす

用語 **ライトタックル**●柔らかい竿、小型で軽いリールやオモリ、ルアー、細いラインなどを使った仕掛けのこと。小型の魚やプレッシャーの高い釣り場（スレた魚の釣り場）に対応して使われる。大物がかかるとヤリトリが楽しい。

八腕目マダコ科

マダコ専用の餌木を使ったタコエギングも人気

タコ（マダコ）

タコ、オオダコ

船　ボート　磯　堤防　浜

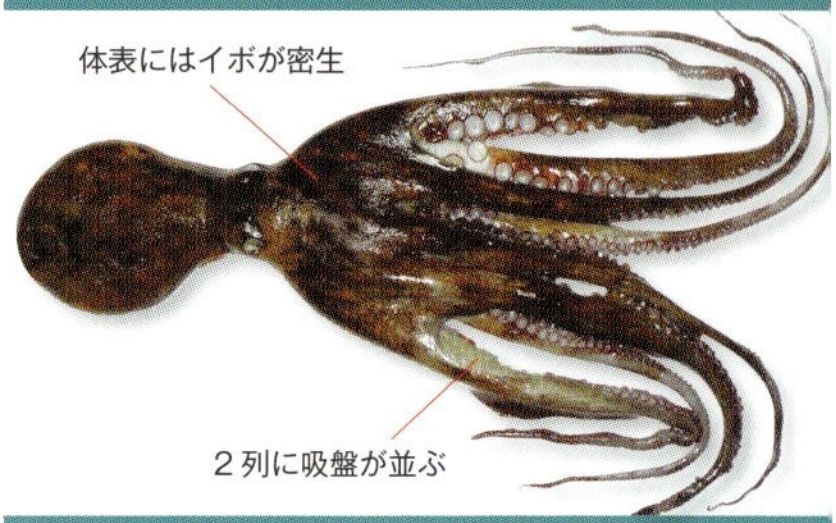

体表にはイボが密生
2列に吸盤が並ぶ

生　態　夜行性で、水深5～30mの岩礁帯や砂礫地を好み、石の下などに巣穴をつくって生活する。

カレンダー

1	2	3	4	5	6	7	8	9	10	11	12
						捕食活動が盛ん					

全　長　最大70cm
（通常は30～50cm）

食　性　甲殻類、貝類

分　布　北海道東南部以南の日本各地。

特徴

日本には数種類のタコの仲間が生息しているが、ふつうタコといえばマダコを指す。太い8本の足と強く吸いつく吸盤が特徴で、身の危険を察知するとスミを吐いて逃げる様はよく知られる生態。身を守るために体色を保護色に変化させることもでき、周囲の岩石や海藻などに擬態《ぎたい》する。

タコはヨーロッパなどでは「デビルフィッシュ」とも呼ばれているが、日本人にとってはおせち料理にも使われるなど縁起物の魚介類だ。

◆秋には3kg級の大物も

主な食性は甲殻類や貝類で、特にカニは大好物。昼間はあまり動き回らず巣穴付近にいて、夜になると活発に行動する。

釣期は5～12月で、シーズン初期に釣れるのは500g程度の小型が中心。7～8月には釣果の最盛期を迎え、秋には3kg級の大物も釣れるようになる。

マダコは脱走の名人。釣れたマダコは逃げられないよう網袋に入れておく

釣り場

穏やかな内湾が主要な釣り場。季節にもよるものの、堤防周りでも浅場では小型、深くなるほど大型が釣れるようになる。季節で狙う水深は変わり、5m程度の浅場から30mくらいまでが目安。

釣り方

マダコは岩の窪みなどに巣穴をつくる。この習性を利用したのがタコツボ漁だが、釣りではカニをつけたテンヤ釣りが一般的だ。最近の堤防周りでは、タコエギングというマダコ専用の餌木を使った釣りが、主流になりつつある。

【沖のテンヤ釣り仕掛け】

沖の船釣りで使うタコテンヤ

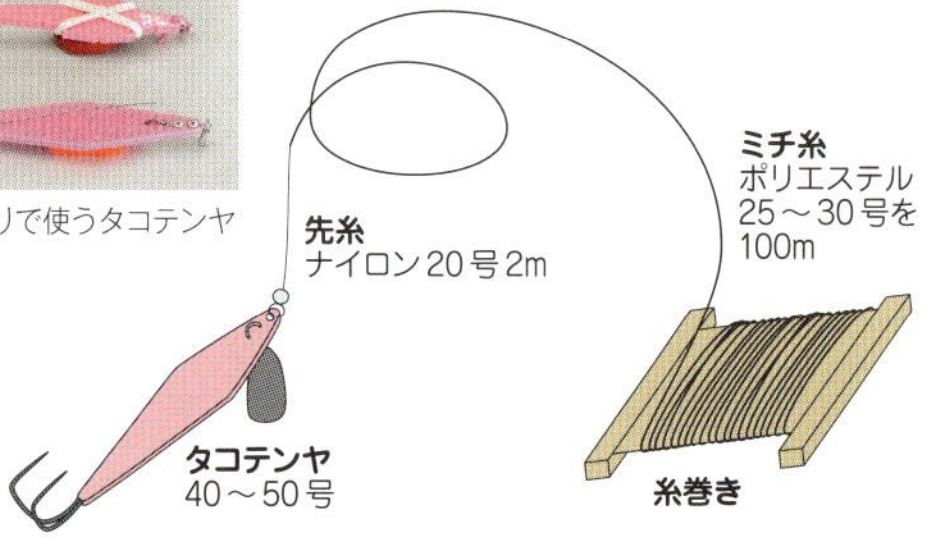

ミチ糸
ポリエステル
25～30号を
100m
先糸
ナイロン20号2m
タコテンヤ
40～50号
糸巻き

用語　**先糸**●川釣りではミチ糸の先に結ぶ天井糸のことを指すが、海釣りではふつうミチ糸の先に結ぶハリスのことをいう。ショックリーダーやチカラ糸なども先糸の中に入る。

沖のテンヤ釣り

船

テンヤで釣るマダコ

資源保護のために、東京湾では7月にマダコの沖釣りが解禁(その年やエリアによって変更される場合あり)される。竿を使わず、手でミチ糸をたぐってテンヤを小突く釣り方だ。

仕掛け

◎糸巻き&ミチ糸　糸巻きにポリエステル25～30号のミチ糸を100m巻き、ナイロン20号の先*糸を2m程度つける。

◎テンヤ　40～50号のタコテンヤ。タコテンヤはいくつかタイプがある。オモリの下にカンナがついた羽子板型が一般的で、オモリが動くブランコ型もある。初心者は仕掛け一式を船宿で借りた方がよい。

◎その他　指ゴム、釣り上げたタコを入れるナイロン製網袋。

エサ

一般的にはイシガニ*を使用。テンヤに新鮮なイシガニの腹側を表にしてつけ、足がバラけないようにタスキ掛けの要領で強く糸でしばる。テンヤから20cmほど上の先糸部分には、赤や白のビニール片やタコベイトをつけ、マダコにアピールするのも効果的だ。

釣り方…マダコを誘う小突き

ポイントに着いたら、ミチ糸がからまないように注意しながら、仕掛けを投入。テンヤが着底したらすばやく糸フケを取り、利き手の人差し指にミチ糸をのせ、その糸を親指で押さえる。

次に小突き。小突きとは張ったミチ糸を手首のスナップを効かせて、小刻みに上下させること。テンヤが海底から離れないように、カンナ(ハリの部分)は海底に着いたままオモリを数cm浮かせるよう

【沖のテンヤ釣り】

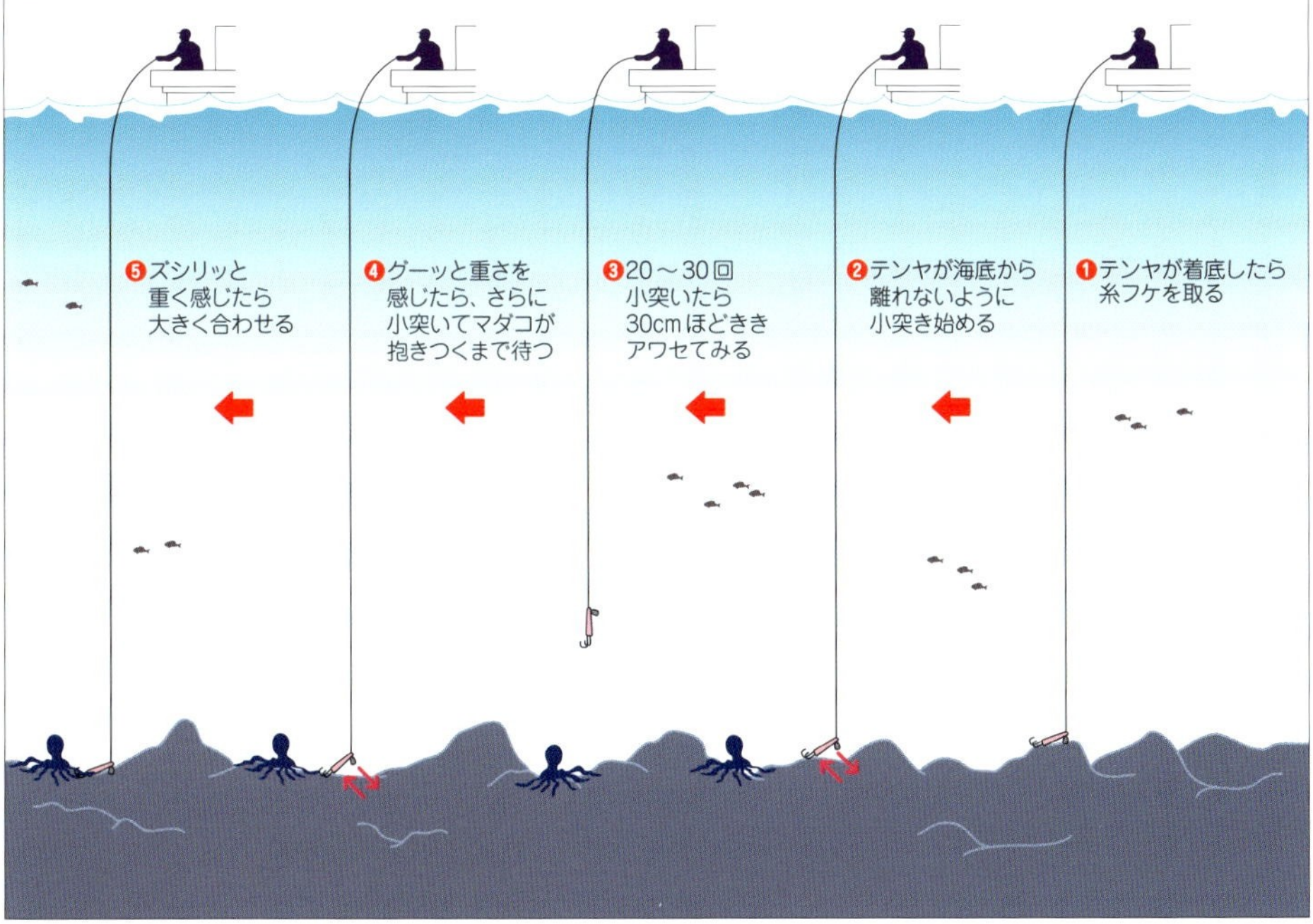
❶テンヤが着底したら糸フケを取る
❷テンヤが海底から離れないように小突き始める
❸20～30回小突いたら30cmほどききアワセてみる
❹グーッと重さを感じたら、さらに小突いてマダコが抱きつくまで待つ
❺ズシリッと重く感じたら大きく合わせる

用語　イシガニ●ワタリガニ科に属する甲の幅が5～10cmほどの小型のカニ。5番目の脚がオールのような遊泳脚になっていて、ワタリガニに似た体型だ。東京湾以南に分布し、浅い海の岩礁や堤防周り、藻場などに生息。肉はおいしいが、身が少ない。タコ釣りのエサとして販売されている。

に20～30回小突く。次に仕掛けを30㎝ほどゆっくりと上げて、ききアワセてみよう。

グーッと何かゴミのようなものが引っ掛かるような感覚があったら、マダコがテンヤに足を伸ばしているサイン。さらに小さく小突いて、マダコがテンヤのエサに抱きつくまで待とう。

●アワセは大きく

ズシリッとタコがのった重さを感じたら、力いっぱいシャクリを入れてマダコをカンナに掛ける。アワセが弱いと海面でバレてしまうので、思いっきりシャクリ上げて、ミチ糸をゆるめることなく一気にたぐり寄せよう。

海面にマダコが見えたら、手を突き出して取り込む。マダコが船に当たると、船べりに吸いついて離れなくなるので注意。大型の場合は、タモですくってもらう。

釣り上げたマダコは、網袋に入れて口をしばっておく。生きたまま持ち帰る場合は、網袋をさらにビニール袋に入れ、さらにクーラーボックスに入れる。そのままだとクーラーがスミだらけになってしまう。マダコをしめるときは、頭(胴体)を裏返しにして内臓を取り除く。

【堤防のエギング仕掛け】

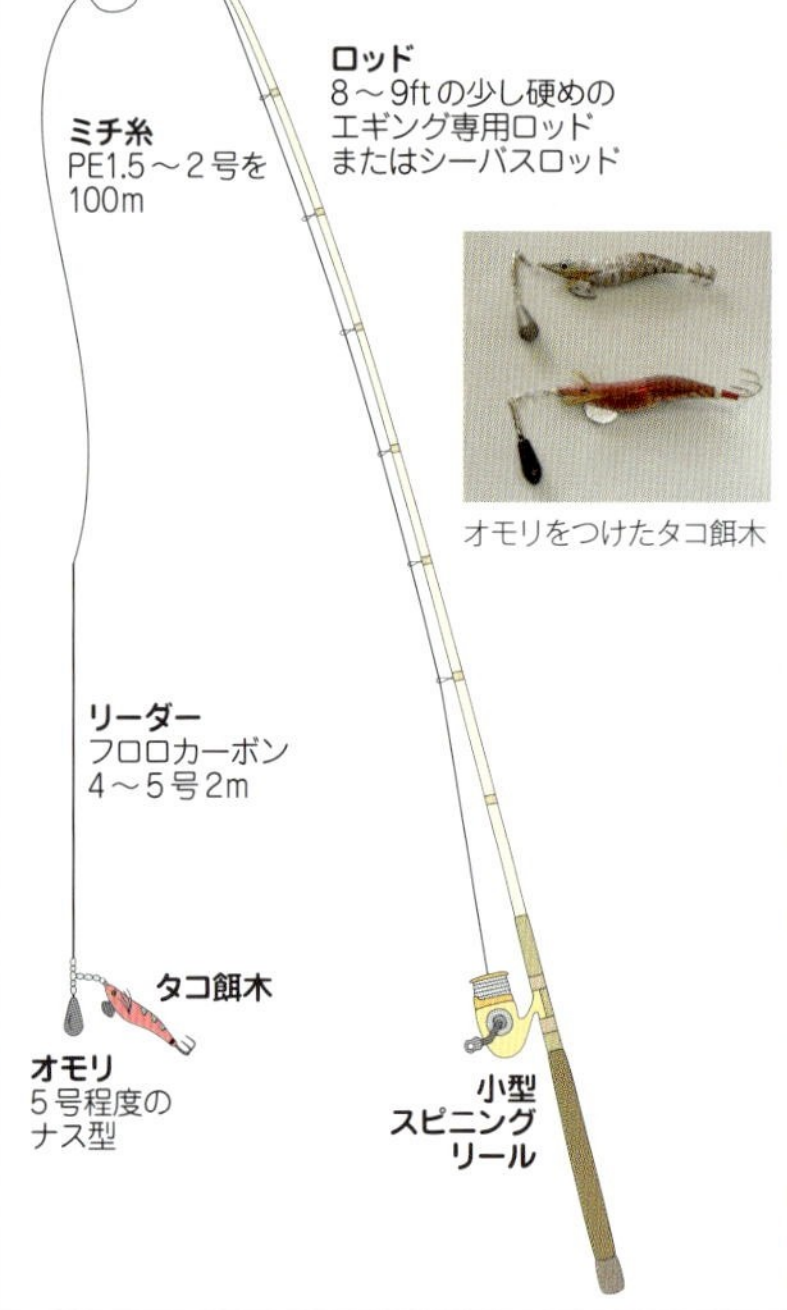

ロッド
8～9ftの少し硬めの
エギング専用ロッド
またはシーバスロッド
ミチ糸
PE1.5～2号を
100m
リーダー
フロロカーボン
4～5号2m
タコ餌木
オモリ
5号程度の
ナス型
小型
スピニング
リール

オモリをつけたタコ餌木

堤防のエギング

堤防

マダコの疑似餌釣り

堤防からのマダコ釣りには、テンヤを使った釣りと、タコ餌木を使ったエギングの2通りがある。エギングの場合、イカ釣り用の餌木のカンナ部がテンヤのカンナになっているタコ専用の餌木に、さらにオモリをつけて使う。イカ釣り用の餌木を使うことは可能だ。

仕掛け

◎ロッド　8～9ftで少し硬めのエギング専用ロッド。シーバス用ロッドでもよい。

◎リール＆ミチ糸　小型スピニングリールにPE1・5～2号を100m巻いたもの。

◎リーダー　フロロカーボン4～5号を2m。

◎餌木＆オモリ　タコ餌木。一般的な餌木にオモリをつけたものでもよい。オモリは5号程度のナス型を使う。

◎その他　スナップ、網袋。

釣り方…ズル引きが基本

エギングは通常、アオリイカなどに使われる釣法だが、マダコにも応用できる。

堤防から20～30m沖に仕掛けをキャストし、タコ餌木が着底するまでミチ糸を出す。マダコのエギングは、イカのエギングのようにシャクらず、海底をズル引きするのが基本。餌木が海底から浮かないように注意しながら、投入点からゆっくりと手前に引く。

●餌木を強くアピール

アタリがない場合は、ときどき竿先を左右に振ったり、少しシャクって海底から浮かせてフォールさせ、マダコにタコ餌木を強くアピールするよう心がける。

ヌーッと感じるような重さが伝わってきたら、それは前アタリ。マダコ軽く竿をあおってみよう。マダコが餌木を抱え込んでいたら、ズッシリとした重さを感じるはずだ。そのときは、海底からマダコを引きはがすイメージを頭に浮かべて大きくあおり、一気にリールを巻き上げよう。

釣り上げたマダコを持つときは要注意。腕のつけ根にある口でかまれると大ケガするので、マダコの体の下には決して指を入れないこと。また、逃げ出さないように網袋に入れておくとよい。

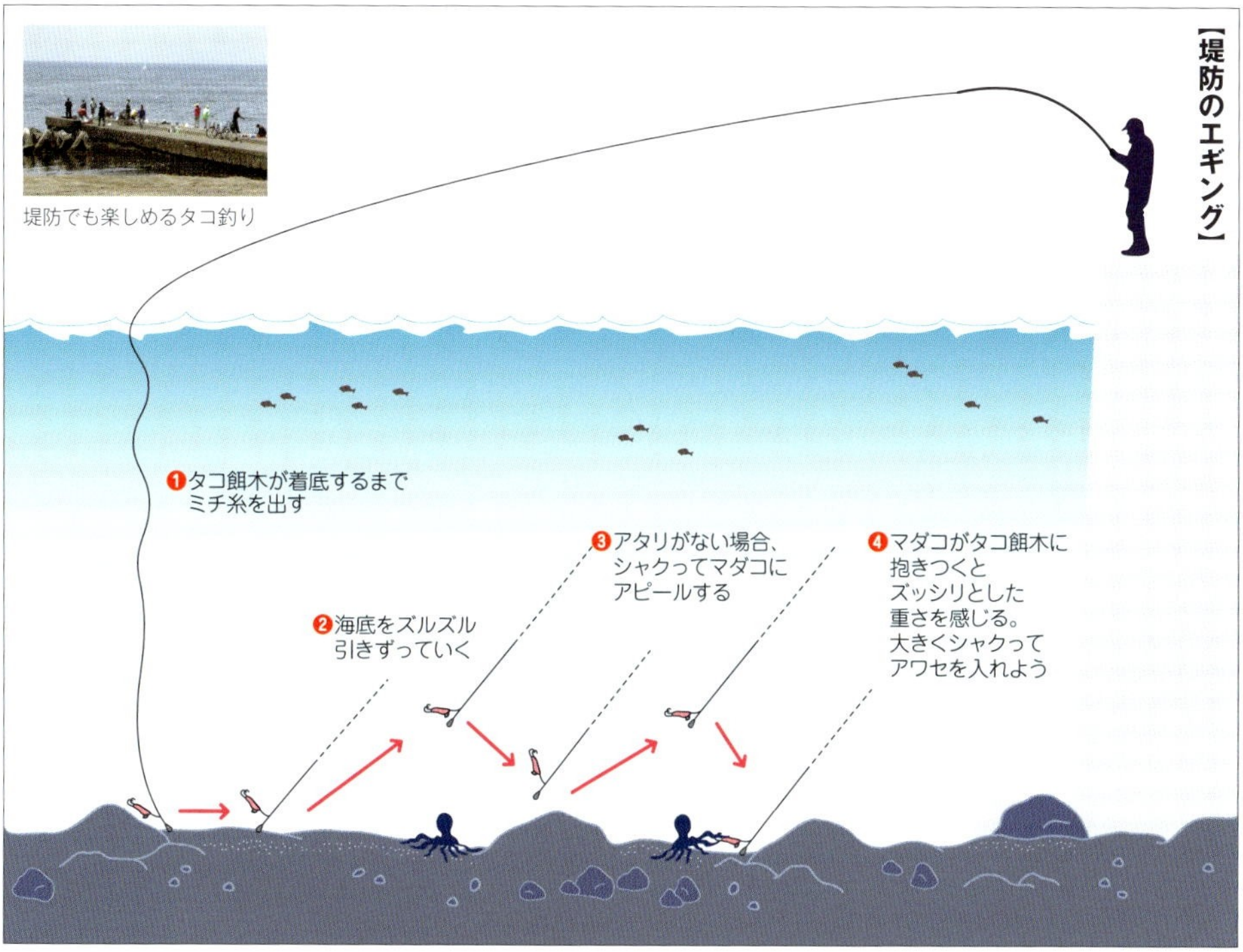
【堤防のエギング】
❶タコ餌木が着底するまでミチ糸を出す
❷海底をズルズル引きずっていく
❸アタリがない場合、シャクってマダコにアピールする
❹マダコがタコ餌木に抱きつくとズッシリとした重さを感じる。大きくシャクってアワセを入れよう

堤防でも楽しめるタコ釣り

point

堤防のテンヤ釣り

●のりのよい豚の脂身

堤防のテンヤ釣りは141ページで紹介した「沖のテンヤ釣り」とほぼ同じ要領の釣りだが、今度の舞台は堤防だ。

仕掛けは沖釣りと同じでよく、イシガニの調達が困難であれば、アジやサバなど魚の切れ身の他、ブタの脂身などでもよい。ブタの脂身は他のエサと比べて比較的マダコののりがよく、利用する釣り人も多い。また、市販されているビニール製のカニのイミテーションでもマダコはのってくる。

●釣り方のコツ

テンヤを堤防の際に沿うように沈め、ゆっくりと動かして誘いながら、少しずつ糸を引き上げていく。しばらく繰り返して反応がないようなら、10mほど沖に放り込んで、今度はゆっくりと海底を引きずってみる。これでアタリがなければ、5mほど移動してテンヤを落としてみよう。

アタリは何かに引っ掛かったような感覚の後に、ズンと重くなるような反応がある。ここで大きくアワセを入れる。糸をゆるめると逃げられてしまうので、急いでミチ糸をたぐり寄せよう。海面にマダコが見えたら、一気に引き上げるのはタコ釣りの鉄則だ。

ちなみに3m程度の硬調子の竿に、ナイロン10～20号を巻いたリールをつけて、タコエギングのようにキャストしてもOK。堤防直下に落として釣る場合も、マダコを抜き上げるときに便利だ。

堤防のテンヤ釣りの仕掛け

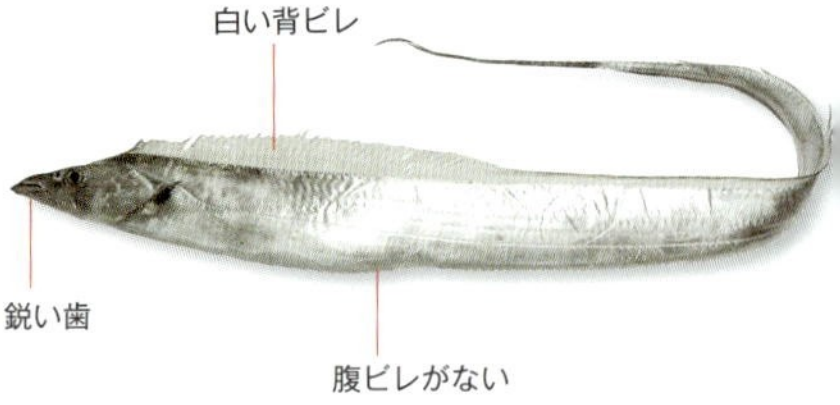
白い背ビレ
鋭い歯
腹ビレがない

スズキ目タチウオ科

ルアー釣りも楽しめる太刀に似た姿・形

タチウオ

カタナ

船　ボート　磯　堤防　浜

生　態　尾ビレはなく、全身が金属光沢の銀色。水深10～200mの大陸棚域に幅広く生息する。

カレンダー

1	2	3	4	5	6	7	8	9	10	11	12

浅場に寄ってくる。駿河湾は晩秋～冬季が釣期

全　長　最大150cm（通常は70～110cm）

食　性　甲殻類、軟体動物、小魚

分　布　北海道以南の日本各地の沿岸。

特徴

釣り上げたばかりのタチウオは、ピカピカとした金属光沢の銀色をしていて、尻尾の先端は細くなるだけで尾ビレはない。

名前の由来は形が「太刀」に似ているという説と、泳ぎ方が立ち泳ぎをしているように見えるからという2説が知られているが、地方名にカタナがあることを考えれば、太刀が有力。英名も同義語のサーベルフィッシュだ。

◆夜間は海面近くまで上昇

鋭い歯をもつタチウオは、小魚などを食べるフィッシュイーターとして知られ、成魚は昼間は水深100m前後の深場に群れ、夜間は海面付近にまで上昇する。

タチウオの大きさを表現する場合、ふつう何cmとか何kgという単位は使わない。指4本または5本など、指の本数で表した体高を基準としている。

釣り場

タチウオは日中、水深30～200mの中層を回遊している。夜になると30～100mの中層にまで上昇してくるので、その深さがポイントとなる。夜は浅場にも回遊することがあり、堤防などから狙うこともできる。

タチウオは昨日まで釣れていたからといって、今日も同じポイントで同じように釣れるという魚ではない。大群でやってきたかと思うと、一瞬でいなくなってしまうこともある。日中船で狙っていても、突然魚群探知機から映像が消えたり、また突然現れたりするので、「幽霊魚」とも呼ばれている。

釣り方

沖釣りが一般的で、岸近くを回遊している時期は堤防からのエサ釣り、ルアーフィッシングでも釣れるようになる。

【堤防のウキ釣り仕掛け】

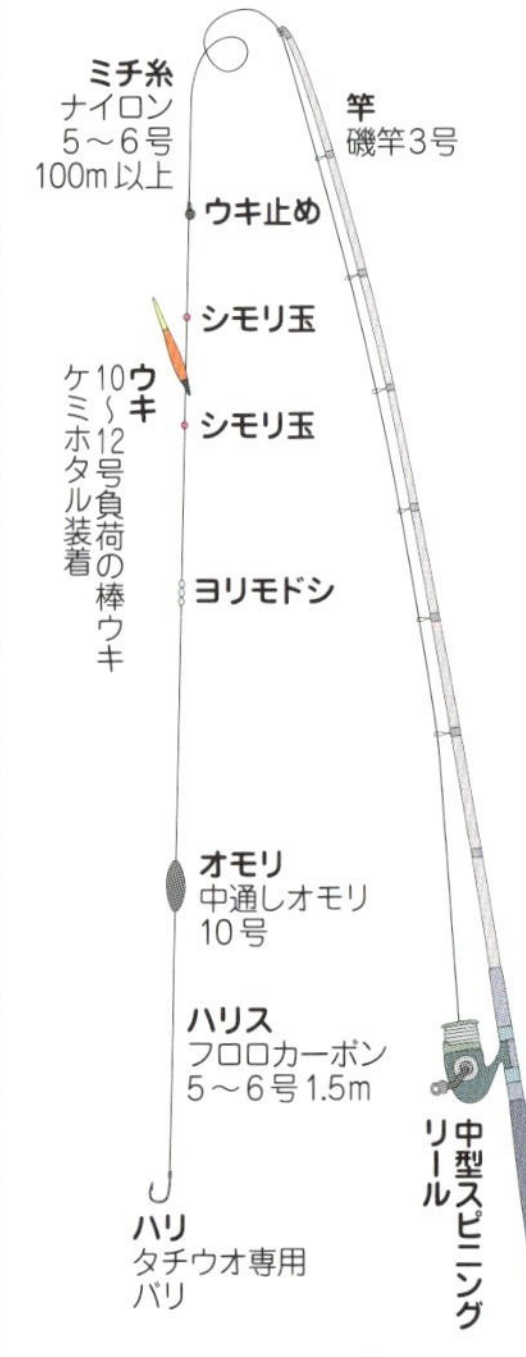
ミチ糸
ナイロン
5～6号
100m以上
竿
磯竿3号
ウキ止め
シモリ玉
ウキ
10～12号負荷の棒ウキ
ケミホタル装着
シモリ玉
ヨリモドシ
オモリ
中通しオモリ
10号
ハリス
フロロカーボン
5～6号1.5m
中型スピニングリール
ハリ
タチウオ専用
バリ

堤防のウキ釣り

堤防

仕掛け&エサ

◎竿　3号程度の磯竿。

◎リール&ミチ糸　中型のスピニングリールにナイロン5~6号を100m以上巻いたもの。

◎ウキ　ケミホタルがつけられる10~12号負荷の棒ウキ。

◎ハリス　フロロカーボン5~6号を1.5m。

◎オモリ　仕掛けを50m以上遠投するため、10号の中通しオモリをつける。

◎ハリ　タチウオ専用バリ*。

◎エサ　サバの切り身。

サバは3枚におろし、身の部分を削いでカット。幅1cm、長さ4~6cmをチョン掛けする

釣り方…ウキの動きに注視

ウキ下の目安は5~15mで、最初は10m程度に設定してみよう。

初めのうちはアタリがなく、エサも残っていれば徐々に深くしていき、アタリがないのにエサが取られたときは逆に浅くしていく。

アタリはウキがゆっくり沈んでいくのでわかる。ウキが沈んだり浮いたりしていたら、エサをつついている信号だ。なかなかウキが沈まない場合は、ゆっくり引いて誘ってやると、あわてて一気に食い込むこともある。

アワセはできるだけ大きく合わせ、しっかりとハリ掛かりさせること。ハリを外すときは、鋭い歯に気をつけよう。

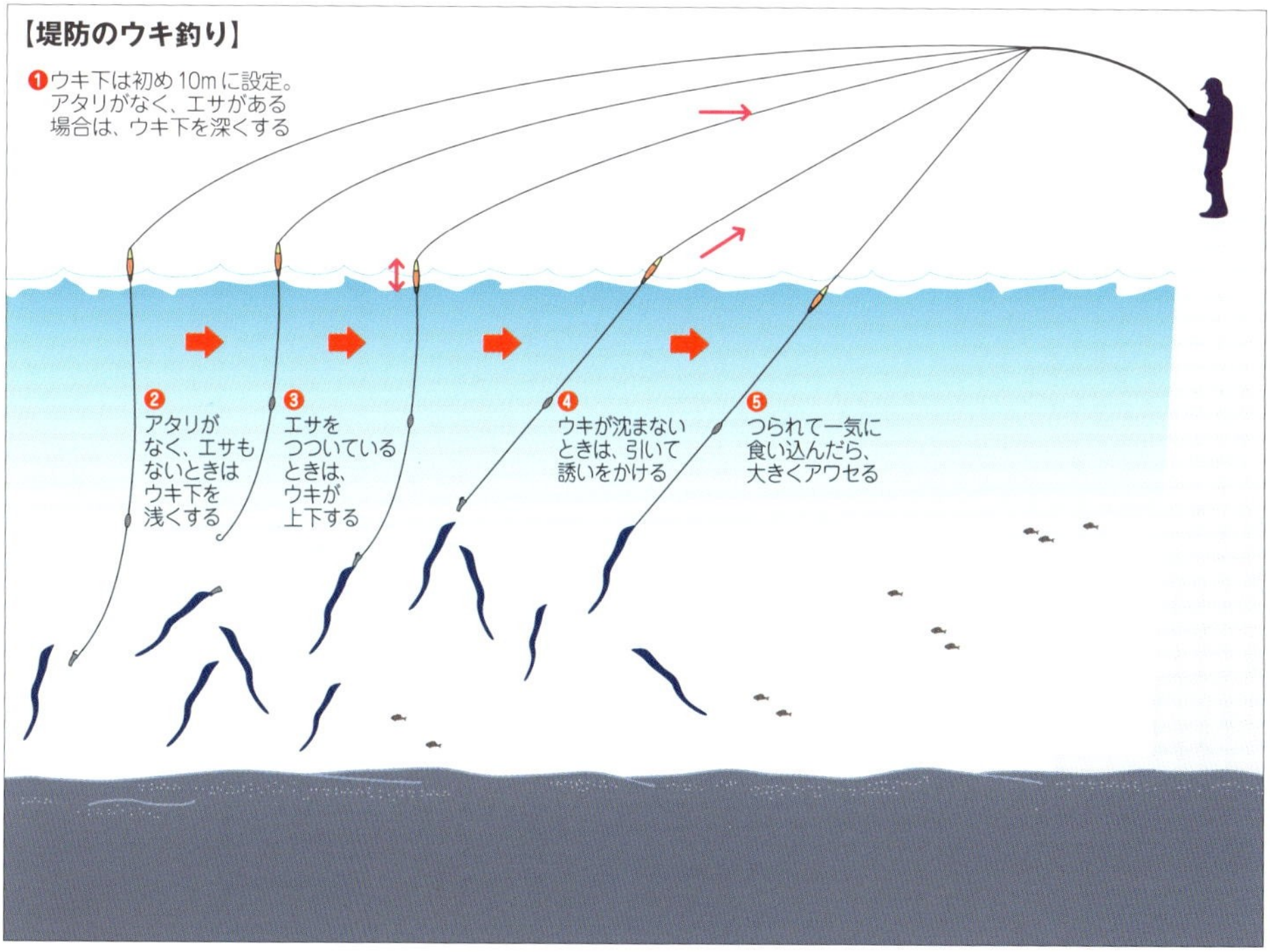
【堤防のウキ釣り】
❶ウキ下は初め10mに設定。アタリがなく、エサがある場合は、ウキ下を深くする
❷アタリがなく、エサもないときはウキ下を浅くする
❸エサをつついているときは、ウキが上下する
❹ウキが沈まないときは、引いて誘いをかける
❺つられて一気に食い込んだら、大きくアワセる

用語 **タチウオ専用バリ**●エサ取りが上手で、硬く鋭い歯をもっているタチウオには専用バリが使われる。硬い口に容易に刺さるようにハリ先が鋭くなっており、また軸が長いのも特徴的。エサの切り身などがズレないようケンが軸についているものや、食い渋り対策の、軽量で細身のライトタイプのハリも市販されている。

堤防のルアーフィッシング

堤防

仕掛け

◎ロッド　10ft前後のシーバスロッド。

◎リール&ライン　小型スピニングリールに、PE1～1・5号を200mほど巻いたもの。

◎リーダー　フロロカーボン10号。

◎ルアー　30～60gのメタルジグを用意。タナが浅いときはバイブレーションが有利だが、速く沈むタイプのメタルジグはテンポよく探ることができる。メタルジグのカラーはゴールド、シルバー、パールベースの3パターンがあれば十分。

釣り方…2本の竿を駆使

できるだけ遠くにキャストしたら最初はボトムまで沈め、大まかな水深を理解する。海底が岩礁帯のポイントは、ある程度沈んだところでリトリーブ(リールを巻く)。メタルジグの場合は、軽くシャクってアクションをつけながらリールを巻く。低層、中層、上層とタナを広く探ってみよう

アタリはガツンとくる。アタリがあったら、大きくアワセてラインがタルまないように一気に引き上げよう。

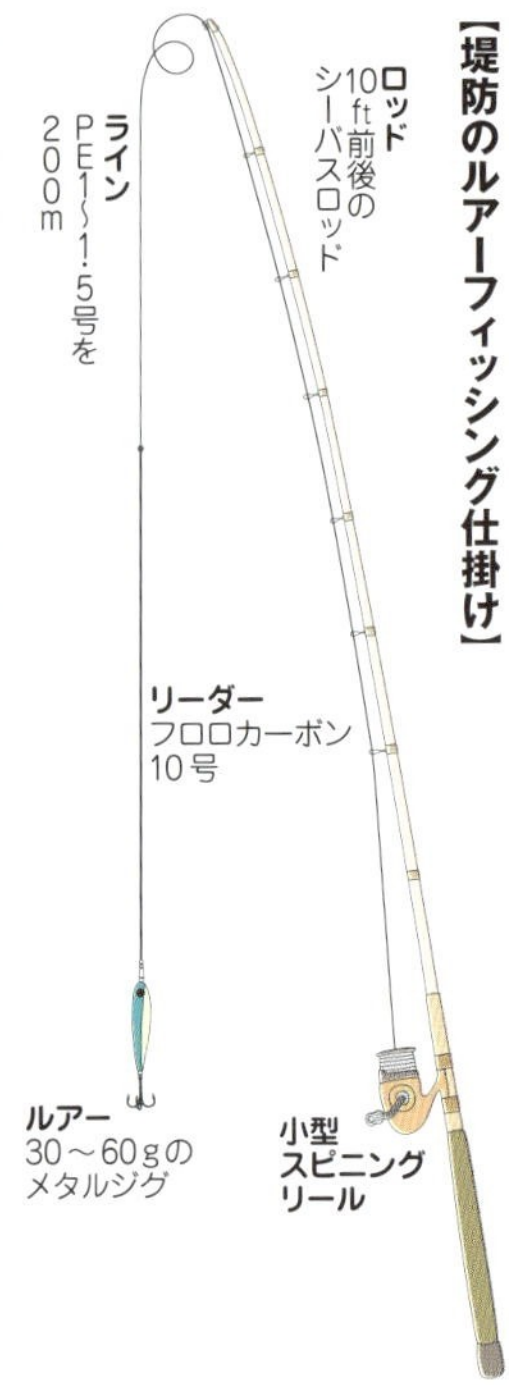

ロッド
10ft前後のシーバスロッド
ライン
PE1～1・5号を200m
リーダー
フロロカーボン10号
ルアー
30～60gのメタルジグ
小型スピニングリール

【堤防のルアーフィッシング仕掛け】

【堤防のルアーフィッシング】

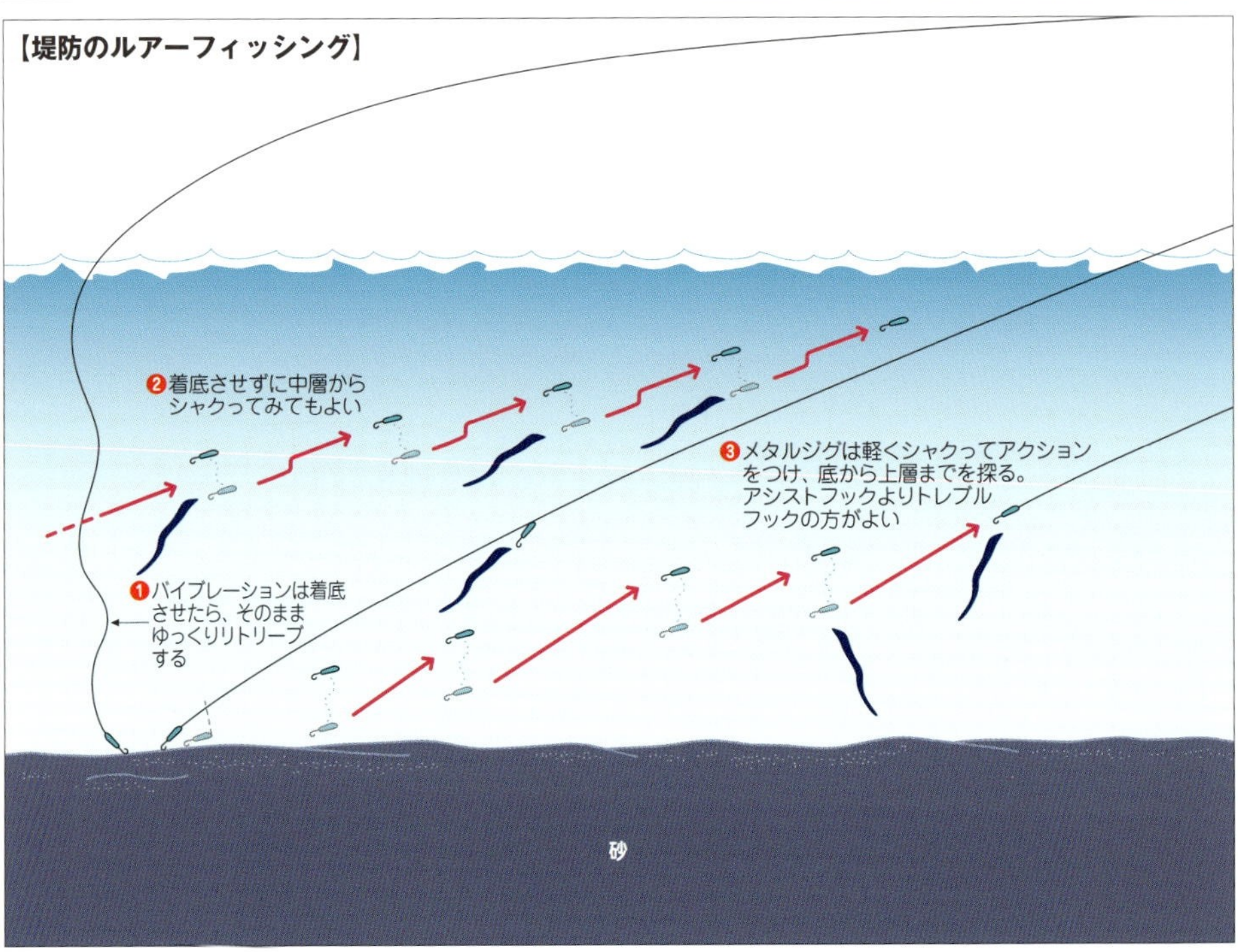

❷着底させずに中層からシャクってみてもよい
❸メタルジグは軽くシャクってアクションをつけ、底から上層までを探る。アシストフックよりトレブルフックの方がよい
❶バイブレーションは着底させたら、そのままゆっくりリトリーブする
砂

沖のテンビン釣り

船

仕掛け&エサ

◎**竿**　オモリ負荷30～50号で、1・8～2・1mの7・3調子。一日中シャクっているので、長い竿や重い竿は疲れやすい。

◎**リール&ミチ糸**　中型電動リールにPE4～5号を200m以上巻いたもの。

◎**テンビン・オモリ**　東京湾ではオモリ100号のテンビン仕掛けが一般的だ。

◎**ハリス・ハリ**　市販されているタチウオ専用仕掛けを使用。通常は2本バリだが、食いが渋いときはハリス6～8号2mの1本バリの使用をすすめる。タチウオは食い上げる*習性もあるので、ハリスはあまり長くしないこと。

◎**その他**　ロッドキーパー。

◎**エサ**　サバの切り身。

釣り方…シャクリに工夫を

沖のタチウオのアタリは上下に広く出る。船長からタナの指示があったら、下の指示ダナより5m以上落としてシャクリはじめる。

タチウオのシャクリは、活性の高いときは大きくシャクリ、活性の低いときは小さくシャクるのが原則。シャクった分リールを巻きながら竿先を下げてシャクるというパターンだ。

●前アタリに注意を払う

指示ダナの上までシャクってもアタリがなかったら、下の指示ダナまで落として再度シャクる。2～3度探ってもアタリがない場合は仕掛けを回収し、エサをチェックしよう。

シャクっているときにコツコツと前アタリ。活性が高いときは、そのまま食い込んでハリ掛かりすることもあるが、同じペースでシャクっていると、ガツンとハリ掛かりする。

タチウオは食い上げることもあるので、巻き上げは中速と高速の間くらいの速度で速めに巻く。

釣ったばかりのタチウオは、なるべくハリに近いところを持って一気に引き抜く。タチウオの歯は鋭く、少し触れただけで指を切るなどケガをするので、タオルでエラブタの上をしっかりつかんでからハリを外そう。

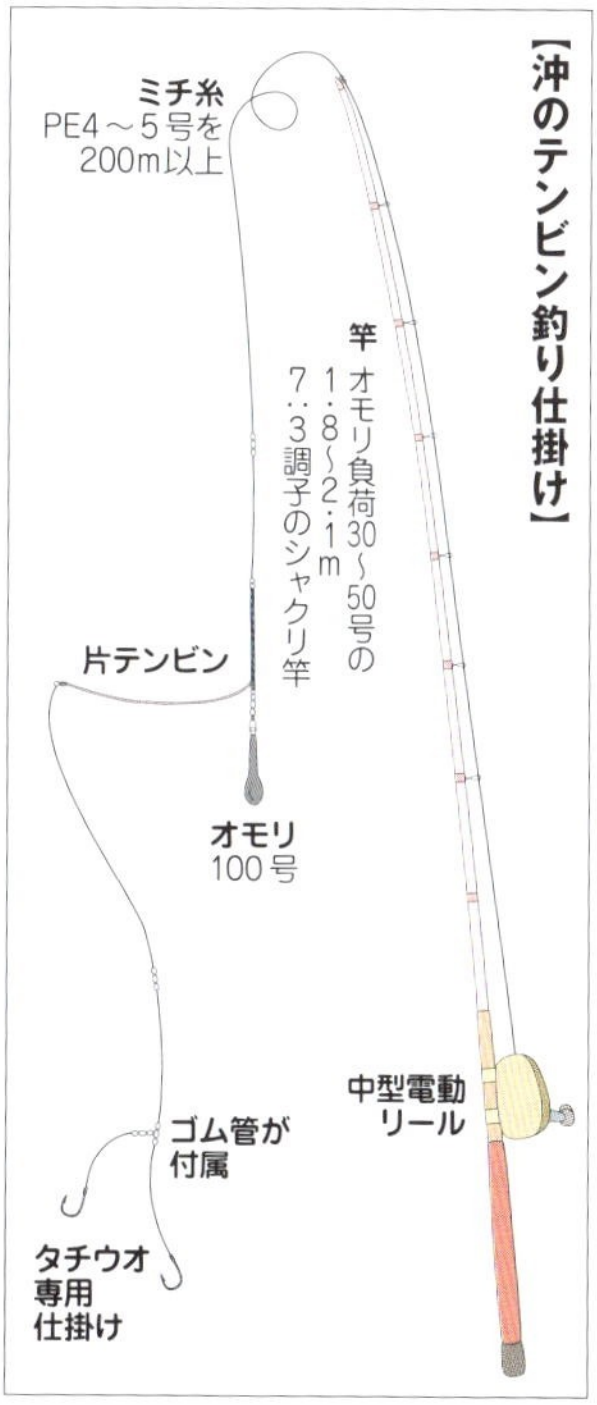
【沖のテンビン釣り仕掛け】
ミチ糸
PE4～5号を
200m以上
竿
オモリ負荷30～50号の
1・8～2・1m
7：3調子のシャクリ竿
片テンビン
オモリ
100号
中型電動
リール
ゴム管が
付属
タチウオ
専用
仕掛け

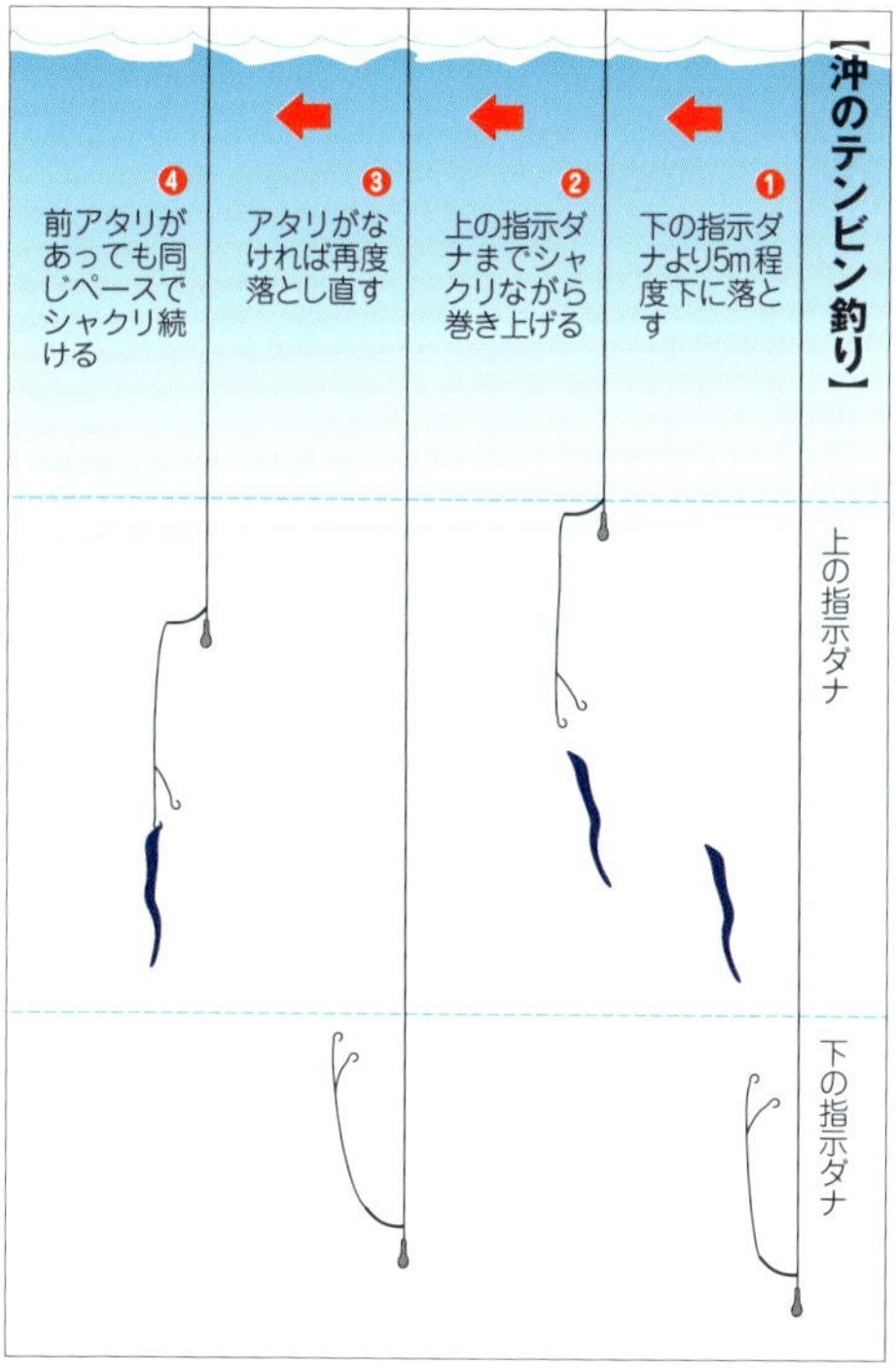
【沖のテンビン釣り】
①下の指示ダナより5m程度下に落とす
②上の指示ダナまでシャクリながら巻き上げる
③アタリがなければ再度落とし直す
④前アタリがあっても同じペースでシャクリ続ける
上の指示ダナ
下の指示ダナ

用語　**食い上げる**●釣り上げているときに、魚がエサをくわえて仕掛けよりも速く浮いてくること。ふつう仕掛けが急に軽くなる。魚の食い上げ速度より速くリールを巻くことで対処するが、ゆっくり巻いているとバレてしまうことが多い。

スズキ目ハゼ科

汽水域から沖の船釣りまで秋口から楽しめる大衆魚の釣り

ハゼ（マハゼ）

カジカ

船　ボート　磯　堤防　浜

生　態　波の少ない内海や河口近くに生息し、秋以降は深場へ移動。ふつうは1年魚だが越冬するものもいる。

カレンダー

1	2	3	4	5	6	7	8	9	10	11	12
									後半は良型になる	前半は数釣りが楽しめる。	

全　長　最大25cm
（通常は7～18cm）

食　性　ゴカイ類、甲殻類、小魚

分　布　東北地方以南の日本各地。

特徴

ハゼは数釣りができる大衆魚として、初心者からベテランまで幅広く楽しめる人気のターゲット。

春に生まれるハゼは、6月頃から群れで湾内の浅場や河川などの汽水域に入ってくる。初夏のハゼは通称「デキハゼ」と呼ばれ、大きさは7～8㎝級。この頃から数釣りが楽しめようになる。

9月下旬から11月がベストシーズン。この時期のハゼは10～15㎝まで成長し、成長とともに深い場所へ移動する習性があるので、11月以降は深場を狙う船釣りに変わる。ただ、ハゼは大きくなると、釣れる数は減る。

◆良型となる冬の落ちハゼ

秋から冬にかけた深場のハゼは「落ちハゼ」と呼ばれ、型がよく脂がのり、卵巣も大きい。一年魚であるため冬の産卵期を終えるとほとんど姿が見えなくなるが、中には越冬して25㎝ほどに成長する個体もいる。

日本には300種以上のハゼの仲間がいるが、一般的にハゼと呼ばれるのはマハゼ。市場に並ぶことはほとんどないものの、味がよいので釣り人にはおなじみ。天プラや甘露煮がおすすめだ。

宮城県の沿岸部では、松島湾で水揚げされたハゼの焼干しをダシに使った、仙台雑煮が今も楽しまれている。

釣り場

砂泥地を好む魚なので、陸からの釣りは、満潮時に海水が入り込み、潮が引いたときは干潟となるような場所がベストポイントとなる。潮の流れに注意して、特に満潮前後の1時間を狙うと手軽に釣れる。

初夏は水深が10㎝程度の極端な浅場でも釣れるが、季節とともに深場に落ち込んでいく。

船釣りもシーズン初期には岸に近い2～3mの浅場がスポットになるが、冬の訪れを感じる頃は落ちハゼ狙いとなり、水深は10m前後の深場がポイントとなる。

釣り方

シーズン初期は小型が多く、河口付近の岸辺からのウキ釣りが主流。ウキを使わないミャク釣りでもよい。場所によってはヒザ下まで河川に入り、「立ち込み釣り」をする。

秋、深場に落ちたハゼはリール竿でチョイ投げで狙えるが、冬場は投げ竿で遠投して釣る。

ウキ釣り・ミャク釣り

ボート　堤防

浅場のポイント狙い

竿はノベ竿を使い、ウキをつけて岸から釣る。ウキをつけないミャク釣り*は、ハゼのアタリを直接竿で受けて釣る方法。場所にもよるが、水深2～3m程度の堤防周りだと10月くらいまでノベ竿で釣ることができる。ボート釣りも同じ仕掛けを使う。

仕掛け&エサ

◎竿　岸からの釣りでは3～5m程度のノベ竿。渓流竿やフナ竿など何でもよい。ボート釣りでは2～3m前後の短いノベ竿。

◎ミチ糸　1号程度のナイロン糸で、長さは竿の長さより30～50cm程度短くする。

◎ウキ　玉ウキやシモリウキ、小型棒ウキなど。

◎テンビン　ミャク釣りの場合、小型テンビンがあるとアタリを取りやすい。

◎ハリス・ハリ　フロロカーボン0・6号15～20cmに袖バリ5号。

◎オモリ　ウキ釣りはガン玉。ハリスとミチ糸の結びに、ヨリモドシを使えばオモリは不要。ミャク釣りはナス型1号。

◎エサ　イワイソメやゴカイ、ジャリメ、ミミズなどを使い、たらしは1cm以内にしておくのがポイント。イソメやゴカイは頭の硬い部分をちぎって、やわらかい部分だけ使う。

江戸川放水路でのハゼの立ち込み釣り

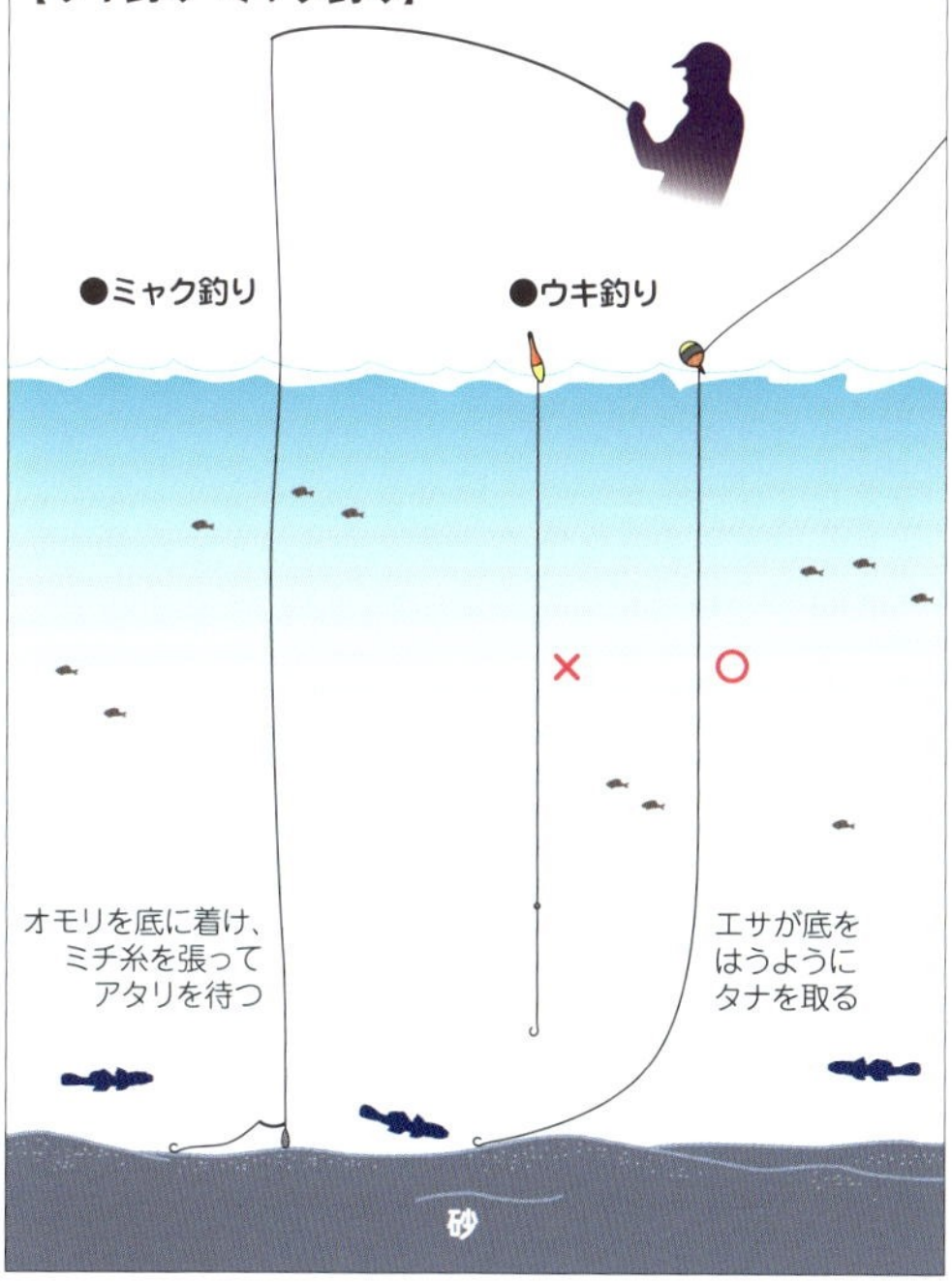
【ウキ釣り・ミャク釣り】
●ミャク釣り
●ウキ釣り
×
○
オモリを底に着け、ミチ糸を張ってアタリを待つ
エサが底をはうようにタナを取る
砂

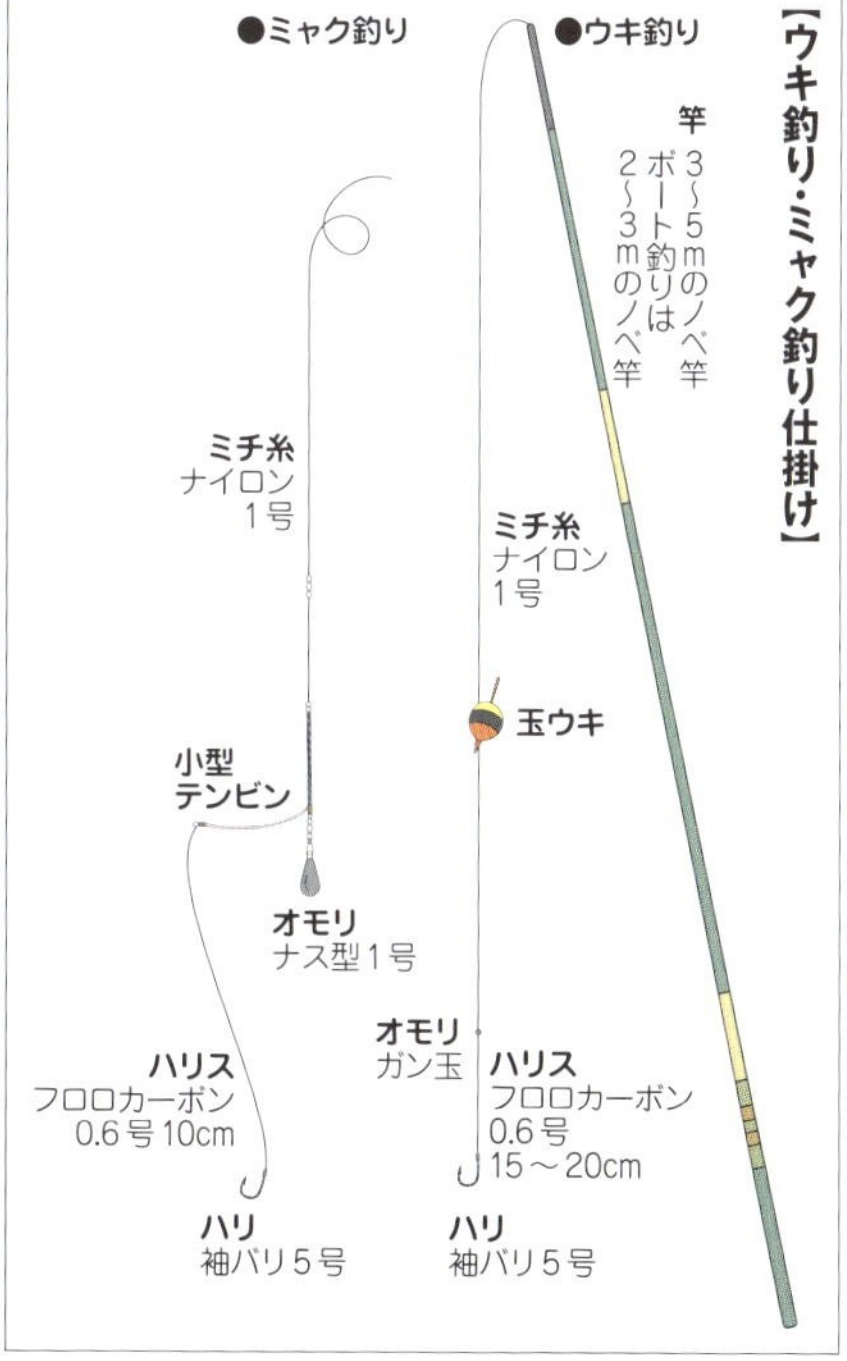
【ウキ釣り・ミャク釣り仕掛け】
●ミャク釣り
●ウキ釣り
竿
3～5mのノベ竿
ボート釣りは
2～3mのノベ竿
ミチ糸
ナイロン
1号
ミチ糸
ナイロン
1号
玉ウキ
小型
テンビン
オモリ
ナス型1号
オモリ
ガン玉
ハリス
フロロカーボン
0.6号10cm
ハリス
フロロカーボン
0.6号
15～20cm
ハリ
袖バリ5号
ハリ
袖バリ5号

用語　**ミャク釣り**●脈釣り。ウキを使わず、糸を張って仕掛けと釣り人の腕が一体となった状態で、脈を取るようにアタリを取る釣り。微妙なアタリもわかり、アタリがダイレクトに感じられる。川釣りなどではよく使われる釣り方。

釣り方…移動しながら釣る

ハゼのアタリはわかりやすい。ウキ釣りの場合はウキが小刻みに動くか水中に引き込まれるので、竿を立ててアタリを確認したら釣り上げる。ミャク釣りは、竿先を通してアタリがブルブルと伝わってくるので、軽くアワセる。

なかなかアタリがないときは、竿を動かして誘いにゆくのも効果的。アタリがあるのに釣れないときは、エサのたらしをさらに短くするか、アワセのタイミングを少しずらしてみる。

ハゼはあまり泳ぎ回らない魚。同じ場所で粘るのではなく、移動しながら釣ると釣果が伸びる。

投げ釣り

堤防

深場のハゼを狙う

秋に入るとハゼは少し深場へ移動。岸からノベ竿で狙えなくなったら、チョイ投げで釣る。やや深場で釣るボート釣りも同じ仕掛けだ。また、冬場に入るとハゼはさらに深場へ移動するので、本格的な投げ釣りとなる。

仕掛け＆エサ

【チョイ投げ用】

◎**竿**　1・8～2・4ｍのシロギス竿。オモリ負荷10号の小型振り出し竿でもよい。

◎**リール＆ミチ糸**　小型スピニングリールにナイロン2～3号を100ｍ巻いたもの。

◎**テンビン・オモリ**　シロギス用小型テンビンにオモリ5～8号。

◎**ハリス・ハリ**　幹糸2号程度で2、3本バリのついた市販のシロギス投げ仕掛けを使用。

◎**その他**　ハリ外し、竿掛け、メゴチバサミ。

◎**エサ**　イワイソメやゴカイ、ジャリメを使う。たらしは3～4㎝。

【遠投用】

◎**竿**　オモリ負荷20～25号、3～4ｍの投げ竿。

◎**リール**　投げ専用リールにPE1～2号を150ｍ以上巻いたもの。

◎**チカラ糸**　PE4号を10ｍ。

◎テンビン・オモリ　ジェットテンビン20号。

◎**ハリス・ハリ**　幹糸3号程度で2～3本バリの市販のシロギス投げ仕掛け。

◎**その他**　ハリ外し。

◎**エサ**　イワイソメやゴカイ、ジャリメなどで、頭の硬い部分にハリをチョン掛けした1匹掛け。

【チョイ投げ・遠投釣り仕掛け】

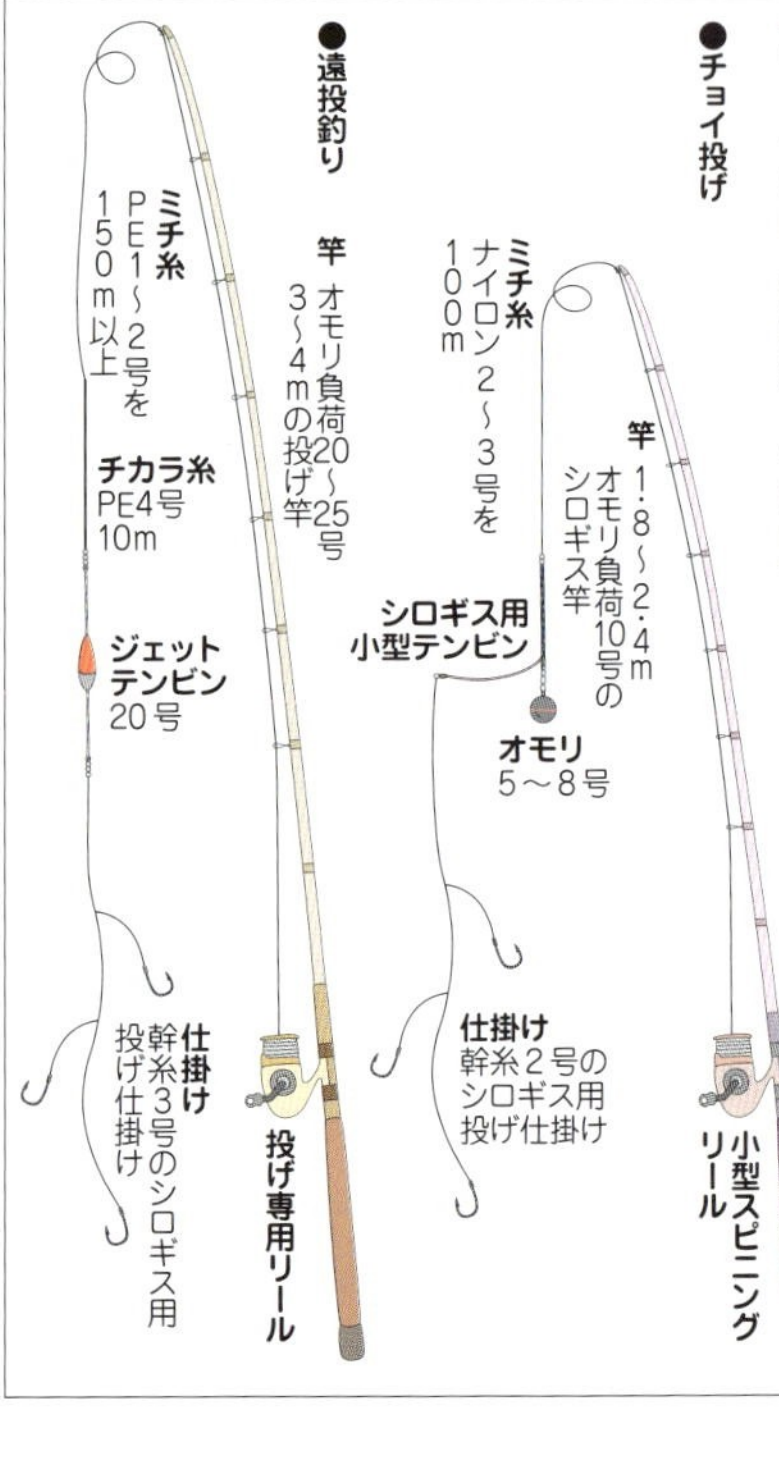

●チョイ投げ
竿　1・8～2・4ｍ オモリ負荷10号の シロギス竿
ミチ糸　ナイロン2～3号を100ｍ
シロギス用 小型テンビン
オモリ　5～8号
仕掛け　幹糸2号の シロギス用 投げ仕掛け
小型スピニング リール
●遠投釣り
竿　オモリ負荷20～25号 3～4ｍの投げ竿
ミチ糸　PE1～2号を 150ｍ以上
チカラ糸　PE4号 10ｍ
ジェット テンビン 20号
仕掛け　幹糸3号のシロギス用 投げ仕掛け
投げ専用リール

釣り方❶…チョイ投げ

仕掛けを沖に投入・着底したら糸フケを取る。置き竿でも釣れるが、仕掛けを少しずつゆっくりと手前に引いて探ると、ヒットの確率が高くなる。ハゼは動くものに反応しやすい。

手先に重さやツンツンと突かれるような動きを感じたら、手首を軽く返してアワセ、早めにリールを巻いて釣り上げる。

ハリを呑み込んでいる場合はハリ外しを使う。大き目のハリにつけ替えるのもよい。

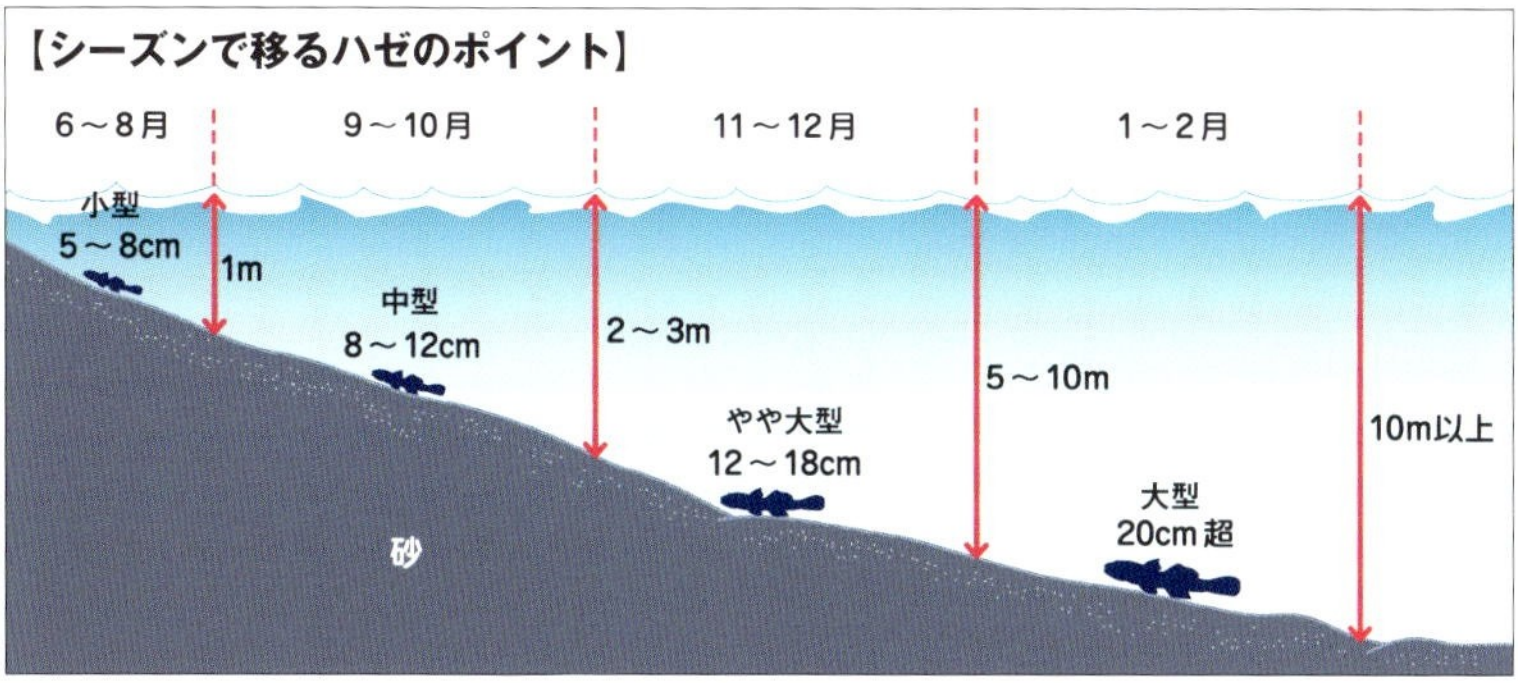

ハゼ釣りで釣れる他の魚図鑑

サビハゼ
スズキ目ハゼ科

内湾の砂泥地に生息。全長12cm。
マハゼに混じって釣れる。赤褐色の斑紋がサビのように見えることからこの名がついた。

サッパ
ニシン目ニシン科

汽水域に生息。全長20cm。
唐揚げや酢漬けにすると美味。岡山県の郷土料理「ママカリ」はサッパのこと。

釣り方②…遠投

基本的にシロギスの投げ釣りと同じ。ポイントとしてはシロギスのいる砂地ではなく、カレイが混じる泥地の方がよく釣れる。

まず、仕掛けが着底したら糸フケを取り、糸を張ったまま少しずつゆっくりと手前に引いて探る。アタリがあったら、軽くアワセてリールを巻こう。アタリはクッと微妙なものから、コツコツッ、グッグッと明確なものまでさまざま。

初冬以降の落ちハゼは大型で釣りがいがあるが、小型ほど簡単には釣れない。シロギスやカレイ、セイゴ（スズキ）などが混じることもある。

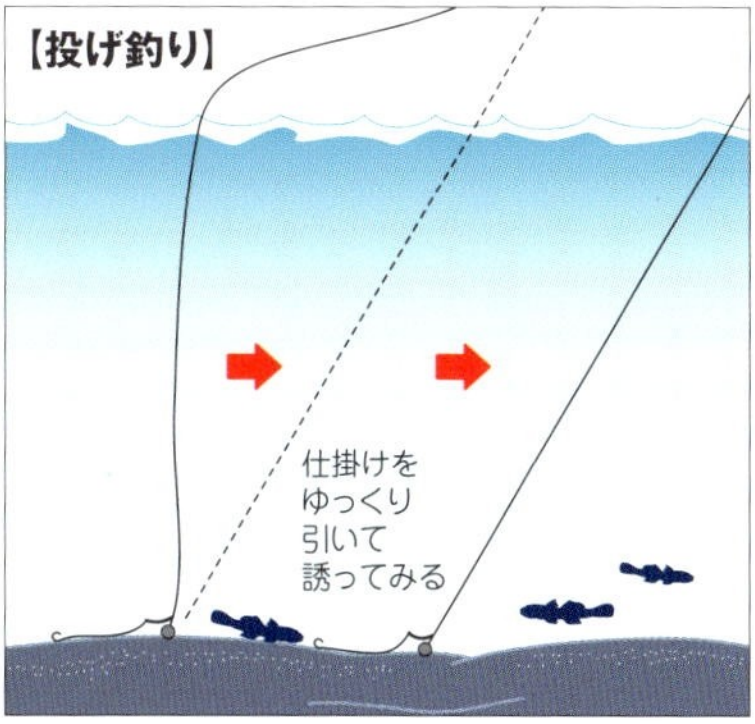

沖釣り

船
ボート

沖のハゼを狙う船釣り

秋に深場に落ちたハゼを狙う釣り。一般の遊漁船と同じ船で釣る場合もあるが、釣ったハゼを天プラにしてもらって、それを食べる屋形船の釣りも人気がある。

仕掛け&エサ

水深3～10m付近を釣るのでチョイ投げと同じ仕掛けとエサを使う。

釣り方…仕掛けは軽く投入

アンダースローでポイントに仕掛けを投入するが、釣り方はチョイ投げと同じ要領。

軽く投げて、仕掛けが着底したら、ゆっくりと手前に引く。アタリを感じたらリールを早めに巻いて釣り上げ、再投入。この繰り返しとなる。

釣魚便利図鑑◆投げ釣りで釣れるその他の魚●秋から冬にかけてのハゼの投げ釣りでは、さまざまな魚が釣れる。シロギスやカレイはもちろんのこと、ウミタナゴやベラの仲間、カワハギなども釣れるので、あきることがない。

スズキ目タイ科

マダイと似た食味と釣り味に人気

ハナダイ（標準和名 チダイ）

チコダイ、ヒメダイ

船　ボート　磯　堤防　浜

生　態　マダイとよく似ているが、より色が鮮やか。マダイほど深場には生息していない。

カレンダー

1	2	3	4	5	6	7	8	9	10	11	12
		春は食味が増す									

全　長　最大45cm
（通常は20～30cm）

食　性　甲殻類やゴカイ類

分　布　北海道南部以南の沿岸部。

特徴

チダイが標準和名で、関東ではハナダイと呼ばれている。マダイには及ばないものの、美しい姿とタイ独特の釣り味がよいことで人気の釣魚だ。

大きさにバラつきのあるマダイと違い、ほぼ同じサイズのものが同時に捕れることから、かつては結婚式の引き出物などに用いられて、塩焼きに具されていた。

ハナダイはエラの後ろの縁が血のように赤いこと、尾ビレの下の後縁が黒くないことなどで、マダイと区別できる。

しかし、見た目も食味もほとんど変わらないため、スーパーではマダイとして売っていたこともあったほど。適正表示問題で、最近ではあからさまな偽表示はなくなったが、それでも「小鯛」「鯛」と称して売られていることがある。

釣り場

沖合いの水深がおおよそ25～50m付近、底から2～10m付近に群れている。

釣り方

コマセをまきながら、ウィリーというハリに糸を巻きつけた、いわゆる毛バリで釣るウィリーシャクリと、エビエサで釣るエビハナダイの2つの釣り方が一般的。関東では相模湾などがウィリーシャクリ、外房から茨城県の日立沖にかけてはエビハナダイが主流だ。

ウィリーシャクリでは、同時に釣れる魚にマダイ、アジ、サバ、イシダイ、メジナ、カワハギ、ウマヅラハギ、イサキなどと多彩で、「ハナダイ五目」として出船している船宿がある。エビハナダイもマダイ、メバル、アジ、ソイ、アイナメ、カサゴなど、うれしい釣魚が混じる。

【ウィリーシャクリ仕掛け】

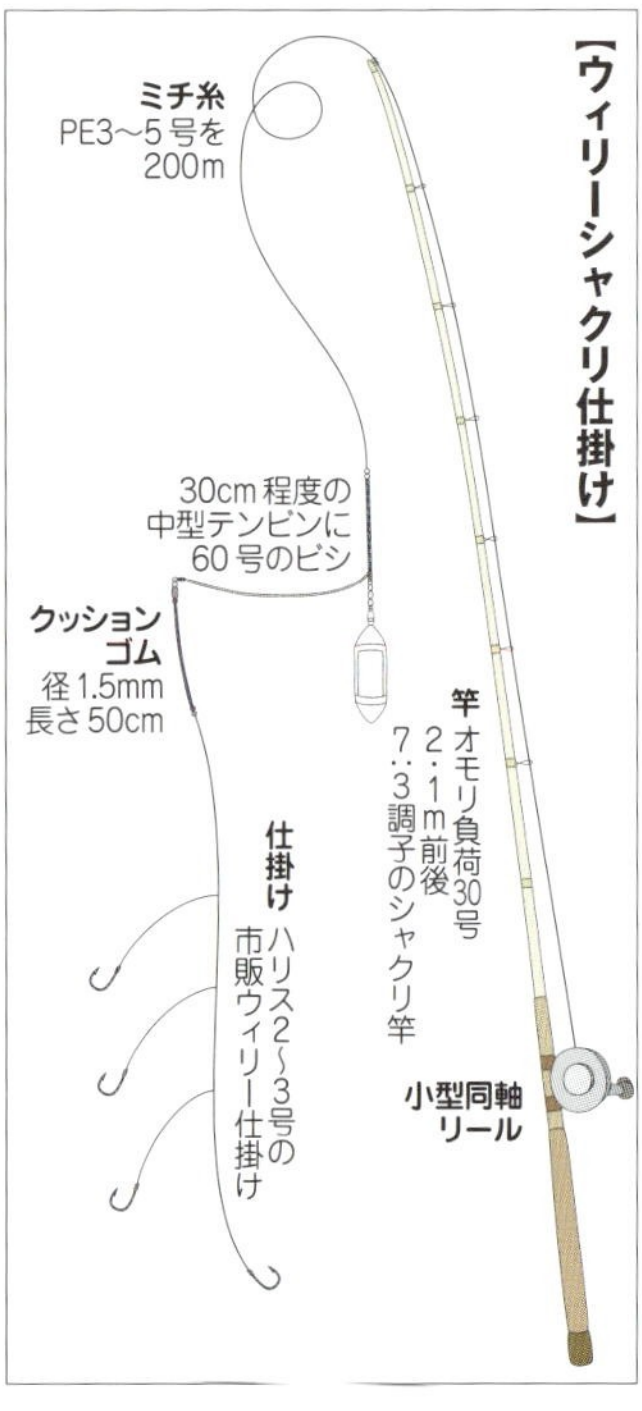

ウイリーシャクリ

船

仕掛け&エサ

◎**竿**　オモリ負荷30号、2・1m前後の7：3調子のシャクリ竿。

◎**リール&ミチ糸**　小型同軸リールにPE3～5号を200m巻いたもの。

◎**テンビン・ビシ**　30cm程度の中型テンビンに60号のビシ。

◎**クッションゴム**　径1・5mm、長さ50cm。

◎**仕掛け**　ハリス2～3号の市販のウィリー仕掛け。ハリ数は3～4本で、一番下のハリはカラバリになっているものがよい。

◎**その他**　ロッドキーパー、マグネット板。

◎**エサ**　カラバリに尻尾を取ったオキアミをつける。コマセにアミコマセを使用。

釣り方❶…シャクリのコツ

●タナの指示

コマセカゴの下は密閉し、上の穴を2分の1程度開けておく。コマセはギュウギュウに詰め込まず、9分目くらいを目安に。

仕掛けがからまないように海に入れたら、続いてビシを投入。このとき船長から「40m、底から2mから10mまで」などと、水深とタナの指示が出る。この指示の場合、水深は40m、タナは底から2mの深さから10mまでとなる。

●ビシの位置を変えずにシャクる

1回のシャクリ幅は70～80cmくらいにしよう。下げた竿先を水平までシャクリ上げ、3秒間はそのままにする。ビシの位置を落とさないよう竿先を下げながらリールを巻いたら、すぐにシャクる。

これを繰り返し、10mまでシャクってもアタリがなければまた着底させ、同じようにシャクリ上げる。2回目のシャクリでアタリがなかったら、コマセを詰め替える。

【ウィリーシャクリ】

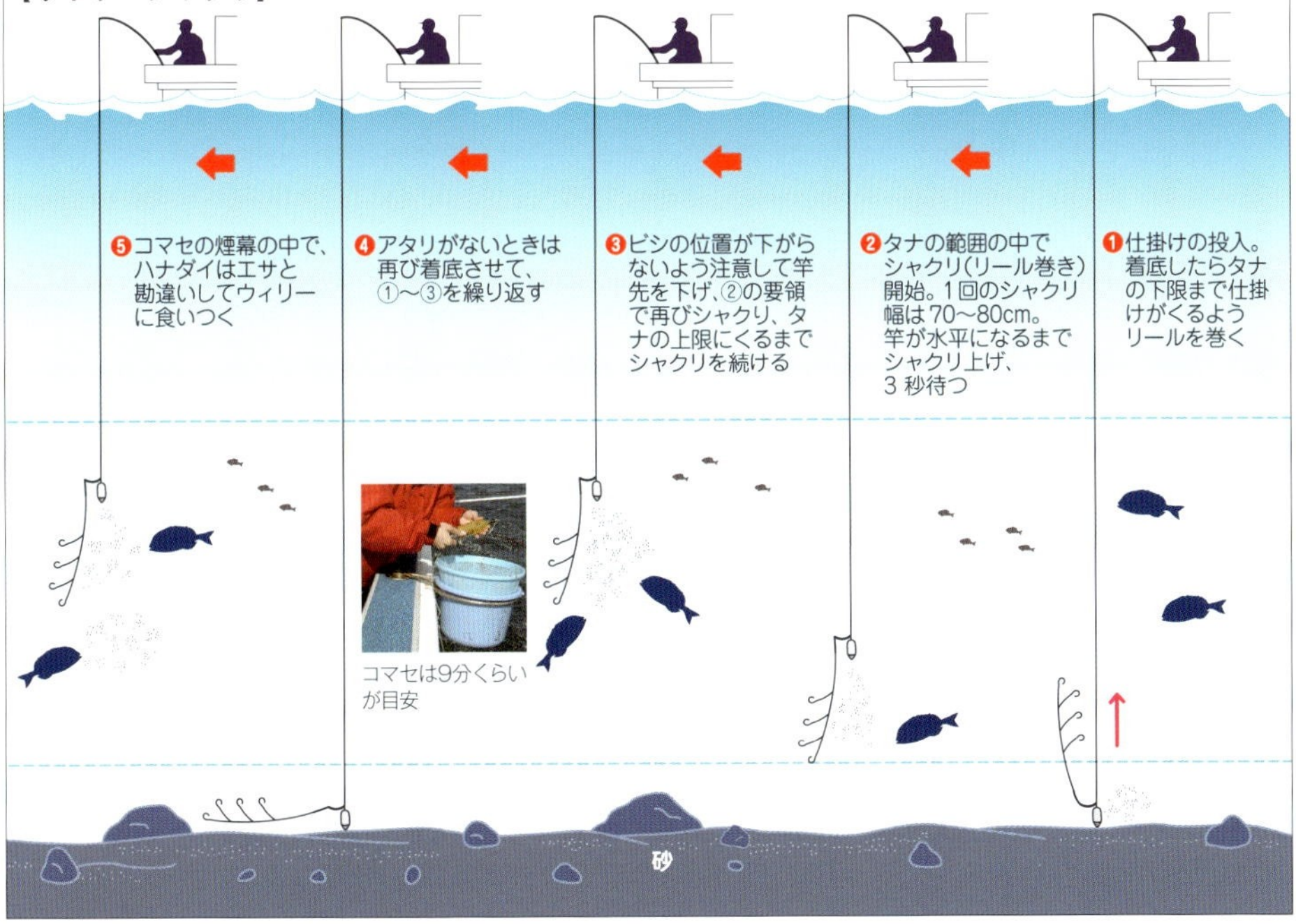
❶仕掛けの投入。着底したらタナの下限まで仕掛けがくるようリールを巻く
❷タナの範囲の中でシャクリ(リール巻き)開始。1回のシャクリ幅は70～80cm。竿が水平になるまでシャクリ上げ、3秒待つ
❸ビシの位置が下がらないよう注意して竿先を下げ、②の要領で再びシャクリ、タナの上限にくるまでシャクリを続ける
❹アタリがないときは再び着底させて、①～③を繰り返す
❺コマセの煙幕の中で、ハナダイはエサと勘違いしてウィリーに食いつく
砂
コマセは9分くらいが目安

用語　**カラバリ**●エサや疑似餌などがついていないただのハリ。ウィリーシャクリで使うハリは、基本的に疑似餌バリの毛バリを使用。カラバリはこの毛がついていない同じ号数のハリとなる。

釣り方②…アタリの取り方

●小さなアタリでも鋭いアワセ

ウィリーシャクリで釣れる魚は多彩なため、大物に備えてリールのドラグはゆるめに設定しておこう。2号のハリスで、40㎝を超える大物まで対応しなければならないこともあるからだ。

ドラグの強さは、強くシャクったときに少し糸が出るくらいがちょうどよい。シャクリ上げるときは、糸が出ないようリールのドラムに親指を当ててシャクるとよい。

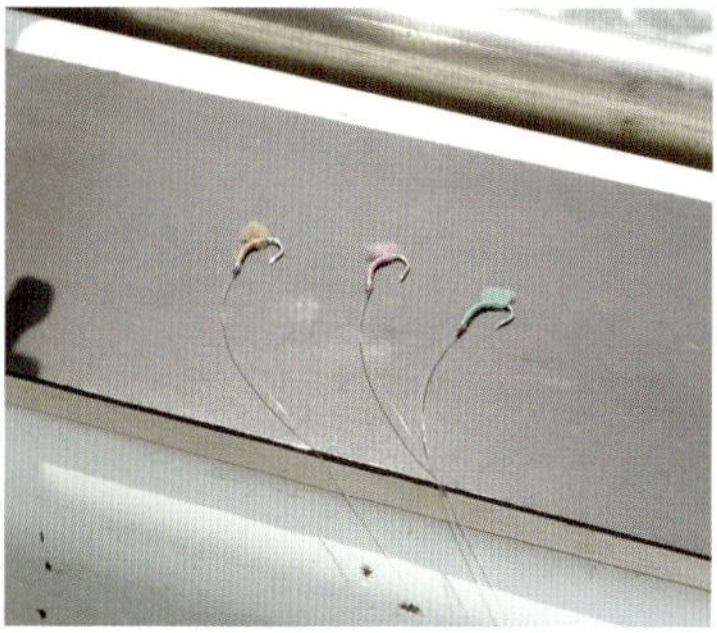

ウィリーはマグネット板に乗せておくとからまない

アタリはシャクリ上げるときに出る。竿を水平で止めているときに、向こうアワセで食ってくることもあるが、ウィリーを異物と感じるとすぐに吐き出すため、小さなアタリでも鋭くビシッとアワセてみよう。

●腕の差は工夫で

大物が掛かって糸が出たときは竿を立て、糸が止まるまでじっと待つ。糸の出が止まったら、竿を立てたままポンピングせずにゆっくり巻いていこう。途中、またミチ糸が出ても止まるまで待って巻いていくのがコツ。

取り込みは竿をロッドキーパーにかけ、ビシをコマセカゴに入れて、一気に取り込む。もちろん、大物はタモ網ですくってもらう。

ウィリーシャクリはエサを使わない仕掛けだけに、腕の差が出やすい。ウィリーには当たらず、先のオキアミエサばかりに当たるときは、ウィリーにオキアミをつけるのもよい。オキアミの尻尾を切って、ウィリーと抱き合わせになるように腹から刺す。カラーバリに交換して、オキアミを刺してもよい。

●仕掛けは多目に持参

ウィリーシャクリの船では、エサが船宿から配られないことがあるので、事前確認を。また、ウィリー仕掛けはオマツリしやすく、からんで使えなくなることが多い。掛かった魚のハリ外しなどで、*手前マツリに泣かされることもある。仕掛けは多目に持参しよう。ウィリーを自作し、潮色などによって配色を変えた仕掛けとするのもよいだろう。

エビハナダイ

堤防

仕掛け&エサ

◎竿 オモリ負荷50号、2・7～3mの先調子。仕掛けが長いので長目の竿が使い勝手がよい。

◎リール 中型同軸リールにミチ糸PE3～5号を200m以上巻いたもの。

◎ハリス 5本枝スの胴つき仕掛け。春と秋ではハナダイのタナが違ってくるので、釣り宿オリジナルのその時期に合った仕掛けを購入した方がよい。

◎オモリ 60号。

◎その他 ロッドキーパー、中オモリ。

◎エサ 活きエビ。

釣り方…要領のよい釣り

●最初の釣果でタナを確認

まず、活きエビの尻尾をつまみ取って、尾から腹にかけてまっすぐになるように刺す。活きエビを使うのは、頭だけ取られないようにするためで、途中でエビが死んでも取り替える必要はないが、古くなって白濁してきたら新しいエサと交換しよう。

投入は片手で竿を持って、オモリから降ろす。着底したら糸フケを取り、ゆっくり竿を上下して誘う。秋～冬のタナは底に近いが、春になると底から10mほどタナが上がることもある。

　アタリはズンズンと明確に伝わる。最初のアタリがあったら、追い食いさせずにすぐに巻き上げてみる。魚がどの位置のハリに掛かったかチェックするためだ。上の方のハリに掛かっていたら、次のアタリのときは仕掛けを上げて追い食いを狙う。下バリだったら底近くをじっくり誘う。

　3号程度の中オモリをつけていれば、ミチ糸を送り込んで少しはわせ気味にしてもよい。ただし、船が釣り人で混み合っている場合や、潮が速いときはオマツリの原因になるので注意しよう。

●手返しのよい釣りで数を伸ばす

　ハナダイが1匹しか掛かっていないときは、竿を立てて魚が掛かっているハリが手元にくる位置まで巻き上げ、竿をロッドキーパーに掛けて魚を外し、エサをつけてそのまま再投入する。

　一荷で釣れたときは、仕掛けごと船内に入れて竿をロッドキーパーに掛ける。上のハリから魚を外してエサをつけ、リールを巻いてそのつど外に送る。一番下の魚を外してエサをつけたら、竿を持ってオモリを投入。時合を逃さない手返しのよさで、数が伸ばせる。

　アタリが渋いときは、船座に立ってアンダースローで仕掛けを振り込むようにやや遠くに投げてみるのも手。エビの頭だけ取られるようならエサを頭だけにするなど、相手の反応を見て要領よい釣り方、工夫をしてみよう。

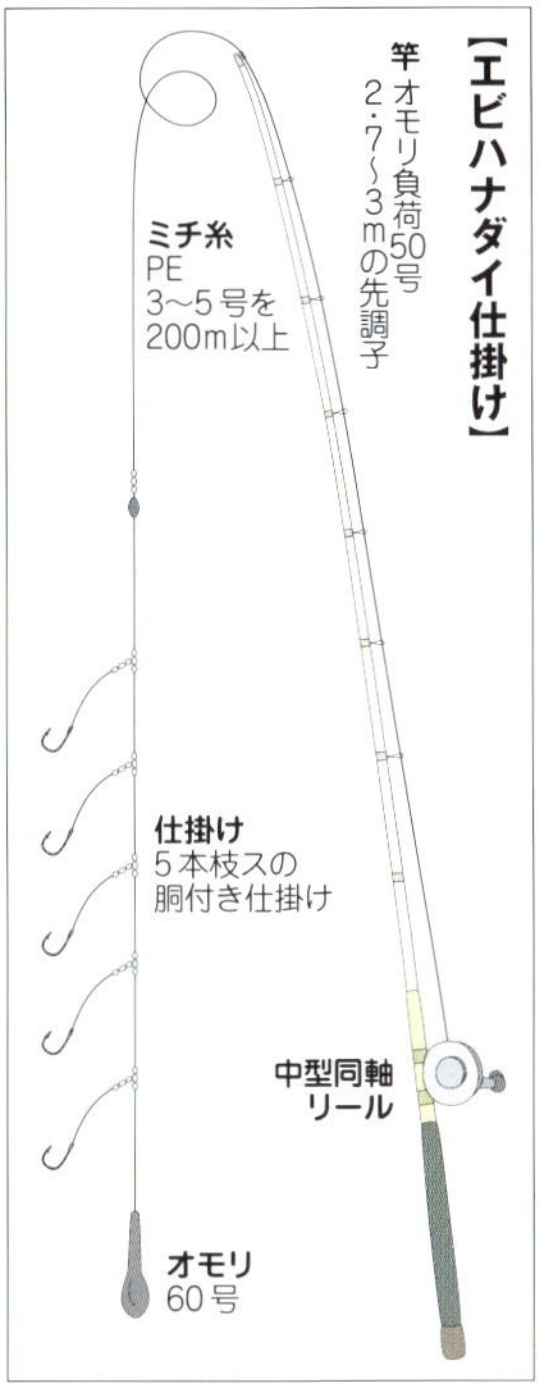
【エビハナダイ仕掛け】
竿
オモリ負荷50号
2・7〜3mの先調子
ミチ糸
PE
3〜5号を
200m以上
仕掛け
5本枝スの
胴付き仕掛け
中型同軸
リール
オモリ
60号

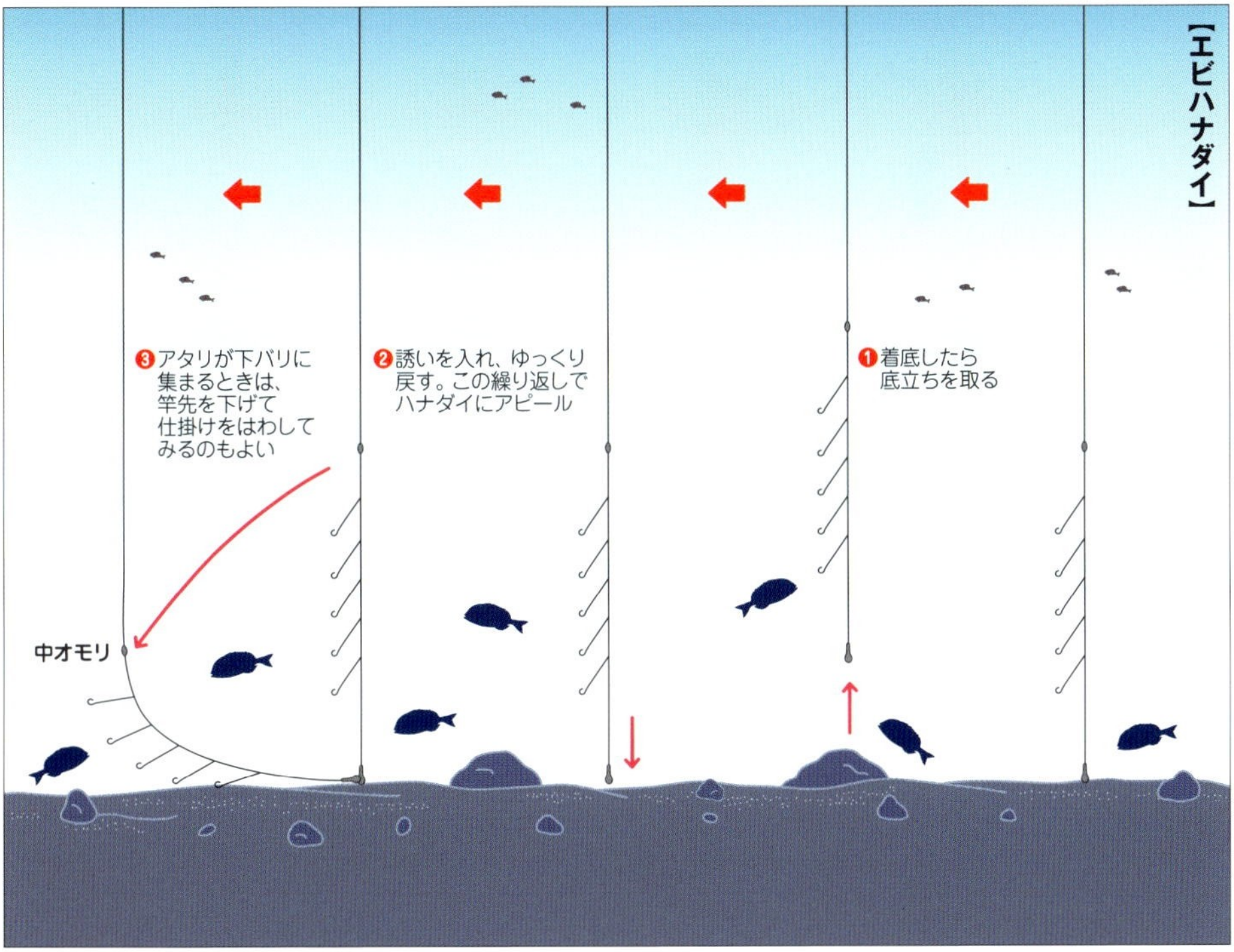
【エビハナダイ】
❶着底したら
底立ちを取る
❷誘いを入れ、ゆっくり
戻す。この繰り返しで
ハナダイにアピール
❸アタリが下バリに
集まるときは、
竿先を下げて
仕掛けをはわして
みるのもよい
中オモリ

用語 **手前マツリ**●他人とのオマツリではなくて、自分自身でオマツリさせてしまうこと。仕掛けが風に飛ばされたり、掛かった魚を外しているときなどに仕掛けがからまる。

カレイ目ヒラメ科

活きエサを泳がせて釣る ヒラメ

オオクチ、ソゲ、テックイ、ハス、メビキ

船　ボート　磯　堤防　浜

生態 扁平な体型で、両眼は左体側部にある。体色は有眼側が黒または灰褐色、無眼側は白色。イワシの群れを追って何十kmも移動することがある。

カレンダー

1	2	3	4	5	6	7	8	9	10	11	12
寒ビラメといわれ、脂がのる										寒ビラメといわれ、脂がのる	

全長 70cm
（通常は30～60cm）

食性 アミ類、甲殻類、小魚

分布 東北から九州にかけての沿岸部の水深約10～150mに生息。

特徴

白身魚の代表ともいえるほどおいしく、マダイと並んで人気のある魚がヒラメ。特にエンガワと呼ばれる部位は、コリコリした歯応えがあって、食感、味ともに珍重されている。

沿岸部の砂泥地や根周りをすみかとし、基本的には夜行性。昼は砂泥に身を潜めて頭だけを出しているが、砂泥に潜らない場合は体の色を海底と同じ色に迷彩し、潜んでいる。

◆地域によっては解禁期間を設定

幼魚時代はアミ類などを食べているが、成長するにつれ、甲殻類や魚類を捕食する。カレイが主にゴカイ類やカニなど海底に住む動物類を食べるのに対して、ヒラメは中底層を泳ぐイワシなどの回遊魚をもっぱら主食とする。そのため、カレイ類に比べて口や歯が大きく、鋭くなっている。

俗に「左ヒラメに右カレイ」といわれるように、両眼とも頭部の左側に偏ってついているが、左側に目がある例外のカレイもいるので、すべてヒラメとはいえない。

本格的なヒラメ釣りのシーズンは、11月から3月まで。地区によっては、解禁期間が決められているのでチェックが必要だ。ヒラメの中でも冬に捕れたものは「寒ビラメ」と呼ばれ、珍重される。

釣り場

岩礁帯や砂地の根周り、エサとなる小魚が多く集まる砂地が、主なポイントとなる。

釣り方

沖釣りでは活きたイワシをエサに使う方法が、最もポピュラーな釣り方。その他、砂浜からのルアーフィッシング、堤防からのウキ釣りやブッコミ釣りなどの釣り方がある。

point

天然物と放流物

ヒラメはマダイとともに人工放流されている魚。各県の水産試験場などでは、大規模な飼育槽で10cm程度にまで育て、放流している。

自分の釣ったヒラメが天然物かまたは放流魚か、釣り人として気になるところ。見分け方は、無限側（下側・P91）に黒斑があるかどうか。天然物の無限側はまっ白（写真）だが、放流魚には黒斑のついたものが混じることがある。

天然物には黒斑がない

泳がせ釣り

船

ヒラメの基本釣法

エサに活きたイワシなどの小魚を泳がせて釣る。ヒラメ釣りでは最も一般的な釣法だ。

仕掛け

◎竿 オモリ負荷30号で3ｍ前後の胴調子の竿。ヒラメ専用竿もあるが、マダイ竿と兼ねたものでもよい。

◎リール&ミチ糸 上質のドラグ機能つき中型電動リールに、ＰＥ4～5号を200m巻いたもの。

◎ハリス 幹糸フロロカーボン5～8号を1m、枝スフロロカーボン5～6号を1m、捨て糸3号を0・5～1m。

◎ハリ 親バリと孫バリの2つを掛ける。親バリはカットヒラメ16～18号か丸セイゴ14～16号、孫バリはカットヒラメ16～18号か丸セイゴ14～16号、または7～8号のトレブルフック*。

◎オモリ 50～60号。

◎その他 ロッドキーパー、すくいアミ。すくいアミはイワシをバケツから取り出すときに使う。常備していない船もあるので、持参した方が無難。

エサ

12～15㎝程度の活きマイワシが基本。このサイズのエサを確保できないときは、20㎝前後の大きいイワシを使うこともあるが、ヒラメの食いは悪い。

また、小アジを使うこともある。この場合、出船してすぐ小アジをサビキで釣り、それをエサにする。同じようにカタクチイワシをサビキで釣って、エサにすることもあるが、カタクチイワシはマイワシや小アジより弱いので、孫バリをつけないことが多い。

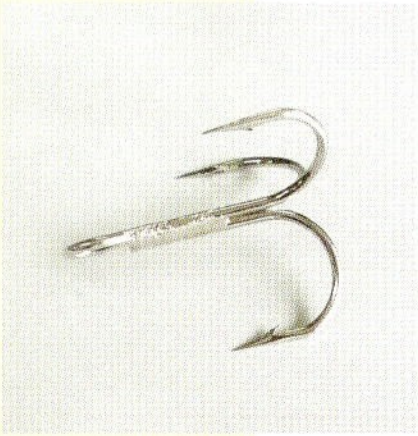

ヒラメ釣りに使うトレブルフック

【泳がせ釣り仕掛け】

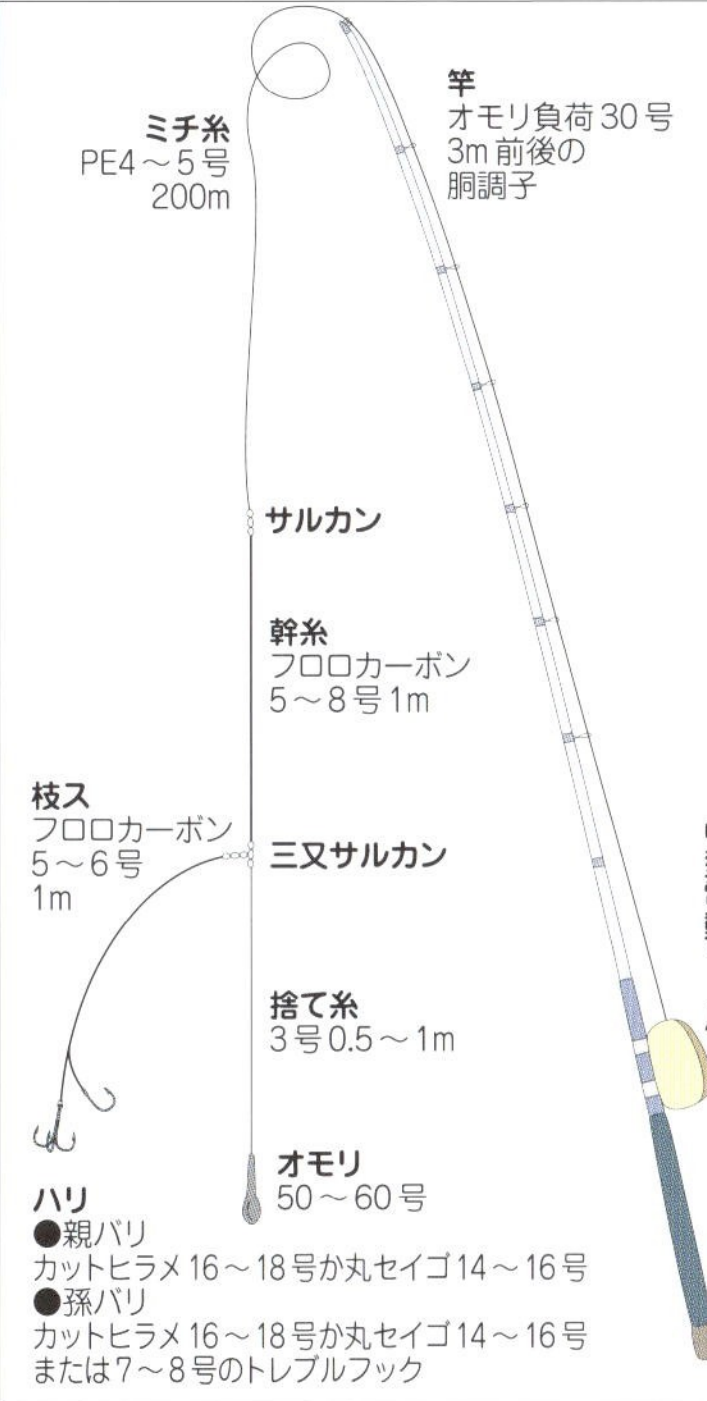
竿
オモリ負荷30号
3m前後の
胴調子
ミチ糸
PE4～5号
200m
サルカン
幹糸
フロロカーボン
5～8号1m
枝ス
フロロカーボン
5～6号
1m
三又サルカン
捨て糸
3号0.5～1m
オモリ
50～60号
中型電動リール
ハリ
●親バリ
カットヒラメ16～18号か丸セイゴ14～16号
●孫バリ
カットヒラメ16～18号か丸セイゴ14～16号
または7～8号のトレブルフック

point

イワシのつかみ方

この釣りの基本は、活きエサのマイワシが元気なこと。弱っていてはヒラメは食いつかない。そのためエサの取り扱いは慎重にする必要がある。

まず、イケス（カメ）からイワシを取るのは2～3匹にすること。小さなバケツの中に何匹も入れるとイワシは弱ってしまう。

エサのつかみ方は、まず手を濡らし、アミですくったイワシのウロコがはがれないようにする。ウロコがはがれたイワシは、すぐに弱ってしまうからだ。

次に親指と人差し指で目を隠すように持つか、エラをおさえるようにして、やさしく包み込むように持つと、イワシは静かになる。

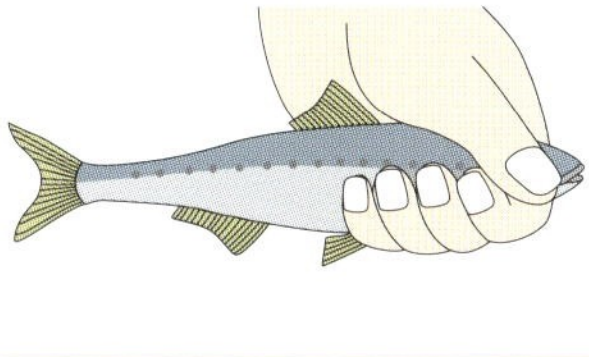

用語 **トレブルフック●**ハリが3本出ている釣りバリ。treble hook、つまり三重の釣りバリという意味だ。ルアーフィッシングで多用されているが、ヒラメ釣りの孫バリにもトレブルフックが多い。トレブルフックはハリ掛かりしやすい反面、エサへの負担が大きい。小アジならトレブルフック、イワシならシングルフックとするなど、使い分けよう。

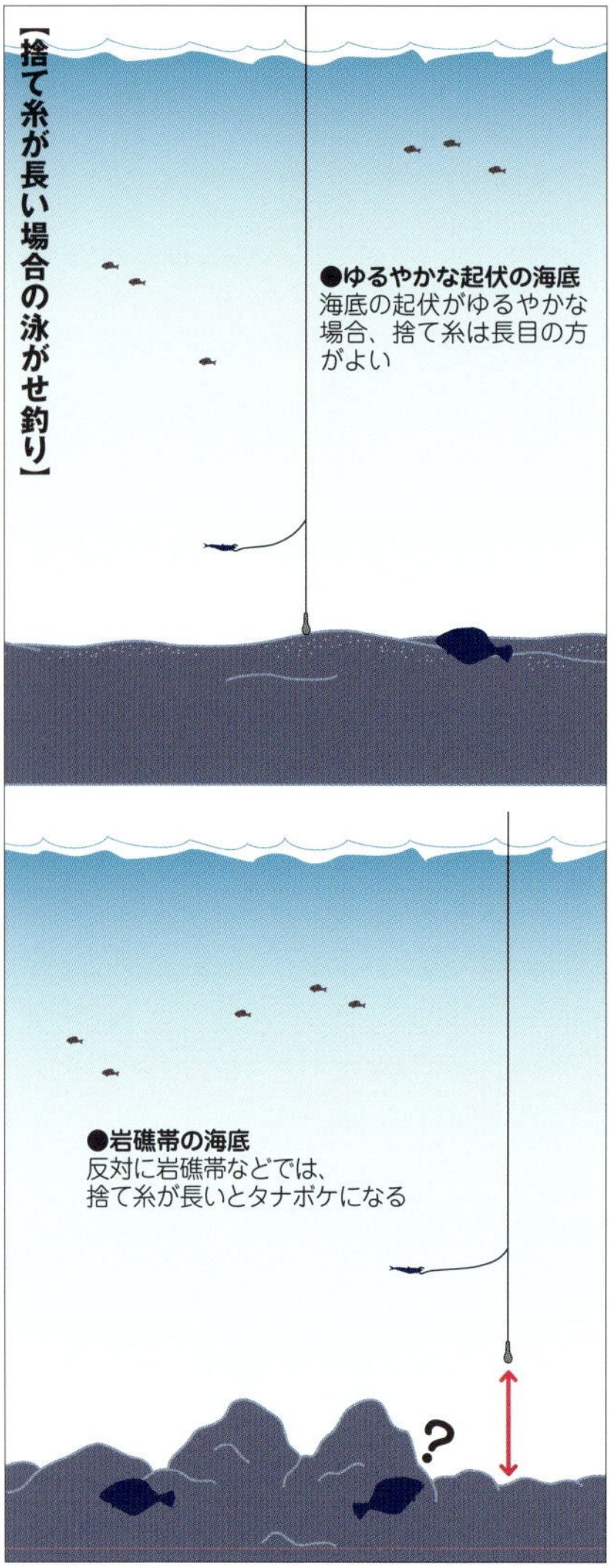
【捨て糸が長い場合の泳がせ釣り】
●ゆるやかな起伏の海底
海底の起伏がゆるやかな場合、捨て糸は長目の方がよい
●岩礁帯の海底
反対に岩礁帯などでは、捨て糸が長いとタナボケになる
?

point

ハリの掛け方

●親バリ

親バリは口の中から上アゴに抜けるように掛ける「口掛け」と、片方の鼻腔からもう一方の鼻腔へ掛ける「鼻掛け」の2つの方法がある。口掛けはハリがしっかりと掛かるが生きエサが弱りやすく、鼻掛けはハリが外れやすい。エサは元気で長もちするなどそれぞれの利点、欠点を考えて使い分けよう。また、カタクチイワシは、下アゴから上アゴへ抜き刺す。

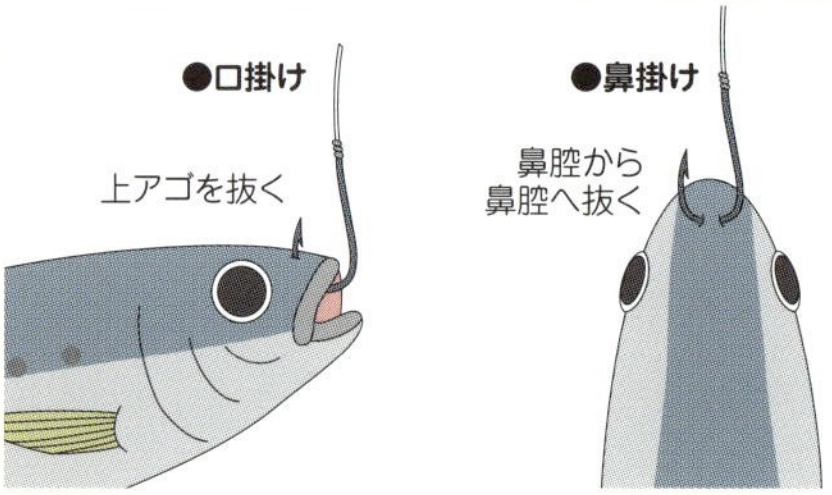
●口掛け
上アゴを抜く
●鼻掛け
鼻腔から
鼻腔へ抜く

●孫バリ

孫バリは尻ビレに掛ける「腹掛け」と背ビレに掛ける「背掛け」の2種類がある。それぞれ、親バリと孫バリの間は多少タルミをもたせることで、生きエサが泳ぎやすく、またその泳ぎで外れることがなくなる。根掛かりの多い場合は、背掛けの方が無難だ。また、ヒラメは尾の方から食いつくため、孫バリに掛かることが多い。孫バリは必ず生きエサの頭に針先が向くようにつける。

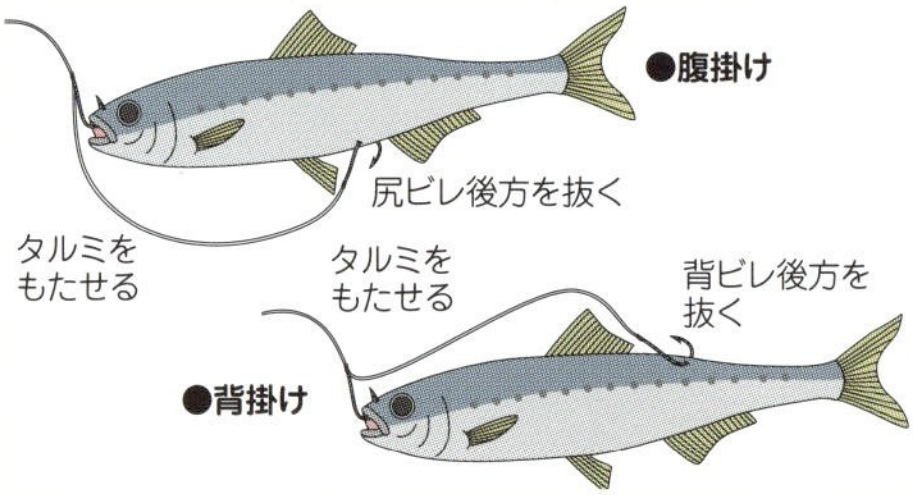
●腹掛け
尻ビレ後方を抜く
タルミを
もたせる
タルミを
もたせる
背ビレ後方を
抜く
●背掛け

釣り方❶…タナを取る

●活きエサの投入

イワシをそっと海に入れたら、次にオモリを落とす。このときにイワシがきちんと泳いでいるか、ハリがきちんと掛かっているかなど仕掛けの状態をチェックする。

問題がなければリールをフリーにして、親指で糸を送り出す。速度を調整（サミング*）しながら、ゆっくりとエサを底に送り込むのがコツ。オモリが着底したら糸フケを取る。

●タナの取り方

ヒラメ釣りでは、底からオモリを上げる幅をタナという。そこで関係してくるのが捨て糸の長さ。

海底の起伏がゆるやかで、あまり根掛かりしないようなポイントの場合、捨て糸は1m程度と長目の方がいい。船が揺れて下がったとき、オモリが海底をたたく程度にタナを取る。

一方、岩礁帯や藻場など、根掛かりしやすいポイントでは、捨て糸は50㎝程度と短くする。根掛かりを防ぐため、船長からはタナは底から1～2mと、指示されることが多い。これはタナを高目にとっても、捨て糸が短いためにエサが底から大きく離れることはないからだ。

釣り方②…船を流す

●潮の流れを利用した縦流し

ヒラメ釣りでは「縦流し（潮流し）」と「横流し（風流し）」という2つの船の流し方がある。

縦流しは船後部にあるスパンカー（ボートや船の後方に立てる三角形の帆）の効果で、船首が安定して風上に向き、潮の流れに船を縦位置に乗せて流す。

この方法だと、船が移動する速度と仕掛けが流される速さはほぼ同じで、軽目のオモリでもミチ糸を垂直に保てる利点がある。しかし、釣り座の位置が釣果に大きく影響する欠点も否定できない。

ヒラメ釣りはヒラメの捕食射程距離に活きエサを入れる釣りだ。ということは、誰よりも早くポイントに仕掛けを投入できればアタリが多く、釣果が増える可能性は高まる。つまり、潮の流れ、風の向きを正しく読んで、よりよい釣り座を確保すれば、理論上、釣果は他よりも増大することになる。

●平等の釣果が望める横流し

一方、横流しは潮が流れていないときに利用される流し方で、風に対して船体を真横に流す方法。同じポイントに横一列ほぼ同じ条件で入ることになるため、縦流しと違って釣り座による釣果の差は出にくいといえる。

また数回流したら、船の向きを逆にして流す「両舷横流し」をすることで、左舷と右舷での不平等も解消される。

●オマツリを防ぐために

横流しでは、オモリが底にないと不安といって、潮下の釣り人がミチ糸を送り出してしまうことがよくある。その結果、後にいる潮上の釣り人とオマツリという結果に。オモリがたまに底に着くようなときは、なるべく糸を出さないように注意することだ。

オマツリなどトラブルを防ぐため、釣り人を片舷だけに乗せる片舷横流しの船もある。この場合は釣り座による差はほとんどない。

また、100号～120号のオモリを使って横流しをする地域もある。水深の2倍ほどのミチ糸が出るが、オモリがトントン着いている状態で流すため、タナボケなどが出ないようになっている。

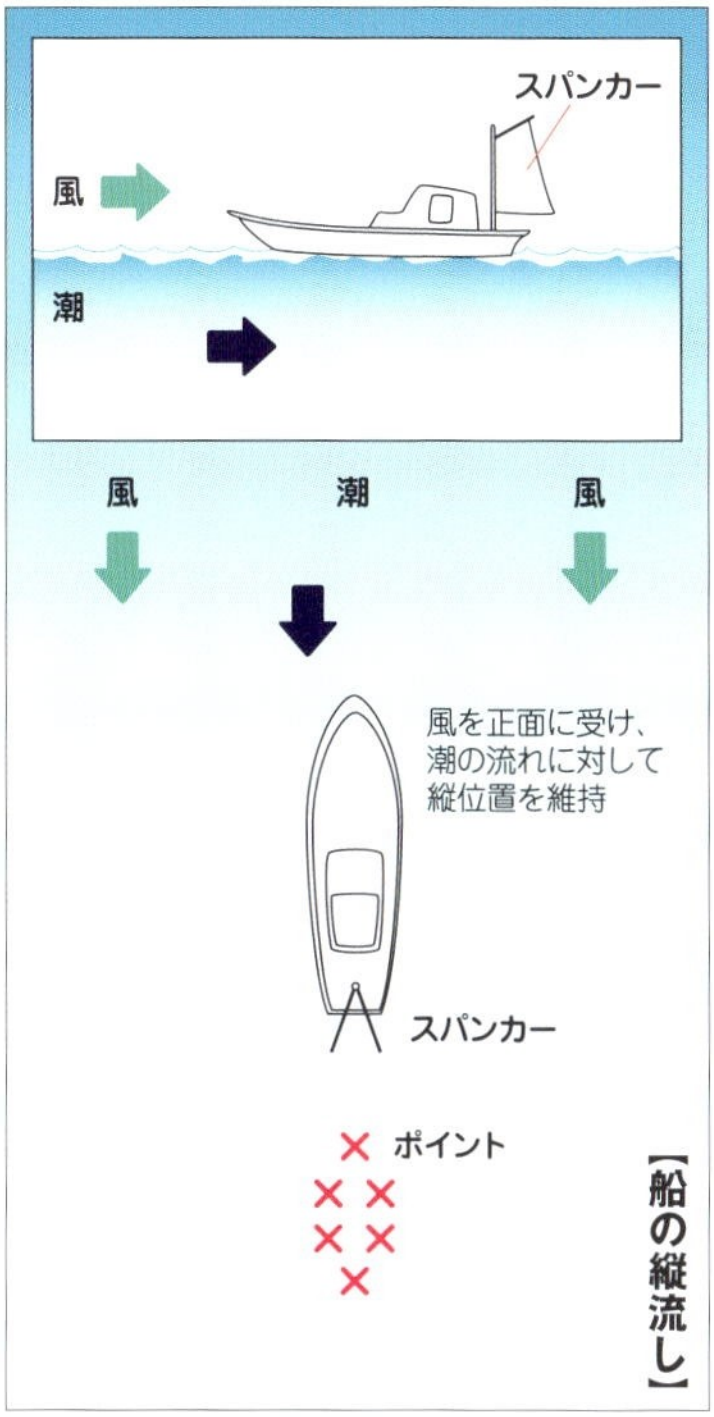
スパンカー
風
潮
風
潮
風
風を正面に受け、
潮の流れに対して
縦位置を維持
スパンカー
ポイント
【船の縦流し】

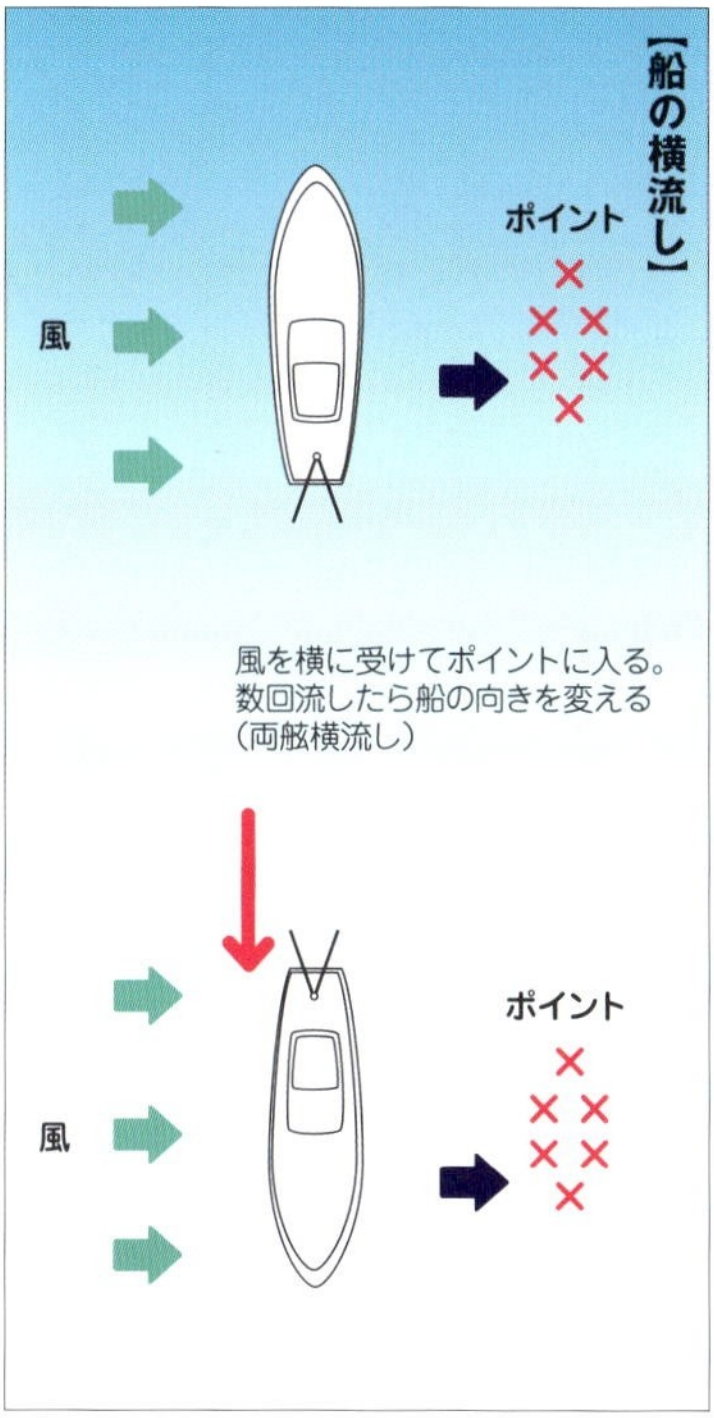
ポイント
風
風を横に受けてポイントに入る。
数回流したら船の向きを変える
（両舷横流し）
ポイント
風
【船の横流し】

用語　サミング●指を使ってリールのミチ糸（ライン）の出方を調整すること。両軸受けリールでキャストすると、余分な糸が出てからまるトラブルが起きる。これを防ぐため、親指（サム）で糸の出を調整することからサミングというようになった。

釣り方❸…ヒラメを誘う

アタリがないときは、竿を大きくゆっくり立てて仕掛けを上げ、ゆっくり沈めてみる。この方法で、底から上にいる魚を狙うヒラメにとって、活きエサをアピールすることになるからだ。

また、そのエサを狙っていて、捕食のタイミングをうかがっていたヒラメが、エサが逃げてしまうと勘違いし、あわててエサをくわえ込む、ということもあるかもしれない。

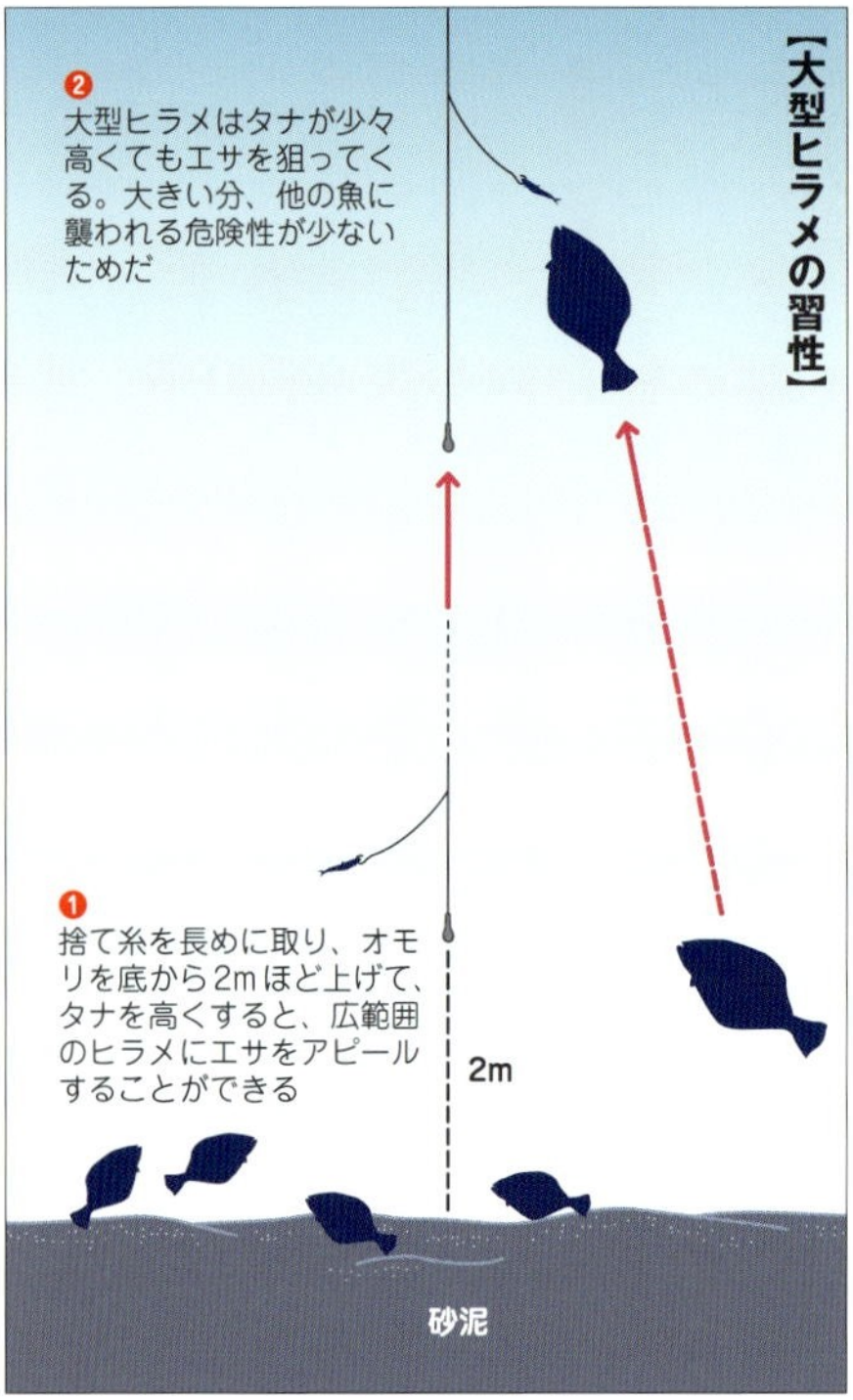
【大型ヒラメの習性】
❷ 大型ヒラメはタナが少々高くてもエサを狙ってくる。大きい分、他の魚に襲われる危険性が少ないためだ
❶ 捨て糸を長めに取り、オモリを底から2mほど上げて、タナを高くすると、広範囲のヒラメにエサをアピールすることができる
2m
砂泥

釣り方❹…アタリとアワセ

●竿先を絞るようなアタリ

ヒラメの活性が高いと、投入後、いきなりガツンとくわえ込むこともあるが、これはまれ。

一般的にはアタリは竿先に鋭くゴンゴンとくる。このアタリがあったとき、置き竿にしていたら、竿先を動かさないように静かにロッドキーパーから外し、糸を送ろう。糸を送るといっても、リールをフリーにするのではなく、竿先を下げるのだ。

さらに同じアタリがしばらく続き、グーッと竿先を絞り込むようにもっていこうとしたら、ここがアワセどき。思いっきりシャクリ上げず、ゆっくり竿を立てよう。

竿先を揺らしながらも、なかなか引き込まないことも。このようなときはヒラメがエサにアタックしている最中なので、竿は持ったまま辛抱強く待つしかない。

●微妙なアタリの変化に対応

船は揺れているので、バランスを取ってエサの位置が一定になるようキープする。エサが不自然に揺れると、ヒラメが警戒し、エサを離してしまうのだ。

引き込まないままアタリがなくなることもある。一瞬アタリがなくなっても、ヒラメはエサをくわえ直して呑み込むので、そのまま待っていれば次の引き込みで親バリを食い、ハリ掛かりする。

活性が高くないときは、アタリだけでまったく引き込まず、仕掛けを回収すると、ギザギザに歯形のついたエサが上がってくることもよくある。こんなときはエサをつけ替え、再度投入だ。

●スッポ抜けはチャンス

竿先を絞り込んだのでアワセてみたがスッポ抜けだった、ということも。しかし、スッポ抜けだからといって、あわてて仕掛けを回収せず、そのままゆっくり元の位置に落とし込んでみよう。エサがついていれば、再度ヒラメが食ってくる可能性がある。

また、隣の釣り人がスッポ抜けをしてしまったら、今度は自分のエサにくるチャンス。誘いをかけるなどして、自分のエサをアピールしてみよう。

釣り方❺…取り込みは慎重に

ハリ掛かりしたら、竿を立てて弾力を利用し、大きくためて素早く糸を巻き取る。大型の場合は、糸が出るようにドラグを調整しておくことが肝心だ。

取り込みは魚を完全に浮かせてから、海面をすべらせるようにしてタモまで誘導する。

1匹釣ったらハリとハリスのチェックは忘れずに。

用語 **サーフ**●同じ浜のポイントでも、波が打ち寄せる波打ち際を指す狭義のポイント用語。シロギスやカレイ、ヒラメ釣りなどでは、エサ釣り、疑似餌釣りなど釣り方にかかわらず、陸から狙う貴重なポイントとなっている。

ルアーフィッシング

堤防

ルアーで狙うヒラメ

ヒラメのルアーフィッシングは、サーフ*(砂浜)でルアーをキャストしてヒラメを狙う釣り。意外なヒラメのファイトに接し、とりこになる釣り人も多い。

仕掛け&エサ

◎ロッド　9～11ftのシーバスロッドで、竿先のやわらかいものがよい。

◎リール&ライン　中型スピニングリールにPE1～1・5号を100m以上巻いたもの。

◎リーダー　フロロカーボン20～30ldを3m。

◎その他　ウェーダー。

ルアー

ヒラメのルアーフィッシングでは、12～14cmのシンキングミノーやラバーをつけたスプーン、10cm程度のメタルジグを使う。シンキングミノーは、飛距離を稼げる玉を内蔵した重心移動タイプをすすめる。

カラーはイワシカラーやレッドゴールドなどいろいろそろえておくとよい。またルアーとリーダーは、小型のローリング*スイベルで接続する。

【ルアーフィッシング仕掛け】

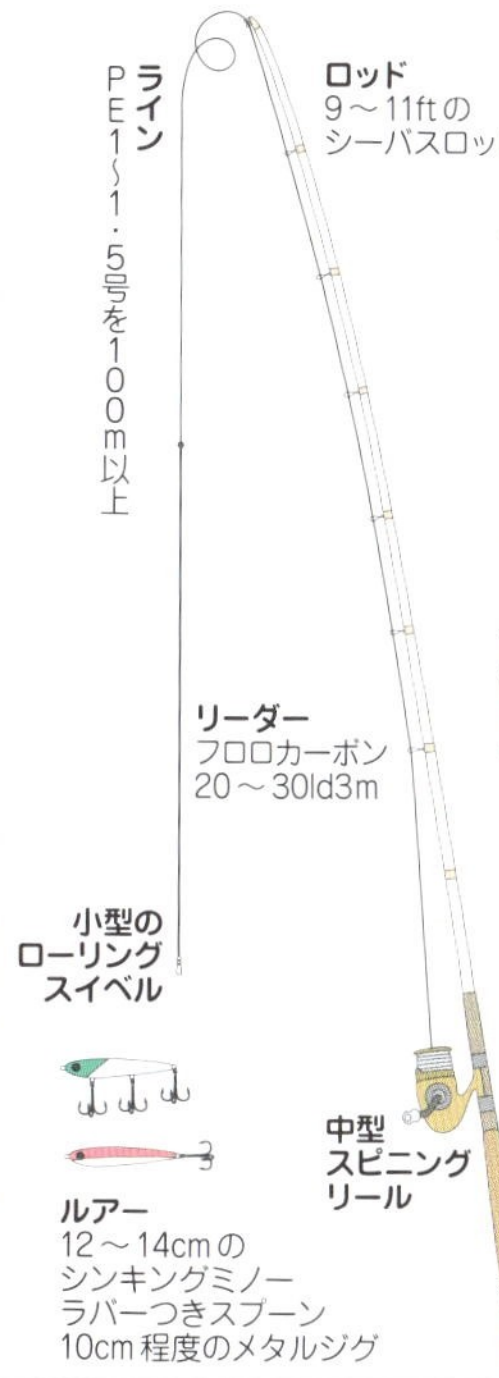

ロッド
9～11ftの
シーバスロッド
ライン
PE1～1・5号を100m以上
リーダー
フロロカーボン
20～30ld3m
小型の
ローリング
スイベル
中型
スピニング
リール
ルアー
12～14cmの
シンキングミノー
ラバーつきスプーン
10cm程度のメタルジグ

【ルアーのアクション】

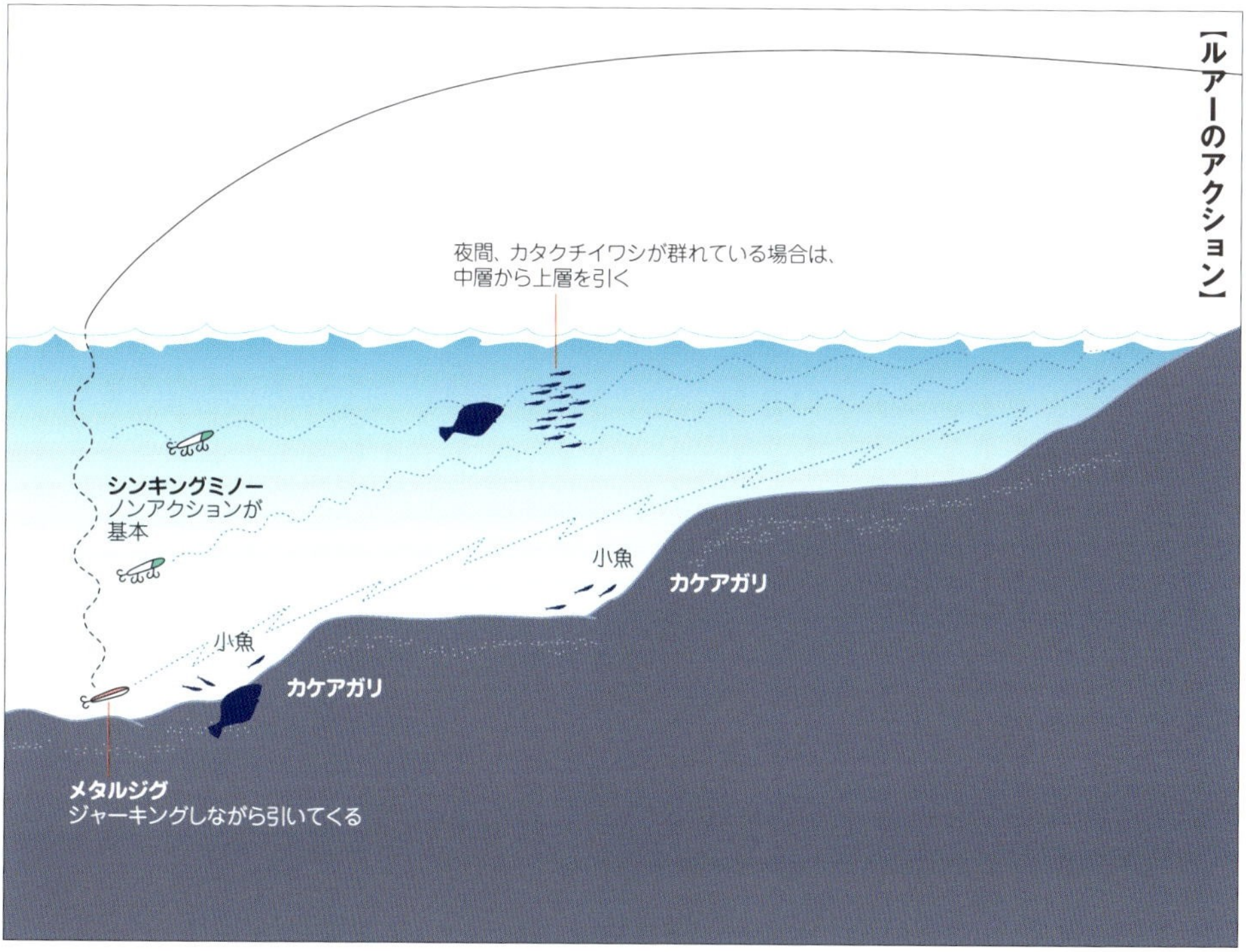

夜間、カタクチイワシが群れている場合は、
中層から上層を引く
シンキングミノー
ノンアクションが
基本
小魚
カケアガリ
小魚
カケアガリ
メタルジグ
ジャーキングしながら引いてくる

用語　**ローリングスイベル**●環のスムーズな回転で、ルアーの回転によるリーダーのよれを防いでくれる。スイベルはサルカンの別称。ローリングサルカン。

釣り方…狙いは小魚の群れ

●日中はカケアガリを狙う

ヒラメは基本的に夜行性だ。したがって、釣りは夕マヅメからの3～4時間、続いて朝マヅメがよい。しかし、夜間の暗い時間帯に波打ち際に入るのは危険なので、堤防など安全な場所からヒラメを狙いたい。この時間帯はヒラメが小魚を求めて、中層などを回遊している。

日中狙うポイントは、シロギスなどの小魚が群れているカケアガリ周辺や、沖合いの消波ブロックの近辺。あるいは河口周辺など、カケアガリがある地形に変化が見られるポイントだ。

ラバーをつけたスプーン

●ルアーで異なるアクション

ルアーはシンキングミノーの場合、できるだけ遠くにキャストして数秒カウントダウン。底付近からリーリングしていく。

リーリングはロッドを水面と水平に保って、ノンアクションが基本。ストップ&ゴーやジャーキングなどを行うと見切られてしまうようだ。巻く速さは1秒間に2～3回と比較的速く巻く。

カタクチイワシなどの小魚が接岸していない時期は、夜間でもカケアガリ周辺を重点的に狙ってみよう。

●ガツンとくる明確なアタリ

スプーンの場合、着水したらレンジを意識してフォーリングし、ラバージグのように一定の速度でリーリングする。

メタルジグはキャストして着底したら、ジャーキングしながら引いてくる。アタリがなければ場所を変えながらキャストしよう。

アタリはガツンと明確にやってくる。取り込みは寄せる波を利用して、陸に上がりながらズル引きして引き上げる。

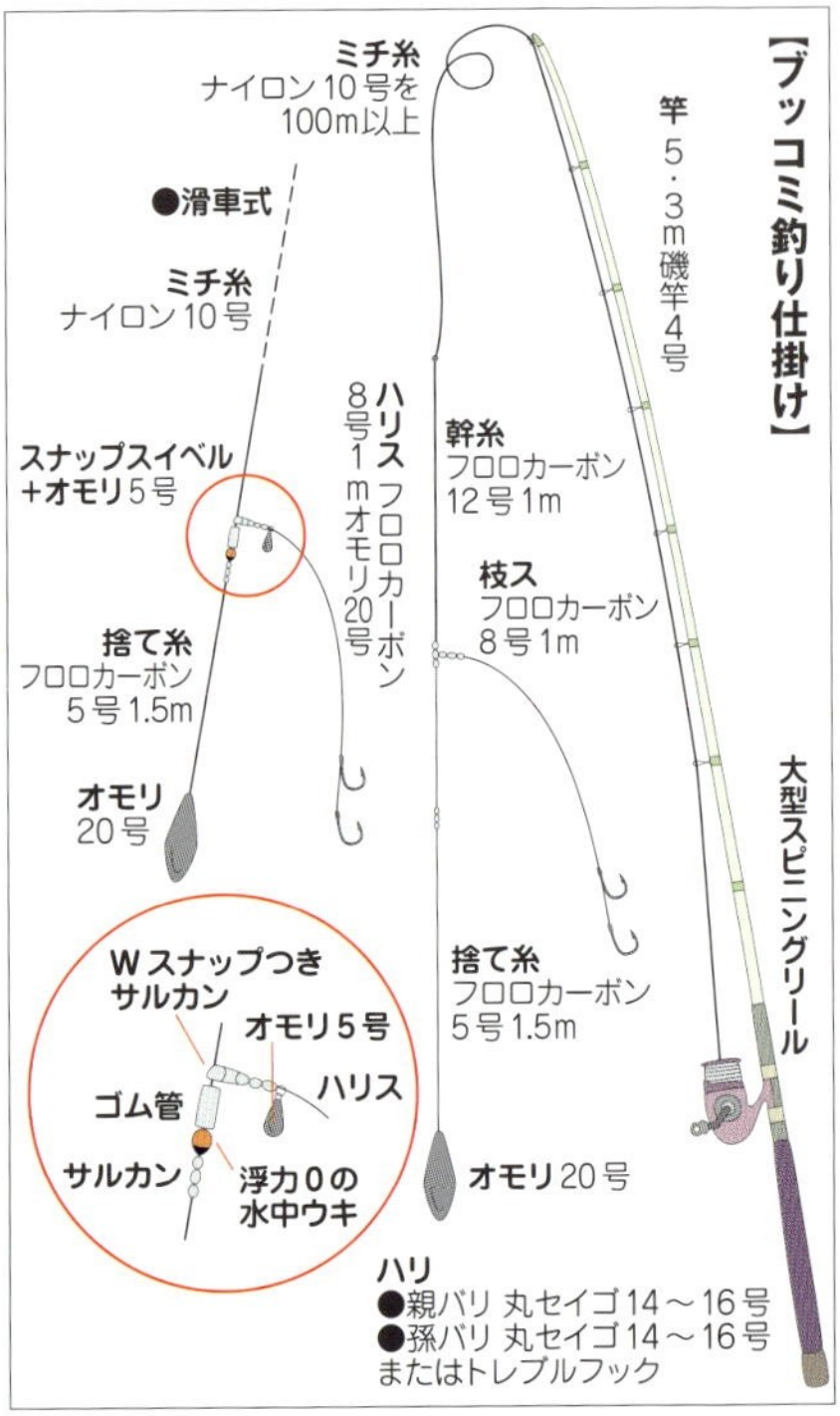
【ブッコミ釣り仕掛け】
竿 5・3m磯竿4号
ミチ糸 ナイロン10号を100m以上
●滑車式
ミチ糸 ナイロン10号
ハリス フロロカーボン 8号1mオモリ20号
幹糸 フロロカーボン 12号1m
スナップスイベル+オモリ5号
枝ス フロロカーボン 8号1m
捨て糸 フロロカーボン 5号1.5m
オモリ 20号
大型スピニングリール
Wスナップつき サルカン
オモリ5号
ハリス
ゴム管
サルカン
浮力0の 水中ウキ
捨て糸 フロロカーボン 5号1.5m
オモリ20号
ハリ
●親バリ 丸セイゴ14～16号
●孫バリ 丸セイゴ14～16号
またはトレブルフック

ブッコミ釣り

堤防

投入は滑車を利用

堤防などの陸上からヒラメを狙う最も一般的な釣法。活きエサを使うのは泳がせ釣りと同じだが、エサの投入でエサを弱らせない滑車釣法が使われている。

仕掛け&エサ

◎**竿** 5・3m磯竿4号。
◎**リール&ミチ糸** 大型スピニングリールにナイロン10号を100m以上巻いたもの。
◎**ハリス** 幹糸はフロロカーボン12号1m、枝スはフロロカーボン8号1m、捨て糸に5号1・5m。
◎**ハリ** 親バリは丸セイゴ14～16号、孫バリは丸セイゴ14～16号、またはトレブルフックを使用。
◎**オモリ** 20号程度。
◎**その他** 竿掛け。
◎**エサ** 事前に釣った活きているイワシ、小アジ、シロギス、メゴチなどの小魚。

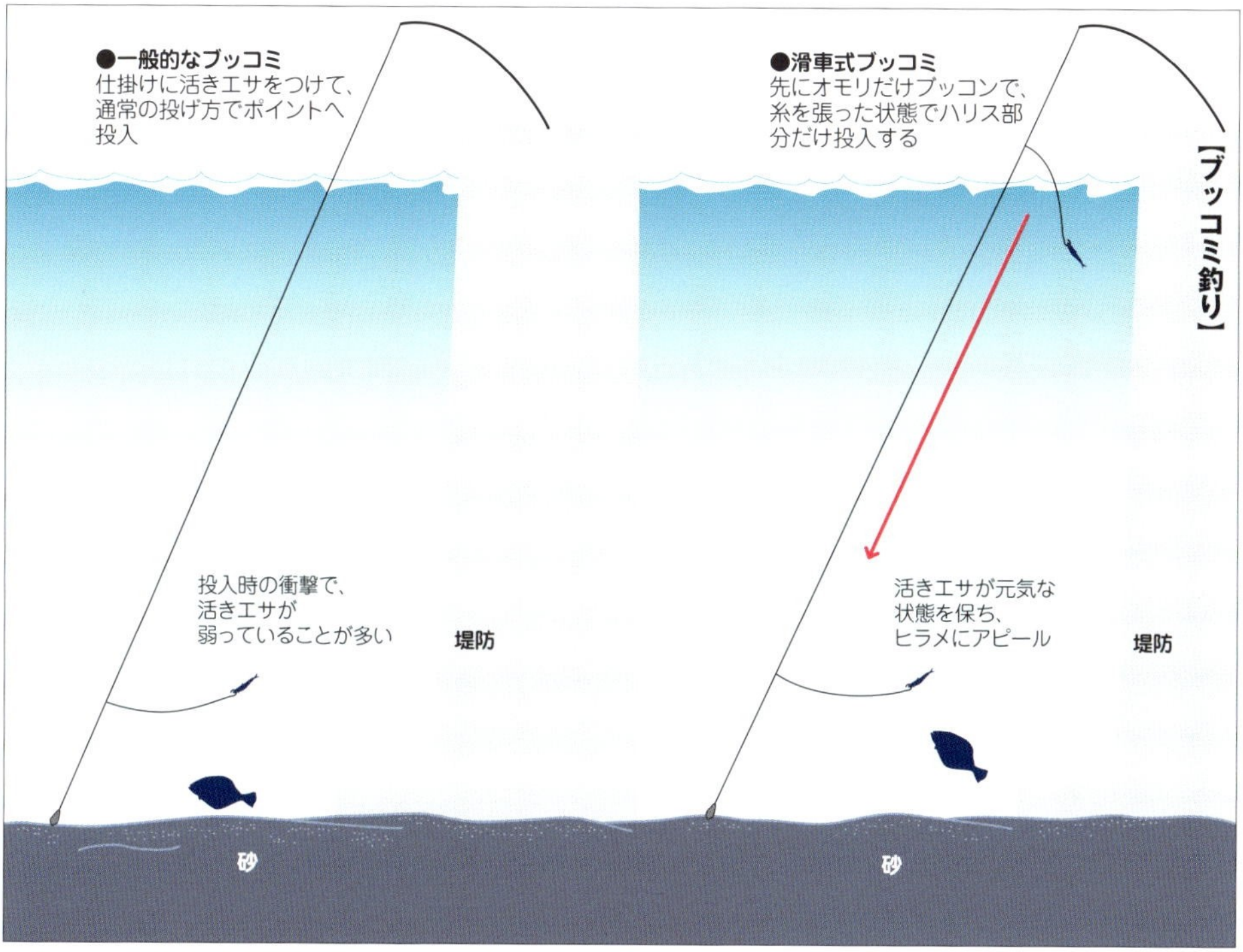
●一般的なブッコミ
仕掛けに活きエサをつけて、通常の投げ方でポイントへ投入
投入時の衝撃で、活きエサが弱っていることが多い
堤防
砂
●滑車式ブッコミ
先にオモリだけブッコンで、糸を張った状態でハリス部分だけ投入する
活きエサが元気な状態を保ち、ヒラメにアピール
堤防
砂
【ブッコミ釣り】

釣り方…泳がせ釣りの要領で

エサの小アジなどのつけ方は泳がせ釣り(→P157)と同じ。堤防から20~30mほど先に、オモリをブッコンでおいて、後からエサをつけたハリスにスナップサルカンとオモリをつけて、ミチ糸を滑車のようにすべらせてエサを海底に送り込む。

通常のブッコミ釣りは、投げ込むときにエサへのダメージが大きく、口が弱いイワシなどのエサは適さなかったが、滑車釣法は遠投しなくてよい分、エサを弱らせなくてすむ利点がある。

アタリとアワセは基本的に船釣りと同じ。ヒラメが竿先を絞り込むまで十分に待って、大きくシャクって、アワセを入れよう。

ヒラメ釣りで釣れる他の魚図鑑

マハタ　スズキ目ハタ科

7本の横ジマがある

北海道南部以南の岩礁域に生息し、成長とともに深い所へ移動する。1m。ヒラメ釣りで釣れるマハタは30cm前後が多い。幼魚は白いシマ模様が明確。関東では1mを超え、斑紋の消えた老成魚をカンナギという。

マトウダイ　マトウダイ目マトウダイ科

円形の黒い斑紋

青森以南に分布。40cm。体の側面の大きな黒い斑点が特徴。弓矢の的(マト)のように見えることからその名がつけられた。泳ぎは遅く、大きな口で小魚を吸い込むように捕食する。

用語　**ジャーキング●**ルアーアクションのひとつ。ロッドを強くあおってルアーに緩急の不規則なアクションをつけ、魚に強くアピールするテクニック。メタルジグでは垂直方向、ミノーでは水平方向に不規則なアクションをつける。

不明瞭な黒斑
ショウサイフグ
尻ビレは白色

フグ目フグ科

カットウ仕掛けで釣る トラフグに劣らぬ食味のフグ

フグ（ショウサイフグ）

ガンバ、テッポウ、ドクフグ、ナゴヤフグ

船　ボート　磯　堤防　浜

生　態 沿岸の浅い砂泥地に集団で生息。卵巣などの内臓に強い毒をもつ。

カレンダー

1	2	3	4	5	6	7	8	9	10	11	12
			白子が大きくておいしくなる		夏は産卵のために浅瀬に寄り、						冬季は深場に落ちる

全　長 最大35cm（通常は15～25cm前後）

食　性 甲殻類、多毛類、軟体動物

分　布 東北地方以南、以西の日本各地に分布。

特徴

フグの中で釣りのターゲットとして人気が高いのが、トラフグに次いでおいしいとされるショウサイフグだ。

深場に落ちる冬を前にして浅瀬に寄る秋から、春にかけてが釣りのベストシーズンだが、白子を持つ初夏も人気が高い。

◆フグのさばきは船宿で

フグの多くは猛毒をもつため、素人が勝手に調理してはいけないが、フグの調理師免許をもった船宿では、釣り客の釣ったフグをさばいてくれる。

釣り場

ショウサイフグは比較的沿岸近くの浅い砂泥地に生息している。夏は数mほどの水深で釣れるが、寒くなると深場に移動し、冬場のタナは水深20～30mとなる。沖合いの釣りがメインだが、堤防からのチョイ投げでも釣れる。

釣ったショウサイフグは、フグの調理師免許をもった船宿なら、さばいてもらえる

釣り方

つけエサに寄ってきたショウサイフグを、カットウバリに引っ掛けて釣る*カットウ釣りと、カットウ釣りの仕掛けに胴つき仕掛けを合わせた、食わせカットウ釣りの2つの釣り方がある。

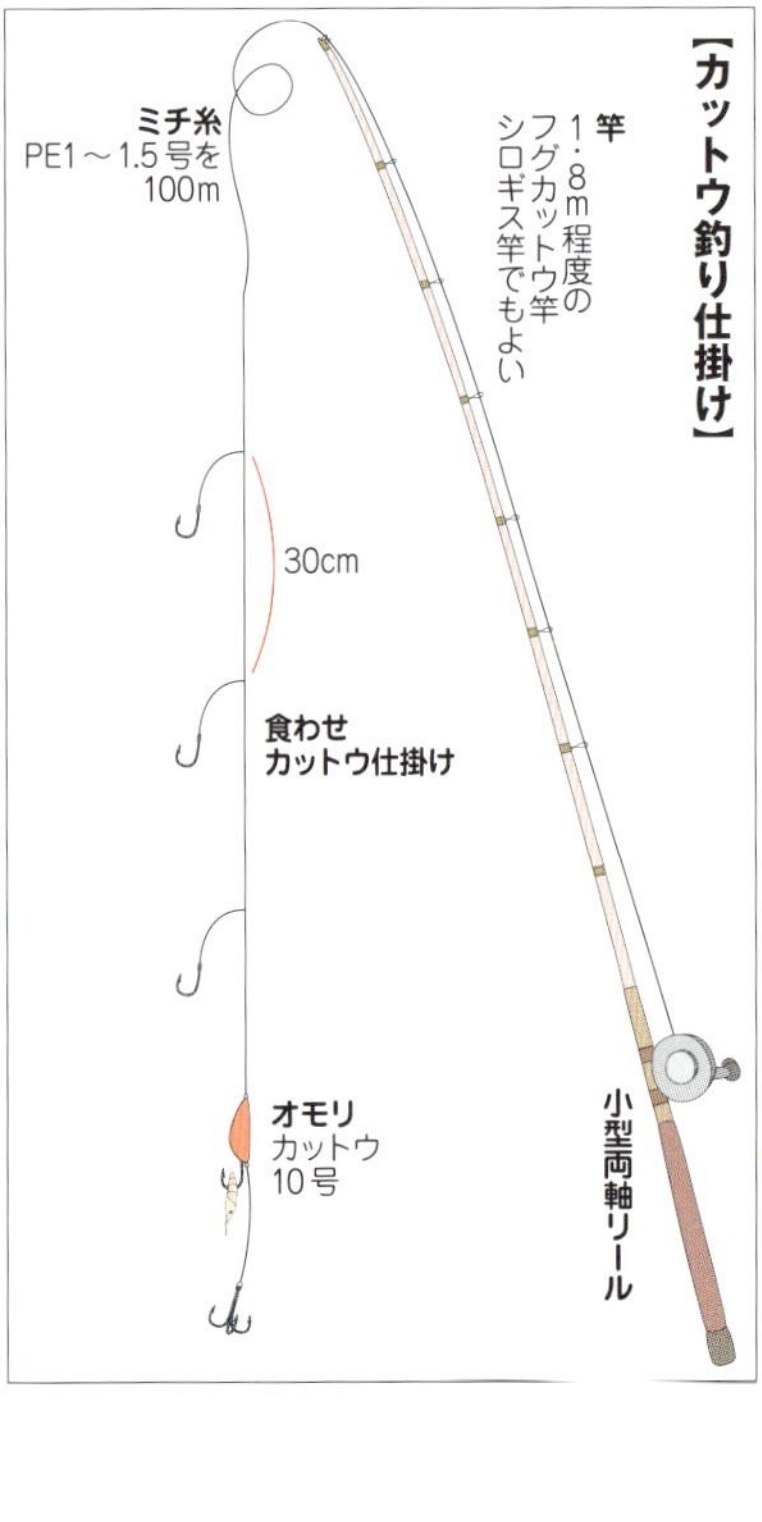
【カットウ釣り仕掛け】
竿
1.8m程度のフグカットウ竿
シロギス竿でもよい
ミチ糸
PE1～1.5号を100m
30cm
食わせカットウ仕掛け
オモリ
カットウ10号
小型両軸リール

カットウ釣り

船

食わせカットウ釣り

胴つき仕掛けの食わせバリに、エサのアルゼンチンアマエビをつける。さらにそのオモリの下にもエサをつけ、アマエビをついばむショウサイフグをエサの下につけたハリで引っ掛けて釣る、というユニークな釣法だ。

仕掛け&エサ

◎竿　1・8m程度のフグカットウ*竿。東京湾の例では、カットウ仕掛けのオモリが10号なので、シロギス竿でもよい。

◎リール&ミチ糸　小型両軸リールにPE1～1・5号を100m巻いたもの。

◎食わせカットウ仕掛け　釣り宿オリジナルの食わせカットウ仕掛けを使用。ハリス切れを防ぐために、チモトはパイプで補強。

◎オモリ　カットウ10号。

◎その他　竿置き。

◎エサ　船宿で販売している冷凍のアルゼンチンアマエビ。

釣り方…ていねいに釣る

●仕掛けはゆっくり落とす

食わせバリとカットウ仕掛けにエサをつけて仕掛けを投入。着底したら糸フケを取って空アワセを入れ、カットウバリ、オモリ、食わせ仕掛けという仕掛け図の順のまま、2～3秒くらいかけてゆっくりと落とす。

これは仕掛けを下ろしている間にアタリがあっても、しっかりとカットウで掛けられるようにするためだ。

●アワセはきき上げがポイント

アタリはコツコツと竿先に微妙に出る。手にゴンゴンと伝わるような明確なアタリはない。竿先に少し変化が出たらアワセを入れてみよう。大きくシャクらず、20㎝ほどゆっくりときき上げるのがコツで、アタリがあったからといって、シャープにシャクるとエサが取れてしまう。ショウサイフグが掛かるとグッと重くなる。

フグの身は濁りやすいので、釣れたらすぐにクーラーボックスの氷水に入れよう。船宿でさばいてもらったら、身をビニール袋に入れて持ち帰るだけだ。

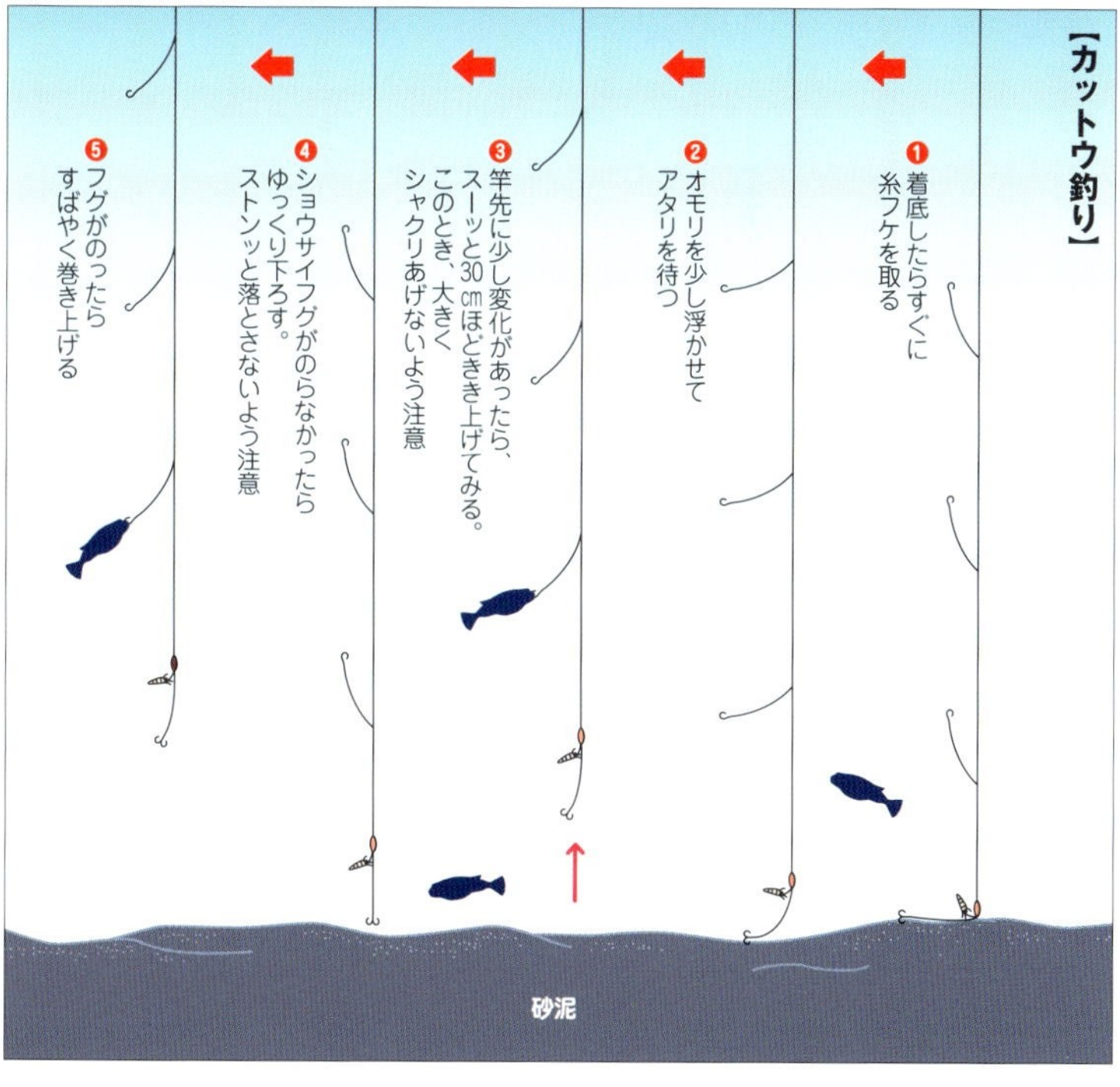
【カットウ釣り】
❶着底したらすぐに糸フケを取る
❷オモリを少し浮かせてアタリを待つ
❸竿先に少し変化があったら、スーッと30㎝ほどきき上げてみる。このとき、大きくシャクりあげないよう注意
❹ショウサイフグがのらなかったらゆっくり下ろす。ストンッと落とさないよう注意
❺フグがのったらすばやく巻き上げる
砂泥

用語 **カットウ釣り**●対象魚の好むエサをたくさんをつけて目立たせ、寄ってきた魚をスレバリで引っ掛けて釣る釣り方。掛け釣りやイカリバリを使ったギャング釣り、アユのコロガシ釣りも、仕掛けや釣り方の点で同じような釣りに入る。

サゴ目ホウボウ科

ホウボウ

進化したヒレで歩き、淡泊な味わいが人気

キミウオ、キミヨ、ドコ

船　ボート　磯　堤防　浜

生　態 胸ビレが大きく発達し、足のように変化した3対の軟条で砂に潜った獲物を探す。

カレンダー

1	2	3	4	5	6	7	8	9	10	11	12
脂がのる冬季が旬										脂がのる冬季が旬	

全　長 最大50cm（通常は15～40cm前後）

食　性 甲殻類、ゴカイなどの多毛類、小魚

分　布 東北地方以南、以西の日本各地に分布。

特徴

ホウボウは料亭料理の椀物の種に使われるなど、本来は高級魚として扱われる魚だ。ただ、専門に狙う船はなく、マダイやアマダイ船の釣魚として知られる程度。

ところが、千葉県の外房や茨城県沖でホウボウ専門の乗合船が出始め、人気を集めている。相模湾でもルアー船が本格的に狙うようになり、今後が楽しみな魚だ。

釣り場

水深20～100m程度の、砂地の海底がポイントとなる。乗合船が専門に狙う外房沖では、水深が30～40m付近。相模湾のアマダイ船は、60～80m付近を狙っている。シロギス船では10～20m付近で釣れる。

釣り方

外房などでは胴つき仕掛けに片テンビンをつけた仕掛けや、3本バリのフラッシャーサビキで狙うなど、船宿によって異なる。

また、ヒラメ船のようにオモリを重くして横流しする乗合船もある。相模湾のルアー*船では、タイラバ（インチク・P179）を使って専門に狙っている船宿もある。

胴つき釣り

船

胴つきテンビン

千葉県外房地方での一般的な仕掛けで、胴つき仕掛けの下に片テンビンをつけたものだ。

仕掛け&エサ

◎**竿**　オモリ負荷30～50号2・1～2・7mで7・3調子の竿。

◎**リール&ミチ糸**　中型両軸リールにPE4～5号を200m巻いたもの。

◎**ハリス**　幹糸フロロカーボン5～7号、枝スフロロカーボン3号。フラッシャーサビキ仕掛けも効果的。テンビンのハリスは1m程度。

◎**テンビン・オモリ**　胴つきに片テンビンでオモリ40～60号。

◎**ハリ**　丸セイゴ15号。

◎**エサ**　サルエビやサバの切り身が一般的。フラッシャーサビキにサバの切り身をつける。

釣り方…まめに底立ちを取る

仕掛けが着底したら糸フケを取り、海底から0・5～1mほど巻いてアタリを待つ。

釣魚便利図鑑◆アマダイ船で釣れる魚●アマダイ釣りの乗合船で、本命のアマダイ以外に釣れる代表格がホウボウ。ホウボウを専門に狙う外房では、オキメバルやハタ、マダイ、ハナダイ、カワハギ、ショウサイフグ、イシガレイなど多彩でうれしい釣果が混じる。

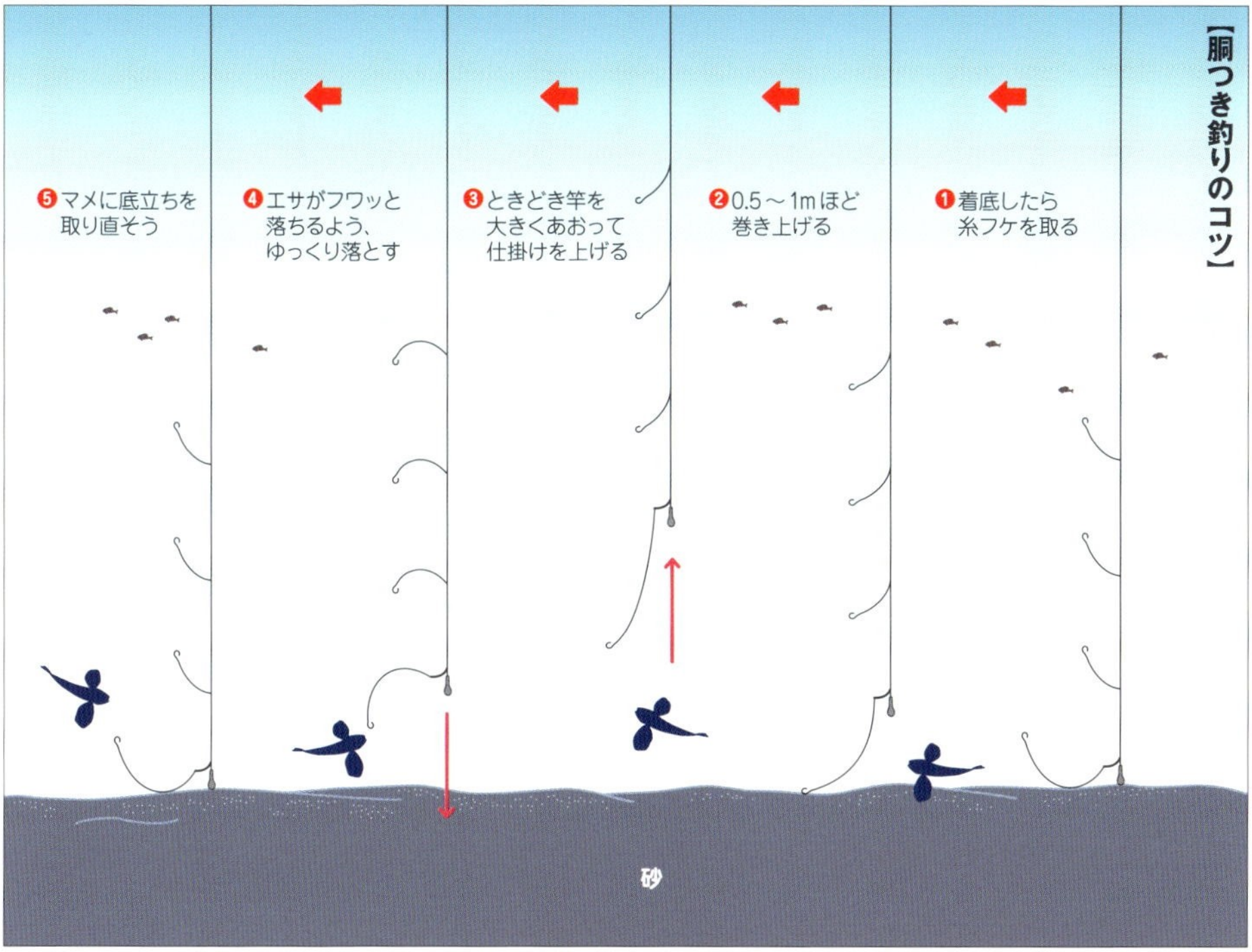
【胴つき釣りのコツ】
❶着底したら糸フケを取る
❷0.5～1mほど巻き上げる
❸ときどき竿を大きくあおって仕掛けを上げる
❹エサがフワッと落ちるよう、ゆっくり落とす
❺マメに底立ちを取り直そう
砂

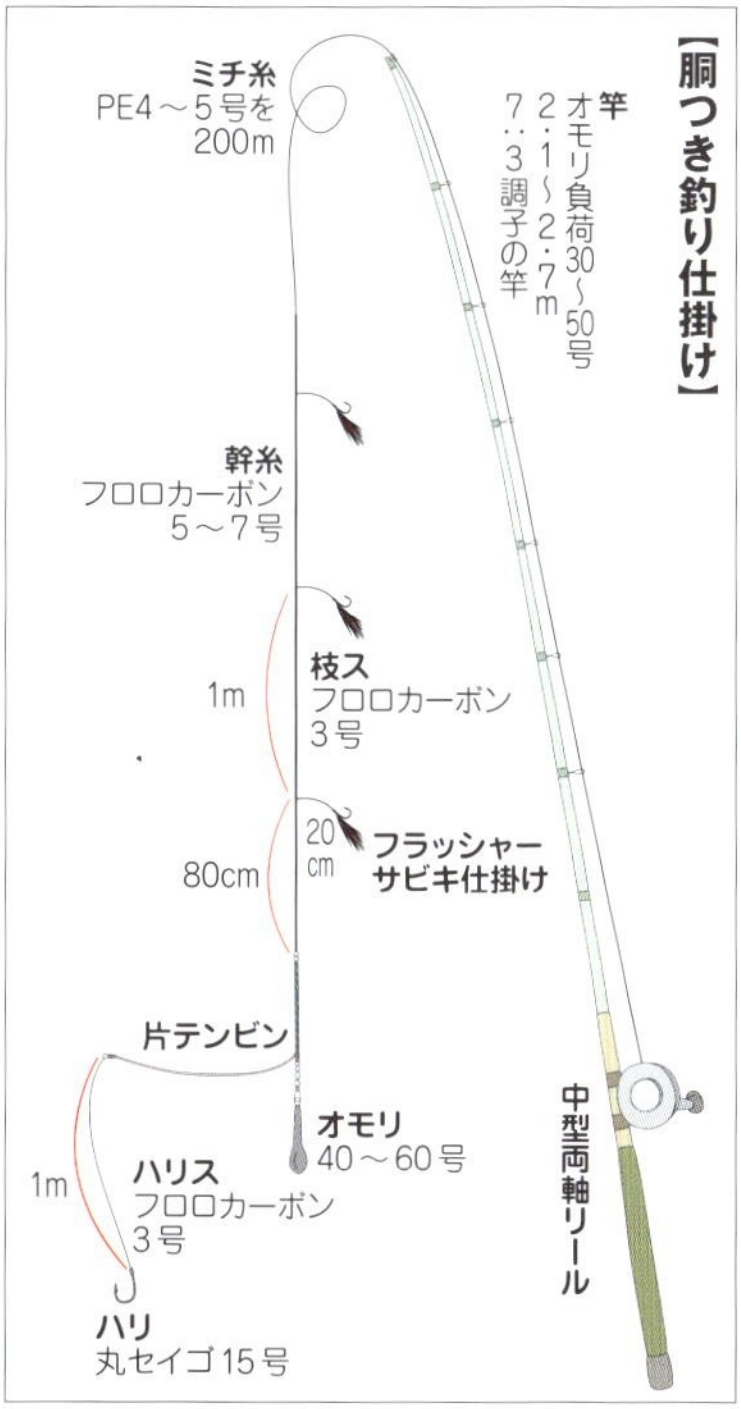
【胴つき釣り仕掛け】
竿
オモリ負荷30～50号
2.1～2.7m
7：3調子の竿
ミチ糸
PE4～5号を
200m
幹糸
フロロカーボン
5～7号
枝ス
フロロカーボン
3号
1m
80cm
20cm
フラッシャーサビキ仕掛け
片テンビン
オモリ
40～60号
1m
ハリス
フロロカーボン
3号
ハリ
丸セイゴ15号
中型両軸リール

ホウボウのそっくりさん

カナガシラ

カサゴ目ホウボウ科

北海道南部以南の沿岸の、ホウボウと同じ海域に生息している。ホウボウより胸ビレが小さいことで区別できる。おいしい魚として重宝される。

●全長　30cm。

●地方名　ガッツ、カナ、ゴステン。

第1背ビレに円形の赤斑
ホウボウよりも胸ビレが小さい

ときどき大きく誘い上げて、上からエサがフワッと落ちてくるようなイメージでエサを落とす。竿はロッドキーパーに掛けたままでもかまわないが、底立ちはマメに取り直そう。

一般的に船は縦流し（→P159）で、風によって横流しにすることもある。その場合、仕掛けが着底したら、トントンと底を叩くようにオモリを上下させて誘う。

アタリは向こうアワセ。竿先をゴンゴンゴンと揺らすので、軽く竿を立てよう。ホウボウは水面までゴンゴンと首を振るような引きを見せるはずだ。

用語 **ルアー船**●シイラ、イナダ、カツオなどルアー対象魚となる魚を専門に狙うルアーフィッシング専門の乗合船。冬季の相模湾などではホウボウ専門のルアー船が出ている。ホウボウのルアーフィッシングはメタルジグを使い、大物の釣果が望める。

背部は暗色
先端は丸みを帯びる

カサゴ目コチ科

梅雨明けから荒食いするフィッシュイーター
マゴチ

クロゴチ、ゼニゴチ、ホンゴチ

船 ボート 磯 堤防 浜

生態 水深5～100m以内の沿岸部に生息し、冬季は深場の砂泥に潜る。体形は扁平型で、どん欲な食性。

カレンダー

1	2	3	4	5	6	7	8	9	10	11	12
						旬、大小混じって数が出る		数は出ないが大物が出る			

全長 最大70cm（通常は30～50cm）

食性 甲殻類、小魚

分布 東北地方以南の沿岸部。

特徴

昔から「照りゴチ」*といわれるように、梅雨が明けて太陽が照りつける頃からよく釣れ、旬を迎えるマゴチ。この季節はエサとなるキスやメゴチなどが浅場に寄り、それらを追うマゴチのメスを中心にした群れが、狭い範囲に集まるためだ。夏から秋にかけてはハゼも格好のエサとなる。

◆食い込みが遅い魚

古くから「ヒラメ40、コチ20」といわれる。アタリがあって食い込むまで、ヒラメは40、マゴチは20を数えてからアワセるという意味だが、実際はケースバイケース。エサにより食い込み方が異なる。

マゴチはフグに近い、上品な白身の高級魚として人気が高い。

釣り場

水深5～25m付近の砂泥地。カケアガリや根周りなど、海底に変化のあるところがポイントだ。

釣り方

沖合のマゴチ釣りが、最も盛んなのは東京湾。乗合船を使い、エビやハゼなどの活きエサを使って狙う釣りとなる。

マゴチはまた雑食性なので、活きエサを用意しなくても、切り身などをエサにすれば浜や堤防からの投げ釣りで釣れる。特に夏から秋にかけての夜釣りはアタリも多く、結構楽しめる。相模湾のシロギス*乗合船では、釣ったシロギスやメゴチをエサにマゴチを狙える。

東京湾のマゴチ釣りは、岸に近いポイントで楽しめる

マゴチのそっくりさん

イネゴチ
カサゴ目コチ科

頭がマゴチより長い
黒い斑紋が散在

房総半島以南の沿岸に分布。全身に斑紋があり、マゴチに比べ頭が長く平べったい。シロギス、ヒラメ釣りで釣れることが多い。食味はマゴチよりやや落ちる。
●全長 50cm。●地方名 アジナゴチ、オニゴチ、ハリゴチ、メゴチ。

用語 **照りゴチ**●東京湾ではカンカン照りの暑い時期に釣れるマゴチをこう呼び、照りゴチ釣りは夏の東京湾の風物詩ともなっている。マゴチは梅雨明け頃の水温が高い浅瀬に集まる習性をもつためで、数釣りも楽しめる。ただし、同じ時期でも海水温が低すぎると、マゴチのアタリは少ないようだ。

沖の活きエサ釣り

船

活きエサの仕掛け

マゴチの沖釣りは、テンビンにオモリを鋳込んだ仕掛けに、エビやハゼの活きエサをつけて釣る。

仕掛け

◎**竿**　オモリ負荷15号程度の、2・1～2・4m、7・3調子のマゴチ竿またキス竿。

◎**リール&ミチ糸**　小型両軸リールにPE2号を100m巻いたもの。

◎**テンビン・オモリ**　重さ15号の鋳込みテンビンを使用。

◎**ハリス**　フロロカーボン4～5号を1～1.5m。

◎**ハリ**　エビエサの場合、スズキバリ16～17号にヒューズを巻いて使用。ハゼをエサに使う場合は丸セイゴ14～16号。

◎**その他**　竿置き。

エサ

春から夏は活きエビ、秋はハゼが主流。ボート釣りでは、釣ったシロギスやメゴチを使ってもよい。

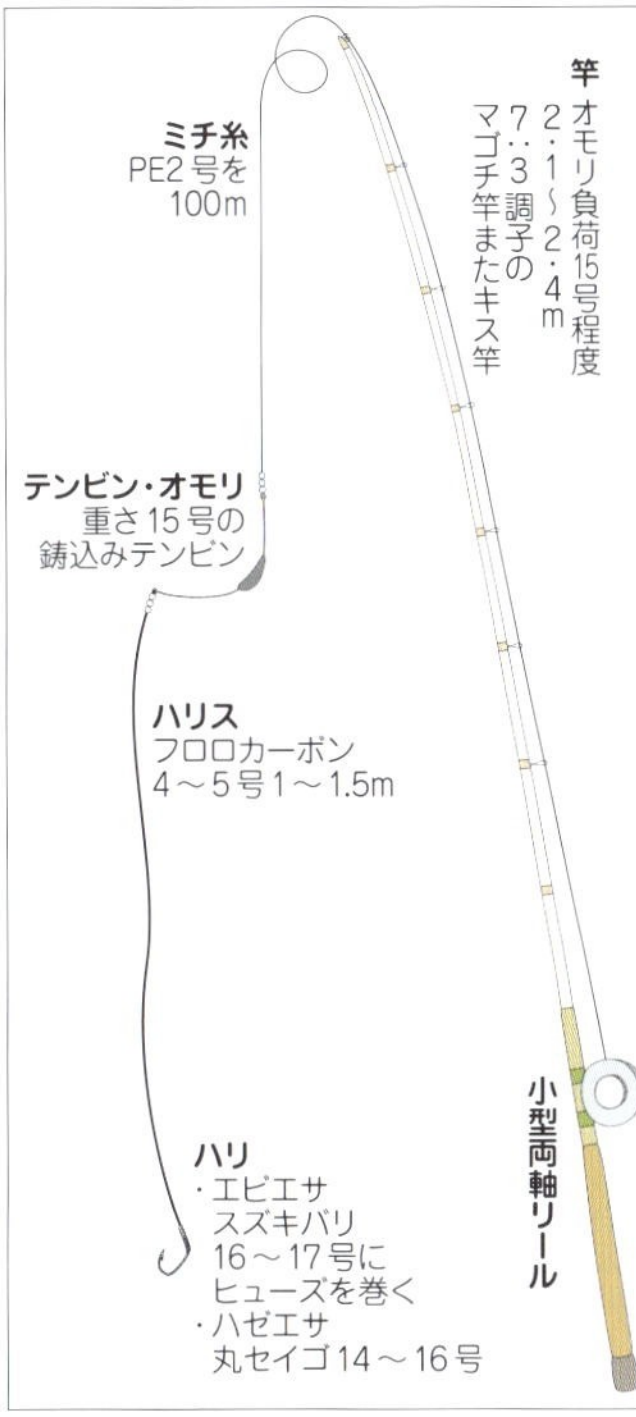

【沖の活きエサ釣り仕掛け】

釣り方❶…タナの調節まで

●活きエサのつけ方

エビは口からハリ先を入れ、頭の脳をさけて前方へわずかに出すだけでよい。ハゼの場合は口から上アゴにハリを通す。エサは元気なものがよいので、弱ったら早めに交換しよう。

先にエサから投入し、テンビンを静かに下ろす。マゴチの守備範囲は、底から10cm程度だといわれ、エサが底から10cm以内になければマゴチは食いつかないことを頭に入れておこう。

●エサによって変わるタナ取り

タナ取りは、エサの違いや潮の流れによって微妙に違ってくる。

エビエサの場合、タナは仕掛けのハリスの長さ分が目安。ハリスの長さが1・5mなら、オモリを底から1・5m上げてアタリを待つことになる。

ハゼエサの場合は、ハリス分+20cmが目安。潮が速いときは、数cm単位でタナを下げて調節してみよう。

ポイントとなる海底は、カケアガリや起伏と変化に富んでいるので、10数秒間隔で底立ちを取り直すのがコツ。また、ときどき竿をあおって仕掛けを上げ、エサをマゴチにアピールする。

アタリがなかなかないときは仕掛けを上げ、エサがあるかどうか確認しておこう。

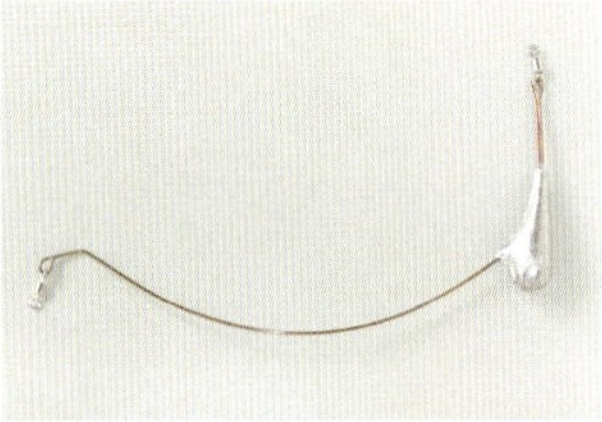

上／マゴチ釣りに使う鋳込みテンビン。
下／ハリにはエサの浮き上がりを防ぐため、ヒューズを巻いておく。エビは口からハリ先を入れ、ハリ先を前方に向けてわずかに出す

用語　**シロギス乗合船**●シロギス専門の乗合船。このシロギス船で釣ったシロギスやメゴチをエサにすれば、マゴチを狙うことができる。仕掛けはヒラメと同じような胴付き１本バリ。もちろん、オモリはシロギス仕掛けと同じ重さだ。

釣り方②…アタリからアワセ

●食い込みを待つ

最も難しいのは、アワセのタイミングだ。最初の小さなコツコツを感じたら、すぐに竿先を下げ、糸を送って食い込みを待つ。

コツコツというアタリが重く感じるようになったら、竿をゆっくり大きく持ち上げてしっかりアワセる。シャクるようなアワセは禁物。最初のアタリからエビエサでは約5～10秒、ハゼエサの場合で10～15秒ぐらいがひとつの目安だといわれている。

●バレないよう慎重に取り込む

マゴチがハリ掛かりしたら、一定のスピードで巻き上げる。大物が掛かって竿を絞り込んでも、リールのドラグを効かして対処しよう。

取り込みはテンビンを竿先近くまで巻き上げ、頭からタモを入れる。マゴチは海面でバレやすいので、抜き上げない方がよい。

釣り上げたら、ハリのチモトをチェック。ザラザラになっているときは、ハリをつけ替える。

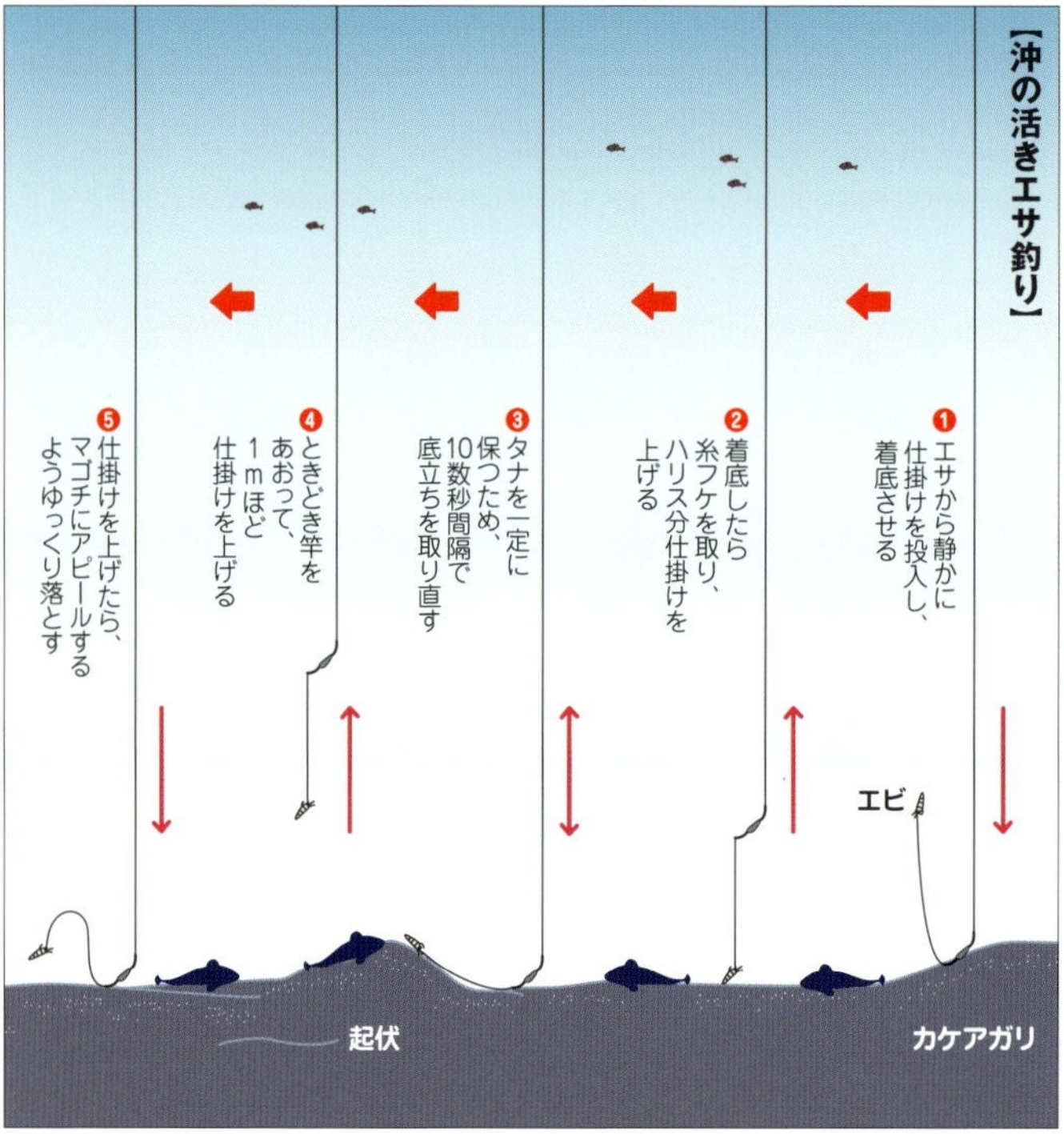

【沖の活きエサ釣り】
❶エサから静かに仕掛けを投入し、着底させる
❷着底したら糸フケを取り、ハリス分仕掛けを上げる
❸タナを一定に保つため、10数秒間隔で底立ちを取り直す
❹ときどき竿をあおって、1mほど仕掛けを上げる
❺仕掛けを上げたら、マゴチにアピールするようゆっくり落とす
エビ
カケアガリ
起伏

投げ釣り

堤防
浜

堤防・浜の夜釣り

マゴチは浜辺の波うち際や手近な堤防から、夜釣りで狙える。雑食性の魚なので、沖釣りのような活きエサを使う必要はない。

仕掛け

◎竿　オモリ負荷25～30号、4m前後の投げ竿。

◎リール&ミチ糸　ドラグつきの投げ専用スピニングリールにPE2号を200m巻いたもの。

◎チカラ糸　PE5号10m。

◎テンビン・オモリ　20号程度のL型テンビン。

◎ハリス　フロロカーボン5～8号1m。

◎ハリ　丸セイゴ14～16号。

◎その他　竿掛け、ケミホタル、懐中電灯。

エサ

サンマやサバの切り身、イワシや小アジの1匹掛けなど。投げたときにハリ外れしないよう、エサは塩でしっかりしめておく。イソメ類など虫エサでも釣れるが、身エサの方が食いがよいようだ。エサは新鮮である必要はない。スーパーで売っているサンマの開きは意外に効果がある。

釣り方…食い込ませる釣り

●つけエサは変化をつけて

マゴチは暗くなるとエサを求めて岸近くにまで寄ってくる。釣れる時間帯は夕マヅメから10時くらいまで。夜中になるとパッタリアタリが止まり、朝マヅメ近くになるとに再び食ってくる。潮回りは夕方満潮となる日がベスト。

まだ明るいうちに釣り場のセッティング。塩でしめたイワシや小アジは親バリに頭、孫バリを胴に掛ける。親バリにサバの切り身、孫バリにサンマの切り身、と変化をつけてもよい。

●ゆるめのドラグで勝負

仕掛けが着底したら糸フケを取り、竿掛けに竿を置く。リールのドラグは、軽く糸を引くとミチ糸が出るようゆるくしておく。ドラグをしめていると、エイなどが掛かったときに竿ごともっていかれてしまうことも。ドラグはややゆるめの方が食い込みもよい。

アタリがあると、ゆるめのドラグではミチ糸が一気に出る。すぐに竿を持ち、ドラグをしめて大きくアワセを入れる。アタリがない場合は手前に移動させてみよう。

取り込みは慎重に。浜の場合なら、寄せ波に乗せて引きずり上げればよい。堤防の場合は、バレないようタモを使おう。

【投げ釣り仕掛け】

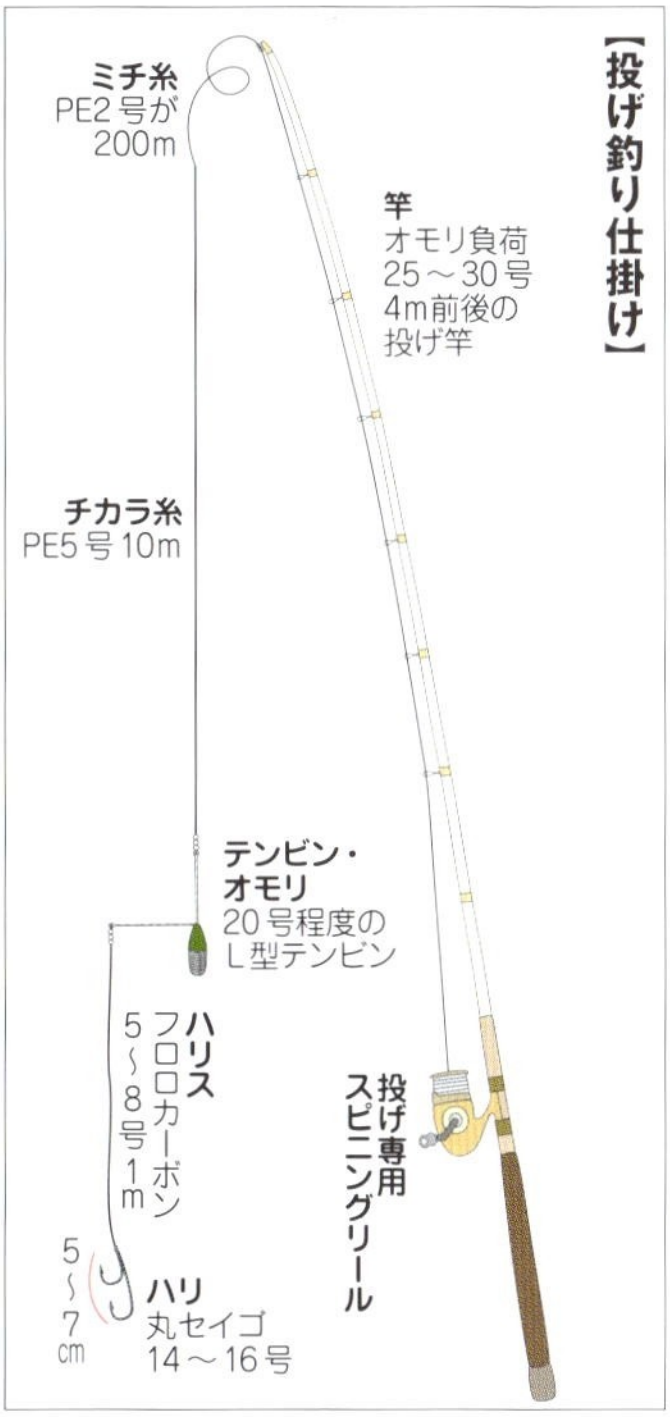
ミチ糸
PE2号が200m
竿
オモリ負荷25～30号4m前後の投げ竿
チカラ糸
PE5号10m
テンビン・オモリ
20号程度のL型テンビン
ハリス
フロロカーボン5～8号1m
投げ専用スピニングリール
5～7cm
ハリ
丸セイゴ14～16号

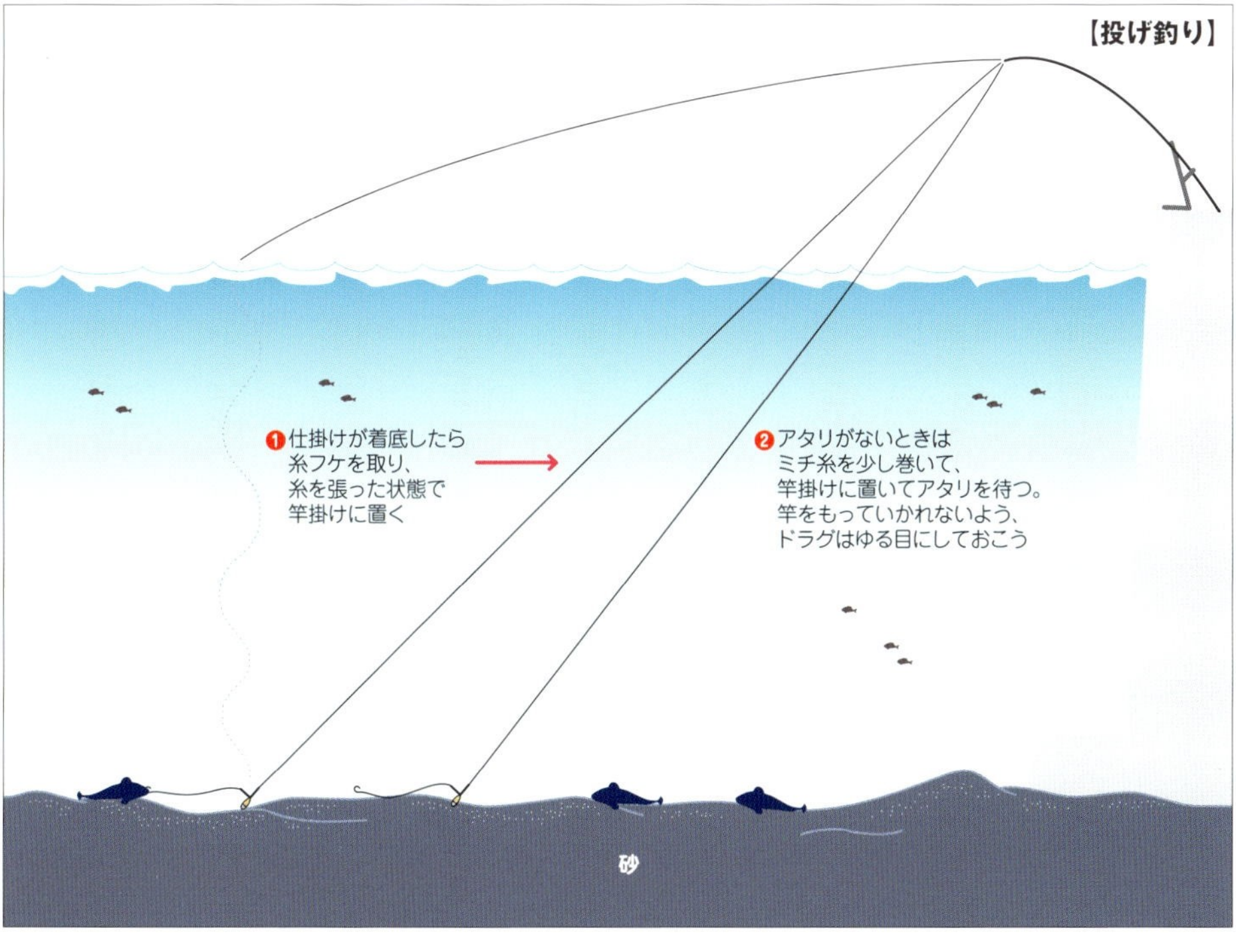
【投げ釣り】
❶仕掛けが着底したら糸フケを取り、糸を張った状態で竿掛けに置く
❷アタリがないときはミチ糸を少し巻いて、竿掛けに置いてアタリを待つ。竿をもっていかれないよう、ドラグはゆる目にしておこう
砂

スズキ目タイ科マダイ亜科

釣り味・食味で海釣りを代表する魚

マダイ

ホンダイ、シバダイ、マコダイ、チャリコ(幼魚)

船　ボート　磯　堤防　浜

生態 春の産卵期(乗っ込み)から夏場にかけては水深 20 ～ 60m の浅場、秋から冬にかけては 50～100m。

カレンダー

1	2	3	4	5	6	7	8	9	10	11	12
			乗っ込み			釣りにくい				深場に落ち始める	

全長 最大1m
(通常は 30cm 前後)

食性 甲殻類、貝類、イカ類、小魚

分布 北海道南部以南の日本周辺海域に分布。奄美諸島以南には生息していない。

特徴

アワセたときの強烈な引き、薄紅色に輝く魚体の美しさ、上品な味わい…。昔から釣り人に親しまれ、釣魚としてのすべての「味」をもっているマダイは珍重され、冠婚祭の慶事用に、また神事にと重要な役割をもつ魚だ。

◆さまざまある釣り方

マダイはタイの仲間でも最も大きい。中には10kgを超えるものもいるが、食味は2kgぐらいが一番おいしいといわれる。

「マダイ釣り」とひとことでいっても、釣り方は地方によって異なり、伝統的な釣法から最新の釣り具を使った釣り方までさまざま。マダイの生息域は北海道南部以南。近年は天然物が減少し、人工ふ化された稚魚が放流されている。

遊漁船で楽しむマダイのコマセ釣り

釣り場

釣り船に乗る沖釣りが主流で、磯などでも通年釣れる。ポイントは各地域ほぼ決まっていて、春の産卵期（乗っ込み期）から夏場にかけては水深20～60mの浅場、秋から冬にかけては50～100mと深場の釣りとなる。

釣り方

マダイの生息域は九州～北海道と広いだけに、釣り方も場所で異なり、伝統的なものが多く受け継がれ、同じ釣り方ながら仕掛けが異なることもある。

その代表的なのが、船上からコマセで誘って釣る**コマセ釣り**。東日本ではタイが生息するポイント上をうまく船を流し、タナをとる**「流し釣り」**が主流。

それに対して西日本では、ポイントの潮上にアンカーで船を固定。その船上で、ウキを使ってポイント上に仕掛けを流す**「かかり釣り」**が一般的だ。また、船釣りばかりでなく、防波堤や地磯からの**投げ釣り**にも人気がある。さらに三河湾では、胴つき仕掛けを使ったウタセエビをエサとする、**ウタセマダイ**という釣法も行われており、釣り方はさまざまだ。

マダイの仲間図鑑

日本近海に生息するタイの仲間はマダイ、ヘダイ、キダイの3亜科13種。マダイ亜科は幼魚と若魚は内湾、岩礁域に。成魚は*大陸棚や島棚に生息する。ヘダイ亜科は浅海、岩礁、砂礫地に生息。幼魚のときは雌雄同体だ。キダイ亜科は終生大陸棚や島棚に生息する。

チダイ

タイ科
マダイ亜科

エラブタの
後縁が赤い
縁が黒くない

北海道南部以南に生息。45cm。マダイとほぼ同じ場所だが、深場にはいない。

マダイによく似ているがエラの部分が赤く、尾の縁が黒くないのでマダイと区別できる。

ハナダイとも呼ばれている。

キダイ

タイ科
キダイ亜科

黄色の斑
黄色い体色

琉球列島を除く南日本の水深50～200mの海底に生息。40cm。

産卵期は春と秋の2回。マダイに比べ黄色い。オスがメスに性を変えることがある。

レンコダイとも呼ばれている。

クロダイ

タイ科
ヘダイ亜科

尖った吻
黒いヒレ

沖縄を除く北海道以南。60cm。

水深50m以内の沿岸岩礁域や藻場、河口域などに生息。体長10～20数cmまでは、雌雄同体の両性魚。体色は全体に銀色がかった黒。

チヌと呼ばれている。

キチヌ

タイ科
ヘダイ亜科

クロダイより
吻が短い
ヒレが黄色い

沖縄を除く南日本に分布。55cm。

体色はクロダイに似ているが、ヒレが黄色く、クロダイと区別できる。若魚はすべて雌雄同体だが、成魚はほとんどがメスに性転換する。

キビレとも呼ばれている。

ヘダイ

タイ科
ヘダイ亜科

丸い吻
明瞭な縦線

南日本に分布。40cm。

クロダイより色が白く、**シロダイ**とも呼ばれている。沿岸岩礁域に生息するが、幼魚は河口域にも入る。クロダイよりも美味といわれている。

point

天然マダイと放流マダイ

マダイは人工ふ化した稚魚放流が各地で盛んに行われている。釣り人としては、自分の釣ったマダイが天然マダイなのか放流マダイなのか気になるところだ。

通常、マダイの鼻孔、つまり鼻の穴は片側に2つ、両方で4つ開いている。ところが人工ふ化したマダイは片側1つのものが何割か出現する。原因はエサの問題とか飼育密度の問題とかいわれている。はっきりとしたことはわかっていないが、釣ったマダイの鼻孔がつながっていたら、放流マダイの可能性が高いということになる。

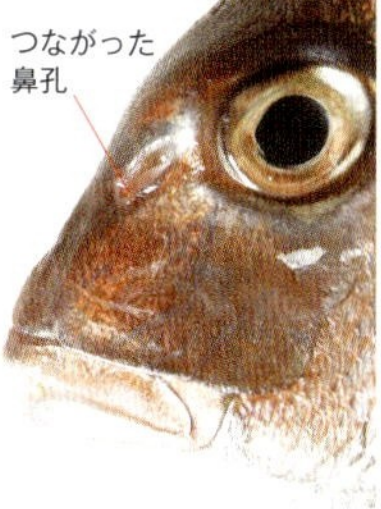
つながった
鼻孔
人工ふ化の例

鼻孔は2つ
天然マダイの例

用語 **大陸棚（島棚）**●大陸棚（島棚）の棚とは岸から水深200mほどの深さに至るゆるやかな海底で、生物層が豊か。

コマセ釣り

船
ボート

コマセ釣りとは

オキアミやアミエビなどのコマセをまいてマダイを寄せ、釣り上げるのがマダイのコマセ釣り（コマセマダイ）。この釣り方が普及し、かつては難しいとされた釣りがビギナーでも楽しめるようになり、現在ではマダイ釣りの基本的な釣法のひとつとなっている。

ここでは、同じマダイのコマセ釣りでも、東日本の釣り方となっているマダイのポイント上に船を流す「流し釣り」を取り上げた。

仕掛け

◎竿　小物から大物まで対応できる胴調子、長さ2・7〜3・6mの竿。オモリ負荷30〜50号。

◎リール&ミチ糸　小型電動リールにPE4〜6号を200m巻いたもの。

◎ハリス　フロロカーボン2・5〜4号を6〜10m。

◎ハリ　チヌ4〜6号、グレ7〜10号、マダイ5〜10などを使用する。

◎テンビン・コマセカゴ（ビシ）　片テンビンにオモリを内蔵した60〜100号のコマセカゴを使用する。船宿によって異なるものの、80号のコマセカゴが最も多く使われている。

また、コマセカゴにオモリを別づけにする方法でもよい。この場合も80号のオモリが最も多く利用されている。

◎その他小物&釣具　クッションゴム、ロッドキーパー。

エサ

一般的に、ハリには尾羽を取ったオキアミを1匹または、腹と腹を合わせる抱き合わせで2匹、まっすぐにつける。

コマセにはアミコマセかオキアミ、またはその両方を混ぜたもののいずれかのエサを詰める。

【コマセ釣りの仕掛け】

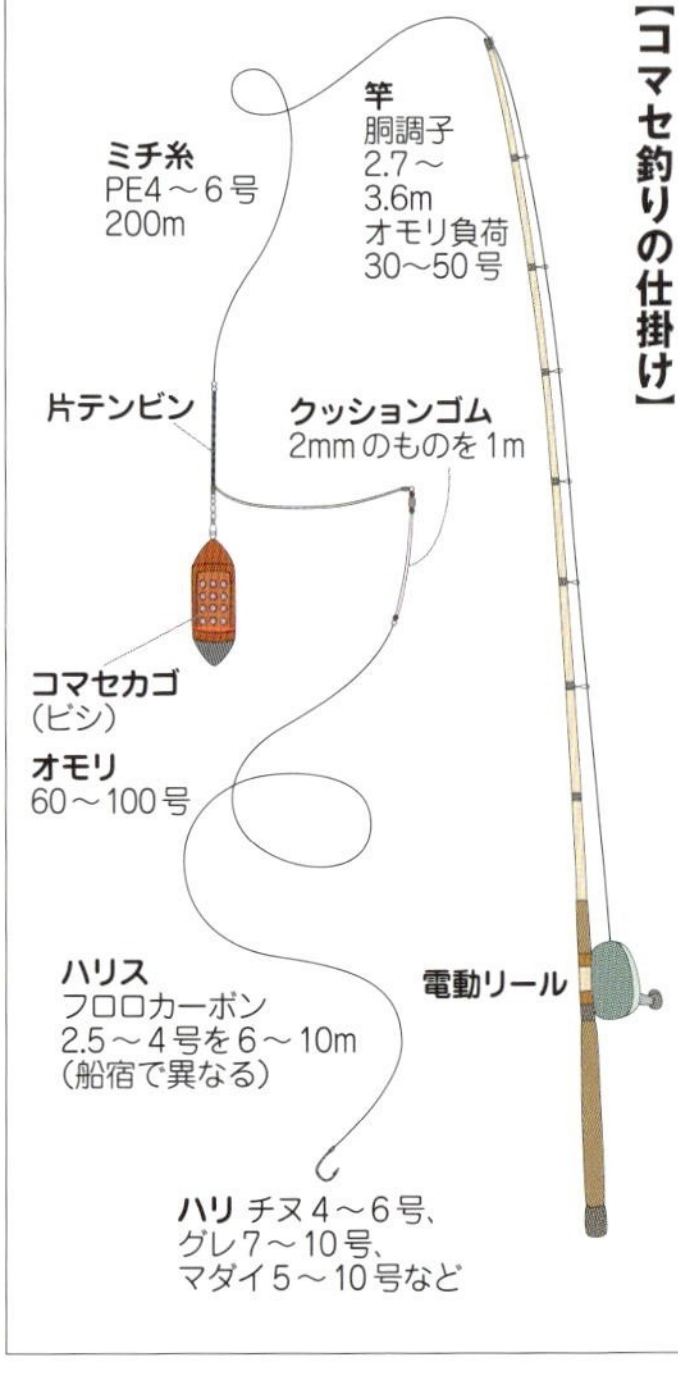
竿
胴調子
2.7〜3.6m
オモリ負荷
30〜50号
ミチ糸
PE4〜6号
200m
片テンビン
クッションゴム
2mmのものを1m
コマセカゴ
（ビシ）
オモリ
60〜100号
ハリス
フロロカーボン
2.5〜4号を6〜10m
（船宿で異なる）
電動リール
ハリ チヌ4〜6号、
グレ7〜10号、
マダイ5〜10号など

point
特殊なコマセマダイの仕掛け

一般に*オモリの負荷と竿の負荷は同じ号数を使用する。例えば、120号のオモリを使うイカ釣りでは、ロッドの負荷も120号だ。しかし、マダイのコマセ釣りでは、80号のビシに30号負荷のやわらかい竿というアンバランスな仕掛けを使用。

竿をロッドキーパーにかけたままで釣ることが多い長竿のコマセ釣りでは、竿の負荷以上のオモリ（ビシ）を使ってロッドを大きくしならせることで、船の揺れを吸収し、魚に警戒心を与えないようビシやエサが不自然に動くのを防ぐためだ。

【エサのつけ方】

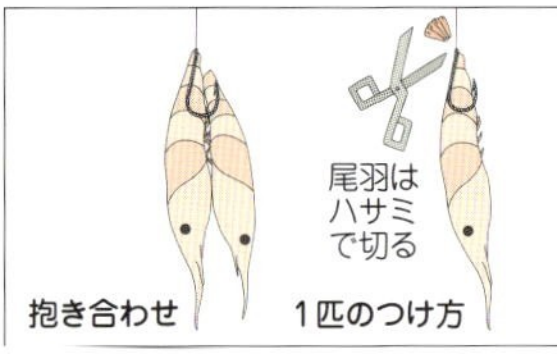
尾羽は
ハサミ
で切る
抱き合わせ
1匹のつけ方

釣り方①…乗船したら

●釣り座の配置

船に乗り込んだら、まず快適な釣り座を確保しよう。次にハサミなどの道具を自分が釣りやすい位置に配置。船は風上に向かって安定するので、コマセバケツは風下になるようセット。

●エサのつけ方

1匹づけする場合は尾羽をハサミで切り、切断面にハリを刺し、腹からハリ先を出して、オキアミがまっすぐになるようにつける。

2匹づけの場合は、オキアミの腹と腹を抱き合わせる。最初の1匹は1匹づけと同じ、2匹目のオキアミはハリ先が尾羽のつけ根の部分にくるように刺すのがコツ。

●コマセの詰め方、出し方

コマセの出る量が釣果の決め手といえるほどで、コマセの詰め方、出方は重要な要素。まずコマセカゴに詰めるコマセは8分目が原則。コマセがアミコマセなら、上と下でコマセの出る量が調節できるプラスチックのコマセカゴを使用。潮流の速さにもよるが、5分ほどでコマセがなくなる程度に振り出し口を調節する。

オキアミの場合なら、「鉄仮面」というステンカンと金網でできたコマセカゴを使う。鉄仮面はオキアミの大きさ、潮の流れの速さでコマセの出る量が違ってくるので、ゴム栓などで調節する。

●仕掛けの投入

船がポイントに着き、船長から投入の合図があったら、テンビン、クッションゴム、ハリスの順に仕掛けを投入。ハリスは両手で幅1mくらいに持ち、肩ぐらいまで上げ、船側の手でハリスがからまないようにしながら、海側の手で落とす速度を調節、徐々に沈める。

釣り方②…タナ取り

●タナ取りとは

タナとは魚が泳いでいる層のこと。このタナに仕掛けを的確に運ぶのがタナ取り。同じタナ取りでも船によって、海面からと海底からタナを取る2つの釣法がある。

●海面からのタナ取り

船長が指示したタナの水深からハリスの長さの3分の2程度プラ

point

エサの選び方

船に乗ったら、まずエサのオキアミの状態をチェック。冷凍オキアミなら海水を入れたバケツに入れて解かしておく。エサに適しているオキアミは、形がよく、身がしっかりしていてプリプリしているものを選ぶ。身がしっかりしていないとエサもちが悪く、投入時にハリから外れることもあるので、エサ選びは重要だ。

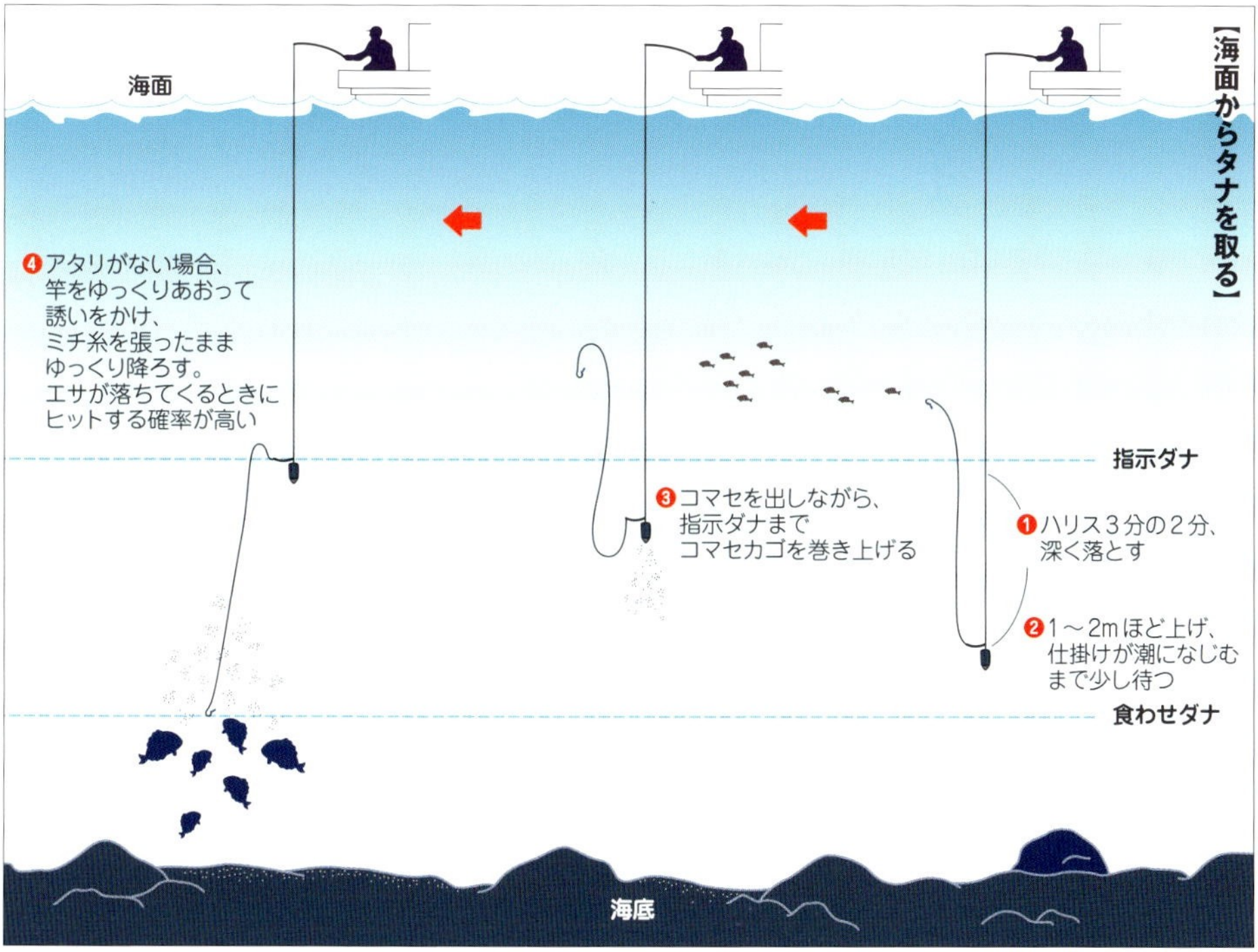
【海面からタナを取る】
海面
❶ハリス3分の2分、深く落とす
❷1〜2mほど上げ、仕掛けが潮になじむまで少し待つ
❸コマセを出しながら、指示ダナまでコマセカゴを巻き上げる
❹アタリがない場合、竿をゆっくりあおって誘いをかけ、ミチ糸を張ったままゆっくり降ろす。エサが落ちてくるときにヒットする確率が高い
指示ダナ
食わせダナ
海底

用語 **オモリの負荷**●釣り竿にはオモリ負荷の表示がある。オモリ負荷とはその竿に適したオモリの号数だ。例えば、30号の竿は30号のオモリを使うのが最適であるという意味。極端な負荷のオモリを使うと竿が損傷することもあるので注意。

コマセはビシの八分目位が原則

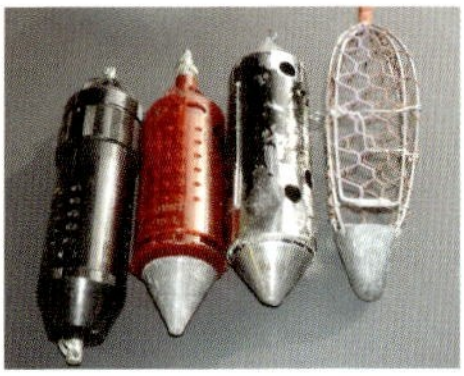

いろいろなビシ。左の２つはアミコマセとオキアミの両方が使えるビシ。右の２つはオキアミ専用

スして沈める。数秒おいてハリスがなじんだら2~3度、強くシャクリ、コマセを出しながら指示ダナまでコマセカゴを巻き上げる。このときハリスの長さ以上コマセカゴを沈めないことが大切。マダイの遊泳層にコマセカゴを入れて、魚を散らしてしまうからだ。

●海底からタナを取る

海底からのタナ取りでは、いったんコマセカゴを海底まで沈め、根掛かりしそうなところではすぐに1mほど巻き上げ、数秒ハリスをなじませた後、コマセをまきながら、エサの位置が船長の指示ダナになるようリールを巻く。

海底からのコマセカゴの位置は、ハリス+クッションゴムの長さが基準だ。船長の「底から2m」という指示であれば、ハリス+クッションゴムの長さ+2mの位置までビシを巻き上げる。ただ、潮流などの状況で、若干の補正は必要だ。

●食いダナの見つけ方

食いダナはマダイがエサを捕食するタナのこと。マダイの泳層は海底から1~2mといわれるが、指示ダナは季節や水温、魚の活性、ポイントの様子に加え、船長の考え方なども加味される。

船長の指示ダナは、魚群探知機の超音波による垂直距離で、実際は潮の流れの影響を受ける。水深60mでも、コマセカゴを底につけるとミチ糸が70m出ていることもある。

潮流を考え、船長の指示ダナをベースにプラスマイナス1m探ってみよう。潮の流れが速いときは、コマセカゴの位置を補正しよう。水深はリールのカウンターではなく、ミチ糸の色でのカウントを。

釣り方❸…乗船したら

●誘い

コマセカゴを投入し、マダイを

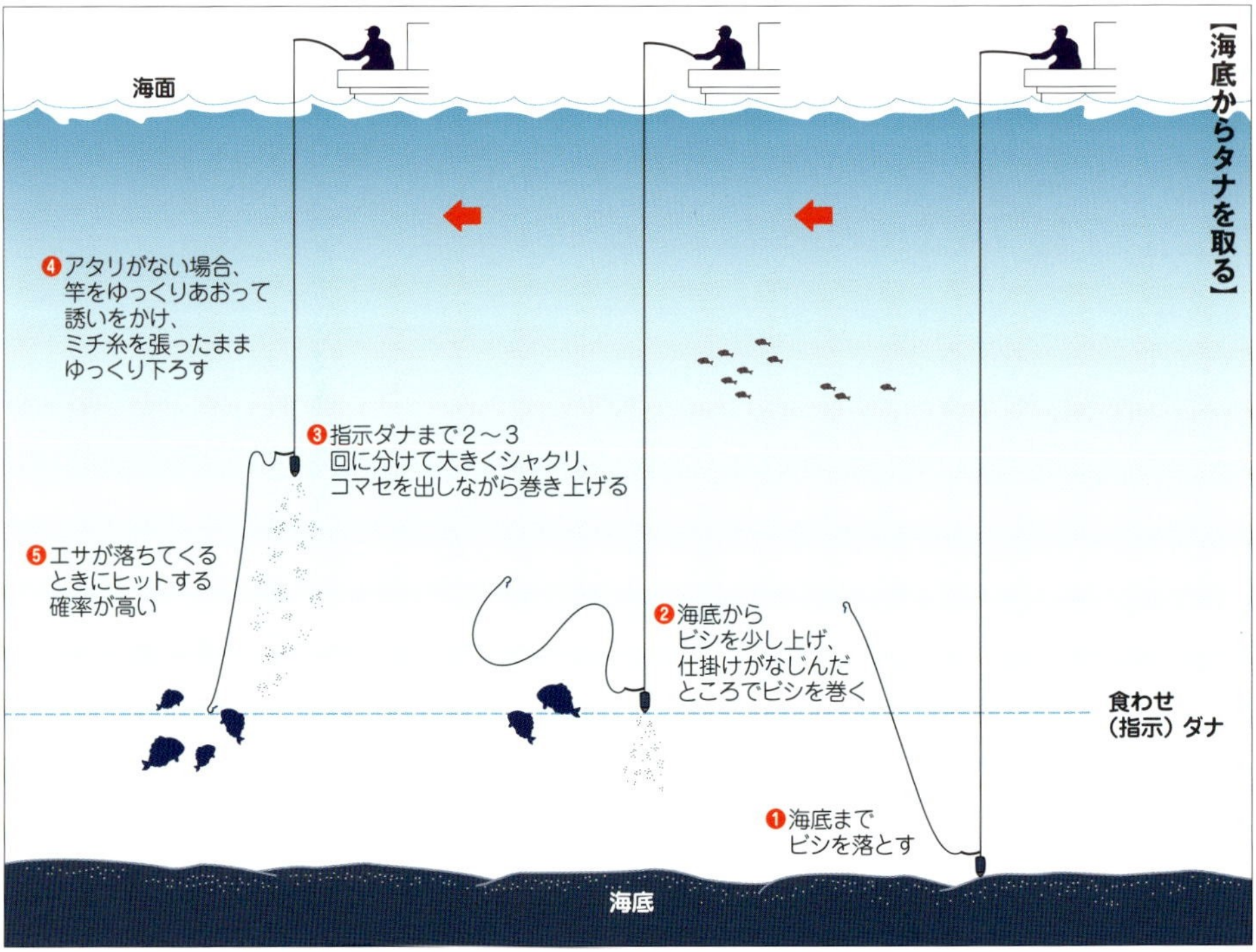
【海底からタナを取る】
海面
❶海底までビシを落とす
❷海底からビシを少し上げ、仕掛けがなじんだところでビシを巻く
❸指示ダナまで2～3回に分けて大きくシャクリ、コマセを出しながら巻き上げる
❹アタリがない場合、竿をゆっくりあおって誘いをかけ、ミチ糸を張ったままゆっくり下ろす
❺エサが落ちてくるときにヒットする確率が高い
食わせ（指示）ダナ
海底

寄せたら、次は的確にエサへ誘い込む。マダイの誘いは、基本的に落とし込みの誘い。落下してくるエサに反応するマダイの習性を利用し、コマセワークと竿の操作で落とし込みを繰り返し、マダイを誘うのである。

誘うタナは通常、竿の操作で探れる範囲内で、竿をゆっくり大きく立てて、マダイの食いダナの上限にエサがくるようビシを上げ、10数秒ほどホールドする。

次にコマセと同調させた速度でゆっくりと落とし込む。下限でも少しホールドさせ、アタリを待ってみよう。アタリがなければ、またゆっくりと竿を大きく立てて、落とし込む。この繰り返しだ。

マダイの食いダナの上下1.5m前後を誘うことになるが、4m前後を誘う人もいる。しかし、仕掛けを下げすぎると、コマセについて寄ってきた相手を底に沈めることにもなるので注意が必要だ。

●アワセ

アワセは向こうアワセが基本。向こうアワセだからといって、竿の穂先が十分引き込まれないうちに無理に竿を立てると、ヤリトリの最中にハリがスッポ抜けることになる。ここは落ち着いて穂先が十分に引き込まれてから、ゆっくりと竿を立てればよい。

手持ち竿の場合、アタリは感触としてダイレクトに手に伝わってくるので、反射的に竿を立てるなど早アワセになりがち。失敗しないよう十分注意したい。

point

コマセワーク

コマセカゴを投入し、コマセが出れば最初にエサ取りが寄ってくる。コマセを底の方でまけば、コマセを散らさず効率的にマダイにアピールできるが、エサ取りとマダイの食いダナの分離はできない。反対に上の方でまけば即効性はないが、エサ取りとマダイの食いダナを分離できる。

このことを念頭に、コマセカゴが指示ダナにくる間に3、4回に分けてコマセを出し、ロッドキーパーに竿をかける。その後も、潮流で少しずつ出ていくので、回収してコマセを詰め直す。

投入後、5分以内に食ってくることが多いので、コマセは5分程度でなくなるのが理想。コマセが出る量を調節し、理想的なコマセワークで釣果を得よう。

釣り方④…ヤリトリ

●ハリスの限界強度を知る

細いハリスで、数kgもあるマダイを釣り上げるには、ヤリトリに十分注意しなければならない。

マダイをアワセた後で重要なのは、引きの強さで魚の大きさを知ることだ。大物のとき、小さな魚と同じようにリールを巻くと、細いハリスはすぐに切れてしまう。

つまり、ハリスの限界強度を体で知ることが大切。必要以上にミチ糸を出さないようにすれば、マダイの引きは徐々に弱くなる。

●竿のため方

リールのドラグも、相手の大きさによって違ってくる。設定は、魚が引いていないときに、*ドラグが滑らない程度。ハリスの限界強度を超えないよう調節する。

また、竿の角度は45度前後が理想。水平や下を向いた状態でヤリトリをすると、急な引き込みに耐えられず、ハリス切れの原因となる。大物は竿尻をしっかりと下腹部に当てて、角度をキープしよう。

竿を倒しながらリールを巻くポンピングも、竿を倒すときにハリスにかかっていたテンションが一気に下がり、マダイが反転、ハリが外れてしまうこともある。

また、竿の角度が下がりきったところで強烈に引き込まれると、竿のタメがないため、ハリス切れの原因ともなるので注意が必要だ。

ホウボウはうれしい本命以外の釣果だが、タナが低過ぎる証拠

point

マダイは底で殺す

細いハリスでヤリトリするマダイのコマセ釣りでは、ヤリトリを急ぐとハリスが切れてしまうことも。急激な突っ込みでハリス切れにならないようヤリトリし、底にいるマダイが疲労するのをじっくり待つことが大切だ。

シャクリマダイ（ひとつテンヤ）

船　ボート

シャクリマダイとは

シャクリマダイは鉛玉（ヘッド）に2～5㎝ほどのハリスをつけ、エビエサなどを使う釣法のひとつで、カブラとテンヤの2タイプがある。

関東では千葉県の外房地方や東京湾、相模湾、西日本では天草や錦江湾などで盛んで、全国的なマダイ釣りの伝統漁法。

カブラ*、テンヤ*には、親バリと孫バリの2本がついているが、ハリそれぞれにエサをつけるやり方と、ひとつのエサに両方のハリをかける釣り方がある。

◆人気のひとつテンヤ

また、外房や東京湾ではオモリは3～10号と軽いオモリを使うが、天草などのテンヤは30号前後と重いうえ、オモリが誘導式になっている仕掛けが使われる。

かつては手バネザオという和竿や、ビシマという手釣り仕掛けが使われていた。最近は感度のよい穂先のルアーロッドに、スピニングリールを使った「ひとつテンヤ」という釣法が広まっている。

伝統的なシャクリ釣りは中オモリを使うが、ひとつテンヤは中オモリを使用しない。底立ちを取るのが難しいものの、マダイの強烈な引きをダイレクトに味わえるため、人気の釣りとなっている。

仕掛け

◎竿　2・1～2・4mのひとつテンヤ専用竿。先調子で魚が掛かると胴にしっかりのるような竿なら、キス竿でも代用できる。

◎リール&ミチ糸　中小型スピニングリールにPE0・6～0・8号を100m巻いたもの。ミチ糸は潮の抵抗を少なくするため、極力、細いラインを使う。

◎リーダー　フロロカーボン2～3号2～3m。

◎ひとつテンヤ　3～10号のひとつテンヤ。潮流の速さなどによって使い分ける。

◎その他　竿置き。

エサ

冷凍エビが一般的だが、活きエビが使われることもある。冷凍エビの場合は頭が取れやすいので、冷凍エビの頭をオモリ側にかけて輪ゴムで固定することもある。

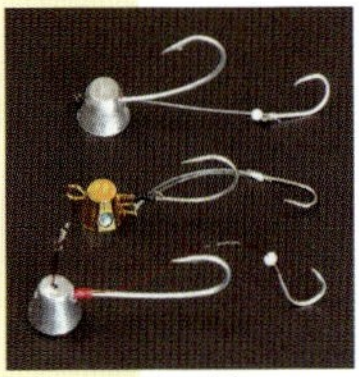
ひとつテンヤの例

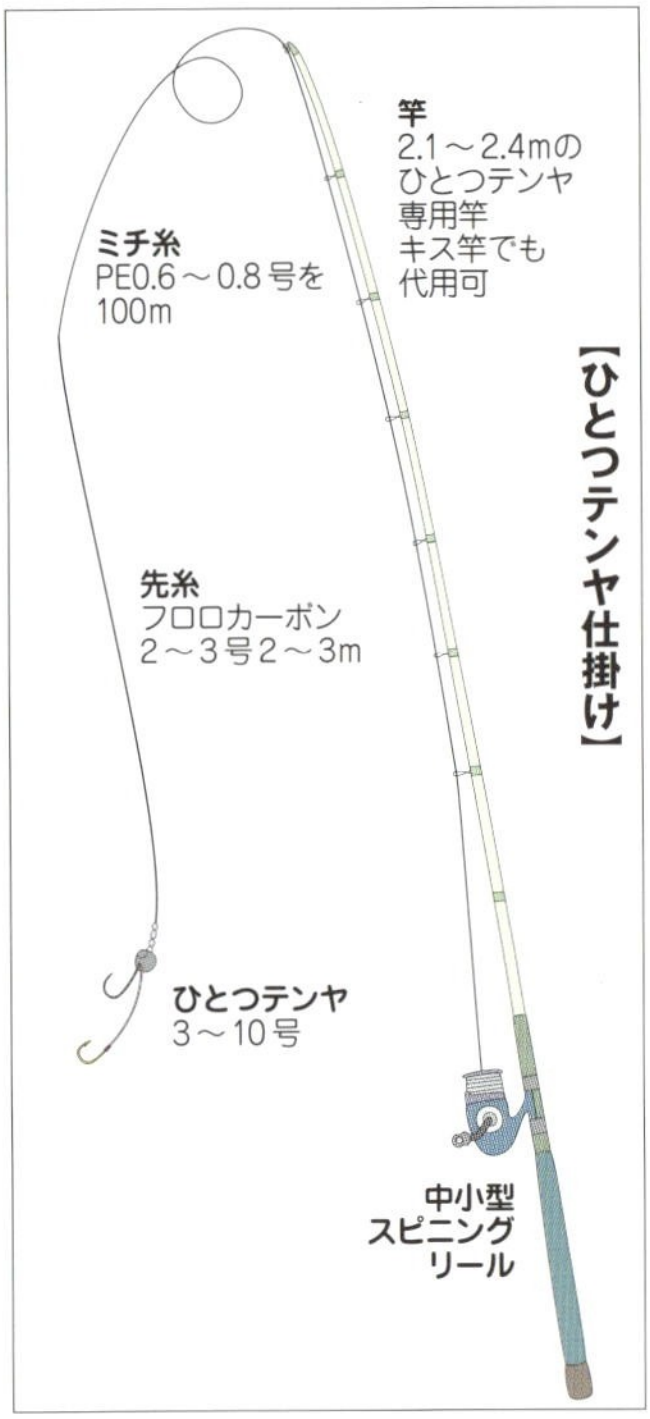

【ひとつテンヤ仕掛け】

釣り方…シャクリは大きく

●必ず着底を確認する

ひとつテンヤはオモリが軽いので、底立ちをとることが重要だ。仕掛けの投入はやや前方に行い、ミチ糸を出す。テンヤが着底するとフワッと糸フケが出る。

ひとつテンヤの釣果は、底立ちをいかに取るかにかかっている。初心者はテンヤが着底したことがわからない場合が多く、これが失敗につながる。

特に潮が速いと軽いオモリは流され、いつ着底したのかわからないまま、ミチ糸だけが出ていくという結果になりかねない。

船長から水深のアナウンスが

用語　**カブラ●**ハリのチモトに球形の鉛を装着した疑似バリ。アジやサバのサビキ釣りや、マダイの伝統的漁具として知られる。合戦の合図に放たれる鏑矢（かぶらや・音を立てる細工が施された矢）からきているという説があるという。

【ひとつテンヤの釣り方】

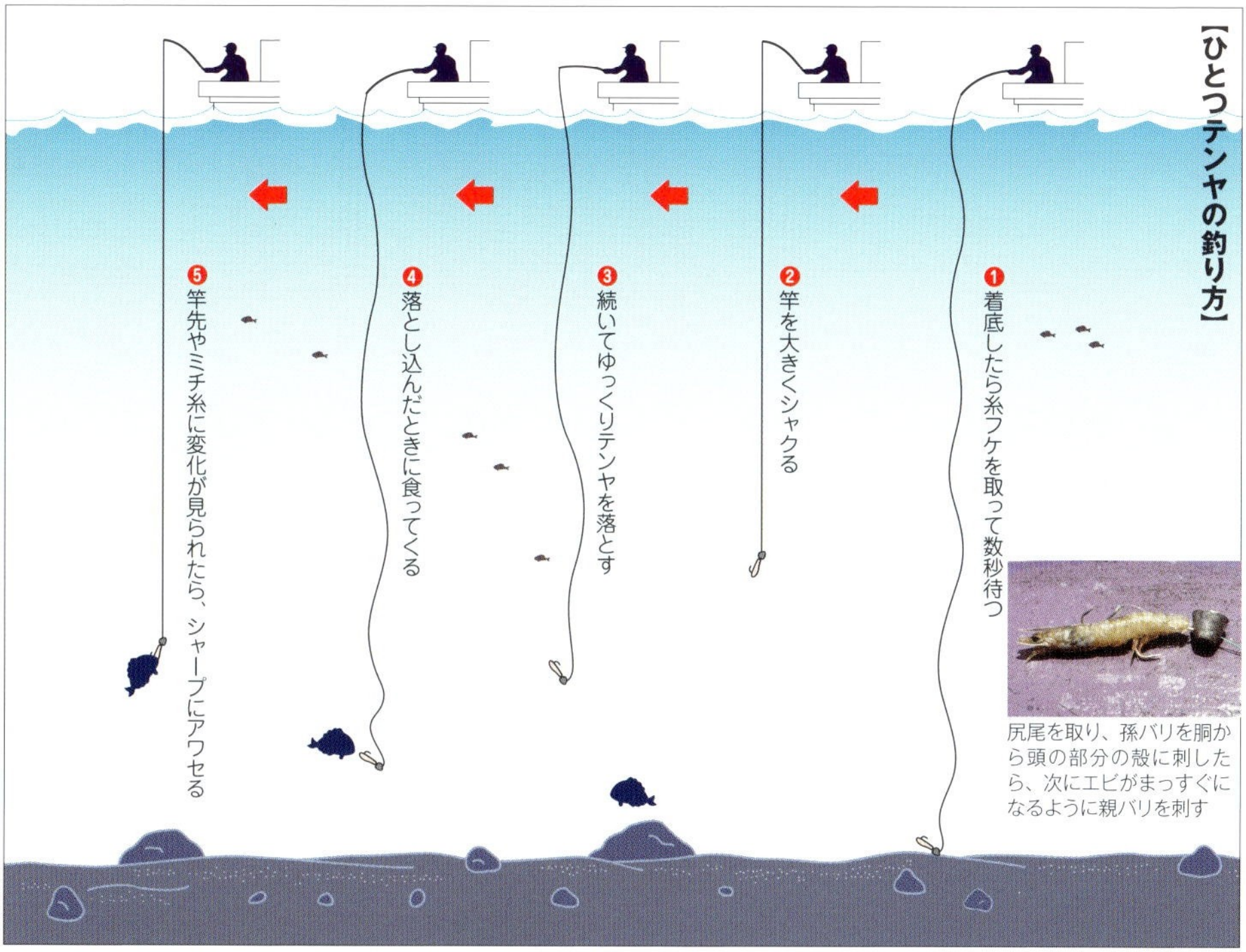
❶着底したら糸フケを取って数秒待つ
❷竿を大きくシャクる
❸続いてゆっくりテンヤを落とす
❹落とし込んだときに食ってくる
❺竿先やミチ糸に変化が見られたら、シャープにアワセる
尻尾を取り、孫バリを胴から頭の部分の殻に刺したら、次にエビがまっすぐになるように親バリを刺す

あったら、ミチ糸の色でどのくらいミチ糸が出たかを判断する。ミチ糸を水深以上に出しているのに着底がわからない場合は、仕掛けを巻き上げ、再投入してみよう。

●微妙なアタリもアワセは鋭く

着底したら糸フケを取り、数秒間待って、竿先を海面すれすれから、大きくあおるようにシャクリ上げ、テンヤをゆっくり落とし込む。大きくシャクリ上げることでマダイへのアピールにもなる。

アタリは必ずといってよいほど落とし込みから着底したときに出る。マダイが着底したエサをくわえて、大きく竿先を絞り込むことはほとんどない。ゆっくりフワフワ落としながら常に竿先に意識を集中し、少しでも竿先に変化があったらシャープにアワセよう。アワセが弱いとバレる原因となるので注意しよう。

また、アタリが竿先に出ないことも多い。ミチ糸が急にフワッとゆるんだり、反対に張り気味になっても、大きくアワセを入れてみよう。

ひとつテンヤはコマセマダイとはひと味違った釣りで、根強いファンも多い。

タイラバ（インチク）

船　ボート

タイラバ（インチク）とは

●マダイの和製ルアー釣り

タイラバはマダイの伝統漁法のひとつで、鉛玉（ヘッド）に2～5㎝ほどのハリスをつけ、エビなどのエサの代わりに、ビニールやブラックバス釣りのラバージグをつけたルアーを使う。いわば和製のルアーフィッシングだ。

別名タイカブラとも呼ばれているが、エビエサで釣る伝統的タイカブラと混同されるため、本書ではタイラバとして取り上げた。

一方、山陰地方に伝わるマダイ漁の伝統漁具がインチク。インチクもタイラバと同じ和製のルアーフィッシングで、タイラバと同じような目

用語　**テンヤ**●オモリとハリが一体となった漁具で、軸にエサを取りつける仕組み。マダイのテンヤの他にスミイカのテンヤ、タコのテンヤなどがある。

立つビニールなどがつけられている。

●ポイントはコマセ釣りと同じ

タイラバ、インチクともにマダイ釣りに使われる仕掛けだが、どちらかといえばタイラバはマダイ向き、インチクは青ものに適しているとされる。

釣り場は船のコマセ釣りのポイントと同じで、船を流しながら釣る流し釣りが基本だ。

仕掛け

◎竿　タイラバ専用ロッド。またはオモリ負荷20号程度で2・1～2・4m、先調子で魚が掛かると胴にしっかりのるような竿。バスロッドでもよい。

◎リール&ミチ糸　小型電動リールにPE1・5～2号を200m巻いたもの。

◎先糸　フロロカーボン4～5号を3～4m。

◎その他　竿置き。

◎タイラバ　60～100gのタイラバ。色の違うタイプを3～5種類、替え用のラバーも用意しておきたい。

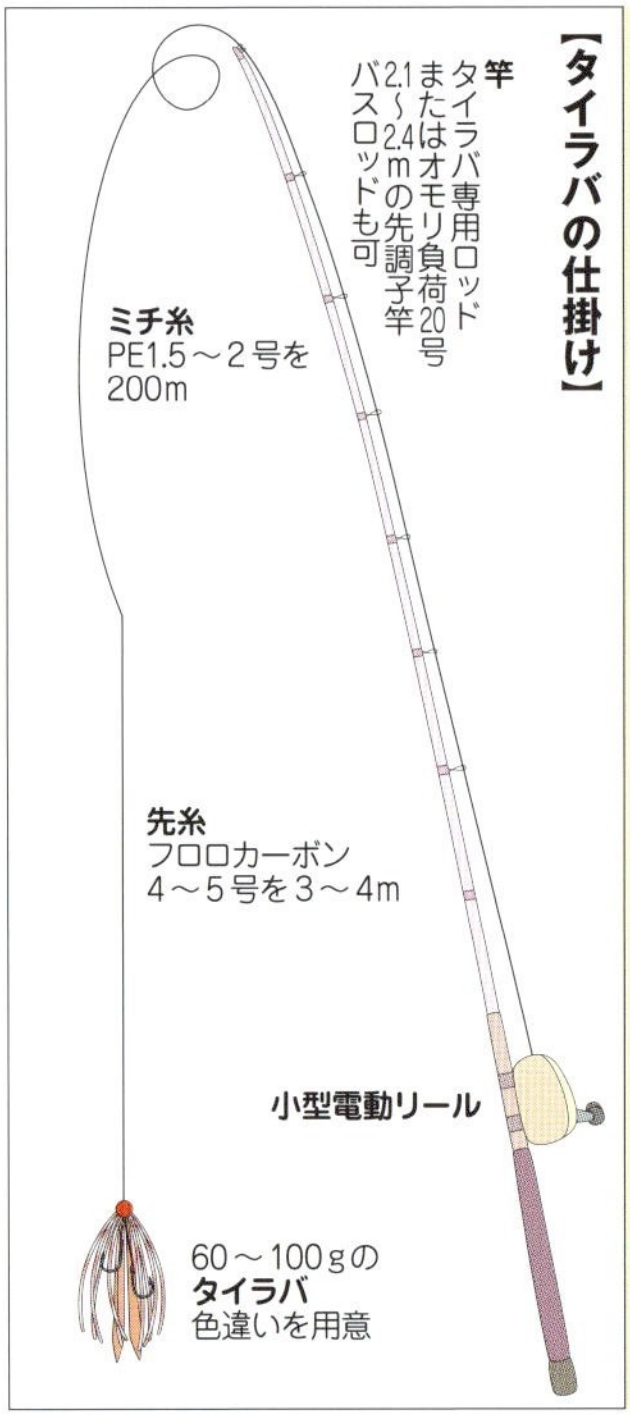
【タイラバの仕掛け】
竿
タイラバ専用ロッド
またはオモリ負荷20号
2.1～2.4mの先調子竿
バスロッドも可
ミチ糸
PE1.5～2号を
200m
先糸
フロロカーボン
4～5号を3～4m
小型電動リール
60～100gの
タイラバ
色違いを用意

釣り方…微妙なアタリに対応

●リールは一定スピードで巻く

船での流し釣りが基本。タイラバを投入したらサミング（→P159）しながら落とし、着底後すばやく糸フケを取る。糸フケを取ったら、ゆっくり一定のス

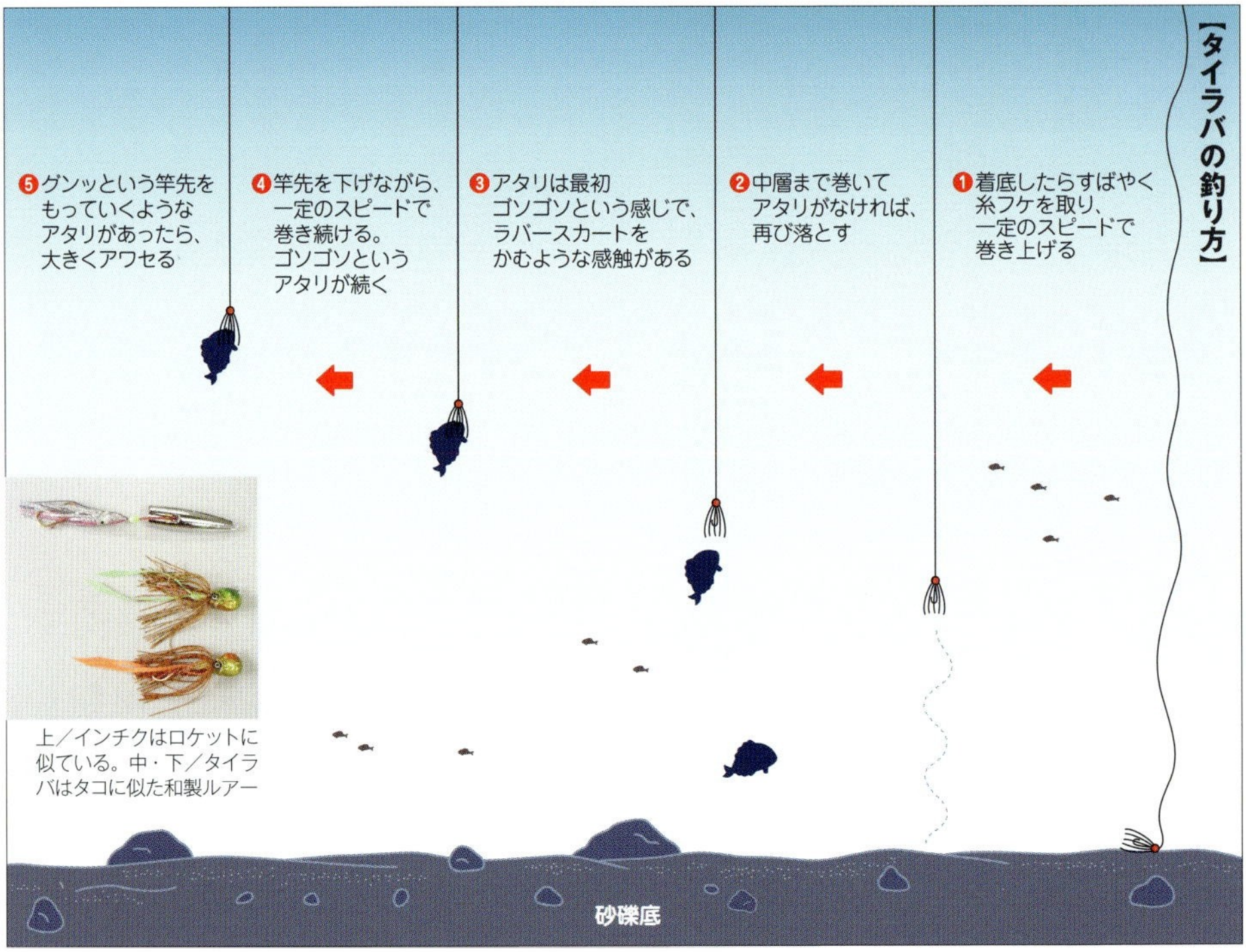
【タイラバの釣り方】
❶着底したらすばやく糸フケを取り、一定のスピードで巻き上げる
❷中層まで巻いてアタリがなければ、再び落とす
❸アタリは最初ゴソゴソという感じで、ラバースカートをかむような感触がある
❹竿先を下げながら、一定のスピードで巻き続ける。ゴソゴソというアタリが続く
❺グンッという竿先をもっていくようなアタリがあったら、大きくアワセる
砂礫底

上／インチクはロケットに似ている。中・下／タイラバはタコに似た和製ルアー

ピードで巻き上げる。巻き上げのスピードは1秒に1m程度。一定スピードで巻き上げるのがコツ。

手巻きリールだと船の揺れなどで巻くスピードが変わってしまいがちだが、電動リールを使用すると、揺れを身体でかわしながらほぼ一定のスピードで巻き上げることができる。

中層付近まで巻いてもアタリがなければまた落とす。タイラバの釣りはこの繰り返しとなる。

●大きなアタリまで我慢！

アタリは最初、ゴソゴソ、コンコンなどと、ラバースカートやタコベイトをかむような感触が竿に伝わってくる。このときにアワセないで、竿先を下げたらゆっくりと同じスピードで巻き続けることが重要だ。

数秒間、ゴソゴソとしたアタリが続くと、グンッという強いアタリがある。魚が完全にのったら大きく竿を立ててアワセを入れる。アワセが弱いと水面でバレてしまうことがあるので注意。

タイラバで、マダイとともに釣れる魚としては、マハタやホウボウ、カサゴなどの根魚の他、イナダ、カンパチなどうれしくなるような魚が多い。

インチクを使用する場合は、巻き上げスピードをタイカブラよりやや速くするのがコツだ。

【イカダイ仕掛け】

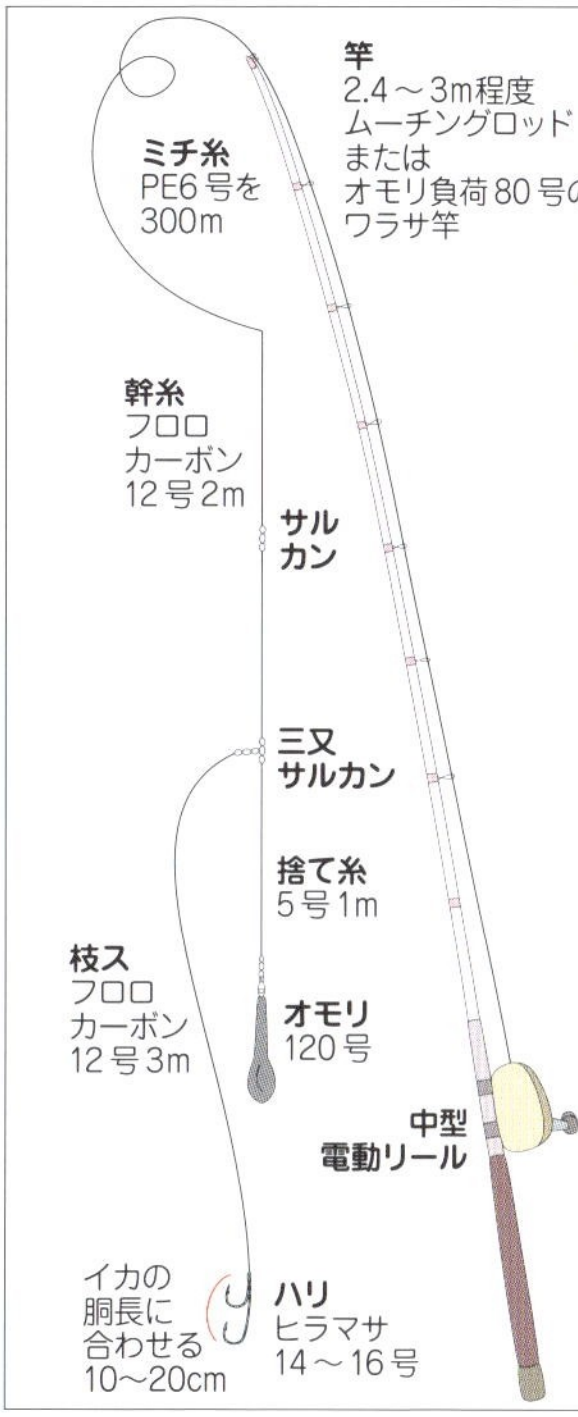
竿
2.4～3m程度
ムーチングロッド
または
オモリ負荷80号の
ワラサ竿
ミチ糸
PE6号を
300m
幹糸
フロロ
カーボン
12号2m
サルカン
三又
サルカン
捨て糸
5号1m
枝ス
フロロ
カーボン
12号3m
オモリ
120号
中型
電動リール
イカの
胴長に
合わせる
10～20cm
ハリ
ヒラマサ
14～16号

イカダイ

船

イカダイとは

活きたイカを泳がせてマダイを釣る釣法で、コマセマダイよりも大物が釣れる確率が高い。マダイ専門に狙うが、「ハモノ」と称して、ブリやカンパチなどの大型の青物が釣れることもある。

仕掛け

◎竿　2・4～3m程度の粘りのあるムーチング*ロッド、またはオモリ負荷80号程度のワラサ竿。

◎リール＆ミチ糸　中型電動リールにPE6号を300m巻いたもの。

◎ハリス　フロロカーボン12号が基本で、幹糸を2m、枝スを3m取る。活きエサなのでハリスが太くても問題ない。捨て糸5号1m。

◎ハリ　ヒラマサ14～16号。

◎オモリ　120号。

◎その他　ロッドキーパー。径3～4㎜、長さ0・5～1mのクッションゴムを使うのもよい。

エサ

活きたイカ。秋から冬にかけてはヤリイカをエサにする。マルイカ釣りのシーズンと重なるマダイの乗っ込み期は、マルイカを釣って泳がしてもよい。

ただ、マルイカは一度投入・回収すると、へタってしまうので、エサとしてはヤリイカに劣る。スルメイカはヤリイカやマルイカに比べて食いが落ちるので、ふつうは使用しない。

釣り方…アワセは大きく

●投入後はアタリを待つだけ

親バリをイカの胴の先に、孫バリを吸い口の上につけ、イカを投入したら仕掛けにからまないようにオモリを入れる。

着底したら糸フケを取り、3～

用語　**ムーチング**●活きている小魚をハリにかけて泳がせ、獲物を釣る釣り方。フィッシュイーターが対象で、ヒラメの泳がせ釣り（→P157）などが知られる。

５ｍ底立ちを切る。後はロッドキーパーに竿を置いて、アタリを待つだけ。ときどき底立ちを取り直そう。

　始めゴン、ゴンというアタリが竿先にあったら、竿を手に持ち、竿先を下げてミチ糸を送り込む。リールをフリーにして、ミチ糸を送り込んではならない。

●引きを楽しむ

　ゴン、ゴンという強いアタリが数回続き、竿先を強く海面にもっていかれたときがタイミング。大きくアワセを入れよう。


　ハリスが太いのでそのまま電動リールで巻き上げてもよい。巻き上げ速度は低速。マダイの場合、底と中層、海面から30〜40ｍ程度でグイグイと引く、いわゆる「タイの3段引き」が楽しめる。

　マダイの他にブリやヒラマサ、メダイ、イシナギなどが釣れることも。イカ船では四隅で竿を出すのが原則だが、他のイカ釣りを楽しむ客の迷惑になることがあるので、必ず船長の許可をもらってから竿を出そう。

投げ釣り

堤防

マダイの投げ釣り

　一般に沖釣りのターゲットとして知られるマダイだが、堤防や地磯などの陸上からも、投げ釣りで狙うことができる。

　三浦半島先端部や、伊豆半島などの堤防や地磯でも人気で、関東よりも関西、特に瀬戸内海方面で盛んに行われている釣法だ。

仕掛け

◎竿　オモリ負荷25〜30号、４ｍ前後の投げ竿。

◎リール＆ミチ糸　ドラグつきの投げ専用リール、または大型スピニングリールにナイロン６〜８号を150ｍ巻いたもの。

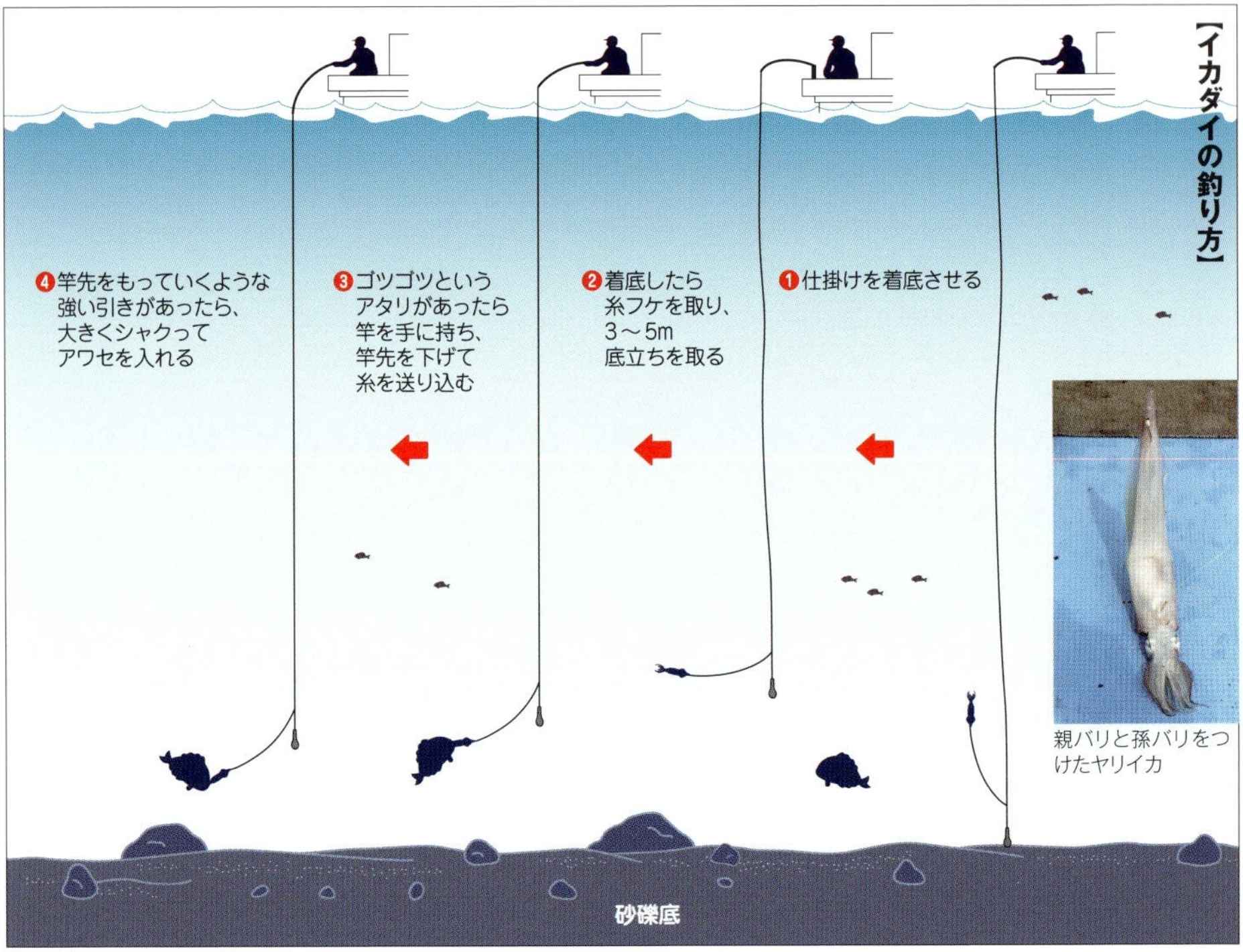
【イカダイの釣り方】
❶仕掛けを着底させる
❷着底したら
糸フケを取り、
3〜5m
底立ちを取る
❸ゴツゴツという
アタリがあったら
竿を手に持ち、
竿先を下げて
糸を送り込む
❹竿先をもっていくような
強い引きがあったら、
大きくシャクって
アワセを入れる
砂礫底
親バリと孫バリをつけたヤリイカ

◎テンビン　20～30号のL型テンビン。
◎ハリス　フロロカーボン8号を1～2m。
◎ハリ　丸セイゴ16～20号。
◎その他　竿掛け、タモ網、尻手ロープ、ケミホタル、ヘッドランプ。

エサ

ユムシ*、イワイソメを使う。関西ではマムシ*が主流だが、関東では入手が難しい。イカなどの切り身でもよいが、ウツボなどの外道のヒット率が高くなる。

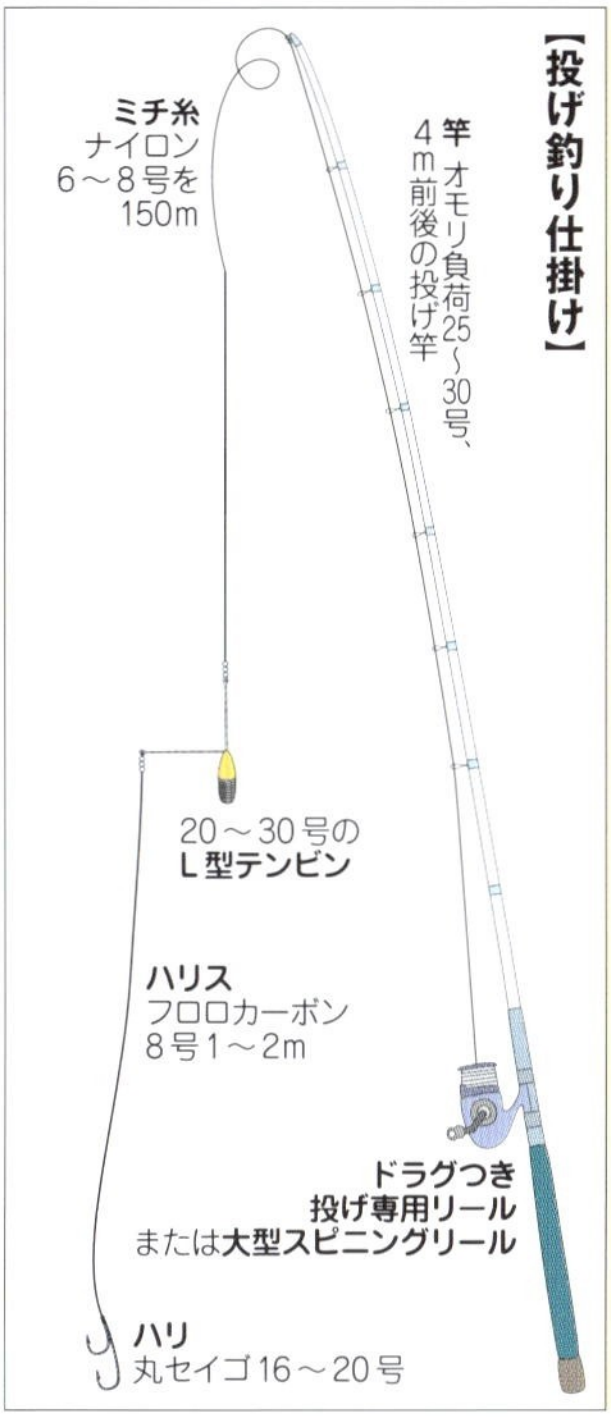
【投げ釣り仕掛け】
竿　オモリ負荷25～30号、4m前後の投げ竿
ミチ糸　ナイロン 6～8号を150m
20～30号のL型テンビン
ハリス　フロロカーボン 8号1～2m
ドラグつき投げ専用リール または大型スピニングリール
ハリ　丸セイゴ16～20号

釣り方…ポイントの見極め

マダイがエサを求めて岸近くまで回遊してくる夕方からの釣り。外に面した堤防や地磯から狙う。ポイントは砂地に点在する根周り、カケアガリなど変化がある場所、生けすやイカダ周りなど。

夜釣りなので水深はあまり気にしなくてもよく、5mほどあれば十分だ。ただ、根掛かりするようなら場所を移動しよう。

●リールのドラグはゆるめに

竿は2本は用意し、1本は遠投用、もう1本はやや近目を狙う。潮は夕方が満潮で、徐々に引いていく潮回りがよい。

仕掛けはまだ明るいうちにセットしておく。タマヅメは遠投した竿に、深夜は近場に投げた竿にアタリが多い。

仕掛けが着底したら糸フケを取り、竿掛けに竿をかけておく。リールのドラグは、軽く糸を引くとミチ糸が出るようゆるめに。竿を持っていかれないように尻手ベルトをつけていても、ドラグはややゆるめの方が食い込みがよい。

アタリはミチ糸が一気に出ていくのでわかる。竿を持ち、ドラグをしめて大きくアワセを入れる。取り込みはタモを使おう。

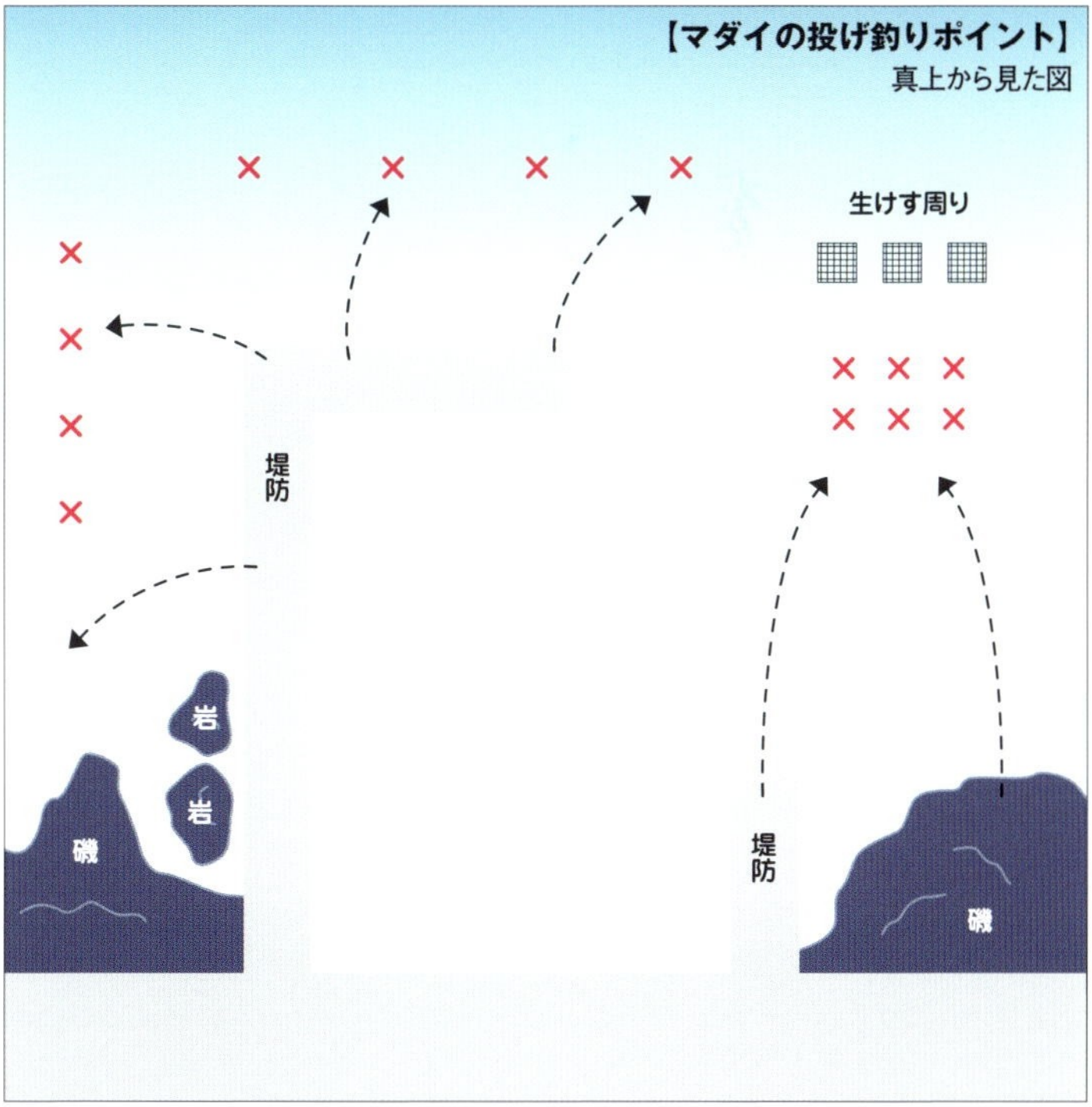
【マダイの投げ釣りポイント】
真上から見た図
生けす周り
堤防
岩
岩
磯
堤防
磯

用語　**ユムシ・マムシ●**ユムシはユムシ科の無脊椎動物で、海底に穴を掘って生息。釣りエサの他、韓国では煮物などの食用にされる。マムシはイワムシのことで、イソメ科に属する大きな環形動物の仲間。アオイソメよりも身が固く、ちぎれにくいので、投げ釣りの好餌となる。

明褐色の体色
ムツ
眼が大きい
クロムツ
暗褐色の体色

スズキ目ムツ科

深場根魚五目で狙うムツの仲間

ムツ クロムツ

ギンムツ
ムツ、ムツゴロウ

船 ボート 磯 堤防 浜

生態 両種ともに幼魚は浅場にいて、成魚になると100～700mの深海にまで生息。

カレンダー

1	2	3	4	5	6	7	8	9	10	11	12
冬期に脂がのる									秋から乗り合い船が増える		

全長 両種ともに最大60cm(通常は30～50cm)

食性 甲殻類、イカ類、魚類

分布 ムツは北海道以南、クロムツは東北地方から駿河湾付近までの岩礁帯。

胴つき釣り

船

特徴

ムツ、クロムツは冬場の深場根魚の定番魚。この2種に加え、アカムツやシロムツ(オオメハタ)を狙って、根魚五目として出船している船宿が多い。また、ムツとクロムツを同じ対象として、あえて区別していない地域もある。

◆根魚五目で狙う

500mを超える深海にまで生息しているのがムツ類。しかし、根魚五目として狙っているのは水深200m前後のタナのため、イカ釣りで使うタックルでも対応できる。

根魚五目船では、ムツ類の他にエゾイソアイナメや*クロビシカマスなどの魚も釣れる。

釣り場

ムツ、クロムツともに、沖合いの200～500mの岩礁地帯、根周りをポイントとしている。クロムツはアコウ・キンメのポイントでも釣れるが、根魚五目船ではアカムツも狙うために、200m前後が一般的タナとなる。

釣り方

基本は胴つき仕掛けで、置き竿で狙う。

胴つきテンビン仕掛け

胴つき仕掛けだけでもよいが、アカムツを狙う場合は、テンビンをつけた方が効果的だ。

仕掛け&エサ

◎竿 オモリ負荷120号程度で1.8～2.1mの竿。スルメイカ竿や深海用の竿でもよい。

◎リール&ミチ糸 中型電動リールにPE5～6号を300m以上巻いたもの。

◎ハリス 幹糸はフロロカーボン10～14号を10m、枝スはフロロカーボン6～8号を50～60cmの4本枝スにする。

◎テンビン・オモリ 片テンビンに150号のオモリをつける。テンビンにはオニカサゴ用の仕掛けを使用。

◎ハリ 大地ムツ16～18号。

◎その他 ロッドキーパー、マグネット板。

◎エサ サバの切り身をチョン掛けして使う。他にイカ短冊など。

釣り方…底立ちを取る

ロッドキーパーにマグネット板をセットし、胴つき仕掛けのハリを並べておく。テンビンを持ち、先にオニカサゴの仕掛けを投入したところで、テンビンを少し前に落とす。胴つき仕掛けが次々と出ていったところで、竿を持って、リールをフリーにする。

オモリが着底したら海底から2mほど巻き上げ、竿をロッドキーパーに掛けてアタリを待つ。水深は刻々と変化しているため、ときどきリールをフリーにして底立ちを取り直そう。

●アタリがあったら一気に上げる

アタリは明確だ。ゴゴンッと竿先を揺らすので、竿を手に持って電動リールのスイッチを押す。ムツやクロムツは歯が鋭いのでハリスを切られてしまうおそれがあるため、アタリがあったらすぐに上げるのが賢明。途中まではゴンゴンと強い引きを見せるが、海面近くになると引かなくなってムツは浮いてくる。

シロムツは群れているため、全部のハリに掛かってくることもある。アカムツは主にテンビン仕掛けの、オニカサゴの仕掛けにかかることが多い。

【胴つき釣り仕掛け】

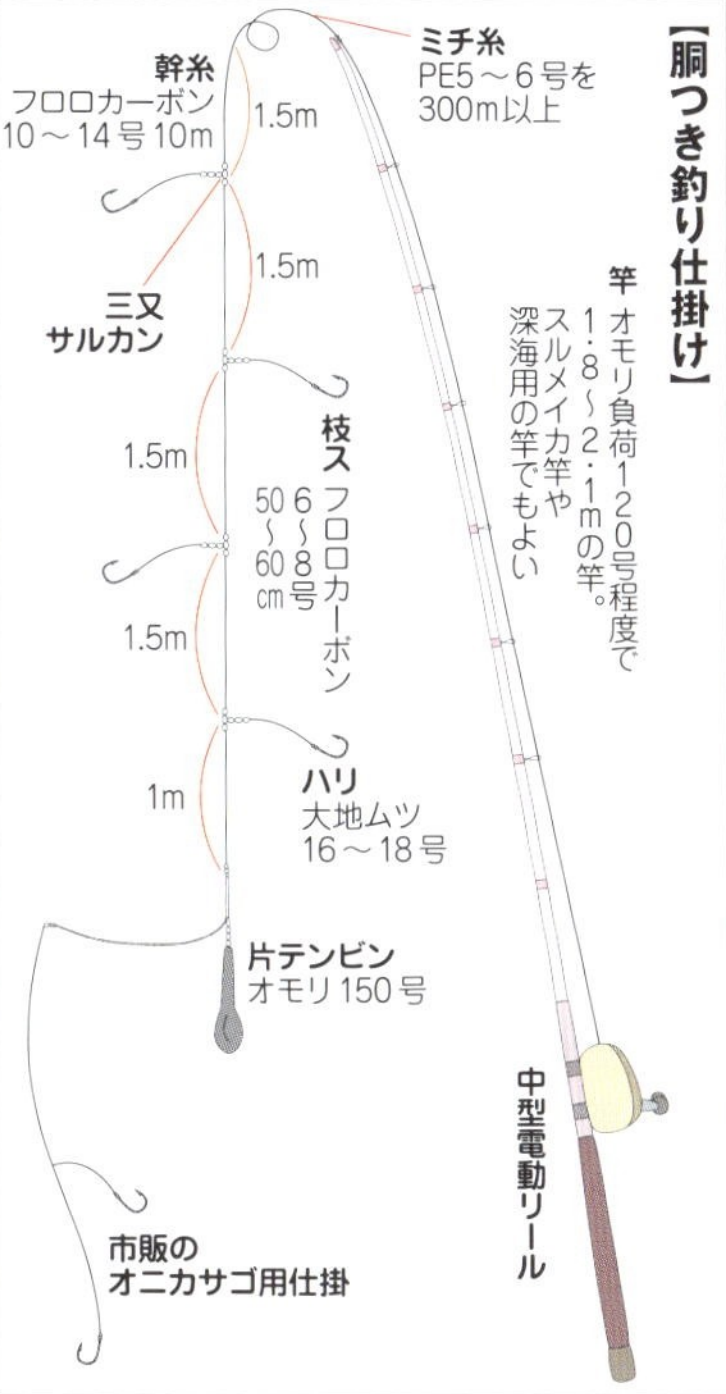
竿 オモリ負荷120号程度で1.8〜2.1mの竿。スルメイカ竿や深海用の竿でもよい
ミチ糸 PE5〜6号を300m以上
幹糸 フロロカーボン10〜14号10m
1.5m
1.5m
三又サルカン
枝ス フロロカーボン6〜8号 50〜60cm
1.5m
1.5m
ハリ 大地ムツ16〜18号
1m
片テンビン オモリ150号
中型電動リール
市販のオニカサゴ用仕掛

◆ムツ釣りで釣れる他の魚図鑑

アカムツ スズキ目ホタルジャコ科

口内が黒い

太平洋側は福島県以南、日本海側は新潟県以南の100～250mに生息。40cm。新潟など日本海側ではノドクロと呼ばれている。非常に美味で、根魚五目の主要対象魚。

エゾイソアイナメ タラ目チゴタラ科

1本のヒゲ

北海道南部以南の水深2、3mの浅場から500、600mの深場にまで生息している。30cm。アイナメの仲間ではない。一般にはドンコと呼ばれ、肝が大きくなる冬場の人気が高い。

オオメハタ スズキ目ホタルジャコ科

眼が大きい

太平洋側は関東以南、日本海側は新潟以南の水深100～400mに生息。25cm。近種のワキヤハタと区別されず、釣り人にはシロムツの名で呼ばれている。相模湾の一部地域ではゲンタと呼ばれている。

【胴つき釣りの釣り方】

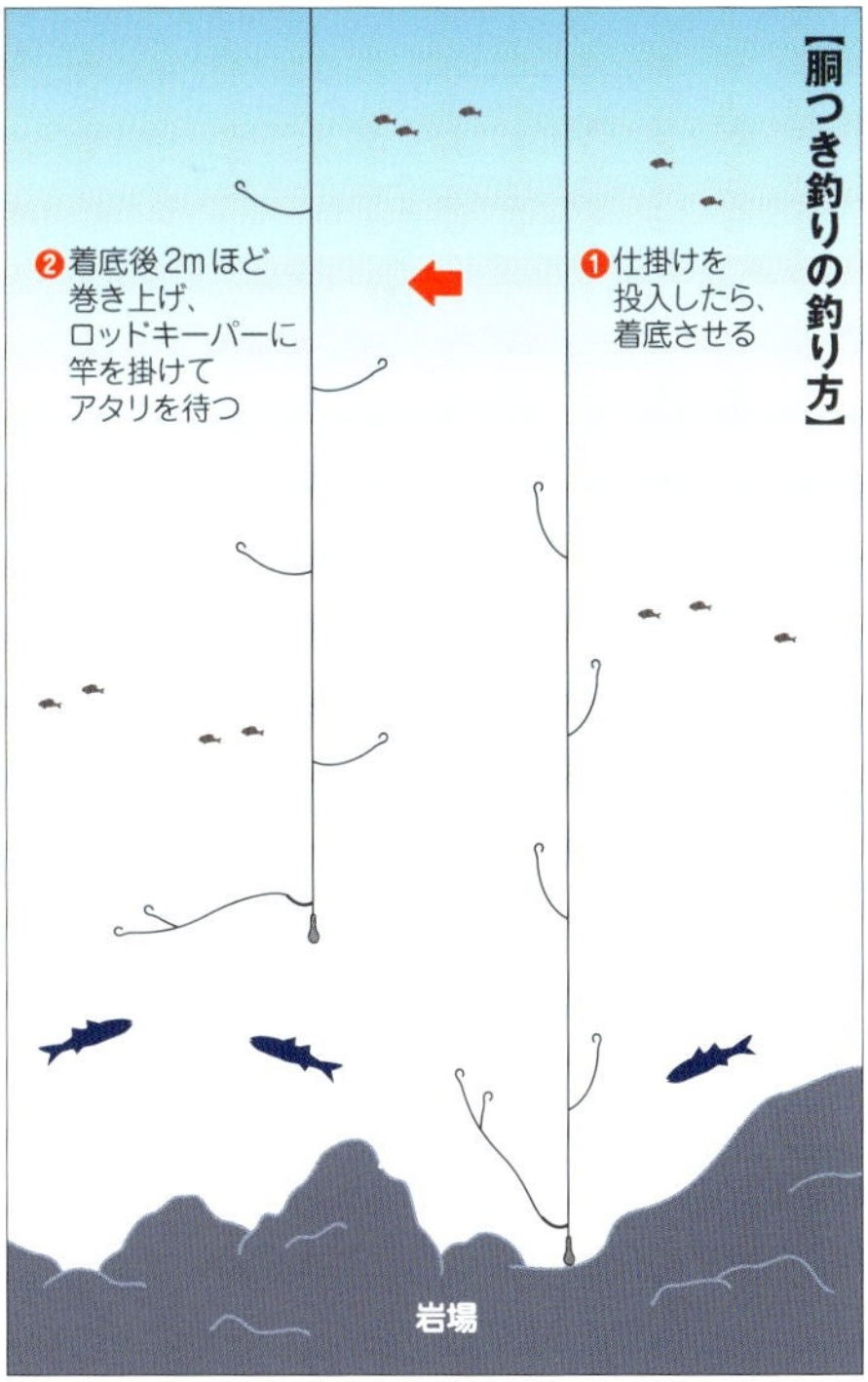
❶仕掛けを投入したら、着底させる
❷着底後2mほど巻き上げ、ロッドキーパーに竿を掛けてアタリを待つ
岩場

釣魚便利図鑑◆クロビシカマス●スズキ目クロタチカマス科。温帯地域に生息。昼間は深場にいるが夜は浅場にも上がってくる。60cm。小骨が多いが味は美味。相模湾では小田原方面でスミヤキ、長井・三崎方面ではナワキリと呼ばれている。

メジナ
尾ビレの先端が長い
エラブタの縁は黒くない
エラブタの縁と胸ビレのつけ根が黒い
クロメジナ

ともにスズキ目メジナ科

警戒心の強い荒磯の主

メジナ
クチブト、グレ、クロ

クロメジナ
オナガグレ、オナガグロ

船　ボート　**磯**　**堤防**　浜

生態 ともに磯周りなどの岩礁地帯に生息。メジナの産卵期は２～６月、クロメジナは 11 ～ 12 月。

カレンダー

1	2	3	4	5	6	7	8	9	10	11	12
美味 冬期は臭いがなく											

全長 メジナ◆ 60cm
（通常は 15～40cm）
クロメジナ◆ 70cm
（通常は 20～50cm）

食性 メジナ・クロメジナともに海藻、甲殻類、イソメ類

分布 メジナ◆北海道南部から九州にかけての磯周り。
クロメジナ◆千葉県以南から沖縄にかけての磯周り。

特徴

メジナとクロメジナは磯釣りで人気のターゲット。両種を区別しない場合もあるが、クロメジナはメジナより体高が低く、エラの縁が黒い。体色はメジナが青緑を帯びた黒い色をしており、クロメジナはやや茶色味を帯びている。

◆寒グレと呼ぶ旬のメジナ

また、クロメジナは沿岸を回遊する個体と、磯に居つく個体がいて、居つきの個体の方が大きくなる傾向にある。

食味は海草類を食べる冬場がよく、この時期のメジナは寒グレとも呼ばれている。ただ、クロメジナはメジナよりも味がやや落ちるといわれている。

釣り場

コッパグレとも呼ばれるメジナの幼魚は、子供でも簡単に釣れる堤防釣りの魚。同じ堤防でも離島の堤防となると、サビキ仕掛けで20cmを超えるクラスまで釣れるところもある。

これが荒々しい波が打ちつけるような地磯になると、さらに大きいメジナが対象になり、沖磯では大物が狙える。クロメジナはメジナより沖磯に多く分布する。

釣り方

小型が対象となる堤防の釣りでは、ウミタナゴの仕掛けでもいいが、磯ではコマセをまきながらの*ウキフカセ釣りが一般的。

ひと口にウキフカセ釣りといっても、ウキの位置を固定する「固定式」、ウキ止めを使う「半遊動式」、ウキ止めを使わずにウキ仕掛けを流す「全遊動式」などさまざまな釣り方がある。

メジナのポイントは磯の白泡立つサラシ

20cmに満たないメジナ。愛くるしい魚だ

ウキフカセ釣り

磯

半遊動式ウキフカセ釣り

メジナのウキフカセ釣りでは最も一般的な釣り方。コマセをまいて、それに同調させるように仕掛けを流して釣る。

仕掛け

◎**竿**　長さ5.3m前後、1.2〜1.5号の磯竿。

◎**リール&ミチ糸**　中型スピニングリールにナイロン2〜3号を100m以上巻いたもの。

◎**ウキ**　円錐ウキ3G〜B。

◎**ハリス**　フロロカーボン1.5〜2号を3m。

◎**ハリ**　グレ4〜6号。

◎**その他**　シモリ玉、バッカン、柄杓。

エサ

オキアミエサが一般的。コマセにはボイルオキアミ、生オキアミがあり、地域によっては生オキアミが禁止されている場所もある。配合エサを混ぜてもよい。

【ウキフカセ釣り仕掛け】

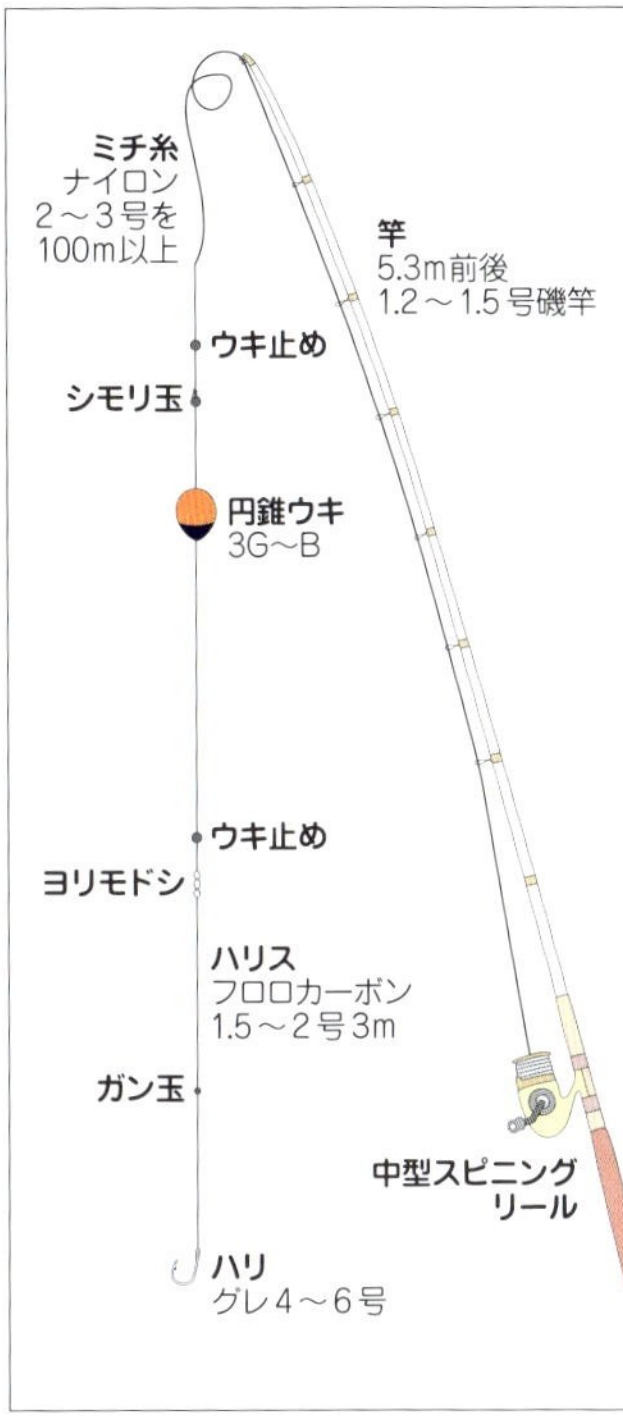
ミチ糸
ナイロン
2〜3号を
100m以上
竿
5.3m前後
1.2〜1.5号磯竿
ウキ止め
シモリ玉
円錐ウキ
3G〜B
ウキ止め
ヨリモドシ
ハリス
フロロカーボン
1.5〜2号3m
ガン玉
中型スピニング
リール
ハリ
グレ4〜6号

【ウキフカセ釣り】

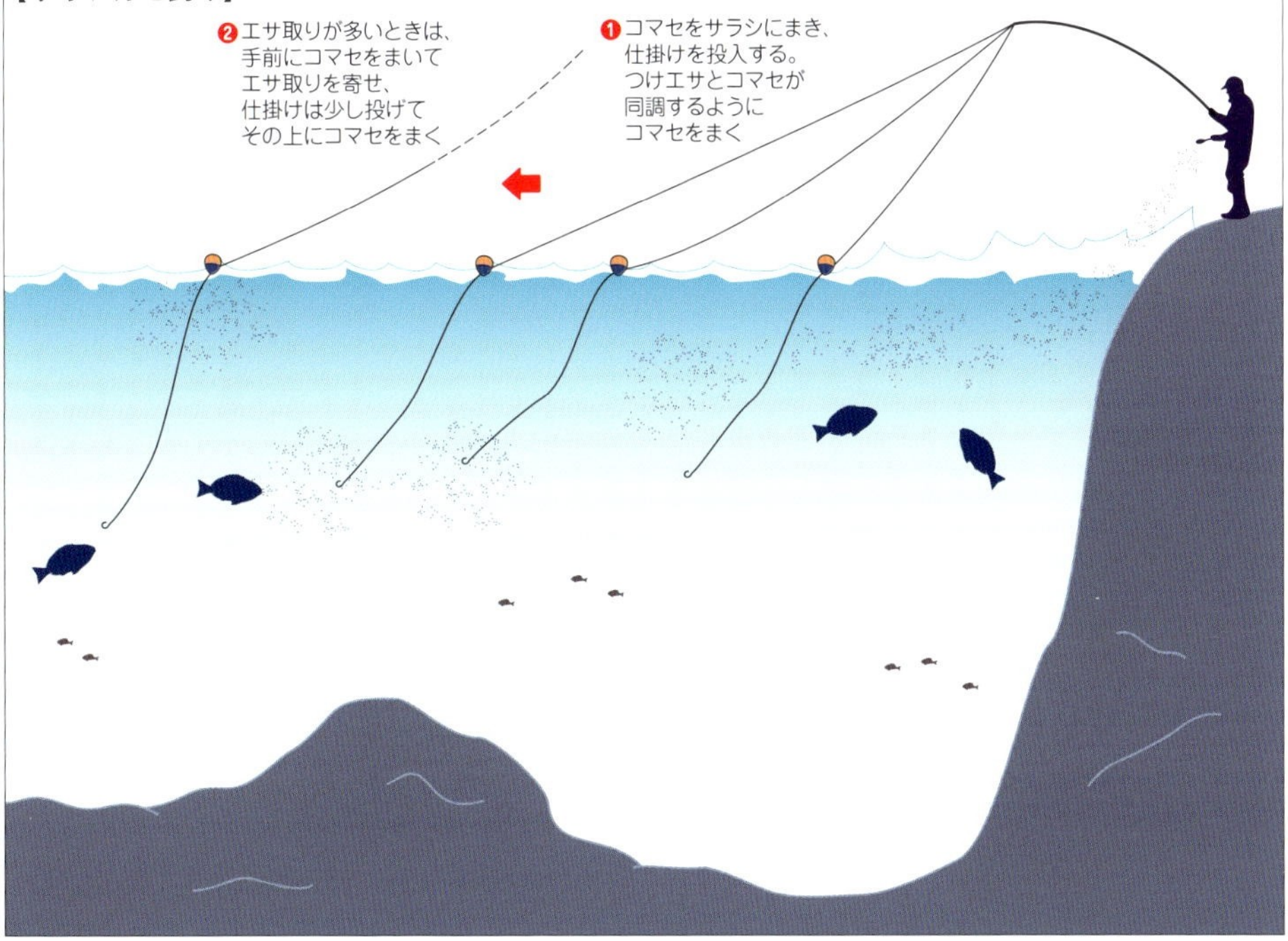
❶コマセをサラシにまき、
仕掛けを投入する。
つけエサとコマセが
同調するように
コマセをまく
❷エサ取りが多いときは、
手前にコマセをまいて
エサ取りを寄せ、
仕掛けは少し投げて
その上にコマセをまく

用語　**ウキフカセ釣り**●フカセ釣りとはオモリをつけず、エサとハリの重さだけで潮流や川の流れにのせ、向こうアワセで釣る釣り方。これにウキ（ほとんどが中通しウキ）と軽いオモリをつけ、操作性をよくした仕掛けの釣りを指す。

メジナ釣りで釣れる他の魚図鑑

メジナ釣りではさまざまな魚が釣れ、初夏はイサキがよく混じる。中でもブダイはメジナ同様、磯釣りの両雄とされた時代があった。

イスズミ スズキ目イスズミ科 	本州中部以南の水深5～10m付近の岩礁帯に生息し、イズスミとも呼ばれる。70cm。 メジナに似ているが、黄色く細いシマがあることで区別できる。引きは強いが、食味はメジナよりも劣る。
イラ スズキ目ベラ科 暗色と明色の線	本州中部以南の岩礁域に生息する。40cm。 体側に暗色と明色の線が斜めに走っていることでブダイと区別できる。関東ではめったに市場に出回らないが、西日本では食用魚として一般的だ。
コショウダイ スズキ目イサキ科 コショウ粒のような黒斑	相模湾以南の沿岸域にある浅場の岩礁帯に多く生息するが、河口付近の砂地にも分布する。55cm。 コショウをふりかけたような黒斑が特徴。秋から冬にかけて美味。
タカノハダイ スズキ目タカノハダイ科 尾ビレに白斑	房総半島の沿岸域以南の海藻の生えている岩場に生息する。40cm。 臭いがあり、市場に出回ることは少ないが、煮つけて食べられる。レイシガイを割って身をエサにするとよく釣れる。
ニザダイ スズキ目ニザダイ科 	宮城県以南に分布。伊豆諸島ではサンノジと呼ぶ。40cm。 イスズミと同じく、メジナ釣りで釣れる代表的な魚で、引きは強いが臭いがかなりきつく、市場に出回ることはほとんどない。
ブダイ スズキ目ブダイ科 大きなウロコ	本州中部以南の沿岸域、水深5～10m付近の岩礁帯に生息する。40cm。 夏は甲殻類や貝類、冬は海草類を捕食する。体色はオスは青味がかって、メスは赤味がかっている。
ホウライヒメジ スズキ目ヒメジ科 2本のヒゲ 体側にまでかかる黒斑	伊豆半島以南の南日本の浅い岩礁域や珊瑚礁付近に生息する。40cm。 ヒメジの仲間はコイのような2本のヒゲが特徴。

釣り方…工夫ある釣り

●ポイントはサラシが基本

メジナのポイントには、磯際や潮目*などがあるが、海面上が見えなくなり、警戒心が薄くなるサラシが基本。

まず、サラシにコマセをまき、潮の流れを見て、仕掛けを投入する。仕掛けは潮に流され沖に出ていくので、それに合わせて少しずつミチ糸を送り出す。コマセも流れている仕掛けに、同調するようにまこう。

メジナはふつう、中層より下にいるが、コマセにつられて浮いてくる。アタリがないようなら、ウキ下の長さを変えるなどして調整しよう。

●シャープなアワセ

サラシ付近にエサ取りが多い場合は、磯際にコマセをまいてエサ取りを集め、仕掛けはやや遠投して、ウキの上にコマセを掛けるなどいろいろ工夫が必要だ。

アタリはウキがスーッと沈んでいくのでわかる。流していた余分なミチ糸を素早く巻いたら、大きく竿を立てて、シャープにアワセを入れる。足元が悪い磯だけに、取り込みは慎重に。無理に抜き上げないでタモ網を使おう。

用語 潮目●ふたつ以上の潮に流れが接するところ。ふつう白い筋になって見え、魚のエサとなる小魚やプランクトンなどが集まり、それを狙って大型魚もくるので、コマセを使った釣りの貴重なポイントとなっている。

メジナと並ぶ磯の雄

ブダイ釣り

磯

カニエサの釣り

今ではブダイ専門に狙う人はほとんどいないが、エサやコマセにオキアミが使われる以前、メジナとブダイは磯釣りの両雄といわれていた。リールの代わりにミチ糸を巻いた木ゴマを竹竿につけ、冬場はノリをエサにウキ釣りで、夏場はカニをエサにブダイを狙った伝統的な釣り方だ。

仕掛け&エサ

◎**竿**　長さが4m前後の磯竿3～4号。

◎**リール&ミチ糸**　中型スピニングリールにナイロン6～8号を100m以上巻いたもの。

◎**オモリ**　6～10号の中通しオモリ。

◎**ハリス**　フロロカーボン5～8号を30cm。

◎**ハリ**　グレ7～10号。

◎**その他**　タモ網。

◎**エサ**　テアカガニやヒライソガニなど海辺周辺で捕れるカニで、甲羅の長さが2cm程度の小さなもの。サワガニでもよい。

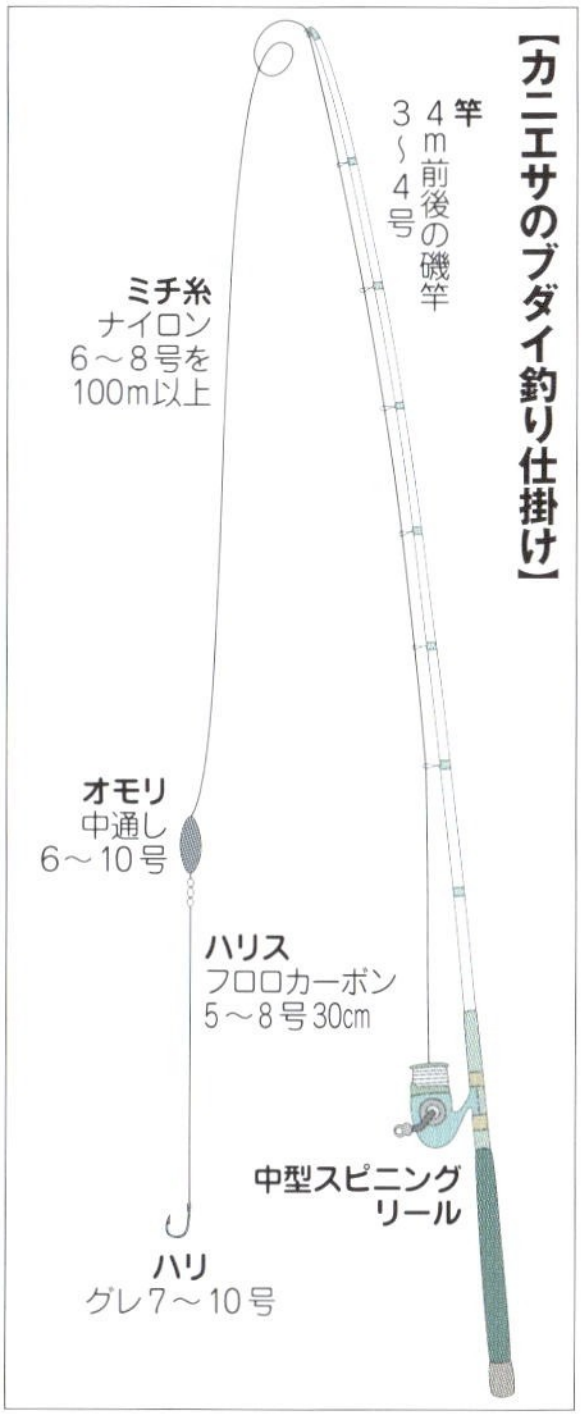
【カニエサのブダイ釣り仕掛け】
竿
4m前後の磯竿
3～4号
ミチ糸
ナイロン
6～8号を
100m以上
オモリ
中通し
6～10号
ハリス
フロロカーボン
5～8号30cm
中型スピニング
リール
ハリ
グレ7～10号

釣り方…磯のポイントを知る

●落ちてくる貝を食べる習性

釣り場は、満潮時には波をかぶるようなえぐれ込んだ低い磯で、磯際から海底まで5m以上は垂直に落ち込んでいる場所。

ブダイは磯際から落ちてくる貝などを食べるため、仕掛けは磯際にセットする。竿ひとつ分沖に仕掛けを投入し、竿先は磯際から20～50cm程度出るようにして置き竿にする。オモリが着底したら、ハリス分巻き上げて待つ。オモリを支点に、エサが海中で揺れているイメージだ。

●一気にアワセる

アタリは竿先にコツンとくるので竿に手を添えて待つ。3～4度、コツコツとして、グーンと竿先が大きくしなったときがアワセのタイミング。大きく強くシャクり、アワセを入れる。ブダイの口は硬いので、しっかりとハリ掛かりさせる。仕掛けが太いので、強引に巻き上げよう。

【カニエサのブダイ釣り】
竿は置き竿にして、
磯際から20cm程度出す
磯
岩場
かつてはどの磯にも、地元の人が「ブダイの本釣り場」と呼ぶポイントがあった

スズキ目イボダイ科

大物は10kgを超える深場のビッグファイター

メダイ

ダルマ、タルメ

船　ボート　磯　堤防　浜

吻が丸い
強いヌメリがある

生　態　稚魚のうちは藻について成長し、成長すると水深の深い場所で暮らす。大きい目が特徴で、体表から多量の粘液を出す。

カレンダー

1	2	3	4	5	6	7	8	9	10	11	12
産卵期を前に脂がのる										冬季は脂がのって美味	

全　長　最大1m（通常は40～80cm）

食　性　イカ類、小魚

分　布　北海道以南の水深100～300mの深層に生息。

特徴

ヌルヌルした粘液を出すので敬遠する人もいるが、強い引きが釣り人を魅了し、食味もよい。大物は10kgを超え、群れに当たると3～4kgクラスが入れ食いとなることもある。

釣り場&釣り方

沖合いの水深100～300mのポイント。南伊豆や日本海側では、専用の乗合船も出ている。

船釣りで使うコマセカゴをつけたテンビン仕掛けと、胴つき仕掛けを使う釣り方が一般的。

◆メダイの仲間図鑑

イボダイ

スズキ目イボダイ科

黒色の斑紋
はがれやすいウロコ

関東以南に分布。20cm。

スーパーなどに並ぶ干物魚でおなじみだが、専門に釣ることはない。メバル釣りの外道としてまれに釣れることがある。東京ではエボダイと呼んでいる。

コマセ釣り

船

仕掛け&エサ

◎**竿**　オモリ負荷80～100号のワラサ竿か、胴のしっかりしたムーチングロッド。

◎**リール&ミチ糸**　中型電動リール*にPE6号を300m巻いたもの。

◎**テンビン・コマセカゴ**　大型の片テンビン、コマセカゴに80～200号のオモリ。

◎**クッションゴム**　径3㎜で長さ1～1.5m。

◎**ハリス**　フロロカーボン10～12号を6m。

◎**ハリ**　ヒラマサ13～16号。

◎**その他**　ロッドキーパー。

◎**エサ**　サンマ、サバの切り身。コマセにオキアミを使用。

釣り方…大物に対処

●**大きく誘ってコマセを出す**

南伊豆では、ポピュラーな釣りとなっているのがメダイのコマセ釣り。深場で竿をシャクってコマセを出すため、大きくシャクれるやや長めの竿が使い勝手がよい。

【コマセ釣り】

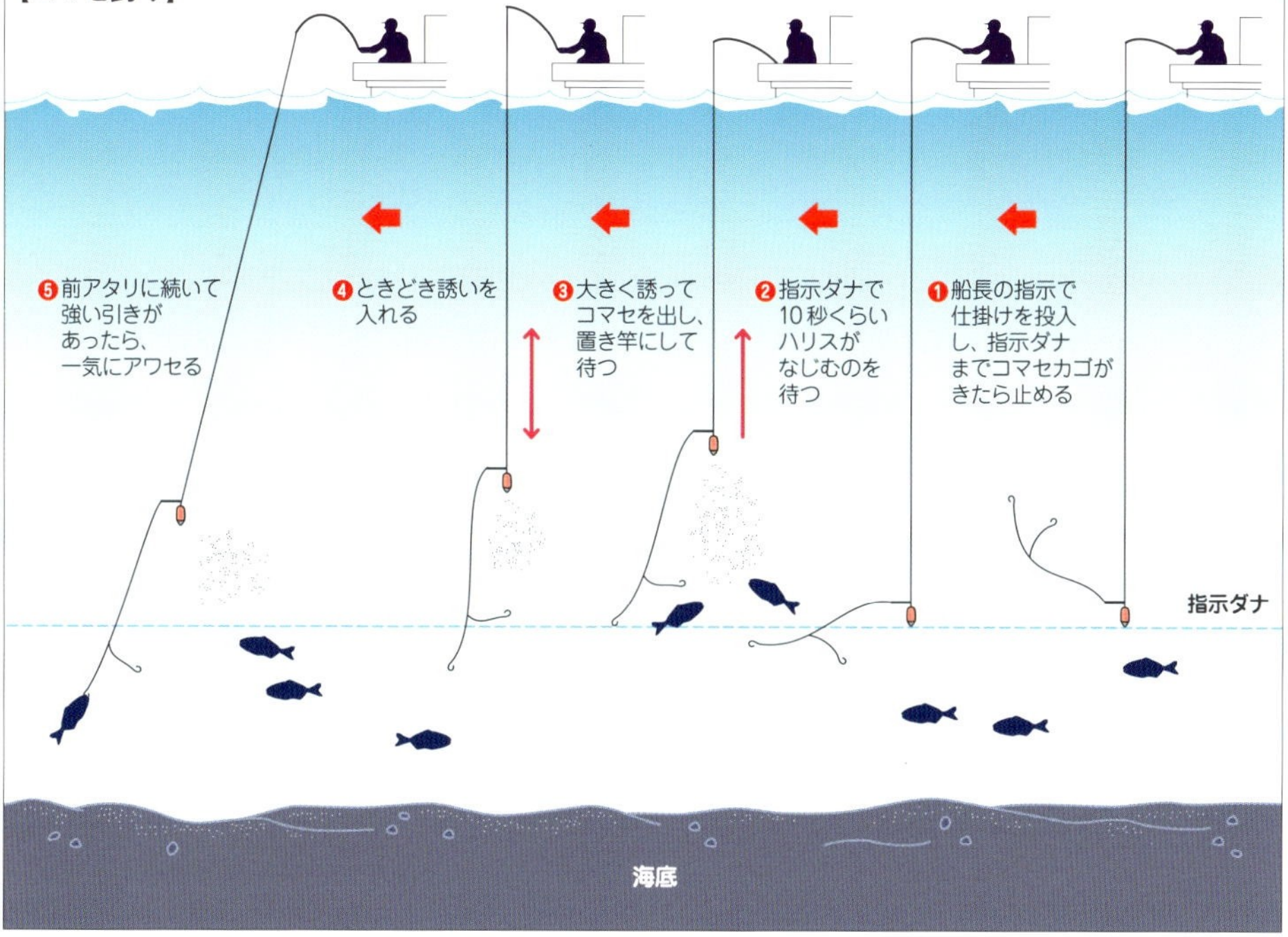
❶船長の指示で仕掛けを投入し、指示ダナまでコマセカゴがきたら止める
❷指示ダナで10秒くらいハリスがなじむのを待つ
❸大きく誘ってコマセを出し、置き竿にして待つ
❹ときどき誘いを入れる
❺前アタリに続いて強い引きがあったら、一気にアワセる
指示ダナ
海底

コマセカゴから投入し、船長の指示ダナまで落とす。海面からタナを取る場合は、リールのカウンターに合わせると、数mの誤差が出るのでミチ糸の色でカウント。

コマセカゴを指示ダナで止めたら、10秒くらいハリスがなじむのを待とう。なじんだのを見はからって、大きく誘ってコマセを出し、置き竿にする。ときどき誘いを入れてみるのがコツだ。

●群れで回遊する魚を誘う

アタリは向こうアワセ。アタリは最初にコツコツと前アタリがあり、間を入れずすぐにギューンと竿先を絞り込んでくる。ドラグを強めに設定していても、10kgクラスの大物がくれば、一気に竿をもっていく強烈な引きだ。

メダイは群れで回遊しているので、同じ乗合船に乗っている誰かが釣れたら、大物釣りと数釣りの期待は大きくふくらむ。好条件が整ったら、積極的な誘いをかけてみよう。

うまくアワセられたら、仕掛けと強靭な釣り具を信じてリールを巻こう。取り込みはタモを使っていねいに。ただし、メダイの粘液でヌルヌルになることも。キープする魚も大きなビニール袋に包んでから、クーラーに入れよう。

【コマセ釣り仕掛け図】

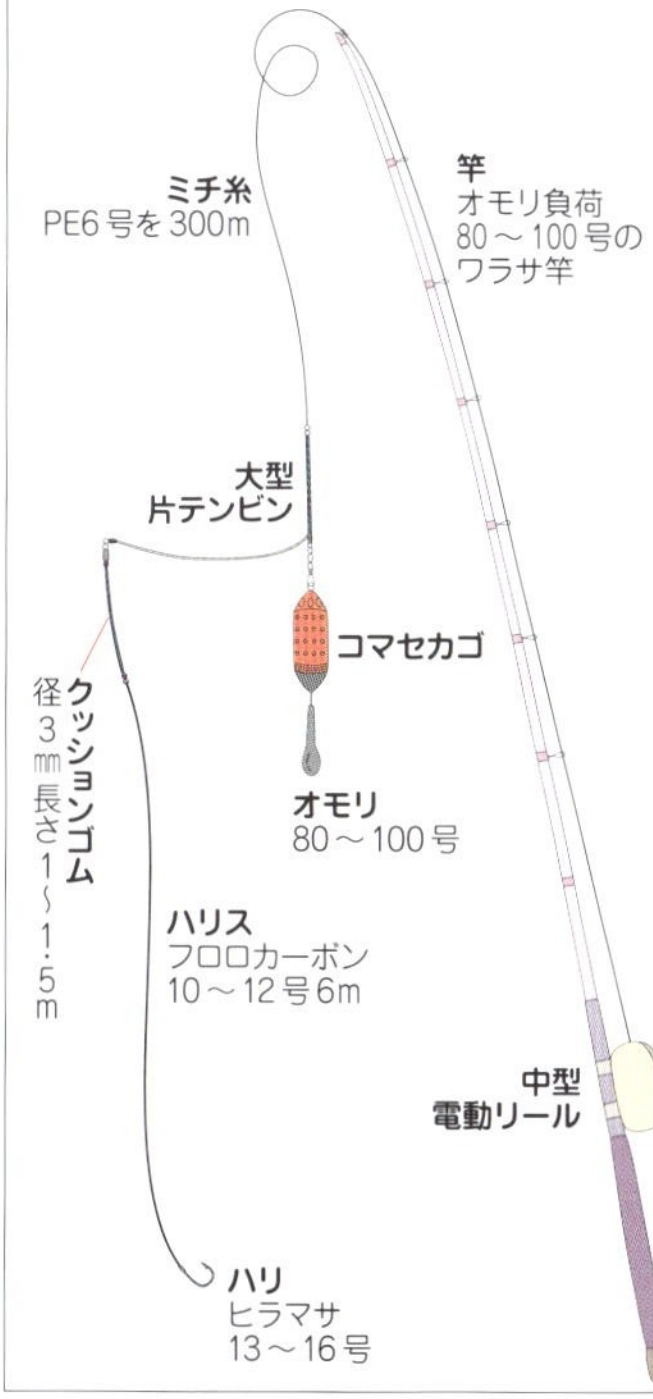
竿
オモリ負荷80～100号のワラサ竿
ミチ糸
PE6号を300m
大型
片テンビン
コマセカゴ
オモリ
80～100号
クッションゴム
径3㎜長さ1～1.5m
ハリス
フロロカーボン10～12号6m
中型
電動リール
ハリ
ヒラマサ
13～16号

用語 **中型電動リール**●中型電動リールは、パワーのある青ものなどに対応できるクラスの電動リールで、パワーのある製品が販売されている。メダイ用ならシマノの4000番台、ダイワの600番台クラスがほしい。

胴つき釣り

船

強靭な竿とリール、仕掛けに、テクニックが加わってこそ楽しめる釣りといえるだろう。

メダイの胴つき釣り

前ページで取り上げた1本バリのコマセ釣りと違い、胴つき釣りの仕掛けは、幹糸に3本以上のハリを枝スで結んだものを使う。

メダイは群れで回遊するため、この群れに当たれば、入れ食い状態で釣れることも。それも胴つき仕掛けなら、40cmを超える大物が、何本もついているハリにすべてかかっている、ということも否定できない。

60cmのメダイの釣果

仕掛け&エサ

◎竿　2・1～3m、オモリ負荷100号程度の腰の強い竿。

◎リール&ミチ糸　中型電動リールにPE6号を300m巻いたもの。

◎ハリス　幹糸はフロロカーボン14～16号、クレン親子サルカンにフロロカーボン10～12号の枝スを4～5本つける。

◎ハリ　太地ムツ16～18号。

◎オモリ　120～200号。

◎その他　ロッドキーパー、ヌメリを取るためのタオルなど。

◎エサ　サバ、サンマ、イカなどの切り身。

釣り方…根魚五目の釣り

●釣り方はコマセ釣りの要領で

胴つき仕掛けの乗合船は、メダイを専門に狙うだけではない。主に根魚五目として出船し、ムツやカサゴ類などと同時にメダイが狙えるようになっている。

仕掛けを投入後、オモリが着底したら根掛かりしないよう、1mほど仕掛けを上げて、底立ちを取る。後はロッドキーパーにかけてアタリを待つだけだが、釣り方の要領はコマセ釣りと同じ。

ときどき誘いを入れて、前アタリに続いて強い竿先の絞り込みがあったら、一気にアワセる。数尾掛かったように重たく、強い引きでも、強固な仕掛けと竿を信じてリールを巻き上げよう。

●ていねいなヌメリ処理を

コマセ釣りでも記したが、メダイは他の魚にないヌメリをもっていて、それは家庭の流しで落とせるような代物ではない。釣果のヌメリは船内で確実に落とし、持ち帰ることをすすめる。

また、船のデッキなどにヌメリがついていると、すべって転倒というトラブルも否定できない。自分の釣った魚と、釣り座回りの清掃はお忘れなく。

【胴つき釣り仕掛け】

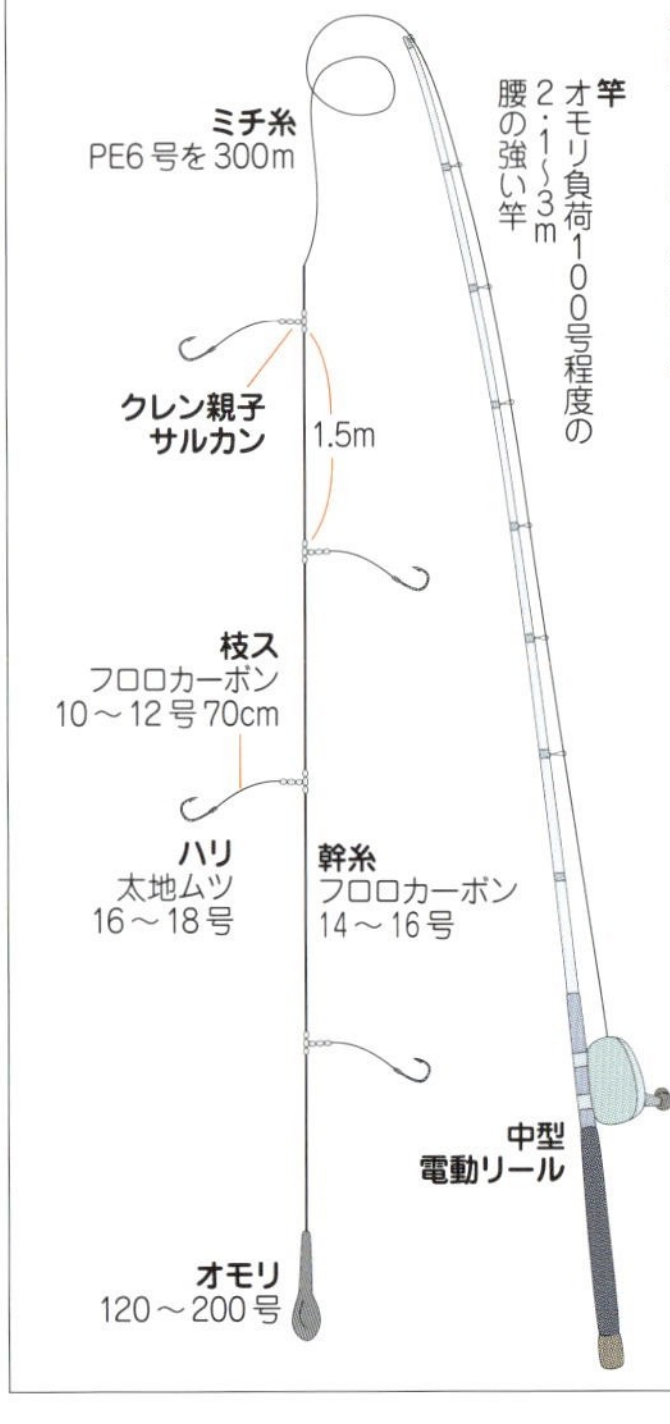

海釣りの基本

ひと口に海釣りといっても、フィールドや釣り方で、そろえる道具も異なってくる。そこで海釣りの基本を、釣行計画の立て方からタックルの選択、実戦的なハリや糸の結び方までを、わかりやすくまとめた。

1 タックルをそろえよう

【竿】

●基本的な竿の分け方は

素材や形態、用途などによって数種類に分類される。素材的には昔ながらの竹素材の竹竿、カーボン繊維のカーボンロッド、ガラス繊維のグラスロッドがある。

形態別では、

❶渓流竿などのリールを使わないノベ竿

❷磯竿やコンパクトロッドなど収納型のリール用振り出し竿

❸継《つ》ぎ竿

の3タイプに分けられる。さらに継ぎ竿はその接続方法（ジョイント）により、並継ぎ、*印籠《いんろう》継ぎ、逆印籠継ぎの3種類に分けられる。最近は途中に継ぎのないワンピースロッドが人気だ。

竿の曲がり具合では、9・1の先調子、7・3の中間調子、6・4の胴調子という分け方もある。

●竿選びの基準は

海釣り用の竿選びで考慮しなければならないのはオモリ負荷《ふか》だ。オモリ負荷とは、その竿に背負わせる適正なオモリの重さの目安を表示したもの。ただ、オモリ負荷20号の竿に、10号のオモリをつけても十分使用できる。これはあくまで「目安」だといえる。

用途別では船竿や磯竿、浜での投げ竿、ルアーロッドなどがあるので、自分の釣行先の必要に応じて選択することになる。

胴調子の粘り強いマダイ釣りの竿

★竿の構造とジョイント

◆竿の構造（3本継ぎの投げ竿の例）

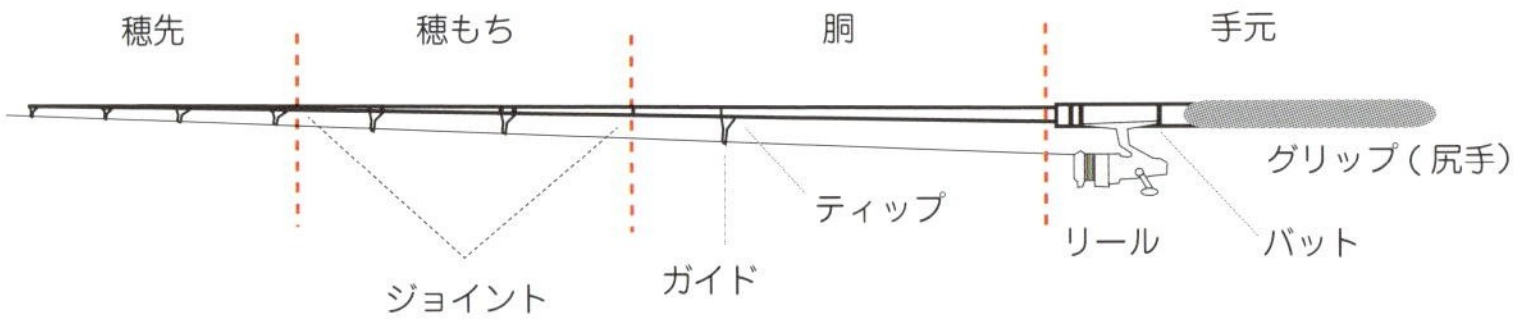
穂先
穂もち
胴
手元
グリップ（尻手）
ティップ
リール
バット
ジョイント
ガイド

◆竿のジョイント

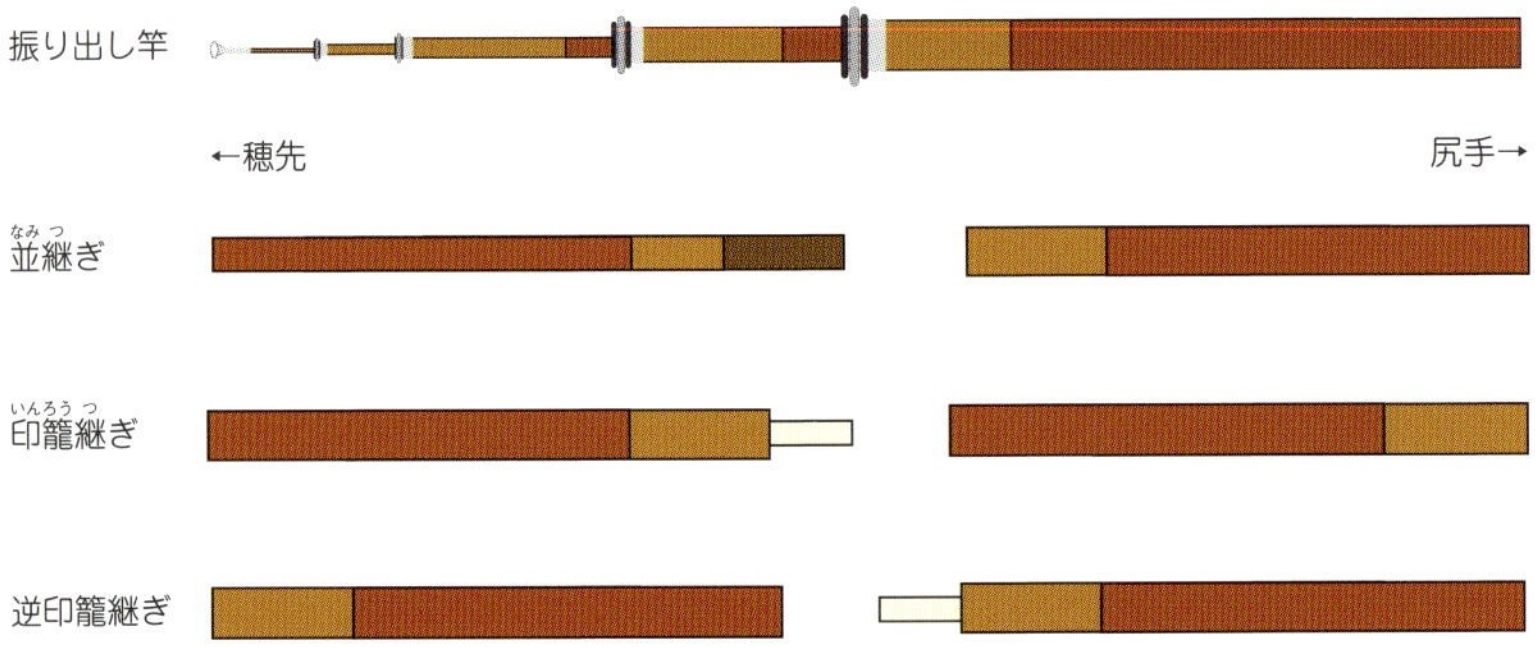
振り出し竿
←穂先
尻手→
並継《なみつ》ぎ
印籠継《いんろうつ》ぎ
逆印籠継ぎ

●釣魚別の専用竿とは

また、対象魚によっても、キス竿やカワハギ竿、マダイ竿などの専用竿と、ある程度汎用《はんよう》性のある万能竿などという分け方もある。

マダイ竿はマダイ釣りでしか使えないかといえば、そうでもない。ヒラメ釣りやイナダ釣りでも使うことができるし、専用のキス竿も堤防でのチョイ投げ釣りなど、多目的に使うことができる。

磯釣りや堤防釣りには5・3mの磯竿が使われることが多いが、対象魚を考えて選ぶ必要がある。

堤防でのサビキ釣りやウミタナゴ、メジナ、クロダイ釣りくらいまでなら、たいていの場合1号程度の磯竿でよい。

しかし、磯でのメジナ釣りは1・5号クラス。小型の青物を狙うなら3～4号は必要となる。

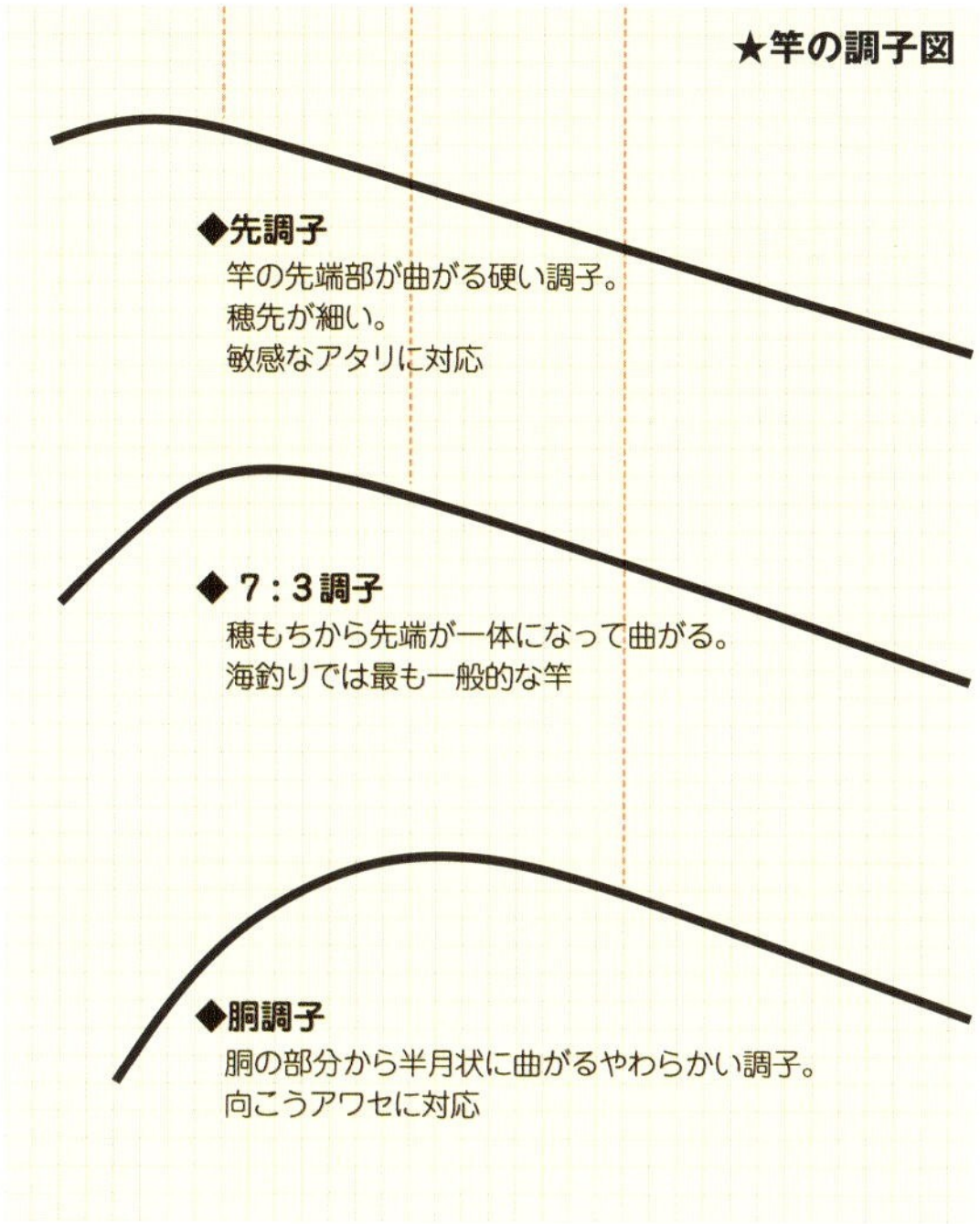
★竿の調子図
◆先調子
竿の先端部が曲がる硬い調子。
穂先が細い。
敏感なアタリに対応
◆7：3調子
穂もちから先端が一体になって曲がる。
海釣りでは最も一般的な竿
◆胴調子
胴の部分から半月状に曲がるやわらかい調子。
向こうアワセに対応

【リール】

●2種類に分けられるリール

リールは大きくスピニングリールと、両軸リールに分けられる。スピニングリールは投げ釣りや磯釣り、堤防釣りなどで使われることが多く、船での沖釣りでは主に両軸リールが使われる。

また、ルアーのキャスティングで使われる両軸リールは、ベイトリールと呼ばれることがある。特

★リールの種類
電動リール
投げ用スピニングリール
小型スピニングリール
小型両軸リール

用語 **印籠継ぎ**●竿の継ぎ方のひとつ。並継ぎは太い竿に細い竿を順に継いで、1本の竿にする最も一般的なタイプ。これに対して印籠継ぎは、太さの異なる竿の継ぎ目の一方に、竿とは異なった素材の軸を組み込み、この軸で継なぐような構造の竿。印籠のように継ぎ目がわからないのが特徴。

殊な例として、クロダイの落とし込みなどで使われる、ハンドルの1回転でスプール（糸巻き部）も1回転する片軸リールもある。

●リールの命であるドラグ機構

リールで重要なのがドラグだ。ある一定以上の負荷がかかると、糸が出ていくよう設定するもので、リールの命といってもよい。スピニングリールは糸を瞬時に出せるので遠投には最適だが、巻き上げ力は両軸より弱い。ただ、ドラグ機能つきだとある程度は対応でき、磯や堤防釣り、船釣りを始め、オールマイティに使える。

大型のスピニングリールには、ドラグノブがスプールの前部についたフロントドラグ式と、後部についたリアドラグ式、ローターの回転を指先のレバーで操作できるレバーブレーキタイプがある。

●替えスプールも準備

両軸リールにはさまざまな機能のついた電動リールも含まれる。安価で小型軽量化もはかられ、深場だけでなく、さまざまな釣りスタイルに対応可能になってきている。シーバス（スズキ）のキャスティングでは、一定速度で巻き上げられる電動リールがすぐれているといわれている。

リール選びで重視する点は、ミチ糸の巻き量、ハンドルとローターの回転のギア比、ベアリングの数、自重など。投げ釣りのキャスティングリールでは、違う太さの糸を巻いておき、替えのスプールがついているものもある。ミチ糸の種類や太さなどによって、いくつかはそろえておきたい。

★スピニングリールのパーツと働き

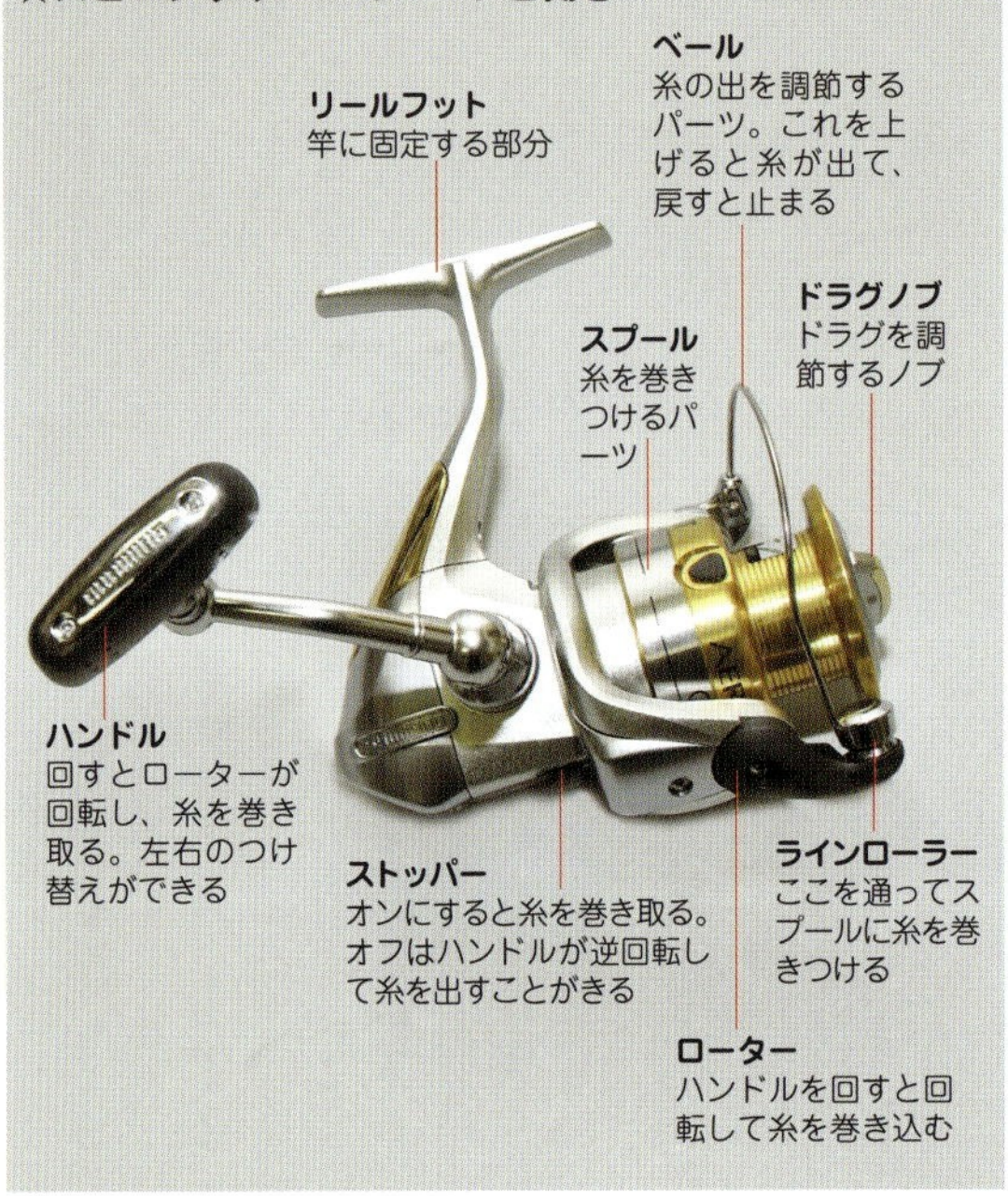

ベール
糸の出を調節するパーツ。これを上げると糸が出て、戻すと止まる
リールフット
竿に固定する部分
ドラグノブ
ドラグを調節するノブ
スプール
糸を巻きつけるパーツ
ハンドル
回すとローターが回転し、糸を巻き取る。左右のつけ替えができる
ストッパー
オンにすると糸を巻き取る。オフはハンドルが逆回転して糸を出すことがきる
ラインローラー
ここを通ってスプールに糸を巻きつける
ローター
ハンドルを回すと回転して糸を巻き込む

★両軸リールのパーツと働き

レベルワインダー
糸を巻いているときに左右に動いて、スプールに糸を均一に巻き込む
スプール
糸を巻きつけるパーツ
クラッチ
オフにすると糸が出てゆき、オンにすると糸が止まる
スタードラグ
ドラグを調節するノブ。両軸リールにはスタードラグとレバードラグの2種類がある
ハンドル
回すとスプールの軸が回転して、糸を巻き取る

【ミチ糸&ハリス】

ミチ糸

●2種類の素材から選ぶミチ糸

主にミチ糸として使われるのはナイロン素材と、新素材ともいわれるポリエチレン系のPE《ピーイー》素材の2タイプがある。

ナイロン素材には適度な伸びがあって、スプールへの巻きグセが少ないが、深場釣りや大物釣りには伸びがある分、デメリットともなる。

一方、PE素材は、より糸*のために強度があり（ナイロンの約3～4倍）、伸びも少ないことからアタリが取りやすく、特に船釣りには適している。

PE４号を300m巻いた小型電動リール

●細く強靭なPEライン

強度が3倍ということは、糸の号数は3分の1でよいということになる。つまり、ミチ糸が太いと仕掛けが潮に流されやすい船釣りでは、細いPEラインを使うことによって、潮の影響も少なくなり、オマツリを防げる。またリールの小型化にもつながる。

船釣りで使う2号以上のPEラインは1mごとに色分けされているものが多い。水深はリールのカウンターよりも、ミチ糸の色でカウントするためだ。

また、古くなった糸は切れやすいので、買い換え時期にも注意しよう。月に2～3回程度の釣行なら、1～2年ほどで巻き替えるのが無難だ。

★ミチ糸やハリスに使われる釣り糸

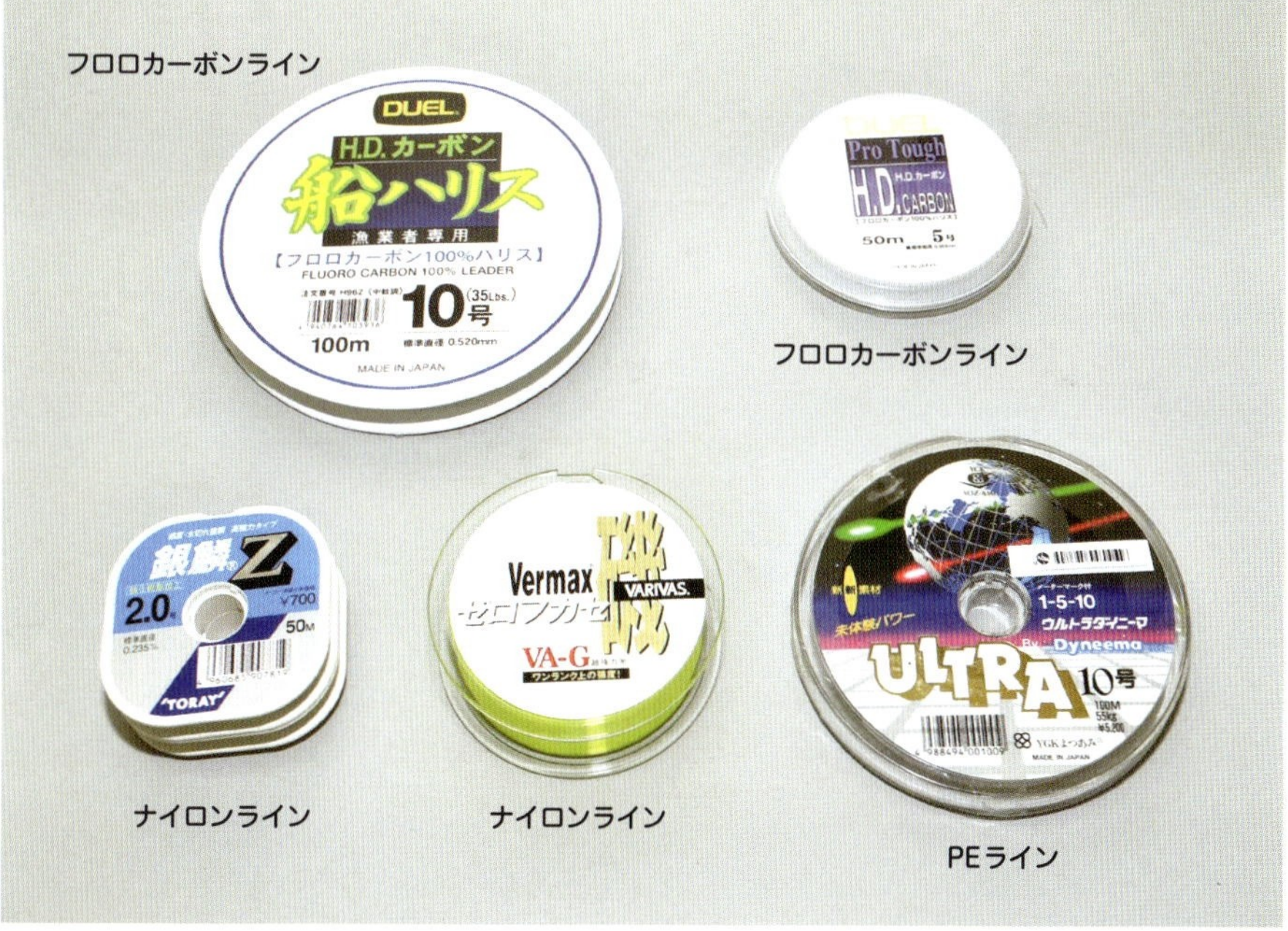
フロロカーボンライン
DUEL
H.D.カーボン
船ハリス
漁業者専用
【フロロカーボン100%ハリス】
FLUORO CARBON 100% LEADER
10号 (35Lbs.)
100m
MADE IN JAPAN
Pro Tough
H.D.CARBON
50m 5号
フロロカーボンライン
銀鱗Z
2.0
50M
¥700
TORAY
ナイロンライン
Vermax
VARIVAS.
ゼロフカセ
VA-G
ナイロンライン
新素材
未体験パワー
1-5-10
ウルトラダイニーマ
Dyneema
ULTRA 10号
MADE IN JAPAN
PEライン

用語 **より糸(縒り糸)**●2本以上の糸をより合わせて1本の糸にしたもの。編み糸。ポリエチレン樹脂を使ったPEラインは強度があり、ほとんど伸びがないのが特徴。

ハリス

●主流はフロロカーボン素材

ミチ糸とハリをつないでいるハリスは、強度とともに硬度も求められ、魚側からすれば見えにくいほどよい。

主な素材はナイロンとフロロカーボン素材。ナイロンは張りがなく、クセがつきやすいという欠点があるためか、最近ではフロロカーボン素材が主流だ。

●ハリスよりミチ糸が太いわけ

ミチ糸のナイロンをそのままハリスに使用しても、大きな問題はないが、厳密にいうとフロロカーボンのハリスの方が精度が高く、糸の太さが均一だ。

ナイロン素材の場合、標準直径が0・520㎜の10号のミチ糸用ラインは、ある部分の直径が0・530㎜であったり、反対に0・510㎜と細くなる可能性がないとはいえないのだ。

そのために、一般的にナイロン素材のミチ糸はハリスより太いものが使われている。

チカラ糸

●チカラ糸の役割

投げ釣りでミチ糸とテンビンの間に結ぶ糸を、チカラ糸という。

投げ釣りの場合、ミチ糸が細ければ細いほど抵抗が少なくなるため、より遠くに飛ばすことができることになる。

一方で4mもある投げ竿を目一杯振りかざして、20～30号の重さのテンビンを投げようとすると、ミチ糸の先端にかかるテンションは、相当のものがある。2～3号のナイロンで、30号のオモリを投げようとすれば糸切れを起こし、予期しない方向に飛んでしまう危険性もある。

●テーパーラインを使う

そうした糸切れを防止するのがチカラ糸。PE2号のハリスならPE5号程度を10m。ナイロンハリスなら、3～12号のテーパーラインが便利だ。テーパーラインとは、糸の端と端の太さが違うラインのこと。片方が3号で徐々に12号まで太くなっている。

糸の太さの規格

現代の釣り糸の表示には「号」と「lb（ポンド）」のふたつがある。尺貫法でいう1厘（現在の1号）、1分（現在の10号）と呼ばれた時代もあったが、ルアーフィッシングの人気とともに、lb単位の釣り糸も普及している。lbはもっぱらルアーやフライフィッシングで使用されている。

現在の1号は直径0・165㎜、1lbは1ポンドの重さで切れる強さを表している。つまり、号は糸の太さ、lbは糸の引っ張り強度を意味している。

★釣り糸換算表

ナイロン号数（標準直径）	lb（ポンド）	PE号数
1号（0.165mm）	4lb	0.4号
2号（0.235mm）	8lb	0.8号
2.5号（0.260mm）	10lb	1号
3号（0.285mm）	12lb	1.2号
4号（0.330mm）	16lb	1.6号
5号（0.370mm）	20lb	2号
6号（0.405mm）	24lb	2.4号
7号（0.435mm）	28lb	2.8号
8号（0.470mm）	32lb	3.2号
10号（0.520mm）	40lb	4号

＊メーカーによって異なる場合がある

【ハリ】

●ハリを選ぶ基準

釣具店のコーナーをひと回りすればわかるように、釣りバリにはさまざまな形や大きさ、色が用意されている。

こうしたハリの形状などの違いは、狙う魚の口の大きさと使うエサの種類による。この基本に加えて、対象魚のサイズによってはジクの長さや太さも変わるし、フトコロの広さなども異なってくる。

●同じ号数でも異なる大きさ

ハリが同じ10号という大きさでも、シロギスやカレイ釣りに使う流線とグレでは大きさがまったく違ってくる。さらに、同じグレでも、ケン*がついているものとついていないものがある。同じような商品名でも、メーカーによって微妙な違いもあることを頭に入れておきたい。

カワハギやウミタナゴ釣りはハリスつきが便利なように、自分が何を狙うかによって、選ぶハリを使い分けることが重要だ。

★ハリの各部名称

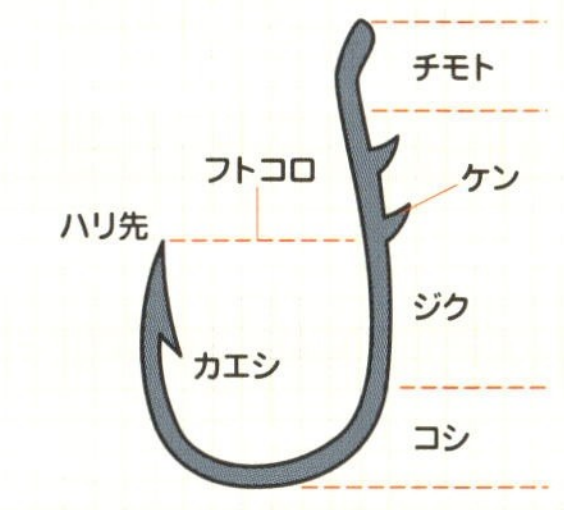

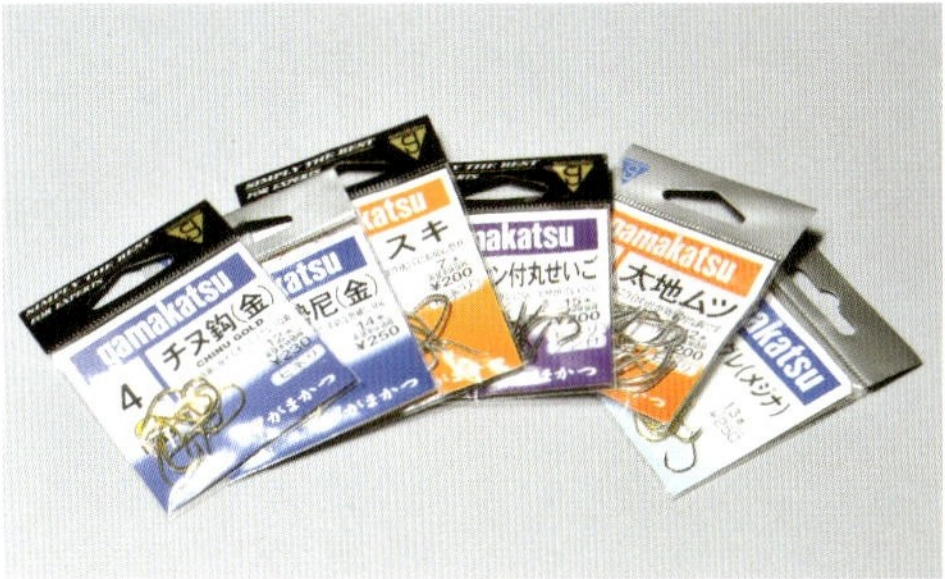

セットになって売られているさまざまなハリ

★主なハリの種類と特徴

袖バリ
ハリスつきで売られていることが多い。小タナゴや小メジナなど堤防からノベ竿で狙う釣りに便利

流線
シロギス釣りなどで、虫エサをつけて遠投できるようソデが長く、抜けないようケンがついている

グレ
ジクがやや太く、メジナ（グレ）釣りを始め、マダイ、イナダなど引きが強い魚に使う

伊勢尼
釣りバリの基本形で、ジクが太い。貝類をエサにしたクロダイ釣り、河川ではコイ釣りなどで使用

チヌ
その名の通り、クロダイ（チヌ）を始め、マダイ、イサキ、ヒラメなど、最も一般的に使われる

丸セイゴ
スズキの幼魚、セイゴの名前がついたハリ。虫エサをつけてセイゴを狙ったり、ヒラメの孫バリ、カサゴ釣りなどでも使う

ムツ
歯の鋭いムツやクロムツ、カマスを狙うためのハリ。先が内側に曲がっていて、口元でハリ掛かりするようになっている

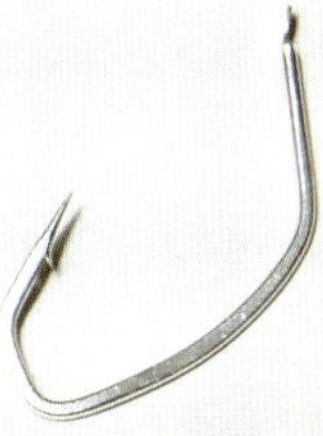

スズキ
マゴチ釣りやエビエサを使ったスズキ釣りに使う。エビを使う場合はチモト近くのジクにヒューズを巻き、エサを安定させる

用語 ケン●魚がバレないハリ先についているのがふつうのカエシ。これに対し、エサが落ちにくいようにチモト近くの軸につけたカエシがケン。エサをつけて遠投する釣りや、外れやすいオキアミ用のハリにもケンがついている。

【オモリ】

●尺貫法の匁（号）が基準

「オモリ負荷20号の竿」と呼ばれるように、オモリは竿選びと深く関係している。また、水深のあるポイントには大型のオモリで仕掛けを送り込むように、狙う魚の水深とも関わりがある。

そのオモリの重さの基準は、かつての尺貫法。釣り糸の表示と同じように、匁（もんめ・1匁＝3・75g）と同じ単位の1号（3・75g）が使われている。

●さまざまな形と役割

オモリの形にはナス型、中通し、六角、胴つきオモリの4タイプがある。この他、船の舵のような形をしたカワハギ釣り用のオモリ、深場用に鉄筋もオモリとして使われることがある。

こうした基本的なオモリに加えて、ハリスに直接かませる「ガン玉」や「割ビシ」と呼ぶ小さなオモリも使う。さらに板オモリ、糸オモリといったオモリもある。

★オモリガン玉B換算表

ガン玉	重さ(g)
6B	2.65g
5B	1.85g
4B	1.20g
3B	0.95g
2B	0.75g
B	0.55g
1号	0.40g
2号	0.31g
3号	0.25g

★オモリ号換算表

オモリ号数	重さ(g)
1号	3.75g
2号	7.50g
3号	11.25g
4号	15.00g
5号	18.75g
6号	22.50g
7号	26.25g
8号	30.00g
10号	37.50g
25号	93.75g
30号	112.50g
50号	187.50g
60号	225.00g
80号	300.00g
100号	375.00g
120号	450.00g
150号	562.50g

★主なオモリと用途

胴つきオモリ
50号程度から500号クラスまである沖釣りオモリの定番型。ひとつの目安として、オモリ1号につき、水深1mという考え方がある。10号のオモリを使う目安は水深10m、20号は20m、60号なら60m、300号なら300mというわけだ

六角
小田原オモリとも呼ばれる六角錐形のオモリで、20～80号程度まである。水深20～50mあたりの胴つき仕掛けやサビキ釣りなどに使われる

中通し
ナツメ形のオモリの中心部に穴が空いていて、ミチ糸やハリスを中に通し、ブダイ釣りなどオモリの下にエサをつける釣りに使う。比較的軽く、クッション用にゴム管をつけているものもある。また、円錐形のものはソフトルアーを組んで*テキサスリグと呼び、ルアーフィッシングで使う

ナス型
上部にラインやスナップをつける金具（ユーピン）がついている。サビキ釣りやチョイ投げ釣りなどに使われる、1～30号程度の比較的軽いオモリだ

ガン玉・割ビシ
ガン玉は球形、割ビシは紡錘形をした小さなオモリで、ハリスに直接かみ合わせる。ノベ竿での釣り、メジナ釣りなど微妙なウキの浮力調整などに使う

用語 **テキサスリグ**●ソフトルアー（ワーム）を使うためのリグ（仕掛け）の1種で、紡錘形の中通しオモリにラインを通し、その先にハリを結んだもの。

【テンビン】

●投げ釣りの必需品

テンビンはハリスとミチ糸のからみを防ぐためになくてはならないもので、沖釣り用と投げ釣り用に大きく分けられる。

●沖釣り用のテンビン

沖釣り用のテンビンは、片方にミチ糸を、もう一方に仕掛けを結ぶ片テンビンが主流だ。マダイやイナダ、イサキ釣りなどのコマセ釣りに使われるタイプ、シロギス釣り用の小さな片テンビンが一般的で、オモリを鋳込んだスズキ釣りやマゴチ釣り用のテンビンもある。

●投げ釣り用固定式テンビン

投げ釣り用のテンビンは、固定式と遊動式(半遊動式)に分けられる。形はL型とジェットテンビンの2タイプがある。

固定式は片方にミチ糸、もう一方にハリスを結んだもので、シロギスの投げ釣りなどに適している。

●投げ釣り用遊動式テンビン

遊動式はテンビンの上のアームにミチ糸を通し、下のアームの下にサルカンなどでハリスを結ぶ。魚が掛かったら、そのままミチ糸が引っ張られ、魚に違和感を与えることなく食い込ませることができる。マダイの投げ釣りなどに適している。

ジェットテンビンは半遊動式のテンビンで、キャストしたとき、仕掛けがやや不安定になるが、仕掛けを回収する場合はジクの部分が一直線になり、また、すぐに海底から離れて中層まで浮き上がるので、手前に藻場や岩礁帯がある場合、根掛かりを防止することができる。

L型テンビンは、テンビンがL字型になっているので、仕掛けをキャストした場合、安定している反面、回収時に水の抵抗がかかる上、海底付近を引くので、障害物に引っ掛かりやすい。

海底をズルズル引くようなシロギスの投げ釣りなどは、L型テンビンが適している。

★さまざまなテンビン

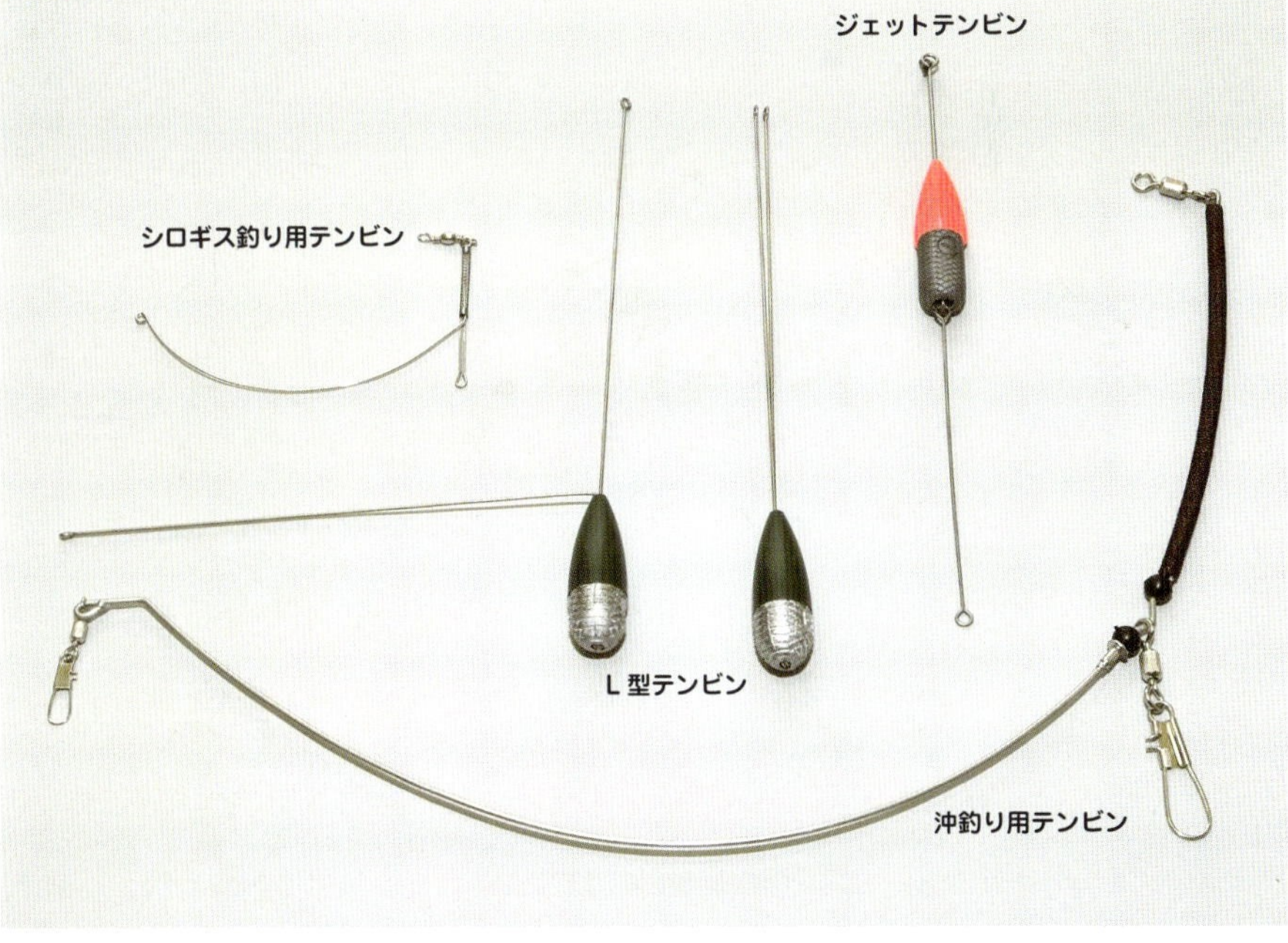

★テンビンの役割

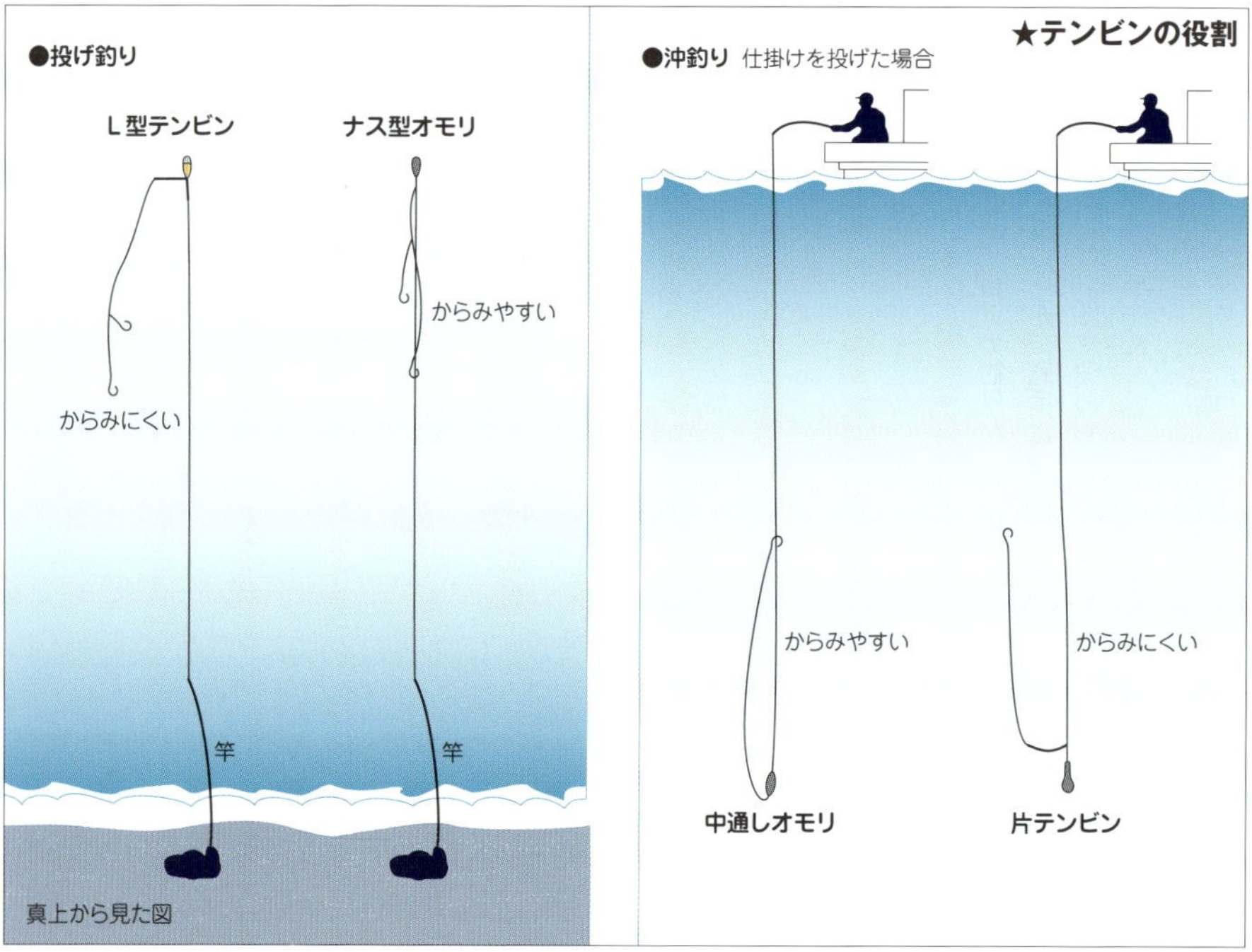
●投げ釣り
L型テンビン
ナス型オモリ
からみにくい
からみやすい
竿
竿
真上から見た図
●沖釣り 仕掛けを投げた場合
からみやすい
からみにくい
中通しオモリ
片テンビン

【サルカン】

●糸のよれを防ぐ働き

サルカンは、ミチ糸とハリスやテンビンなどを接続する金属小物で、ヨリモドシ、スイベルなどともいう。ミチ糸とハリスを直接つないでもよいが、サルカンをつけることで金具が回転するため、糸のよれを防ぐことができ、水中でのエサを自然な状態で漂わすことが可能だ。

形状によってクレン、スナップつき、三又などの型がある。値段によって、強度やよれができにくいものなどの違いが出てくる。

★サルカンの種類

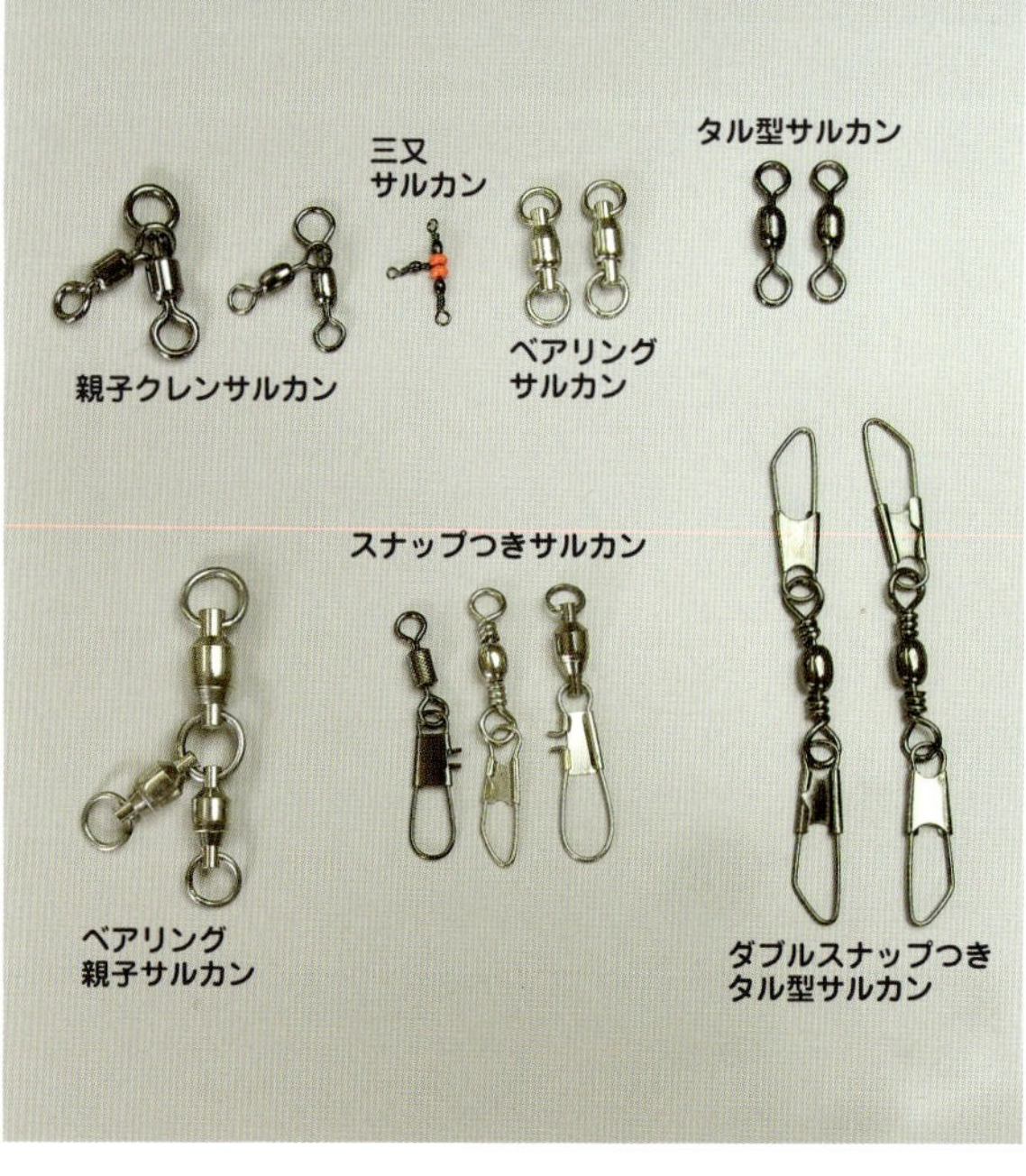
三又
サルカン
タル型サルカン
親子クレンサルカン
ベアリング
サルカン
スナップつきサルカン
ベアリング
親子サルカン
ダブルスナップつき
タル型サルカン

【ウキ】

●ウキの種類

海釣りでよく使われるウキは棒状のウキ、丸ウキ、遠投用の3タイプに大別できる。ウキの種類は狙う魚や釣り方、釣るポイントの状況などによって分けられる。

●棒ウキ

棒ウキは波が静かな湾内での釣りに適している。細いほど感度がよくなるものの、風が吹いたり、波が出るとアタリがわからなくなるというデメリットもある。

一般にオモリがないと棒ウキは立たないが、ウキ自体にオモリが埋め込まれている自立ウキというタイプもある。これはダンゴを使ったクロダイ釣りなどに適しているウキだ。

●丸ウキ

丸ウキの主流は、メジナ釣りなどに使われる円錐ウキだ。感度は棒ウキの方がよいが、風や波の影響をほとんど受けないため、磯釣りに適している。

円錐ウキには中通しウキと環つきウキの2タイプがある。中通しウキは縦にミチ糸を通す穴が開けられているもので、環つきウキはウキの下についている環にミチ糸を通す。この他、ノベ竿のハゼ釣りなどで使われる固定式の丸ウキがある。

●遠投用ウキ

遠投用のウキは、20～30m程度投げて、沖を回遊する青物などを狙う仕掛けに使う。中通しのものと環つきのもの、オモリが内蔵されているもの、遠くに投げても見やすいように羽根がついているものなどさまざまだ。

●ウキの浮力

ウキはオモリと微妙な関係で成り立っていて、ウキの浮力はオモリの号数でカウントされる。たとえば3B*というウキは、3Bのガン玉（オモリ）までの重さなら浮くことができるという意味だ。

オモリの重さは、どの深さのタナを探るか、ということにも関係する。3m程度のタナを探るにはBのガン玉でよいが、潮流の影響などで、Bでは10mのタナまでエサを沈めることはできない。

目安として、10mのタナを探るのは5B～6Bのオモリが必要とされ、ウキのそれに合わせて5～6号を使わなければならない。オモリの重さと、浮力のバランスで攻めるタナが違ってくるのだ。

青物、大物狙いの遠投用のウキには10～20号のオモリ負荷のタイプもある。

★ウキの種類

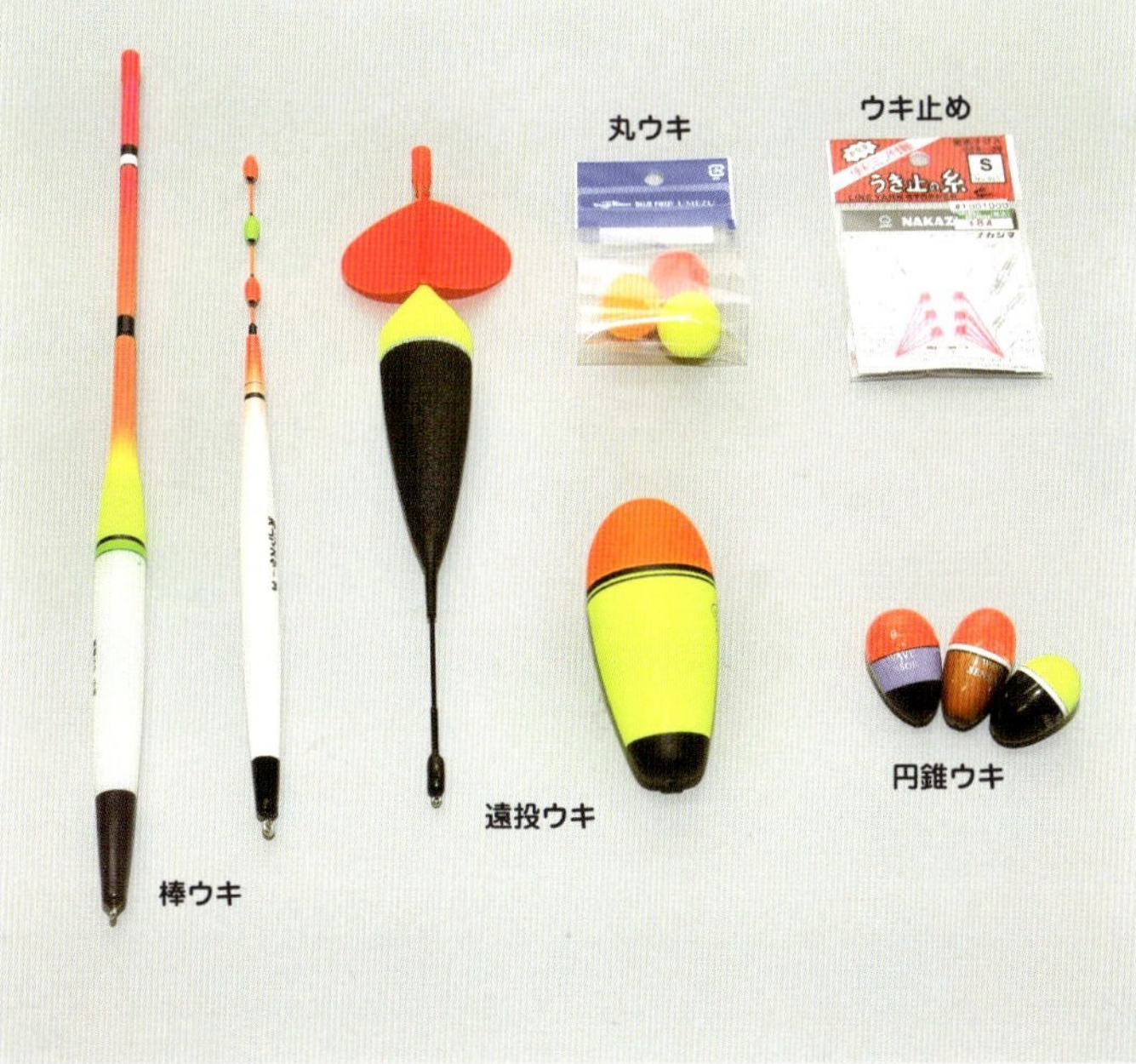

用語 3B●3BのBは、球形の小さなオモリ、ガン玉の重さを表す単位。散弾銃の弾の大きさを基準にして表したといわれ、ガン（銃）の玉ということから名づけられた。サイズはB、BB～6Bまであり、B未満はジンタンともいう。

【ルアー】

●海釣りで使われるルアー

ルアーは、主に小魚に似せた金属やプラスティックの疑似餌だ。日本にも古くから疑似餌を使う釣法があるが、一般にルアーフィッシングといえば西洋から導入されたものを指す。

海釣りで使われるルアーはポッパー、ミノー、バイブレーション、メタルジグ、スプーン、アイスジグなどのハードルアーと、ワームなどのソフトルアーに分けられる。

●ルアー釣りの魅力とは?

エサ釣りと比較すると、ルアー釣りはエサ釣りより釣れないと断言できる。狙っている魚が、盛んにエサとなる小魚(ベイト)を捕食しているときなら、ルアーにアタックしてくるが、活性が低いとヒットする確率がグンと下がる。エサ釣りなら活性が低くても、ポツポツ釣れることはよくある話。

ルアー釣りは「いかに釣果を上げるか」ではなく、「ルアーをいかにベイトに似せてヒットさせるか」というゲーム性が大きい。

その一方で、ヒラスズキやシイラなど、ルアーで狙うのが一般的な魚がいることも事実だ。最近はソフトワームをつけるジグヘッドリグや、メタルジグにエサをつける釣りも行われている。

どんな釣法にせよ、魚が釣れなければ楽しくはない。いかに楽しく釣り、いかに釣果を得るかということだろう。

ルアーにヒットしたヒラスズキ

★海釣りで使う主なルアー

ポッパー
ミチ糸をジャーキングすると空気を巻き込んでポコポコという音が出る。この音をpop音ということからpopperという名がついた

バイブレーション
ミノーより深いレンジを探れ、リトリーブするとブルブルと振動しながら泳ぐ。カラカラと音の出るタイプと音の出ないタイプがある

スプーン
食器のスプーンをかたどった、楕円形の金属板にハリをつけたもの

スイッシャー
ルアーに装着された金属製のプロペラを回転させることによって、その音や引き波で魚を誘う。シーバスなどで使用される

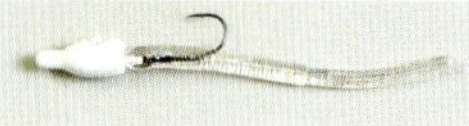

ソフトワーム&ジグヘッド
ジグヘッドなどのオモリにハリをつけたリグにつけて使う。ゴカイのようなストレートワームや、エビに似たものまでいろいろ

メタルジグ
金属の棒を魚の形に似せたルアー。重量があるため遠投が可能だ。垂直に落として巻き上げることをジギングという

ペンシルベイト
リップがないシンプルなつくりで、基本的に水に浮かせて使用。シーバスフィッシングなどで使われることが多い

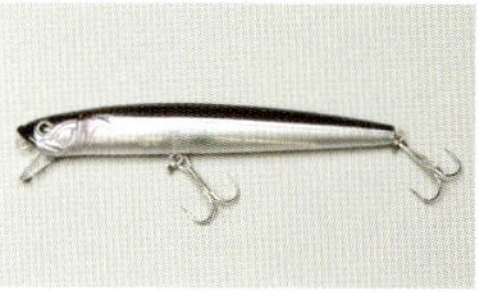

ミノー
口の部分に「リップ」という透明板がついて、リトリーブすると水の抵抗で水中に潜り、ジグザグに泳ぐ。水に浮くフローティングタイプと、沈むシンキングタイプがある

【テンヤ・イカヅノ・餌木】

テンヤ

●伝統的なエサ釣り仕掛けの釣り

テンヤにはシャコをエサにつけてスミイカを狙うスミイカテンヤ、カニをエサにつけてマダコを狙うタコテンヤ、ラッキョウをエサにつけるイイダコテンヤ、そしてエビでマダイを狙うタイテンヤなどがある。

どれも台形などの形をした鉛にジクやハリを仕込んだもので、伝統的な釣り方だ。

伝統的なタイテンヤでは中オモリを使うが、最近は細いPEラインを使って、中オモリを使わないひとつテンヤに人気が集まっている。

イカヅノ・餌木

●伝統的な疑似餌のイカヅノ

イカヅノ、餌木は西洋のルアーに対し、日本に古くからある疑似餌だ。イカヅノはプラスチックの棒状のプラヅノ、スッテ、スッテ状の鉛に糸を巻いた鉛ヅノなどがあり、主にスルメイカ、ヤリイカ、マルイカ(ケンサキイカ)などを狙う。ちなみに、プラヅノは神奈川県・長井港の船宿、辰丸が考案したイカヅノだ。

●アオリイカ釣りに使う餌木

餌木は主にアオリイカ釣りで使う。リール竿で餌木をキャストしてイカを狙うことを「エギング」といい、アオリイカ狙いの定番の釣り方になった。また、餌木にオモリをつけたり、海底をはわすように引くことで、スミイカやマダコを狙うこともできる。

●テンヤ

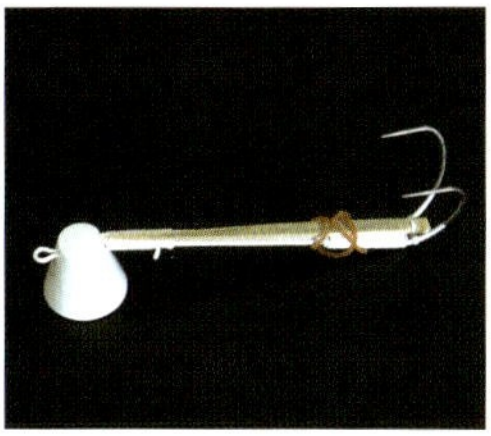

スミイカテンヤ
シャコをエサにつける伝統的な仕掛けだ

タコテンヤ
カニをエサにつけて使うマダコ釣り用テンヤ

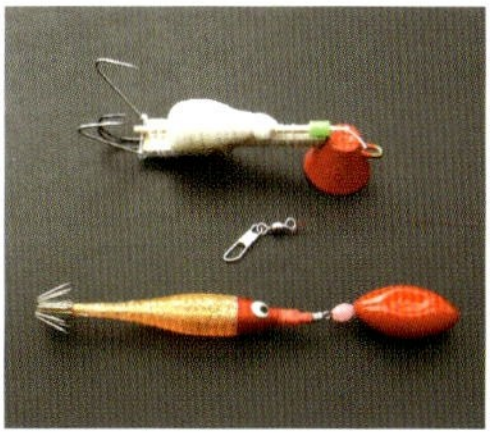

イイダコテンヤ
ラッキョウやウキスッテを使うテンヤ

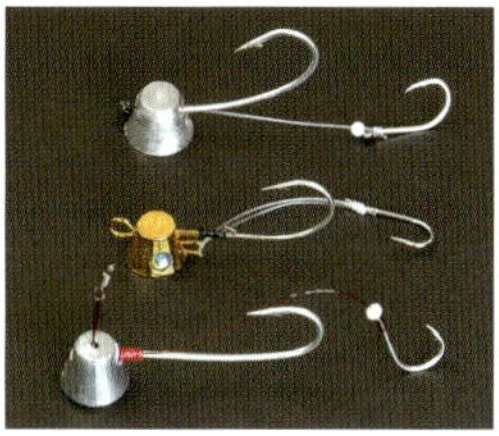

ひとつテンヤ
PE ラインが使える人気のマダイ釣り用テンヤ。エビを使用

●イカヅノ

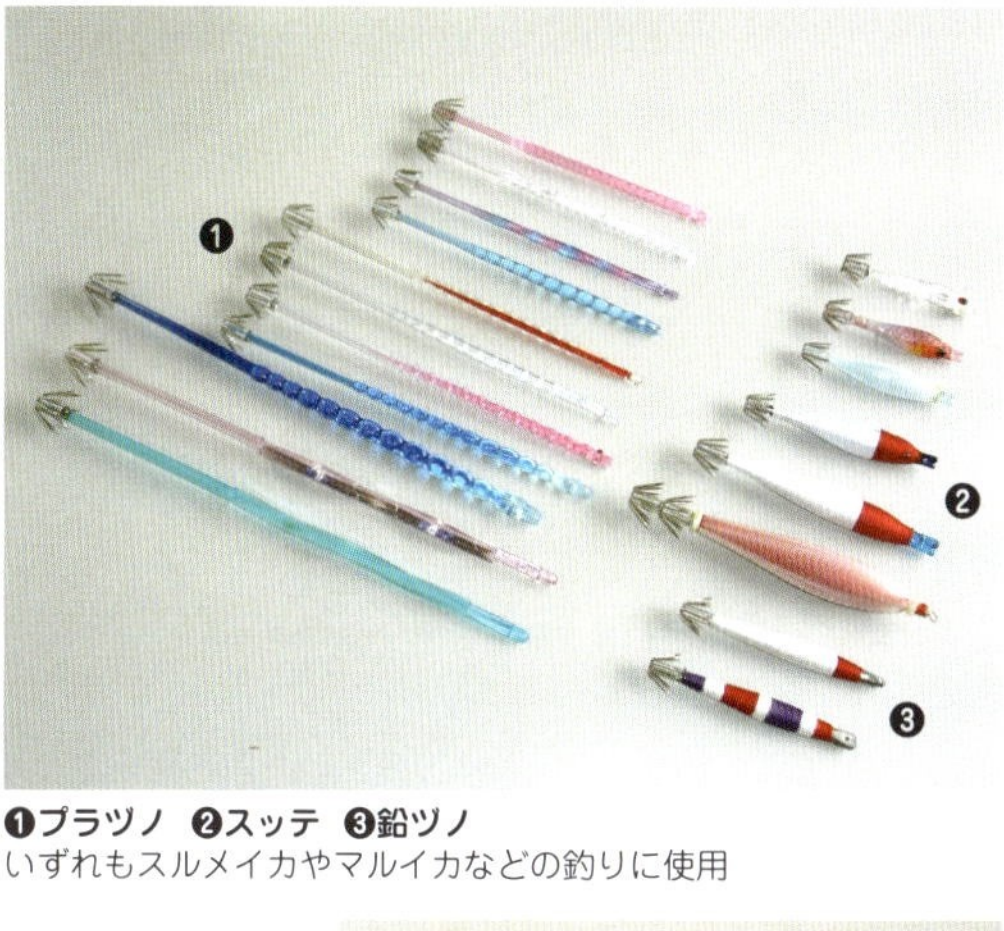

❶プラヅノ ❷スッテ ❸鉛ヅノ
いずれもスルメイカやマルイカなどの釣りに使用

主にアオリイカ釣りに使う餌木

【その他のタックル】

●最低限必要な道具をそろえる

釣りは竿に仕掛け、エサさえあれば、誰もが簡単に楽しめるスポーツだ。しかし、長時間の釣りとなるとロッドキーパーなどあれば便利な道具や、釣果の処理と持ち帰りに必要な釣り具、またライフジャケットなどの命を守ってくれる必需品もある。

ビギナーのうちは友人や船宿に借りるのもよいが、やはり自分の道具は自分に合ったものを選びたい。ここではビギナー向けに最小限必要なものを取り上げた。

あると便利な釣り具は数多い

❶アミコマセサビキ

アミコマセを入れた容器に、サビキ仕掛けを通すことで、手を汚さずにアミをハリにつけられる便利な釣り具だ。

❷磯長靴

底にスパイクが打ってあるために、濡れていてすべりやすい磯では必需品。

❸エサ箱

イソメ類などの活きエサを入れておく箱。

❹クーラーボックス

魚の持ち帰りや冷たい飲み物、エサを入れておく。堤防ではイス代わりにもなる海釣りの必需品。保温能力の高いしっかりとしたものを選ぼう。

❺蛍光発光体

竿先やウキにつける発光体。メーカーによっていろいろな名前がついている。

❻尻手ベルト

竿の落下防止にあると便利なアイテムだ。

❶アミコマセサビキ

❷磯長靴

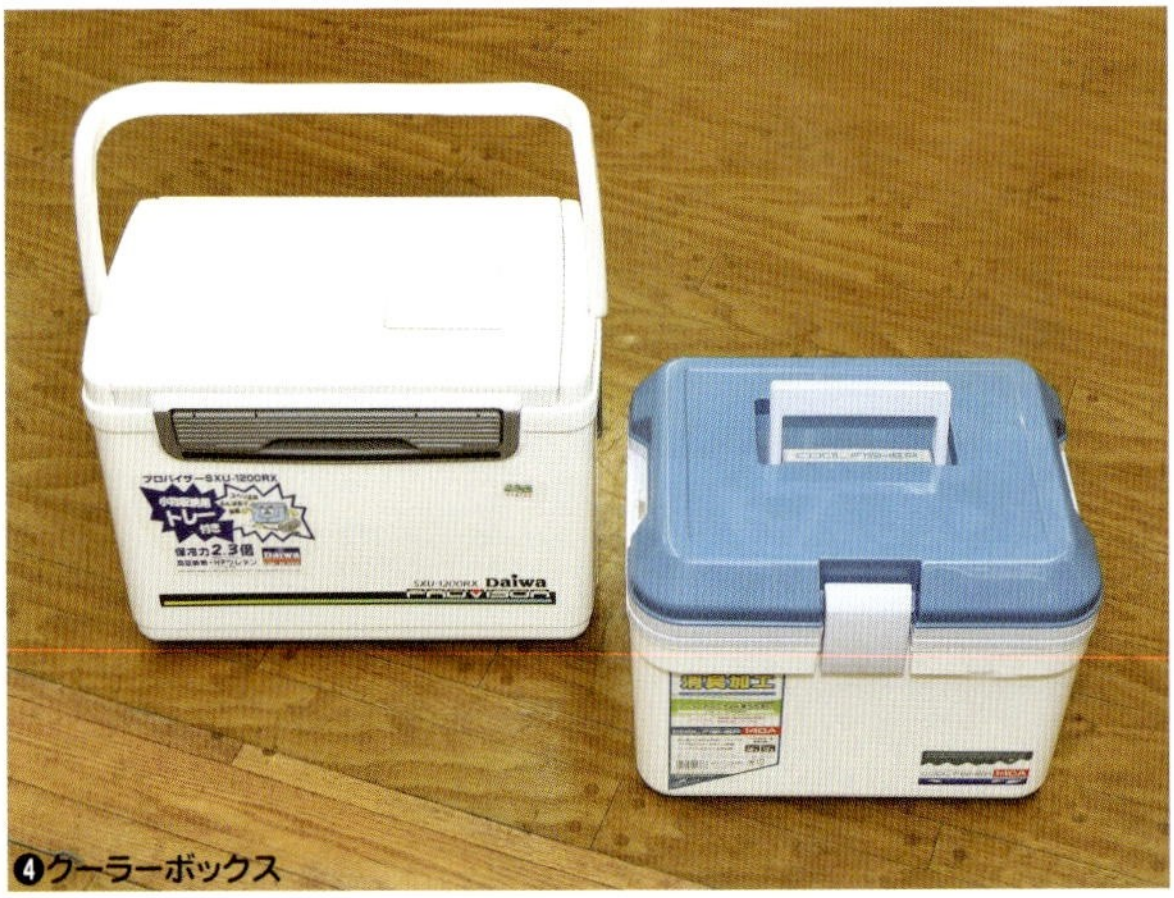

❹クーラーボックス

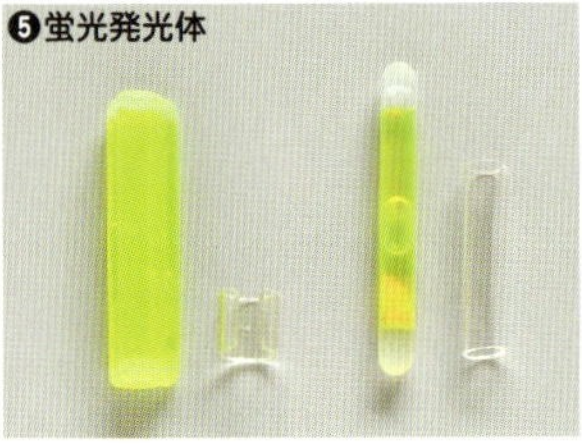

❺蛍光発光体

6 尻手ベルト

⑦スカリ
釣った魚を納竿まで活かしておくためのもの。

⑧タックルボックス
ハリやオモリ、ウキなどの小物を入れておく箱。

⑨バッカン・バケツ
バッカンは道具入れ、コマセの配合などに使う。バケツのヒモは長目を用意しよう。

⑩ハリ外し
堤防、ボート釣りなどで、魚にハリを呑み込まれたときに使う。

⑪柄杓
コマセをまいたり、ダンゴ釣りのダンゴの投入に使用する。

⑫ビシ・コマセカゴ
沖釣り用のビシやコマセガゴ、堤防や磯での遠投用コマセカゴなどがある。

⑬フィッシュグリップ
歯の鋭い魚の口をつかむ器具。

⑭ヘッドランプ
夜釣りは両手の使えるヘッドランプがあると便利。

⑮メゴチバサミ
トゲに毒のある魚などを持つ場合に便利。

⑯指ゴム
カッタクリやイカ釣りなどで糸から指を保護したり、滑り止めに使う。

⑰ライフジャケット
水難事故から身を守るために最低限用意したい道具。ほとんどの船宿では、釣り客のライフジャケット着用を義務化している。海では船釣りに限らず使用したい。

⑱ラジオペンチ・ハサミ
ラジオペンチはハリ外しや仕掛けづくりにも便利。

⑲リング
沖釣りでハリスがよれないようにする道具。深場釣りで使われるが、神奈川県・江ノ島港の「でいとう丸」が考案したDRBイカリングは、一般的な胴つき釣りにも威力を発揮する。

⑳ロッドキーパー・竿置き
長時間の釣りや船釣りではあると便利な釣り具。船べりに竿を置いておくための固定式ロッドキーパー、堤防などで投げ竿を掛けておく竿置きがある。

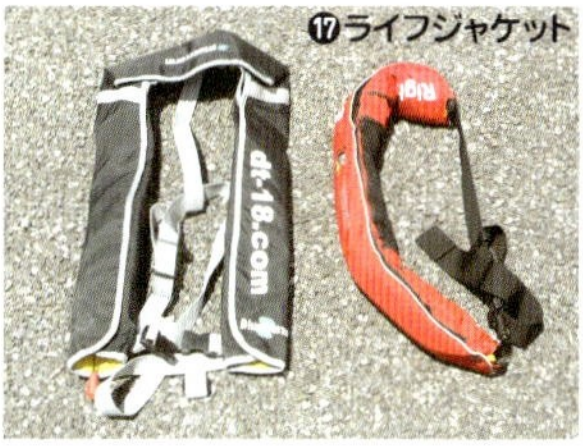
⑰ライフジャケット

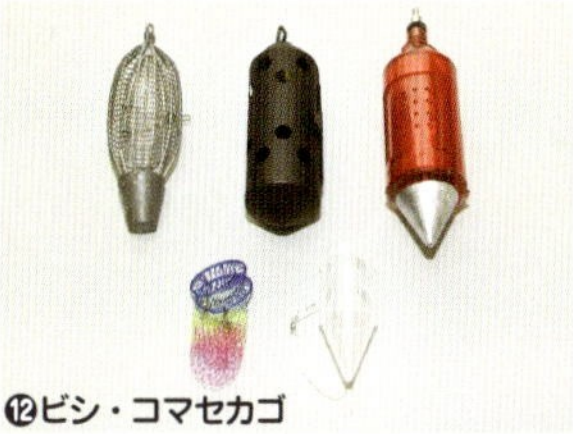
⑫ビシ・コマセカゴ

⑦スカリ

⑲リング

⑬フィッシュグリップ

⑨バッカン・バケツ

⑳ロッドキーパー

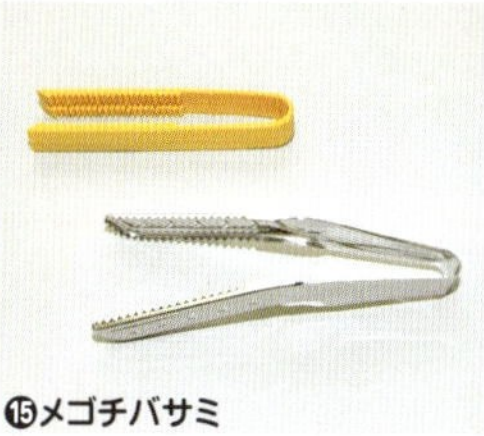
⑮メゴチバサミ

【仕掛けづくり1 糸とハリの結び方】

仕掛けづくりの最も基本的な作業は結び方。釣りでは糸とハリの他に、糸と金具、糸と糸などでさまざまな結び方が使われる。最初は糸とハリの結び方の、最も基本的な方法を2つ取り上げた。

外掛け結び

簡単で、最も一般的な結び方だが、傷に弱いという欠点がある。歯の鋭い魚には向いていない。

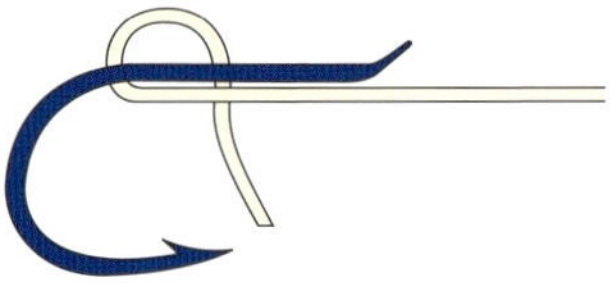

❶ハリに沿ってハリスをはわせ、コシの部分に輪をつくる

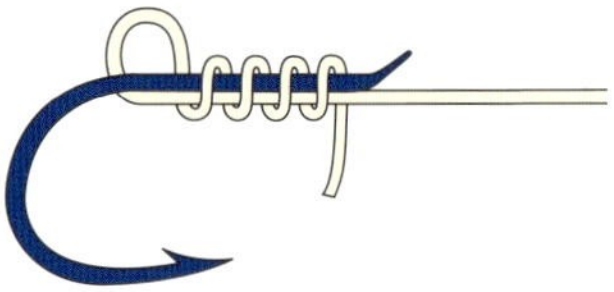

❷ジクに沿ってハリスを巻いていく。細目のハリスなら6～7回、太めは5回程度巻く

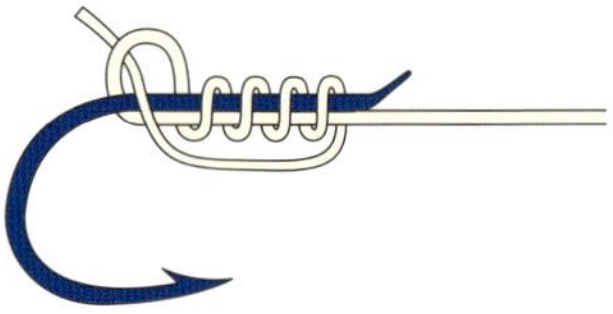

❸巻き終わったら、最初につくった輪にくぐらせる

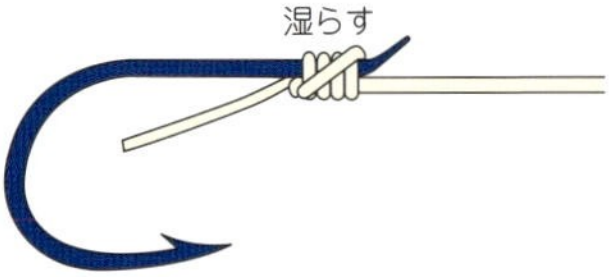

❹巻いた部分をしっかり押さえて、湿らせ、両方から強く引いてしめる

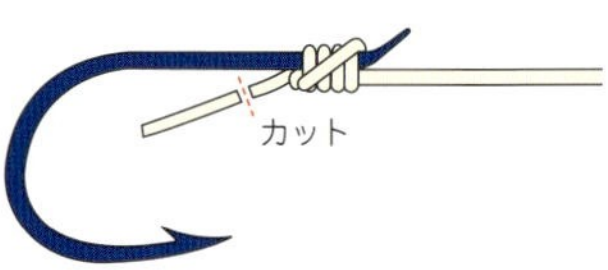

❺余分なハリスをカットする

内掛け本結び

内掛け結びより複雑だが、その分、結び目が強い。これを覚えておけばハリとの結合は完璧だ。

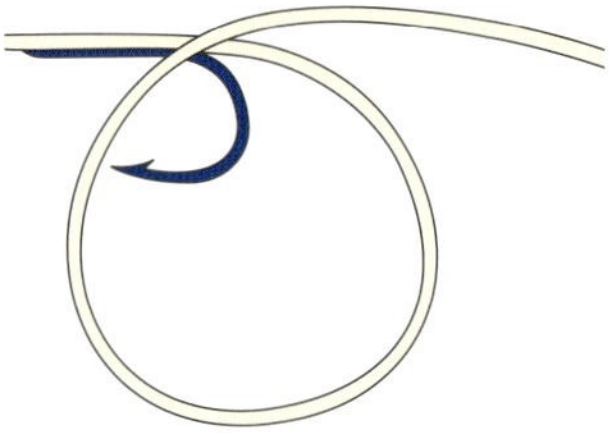

❶ハリの上に輪をつくり、輪の中に人差し指と中指を入れて、輪の下側をハリの向こうにくぐらせて巻く

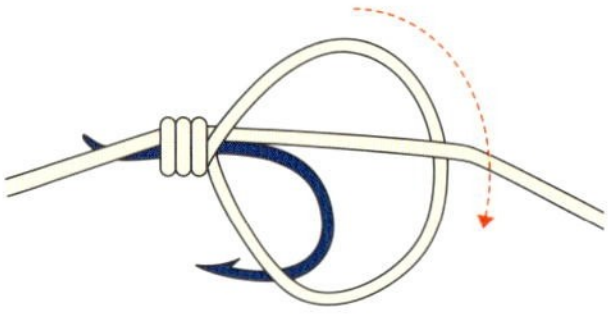

❷さらに巻きつけていく

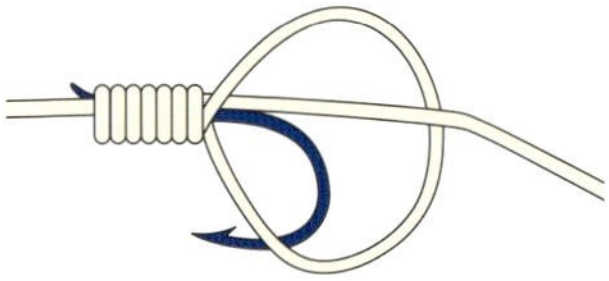

❸7～8回巻いたら、ゆっくりとしめ上げていく

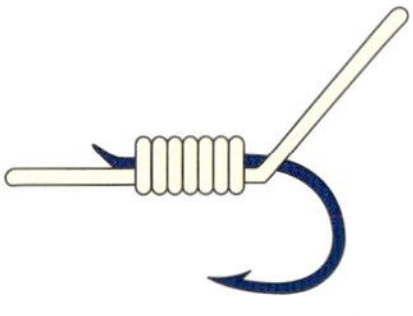

❹巻いた部分をしっかり押さえて、口に含んで湿らせ、両方から強く引いてしめる

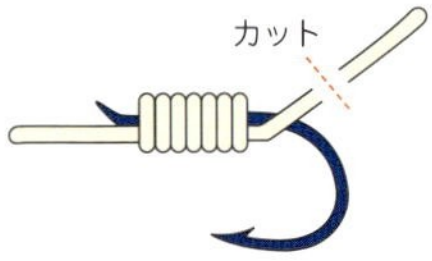

❺余分なハリスをカットする

【仕掛けづくり2 糸と金具の結び方】

サルカンやクリップなど、糸と金具を結ぶ方法には簡単なものから、少しややこしい方法まで10種類以上もある。結び方を覚えて、釣る魚の引きの強さや大きさなどで、使い分けよう。

最強結び

イシダイ結びとも呼ばれる結び方。強さに問題はないが、慣れるまでに少し時間がかかるかもしれない。

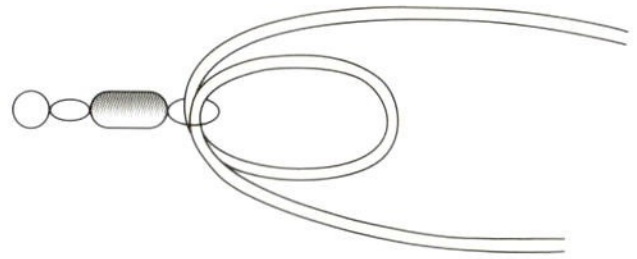

❶サルカンに2回糸を通して輪をつくる

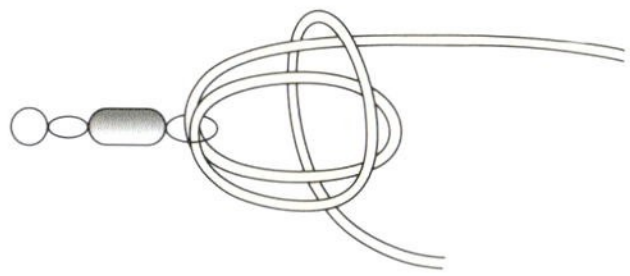

❷輪の上を通して下に回す

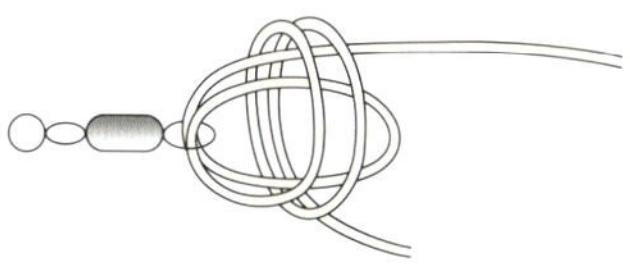

❸もう一度、輪の上を通して下に回す

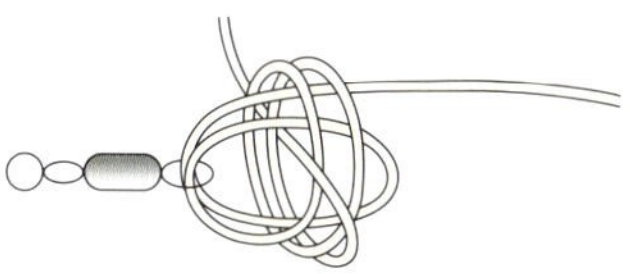

❹できた3つの輪の中に糸を通す

❺湿らせてゆっくりしめ込み、余分な糸をカットする

クリンチノット

糸と釣り用金具とを結ぶ、最も基本的な結び方。結び目はていねいにしめよう。

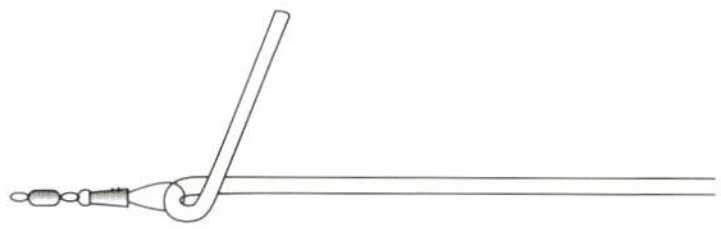

❶ラインをサルカンの輪に通す

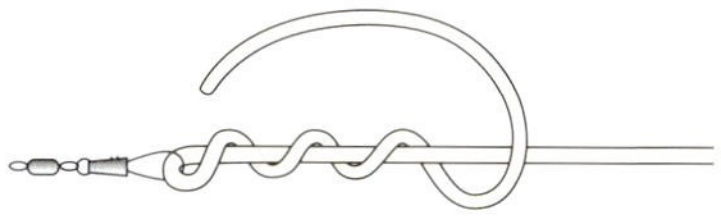

❷通した糸を元の本線の糸に、4～5回巻きつける

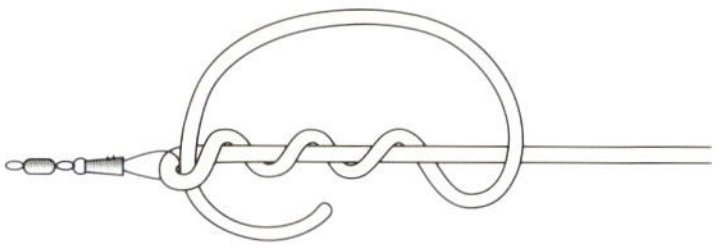

❸糸の端を金具と、最初に巻きつけた糸の間に通す

❹通した糸を輪に入れて、結び目部分をツバで湿らせ、ゆっくりしめ込む

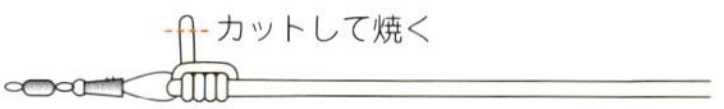

❺余分な糸をカットする

【仕掛けづくり3 糸と糸の結び方】

チチワを結んだり、枝スを出したり、ミチ糸と先糸を結ぶなど、海釣りでは糸と糸を結ぶ作業はかなり多い。

ここでは基本的な糸同士の結び方に加え、仕掛けづくりに役立つ各種結び方を紹介する。

フィッシャーマンズ・ノット

糸と糸を結ぶ方法の代表的な方法で、電車結びともいう。リールの下巻きに使った糸にミチ糸を結ぶときや、投げ釣りのチカラ糸をミチ糸と結ぶ際に使用する。性質の異なるPE ラインとリーダーを結ぶ場合は、適しているとはいえない。

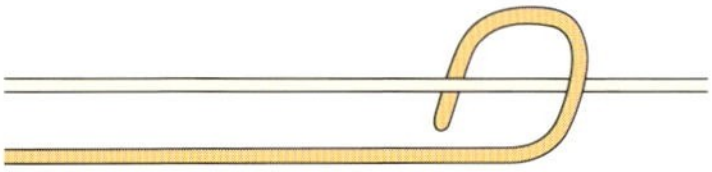

❶糸を 2 本そろえ、1 本を折り返して輪をつくる

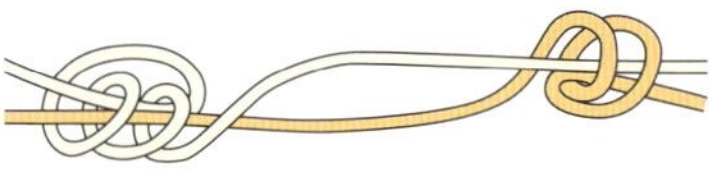

❷ 2 本の糸を相互に 2 回ほど巻きつける

❸糸の先端を引いて結び目をつくり、反対側も同じように巻きつけて結び目をつくる

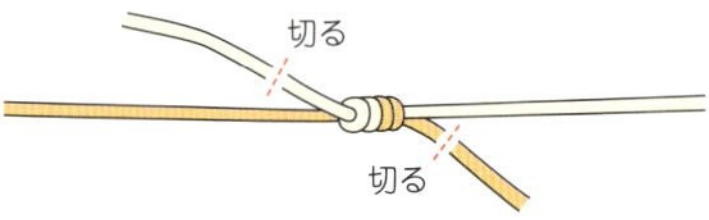

❹結び目を湿らせ、両方の糸（メインライン）を強く引いて、余分な部分をカットする。カット部分はライターで焼いておこう

8の字結び

ミチ糸の先のチチワづくり、枝スを出すときに使われるテクニック。金具とも、チチワで結ぶこともできる重宝な結び方だ。

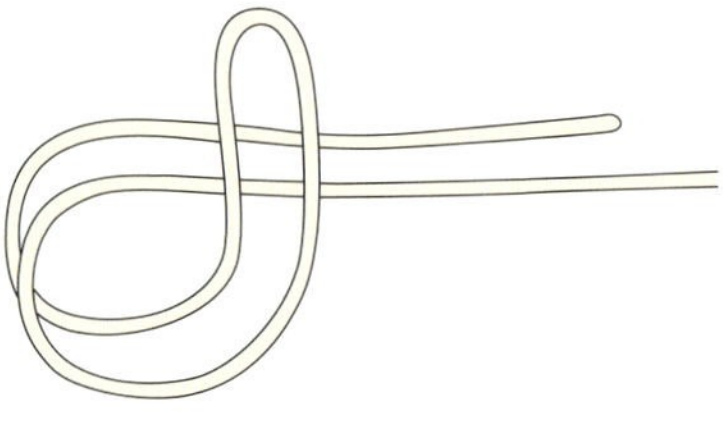

❶糸を二重にする

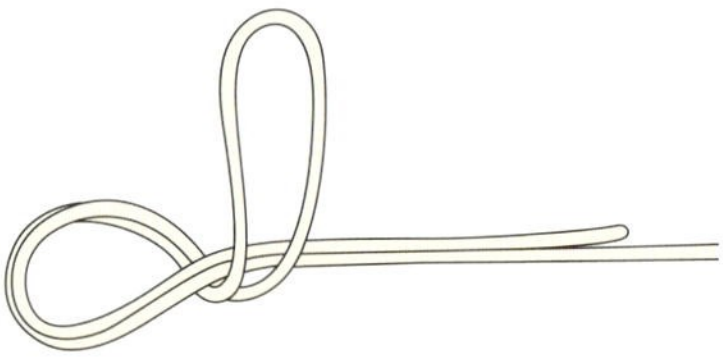

❷輪をつくって、輪の裏から入れる

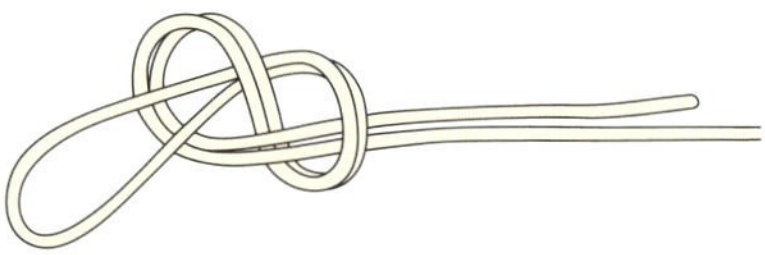

❸結び目がちょうど「8 の字」になる

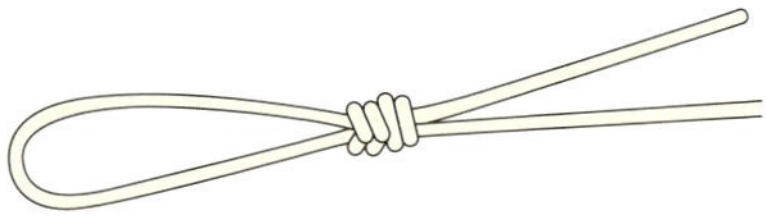

❹湿らせて、ゆっくりしめていく。余った部分はカットしておく

枝スのつけ方1

8の字結びでつくる枝スで、シロギス釣りの仕掛けやカレイ、イカヅノの枝スづくりに使われる。

❶幹糸と枝スをそろえる

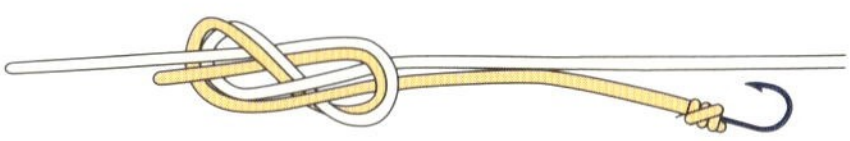

❷幹糸と枝スを合わせて8の字に結ぶ

❸結び目を湿らせて強く引く。余った部分をカット

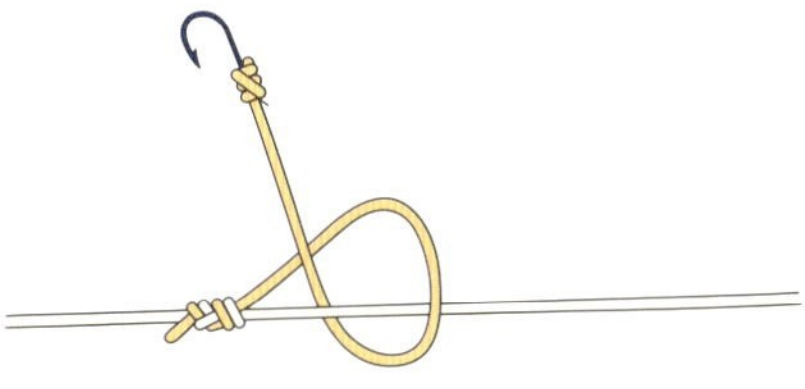

❹さらに幹糸に輪をつくってくぐらせる

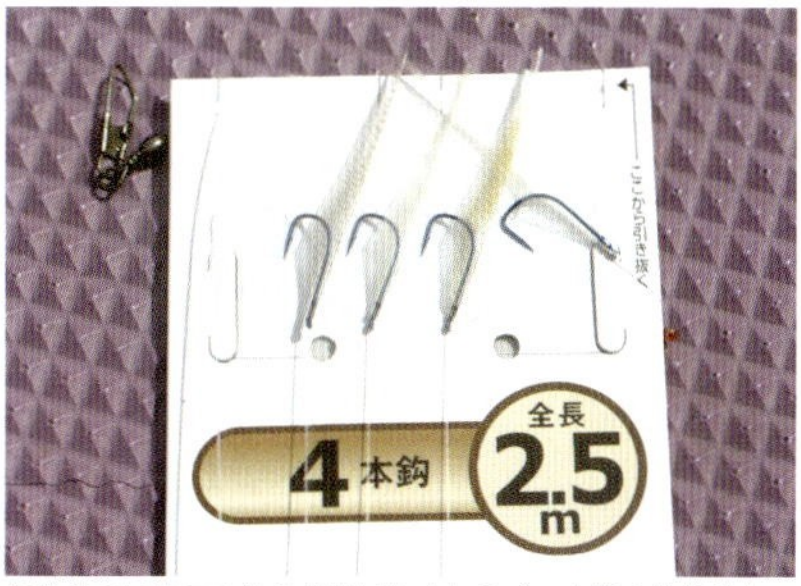

海釣りでは枝スを結ぶ仕掛けは実に多く、市販の仕掛けセットも充実している

枝スのつけ方2

8の字結びの枝スより強度があるため、マダイ釣りやイナダ釣りで使う2本バリのハリスなどに利用されている。

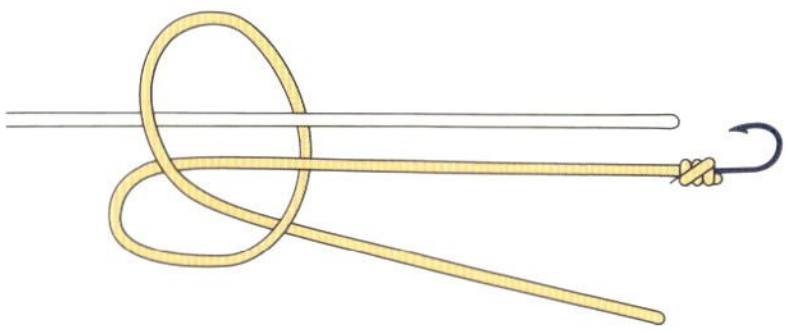

❶幹糸に枝スを巻く

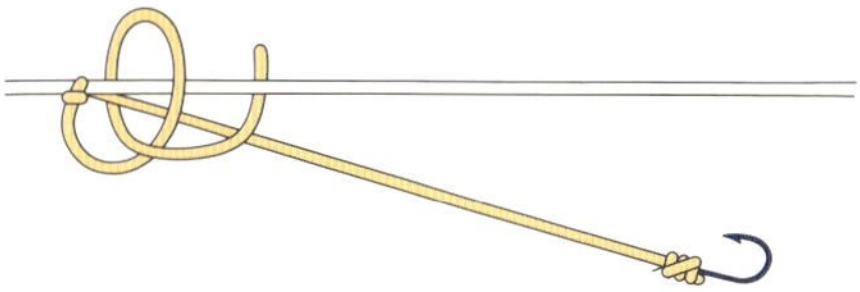

❷ハリをつけている枝スと幹糸を合わせて、ハリのない枝スの糸を編み上げていく。編み上げるときは、上下交互に編む

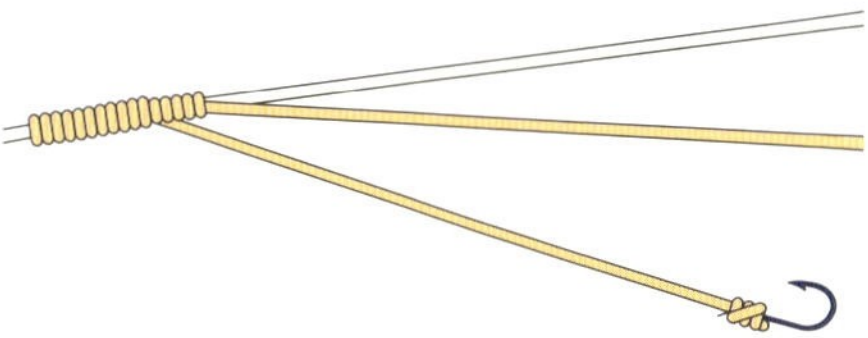

❸ 10回ほど編み上げたら、ハリのある枝スを出し、幹糸だけを10回程度編み上げる

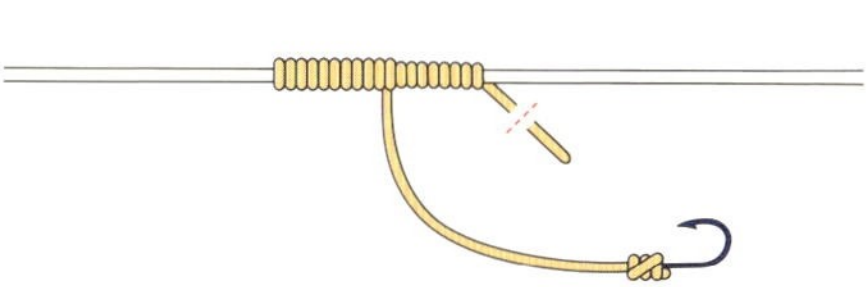

❹結び目をしめて、余った部分をカットしておく

【仕掛けづくり4 PEラインとリーダーの結び方】

すべりやすい素材のPEラインは、結び方ではスッポ抜けることも。リーダーの結び方はラインの強度を保てるのが理想。小型魚を狙う場合は、必ずしも最強の結び方をしなくてもよい場合もある。

SFノット

比較的強固な結び方のひとつで、リーダーとPEラインの結びなどオールラウンドに使用できる結び方だ。

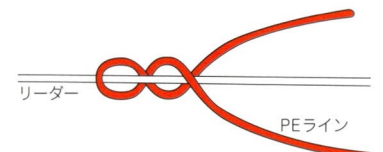

❶リーダーにPEラインを20回前後巻きつける

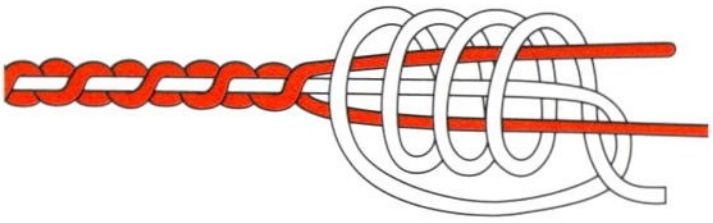

❷PEラインとリーダーを、フィッシャーマンズ・ノットの要領で3回巻きつける

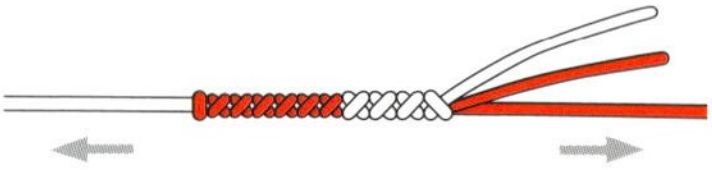

❸2本のPEラインとリーダーを引っ張って軽くしめ、湿らせてから強くしめる

❹余分な部分をカットして、端をライターで焼いてとめておく

シーガーノット

トリプルエイト・ノットともいい、強度は落ちるものの簡単に結べる。強い引きを見せないアジやメバルなどで使用する。

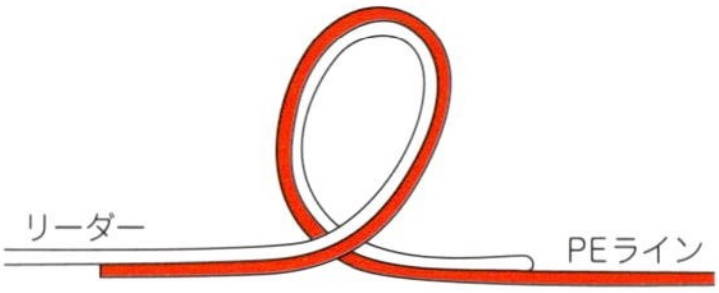

❶PEラインとリーダーを重ね、交差させる

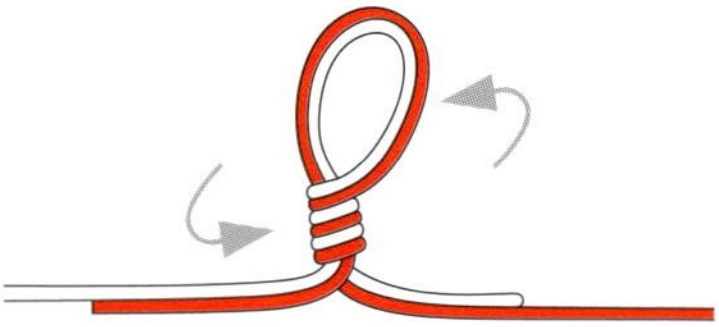

❷4回ほどひねる

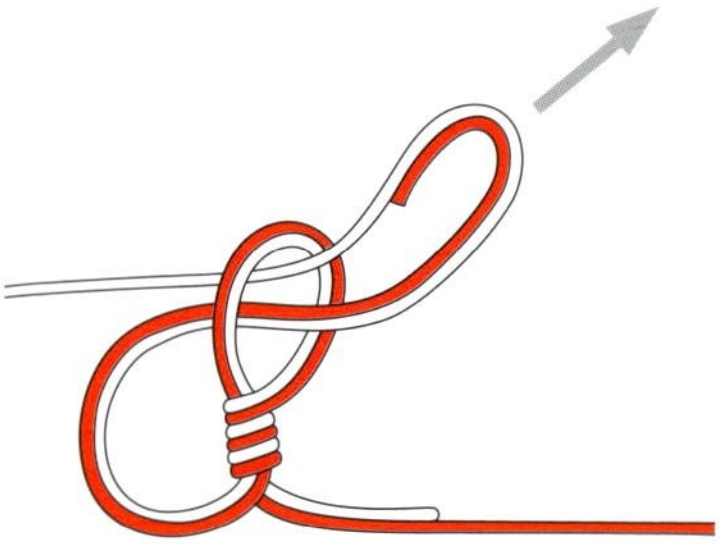

❸輪の中にPEラインと長いリーダーを一緒に通す

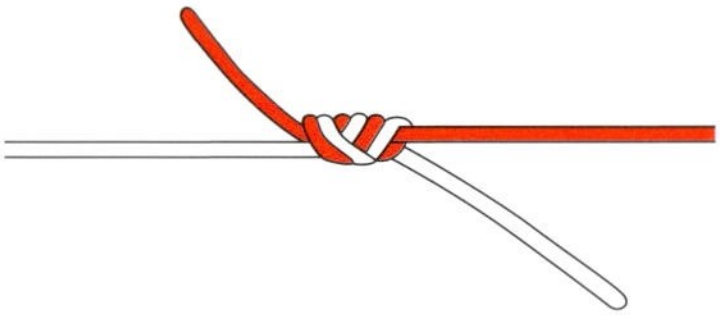

❹軽くしめたら結び目を湿らせ、コブがきれいになるように注意しながら強くしめる

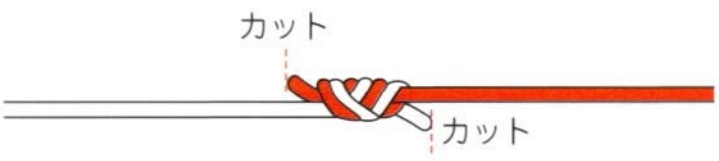

❺余分な部分をカットし、端をライターで焼いてとめておく

【仕掛けづくり5 その他の結び方】

ハリと糸を結ぶというような、これを知らないと釣りにならないという結び方ではない。知っておくと便利な結び方なので、ぜひマスターしよう。

ウキ止めの結び方

上下に自由に移動するウキ止めをミチ糸の途中に結び、ウキ下の長さを変えることができる。

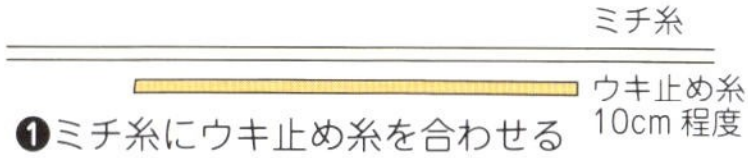

❶ミチ糸にウキ止め糸を合わせる

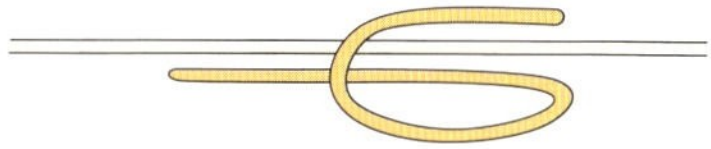

❷ウキ止め糸で輪をつくる

❸3～5回巻きつける

❹両端を引いてしめ、5mm 程度残してカットする

ヘビロにミチ糸を結ぶ

ノベ竿先端のヘビロにミチ糸を結ぶには、ミチ糸先端にチチワをつくればワンタッチで装着できる。

❶ミチ糸を折り返し、8の字結びをふたつつくる

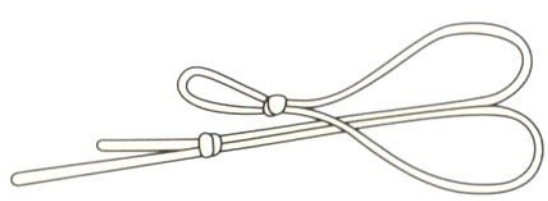

❷大きな輪を折り返して、二重の輪をつくる

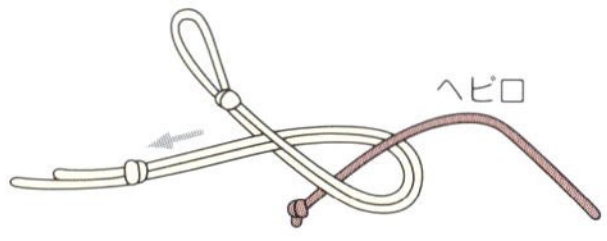

❸輪にノベ竿の穂先についているヒモ（ヘビロ）を入れる

❹ヘビロの結び目部分をつまんで、ミチ糸をしめる。ミチ糸を外すときは小さな輪を引くだけでよい

スプールに糸を結ぶ

リールの使い方の基本となる作業。リールのスプールに巻いたミチ糸がゆるむことなく、固定できる。

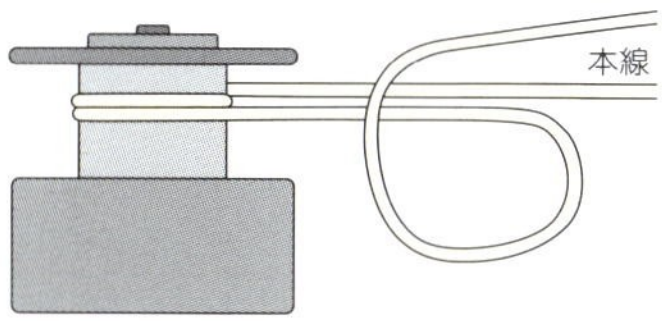

❶糸をスプールに2回巻きつけて、輪をつくる

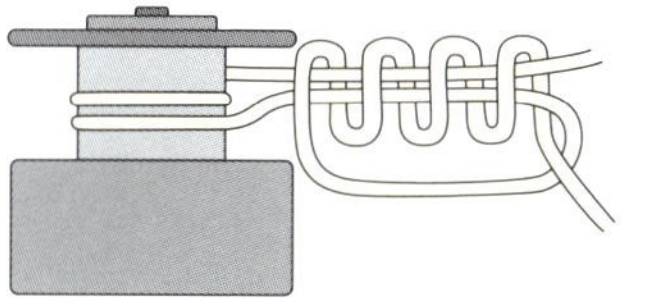

❷フィッシャーマンズ・ノットの要領で輪の中を4～5回巻きつける

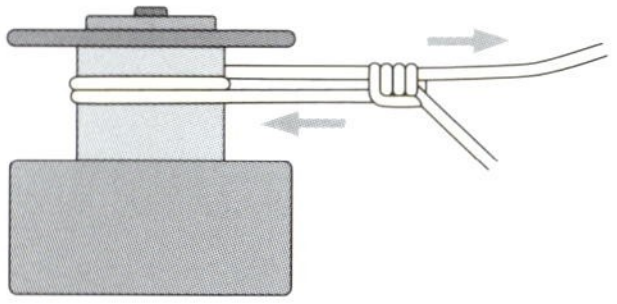

❸本線を引いて、結び目をスプールまで移動させる

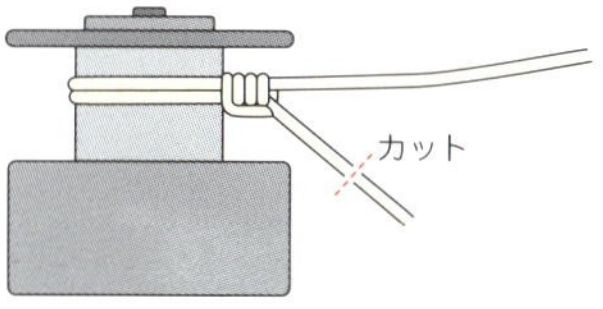

❹端糸を軽くしめて、本線を強くしめ、余分な部分をカットする

仕掛けの準備が整って初めて釣りが楽しめる

【釣りエサの種類】

●エサ別で狙う主な魚

同じ魚を狙ったとしても、釣り方でエサは違ってくるが、海釣りで使うエサは大きく分けると次のようになる。

❶虫エサ　アオイソメやゴカイなどの虫エサ。

❷甲殻類　モエビやサイマキ(クルマエビ)、カニ、オキアミ、アミエビ(アミコマセ)など。

❸貝類　サザエやアサリなど。

❹切り身　サバの切り身やイカの短冊など。

❺活きエサ　活きイワシなど。

また、潮の状態によって、同じ釣り方でも、その日のアタリエサが違ってくることも多い。

そこで、主なエサとそのエサで狙える対象魚を次にまとめた。

❶虫エサ(環虫類)

虫エサは投げ釣りやチョイ投げの他、堤防釣りなどで使われる。活きているエサを使うのがふつうで、暑さで傷まないように、夏期はエサ箱ごとクーラーに入れて保管しよう。

◆アオイソメ、ジャリメ、チロリ　アイナメ、アナゴ、イシモチ、ウミタナゴ、カサゴ、カレイ、カワハギ、シロギス、スズキ(セイゴ)、ソイ、ハゼ、メバル。

◆イワイソメ、ユムシ　アイナメ、クロダイ、マダイ。

◆サナギ　クロダイ。

❷甲殻類

エビは活きエビと冷凍エビが使われ、オキアミなどは万能エサといってもいいほど、多くの魚を狙うことができる。

◆アミエビ(アミコマセ)、オキアミ　アジ、アマダイ、イサキ、イナダ(ブリ)、イワシ、ウミタナゴ、カツオ、クロダイ、サヨリ、タカベ、チダイ、フグ、ホウボウ、マダイ、メジナ。

◆モエビ、サイマキ、アカエビ　コチ、スズキ、チダイ、マダイ、メバル。

◆カニ　クロダイ、タコ、ブダイ。

ハリにつけた例
活きエビ

ジャリメ

アオイソメ

ユムシ

イワイソメ

万能エサのオキアミ

サナギ

❸貝類

貝類は特定の魚を狙うことが多く、対象魚がはっきりしている。

◆**アサリ**　カワハギ。

◆**カラスガイ**　クロダイ、イシダイ、イシガキダイ。

◆**サザエ、フジツボ、ガンガゼ**　イシダイ、イシガキダイ。

◆**アオヤギ**　フグ。

❹切り身

オキアミなどに比べると、エサもちがよく、根魚や深場釣りなどによく使われる。

◆**サバやサンマの切り身**　アイナメ、アコウダイ、カサゴ、カマス、キンメ、ソイ、タチウオ、メダイ。

◆**イカの切り身**　アイナメ、アジ、イサキ、イナダ(ブリ)、カサゴ、ソイ、ムツ、メダイ。

❺活きエサ

活きた魚を泳がせ、大物を狙うことが多い。

◆**イワシ**　ヒラメ、メバル。

◆**アジ、ムロアジ、サバ**　アオリイカ、カンパチ、ヒラマサ、ヒラメ、ブリ、マダイ。

◆**メゴチ、ハゼ**　マゴチ、ヒラメ。

●寄せエサのコマセ

船で向かう沖釣りでは、アミエビのアミコマセ、オキアミのコマセ、イワシをミンチにしたコマセが一般的だ。

一方、陸からの手頃な堤防釣りではアミコマセ、メジナやクロダイを狙う磯釣り、掛かり釣りではオキアミなどに配合エサを混ぜたものを使う。

また、コマセ効果をより高める集魚剤も使われることがある。

海釣りにコマセは欠かせない寄せエサだ

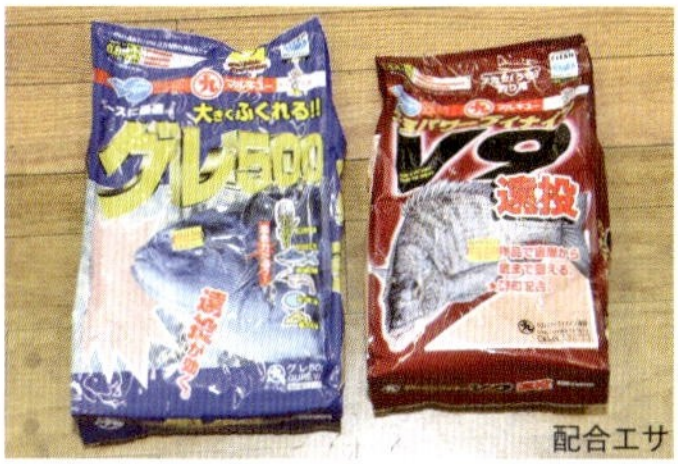

配合エサ

配合エサは便利なコマセだ

カワハギ釣りに欠かせないアサリのむき身

集魚効果の高いイワシのミンチ

サバの切り身

3 釣行計画と釣りの実際

【釣行計画を立てる】

●まずは釣り情報を得る

釣行計画を立てる場合、まず第一に必要なのは、どこで何が釣れているか…という情報だ。このような釣り情報は、スポーツ新聞や釣り雑誌、釣り関係のホームページ(HP)などさまざまな媒体で取得できる。

ただ、媒体によって得意なエリアが異なるので注意。沖釣りなら新聞や船宿のホームページで詳しいことがわかるが、堤防や磯釣りの情報となるとほとんど掲載されていないのが実情だ。

そこで利用したいのは、釣り雑誌に掲載されている釣り具店や釣りエサ店。釣り場が近いだけに、最新の釣魚・釣果情報ばかりでなく、アタリエサや仕掛けなどについても詳しい情報をもっている。

堤防釣りなどの情報は、目的地近郊の釣具店などで教えてもらおう

こうした情報源から最新の情報を取得して、釣り物(対象魚)と釣り場所を決めよう。

●釣果に影響する潮の干満

実際に釣行する場合、釣りに大きく関係してくるのが潮の干満。潮の干満は、主に月の引力の影響で1日2回起きる。また、ひと月に2回ある月の満ち欠けに関係した小潮、長潮、若潮、中潮、大潮と干満差を表現する言葉もある。

こうした潮の干満がそこに生きる生物、特に魚に影響しないはずがない。実際、魚類は大潮のときに産卵するとされ、同じように活発にエサを捕食するサイクルも潮の干満に影響されている。

日本には釣果に影響する干満の表現に、「上げ三分」という言葉が使われる。干潮だった潮が三分くらい満ちた頃が、魚が活発にエサを捕食するので、よく釣れるという意味だ。

こうした潮の干満の動きを表したのが「潮見表」。この潮見表も釣行計画には、重要な情報源となるはずだ。

●潮の干満をもっと知ろう

干満差は東京湾では大潮で約2m、有明海では平均5m程度と地域によってかなり異なるようだ。

沖では潮の干満が関係するエリアと、ほとんど関係ないエリアがある。たとえば鳴門などの海峡では、干満で潮の流れる方向が違う。それは、大潮か小潮かでも潮の流れるスピードが異なる。

一方、相模湾などでは、潮の干満と沖の潮の流れはほとんど関係ないといってよい。大潮にも関わらず、潮が流れないこともあるからだ。沖釣りで潮が流れないと、釣果は期待できない。

船宿に「明日は潮は流れるでしょうか?」という電話がときどきあるという。沖の潮が流れているかどうかは、出船してみなければわからない。

●安全で楽しい釣行計画を

陸上からの釣り、特に磯釣りでは、潮の干満は釣りに大きく影響する。

たとえば潮が引いている時間帯に、地磯伝いに歩いて渡ったのはよいが、いざ帰ろうとしたら潮が満ちていて、来たルートが沈んでしまい、帰れなくなったという事態に陥らないとも限らない。

このように海釣りは、釣果ばかりでなく、身の安全も潮の干満に左右される。このことを頭に入れて、安全で楽しい釣りとなるよう釣行計画を立てよう。

釣果に関わる沖合の潮の流れは船宿でもわからない

【釣りに適した服装】

沖釣り

●レインウェアは必需品

沖釣りの服装は、第一に水対策が重要だ。晴れていても、船が移動して潮水をかぶることがよくある。少し波が高いと、全身ズブ濡れになることも。真夏ならまだしも、冬場に潮を浴びれば、寒さで釣りどころではなくなる。そのため、真夏以外はレインウェアが必需品となる。

次に足回り。遊漁船の船上では釣った魚を活かしておくため、釣り座の足元に海水を流しておくのがふつう。このため、デッキブーツと呼ばれる、スリップの利いた長靴も必要だ。ただ、磯釣りに使う底にスパイクを打った長靴は、船のデッキが傷つくので使用は避けよう。

●日焼け対策も念入りに

日影のない沖合の船上は、陸では考えられないほど日差しが強いもの。このため、長袖ジャケットや帽子など日焼け防止の服装を心掛けよう。紫外線から眼を守るサングラスも忘れずに。

また寒さの厳しい冬は防寒兼用のレインウェア、またオーバーズボンが必要だ。レインウェアのフードをかぶったとき、帽子にフードを固定する洗濯バサミがあると便利。

他の釣りにもいえることだが、アンダーウェアは透湿性と速乾性をもった化学素材のものを装着、寒さに応じて保温性のある上着を重ね着するレイヤードをすすめる。

船のデッキでは長靴が必需品

★沖釣りに適した服装

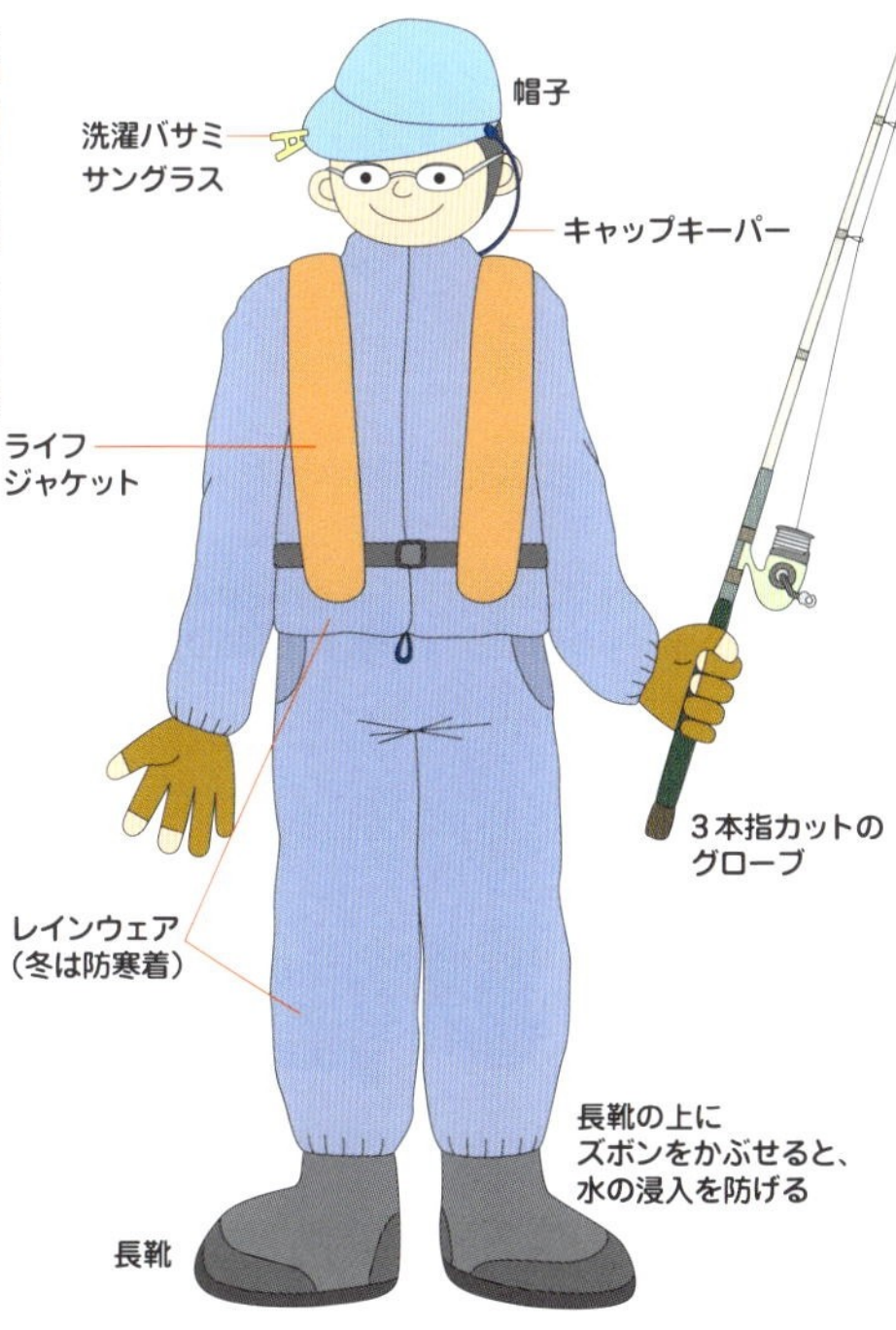
帽子
洗濯バサミ
サングラス
キャップキーパー
ライフジャケット
3本指カットのグローブ
レインウェア（冬は防寒着）
長靴の上にズボンをかぶせると、水の浸入を防げる
長靴

春間近の東京湾のメバル釣り。防寒兼用のレインウェアで、波しぶきと寒さに対処する

【磯釣り】

●まずは身を守る服装と装備

磯釣りの環境は、非常にハードだ。アプローチは激しい風が吹き荒れ、年中波をかぶる岩場続きの上、ポイントは崖地直下や離れ磯など、通常は人を寄せつけない環境にある。

このため、いくら40㎝級のグレが釣れるからといって、堤防でチョイ投げを楽しむようないでたちでは、すぐに釣りどころではなくなる。まずは安全対策が第一と考えよう。

波をかぶる岩場は思っていた以上に滑りやすく、滑落すれば大ケガは免れない。滑落や転倒を防ぐには、滑り止めとなるスパイクつきの長靴と、滑落したときに身を守ってくれるライフジャケットを兼ねたフィッシングベストが必需品。長靴ではなく、スパイクつきのシューズや磯足袋もある。

沖釣りで紹介したように、アンダーウェアは化学素材のものを使うと心地よい。アウトドアスポーツで最も進化している登山用品の中から、選ぶのもよいだろう。

●防寒対策を重視した冬の服装

寒グレ釣りが楽しい頃の磯は、冷たい波しぶきと厳しい風が吹き荒れる冬場。この時期に特に注意したいのは、体温を奪い取る冷たく強い風だ。さらに波が荒い時期だけに、防水性も重要となる。

こうした過酷な条件下では、フィッシングスーツの着用をすすめる。完全な防水と保温を重視するなら、ウェット素材を使ったフィッシングスーツも一考。

しかし、防水性と透湿性の両立、速乾性を追求するなら、エントラントやゴアテックスなどの化学素材のフィッシングスーツがベスト。冷たい強風や波しぶきから身体を守ってくれる上、透湿性が高いためにムレで後冷えする心配もない。

また、アンダーウェアに保温性の高いインナーを重ね着すれば、防寒対策は完璧。ヒップガードを着用すれば、保温性もある上、岩に座っても衣類が破れない。

★磯釣りに適した服装

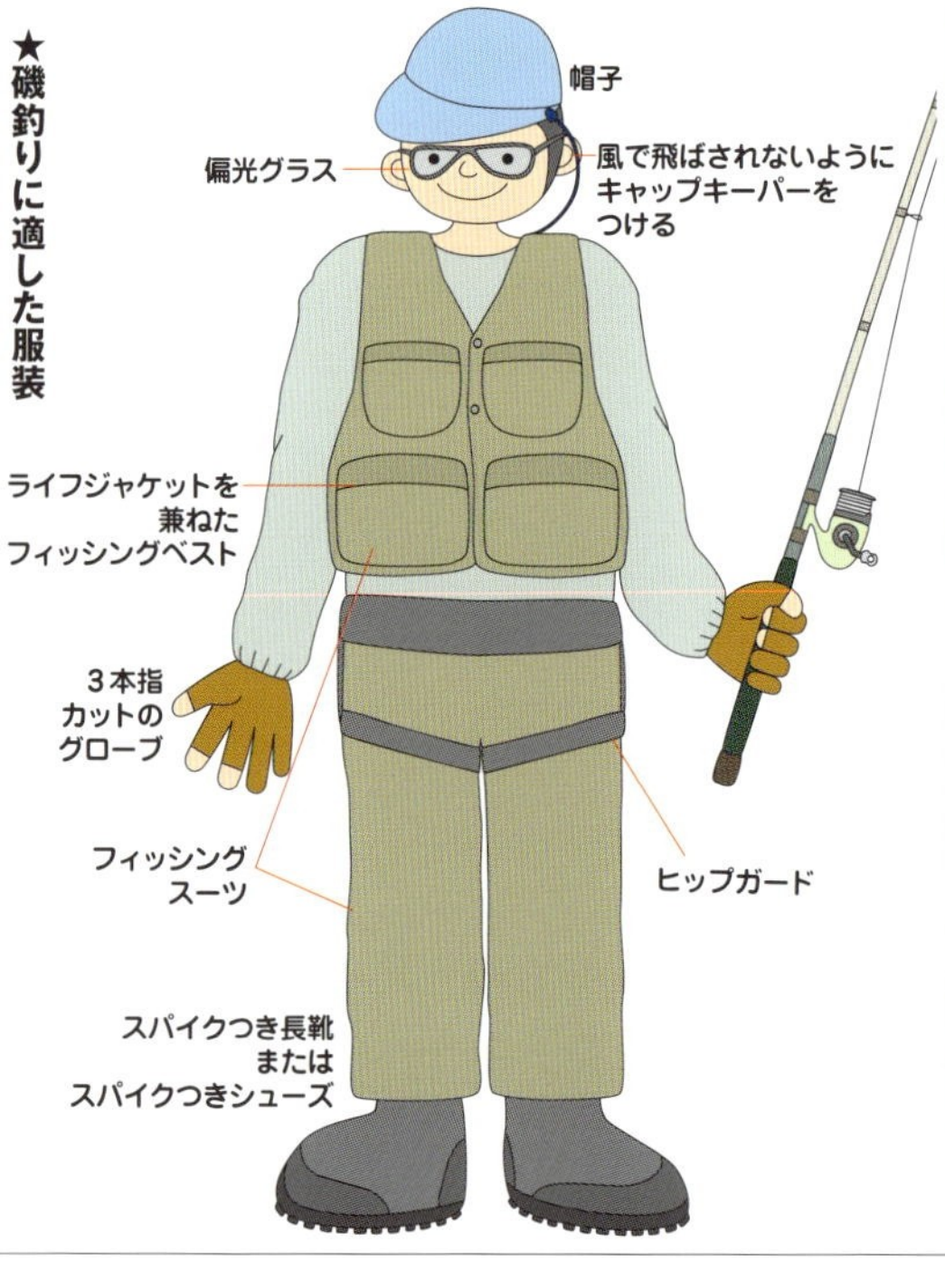
帽子
偏光グラス
風で飛ばされないように
キャップキーパーを
つける
ライフジャケットを
兼ねた
フィッシングベスト
3本指
カットの
グローブ
フィッシング
スーツ
ヒップガード
スパイクつき長靴
または
スパイクつきシューズ

磯の安全を確保してくれる磯靴

春間近の神奈川県真鶴半島の磯釣り。フィッシングスーツとフィッシングベストで身を守りながら釣る

【船宿を利用しよう】

●敷居が高い沖釣り

堤防など陸からではなかなか釣れない大物釣りや、数釣りが可能になるのが、船で沖合のポイントへ出掛け、釣る沖釣りだ。

ただ、どうすれば釣り船に乗れるのか、釣り道具は何を持っていけばいいのか、何時から営業しているのか…など、わからないことが多い。釣り具屋なら気軽に入れても、船宿のシステムそのものがわからない沖釣りは、ビギナーには敷居が高いともいえる。

ここではそういった不安を解消するための「初めての沖釣り」にチャレンジしてみよう。

●自分の釣りたい魚を決める

まず、釣りたい魚を決める。堤防釣りなら、同じ仕掛けで釣っていても、イワシやアジ、ネンブツダイに、ウミタナゴやメジナも釣れることがある。

沖釣りもタイ五目といって、マダイやイサキ、ハナダイなどを同時に狙うこともあるが、カツオ船はカツオを釣り、マダイ船はマダイを、アジ船はアジをメインに狙う。もちろん、アジならサバが、マダイならハナダイなど他の魚も釣れるが、あくまでメインはアジであり、マダイなのだ。

●釣りたい魚が狙える船宿を決定

釣りたい魚が決まったら、情報誌などを使って、どこの船宿がどんな釣り物の船を出しているのか調べよう。情報誌に釣行記が掲載されていればそれも参考になる。

最近はほとんどの船宿がホームページを開設しているので、いくつかホームページを開いて、じっくり決めるのもよい。

釣り宿によってはホームページで、出船時間、料金などは掲載しているが、レンタル用の釣り具はあるのか、何時までに来店してほしいなど、詳しいことを掲載していない船宿も多い。

これは、船宿側から見れば、沖釣りまったくの未経験者の釣り人が来るということを、想定してい

★乗合船*の各部名称

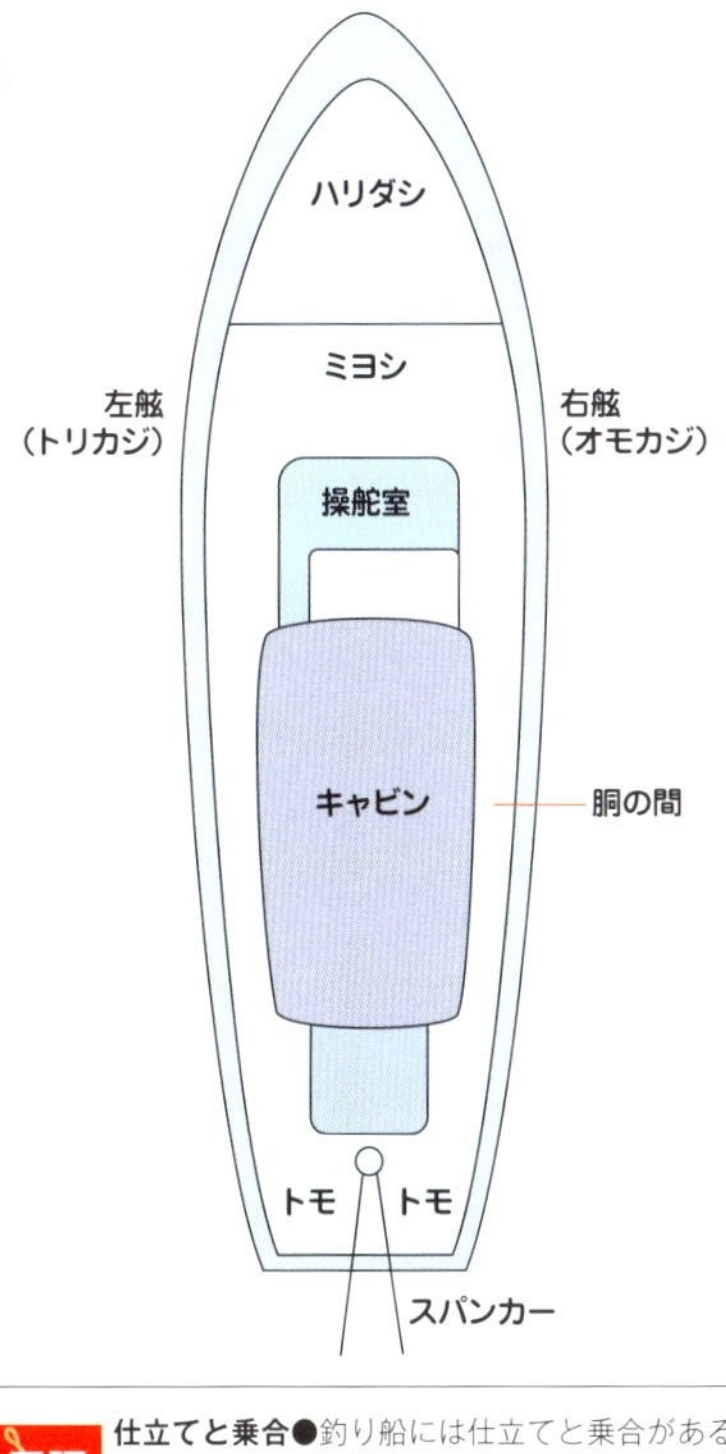
ハリダシ
ミヨシ
左舷
（トリカジ）
右舷
（オモカジ）
操舵室
キャビン
胴の間
トモ
トモ
スパンカー

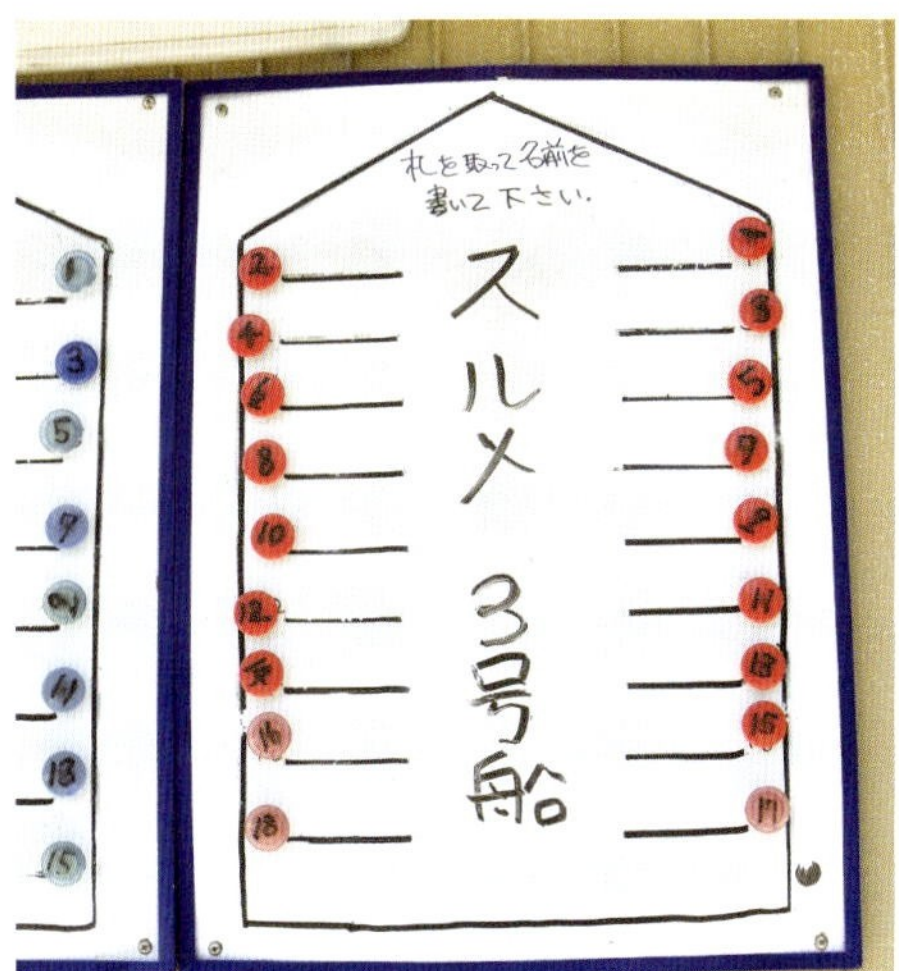
札を取って名前を書いて下さい。
スルメ 3号船

船の席順は船宿によってさまざまだ。乗船場や船宿の前にクーラーボックスを置いた順のところもあれば、このように早く来た人から番号札を取るシステムの船宿もある（長井港・儀兵衛丸）

用語 **仕立てと乗合●**釣り船には仕立てと乗合がある。仕立てはチャーター船。乗合は文字通りの乗合だ。乗合は、ひとりでも乗船できるが、仕立てはある程度まとまった人数からの出船となる。ひとりや友人2～3人で釣行するなら乗合、大人数の仲間うちで貸し切って楽しみたいなら仕立てだ。

ないためだ。

対策として、わからないことがあれば電話で聞くこと。多くの船宿は予約なしで、当日、出船の1時間ほど前に船宿に着けば乗船できるが、中には予約が必要な船宿もあるので注意。船宿は朝が早いので、電話連絡は遅くとも夜8時くらいまでが望ましい。

●ささいなことでも要確認

竿やリールは、まずは船宿のレンタル品を使ってみよう。仕掛けなども船宿で扱っていることが多く、レンタル釣具が気に入ったなら、次回は同じものを釣具店で購入すればよい。

釣り座(船の中の座席位置)は基本的に先着順だ。しかし、船によっては船長の指示に従うような釣り(地域)もあるので、この釣り座についても電話で確認しておいた方がよい。

また、港を出船する時間はホームページに書かれていても、帰ってくる時間を書いている船宿は少ない。さらに昼食の弁当はいるのか、弁当不要の場合は帰港後、船宿で昼食が出るのか、船宿や地域によって違いがある。こういった細かなことも、事前に確かめておくことをすすめる。

無事予約が済めば、後はしっかりした服装で、魚を入れて持ち帰るクーラーボックス、飲み物や弁当を持って行けばよい。

●船長の指示に従う

例外もあるが、出船当日は、少なくとも1時間前には船宿で受付を済ませ、30分前には乗船してタックルのセッティングを完了しておきたい。

いざ出船したら、後は船長の指示に従うのがルール。釣り場、ポイントは船長の経験と勘が決め、特に対象魚がいるタナは、船長の指示を守らないことには釣りにならない。

沖釣りでは、その船で一番釣った人を竿頭と呼ぶ。多くの船宿はスポーツ新聞社と提携しているので、翌日の新聞にこの竿頭の人物名が掲載される。新聞に自分の名が掲載されるようになれば、すでにベテラン。

ともかく、一度船宿を利用すれば、だいたいの船宿のシステムや釣りのコツはわかってくる。また沖釣りに出かけたいと思ったとき、今度は船宿の敷居は高くないはずだ。

船宿の事前確認10項目

❶予約が必要かどうか。
❷釣行予定の前日、天気予報でよくわからない場合、出船できそうかどうか(相模湾東部や房総半島南部などは、北風が少々強くても沿岸域で釣る船は出船できるが、南西風が強いと出船しない。反対に小田原沖や外房沖は、南西が少しあっても出船できる)。
❸電車で行く場合の送迎の有無。
❹駐車場の場所と値段(船宿によって駐車場の位置が違ったり、港によって駐車場代がかかるところがある)。
❺乗船料にエサ代、氷代などが含まれているかどうか。
❻何時くらいに帰港するか(沖上がりが何時になるか)。
❼レンタル釣具の有無(また仕掛けを購入できるかどうか)。
❽弁当持参かどうか(地域・船宿によっては朝4 ~ 5時出船、12時前後帰港して、昼食が出る船宿もある。釣り船では飲食物は販売していないので、必要なものは事前に買っておくこと)。
❾トイレが水洗か、どうか(特に女性にとっては大問題だ)。
❿湯沸かしポットがあるかどうか(あればカップ麺や冬場の温かいお茶なども楽しめる)。

スポーツ新聞社と契約している船宿で竿頭になると、翌朝の新聞紙上に自分の名前が出る名誉に

【魚の処理法】

●魚をしめる

釣った魚を自宅でおいしく食べるには、鮮度を保った状態で持ち帰りたい。クーラーやバケツの中で魚が暴れていると、強いストレスの影響で魚の旨み成分が分解するともいわれるが、余分なストレスを与えずに魚を殺すことを「魚をしめる」という。

最も一般的な魚のしめ方は、エラにナイフを入れてエラを切り、海水を入れたバケツに頭から入れて血抜きをする方法。

血がほとんど出なくなったら、氷と海水を入れて冷えたクーラーに入れればよい。氷だけよりずっと冷えるはずだ。

アジやサバ、イナダクラスの魚なら、ナイフを使わずに指でエラを引きちぎればよい。

堤防で釣ったイワシや小型のアジは、バケツに入れたままだとすぐ死んでしまう。釣ったら、氷と海水を入れたクーラーにすぐに入れておこう。

●イカのしめ方

魚と違うのがイカのしめ方だ。しめ方はそう難しくはない。片手でイカをおさえ、目と目のつけ根から胴に向かって、イカしめ用のピンか竹串を突き刺す。ナイフを使ってもよい。

写真はアオリイカをしめたものだが、しめるとアオリイカなどは一瞬にして色が白く変わるので不思議だ。

また、活きたままクーラーに入れると、スミをはいて真っ黒になるが、スミイカやアオリイカなどのイカスミは食材としても貴重。活きじめすればこのスミを利用することもできる。

クーラーに入れる場合も、魚と違って水や氷に直接触れさせてはならない。釣りたてのイカの魅力は刺身にしたときの透明な身。水につけると身が白濁してしまうのだ。対策としてはビニール袋に入れ、水に直接触れないようにして持ち帰ろう。

★魚のしめ方

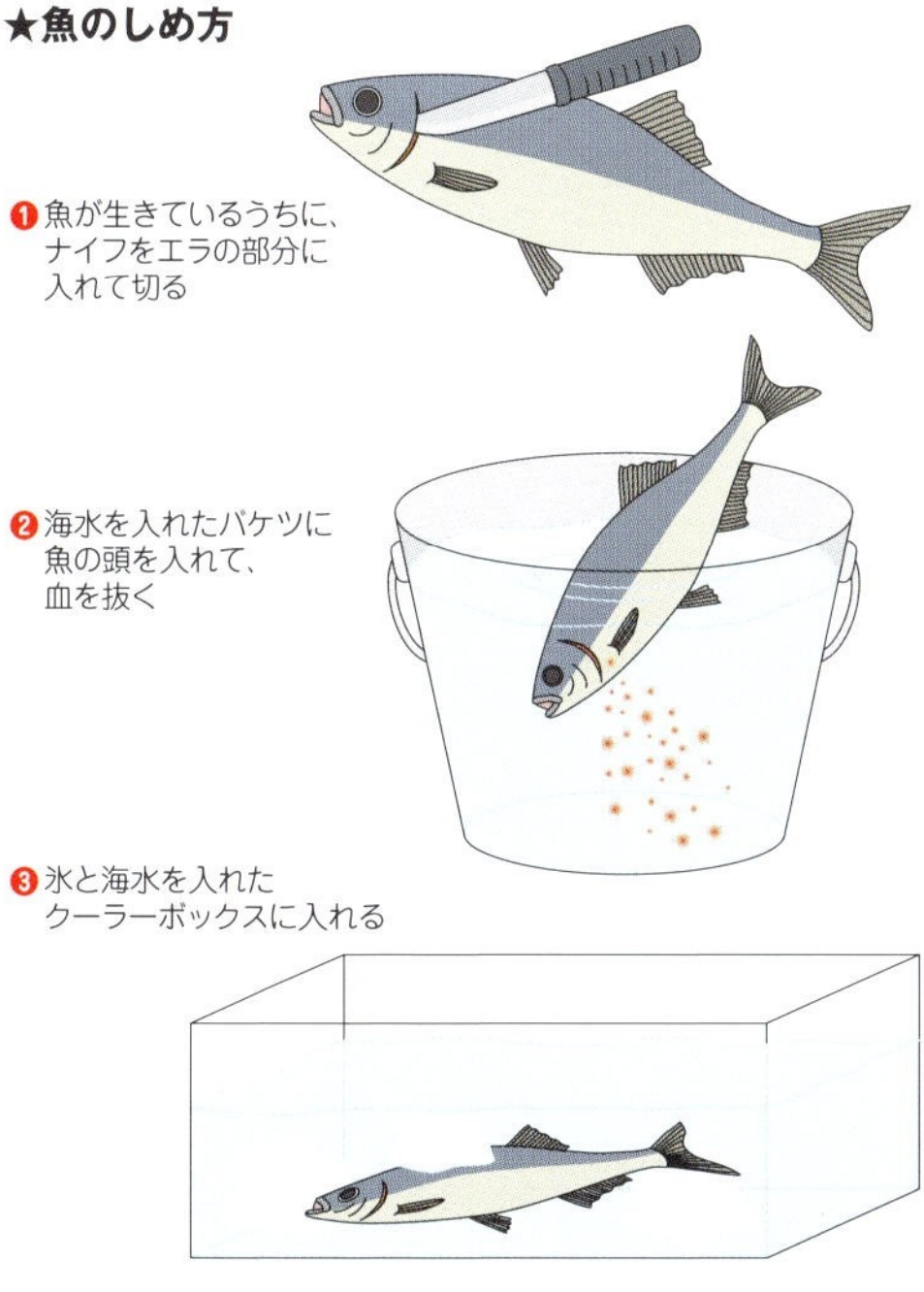

❶魚が生きているうちに、ナイフをエラの部分に入れて切る
❷海水を入れたバケツに魚の頭を入れて、血を抜く
❸氷と海水を入れたクーラーボックスに入れる

上／エラを切って血抜きしてしめたソーダガツオ
下／アオリイカのしめ方

【釣りの安全対策とマナー】

●ゴミを持ち込まない

この時代、ゴミを捨てるということは許されないことだが、捨てようとは思わなくてもゴミが散らばることがある。急に風が吹いてきて、スーパーやコンビニの袋が飛んでしまったという経験の持ち主は多いはずだ。故意ではないにしろ、結果的にゴミを捨てたことになる。

ゴミになるようなものは、ボックスから出したらすぐしまうよう心掛けよう。また、ゴミになるようなものを、最初から釣り場に持ち込まないよう心掛けたい。

●コマセの後片づけ

堤防や磯でコマセを使うと、どうしてもコマセがこぼれて、周囲を汚してしまう。そのままにすれば、後々まで汚れが残り、後から来た人や一般の人にいやな思いをさせることは間違いない。こうしたことがまた、堤防の釣りなどの禁止につながる恐れもある。コマセを使って帰るときは、必ずバケツで海水を汲んで洗い流そう。

●あいさつと譲り合い

堤防ではまず、先に釣っている人にひとこと声をかけよう。沖釣りでも両隣にあいさつは不可欠。オマツリしてもコミュニケーションは不可欠だ。また、混んでいるときはムリな割り込みはしないよう心掛けたい。また、譲り合いが楽しい釣り場をつくる。

●注意事項の厳守

最近は立ち入り禁止の場所で、釣りをしている問題が、テレビなどでクローズアップされるようになった。間違っても立ち入り禁止や釣り禁止と、看板などが出されている堤防や沖堤防には立ち入らないこと。こうした決まりを守れない一部の人たちのために、多くの釣り人が迷惑をこうむっていることを忘れないでほしい。

●ライフジャケットの着用

もしも、海に落ちたときに命を守ってくれるのがライフジャケット。磯釣りや沖釣りではライフジャケット着用は当たり前になっているが、できれば堤防釣りなどでも着用したい。着水したらふくらむものが便利だ。

混んでいる堤防などの釣り場では無理な割り込みはしない。また譲り合いの気持ちも大切に

上/無許可採取が禁止されている海産物には絶対手を出さない
下/消波ブロックの上や乗り越えての釣りは厳に慎みたい

【注意したい毒をもつ魚】

●ヒレやトゲに毒のある魚

釣りで注意したいことのひとつに、毒をもった魚への対処。特にヒレやトゲに毒をもつ魚だ。釣り上げて何の気なしにハリを外そうと魚をつかんだら、毒バリに刺されてしまったという人もいる。毒のあるヒレやトゲに刺されると、刺された部分が大きくはれあがってしまい、熱が出ることもある。

ヒレやトゲの毒は魚が死んでも消えないのでやっかいだ。帰宅後に魚をさばこうと触れ、手をはらしてしまった人もいる。調理するときも十分注意が必要だ。ただ、ヒレやトゲの毒は熱に弱い。煮たり、焼いたりすると無毒になる。

主なヒレやトゲに毒をもつ魚 アイゴ・オニカサゴ・ゴンズイ・アカエイ・ハオコゼ・ミノカサゴ。

●体内に毒をもつ魚

フグの仲間は、テトラドトキシンという猛毒をもっている種が多い。また、種によって毒がある内臓の部位が違っている。

ショウサイフグは、筋肉と精巣（白子）以外、すべて毒を含んでいるが、トラフグは皮も食べることができる。沖釣りで楽しむフグ釣りでは、船宿にフグの調理師免許をもった人が必ずいるので安心だが、自分で釣ったフグをさばくのは危険きわまりない。

また、ふだんは毒をもたない魚がシガテラ毒という毒を蓄積することがある。温かい海に多く、見なれない魚を釣ったら地元の人に聞いてみよう。

主な体内に毒をもつ魚 キタマクラ・サバフグ・ショウサイフグ・ソウシハギ。

●歯が鋭い魚

毒はもたないが、歯が鋭いために、かまれると危険だ。

主な歯が鋭い魚 ウツボ・タチウオ。

●ヒョウモンダコ

体長10㎝ほどのタコで、刺激を受けると黄色くなり、青い輪や線の模様（ヒョウモン）ができることから、この名がついた。

ヒョウモンダコに注意したいのは、唾液にフグと同じ、猛毒の神経毒テトラドトキシンが含まれていることで、かまれたりするとたいへん危険だ。

本来熱帯・亜熱帯地域に生息しているタコだが、九州北部でも生息が確認されていて、北上している気配があるという。小型のタコだけにイイダコと間違うことも否定できないので注意しよう。

ヒレやトゲに毒をもつ魚

アイゴ

オニカサゴ

ハオコゼ

ミノカサゴ

体内に毒をもつ魚

キタマクラ

ショウサイフグ

ソウシハギ

歯が鋭い魚

ウツボ

タチウオ

●著者プロフィール

豊田和弘（とよだ・かずひろ）

小学時代から磯釣りを始め、渓流釣り、沖釣りとオールラウンドに釣りを楽しむ。『渓流フィッシング』（山と溪谷社）、『必釣シリーズ』（学研）などの釣り雑誌、書籍を編集。沖釣りではイカ釣りを最も得意とする。著書に『ひとりぼっちの叛乱』（山と溪谷社）など。

●執筆・取材協力（五十音順、敬称略）

宇井晋介　小川泰子　梶ヶ谷孝宏　北村治之　前山博志　村井海人
海人丸（千葉県・乙浜港）　儀兵衛丸（神奈川県・長井港）
上州屋 でいとう丸（神奈川県・江ノ島港）

●写真協力

きいろ工房　ぼうずコンニャクの市場魚貝類図鑑　まとりっくす

●釣魚鑑定

宇井晋介・小寺昌彦（串本海中公園センター）

●参考文献

『日本の海水魚』（山と溪谷社）
WEB魚図鑑（http://www.fishing-forum.org/zukan/）
ぼうずコンニャクの市場魚貝類図鑑（http://www.zukan-bouz.com/）

●カバーデザイン

スーパーシステム（菊谷美緒）

●本文デザイン・レイアウト

わたぼお

●イラスト・図版制作

わたぼお（岩城奈々）・きいろ工房

●編集協力

やまねこ舎（真木 隆）

●企画・編集

成美堂出版編集部（駒見宗唯直）

水中解説でよくわかる 海の釣魚・仕掛け大事典

著　者　豊《とよ》田《だ》和《かず》弘《ひろ》
発行者　深見公子
発行所　成美堂出版
〒162-8445　東京都新宿区新小川町1-7
電話（03）5206-8151　FAX（03）5206-8159
印　刷　株式会社 フクイン

ISBN978-4-415-30833-3